中華古籍保護計劃

ZHONG HUA GU JI BAO HU JI HUA CHENG GUO

·成 果·

安徽師範大學圖書館古籍普查登記目録

全國古籍普查登記目録

國家圖書館出版社
National Library of China Publishing House

圖書在版編目(CIP)數據

安徽師範大學圖書館古籍普查登記目録/《安徽師範大學圖書館古籍普查登記目録》編委會編. --北京:國家圖書館出版社,2016.11
(全國古籍普查登記目録)
ISBN 978-7-5013-5922-6

Ⅰ.①安… Ⅱ.①安… Ⅲ.①院校圖書館—古籍—圖書館目録—安徽 Ⅳ.①Z838

中國版本圖書館 CIP 數據核字(2016)第 204062 號

書　　名　安徽師範大學圖書館古籍普查登記目録
著　　者　《安徽師範大學圖書館古籍普查登記目録》編委會　編
責任編輯　趙　嫄

出　　版　國家圖書館出版社(100034　北京市西城區文津街 7 號)
(原書目文獻出版社　北京圖書館出版社)
發　　行　010-66114536　66126153　66151313　66175620
66121706(傳真)　66126156(門市部)
E-mail　nlcpress@nlc.cn(郵購)
Website　www.nlcpress.com→投稿中心
經　　銷　新華書店
印　　裝　河北三河弘翰印務有限公司
版　　次　2016 年 11 月第 1 版　2016 年 11 月第 1 次印刷

開　　本　787 毫米×1092 毫米　1/16
印　　張　28
字　　數　520 千字

書　　號　ISBN 978-7-5013-5922-6
定　　價　260.00 圓

《全國古籍普查登記目録》

工作委員會

主　任：周和平

副主任：張永新　詹福瑞　劉小琴　李致忠　張志清

委　員（按姓氏筆畫排序）：

于立仁　王水喬　王　沛　王紅蕾　王筱雯

方自今　尹壽松　包菊香　任　競　全　勤

李西寧　李　彤　李忠昊　李春來　李　培

李曉秋　吳建中　宋志英　努　木　林世田

易向軍　周建文　洪　琰　倪曉建　徐欣禄

徐　蜀　高文華　郭向東　陳荔京　陳紅彦

張　勇　湯旭巖　楊　揚　賈貴榮　趙　嫄

鄭智明　劉洪輝　歷　力　鮑盛華　韓　彬

魏存慶　鍾海珍　謝冬榮　謝　林　應長興

《全國古籍普查登記目録》

序　言

全國古籍普查登記工作是"中華古籍保護計劃"的首要任務，是全面開展古籍搶救、保護和利用工作的基礎，也是有史以來第一次由政府組織、參加收藏單位最多的全國性古籍普查登記工作。

2007年國務院辦公廳發佈《關於進一步加强古籍保護工作的意見》（國辦發[2007]6號），明確了古籍保護工作的首要任務是對全國公共圖書館、博物館和教育、宗教、民族、文物等系統的古籍收藏和保護狀況進行全面普查，建立中華古籍聯合目録和古籍數字資源庫。2011年12月，文化部下發《文化部辦公廳關於加快推進全國古籍普查登記工作的通知》（文辦發[2011]518號），進一步落實了全國古籍普查登記工作。根據文化部2011年518號文件精神，國家古籍保護中心擬訂了《全國古籍普查登記工作方案》，進一步規範了古籍普查登記工作的範圍、内容、原則、步驟、辦法、成果和經費。目前進行的全國古籍普查登記工作的中心任務是通過每部古籍的身份證——"古籍普查登記編號"和相關信息，建立古籍總臺賬，全面瞭解全國古籍存藏情況，開展全國古籍保護的基礎性工作，加强各級政府對古籍的管理、保護和利用。

《全國古籍普查登記工作方案》規定了全國古籍普查登記工作的三個主要步驟：一、開展古籍普查登記工作；二、在古籍普查登記基礎上，編纂出版館藏古籍普查登記目録，形成《全國古籍普查登記目録》；三、在古籍普查登記工作基本完成的前提下，由省級古籍保護中心負責編纂出版本省古籍分類聯合目録《中華古籍總目》分省卷，由國家古籍保護中心負責編纂出版《中華古籍總目》統編卷。

在党和政府領導下，在各地區、各有關部門和全社會共同努力下，古籍普查登記工作得以扎實推進。古籍普查已在除臺、港、澳之外的全國各省級行政區域開展，普查内容除漢文古籍外，還包括各少數民族文字古籍，特别是於2010年分别啓動了新疆古籍保護和西藏古籍保護專項，因地制宜，開展古籍普查登記工作；國家古籍保護中心研製的"全國古籍普查登記平臺"已覆蓋到全國各省級古籍保護中心，並進一步研發了"中華古籍索引庫"，爲及時展現古籍普查成果提供有力支持；截至目前，已有11375部古籍進入《國家珍貴古籍名録》，浙江、江蘇、山東、河北等省公佈了省級《珍貴古籍名録》,古籍分級保護機制初步形成。

《全國古籍普查登記目録》是古籍普查工作的階段性成果,旨在摸清家底,揭示館藏,反映古籍的基本信息。原則上每申報單位獨立成冊,館藏量少不能獨立成冊者,則在本省範圍内幾個館目合併成冊。無論獨立成冊還是合併成冊,均編製獨立的書名筆畫索引附於書後。著録的必填基本項目有:古籍普查登記編號、索書號、題名卷數、著者(含著作方式)、版本、冊數及存缺卷數。其他擴展項目有:分類、批校題跋、版式、裝幀形式、叢書子目、書影、破損狀况等。有條件的收藏單位多著録的一些擴展項目,也反映在《全國古籍普查登記目録》上。目録編排按古籍普查登記編號排序,内在順序給予各古籍收藏單位較大自由度,可按分類排列古籍普查登記編號,也可按排架號、按同書名等排列古籍普查登記編號,以反映各館特色。

此次全國古籍普查登記工作,克服了古籍數量多、普查人員少、普查難度大等各種困難,也得到了全國古籍保護工作者的極大支持。在古籍普查登記過程中,國家古籍保護中心、各省古籍保護中心爲此舉辦了多期古籍普查、古籍鑒定、古籍普查目録審校等培訓班,全國共1600餘家單位參加了培訓,爲古籍普查登記工作培養了大量人才。同時在古籍普查登記工作中,也鍛煉了普查員的實踐能力,爲將來古籍保護事業發展奠定了良好的基礎。

《全國古籍普查登記目録》的出版,將摸清我國古籍家底,爲古籍保護和利用工作提供依據,也將是古籍保護長期工作的一個里程碑。

國家古籍保護中心

2013年10月

《全國古籍普查登記目録》

編纂凡例

一、收録範圍爲我國境内各收藏機構或個人所藏，産生於 1912 年以前，具有文物價值、學術價值和藝術價值的文獻典籍，包括漢文古籍和少數民族文字古籍以及甲骨、簡帛、敦煌遺書、碑帖拓本、古地圖等文獻。其中，部分文獻的收録年限適當延伸。

二、以各收藏機構爲分册依據，篇幅較小者，適當合併出版。

三、一部古籍一條款目，複本亦單獨著録。

四、著録基本要求爲客觀登記、規範描述。

五、著録款目包括古籍普查登記編號、索書號、題名卷數、著者、版本、册數、存缺卷等。古籍普查登記編號的組成方式是：省級行政區劃代碼—單位代碼—古籍普查登記順序號。

六、以古籍普查登記編號順序排序。

七、編製各館藏目録書名筆畫索引附於書後，以便檢索。

《安徽師範大學圖書館古籍普查登記目録》

編委會

主　　編：方　青　施才玉

副 主 編：劉和文　張霞雲　周向華

編　　委：方　青　施才玉　劉和文　張霞雲　周向華

李永卉　朱　敏　魏雪苑　金高潔　張憲華

康　琳　劉　猛　劉京虹　吳維嘉

《安徽師範大學圖書館古籍普查登記目録》

前　言

安徽師範大學是全國重點古籍保護單位,有着悠久的辦學歷史。其前身爲1928年創建於安慶市的省立安徽大學,1946年更名爲國立安徽大學,1949年12月成建制遷至蕪湖。後又經歷安徽師範學院、合肥師範學院、皖南大學、安徽工農大學等幾個辦學階段。1972年,經國務院批准,正式定名爲安徽師範大學。在歷經88年的辦學歷史中,安徽師範大學圖書館通過政府轉交、民間收集、書店採購、個人捐贈等主要途徑,積纍了豐富的古籍文獻資源,有過艱苦卓絶的古籍保護經歷。尤其在抗戰時期,國立安徽大學校長李順卿等諸位學者冒着生命危險,輾轉多地,將學校圖書館的古籍文獻從安慶裝船,由沙市遠大源記運輸公司運至湖北沙市,然後將一部分圖書運至藍田,交國立師範學院代管,大部分圖書轉交重慶國立編譯館保存,當時轉移保存的中文綫裝圖書共42箱3938函。1946年10月國立安徽大學重新建校,當時兼任圖書館主任的熊毓文受命趕赴重慶,要求國立編譯館歸還暫存的圖書雜志。經協商,重慶國立編譯館歸還了中外文圖書32995冊,其中名貴典籍散失甚多。烽火已往,度盡劫波,書劫平静後的國立安徽大學圖書館倍加重視圖書資源補救和建設,一方面派人到桐城、徽州等地大量收購古舊書籍;同時,又從屯溪書店買進了大批徽州文書。慶幸的是,1952年全國高校院系調整,一批珍貴的古籍文獻被劃撥到我館,其中就包括相當數量的愚齋藏書,内有"同文版"《古今圖書集成》一套,是現存規模最大、資料最豐富的類書。

經過多年的積纍,安徽師範大學圖書館古籍文獻形成規模,藏量居安徽省高校之首,其中不乏海内珍本,如明初刻本《洪武正韻》爲國内所傳該書刻本的唯一完帙。明正德元年刻本《闕里志》係該書最早刻本,元刻本《春秋胡氏傳纂疏》、清乾隆内府抄本《資治通鑑綱目三編》等均爲重要版本。

安徽師範大學圖書館對館藏古籍的整理從未間斷,自1928年建館以來,就對古籍文獻進行了財産登記。1980年,爲參加《中國古籍善本書目》編目工作,完成了《安徽師範大學圖書館古籍善本書目》(初稿),收録古籍257種264部4586冊,1984年10月《安徽師範大學圖書館古籍善本書目》編輯出版,同時組織編輯《安徽師範大學圖書館藏方志目録》(上編),制訂《安徽師範大學圖書館古籍綫裝書編目條例》(初稿)、《安徽師範大學圖書館古籍綫裝書分類法》(初稿),爲整理工作提供依據,全面整理合肥師範學院、皖南大學兩校撤併後的古籍綫裝書籍,逐步建立了館藏古籍目録卡片(書名、作者、分類三種)。1986 年又編印了《安徽師範大學圖書館藏方志目録》(下編)。2007 年搬遷至敬文圖書館,囿於庫容的局限,許多古籍依舊無法整理上架,因而也就談不上對書目系統的完善,依舊衹有上述幾部古籍書目在繼續使用,而作爲輔助性的目録卡片,在長期使用過程中損耗、缺失比較嚴重,經年纍月,以至於許多古籍已無法有效地得以揭示,館藏古籍家底仍然不清。

2007 年"中華古籍保護計劃"啓動,根據國家古籍保護中心《全國古籍普查登記工作方案》部署與要求,安徽師範大學圖書館制訂了"目驗原書,逐冊清點"的登記工作方針,完成了善本古籍的普查建庫工作,緊接着啓動全館古籍文獻書目數據庫建設,制定"以館藏古籍普查登記爲抓手,進一步摸清家底"的工作目標。2013 年圖書館組織專門隊伍,系統清點了古籍書庫所有文獻,並編輯了簡目,實現古籍文獻網上檢索,纍計完成 7270 餘條古籍普查六項數據的登記工作。2014 年伊始,根據國家古籍保護中心和安徽省古籍保護中心的要求,圖書館安排專職人員根據二審、三審專家的審核意見修改普查數據,着手編纂《安徽師範大學圖書館古籍普查登記目録》,終於在 2016 年 7 月編校完成。刪除重複登記古籍、民國古籍和域外古籍,最終統計館藏中文古籍共 6705 條,基本摸清館藏古籍的家底。

不可否認,當下的普查登記工作衹是對古籍的索書號、題名卷數、著者、版本、冊數、存缺卷的初步登記,所取得的數據難稱完備,但經過逐冊清點、整理和登記,館藏古籍得到了一次較爲細緻的梳理,爲下一階段的保護利用打下良好基礎。在普查過程中,我們也取得了"額外"的收穫——普查小組積極申報國家級和省級珍貴古籍名録,先後計有 25 部古籍分别入選第一至五批《國家珍貴古籍名録》,37 部古籍入選首批《安徽省珍貴古籍名録》;整理出版了十卷本《安徽師範大學館藏千年徽州契約文書集萃》,《安徽師範大學圖書館善本書録》也在編纂過程中;從普通古籍中發現了部分稿抄本和清朝康熙、雍正、乾隆年間刻本,擬組建善本書庫二庫等等,這些成果的取得集中體現了開展古籍普查工作的重要性與必要性。

在此稿交付出版之際,我們既有欣喜之情,又有惶恐之感。古籍編目工作是專業性强的基礎性工作,需要扎實的文獻功底和奉獻精神,雖然我們用力也勤,怎耐水平有限,疏漏之處恐在所難免,祈方家不吝指正。我們將以此爲契機,進一步規範古籍基礎工作,進一步提高古籍整理的水準。

隨着古籍保護工作的持續推進,我們的古籍普查取得了階段性的成果,每一位參與者都倍感欣慰,同時也深切感受到困難和問題依然不少,諸如工作人員古籍文獻基礎薄弱,古籍編目經驗不足,歷史欠賬較多,修復人才短缺,古籍保護的後續投入和保障機制亟須完善等等。因此,下一階段的工作中還要繼續努力,一方面擴大宣傳,力爭外部環境支持,獲得學校持續投入、上級主管部門的觀念重視和財政支持;另一方面加强古籍隊伍建設,尤其在古籍版本鑒定、文獻細節考訂和具體編目等方面培養訓練有素的古籍專業人才,爲民族優秀文化的承傳流播、爲中華古籍保護事業的薪火相繼而黽勉以力!

本書編委會
2016 年 8 月

目　　録

340000－1843－0000001　經 151/4736

春秋胡氏傳纂疏三十卷　（宋）胡安國傳（元）汪克寬纂疏　元至正八年（1348）建安劉叔簡日新堂刻本　十四冊　存十五卷（三至四、七至八、十至十二、十四至十九、二十二、二十四）

340000－1843－0000002　經 1931/4436.2

大明成化庚寅重刊改併五音集韻十五卷（金）韓道昭輯　明成化六年至七年（1470－1471）刻本　二十四冊

340000－1843－0000003　經 1931/2207

洪武正韻十六卷　（明）樂韶鳳等編撰　明初刻本　八冊

340000－1843－0000004　子 3103/4410

慈溪黃氏日抄分類九十七卷附古今紀要十九卷　（宋）黃震撰　明正德十四年（1519）書林龔氏刻本　六十四冊

340000－1843－0000005　經 15/0000

春秋四傳三十八卷春秋提要一卷春秋二十國年表一卷春秋諸國興廢說一卷　（□）□□撰　明嘉靖刻本　十二冊

340000－1843－0000006　集 433/2681

新安文獻志一百卷目錄二卷附先賢事略二卷　（明）程敏政編　明弘治十年（1497）刻本　二十四冊

340000－1843－0000007　集 4324/5844

唐詩絕句類選四卷總評一卷人物一卷　（明）敖英選輯　明吳興淩氏刻三色套印本　四冊

340000－1843－0000008　史 2151/7878

宋史四百九十六卷　（元）脫脫等撰　明成化七年至十六年（1471－1480）刻嘉靖三十五年（1556）、萬曆六年（1578）遞修本（宋史目錄配抄本）　八十冊

340000－1843－0000009　集 461/7280.2

世說新語八卷　（南朝宋）劉義慶撰　（南朝梁）劉孝標註　（宋）劉辰翁批釋　（明）王世懋批點　明淩濛初刻四色套印本　八冊

340000－1843－0000010　子 311.2/2877

初學記三十卷　（唐）徐堅等撰　明嘉靖十年（1531）錫山安國桂坡館刻本　二十八冊

340000－1843－0000011　史 28/0023

歷代史纂左編一百四十二卷　（明）唐順之輯　明嘉靖四十年（1561）胡宗憲刻本（卷九十五至九十六配抄本）　九十九冊　存一百三十九卷（一至一百二十六、一百二十八至一百四十）

340000－1843－0000012　史 213.43/7580

闕里志二十四卷　（明）陳鎬編　明正德元年（1506）增修本　六冊

340000－1843－0000013　集 4262/4453（8）

集千家註杜工部詩集二十卷文集二卷　（唐）杜甫撰　（元）高楚芳輯　明嘉靖十五年（1536）玉几山人刻本　十六冊

340000－1843－0000014　集 4263/4480.2

韓文公文抄十六卷　（唐）韓愈撰　（明）茅坤評　明刻朱墨套印本　十六冊

340000－1843－0000015　子 311.2/1865.2

新增說文韻府群玉二十卷　（元）陰時夫編（元）陰中夫註　明弘治七年（1494）劉氏安正書堂刻本　十冊

340000－1843－0000016　集 4262/4026

分類補註李太白詩二十五卷分類編次文五卷　（唐）李白撰　（宋）楊齊賢集註　（元）蕭士贇補註　明嘉靖吳會郭雲鵬刻本　十二冊

340000－1843－0000017　經 12/3147

尚書集註音疏十二卷末一卷外編一卷　（清）江聲撰并書　清乾隆五十八年（1793）近市居刻本　十二冊

340000－1843－0000018　經 13/2540

詩集傳二十卷首詩序辨說一卷詩圖一卷詩傳綱領一卷　（宋）朱熹撰　明正統十二年（1447）司禮監刻本　二十四冊

340000－1843－0000019　史 21/1773

史記集解索隱正義一百三十卷　（漢）司馬遷

撰　(南朝宋)裴駰集解　(唐)司馬貞索隱　(唐)張守節正義　明嘉靖四年(1525)金臺汪諒刻本　四十八册

340000－1843－0000020　經 13/2847
詩經解註四卷　(明)徐奮鵬撰　**詩通不分卷**　(明)陸化熙撰　(清)歸起先輯　**詩譜序一卷**　(漢)鄭玄撰　清順治刻本　四册

340000－1843－0000021　經 1(2)/7298
公是先生七經小傳三卷　(宋)[劉敞]撰　抄本　一册

340000－1843－0000022　經 12/2022
禹貢鄭註釋二卷　(清)焦循撰　清道光八年(1828)半九書塾刻本　一册

340000－1843－0000023　經 12/0000
禹貢註釋不分卷　(□)□□撰　抄本　一册

340000－1843－0000024　史 215.3/2528
經義考三百卷　(清)朱彝尊撰　清乾隆二十年(1755)盧見曾刻本　八册　存二百九十八卷(一至二百九十八)

340000－1843－0000025　經 15(3)/3140
春秋大事表五十卷輿圖一卷附錄一卷　(清)顧棟高撰　清乾隆十三年(1748)萬卷樓刻本　十六册

340000－1843－0000026　經 15(3)/3140
春秋大事表五十卷輿圖一卷附錄一卷　(清)顧棟高撰　清乾隆十三年(1748)萬卷樓刻本　二十四册

340000－1843－0000027　經 15(3)/4428
春秋繁露十七卷附錄一卷　(漢)董仲舒撰　(明)孫鑛評　明天啟五年(1625)朱養純花齋刻本　二册

340000－1843－0000028　經 15(3)/2613
春秋職官考略三卷　(清)程廷祚撰　清雍正十年(1732)三近堂刻本　一册

340000－1843－0000029　經 15(3)2613(2)
春秋地名辨異三卷附晉書地理志證今一卷　(清)程廷祚撰　清雍正七年(1729)三近堂刻本　一册

340000－1843－0000030　經 13/6627
詩緝三十六卷　(宋)嚴粲撰　明嘉靖三十五年(1556)味經堂刻本　二十四册

340000－1843－0000031　經 13/8700
毛詩註疏二十卷　(漢)鄭玄箋　(唐)孔穎達疏　明崇禎三年(1630)汲古閣刻本　十六册

340000－1843－0000032　經 13/7212
詩本義十五卷鄭氏詩譜補亡一卷　(宋)歐陽修撰　清乾隆刻本　六册

340000－1843－0000033　經 13/1270
御纂詩義折中二十卷　(清)傅恒等纂　(清)孫嘉淦編校　清乾隆二十年(1755)刻本　六册

340000－1843－0000034　經 18/0712
爾雅註疏十一卷　(晉)郭璞註　(宋)邢昺疏　明崇禎元年(1628)刻本　十册

340000－1843－0000035　經 14(1)/1028
新定三禮圖二十卷　(宋)聶崇義集註　清康熙十五年(1676)通志堂刻本　四册

340000－1843－0000036　經 14(1)/1028
新定三禮圖二十卷　(宋)聶崇義集註　清康熙十五年(1676)通志堂刻本　六册

340000－1843－0000037　經 142/3130
鄉黨圖考十卷　(清)江永撰　清乾隆三十八年(1773)潛德堂刻本　五册

340000－1843－0000038　經 14(1)/2849
讀禮通考一百二十卷　(清)徐乾學撰　清康熙冠山堂刻本　二十册

340000－1843－0000039　經 14(1)/5046
五禮通考二百六十二卷首四卷　(清)秦蕙田撰　清乾隆十八年(1753)刻本　六十册

340000－1843－0000040　經 1921/2344
六書分類十二卷首一卷　(清)傅世垚輯　清乾隆五十四年(1789)維隅堂刻本　十三册

340000－1843－0000041　經 1921/1123

五經文字三卷 (唐)張參撰 **新加九經字樣一卷** (唐)唐玄度撰 清乾隆刻本 四冊

340000－1843－0000042 經 1931/4436
大明成化庚寅重刊改併五音集韻十五卷 (金)韓道昭輯 **新編篇韻貫珠集一卷** (明)釋真空編 明成化六年(1470)刻本 六冊

340000－1843－0000043 經 1931/4436.3
大明正德乙亥重刊改併五音集韻十五卷五音類聚四聲篇海十五卷 (金)韓道昭輯 明正德十五年(1520)刻本 二十冊

340000－1843－0000044 經 1931/4436(2)
大明正德乙刻重刊改併五音類聚五種三十三卷 (金)韓道昭改併重編 (金)韓道皓等校定 明正德十年(1515)刻本 二十四冊

340000－1843－0000045 經 1931/0033
重訂併音連聲韻學集成十三卷 (明)章黼撰 明萬曆三十四年(1606)練川明德書院刻本 六冊

340000－1843－0000046 經 13/8333
田間詩學不分卷 (清)錢澄之撰 清康熙二十八年(1689)錢氏斟雉堂刻本 八冊

340000－1843－0000047 經 19/0000
滿清文不分卷 (□)□□撰 清抄本 一冊

340000－1843－0000048 經 1922/6015
說文引經考二卷補遺一卷 (清)吴玉搢撰 清道光元年(1821)刻本 二冊

340000－1843－0000049 經 1922/0713
五雅五種七十三卷 (明)朗奎金輯 明嘉靖刻本 二十冊

340000－1843－0000050 經 1922/3161
大廣益會玉篇三十卷 (南朝梁)顧野王撰 (唐)孫強增字 (宋)陳彭年等重修 清康熙四十三年(1704)刻本 六冊

340000－1843－0000051 經 1922/4002
字鑑五卷 (元)李文仲編 清康熙四十八年(1709)刻本 二冊

340000－1843－0000052 經 1922/4002
字鑑五卷 (元)李文仲編 清康熙四十八年(1709)刻本 二冊

340000－1843－0000053 經 1922/7721
說文字原一卷六書證譌五卷 (元)周伯琦撰 (明)胡正言訂 明崇禎七年(1634)胡正言十竹齋刻本 六冊

340000－1843－0000054 經 1922/2593
字學指南十卷 (明)朱光家撰 明萬曆二十九年(1601)刻本 十冊

340000－1843－0000055 經 1922/8744
篆林肆考十五卷 (明)鄭大郁輯 明崇禎十四年(1641)刻本 四冊

340000－1843－0000056 經 1932/0000
新校經史海篇直音五卷 (□)□□撰 明刻本 十冊

340000－1843－0000057 經 1931/7548
大宋重修廣韻五卷 (宋)陳彭年等修 清康熙四十三年(1704)張士俊澤存堂影宋刻本 六冊

340000－1843－0000058 經 1932/1000
附釋文互註禮部韻略五卷 (宋)[丁度]等撰 清康熙四十五年(1706)曹寅揚州使院刻本 五冊

340000－1843－0000059 經 1931/2207.2
洪武正韻十六卷 (明)樂韶鳳等編 明隆慶元年(1567)衡府厚德堂刻本 五冊

340000－1843－0000060 經 1931/2207.3
洪武正韻十六卷 (明)樂韶鳳等編 明刻本 十六冊

340000－1843－0000061 經 1924/2504
六書本源一卷篆書辨訣一卷 (明)朱謀㙔撰 抄本 二冊

340000－1843－0000062 經 1911/2540
小學集註二卷 (宋)朱熹撰 (明)陳選註 明成化九年(1473)刻本 二冊

340000－1843－0000063 經 1931/2250
古今韻會舉要三十卷禮部韻略七音三十六字

母通考一卷　(元)熊忠撰　(元)黄公紹編　明嘉靖十七年(1538)劉儲秀補刻本　二十册

340000－1843－0000064　經 1931/2250.2
古今韻會舉要三十卷禮部韻略七音三十六字母通考一卷　(元)熊忠撰　(元)黄公紹編　明嘉靖刻本　十册

340000－1843－0000065　經 1931/6043
韻補五卷　(宋)吴棫撰　清刻本　五册

340000－1843－0000066　經 1931/6023
音韻日月燈三種七十卷　(明)吕維祺撰　明崇禎七年(1634)志清堂刻本　二十四册

340000－1843－0000067　經 1931/6023(2)
韻鑰二十五卷　(明)吕維祺撰　(明)吕維祜詮　明刻音韻日月燈三種本　八册

340000－1843－0000068　經 13/6030
吕氏家塾讀詩記三十二卷　(宋)吕祖謙撰　明萬曆四十一年(1613)南京吏部刻本　十册

340000－1843－0000069　經 1911/3434
説文古本考十四卷　(清)沈濤撰　清光緒十年(1884)潘氏滂喜齋刻本　八册

340000－1843－0000070　經 1911/0894
説文解字十五卷　(漢)許慎撰　(宋)徐鉉等校　明末汲古閣刻本　八册

340000－1843－0000071　經 1921/4327
六書故三十三卷通釋一卷　(宋)戴侗撰　清師竹齋刻本　十六册

340000－1843－0000072　經 1931/8733
韻岐補四卷　(清)鄭溶撰　抄本　二册

340000－1843－0000073　經 1921/4710
千文六書統要二卷　(明)胡正言輯　明末十竹齋刻本　八册

340000－1843－0000074　經 13/4094
詩所八卷　(清)李光地註　清雍正六年(1728)刻本　六册

340000－1843－0000075　經 1924/4542
漢隸字源六卷　(宋)婁機撰　明末汲古閣影宋刻本　五册

340000－1843－0000076　經 18/7747
爾雅比類便讀三卷　(□)周嘉璧撰　一壺居抄本　三册

340000－1843－0000077　經 1931/0000
四帖分韻舉例不分卷　(□)□□撰　清道光二十九年(1849)抄本　二册

340000－1843－0000078　子 3942/3418
正韻篆二卷　(明)[沈延銓]撰　抄本　三册

340000－1843－0000079　經 13/4099
絜齋毛詩經筵講義四卷　(宋)袁燮撰　清乾隆三十九年(1774)武英殿木活字印武英殿聚珍版叢書本　一册

340000－1843－0000080　經 193/0000
韻略匯海四卷　(□)□□撰　清嘉慶十五年(1810)抄本　四册

340000－1843－0000081　經 13/4434
重訂三家詩拾遺十卷　(清)范家相輯　(清)葉鈞重訂　清嘉慶十五年(1810)刻本　二册

340000－1843－0000082　經 12/7741
尚書古文疏證八卷　(清)閻若璩撰　清乾隆十年(1745)刻本　八册

340000－1843－0000083　集 14(1)/2540
文公家禮儀節八卷　(宋)朱熹編　(明)楊慎輯　明刻本　四册

340000－1843－0000084　經 163/7246
論語正義補一卷　(清)劉恭冕撰　(清)劉文興輯　清抄本　二册

340000－1843－0000085　經 1923/1115
康熙字典十二集　(清)張玉書　(清)陳廷敬撰　清光緒三十二年(1906)上海商務印書館銅版印本　七册

340000－1843－0000086　史 2(1)/0000
二十一史二千五百六十七卷　明嘉靖、萬曆南京國子監刻清順治至康熙遞修本　五百册

340000－1843－0000087　史 21/1773

史記一百三十卷 (漢)司馬遷撰 (南朝宋)裴駰集解 (唐)司馬貞索隱 (唐)張守節正義 (明)鍾人傑校 明萬曆二十四年(1596)鍾人傑刻本 二十四册

340000－1843－0000088 史21/1773.2
史記一百三十卷 (漢)司馬遷撰 (南朝宋)裴駰集解 (唐)司馬貞索隱 (唐)張守節正義 清刻本 十三册 存四十五卷(本紀一至十二、年表一至八、世家十至三十、列傳一至四)

340000－1843－0000089 史21/1773.3
史記一百三十卷 (漢)司馬遷撰 明酣古齋刻本 一册 存九卷(二十八至三十六)

340000－1843－0000090 史21/1773.4
史記集解索隱正義一百三十卷 (漢)司馬遷撰 (南朝宋)裴駰集解 (唐)司馬貞索隱 (唐)張守節正義 明崇禎刻本 十六册

340000－1843－0000091 史21/1773.5
史記集解一百三十卷 (漢)司馬遷撰 (南朝宋)裴駰集解 明崇禎十四年(1641)汲古閣刻本 十四册 存一百二十三卷(八至一百三十)

340000－1843－0000092 史21/3427
史記評林一百三十卷 (明)淩稚隆纂註 (明)王世貞訂正 明刻本 六册 存三十卷(一至五、二十六至二十七、四十六至五十二、八十七至一百二)

340000－1843－0000093 史21/3427.2
史記評林一百三十卷 (明)淩稚隆輯 明萬曆熊氏種德堂刻本 三十册

340000－1843－0000094 史2122/4077
後漢書註九十卷 (唐)李賢註 **志註補三十卷** (南朝梁)劉昭註補 明崇禎十六年(1643)汲古閣刻本 十四册

340000－1843－0000095 史2131/1540
三國志六十五卷 (晉)陳壽撰 (南朝宋)裴松之註 明萬曆二十八年(1600)南京國子監刻本 十四册

340000－1843－0000096 史2131/1540
三國志註六十五卷 (晉)陳壽撰 (南朝宋)裴松之註 明崇禎十七年(1644)汲古閣刻十七史叢書本 十一册 存五十七卷(一至四十九、五十八至六十五)

340000－1843－0000097 史2131/1540
三國志文鈔二十卷 (晉)陳壽撰 (明)戴熙輯 明刻本 六册

340000－1843－0000098 史2131/1540
三國志六十五卷 (晉)陳壽撰 明萬曆二十八年(1600)南京國子監刻本 八册 存二十卷(吳志二十卷)

340000－1843－0000099 史2133/4360
陳書三十六卷 (唐)姚思廉撰 明萬曆十五年至十六年(1587－1588)南京國子監刻清康熙遞修本 四册

340000－1843－0000100 史212/8011
周書五十卷 (唐)令孤德棻撰 明萬曆十六年(1588)南京國子監刻清遞修本 八册

340000－1843－0000101 史2643/7438
南唐書十八卷音釋一卷 (宋)陸游撰 明崇禎三年(1630)毛氏汲古閣刻本 二册

340000－1843－0000102 史2643/7438
南唐書十八卷音釋一卷 (宋)陸游撰 明崇禎三年(1630)毛氏汲古閣刻本 五册

340000－1843－0000103 史2143/7772
五代史七十四卷 (宋)歐陽修撰 (宋)徐無黨註 明崇禎三年(1630)毛氏汲古閣刻本 九册

340000－1843－0000104 史2152/7878
遼史一百十六卷 (元)脱脱等撰 明嘉靖八年(1529)刻本 十六册

340000－1843－0000105 史216/1111
明史三百三十二卷目錄四卷 (清)張廷玉等修 清乾隆四年(1739)武英殿刻本 一百十二册

340000－1843－0000106 史2143/7770

五代史補五卷　(宋)陶岳撰　**五代史闕文一卷**　(宋)王禹偁撰　明末毛氏汲古閣刻本　一冊

340000－1843－0000107　史232/8017
隆平集二十卷　(宋)曾鞏撰　清康熙四十年(1701)彭期七業堂刻本　八冊

340000－1843－0000108　史231/4050
續資治通鑑長編五百二十卷　(宋)李燾編修　清嘉慶二十四年(1819)張氏愛日精廬木活字印本　一百二十冊

340000－1843－0000109　史231/3427
竹書紀年二卷　(南朝梁)沈約註　(明)吴琯校　明刻本　二冊

340000－1843－0000110　史232/4400
宋元通鑑一百五十七卷　(明)薛應旂編　(明)陳仁錫評　明天啟六年(1626)刻本　二十四冊

340000－1843－0000111　史232/3461
兩朝從信錄二十八卷　(明)沈國元撰　明崇禎刻本　十四冊

340000－1843－0000112　史232/4437
東華錄十六卷(康熙朝)　(清)蔣良騏撰　抄本　六冊

340000－1843－0000113　史232/4437
東華錄十六卷(康熙朝)　(清)蔣良騏撰　抄本　八冊

340000－1843－0000114　史23/4074
四裔編年表四卷　(清)李鳳苞等編　清刻本　三冊

340000－1843－0000115　史25113/4309
必有齋戰國策選八卷　(明)戴文光輯　明天啟六年(1626)必有齋刻本　四冊

340000－1843－0000116　史25112/4063
國語解九卷戰國策解十一卷　(三國吴)韋昭註　明萬曆四十七年(1619)閔齊伋刻套印本　八冊

340000－1843－0000117　史25113/2207
戰國策評苑十卷首一卷　(明)穆文熙輯　明刻本　四冊

340000－1843－0000118　史25111/1421
[國語選不分卷西漢文選不分卷東漢文選不分卷附三國六朝文不分卷史記選不分卷左傳選不分卷]　(□)陸崑珍批抄　抄本　五冊

340000－1843－0000119　史221/6033
路史四十七卷　(宋)羅泌纂　(宋)羅苹註　(明)喬可傳校　明萬曆三十九年(1611)喬可傳寄寄齋刻本　二十冊

340000－1843－0000120　史216.14/4426
東觀餘論二卷　(宋)黄伯思撰　明崇禎毛氏汲古閣刻本　一冊　存一卷(下)

340000－1843－0000121　史231/1779
司馬温公稽古錄二十卷　(宋)司馬光撰　明刻本　二冊

340000－1843－0000122　史232/4035
三垣筆記不分卷　(清)李清撰　清抄本　四冊

340000－1843－0000123　史2517/4482
靖逆記六卷　題(清)蘭簃外史(盛大士)撰　清嘉慶刻本　一冊

340000－1843－0000124　史2517/2010
平叛記二卷　(清)毛霦撰　清康熙刻本　二冊

340000－1843－0000125　史292/6058
讀書論世十六卷　(清)吴肅公撰　(清)張潮補撰　清抄本　四冊

340000－1843－0000126　史25/4435
惕齋見聞錄一卷　(清)蘇瀜撰　抄本　一冊

340000－1843－0000127　史25/1237
二申野錄八卷　(清)孫之騄輯　清初刻本　八冊

340000－1843－0000128　史25/0000
[上諭摘抄不分卷雙簽不分卷硃簽不分卷單簽不分卷]　(□)□□撰　清抄本　五冊

340000－1843－0000129　史 2516/3627

南疆逸史二十八卷　(清)溫睿臨撰　清抄本　四冊

340000－1843－0000130　史 211.65/1743

徵剿紀略四卷　(清)尹嘉賓撰　抄本　四冊

340000－1843－0000131　史 25/1044

咸豐象山粵氛紀實一卷　(清)王莳蕙撰　抄本　一冊

340000－1843－0000132　史 25/7774

六合紀事四卷　(清)周長森撰　抄本　二冊

340000－1843－0000133　史 25/4414

[江南池州府石埭縣儒學考驗註冊]不分卷　(清)桂百喜編撰　稿本　一冊

340000－1843－0000134　史 211.7/0000

問刑條例不分卷　(□)□□撰　抄本　一冊

340000－1843－0000135　史 25/4626

廣東營幕清冊文稿不分卷　(清)楊保等撰　清光緒抄本　一冊

340000－1843－0000136　史 211.102/7102

馬端肅公奏議十六卷首一卷　(明)馬文升撰　(明)魏尚綸編集　清抄本　二冊

340000－1843－0000137　史 211.102/7444

陸宣公集二十二卷　(唐)陸贄撰　(清)年羹堯重訂　清雍正元年(1723)年羹堯刻本　十二冊

340000－1843－0000138　史 211.102/4430

歷代名臣奏議三百五十卷　(明)黄淮等輯　明崇禎八年(1635)刻本　八十冊

340000－1843－0000139　史 211.102/4030

李鴻章函稿不分卷　(清)李鴻章撰　清抄本　十六冊

340000－1843－0000140　史 21022/1111

國史儒林傳二卷文苑傳二卷　(清)阮元撰　清抄本　八冊

340000－1843－0000141　史 21026/7227

列女傳十六卷　(漢)劉向撰　(明)仇英補圖　明萬曆汪氏刻清乾隆鮑氏知不足齋印本(配圖)　八冊

340000－1843－0000142　史 21026/7227.2

列女傳十六卷　(漢)劉向撰　(明)仇英補圖　抄本(配圖)　十六冊

340000－1843－0000143　史 21011/2010

蘇米志林三卷　(明)毛晉輯　明天啟五年(1625)毛氏綠君亭刻本　三冊

340000－1843－0000144　史 21011/2010.2

蘇米志林三卷　(明)毛晉輯　明綠君亭刻本　三冊

340000－1843－0000145　史 21015/4064

姓氏譜纂七卷　(明)李日華輯　明刻本　二冊

340000－1843－0000146　史 21014/4712

古今圖書集成胡姓部鈔不分卷　(清)胡玉縉輯　清抄本　一冊

340000－1843－0000147　史 21014/3133

江氏服系錄不分卷　(清)江澮源輯抄　清抄本　一冊

340000－1843－0000148　史 2517/8023

宮禁不分卷　(清)羊復禮編　清光緒抄本　二冊

340000－1843－0000149　史 28/7772

歐陽文忠公新唐書抄二卷歐陽文忠公五代史抄二十卷　(宋)歐陽修撰　(明)茅坤輯評　明刻本　四冊

340000－1843－0000150　史 213.148/4077

大明一統志九十卷　(明)李賢等纂修　明萬壽堂刻本　五十冊

340000－1843－0000151　史 213.355/1047

重刻會稽三賦四卷　(宋)王十朋撰　(明)南逢吉註　明刻本　二冊

340000－1843－0000152　史 213.43/4623

洛陽伽藍記五卷　(北魏)楊衒之撰　明末毛氏綠君亭刻本　一冊

340000－1843－0000153　史 213.43/7580.2
闕里志二十四卷　（明）陳鎬撰　清康熙刻本　十册

340000－1843－0000154　史 213.365/7744
廣東新語二十八卷　（清）屈大均撰　清康熙三十九年(1700)木天閣刻本　十二册

340000－1843－0000155　史 213.62/4433
臺灣雜記不分卷　（清）黄逢昶輯　抄本　一册

340000－1843－0000156　史 213.2253/1042
［乾隆］直隸汾州志二十五卷　（清）王朝爵修（清）孫星衍纂　清乾隆四十九年(1784)刻本　四册

340000－1843－0000157　史 213.2254/0054
［乾隆］郃陽縣全志四卷　（清）席奉乾修（清）孫景烈纂　（清）陳宏謀評點　清乾隆三十四年(1769)刻本　四册

340000－1843－0000158　史 213.2414/0038－2
［康熙］武功縣志重校續志三卷　（清）張文熙等纂　（清）康吕賜校補　清雍正刻本　一册

340000－1843－0000159　史 213.2414/0038
［正德］武功縣志三卷　（明）康海纂修　清雍正刻本　一册

340000－1843－0000160　史 213.4/0808
九邊圖論一卷　（明）許論撰　明天啟元年(1621)閔氏刻朱墨套印本　一册

340000－1843－0000161　史 213.2534/0712
［康熙］吴江縣志四十六卷首一卷　（清）郭琇修　清光緒抄本　十二册

340000－1843－0000162　史 213.2554/2846
［乾隆］平陽縣志二十卷首一卷　（清）杭世駿修　（清）徐恕等纂　清乾隆二十五年(1760)刻本　八册

340000－1843－0000163　史 213.2553/4002
［乾隆］紹興府志八十卷首一卷　（清）李亨特修　（清）平恕　（清）徐嵩纂　清乾隆五十七年(1792)浙江刻本　四十六册

340000－1843－0000164　史 213.2224/1737
［乾隆］衡水縣志十四卷　（清）陶淑纂修　清乾隆三十二年(1767)刻本　五册

340000－1843－0000165　史 213.2224/1737
［乾隆］衡水縣志十四卷　（清）陶淑纂修　清乾隆三十二年(1767)刻本　五册

340000－1843－0000166　史 213.2224/4161
［乾隆］獲鹿縣志十二卷　（清）韓國瓚修（清）石光璽纂　清乾隆元年(1736)刻本　四册

340000－1843－0000167　史 213.2224/1414
［康熙］靈壽縣志十卷首一卷　（清）陸隴其修（清）傅維樗纂　清康熙二十五年(1686)刻本　四册

340000－1843－0000168　史 213.2224/1414
［康熙］靈壽縣志十卷首一卷　（清）陸隴其修（清）傅維樗纂　清康熙二十五年(1686)刻本　四册

340000－1843－0000169　史 213.5254/2762
齊雲山志五卷　（明）魯點撰　明萬曆二十七年(1599)安徽刻本　四册

340000－1843－0000170　史 213.2223/2713
［康熙］保定府志二十九卷　（清）紀弘謨修（清）郭棻纂　清康熙十九年(1680)河北刻本　十二册

340000－1843－0000171　史 213.2553/1144
［康熙］金華府志三十卷首一卷　（清）張藎修（清）沈麟趾纂　清康熙二十二年(1683)浙江刻本　十二册

340000－1843－0000172　史 213.221/2545
［乾隆］天津縣志二十四卷　（清）朱奎揚等修（清）吴廷華纂　清乾隆四年(1739)刻本　八册

340000－1843－0000173　史 213.2664/0042
［嘉慶］重修沅江縣志三十卷　（清）唐古特修（清）駱孔僎纂　清嘉慶十五年(1810)湖南刻本　四册

340000－1843－0000174　史 213.2545/8041
[雍正]巖鎮誌草四卷　(清)佘華瑞纂修　清抄本　八冊

340000－1843－0000175　史 213.2414/1038
[正德]朝邑縣志二卷　(明)王道修　(明)韓邦靖纂　明正德十四年(1519)刻本　一冊

340000－1843－0000176　史 213.2543/6071
[淳熙]新安志十卷　(宋)羅願撰　清嘉慶十七年(1812)刻本　四冊

340000－1843－0000177　史 213.2544/6088
[嘉慶]東流縣志三十卷　(清)吴篪修　(清)李兆洛等纂　清嘉慶二十三年(1818)刻本　八冊

340000－1843－0000178　史 213.2544/0079
[康熙]休寧縣志八卷　(清)廖騰煃修　清康熙三十二年(1693)刻本　五冊

340000－1843－0000179　史 213.2544/0079－2
[嘉慶]休寧縣志二十四卷圖一卷　(清)何應松修　(清)方崇鼎纂　清嘉慶二十年(1815)刻本　十二冊

340000－1843－0000180　史 213.2543/7143
[康熙]池州府志九十二卷　(清)馬世永等纂修　清康熙五十年(1711)刻乾隆重修本　二十冊

340000－1843－0000181　史 213.5432/1014
[康熙]徽州府志十八卷首一卷　(清)丁廷楗　(清)盧詢修　(清)趙吉士纂　清康熙安徽刻本　十冊

340000－1843－0000182　史 213.2543/1014
[康熙]徽州府志十八卷首一卷　(清)丁廷楗　(清)盧詢修　(清)趙吉士纂　清康熙安徽刻本　十冊

340000－1843－0000183　史 213.2414/1038.2
[正德]朝邑縣志二卷　(明)王道修　(明)韓邦靖纂　**[萬曆]朝邑縣後志八卷**　(明)王學謨續纂　**[康熙]朝邑縣後志八卷**　(清)王兆鰲纂修　清康熙五十一年(1712)刻本　六冊

340000－1843－0000184　史 213.2523/4047
[乾隆]沂州府志三十六卷首一卷　(清)李希賢修　(清)潘遇莘等纂　清乾隆二十五年(1760)山東刻本　二十四冊

340000－1843－0000185　史 213.2533/1781
[雍正]揚州府志四十卷　(清)尹會一修　(清)程夢星等纂　清雍正十一年(1733)刻本　十二冊

340000－1843－0000186　史 213.2524/1715
[乾隆]高密縣志十卷首一卷末一卷　(清)張乃史修　(清)錢廷熊纂　清乾隆十九年(1754)刻本　四冊

340000－1843－0000187　史 213.2524/4721
[乾隆]濟陽縣志十四卷首一卷　(清)胡德琳修　(清)何明禮　(清)章承茂纂　清乾隆三十年(1765)刻本　八冊

340000－1843－0000188　史 213.2524/3246
[乾隆]曲阜縣志一百卷　(清)潘相等纂修　清乾隆三十九年(1774)刻本　十二冊

340000－1843－0000189　史 213.2524/3246
[乾隆]曲阜縣志一百卷　(清)潘相等纂修　清乾隆三十九年(1774)刻本　十二冊

340000－1843－0000190　史 213.2524/1797
[乾隆]濰縣志六卷首一卷末一卷　(清)張耀璧修　(清)王誦芬纂　清乾隆二十五年(1760)刻本　六冊

340000－1843－0000191　史 213.2524/4493
[乾隆]平原縣志十卷首一卷　(清)黄懷祖修　(清)黄兆熊纂　清乾隆十四年(1749)刻本　四冊

340000－1843－0000192　史 213.2524/3040
[乾隆]諸城縣志四十六卷　(清)宫懋讓修　(清)李文藻等纂　清乾隆二十九年(1764)刻本　八冊

340000－1843－0000193　史 213.2524/0095
[乾隆]夏津縣志十卷首一卷　(清)方學成修

（清）梁大鯤纂　清乾隆六年（1741）刻本　六冊

340000－1843－0000194　史 213.2524/2518
［康熙］鄒縣志三卷　（清）朱承命修　（清）陳子芝纂　（清）婁一均重輯　清康熙五十五年（1716）刻本　四冊

340000－1843－0000195　史 213.252/1087
［至元］齊乘六卷釋音一卷　（元）于欽纂　（元）于潛釋音　清乾隆四十六年（1781）刻本　六冊

340000－1843－0000196　史 213.2524/1000
［乾隆］介休縣志十四卷　（清）王謀文纂修　清乾隆三十五年（1770）山西刻本　八冊

340000－1843－0000197　史 213.2254/4004
［乾隆］汾陽縣志十四卷首一卷　（清）李文起修　（清）戴震纂　清乾隆三十七年（1772）刻本　八冊

340000－1843－0000198　史 213.2253/2091
［乾隆］蒲州府志二十四卷圖一卷　（清）喬光烈　（清）周景柱纂修　清乾隆二十年（1755）刻本　十冊

340000－1843－0000199　史 213.2614/1044
［乾隆］溫縣志十二卷首一卷　（清）王其華修　（清）苗於京纂　清乾隆二十四年（1759）刻本　四冊　存十二卷（一至四、六至十二，首一卷）

340000－1843－0000200　史 213.2224/8010
［順治］封丘縣志九卷首一卷　（清）余縉修　（清）李嵩陽纂　**［康熙］封丘縣續志不分卷**　（清）王賜魁修　**［康熙］封丘縣續志五卷**　（清）耿紘祚修　（清）李承紱纂　清康熙三十六年（1697）刻本　八冊

340000－1843－0000201　史 213.2564/0042
［道光］廣豐縣志三十二卷首一卷　（清）文炳修　（清）徐奕溥纂　清道光三年（1823）刻本　八冊

340000－1843－0000202　史 213.2554/4618
［雍正］慈溪縣志十六卷　（清）楊正筍修　（清）馮鴻模纂　清乾隆三年（1738）刻本　八冊

340000－1843－0000203　史 213.2424/6060
［乾隆］皋蘭縣志二十卷　（清）吳鼎新修　（清）黃建中纂　清乾隆四十三年（1778）刻本　四冊

340000－1843－0000204　史 213.2524/2547
［乾隆］清水縣志十六卷　（清）朱超纂修　清乾隆六十年（1795）刻本　四冊

340000－1843－0000205　史 213.2423/4601
［乾隆］西寧府新志四十卷　（清）楊應琚纂修　清乾隆二十七年（1762）刻本　十二冊

340000－1843－0000206　史 213.5256/5034
［乾隆］龍虎山志十六卷　（清）婁近垣撰　清乾隆五年（1740）刻本　六冊

340000－1843－0000207　史 213.52/4003
萬山綱目二十三卷目錄一卷　（清）李誠撰　清光緒抄本　八冊

340000－1843－0000208　史 213.5254/4062
紫蓬山志稿二卷　（清）李恩綬撰　清光緒二十年（1894）李恩綬稿本　二冊

340000－1843－0000209　史 213.51/6072
桂林山水一卷　（清）羅辰繪　清道光十一年（1831）刻本　一冊

340000－1843－0000210　史 213.5253/2729
天台山方外志要十卷　（明）釋無盡纂　（清）齊召南刪訂　清乾隆三十二年（1767）刻本　六冊

340000－1843－0000211　史 213.531/2767
欽定河源紀略三十五卷首一卷　（清）紀昀等撰　清乾隆武英殿刻本　四冊

340000－1843－0000212　史 213.5254/7706
黃山志定本七卷首一卷　（清）閔麟嗣纂　（清）釋弘濟閱定　清康熙十八年（1679）烏程閔氏刻本　七冊

340000－1843－0000213　史 213.5221/4433

盤山志十六卷首五卷　(清)蔣溥等纂　清乾隆二十年(1755)武英殿刻本　十五册

340000－1843－0000214　史213.532/3227
河防一覽十四卷　(明)潘季馴撰　明萬曆十八年(1590)刻本　十册

340000－1843－0000215　史213.532/3227
河防一覽十四卷　(明)潘季馴撰　明萬曆十八年(1590)刻本　十册

340000－1843－0000216　史211.64/4733
籌海圖編十三卷　(明)胡宗憲輯　(明)胡維極重校　明天啟刻本　八册

340000－1843－0000217　史211.64/4733
籌海圖編十三卷　(明)胡宗憲輯　(明)胡維極重校　明天啟刻本　十册

340000－1843－0000218　史211.3/4403
福惠全書三十二卷　(清)黄六鴻撰　清康熙刻本　十二册

340000－1843－0000219　史211.3/4403
兵治刑治工治不分卷　(□)□□撰　抄本　一册

340000－1843－0000220　史211.1/7107
文獻通考三百四十卷　(元)馬端臨撰　明嘉靖馮天馭校刻萬曆至崇禎遞修本　六十册

340000－1843－0000221　史211.32/6045
實政錄七卷　(明)呂坤撰　明刻本　六册　存四卷(明職一、民務二至四)

340000－1843－0000222　史215.31/1747
邵懿辰校註四庫簡明目錄二十卷　(清)邵懿辰校註　清抄本　六册

340000－1843－0000223　史215.23/6680
恬裕齋藏書目錄不分卷　(清)瞿鏞撰錄　清抄本　八册

340000－1843－0000224　史216.51/4930
補寰宇訪碑錄五卷　(清)趙之謙纂輯　(清)沈樹鏞覆勘　清稿本　二册

340000－1843－0000225　史216.51/1134
金石篆隸萃編目錄不分卷　(清)張汝槐抄錄　清光緒張汝槐抄本　二册

340000－1843－0000226　史215.32/0027
復初齋題跋三卷　(清)翁方綱撰　清抄本　一册

340000－1843－0000227　史216.14/2582
金石韻府五卷　(清)朱雲纂輯　清抄本　二册

340000－1843－0000228　史216.12/1023
博古圖錄三十卷　(宋)王黼等撰　明萬曆二十八年(1600)泊如齋刻本　十二册

340000－1843－0000229　史216.54/7741
秦漢瓦文考(秦漢瓦當考)六十四式　題(清)又坪撰抄　清稿本　一册

340000－1843－0000230　史216.54/0000
求古精舍金石圖考錄不分卷甄瓦考不分卷敏求軒問不分卷　(□)□□撰　清光緒抄本　一册

340000－1843－0000231　史216.54/1112
漢碑異字疏證一卷漢碑古字通訓一卷　(清)張延奂輯　清稿本　一册

340000－1843－0000232　史291/7282
史通通釋二十卷附錄一卷　(清)浦起龍釋　清乾隆十七年(1752)浦氏求放心齋刻本　六册

340000－1843－0000233　史2142/6024
新唐書糾謬二十卷　(宋)吳縝撰　明萬曆海虞趙開美刻本　三册

340000－1843－0000234　史2121/3731
鼎鐫金陵湯會元評釋漢書狐白三卷　(明)湯尹輯　明末刻本　二册　存二卷(一至二)

340000－1843－0000235　史21/4416
南齊書五十九卷　(南朝梁)蕭子顯撰　明崇禎十年(1637)虞山毛氏汲古閣刻本　八册

340000－1843－0000236　史213.1/3132.8
讀史方輿紀要一百三十卷　(清)顧祖禹撰　抄本　一百二十册

340000－1843－0000237　史 213.5257/2852
武夷志略四卷　(明)徐表然撰　明萬曆四十七年(1619)孫世昌刻本　四册

340000－1843－0000238　史 213.5252/4442
勞乘不分卷　(□)藍水撰　抄本　一册

340000－1843－0000239　史 241/4041.3
通鑑紀事本末二百三十九卷　(宋)袁樞編(明)張溥論正　明末正雅堂刻本　四十三册　存二百三十一卷(一至一百九十二、二百一至二百三十九)

340000－1843－0000240　子 3(1)/2749
諸子彙函二十六卷　(明)歸有光輯　(明)文震孟參訂　明天啟五年(1625)刻本　二十四册

340000－1843－0000241　子 322/2661
河南程氏遺書二十五卷附録一卷外書十二卷文集十二卷　(宋)程顥　(宋)程頤撰(宋)朱熹輯　明嘉靖三年(1524)刻本　二十册

340000－1843－0000242　子 322/7231
大學衍義補一百六十卷首一卷　(明)丘濬撰(明)陳仁錫評閲　明萬曆三十三年(1605)刻本　二十四册

340000－1843－0000243　子 322/7231(2)
大學衍義四十三卷　(宋)真德秀撰　**大學衍義補一百六十卷首一卷**　(明)丘濬撰　(明)陳仁錫評閲　明刻本　五十册

340000－1843－0000244　子 322/6045
呻吟語六卷　(明)呂坤撰　清武進董氏正誼堂抄本　六册

340000－1843－0000245　子 322/4435
范子囈言十卷　(明)范涞撰　明萬曆四十五年(1617)程子美刻本　二册

340000－1843－0000246　子 331/4412
武備志二百四十卷　(明)茅元儀撰　明天啟刻本　四十册

340000－1843－0000247　子 331/5043
洴澼百金方十四卷　題(清)惠麓酒民(袁宫桂)撰　清抄本　八册

340000－1843－0000248　子 331/5043
洴澼百金方十四卷　題(清)惠麓酒民(袁宫桂)撰　清抄本　十册

340000－1843－0000249　子 314/3002
管子二十四卷　(唐)房玄齡註釋　(明)劉績增註　(明)沈鼎新　(明)朱養純參評　明天啟五年(1625)朱養純花齋刻本　二册　存六卷(十至十五)

340000－1843－0000250　子 34/3425
蠶桑麻竹説不分卷　(清)沈練撰　清稿本　一册

340000－1843－0000251　子 37/0009
丹溪心法附餘二十四卷首一卷　(明)方廣類集　明刻本　七册

340000－1843－0000252　子 362/4806
籌算七卷　(清)梅文鼎撰　清抄本　一册

340000－1843－0000253　子 3927/3131
聖廟祀典圖考五卷三禮冠服制式二卷　(清)顧沅輯　清道光六年(1826)賜硯堂顧氏刻本　五册

340000－1843－0000254　子 392/2582
晴窗鑒古圖不分卷　(清)朱養儒輯　清同治刻本　一册

340000－1843－0000255　子 392/2582
晴窗鑒古圖不分卷　(清)朱養儒輯　清同治刻本　二册

340000－1843－0000256　子 392/2630
墨緣彙觀二種四卷　(清)安岐撰　清程寬抄本　四册

340000－1843－0000257　子 3926/4710
十竹齋畫譜不分卷　(明)胡正言輯　明刻本　五册

340000－1843－0000258　子 3926/2022
御製耕織圖不分卷　(清)聖祖玄燁題詩(清)焦秉貞畫　清刻本　一册　存四十五

幅畫

340000－1843－0000259　子 3926/2137
晚笑堂畫傳一卷明太祖功臣一卷　(清)上官周撰　清乾隆八年(1743)刻本　二册

340000－1843－0000260　子 3924/5042
草書備考四卷　(清)秦彬撰　稿本　四册

340000－1843－0000261　子 392/8050
無雙譜一卷　(清)金史(金古良)繪　清刻賞奇軒四種合編本　一册

340000－1843－0000262　子 3923/5338
漢谿書法通解八卷　(清)戈守智纂　(清)陸培等纂編　(清)陸聲鍾編次　清乾隆霽雲閣刻本　四册

340000－1843－0000263　子 3923/7212
岳忠武書出師表真蹟不分卷　(宋)岳飛書　清光緒三十四年(1908)上海中國圖書公司影印本　一册

340000－1843－0000264　子 3926/4473
[唐詩畫譜]不分卷[唐詩七言畫譜]不分卷　(明)黄鳳池輯　明刻本　二册

340000－1843－0000265　子 3926/0030
唐六如畫譜二卷　(明)唐寅編　明萬曆清繪齋刻本　一册

340000－1843－0000266　子 3931/0000
梁魏遺音四十五折　(□)□□撰　清抄本　十册

340000－1843－0000267　子 3933/2544
律吕精義内篇十卷外篇十卷　(明)朱載堉撰　明刻本　六册

340000－1843－0000268　子 3924/0002
方氏墨譜六卷　(明)方于魯撰　明萬曆十六年(1588)方氏美蔭堂刻本　八册

340000－1843－0000269　子 3102/4700
少室山房筆叢正集三十二卷續集十六卷　(明)胡應麟撰　明萬曆三十四年(1606)新安吴勉學刻本　二十册

340000－1843－0000270　子 3102/4420
說類六十二卷　(明)葉向高輯　明刻本　二十四册

340000－1843－0000271　子 318/6014
吕氏春秋二十六卷　(秦)吕不韋撰　(漢)高誘訓解　明萬曆刻本　十六册

340000－1843－0000272　子 3102/0030
增補遵生八箋十九卷　(明)高濂撰　(明)鍾惺較閲　明刻本　十册

340000－1843－0000273　子 3102/7701
因樹屋書影十卷　(清)周亮工撰　清雍正三年(1725)因樹屋刻本　十册

340000－1843－0000274　子 3102/3191
日知録三十二卷　(清)顧炎武撰　清刻本　十二册

340000－1843－0000275　子 318/0000
陳臯爰書□□卷　(□)□□撰　抄本　一册　存一卷(四)

340000－1843－0000276　子 318/0000
求是集□□卷　(□)□□撰　抄本　三册　存四卷(四至五、十六、十八)

340000－1843－0000277　子 3102/7132
南村輟耕録三十卷　(明)陶宗儀撰　明玉蘭草堂刻本　八册

340000－1843－0000278　子 3101/7230
淮南鴻烈解二十一卷　(漢)劉安撰　(漢)高誘註　(明)茅一桂訂　明萬曆刻本　四册

340000－1843－0000279　子 318/4694
秇林伐山二十卷　(明)楊慎撰　(明)孫居相　(明)李雲鵠校　明萬曆刻本　四册

340000－1843－0000280　子 318/0000
紀載彙編不分卷　(□)□□撰　清抄本　二册

340000－1843－0000281　子 382/4322
夏小正一卷　(漢)戴德傳　(宋)金履祥註　(清)張稷若輯　(清)黄叔琳增訂　清學山園校刻本　一册

340000－1843－0000282　子 3102/8712
觚賸八卷續編四卷　(清)鈕琇輯　清刻本　六册

340000－1843－0000283　子 311.2/1841
四六鴛鴦譜十二卷　(明)陰化陽　(明)蘇紫蓋輯　(明)黄國翰　(明)王世茂參閲　明天啟刻本　六册

340000－1843－0000284　子 311.2/2877
初學記三十卷　(唐)徐堅等輯　明嘉靖十年(1531)安國桂坡館刻本　十册

340000－1843－0000285　子 311.2/2877.2
初學記三十卷　(唐)徐堅等撰　明萬曆十五年(1587)徐氏寧壽堂刻本　十四册

340000－1843－0000286　子 311.2/2877.3
初學記三十卷　(唐)徐堅等撰　明萬曆二十二年至二十六年(1594－1598)陳大科校刻本　六册

340000－1843－0000287　子 311.2/7710
藝文類聚一百卷　(唐)歐陽詢等輯　明嘉靖六年至七年(1527－1528)胡纘宗刻本　二十八册

340000－1843－0000288　子 311.2/7710.2
藝文類聚一百卷　(唐)歐陽詢等輯　明萬曆十六年(1588)白下王孟起刻本　十册

340000－1843－0000289　子 311.2/8034
唐類函二百卷目錄二卷　(明)俞安期纂　明萬曆三十一年(1603)刻本　一百二十册

340000－1843－0000290　子 311.2/3491
唐詩金粉十卷　(清)沈炳震輯　清雍正刻本　四册

340000－1843－0000291　子 311.2/3438
文選錦字錄二十一卷　(明)淩迪知輯　明淩稚隆校刻本　二十册

340000－1843－0000292　子 311.2/4441
廣博物志五十卷　(明)董斯張纂　明萬曆三十五年(1607)高暉堂刻本　二十四册

340000－1843－0000293　子 311.2/3421
五車韻瑞一百六十卷　(明)淩稚隆輯　明刻本　五十六册

340000－1843－0000294　子 311.2/2626
新編古今事文類聚前集六十卷後集五十卷續集二十八卷別集三十二卷新集三十六卷外集十五卷遺集十五卷　(宋)祝穆等編　明萬曆三十二年(1604)金陵唐富春德壽堂刻本　四十六册

340000－1843－0000295　子 311.211/2637
事類賦三十卷　(宋)吳淑撰　明抄本　五册　存二十六卷(五至三十)

340000－1843－0000296　子 311.2/4447
廣事類賦四十卷　(清)華希閔撰　清乾隆二十九年(1764)刻本　十册

340000－1843－0000297　子 311.2/4413
薛文清公讀書全錄類編二十卷　(明)薛瑄撰　(明)侯鶴齡編　明萬曆二十四年(1596)刻本　四册

340000－1843－0000298　子 311.2/2267
東觀集十卷　(宋)魏野撰　清乾隆三十年(1765)秀水胡校抄本　四册

340000－1843－0000299　子 311.2/1865
韻府群玉二十卷　(元)陰時夫編　(元)陰中夫註　明天順六年(1462)葉氏南山堂刻本　十册

340000－1843－0000300　子 311.2/1528
潛確居類書一百二十卷　(明)陳仁錫纂輯　明崇禎三年至五年(1630－1632)刻本　六十册

340000－1843－0000301　子 311.2/4723
書言故事大全十二卷　(宋)胡繼宗集　(明)陳玩直解　明萬曆刻本　六册

340000－1843－0000302　子 311.2/0012
新刻分類摘聯四六積玉二十卷　(明)章斐然選輯　(明)陳所學校　明刻本　二册

340000－1843－0000303　子 311.2/3438
太史華句八卷　(明)淩迪知輯　(明)淩稚隆

校　明萬曆四年至五年(1576－1577)吴興淩氏桂芝館刻本　四冊

340000－1843－0000304　集461/7280
世説新語八卷　(南朝宋)劉義慶撰　(南朝梁)劉孝標註　(宋)劉辰翁批釋　(明)王世懋批點　明萬曆八年(1580)刻本　八冊

340000－1843－0000305　集461/7280.3
世説新語補二十卷　(南朝宋)劉義慶撰　(南朝梁)劉孝標註　(宋)劉辰翁批釋　(明)何良俊增　(明)王世貞刪定　(明)王世懋批釋　(明)張文柱校註　明萬曆十三年(1585)昆山唐周刻本　七冊　存十四卷(一至六、十三至二十)

340000－1843－0000306　子311.1/4944
寄園寄所寄十二卷　(清)趙吉士輯　清刻本　十二冊

340000－1843－0000307　子311.1/4944
寄園寄所寄十二卷　(清)趙吉士輯　清刻本　八冊　存六卷(一至六)

340000－1843－0000308　子3102/4027
獨異志三卷　(唐)李冗撰　明刻本　三冊

340000－1843－0000309　子313./6632
指月録三十二卷　(明)瞿汝稷編　明萬曆靈隱寺弘禮刻本　十冊

340000－1843－0000310　子313./2683
五燈會元二十卷　(宋)釋普濟撰　明萬曆建昌新城洵溪峨峯菴刻本　二十冊

340000－1843－0000311　子313./2684
法苑珠林一百二十卷　(唐)釋道世撰　明萬曆十八年至十九年(1590－1591)刻本　二十四冊

340000－1843－0000312　子312./4477
南華經内篇集註七卷首一卷　(戰國)莊周撰　(明)潘基慶集註　明刻本　二冊

340000－1843－0000313　子312./4477.2
南華真經旁註五卷　(戰國)莊周撰　(明)方虚名輯註　(明)孫平仲音校　明萬曆刻本　五冊

340000－1843－0000314　子312./3128
道德經評註二卷　(□)題河上公章句　(明)歸有光批閲　(明)文震孟訂　明天啟刻本　一冊

340000－1843－0000315　子311.11/1426
摘集今古事略不分卷　(□)聽泉輯　清光緒八年(1882)抄本　一冊

340000－1843－0000316　子311.24/0044
典制類林四卷　(清)唐式南編　清乾隆三十年(1765)刻本　二冊

340000－1843－0000317　子311.24/3042
讀書紀數略五十四卷　(清)宫夢仁編　清康熙刻本　十二冊

340000－1843－0000318　子311.24/3140
智囊補二十八卷　(明)馮夢龍輯　清刻本　十一冊　存二十六卷(一至八、十一至二十八)

340000－1843－0000319　子311.211/2637.2
事類賦三十卷　(宋)吴淑撰　明嘉靖十一年(1532)無錫華麟祥崇正書院刻本　六冊

340000－1843－0000320　子311.211/4237
類林新詠三十六卷　(清)姚之駰撰　清康熙四十六年(1707)刻本　十二冊　存二十九卷(一至三、八至十、十四至三十六)

340000－1843－0000321　子311.211/4241
山堂肆考宫集四十八卷商集四十八卷角集四十八卷徵集四十八卷羽集四十八卷　(明)彭大翼編　明萬曆刻本　四十冊

340000－1843－0000322　子311.212/1042
新刻重校增補圓機活法詩學全書二十四卷　(明)王世貞校正　(明)蔣先庚重訂　明萬曆文錦堂刻本　十六冊

340000－1843－0000323　子331/1064
登壇必究四十卷　(明)王鳴鶴編輯　(明)袁世忠校正　明萬曆刻本　四十冊

340000－1843－0000324　子383/2631

易冒十卷 (清)程良玉撰 清康熙四十三年(1704)刻本 四冊

340000－1843－0000325 子387/4424
三命通會十二卷 題(明)育吾山人(萬民英)撰 清雍正十三年(1735)金陵李氏刻本 十二冊

340000－1843－0000326 子3942/3133
飛鴻堂印譜五集四十卷 (清)汪啟淑輯 清乾隆刻鈐印本 二十冊

340000－1843－0000327 子3102/2802
玉芝堂談薈三十六卷 (明)徐應秋輯 明末徐應秋蒨園刻本 二十冊

340000－1843－0000328 子3102/3452
夢溪筆談二十六卷補筆談三卷續筆談一卷 (宋)沈括撰 明崇禎四年(1631)刻本 八冊

340000－1843－0000329 子3102/7701.3
因樹屋書影十卷 (清)周亮工撰 清雍正三年(1725)懷德堂刻本 四冊

340000－1843－0000330 子3102/7701.2
因樹屋書影十卷 (清)周亮工撰 (清)吴宗信校訂 清康熙六年(1667)刻本 十冊

340000－1843－0000331 子3103/0028.4
通雅五十二卷首三卷 (清)方以智撰 抄本 三十一冊

340000－1843－0000332 子3103/0044
天祿識餘十二卷 (清)高士奇撰 清康熙二十九年(1690)刻本 四冊

340000－1843－0000333 子3103/7741
潛邱劄記六卷 (清)閻若璩撰 清乾隆十三年(1748)大成齋刻本 十冊

340000－1843－0000334 子3322/5329
紀效新書十八卷 (明)戚繼光撰 清抄本 四冊

340000－1843－0000335 子3921/4727
鐵網珊瑚二十卷 (明)都穆撰 清乾隆刻本 十二冊

340000－1843－0000336 集41/1030
楚辭十七卷 (漢)王逸章句 清初毛氏汲古閣刻本 六冊

340000－1843－0000337 集41/2540
楚辭集註八卷辯證二卷後語六卷 (宋)朱熹集註 明成化刻本 四冊

340000－1843－0000338 集41/1132
楚騷綺語六卷 (明)張之象輯 (明)淩迪知訂 明刻本 四冊

340000－1843－0000339 集41/7460
楚辭疏八卷附錄一卷 (明)陸時雍疏 明末緝柳齋刻本 五冊

340000－1843－0000340 集431/4420
文選纂註評林十二卷 (南朝梁)蕭統選 (明)張鳳翼纂註 明萬曆刻本 十二冊

340000－1843－0000341 集431/4420(2)
文選纂註評林十二卷 (南朝梁)蕭統選 (明)張鳳翼纂註 明萬曆刻本 十二冊

340000－1843－0000342 集431/4420(3)
文選刪十二卷 (南朝梁)蕭統編 (明)張溥刪 明刻本 四冊

340000－1843－0000343 集4321/2814
玉臺新詠十卷 (南朝陳)徐陵撰 明崇禎六年(1633)寒山趙氏小宛堂刻本 二冊

340000－1843－0000344 集432/4060
文苑英華一千卷 (宋)李昉等纂 明隆慶元年(1567)胡維新、戚繼光刻本 一百二十冊

340000－1843－0000345 集4321/4022
集錄真西山文章正宗二十四卷 (宋)真德秀輯 明刻本 十五冊 存二十三卷(一至十二、十四至二十四)

340000－1843－0000346 集431/7521
文選補遺四十卷 (元)陳仁子輯 清刻本 十四冊

340000－1843－0000347 集431/4012
鐫九我李先生編輯梁昭明李太子文選品彙十八卷 (明)李廷機編 明萬曆刻本 十二冊

340000－1843－0000348　集 4323/1021
秦漢人文選玉六卷　(明)王衡選　明刻本　六冊

340000－1843－0000349　集 4323/3141
秦漢文鈔十二卷　(明)馮有翼輯　(明)汪德元訂　明萬曆刻本　四冊

340000－1843－0000350　集 432/3190
詩紀一百十三卷目錄二十五卷　(明)馮惟訥彙編　(明)方天眷重訂　明文樞堂刻本　二十四冊

340000－1843－0000351　集 4321/7460
古詩鏡三十六卷唐詩鏡五十四卷　(明)陸時雍選評　明刻本　四十八冊

340000－1843－0000352　集 4321/8296
古詩歸十五卷唐詩歸三十六卷　(明)鍾惺　(明)譚元春選　明萬曆刻本　十六冊

340000－1843－0000353　集 4322/4445
唐宋八大家文鈔一百四十四卷　(明)茅坤評選　明刻本　三十冊

340000－1843－0000354　集 4322/2828
文體明辯六十一卷綱領一卷目錄六卷附錄十四卷目錄二卷　(明)徐師曾纂　明萬曆八年(1580)吳江董邦寧壽檜堂刻本　八十冊

340000－1843－0000355　集 4322/0000
古文選粹十一卷　(□)□□撰　明刻本　六冊

340000－1843－0000356　集 4322/2828.2
文體明辯四十八卷　(明)徐師曾纂　(明)沈芬　(明)沈騏箋　明崇禎十三年(1640)刻本　十四冊

340000－1843－0000357　集 4322/4762
名世文宗二十八卷談藪一卷　(明)胡時化選輯　(明)陳仁錫訂正　明崇禎元年(1628)刻本　十六冊

340000－1843－0000358　集 4322/0000
古文苑二十一卷　(□)□□撰　明張象賢刻本　十二冊

340000－1843－0000359　集 4321/0000
諸儒箋解古文真寶前集十卷　(□)□□撰　明弘治刻本　四冊

340000－1843－0000360　集 4322/6073
晚邨先生八家古文精選不分卷　(清)呂留良選　(清)吕葆中批點　清康熙四十三年(1704)呂氏家塾刻本　六冊

340000－1843－0000361　集 4322/6073
晚邨先生八家古文精選不分卷　(清)呂留良選　(清)吕葆中批點　清康熙四十三年(1704)呂氏家塾刻本　四冊

340000－1843－0000362　集 4322/2842
古文淵鑒六十四卷　(清)徐乾學輯　清康熙二十四年(1685)刻五色套印本　二十四冊

340000－1843－0000363　集 4322/2842.2
古文淵鑒六十四卷　(清)徐乾學輯　清康熙二十四年(1685)刻五色套印本　二十四冊

340000－1843－0000364　集 4322/3128
唐宋八大家文分體讀本第一集八卷　(清)汪份選定　清康熙五十九年(1720)遄喜齋刻本　七冊　六卷(一至三、六至八)

340000－1843－0000365　集 4322/2477
唐宋八大家類選十四卷　(清)儲欣評選　清雍正刻本　八冊

340000－1843－0000366　集 4322/3340
古文眉詮七十九卷首一卷　(清)浦起龍論次　(清)程鍾　(清)方懋福彙　清乾隆三吳書院刻本　十六冊

340000－1843－0000367　集 431/4420(4)
文選音義八卷　(清)余蕭客選註　清乾隆刻本　四冊

340000－1843－0000368　集 4329/1732
名家詩觀不分卷　(清)鄧漢儀輯　抄本　一冊

340000－1843－0000369　集 4324/4047
才調集十卷　(五代)韋縠輯　清康熙四十三年(1704)新安汪氏垂雲堂刻本(卷八配清王

定祥手抄本）　四冊

340000－1843－0000370　集 4324/4047
才調集十卷　（五代）韋縠輯　清康熙四十三年（1704）新安汪氏垂雲堂刻本　二冊

340000－1843－0000371　集 4327/4450
谷音二卷　（元）杜本輯　明末汲古閣刻本　二冊

340000－1843－0000372　集 4261/4453（4）
讀杜心解六卷首二卷　（清）浦起龍編　清雍正浦氏寧我齋刻本　八冊

340000－1843－0000373　集 4324/5530
全唐詩九百卷　（清）曹寅等輯　清康熙內府刻本　一百二十冊

340000－1843－0000374　集 4324/5530
全唐詩九百卷　（清）曹寅等輯　清康熙內府刻本　一百二十冊

340000－1843－0000375　集 4324/0042
唐詩品彙九十卷拾遺十卷　（明）高棅輯　明東海屠隆刻本（序、歷代名公敘論、詩人爵里詳節及總目配清抄本）　二十六冊

340000－1843－0000376　集 4324/0042.2
唐詩品彙九十卷拾遺十卷　（明）高棅輯　明張恂刻本　十八冊

340000－1843－0000377　集 4324/0042.3
唐詩品彙九十卷拾遺十卷　（明）高棅輯　明萬曆三十二年（1604）吳門許自昌刻本　二十二冊

340000－1843－0000378　集 4324/0042（2）
唐詩正聲二十二卷　（明）高棅輯　明刻本　十冊

340000－1843－0000379　集 4324/0042（2）.2
唐詩正聲二十二卷　（明）高棅輯　明嘉靖三年（1524）華氏刻本　一冊　存十卷（一至十）

340000－1843－0000380　集 4324/7712
刪補唐詩選脈箋釋會通評林六十卷　（明）周珽集註　（明）陳繼儒批點　明刻本　十六冊

340000－1843－0000381　集 4324/0030
唐詩解五十卷爵里一卷　（明）唐汝詢選釋　清順治十六年（1659）萬笈堂刻本　二十四冊

340000－1843－0000382　集 4324/0094
御選唐詩三十二卷目錄三卷　（清）聖祖玄燁選　（清）陳廷敬等輯註　清康熙五十二年（1713）內府刻朱墨套印本　十五冊

340000－1843－0000383　集 4324/0804
唐詩韻彙三十卷　（清）施端教輯　清康熙刻本　三十九冊

340000－1843－0000384　集 4324/1047
唐詩鼓吹十卷　（元）元好問編　（元）郝天挺註　（明）廖文炳解　清敬儀堂刻本　二冊

340000－1843－0000385　集 4324/4040
唐詩選七卷　（明）李攀龍選　明刻朱墨套印本　七冊　存五卷（三至七）

340000－1843－0000386　集 4324/0177
中晚唐詩紀不分卷　（清）龔賢編　清初鹿城龔氏刻本　十冊

340000－1843－0000387　集 4324/3431
唐人萬首絕句選七卷　（宋）洪邁纂　（清）王士禛選　清康熙玉壺堂刻本　一冊

340000－1843－0000388　集 4324/1090
浣竹山堂選註四六排沙集十六卷　（明）王焞選　明浣竹山堂刻本　十二冊

340000－1843－0000389　集 4327/3149
元詩選六卷補遺一卷　（清）顧奎光輯　清乾隆十六年（1751）刻本　四冊

340000－1843－0000390　集 4327/3149
元詩選六卷補遺一卷　（清）顧奎光輯　清乾隆十六年（1751）刻本　六冊

340000－1843－0000391　集 4327/3160（2）
元詩選二集　（清）顧嗣立編　清康熙秀野草堂刻本　十冊

340000－1843－0000392　集 4327/2010
元四家詩四種二十七卷　（明）毛晉訂　明毛氏汲古閣刻本　十六冊

340000－1843－0000393　集 4327/5751
元詩篋衍集七言律不分卷　題(□)蝸軒硯北子選抄　清抄本　一冊

340000－1843－0000394　集 4327/5751
元詩篋衍集七言古不分卷　題(□)蝸軒硯北子選抄　清抄本　一冊

340000－1843－0000395　集 4327/5751
元詩篋衍集五言絕不分卷七言絕不分卷　題(□)蝸軒硯北子選抄　清抄本　一冊

340000－1843－0000396　集 4327/5751
元詩篋衍集五言律不分卷　題(□)蝸軒硯北子選抄　清抄本　一冊

340000－1843－0000397　集 4327/5751
元詩篋衍集五言古不分卷　題(□)蝸軒硯北子選抄　清抄本　一冊

340000－1843－0000398　集 4326/3160
金詩選四卷　(清)顧奎光編　清乾隆刻本　一冊

340000－1843－0000399　集 4326/3160
金詩選四卷　(清)顧奎光編　清乾隆刻本　二冊

340000－1843－0000400　集 4325/3130
辟疆園宋文選三十卷　(清)顧宸選輯　清康熙十九年(1680)顧氏辟疆園刻本　三十六冊

340000－1843－0000401　集 4325/6030
校正重刊官板宋朝文鑑一百五十卷目錄三卷　(宋)呂祖謙編　明弘治十七年(1504)鄱陽胡氏刻本　二十四冊

340000－1843－0000402　集 4329/3099
國朝三家文鈔三十二卷　(清)宋犖　(清)許汝霖輯　清康熙三十三年(1694)刻本　十四冊

340000－1843－0000403　集 4328/1162
皇明文範六十八卷目錄二卷　(明)張時徹輯　明隆慶刻本　七冊　存十卷(二十四至二十五、三十、三十二至三十三、三十八、四十、四十二、四十五至四十六)

340000－1843－0000404　集 4328/1213
山曉閣選明文全集二十四卷續集八卷　(清)孫琮輯評　清康熙刻本　八冊　存二十四卷(山曉閣選明文全集二十四卷)

340000－1843－0000405　集 4328/1213
山曉閣選明文全集二十四卷續集八卷　(清)孫琮輯評　清康熙刻本　十六冊

340000－1843－0000406　集 4329/3423
國朝詩別裁三十二卷　(清)沈德潛撰　清乾隆教忠堂刻本　十二冊

340000－1843－0000407　集 4328/3416
新鐫國朝名儒文選百家評林十二卷　(明)沈一貫輯　明末刻本　八冊

340000－1843－0000408　集 4328/2582
車書樓彙輯旁註當代名公四六瑤函六卷首一卷　(明)朱錦輯　明刻本　四冊

340000－1843－0000409　集 4328/0825
車書樓彙輯各名公四六爭奇八卷　(明)許以忠輯　明萬曆刻本　五冊

340000－1843－0000410　集 4328/1044
車書樓精選名公四六篇篇錦十二卷　(明)王世茂選註　明崇禎刻本　六冊

340000－1843－0000411　集 42/4450
織錦回文詩不分卷　(晉)蘇惠撰　(明)釋起宗分讀　(明)康萬民增讀　明刻本　一冊

340000－1843－0000412　集 4329/3144
江左三大家詩鈔九卷　(清)顧有孝輯　清康熙六年(1667)刻本　六冊

340000－1843－0000413　集 4321/0000
讀詩津逮二卷讀文津逮二卷　(□)□□輯　抄本　四冊

340000－1843－0000414　集 4321/4425
古今歲時雜詠四十六卷　(宋)蒲積中編　清抄本　八冊

340000－1843－0000415　集 4321/7248
蘭雪齋增訂文致八卷　(明)劉士鏻評次　明崇禎刻本　八冊

340000－1843－0000416　集4329/3144
江左三大家詩鈔九卷　(清)顧有孝輯　清康熙六年(1667)刻本　六冊

340000－1843－0000417　集433/2644
新安文獻志選紀篇八卷先賢事略一卷　(清)程士樾選　清稿本　四冊

340000－1843－0000418　集433/3099(3)
吳風二卷　(清)宋犖選評　清康熙刻本　一冊

340000－1843－0000419　集4329/3099(2)
江左十五子詩選二卷　(清)宋犖編　清抄本　二冊

340000－1843－0000420　集433/1020
嶺南三大家詩選二十四卷　(清)王隼輯　清康熙六瑩堂刻本　八冊

340000－1843－0000421　集4329/7517
從遊集二卷　(清)陳瑚輯　清抄本　二冊

340000－1843－0000422　集433/6043
精選茂林賦鈔初集不分卷　(清)吳蘋洲輯　清光緒抄本　一冊

340000－1843－0000423　集424/0020
庾開府集十六卷附錄一卷　(北周)庾信撰　(明)張燮纂　明天啟元年(1621)刻本　二冊

340000－1843－0000424　集424/2767
鮑參軍集二集　(南朝宋)鮑照撰　明刻漢魏六朝百三家集本　二冊

340000－1843－0000425　集424/3134
江文通文集十卷　(南朝梁)江淹撰　明刻本　二冊

340000－1843－0000426　集423/7736
陶靖節集十卷　(晉)陶潛撰　(宋)湯漢等註　明萬曆四年(1576)刻本　六冊

340000－1843－0000427　集423/7736(2)
陶詩集註四卷　(晉)陶潛撰　(清)詹夔錫集註　清康熙三十三年(1694)寶墨堂刻本　四冊

340000－1843－0000428　集4263/4731
唐大家柳柳州文選四卷　(唐)柳宗元撰　(明)歸有光選輯　明刻本　四冊

340000－1843－0000429　集4261/1142
唐丞相曲江張先生文集十二卷附錄一卷　(唐)張九齡撰　清順治十四年(1657)木活字印本　十冊

340000－1843－0000430　集4262/4026.2
分類補註李太白詩二十五卷　(唐)李白撰　(宋)楊齊賢集註　**年譜一卷**　(宋)薛中邕撰　明萬曆三十年(1602)長洲許自昌刻本　十六冊

340000－1843－0000431　集4262/4026.3
分類補註李太白詩二十五卷　(唐)李白撰　(宋)楊齊賢集註　**年譜一卷**　(宋)薛中邕撰　(元)蕭士贇補註　(明)許自昌校　明雲林五雲堂刻本　十冊

340000－1843－0000432　集4262/4026.4
分類補註李太白詩二十五卷　(唐)李白撰　(宋)楊齊賢集註　**年譜一卷**　(宋)薛中邕撰　(元)蕭士贇補註　(明)許自昌校　明雲林五雲堂刻本　八冊

340000－1843－0000433　集4264/3608
溫飛卿詩集九卷　(唐)溫庭筠撰　(明)曾益註　(清)顧予咸補註　清康熙三十六年(1697)顧氏秀野草堂刻本　四冊

340000－1843－0000434　集4264/4062
唐皮日休文藪十卷　(唐)皮日休撰　明正德刻本　四冊

340000－1843－0000435　集4262/4453(7)
辟疆園杜詩註解五言律十二卷七言律五卷　(唐)杜甫撰　(清)顧宸註　清康熙二年(1663)梁溪顧宸辟疆園刻本　十八冊

340000－1843－0000436　集4262/4453
讀書堂杜工部詩集註解二十卷文集註解二卷編年詩史譜目一卷　(唐)杜甫撰　(清)張溍評註　清康熙三十八年(1699)張氏讀書堂刻本　十二冊

340000－1843－0000437　集 4262/4453(2)
杜工部集二十卷年譜一卷詩話一卷酬唱題詠附録一卷略例一卷附録一卷　(唐)杜甫撰　(清)錢謙益箋註　清康熙六年(1667)季振宜静思堂刻本　十冊

340000－1843－0000438　集 4262/4453(3)
杜詩論文五十六卷　(唐)杜甫撰　(清)吳見思註　(清)潘眉評　清康熙十一年(1672)寶翰樓刻本　十二冊

340000－1843－0000439　集 4262/4453(4)
讀杜心解六卷首二卷　(唐)杜甫撰　(清)浦起龍解　清雍正二年(1724)浦氏寧我齋刻本　八冊

340000－1843－0000440　集 4262/4453(5)
杜詩鏡銓二十卷年譜一卷附録一卷　(唐)杜甫撰　(清)楊綸編輯　清乾隆五十七年(1792)九柏山房刻本　八冊

340000－1843－0000441　集 4262/4453(6)
杜律通解四卷　(唐)杜甫撰　(清)李文煒箋釋　清初刻本　六冊

340000－1843－0000442　集 4262/0147
魯文公集十五卷　(唐)顔真卿撰　明萬曆二十四年(1596)顔胤祚刻本　四冊

340000－1843－0000443　集 4262/1020
類箋唐王右丞詩集十卷年譜一卷文集四卷外編一卷唐諸家同詠集一卷贈題集一卷歷朝諸家評王右丞詩畫鈔一卷　(唐)王維撰　(宋)劉辰翁評　(明)顧起經輯　明嘉靖三十五年(1556)顧起經奇字齋刻本　十冊

340000－1843－0000444　集 4263/2676
白香山詩集四十卷年譜一卷年譜舊本一卷舊唐書白居易本傳一卷　(唐)白居易撰　(清)汪立名編訂　清康熙一隅草堂刻本　十二冊

340000－1843－0000445　集 4263/2676
白香山詩集四十卷年譜一卷年譜舊本一卷舊唐書白居易本傳一卷　(唐)白居易撰　(清)汪立名編訂　清康熙一隅草堂刻本　十冊

340000－1843－0000446　集 4263/2676(2)
白香山詩集四十卷年譜一卷年譜舊本一卷舊唐書白居易本傳一卷　(唐)白居易撰　(清)汪立名編訂　清康熙一隅草堂刻本　四冊　存二十卷(後集十七卷、年譜一卷、年譜舊本一卷、本傳一卷)

340000－1843－0000447　集 4263/2676
白香山詩集四十卷年譜一卷年譜舊本一卷舊唐書白居易本傳一卷　(唐)白居易撰　(清)汪立名編訂　清康熙一隅草堂刻本　七冊　存二十二卷(長慶集十八至十九、別集一卷、後集十七卷、補遺二卷)

340000－1843－0000448　集 4263/1024
元氏長慶集六十卷補遺六卷　(唐)元稹撰
白氏長慶集七十一卷　(唐)白居易撰　(明)馬元調輯　明萬曆三十四年(1606)松江馬元調刻本　二十冊

340000－1843－0000449　集 4263/4480
昌黎先生集四十卷外集十卷遺文一卷朱子校昌黎先生集傳一卷　(唐)韓愈撰　(宋)廖瑩中校正　明萬曆東吳徐時泰東雅堂刻本　十六冊

340000－1843－0000450　集 4264/4444
杜荀鶴文集三卷　(唐)杜荀鶴撰　明刻本　一冊

340000－1843－0000451　集 4435/0060
瀛奎律髓詩鈔□□卷　(元)方回輯　(清)林洞省抄　清抄本　一冊

340000－1843－0000452　集 4281/4437
宋大家蘇文公文鈔十卷　(宋)蘇洵撰　(明)茅坤評　明刻本　八冊

340000－1843－0000453　集 4281/4453
施註蘇詩四十二卷總目二卷蘇詩補遺二卷　(宋)蘇軾撰　(宋)施元之註　**東坡先生[蘇軾]年譜一卷**　(清)王宗稷編　**王註正譌一卷**　(清)邵長蘅撰　清康熙三十八年(1699)刻本　十冊

340000－1843－0000454　集 4281/4453
東坡集選五十卷集餘一卷　(宋)蘇軾撰　(明)陳繼儒選　**蘇文忠公年[軾]譜一卷**　(宋)王宗

稷編　**外紀二卷**　（明）王世貞編　**外紀逸編一卷**　（明）璩之璞撰　明末刻本　十二冊

340000－1843－0000455　集 4281/4453(2)
東坡先生禪喜集四卷　（宋）蘇軾撰　（明）徐長孺編　明刻本　四冊

340000－1843－0000456　集 4281/4453(4)
蘇長公小品二卷　（宋）蘇軾撰　（明）王納諫評選　明刻本　四冊

340000－1843－0000457　集 4281/4453(3)
蘇文忠公策論選十二卷　（宋）蘇軾撰　（明）茅坤　（明）鍾惺評　明天啟元年(1621)刻三色套印本　四冊

340000－1843－0000458　集 4281/4453(5)
坡仙集十六卷　（宋）蘇軾撰　（明）李贄評選　明萬曆四十八年(1620)程明善刻本　六冊

340000－1843－0000459　集 4281/4453(6)
蘇長公詩抄不分卷　（宋）蘇軾撰　（清）林洞省抄　清抄本　一冊

340000－1843－0000460　集 4281/4453(7)
施註蘇詩四十二卷總目二卷　（宋）蘇軾撰　（宋）施元之註　清康熙三十八年(1699)刻本　十冊

340000－1843－0000461　集 4281/4437
斜川詩集十卷目錄一卷　（宋）蘇過撰　清木活字印本　四冊

340000－1843－0000462　集 4282/5047
西樵語業一卷　（宋）楊炎正撰　明末汲古閣刻本　一冊

340000－1843－0000463　集 4281/4453(8)
蘇長公合作内外篇不分卷　（宋）蘇軾撰　（明）鄭之惠評選　明刻本　二冊

340000－1843－0000464　集 4282/7438
劍南詩稿八十五卷　（宋）陸游撰　明末汲古閣刻本　二十三冊

340000－1843－0000465　集 4282/7438(2)
渭南文集五十卷　（宋）陸游撰　明末汲古閣刻本　十冊

340000－1843－0000466　集 4282/7438(2)
渭南文集五十卷　（宋）陸游撰　明末汲古閣刻本　十冊

340000－1843－0000467　集 4282/0013
廬陵宋丞相信國公文忠烈先生全集十六卷目錄一卷　（宋）文天祥撰　清雍正三年(1725)文氏五桂堂刻本　十冊

340000－1843－0000468　集 4281/4428
蘇學士集十六卷　（宋）蘇舜欽撰　（清）宋犖鑒定　清康熙三十七年(1698)震澤徐氏白華書屋校刻本　四冊

340000－1843－0000469　集 4281/1031
臨川先生文集一百卷目錄二卷　（宋）王安石撰　明嘉靖刻本　二十冊

340000－1843－0000470　集 4281/1031
臨川先生文集一百卷目錄二卷　（宋）王安石撰　明嘉靖三十九年(1560)刻本　二十六冊

340000－1843－0000471　集 4281/8017
元豐類稿五十卷首一卷　（宋）曾鞏撰　明萬曆梅峰公刻本　八冊

340000－1843－0000472　集 4282/5046
淮海集四十卷後集六卷長短句三卷　（宋）秦觀撰　（明）李之藻　（明）王廷俊校　明萬曆四十六年(1618)李之藻刻本　九冊　存十六卷(四至十、後集六卷、長短句三卷)

340000－1843－0000473　集 4282/4437
山谷老人刀筆二十卷　（宋）黄庭堅撰　明刻本　六冊

340000－1843－0000474　集 4282/3434
洪文敏公集八卷　（宋）洪邁撰　清抄本　四冊

340000－1843－0000475　集 4282/3036
宋宗忠簡公集六卷雜錄一卷始末徵一卷　（宋）宗澤撰　明崇禎十三年(1640)進賢熊人霖刻本　四冊

340000－1843－0000476　集 4282/4072
箋釋梅亭先生四六標準四十卷　（宋）李劉撰

（明）孫雲翼箋釋　明萬曆四十四年（1616）梅墅石渠閣刻本　十冊

340000－1843－0000477　集 4282/4414
安陽集五十卷別錄三卷　（宋）韓琦撰　**遺事一卷**　（宋）王巖叟撰　**忠獻韓魏王家傳十卷**　（宋）強至撰　明萬曆郭樸刻本　十冊

340000－1843－0000478　集 4282/1150
宛丘先生文集四十二卷柯山樂府一卷　（宋）張耒撰　清道光丁氏抄本　十六冊

340000－1843－0000479　集 4282/3144
方壺存稿九卷附名賢遺翰一卷　（宋）汪莘撰　清抄本　二冊

340000－1843－0000480　集 4282/6071
太守存齋先生羅公羅鄂州小集六卷　（宋）羅願撰　（清）程哲輯　**鄂州傳不分卷**　（宋）曹涇撰　清康熙程氏校刻本　四冊

340000－1843－0000481　集 4282/4454
范石湖詩集二十卷　（宋）范成大撰　（清）黄昌衢訂　清康熙二十七年（1688）藜照樓刻本　四冊

340000－1843－0000482　集 4282/4027
真山民詩集不分卷　（宋）真山民撰　清抄本　一冊

340000－1843－0000483　集 4282/8080
姜白石詩詞合集十卷　（宋）姜夔撰　清乾隆三十六年（1771）隨月讀書樓刻本　二冊

340000－1843－0000484　集 4282/1750
栟櫚文集二十五卷　（宋）鄧肅撰　清抄本　六冊

340000－1843－0000485　集 4281/4847
宛陵先生詩集補遺三卷梅堯逸詩不分卷梅詢傳詩記不分卷　（宋）梅堯臣撰　（元）張師曾編次　**梅堯臣年譜**　（元）張師曾編　抄本　三冊

340000－1843－0000486　集 4282/2867
永嘉四靈詩存四卷　（宋）徐照等撰　清同治孫詒讓影宋抄本　一冊

340000－1843－0000487　集 4281/1031（2）
宋大家王文公文抄十六卷　（宋）王安石撰　（明）茅坤批評　明萬曆七年（1579）刻本　六冊

340000－1843－0000488　集 4210/2120
道園遺稿六卷鳴鶴餘音一卷　（元）虞集撰　（元）金天瑞輯　清抄本　一冊

340000－1843－0000489　集 4210/2714
倪雲林先生詩集六卷附錄一卷集外詩一卷　（元）倪瓚撰　（明）毛晉編　明毛氏汲古閣刻元人十種詩本　四冊

340000－1843－0000490　集 4210/6044
吴淵穎先生集十二卷　（元）吴萊撰　（清）王邦采　（清）王繩曾箋　清康熙六十年（1721）刻本　六冊

340000－1843－0000491　集 4210/4624
楊鐵崖先生文集十一卷　（元）楊維楨撰　明華亭陳繼儒校刻本　八冊

340000－1843－0000492　集 4210/4643
楊仲弘詩八卷　（元）楊載撰　（明）毛晉訂　明末汲古閣刻本　一冊

340000－1843－0000493　集 429/1047
中州集十卷中州樂府一卷　（元）元好問編　明末汲古閣刻本　十二冊

340000－1843－0000494　集 4211./2836
徐文長文集三十卷　（明）徐渭撰　（明）袁宏道評點　（明）閔德美校訂　抄本　八冊

340000－1843－0000495　集 4211./1042
弇州山人讀書後八卷　（明）王世貞撰　（明）王士騄校正　明刻本　六冊

340000－1843－0000496　集 4211./0824
秋水庵花影集五卷　（明）施紹莘撰　清初秋水庵刻本　八冊

340000－1843－0000497　集 4211./2166
大復山人詩集精華錄八卷　（明）何景明撰　（清）吴寧編　清乾隆五十年（1785）刻本　四冊

340000－1843－0000498　集 4211./2721
解學士文集十卷　(明)解縉撰　明嘉靖四十一年(1562)刻本(序、卷一末配清抄二葉)　九冊

340000－1843－0000499　集 4211./0042
方正學先生遜志齋集二十四卷外紀二卷　(明)方孝孺撰　明萬曆四年(1576)刻本　八冊

340000－1843－0000500　集 4211./0042(2)
李卓吾評選方正學文集十一卷附錄一卷　(明)方孝孺撰　(明)李贄評　明吴山俞氏求古堂刻本　二冊

340000－1843－0000501　集 4211./2501
凌溪先生集十八卷　(明)朱應登撰　明嘉靖刻本　四冊

340000－1843－0000502　集 4211./1021
緱山先生集二十七卷　(明)王衡撰　明萬曆四十四年(1616)刻本　十冊　存二十卷(一至二十)

340000－1843－0000503　集 4211./0038
青邱高季迪先生詩集十八卷首一卷遺詩一卷鳧藻集五卷扣舷集一卷附錄一卷年譜一卷　(明)高啟撰　(清)金壇輯注　清雍正元年(1723)墨華池館刻本　十六冊

340000－1843－0000504　集 4211./2145
蠛蠓集五卷　(明)盧柟撰　明萬曆三十年(1602)張其忠刻本　六冊

340000－1843－0000505　集 4211./3044
天全堂集四卷附錄一卷　(明)安希范撰　清乾隆四十六年(1781)安吉刻本　二冊

340000－1843－0000506　集 4211./4611
心遠樓存稿八卷　(明)楊琢撰　清康熙刻本　二冊

340000－1843－0000507　集 4211./4027
海叟詩集四卷集外詩一卷附錄一卷　(明)袁凱撰　(清)曹炳曾重輯　清康熙六十一年(1722)曹炳曾城書室刻本　六冊

340000－1843－0000508　集 4211./4446
容臺文集九卷　(明)董其昌撰　明崇禎三年(1630)刻本　六冊

340000－1843－0000509　集 4211./2749
震川自選讀本五卷首二卷末一卷　(明)歸有光選　清抄本　二冊

340000－1843－0000510　集 4211./2749
歸震川先生尺牘二卷　(明)歸有光撰　清康熙刻本　六冊

340000－1843－0000511　集 4211./2749(2)
何氏集二十六卷　(明)何景明撰　(清)吴寧編　明嘉靖十年(1531)刻本　八冊

340000－1843－0000512　集 4211./3663
玉茗堂全集四十六卷　(明)湯顯祖撰　明刻本(卷末配清抄一葉)　六冊

340000－1843－0000513　集 4211./3663
玉茗堂詩集十二卷傳一卷　(明)湯顯祖撰　(明)沈際飛選　(明)鄒迪光撰傳　明崇禎九年(1636)刻本　十冊

340000－1843－0000514　集 4211./3071
宗子相集十一卷附錄一卷補遺一卷　(明)宗臣撰　清抄本　四冊

340000－1843－0000515　集 4212.1/0000
嵞山集前集十二卷續集四卷再續集五卷　(清)方文撰　(清)王澤弘定　清康熙古懷堂刻本　四冊

340000－1843－0000516　集 4212.1/3099
綿津山人詩集三十四卷　(清)宋犖撰　清康熙刻本　四冊

340000－1843－0000517　集 4212.1/4324
潛虛先生文集十四卷年譜一卷　(清)戴名世撰　清抄本　六冊　存八卷(一至四、八至十一)

340000－1843－0000518　集 4212.1/2528
曝書亭集八十卷附錄一卷　(清)朱彝尊撰
笛漁小稿十卷　(清)朱昆田撰　清康熙刻本　二十冊

340000－1843－0000519　集4212.2/9748
大雲山房文稿初集四卷二集四卷言事二卷　(清)惲敬撰　清嘉慶二十年(1815)刻本　十冊

340000－1843－0000520　集4212.1/2634
魏叔子文鈔十二卷　(清)魏禧撰　清康熙刻本　四冊

340000－1843－0000521　集4212.1/4092
敬業堂詩集五十卷　(清)查慎行撰　清康熙刻本　十冊

340000－1843－0000522　集4212.1/4092
敬業堂詩集五十卷　(清)查慎行撰　清康熙刻本　十六冊

340000－1843－0000523　集4212.2/4442
介軒詩草二卷　(清)桂敬順撰　清稿本　二冊

340000－1843－0000524　集4212.1/7272
七頌堂文集四卷詩集九卷　(清)劉體仁撰　清康熙刻本　四冊

340000－1843－0000525　集4212.2/4234
小謨觴館詩集注八卷文集注四卷　(清)彭兆蓀撰　(清)孫元培纂輯　清抄本　四冊

340000－1843－0000526　集4212.1/0064
御製詩集十卷二集十卷　(清)聖祖玄燁撰　(清)高士奇編次　清康熙刻本　四冊

340000－1843－0000527　集4212.1/0064(2)
御製文第二集五十卷總目六卷　(清)聖祖玄燁撰　(清)張玉書等編　清康熙刻本　八冊

340000－1843－0000528　集4212.1/0064(2)
御製文第三集五十卷總目六卷　(清)聖祖玄燁撰　(清)張玉書等編　清康熙刻本　八冊

340000－1843－0000529　集4212.1/7744
屈翁山詩集八卷附詞一卷目錄一卷　(清)屈大均撰　(清)徐肇元選　清初刻本　十冊

340000－1843－0000530　集4212.1/3099(2)
西陂類稿五十卷　(清)宋犖撰　清康熙刻本　十六冊

340000－1843－0000531　集4212.1/8308
牧齋初學集一百十卷目錄二卷　(清)錢謙益撰　明崇禎十六年(1643)燕譽堂刻本　三十六冊

340000－1843－0000532　集4212.1/8308
牧齋初學集一百十卷目錄二卷　(清)錢謙益撰　明崇禎十六年(1643)燕譽堂刻本　十二冊

340000－1843－0000533　集4212.1/1043
帶經堂全集七種九十二卷　(清)王士禛撰　(清)程哲編　清康熙五十年(1711)歙縣程哲刻本　四十冊

340000－1843－0000534　集4212.2/3417
賜硯齋詩存四卷首一卷　(清)沈涵撰　清乾隆二十二年(1757)刻本　四冊

340000－1843－0000535　集4212.2/4913
東潛文稿二卷　(清)趙一清撰　清乾隆五十九年(1794)小山堂刻本　二冊

340000－1843－0000536　集4212.1/1043(2)
古夫于亭藁二卷　(清)王士禛撰　清康熙四十六年(1707)刻本　一冊

340000－1843－0000537　集4212.3/1069
少嵒詩稿□□卷　(清)夏思恬撰　清稿本　一冊　存九卷(九至十七)

340000－1843－0000538　集4212.1/1043(3)
漁洋山人精華錄十卷　(清)王士禛撰　(清)林佶編　清康熙三十九年(1700)林佶刻本　四冊

340000－1843－0000539　集4212.1/1043(3)
漁洋山人精華錄十卷　(清)王士禛撰　(清)林佶編　清康熙三十九年(1700)林佶刻本　四冊

340000－1843－0000540　集4212.3/1161
秋風紅豆樓詩鈔□□卷　(清)張鳴珂撰　清咸豐元年(1851)張鳴珂稿本　一冊　存一卷(一)

340000－1843－0000541　集4212.2/4942

飴山詩集二十卷 （清）趙執信撰　清乾隆十七年(1752)因園刻本　四册

340000－1843－0000542　集4212.1/7714
白岙山人詩選四卷 （清）閻爾梅撰　（清）魯一同選　清抄本　二册

340000－1843－0000543　集4212.2/7481
善卷堂四六十卷 （清）陸繁弨撰　清乾隆三十五年(1770)亦園刻本　四册

340000－1843－0000544　集4212.2/4310
戴東原集十二卷 （清）戴震撰　清乾隆刻本(卷十二配抄本)　四册

340000－1843－0000545　集4212.2/4310
戴東原集十二卷補遺一卷 （清）戴震撰　清乾隆刻本　四册

340000－1843－0000546　集4212.2/2440
存硯樓文集十六卷 （清）儲大文撰　清乾隆刻本　八册

340000－1843－0000547　集4212.1/3099(3)
綿津山人詩集二十七卷楓香詞一卷漫堂説詩一卷 （清）宋犖撰　清康熙刻本　四册

340000－1843－0000548　集4212.1/3099(4)
綿津山人詩集三十四卷 （清）宋犖撰　**緯蕭草堂詩三卷** （清）宋至撰　清康熙刻本　十二册

340000－1843－0000549　集4212.1/6624
尺五堂詩删初刻六卷 （清）嚴我斯撰　清康熙刻本　八册

340000－1843－0000550　集4212.1/4037
笠翁一家言文集四卷詩集八卷 （清）李漁撰　清康熙刻本　四册

340000－1843－0000551　集4212.1/8016
原刊金聖嘆全集十七種 （清）金聖嘆(金人瑞)撰　清初刻本(左傳釋配補抄本)　六册

340000－1843－0000552　集4212.1/2847
憺園文集三十六卷 （清）徐乾學撰　清康熙三十六年(1697)冠山堂刻本　十册

340000－1843－0000553　集4212.2/4411
長吟閣詩集十卷 （清）黄子雲撰　清乾隆刻本　十册

340000－1843－0000554　集4212.2/4411(2)
野鳴詩的不分卷 （清）黄子雲撰　清乾隆刻本　一册

340000－1843－0000555　集4212.1/1047
樓邨詩集二十五卷 （清）王式丹撰　清康熙刻本　八册

340000－1843－0000556　集4212.3/3484
幼學堂詩稿十七卷文稿八卷 （清）沈欽韓撰　清道光刻本　五册

340000－1843－0000557　集4212.1/2891
蕢邨集二種 （清）徐倬撰　清康熙刻本　八册

340000－1843－0000558　集4212.3/4439
寒松廬詩稿三卷 （清）林洞省撰　稿本　三册

340000－1843－0000559　集4212.3/4439.2
寒廬老人詩稿不分卷 （清）林洞省撰　抄本　一册

340000－1843－0000560　集4212.2/4032
蔗塘未定稿九卷外集四卷 （清）查為仁撰　清乾隆刻本　四册

340000－1843－0000561　集4212.1/1714
邵子湘文集二十四卷 （清）邵長蘅撰　清康熙邵氏家刻本　六册

340000－1843－0000562　集4212.1/8737
寒邨詩文集三十六卷 （清）鄭梁撰　清康熙二老閣刻本　十册

340000－1843－0000563　集4212.2/6054
樵水草不分卷 （清）吳中楫撰　清抄本　一册

340000－1843－0000564　集4212.1/7442
陸桴亭先生詩集十卷 （清）陸世儀撰　清抄本　三册

340000－1843－0000565　集4212.1/0041
思綺堂文集十卷　(清)章藻功撰註　清康熙刻本　十冊

340000－1843－0000566　集4212.2/4035
銅鼓書堂遺稿三十二卷　(清)查禮撰　清乾隆刻本　四冊

340000－1843－0000567　集4212.1/6079
夢月巖詩集二十卷詩餘一卷　(清)呂履恒撰　清雍正刻本　十冊

340000－1843－0000568　集4212.1/4444
有懷堂詩稿六卷　(清)韓菼撰　清康熙四十二年(1703)刻本　一冊

340000－1843－0000569　集4212.2/7724
西澗草堂集四卷　(清)閻循觀撰　清乾隆三十八年(1773)刻本　一冊

340000－1843－0000570　集4212.1/3113
堯峰文鈔四十卷詩鈔十卷　(清)汪琬撰　(清)林佶編　清康熙刻本　六冊

340000－1843－0000571　集42/0000
嘯雲樓詩鈔□□卷　(□)方之祥撰　稿本　一冊　存一卷(二)

340000－1843－0000572　集42/0000
古歙竹溪醉素軒劒譚氏甫稿不分卷　(□)□□撰　清洪本鎬抄本　一冊

340000－1843－0000573　集42/0000
[白石遊唱詩抄]□□卷　(□)□□撰　抄本　一冊

340000－1843－0000574　集451211/3124
草堂詩餘四卷　題(明)武陵逸史(顧從敬)輯　清初汲古閣刻本　四冊

340000－1843－0000575　集451211/7522
草堂詩餘十六卷徐卓晤歌一卷雜說一卷　(明)陳繼儒評選　(明)卓人月彙選　(明)徐士俊評　明刻本　六冊

340000－1843－0000576　集431/4420
文選後集五卷　(南朝梁)蕭統選　(明)郭正域評　明閔氏刻朱墨套印本　五冊

340000－1843－0000577　集4211./1032
陽明先生文錄五卷外集九卷別錄十卷　(明)王守仁撰　明嘉靖三十六年(1557)新安胡宗憲刻本(文錄卷三配清抄本)　三十六冊

340000－1843－0000578　集451222/2010
宋名家詞五十一種　(明)毛晉編　明末汲古閣刻本　二十四冊

340000－1843－0000579　集451211/4694
詞林萬選四卷　(明)楊慎編　明末汲古閣刻本　四冊

340000－1843－0000580　集451211/3124(2)
草堂詩餘正集六卷別集四卷新集五卷續集二卷　(明)顧從敬選　明刻本　二十冊

340000－1843－0000581　集451211/3124(2)
草堂詩餘正集六卷別集四卷新集五卷續集二卷　(明)顧從敬選　明刻本　六冊

340000－1843－0000582　集451211/4429
昭代詞選三十八卷　(清)蔣重光選輯　清乾隆三十二年(1767)經鉏堂刻本　十二冊

340000－1843－0000583　集451211/4429
昭代詞選三十八卷　(清)蔣重光選輯　清乾隆三十二年(1767)經鉏堂刻本　十二冊

340000－1843－0000584　集45312/1122
詩餘圖譜三卷　(明)張綖編輯　明崇禎八年(1635)王象晉刻本　三冊

340000－1843－0000585　集451211/2021
宮詞不分卷　(明)毛晉輯　明綠君亭刻本　一冊

340000－1843－0000586　集4524/0830
詞林逸響□□卷　(明)許宇編　明刻本　一冊　存一卷(雪集)

340000－1843－0000587　集45312/0413
碎金詞譜六卷附錄一卷　(清)謝元淮輯　清道光二十四年(1844)刻朱墨套印本　六冊

340000－1843－0000588　集45312/0413
碎金詞譜十四卷續譜六卷　(清)謝元淮輯　清道光二十八年(1848)刻朱墨套印本　七冊

340000－1843－0000589　集 45212/2836
徐文長四聲猿四卷　(明)徐渭撰　(明)袁宏道評點　明刻本　一冊

340000－1843－0000590　集 45222/3663
還魂記二卷　(明)湯顯祖撰　(明)臧晉叔訂　明萬曆十六年(1588)刻本　二冊　序殘

340000－1843－0000591　集 45222/3663.2
玉茗堂還魂記二卷　(明)湯顯祖撰　清乾隆五十年(1785)快雨堂冰絲館刻本　二冊

340000－1843－0000592　集 45222/3663(2)
吳吳山三婦合評牡丹亭還魂記二卷附錄一卷　(明)湯顯祖撰　(清)陳同等評點　清康熙夢園刻本　二冊　存二卷(牡丹亭還魂記二卷)

340000－1843－0000593　集 45222/3663(2)
吳吳山三婦合評牡丹亭還魂記二卷附錄一卷或問一卷　(明)湯顯祖撰　(清)陳同等評點　清康熙夢園刻本　六冊

340000－1843－0000594　集 45223/1292
桃花扇傳奇二卷　(清)孔尚任撰　清康熙刻本　八冊

340000－1843－0000595　集 45222/8731
新編目連救母勸善戲文三卷　(明)鄭之珍編　明萬曆十年(1582)新安鄭氏高石山房刻本　三冊

340000－1843－0000596　集 45222/8731
新編目連救母勸善戲文三卷　(明)鄭之珍編　明萬曆十年(1582)新安鄭氏高石山房刻本　三冊

340000－1843－0000597　集 45222/8731.2
出像目連記三卷　(明)鄭之珍編　明金陵富春堂刻本　三冊

340000－1843－0000598　集 45223/0000
審音鑑古錄九種　(□)□□編　清道光刻本　六冊

340000－1843－0000599　集 4524/7577
新鐫古今大雅南宮詞紀六卷　(明)陳所聞選　(明)陳邦泰輯　明萬曆三十三年(1605)刻本　四冊

340000－1843－0000600　集 4527/4694
廿一史彈詞十一卷　(明)楊慎撰　(清)張三異增定　清康熙刻本　四冊

340000－1843－0000601　集 45210/0000
雪山寶卷全集一卷　(□)□□撰　清光緒二年(1876)刻本　一冊

340000－1843－0000602　集 45210/2486
香山寶卷二卷　(宋)釋普明編　清刻本　一冊

340000－1843－0000603　集 4532/2668
嘯餘譜三十三卷首一卷末二卷　(明)程明善撰　清抄本　八冊　存三十五卷(北曲譜十一卷,南曲譜一至六、八至二十二,首一卷,末二卷)

340000－1843－0000604　集 4534/0000
元曲備考不分卷尾聲套數不分卷詞格備考不分卷唐宋詩餘不分卷　(□)□□撰　抄本　七冊

340000－1843－0000605　集 45312/7738
新定九宮大成南北宮詞譜八十一卷閏集一卷總目三卷　(清)周祥鈺　(清)鄒金生撰　清乾隆十一年(1746)刻本　四十八冊

340000－1843－0000606　集 461/1030
新刻出像增補搜神記六卷　(晉)干寶撰　明金陵大盛堂刻本　六冊

340000－1843－0000607　集 466/6075
四大奇書第一種六十卷首一卷目錄一卷圖三卷　(明)羅貫中撰　(清)毛宗崗評　清康熙刻本　二十二冊

340000－1843－0000608　集 466/2752
新鐫楊家府世代忠勇演義志傳八卷　(明)紀振倫撰　題(明)煙波釣叟參訂　清刻本　八冊

340000－1843－0000609　集 466/4478
皋鶴堂批評第一奇書金瓶梅一百回大略一卷

讀法一卷 題(明)蘭陵笑笑生撰 (清)張竹坡評點 清康熙三十四年(1695)刻本 二十冊

340000－1843－0000610 集 466/4478.2

皋鶴堂批評第一奇書金瓶梅一百回大略一卷讀法一卷圖像一卷 題(明)蘭陵笑笑生撰 (清)張竹坡批點 清皋鶴堂刻本 三十三冊

340000－1843－0000611 集 466/1061

續金瓶梅十二卷六十四回 (清)丁耀亢撰 清刻本 八冊

340000－1843－0000612 集 466/1061

續金瓶梅十二卷六十四回 (清)丁耀亢撰 清刻本 二十冊

340000－1843－0000613 集 466/6016

西遊真詮八卷一百回 (明)吳承恩撰 (清)陳士斌詮解 清康熙合志堂刻本(回三配清抄本三葉) 八冊

340000－1843－0000614 集 466/7750

東西兩晉演義十二卷西晉紀元傳一卷圖像一卷 題(清)尺蠖齋評釋 明周氏大業堂刻本 十四冊

340000－1843－0000615 集 466/0000

新編宋文忠公蘇學士東坡詩話二卷 (□)□□撰 清京都二酉堂刻本 一冊

340000－1843－0000616 集 467/3033

拍案驚奇三十六卷 (明)凌濛初撰 清道光刻本 十二冊

340000－1843－0000617 集 452/0000

新編玉鴛鴦傳八卷 (□)□□撰 抄本 八冊

340000－1843－0000618 集 452/1035

拯西廂二十四齣 (元)王實甫撰 (清)周冰鶴改定 抄本 三冊

340000－1843－0000619 集 4527/0000

劉成美忠節全傳十二卷 (□)□□撰 抄本 九冊

340000－1843－0000620 集 4527/0000

倭袍傳十二卷一百回 (□)□□撰 清光緒抄本 十二冊

340000－1843－0000621 集 452/0000

忠孝傳雙名連環記□□卷 (□)□□撰 清抄本 七冊 存七卷(一至七)

340000－1843－0000622 集 452/0000

安邦傳四卷 (□)□□撰 清抄本 四冊

340000－1843－0000623 集 452/2544

荊釵記十一卷 (明)朱權撰 清乾隆抄本 四冊

340000－1843－0000624 集 452/0000

元宵會六卷 (□)□□撰 清抄本 六冊

340000－1843－0000625 集 452/0000

新編織錦回文金冠記六卷 (□)□□撰 清抄本 四冊

340000－1843－0000626 集 4211./1032(2)

王文成公全書三十八卷 (明)王守仁撰 明隆慶六年(1572)新建謝廷傑刻本 十六冊

340000－1843－0000627 集 452/0000

新編玉環記四卷 (□)□□撰 彭城憲抄本 四冊

340000－1843－0000628 集 452/0000

三國玉璽全傳二十卷 (□)□□撰 清抄本 十冊

340000－1843－0000629 集 4431/7246

文心雕龍十卷 (南朝梁)劉勰撰 (明)鍾惺評 明萬曆刻本 一冊

340000－1843－0000630 集 4436/4700

詩藪十八卷 (明)胡應麟撰 明萬曆刻本 二冊 存六卷(內編六卷)

340000－1843－0000631 集 4211/2836.3

徐文長文集三十卷四聲猿不分卷 (明)徐渭撰 (明)袁宏道評點 明萬曆四十二年(1614)刻本 十冊

340000－1843－0000632 集 4211/2836.2

徐文長文集三十卷 (明)徐渭撰 (明)袁宏

道評點　清刻本　十冊

340000－1843－0000633　集4211/4772
胡敬齋先生文集三卷　(明)胡居仁撰　清康熙四十七年(1708)正誼堂刻本　四冊

340000－1843－0000634　集4211/6622.2
鈐山堂集四十卷　(明)嚴嵩撰　清乾隆二十三年(1758)二酉堂刻本　十六冊

340000－1843－0000635　集4211/7244
太師誠意伯劉文成公集二十卷首一卷　(明)劉基撰　清乾隆十一年(1746)刻本　十四冊

340000－1843－0000636　集4212.1/0450
經義齋集十八卷　(清)熊賜履撰　清康熙二十九年(1690)刻本　八冊

340000－1843－0000637　集4212.1/0870.3
施愚山先生學餘詩集五十卷學餘文集二十八卷外集二卷　(清)施閏章撰　**隨村先生遺集六卷**　(清)施瑮撰　清康熙四十七年(1708)曹寅刻乾隆三十年(1765)續刻本　九冊　存四十五卷(詩集一至四十五)

340000－1843－0000638　集4212.1/1115
文貞公集十二卷　(清)張玉書撰　清乾隆五十七年(1792)松蔭堂刻本　六冊

340000－1843－0000639　集4212.1/2167
槐江詩鈔四卷　(清)程瑞祊撰　清乾隆二年(1737)刻本　四冊

340000－1843－0000640　集4212.1/2608
兼濟堂文集選二十卷　(清)魏裔介撰　(清)詹明章選　清康熙五十年(1711)龍江書院刻本　十六冊

340000－1843－0000641　集4212.1/2615
改亭文集十六卷詩集六卷　(清)計東撰　(清)汪琬選輯　(清)計瓆　(清)計嘉禾重編　清乾隆十三年(1748)讀書樂園刻本　四冊

340000－1843－0000642　集4212.1/7514
午亭文編五十卷　(清)陳廷敬撰　(清)林佶輯録　清康熙四十七年(1708)林佶刻本　十六冊

340000－1843－0000643　集4212.1/7522
陳檢討四六二十卷　(清)陳維崧撰　(清)程師恭註　清乾隆三十五年(1770)亦園刻本　四冊

340000－1843－0000644　集4212.1/7522(4)
陳迦陵全集五十四卷　(清)陳維崧撰　清患立堂刻本　十四冊

340000－1843－0000645　集4212.1/7522(4)
陳迦陵全集五十四卷　(清)陳維崧撰　清患立堂刻本　十五冊

340000－1843－0000646　集4212.1/7578
滄州先生詩鈔十卷補遺一卷　(清)陳鵬年撰　清雍正刻本　四冊

340000－1843－0000647　集4212.1/7578.2
滄州近詩十卷目録一卷　(清)陳鵬年撰　清乾隆刻本　六冊

340000－1843－0000648　集4212.1/8024
居業齋文稿二十卷別集十卷　(清)金德嘉撰　清康熙四十三年(1704)刻本　五冊

340000－1843－0000649　集4212.1/8308(2)
牧齋初學集詩註二十一卷　(清)錢謙益撰　(清)錢曾箋註　清玉詔堂刻本　十五冊

340000－1843－0000650　集4212.2/1029
學耨堂詩稿九卷　(清)王崇炳撰　清雍正刻本　四冊

340000－1843－0000651　集4212.2/1111
詠花軒詩集六卷　(清)張廷璐撰　清乾隆刻本　二冊

340000－1843－0000652　集4212.2/4448
忠雅堂詩集二十七卷補遺二卷詞二卷　(清)蔣士銓撰　清藏園刻本　八冊

340000－1843－0000653　集4212.2/8371
香樹齋文集二十八卷　(清)錢陳羣撰　清乾隆刻本　六冊

340000－1843－0000654　集4213/2138

龔學齋遺集不分卷 （清）程秉釗撰　抄本　一册

340000－1843－0000655　集 4263/4480.12
韓子文鈔八卷 （唐）韓愈撰　（清）林明倫選　清乾隆刻本　六册

340000－1843－0000656　集 4263/4480.14
韓昌黎詩集編年箋註十二卷首一卷 （唐）韓愈撰　（清）方世舉考訂　清乾隆二十三年(1758)盧氏雅雨堂刻本　六册

340000－1843－0000657　集 4263/4480.21
韓文起十二卷年譜一卷 （唐）韓愈撰　（清）林雲銘評註　清康熙三十二年(1693)林氏挹奎樓刻本(卷八配補抄本)　四册

340000－1843－0000658　集 4264/3608
溫飛卿詩集箋註九卷諸家詩評一卷 （唐）溫庭筠撰　（明）曾益原註　（清）顧予咸補註　清康熙三十六年(1697)顧氏秀野草堂刻本　四册

340000－1843－0000659　集 4281/4453.13
蘇詩補註五十卷年表一卷目錄一卷 （宋）蘇軾撰　（清）查慎行註　清乾隆二十六年(1761)查氏香雨齋刻本　十六册

340000－1843－0000660　集 4281/4453(4)
東坡題跋六卷目錄一卷 （宋）蘇軾撰　（明）毛晉訂　明末汲古閣刻本　七册

340000－1843－0000661　集 4281/8017.5
元豐類稿五十卷目錄一卷 （宋）曾鞏撰　清乾隆二十八年(1763)查溪曾氏刻本　十二册

340000－1843－0000662　集 4282/7438
劍南詩稿八十五卷 （宋）陸游撰　明末汲古閣刻本　四十一册

340000－1843－0000663　集 4282/7438(5)
劍南詩鈔不分卷 （宋）陸游撰　（清）楊大鶴選　清康熙二十四年(1685)楊氏刻本　四册

340000－1843－0000664　集 431/4420.17
文選三十卷 （南朝梁）蕭統撰　（唐）李善註　清乾隆二十四年(1759)刻本　十二册

340000－1843－0000665　集 4325/7501
宋十五家詩選十五卷 （清）陳訏輯　清康熙刻本　八册

340000－1843－0000666　集 433/1134
白沙風雅四卷 （清）張達輯　清雍正刻本　二册

340000－1843－0000667　集 4436/0445
四溟詩話二卷 （明）謝榛撰　（清）胡曾校訂　清乾隆十九年(1754)耘雅堂刻本　二册

340000－1843－0000668　集 4431/7246.7
文心雕龍十卷 （南朝梁）劉勰撰　（清）黄叔琳輯註　清乾隆六年(1741)養素堂刻本　二册

340000－1843－0000669　集 4527/0000
果報錄十二卷一百回 （□）□□撰　抄本　一册

340000－1843－0000670　集 4527/0000
倭袍全傳一百回 （□）□□撰　抄本　二册

340000－1843－0000671　叢 5111/4040
百川學海一百種 （宋）左圭輯　明刻本　二十册　存七十九種

340000－1843－0000672　叢 5111/0027
群書考索前集六十六卷後集六十五卷續集五十六卷別集二十五卷 （宋）章如愚編輯　明正德刻本　六十四册

340000－1843－0000673　叢 5112/3113
廣百川學海一百十種 （明）馮可賓輯　明刻本　二十册　存八十三種

340000－1843－0000674　叢 5112/2010
津逮秘書十五集一百四十四種 （明）毛晉編　明崇禎十一年(1638)毛氏汲古閣刻本　一百四十三册

340000－1843－0000675　集 4212.1/0032
萃錦唫八卷 （清）奕訢集句　清光緒刻本　五册

340000－1843－0000676　叢 551/4060
東垣十書二十二卷 （金）李杲輯　明刻本

十六册

340000－1843－0000677　叢 51/7787
合刻山海經水經五十八卷　（漢）桑欽　（北魏）酈道元注　（明）吳琯編　明萬曆十三年(1585)吳琯刻本　十六册

340000－1843－0000678　叢 51/0027
莊騷合刻二種　（清）高秋月集說　（清）曹同春論正　清康熙文粹堂刻本　四册

340000－1843－0000679　集 4321/2010
詩詞雜俎十二種　（明）毛晉輯　明毛氏汲古閣刻本　十二册

340000－1843－0000680　集 45210/3237
寶卷彙集一百二十種　題（清）逃禪居士編　清抄本　一百三十二册

340000－1843－0000681　集 4263/4480
朱文公校昌黎先生文集四十卷外集十卷　（唐）韓愈撰　（宋）朱熹考異　（明）朱吾弼重編　明萬曆刻本　十册

340000－1843－0000682　集 4282/7438(3)
放翁逸稿二卷南唐書十八卷音釋一卷家世舊聞一卷齋居紀事一卷　（宋）陸游撰　明末毛氏汲古閣刻本　四册

340000－1843－0000683　叢 5512/1700
邵子全書二十四卷　（宋）邵雍撰　明刻本　十六册

340000－1843－0000684　集 4281/4428
欒城集五十卷後集二十四卷三集十卷應詔集十二卷目錄一卷　（宋）蘇轍撰　明萬曆清夢軒刻本　二十册

340000－1843－0000685　集 4281/4453(9)
蘇文忠公全集一百十卷　（宋）蘇軾撰　**東坡先生[蘇軾]年譜一卷**　（宋）王宗稷編　明嘉靖十三年(1534)江西布政司刻本　六十四册

340000－1843－0000686　集 4282/7443
撫州金谿陸象山先生文集三十六卷附錄一卷　（宋）陸九淵撰　明嘉靖三十八年(1559)刻本　八册

340000－1843－0000687　集 4282/7438(4)
陸放翁全集六種　（宋）陸游撰　明末汲古閣刻本　四十册

340000－1843－0000688　集 4282/7438(4).2
陸放翁全集六種　（宋）陸游撰　明末汲古閣刻本　十五册　存一種五十卷（渭南文集五十卷）

340000－1843－0000689　集 4282/7438(2)
渭南文集五十卷　（宋）陸游撰　明末汲古閣刻本　八册

340000－1843－0000690　集 4323/4425
增定漢魏六朝別解六十二卷　（明）葉紹泰纂　明采隱山居刻本　十册

340000－1843－0000691　叢 5244/3140
汪氏三先生集三種　（清）汪懋麟輯　清雙芝堂刻本　六册

340000－1843－0000692　經 1(1)/4447
石經考一卷　（清）萬斯同撰　清省吾堂刻本　一册

340000－1843－0000693　經 1(1)/6614
唐石經校文十卷　（清）嚴可均纂　清嘉慶九年(1804)歸安吳氏二百蘭亭齋刻本　八册

340000－1843－0000694　經 1(2)/1034
欽定篆文六經四書六十三卷　（清）李光地等編　清光緒九年(1883)上海同文書局石印本　十册

340000－1843－0000695　經 1(2)/2252
七經孟子考文並補遺二百卷　（日本）山井鼎輯　清嘉慶二年(1797)儀徵阮氏小琅嬛僊館刻本　二十册

340000－1843－0000696　經 1(2)/4446
十三經集字音釋四卷　（清）黃蕙田音釋　清同治九年(1870)西山刻本　五册

340000－1843－0000697　經 1(2)/8043
群經平議三十五卷　（清）俞樾撰　清同治五年(1866)杭州刻本　八册　存三十卷（一至二十六、三十二至三十五）

340000－1843－0000698　經1(2)/8700
鄭氏佚書二十三種　(漢)鄭玄撰　(清)袁鈞輯　清光緒十四年(1888)浙江書局刻本　十冊

340000－1843－0000699　經1(3)/0010
今古學考二卷　廖平述　清光緒十二年(1886)公孚印刷所鉛印本　一冊

340000－1843－0000700　經1(3)/0010
今古學考二卷　廖平述　清刻本　一冊

340000－1843－0000701　經1(3)/0043(3)
新學僞經考十四卷　康有為撰　清光緒十七年(1891)武林望雲樓石印本　八冊

340000－1843－0000702　經1(3)/1004
十三經策案二十二卷　(清)王謨輯　清嘉慶十三年(1808)刻本　十二冊

340000－1843－0000703　經1(3)/1017
經義述聞一卷　(清)王引之撰　清刻本　六冊

340000－1843－0000704　經1(3)/1106
白虎通三卷　(漢)班固等撰　清刻本　二冊

340000－1843－0000705　經1(3)/1123
五經文字一卷　(唐)張參撰　清乾隆三十三年(1768)孔氏紅櫚書屋刻本　一冊

340000－1843－0000706　經1(3)/1160.3
白虎通德論二卷　(漢)班固等撰　清刻本　一冊

340000－1843－0000707　經1(3)/1247
古微書三十六卷　(清)孫瑴輯　清嘉慶二十一年(1816)對山問月樓刻本　八冊

340000－1843－0000708　經1(3)/1247
古微書三十六卷　(清)孫瑴輯　清嘉慶二十一年(1816)對山問月樓刻本　六冊

340000－1843－0000709　經1(3)/7426.2
經典釋文三十卷附考證三十卷　(唐)陸德明撰　(清)盧文弨考證　清光緒十五年(1889)湖南書局刻本　十二冊

340000－1843－0000710　史215.3/2528
經義考三百卷　(清)朱彝尊撰　清乾隆四十三年(1778)刻本　六十四冊

340000－1843－0000711　史215.3/2528
經義考三百卷　(清)朱彝尊撰　清乾隆四十三年(1778)刻本　四十八冊

340000－1843－0000712　經1(3)/4435
經窺十六卷　(清)蔡啟盛撰　清光緒十六年(1890)刻本　四冊

340000－1843－0000713　經1(3)/4471
經學源流考八卷　(清)甘鵬雲撰　清光緒四年(1878)崇雅堂刻民國二十七年(1938)印本　三冊

340000－1843－0000714　經1(3)/7426
經典釋文三十五卷附考證三十卷　(唐)陸德明　(清)盧文弨撰　清乾隆五十六年(1791)抱經堂刻本(考證三十卷配常州龍城書院刻本)　十二冊

340000－1843－0000715　經1(3)/7426
經典釋文三十五卷附考證三十卷　(唐)陸德明　(清)盧文弨撰　清乾隆五十六年(1791)抱經堂刻本(考證三十卷配常州龍城書院刻本)　三十冊

340000－1843－0000716　經1(3)/7426.3
經典釋文三十卷附考證三十卷　(唐)陸德明撰　(清)盧文弨考證　清同治八年(1869)湖北崇文書局刻本　十二冊

340000－1843－0000717　經1(3)/7426.3
經典釋文三十卷附考證三十卷　(唐)陸德明撰　(清)盧文弨考證　清同治八年(1869)湖北崇文書局刻本　十二冊

340000－1843－0000718　史231/1111
御撰資治通鑑綱目三編四十卷　(清)張廷玉等纂　清乾隆內府抄本　四十冊

340000－1843－0000719　集4263/4763
河東先生集四十五卷外集二卷龍城錄二卷附錄二卷集傳一卷後序一卷　(唐)柳宗元撰

(唐)劉禹錫編　明嘉靖東吳郭雲鵬濟美堂刻本　十六冊

340000－1843－0000720　經1(3)/7426.3
經典釋文三十卷附考證三十卷　(唐)陸德明撰　(清)盧文弨考證　清同治八年(1869)湖北崇文書局刻本　十二冊

340000－1843－0000721　經11/0000
周易不分卷　(□)□□撰　抄本　一冊

340000－1843－0000722　經11/0064
御纂周易折中二十三卷首一卷　(清)聖祖玄燁纂　(清)李光地編　清刻本　十二冊

340000－1843－0000723　經11/0064.2
御纂周易折中二十二卷首一卷　(清)聖祖玄燁纂　(清)李光地編　清光緒二十年(1894)湖北書局刻本　八冊

340000－1843－0000724　經11/0700
郭氏傳家易說十一卷　(宋)郭雍撰　清同治十三年(1874)江西書局刻本　八冊

340000－1843－0000725　經11/1017
周易王韓註十卷　(三國魏)王弼　(晉)韓康伯註　清光緒二年(1876)江南書局刻本　三冊

340000－1843－0000726　經11/1017.3
周易王註十卷　(三國魏)王弼註　清乾隆四十八年(1783)武英殿刻本　三冊

340000－1843－0000727　經11/1017.6
周易註疏十三卷略例一卷攷證一卷　(三國魏)王弼　(晉)韓康伯註　(唐)陸德明音義　(唐)孔穎達疏　清同治十年(1871)廣東書局刻本　六冊

340000－1843－0000728　經11/2233
周易洗心十卷　(清)任啟運撰　清光緒八年(1882)任氏一本堂刻本　六冊

340000－1843－0000729　經11/2540
周易本義附音訓十二卷首一卷末一卷　(宋)朱熹撰　清同治四年(1865)金陵書局刻本　二冊

340000－1843－0000730　經11/2671
周易程傳八卷　(宋)程頤傳　清同治五年(1866)金陵書局刻本　二冊

340000－1843－0000731　經11/2671
周易程傳八卷　(宋)程頤傳　清同治五年(1866)金陵書局刻本　三冊

340000－1843－0000732　經11/3123
周易詮義十四卷首一卷　(清)汪烜撰　清同治十二年(1873)安徽敷文書局刻本　十四冊

340000－1843－0000733　經11/3191
周易詮義十四卷首一卷　(清)汪烜撰　清同治十二年(1873)安徽敷文書局刻本　十四冊

340000－1843－0000734　經11/4714
易本義附錄纂注十五卷　(元)胡一桂纂注　清康熙十九年(1680)通志堂刻本　四冊

340000－1843－0000735　經11/4790
易本義通釋十二卷　(元)胡炳文通釋　清康熙十九年(1680)通志堂刻本　四冊

340000－1843－0000736　經11/5044
易漢學八卷　(清)惠棟撰　清乾隆經訓堂刻本　一冊

340000－1843－0000737　經11/5082
周易來注十五卷首一卷末一卷　(明)來知德集註　清同治十年(1871)刻本　十二冊

340000－1843－0000738　經11/7426
周易音義一卷　(唐)陸德明音義　清咸豐刻本　一冊

340000－1843－0000739　經11/7548
周易廓二十四卷　(清)陳世鎔撰註　清咸豐元年(1851)刻本　六冊

340000－1843－0000740　經12/1012
欽定書經傳說彙纂二十一卷首二卷　(清)王頊齡等撰　清同治十年(1871)湖北崇文書局刻本　十二冊

340000－1843－0000741　經12/1012.2
欽定書經傳說彙纂二十一卷首二卷　(清)王頊齡等撰　清同治七年(1868)刻本　八冊

340000－1843－0000742　經 12/1034
禹貢譜二卷　（清）王澍　（清）金詢撰　清刻本　一冊

340000－1843－0000743　經 12/1034
豐川尚書質疑八卷通論一卷　（清）王心敬編　清乾隆三年(1738)潯衙刻本　八冊

340000－1843－0000744　經 12/1124
古文尚書私議三卷　（清）張崇蘭撰　清咸豐刻本　二冊

340000－1843－0000745　經 12/1230
欽定書經圖說五十卷　（清）孫家鼐等撰　清光緒三十一年(1905)石印本　十六冊

340000－1843－0000746　經 12/1236
尚書十三卷　（漢）孔安國傳　清相臺岳氏家刻本　三冊

340000－1843－0000747　經 12/1236.3
尚書注疏十九卷　（漢）孔安國傳　（唐）陸德明音義　（唐）孔穎達疏　清同治十年(1871)刻本　八冊

340000－1843－0000748　經 12/1262
尚書今古文註三十卷　（清）孫星衍註　清丁寶楨刻本　二冊

340000－1843－0000749　經 12/3425
禹貢因一卷　（清）沈練集註　清光緒十八年(1892)沈氏刻本　一冊

340000－1843－0000750　經 12/4736
禹貢錐指二十卷圖一卷　（清）胡渭撰　清康熙四十四年(1705)漱六軒刻本　十二冊　存十二卷(一至五、七至十二,圖一卷)

340000－1843－0000751　經 12/4382
書傳補商十七卷　（清）戴鈞衡撰　清咸豐刻本　六冊

340000－1843－0000752　經 12/4434
書經集傳六卷　（宋）蔡沈集傳　清同治七年(1868)楚北崇文書局刻本　四冊

340000－1843－0000753　經 12/4434.2
書經集傳六卷首一卷末一卷　（宋）蔡沈集傳　清光緒七年(1881)金陵書局刻本　四冊

340000－1843－0000754　經 12/4434.3
書經集傳六卷首一卷末一卷　（宋）蔡沈集傳　清同治五年(1866)金陵書局刻本　四冊

340000－1843－0000755　經 12/4437
洪範明義四卷　（明）黃道周撰　清刻本　二冊

340000－1843－0000756　經 12/4634
禹貢本義一卷　楊守敬撰　清光緒三十二年(1906)鄂城菊灣刻本　一冊

340000－1843－0000757　經 12/6032
寫定尚書不分卷　（清）吳汝綸寫定　清光緒十八年(1892)桐城吳氏石印本　一冊

340000－1843－0000758　經 12/8034
禹貢輯注一卷　（清）余宗英輯註　清一經堂刻本　一冊

340000－1843－0000759　經 13/0041
詩經體注八卷　（清）高朝瓔撰　清光緒十九年(1893)澹雅書局刻本　四冊

340000－1843－0000760　經 13/0041
詩經體注圖考大全八卷　（清）高朝瓔撰　清光緒九年(1883)掃葉山房刻本　四冊

340000－1843－0000761　經 13/1000(2)
新刻詩考不分卷　（宋）王應麟編　清光緒九年(1883)浙江書局刻本　一冊

340000－1843－0000762　經 13/1032
欽定詩經傳說彙纂二十一卷首二卷詩序二卷　（清）王鴻緒等纂　清雍正刻本　十二冊

340000－1843－0000763　經 13/1032
欽定詩經傳說彙纂二十一卷首二卷詩序二卷　（清）王鴻緒等纂　清雍正刻本　十六冊

340000－1843－0000764　經 13/1032.2
欽定詩經傳說彙纂二十一卷首二卷詩序二卷　（清）王鴻緒等纂　清同治十年(1871)湖北崇文書局刻本　十八冊

340000－1843－0000765　經 13/1032.3

欽定詩經傳說彙纂二十一卷首二卷詩序二卷 （清）王鴻緒等纂　清同治七年（1868）馬新貽刻本　十八册

340000－1843－0000766　經 13/1072.2
詩總聞二十卷　（宋）王質撰　清乾隆四十六年（1781）武英殿木活字印本　八册

340000－1843－0000767　經 13/1073
詩經補箋二十卷　王闓運補箋　清光緒三十二年（1906）衡陽東州刻本　十册

340000－1843－0000768　經 13/1073（2）
毛詩補箋二十卷　王闓運補箋　清光緒三十一年（1905）江西官書局木活字印本　八册

340000－1843－0000769　經 13/7533
毛詩稽古編三十卷　（清）陳啟源撰　清嘉慶十八年（1813）龐佑清刻本　六册

340000－1843－0000770　經 13/2000.4
毛詩注疏三十卷詩譜序一卷鄭氏詩譜一卷毛詩譜一卷　（漢）毛亨傳　（漢）鄭玄箋　（唐）陸德明音義　（唐）孔穎達疏　清光緒四年（1878）淮南書局刻本　十六册

340000－1843－0000771　經 13/2000.5
毛詩注疏三十卷考證不分卷（漢）毛亨傳　（漢）鄭玄箋　（唐）陸德明音義　（唐）孔穎達疏　清同治十年（1871）刻本　二十四册

340000－1843－0000772　經 13/2044.2
毛詩故訓傳鄭箋三十卷　（漢）毛萇傳　（漢）鄭玄箋　清同治十一年（1872）五雲堂刻本　四册

340000－1843－0000773　經 13/2141
詩經世本古義二十八卷首一卷末一卷　（明）何楷撰　清嘉慶嘉興周秉仁刻本　二十四册

340000－1843－0000774　經 13/2257
讀風偶識四卷　（清）崔述撰　清道光四年（1824）東陽縣署刻本　四册

340000－1843－0000775　經 13/2530
毛詩補禮六卷　（清）朱濂撰　清道光十九年（1839）刻本　二册

340000－1843－0000776　經 13/7533.2
毛詩稽古編三十卷附考一卷　（清）陳啟源撰　清光緒九年（1883）上海同文書局石印本　八册

340000－1843－0000777　經 13/2540
詩傳遺說六卷　（宋）朱鑑撰　清康熙十九年（1680）通志堂刻本　四册

340000－1843－0000778　經 13/2540（2）
詩經集注八卷　（宋）朱熹集傳　清光緒李光明莊刻本　六册

340000－1843－0000779　經 13/2540（2）
詩經集注八卷　（宋）朱熹集傳　清光緒李光明莊刻本　六册

340000－1843－0000780　經 13/2618
毛詩要義二十卷　（宋）魏了翁撰　清光緒八年（1882）上海刻本　十二册

340000－1843－0000781　經 13/2631
詩古微上編十卷下編二卷首一卷　（清）魏源撰　清光緒十三年（1887）梁谿浦氏刻本　八册

340000－1843－0000782　經 13/2631（2）
詩古微上編十卷下編二卷首一卷　（清）魏源撰　清光緒十三年（1887）掃葉山房刻本　十二册

340000－1843－0000783　經 13/2631（3）
詩古微上編十卷下編二卷首一卷　（清）魏源撰　清光緒十一年（1885）楊守敬刻本　八册

340000－1843－0000784　經 13/2717
御案詩經備旨八卷　（清）鄒聖脈纂輯　清善成堂刻本　八册　存七卷（一至七）

340000－1843－0000785　經 13/2749
毛詩禮徵十卷　（清）包世榮撰　清道光七年（1827）倦游閣刻本　六册

340000－1843－0000786　經 13/2854
詩經貫解四卷　（清）徐壽基集註　清光緒酌雅堂刻本　六册

340000－1843－0000787　經 13/3101

毛詩異議四卷詩譜敘一卷　(清)汪龍撰　清道光五年(1825)挈齋鮑氏刻本　四冊

340000－1843－0000788　經 13/4039
學詩堂經解二十卷　李宗棠輯　清宣統二年(1910)鉛印本　八冊

340000－1843－0000789　經 13/4044
詩經傳注八卷　(清)李塨撰　清道光二十四年(1844)蠡吾趙鍛莊靜穆堂刻本　四冊

340000－1843－0000790　經 13/4434
重訂三家詩拾遺十卷　(清)范家相輯　(清)葉鈞重訂　清嘉慶十五年(1810)詒穀堂刻本　四冊

340000－1843－0000791　經 13/4434(2)
詩瀋二十卷　(清)范家相撰　清乾隆三十九年(1774)古趣亭刻本　三冊

340000－1843－0000792　經 13/4434.2
三家詩拾遺十卷　(清)范家相撰　清嘉慶十五年(1810)古趣亭刻本　二冊

340000－1843－0000793　經 13/4442
詩經精華十卷　(清)薛嘉穎撰　清咸豐元年(1851)姑蘇會文堂刻本　四冊　存八卷(一至六、九至十)

340000－1843－0000794　經 13/4466
韓詩外傳十卷　(漢)韓嬰撰　清刻本　二冊

340000－1843－0000795　經 13/4466.3
韓詩外傳十卷校注拾遺一卷　(漢)韓嬰撰　清光緒元年(1875)望三益齋刻本　四冊

340000－1843－0000796　經 13/4480
毛詩韻訂十卷　(清)苗夔撰　清咸豐元年(1851)漢專亭刻本　三冊

340000－1843－0000797　史 2133/4360
陳書三十六卷　(唐)姚思廉撰　宋刻元明遞修本　六冊　存十七卷(七至十二、二十六至三十六)

340000－1843－0000798　經 13/4711
毛詩後箋三十卷　(清)胡承珙撰　清光緒七年(1881)刻本　二十冊

340000－1843－0000799　經 13/4711.2
毛詩後箋三十卷　(清)胡承珙撰　清光緒十六年(1890)廣雅書局刻本　十二冊

340000－1843－0000800　經 13/4994
詩經集成三十卷　(清)趙燦英撰　清康熙二十九年(1690)金陵陳君美刻本　十二冊　存二十四卷(一至二十四)

340000－1843－0000801　經 13/6022
詩義擇從四卷　(清)易佩紳撰　清光緒刻本　二冊

340000－1843－0000802　經 13/6028
詩集傳音釋二十卷圖一卷綱領一卷　(元)羅復撰　清咸豐五年(1855)海昌蔣氏衍芬草堂刻本　五冊

340000－1843－0000803　經 13/6030.2
呂氏家塾讀詩記三十二卷　(宋)呂祖謙撰　清嘉慶十六年(1811)谿上聽彝堂刻本　八冊

340000－1843－0000804　經 13/7527(3)
釋詩毛氏傳疏三十卷　(清)陳奐傳疏　清道光二十年至二十七年(1840－1847)吳門南園陳氏掃葉山莊刻本　十四冊

340000－1843－0000805　經 13/7527
毛詩音四卷　(清)陳奐撰　清咸豐元年(1851)蘇州潄芳齋刻本　一冊

340000－1843－0000806　經 13/7527(2)
毛詩傳義類十九篇鄭氏箋考徵一卷　(清)陳奐編　清咸豐九年(1859)王載雲刻本　一冊

340000－1843－0000807　經 13/7527(3)
詩毛氏傳疏三十卷毛詩說一卷　(清)陳奐傳疏　清道光二十年至二十七年(1840－1847)吳門南園陳氏掃葉山莊刻本　八冊

340000－1843－0000808　經 13/7533.2
毛詩稽古編三十卷附考一卷　(清)陳啟源撰　清光緒九年(1883)上海同文書局石印本　八冊

340000－1843－0000809　史 211.1/8740
通志二百卷　(宋)鄭樵撰　元大德三山郡庠

刻元明遞修本(配清抄本四葉)　二百三十册

340000－1843－0000810　經13/7540
詩傳名物集覽十二卷　(清)陳大章撰　清光緒十七年(1891)三餘草堂刻本　六册

340000－1843－0000811　經13/7714
詩經小學三十卷　(清)段玉裁撰　清道光五年(1825)抱經堂刻本　四册

340000－1843－0000812　經14(1)/2847
讀禮通考一百二十卷　(清)徐乾學撰　清光緒七年(1881)江蘇書局刻本　三十二册

340000－1843－0000813　經14(1)/2847
讀禮通考一百二十卷　(清)徐乾學撰　清光緒七年(1881)江蘇書局刻本　三十二册

340000－1843－0000814　經14(1)/7533
禮書一百五十卷　(宋)陳祥道撰　清嘉慶九年(1804)郭龍光刻本　十六册

340000－1843－0000815　經14/4427(2)
禮書通故五十卷　(清)黄以周撰　清光緒十九年(1893)黄氏試館刻本　三十二册

340000－1843－0000816　經141/1200
周禮正義八十六卷　(清)孫詒讓撰　清光緒三十一年(1905)鉛印本　二十册

340000－1843－0000817　經141/1200(2)
周禮政要四卷　(清)孫詒讓撰　清光緒二十八年(1902)瑞安普通學堂刻本　四册

340000－1843－0000818　經141/2337
欽定周官義疏四十八卷　(清)允禄等撰　清同治七年(1868)浙江李瀚章刻本　二十四册

340000－1843－0000819　經141/2337
欽定周官義疏四十八卷　(清)允禄等撰　清同治七年(1868)浙江李瀚章刻本　二十八册

340000－1843－0000820　經141/2337.2
欽定周官義疏四十八卷首一卷　(清)允禄等撰　清同治十年(1871)湖北崇文書局刻本　二十八册

340000－1843－0000821　經141/2337.3
欽定周官義疏四十卷首一卷　(清)允禄等撰　清乾隆刻本　三十二册

340000－1843－0000822　經141/3472
周官禄田考三卷　(清)沈彤撰　清乾隆十六年(1751)果堂刻本　一册

340000－1843－0000823　經141/3532
周官精義十二卷　(清)連斗山編次　清光緒十三年(1887)兩儀堂刻本　六册

340000－1843－0000824　經141/4464
禮經會元四卷　(宋)葉時撰　清光緒十一年(1885)掄元堂刻本　四册

340000－1843－0000825　經141/5044
禮説十四卷大學説一卷　(清)惠士奇撰　清嘉慶二年(1797)彭氏蘭陔書屋刻本　六册

340000－1843－0000826　經141/7110
考工記車制圖解二卷　(清)阮元撰　清乾隆五十三年(1788)七録書館刻本　一册

340000－1843－0000827　經142/1150
儀禮圖六卷　(清)張惠言撰　清同治九年(1870)崇文書局刻本　三册

340000－1843－0000828　經142/1286
聖門禮志不分卷　(清)孔令貽輯　清光緒十三年(1887)闕里硯寬亭刻本　一册

340000－1843－0000829　經142/2233
天子肆獻祼饋食禮纂四卷田賦考一卷　(清)任啟運纂　清光緒十四年(1888)任氏家塾刻本　二册

340000－1843－0000830　經142/2233
任釣臺先生遺書四卷　(清)任啟運撰　清嘉慶十四年(1809)瀨上彭信等刻本　二册

340000－1843－0000831　經142/2337
欽定儀禮義疏四十八卷首二卷　(清)允禄撰　清同治十年(1871)湖北崇文書局刻本　三十二册

340000－1843－0000832　經142/2337.2
欽定儀禮義疏四十八卷首二卷　(清)允禄撰　清乾隆十九年(1754)江西書局刻本　四

十册

340000－1843－0000833　經 142/2337.3
欽定儀禮義疏四十八卷首二卷　(清)允祿撰　清刻本　二十八册

340000－1843－0000834　經 142/3133
逸禮大誼論一卷　(清)汪宗沂撰　清光緒六年(1880)歙縣汪氏抄本　一册

340000－1843－0000835　經 142/4612
儀禮經傳通解五十八卷目錄一卷綱領二卷序說一卷雜說一卷　(宋)朱熹撰　清光緒十九年(1893)博約堂刻本　五十册

340000－1843－0000836　經 143/2337
欽定禮記義疏八十二卷首一卷　(清)允祿　(清)鄂爾泰撰　清同治十年(1871)湖北崇文書局刻本　三十八册　存六十九卷(十四至八十二)

340000－1843－0000837　經 143/2337.2
欽定禮記義疏八十二卷首一卷　(清)允祿　(清)鄂爾泰撰　清末刻本　三十二册

340000－1843－0000838　經 143/4433
明堂陰陽夏小正經傳考釋十卷夏時等例說一卷　(清)莊述祖考釋　清光緒九年(1883)刻本　四册

340000－1843－0000839　經 143/4437
石齋先生經傳九種　(明)黃道周輯　(清)鄭開極重訂　清道光二十八年(1848)長洲彭蘊漳補刻本　十七册　存五種十四卷(月令明義四卷、表記集傳二卷、坊記集傳二卷附坊記春秋問業一卷、緇衣集傳四卷、儒行集傳下)

340000－1843－0000840　經 143/6715
欽定禮記義疏八十二卷首一卷　(清)允祿　(清)鄂爾泰撰　清同治十年(1871)湖北崇文書局刻本　十册　存三十七卷(一至三十七)

340000－1843－0000841　經 143/7534
禮記集說十卷　(元)陳澔集說　清同治五年(1866)金陵書局刻本　十册

340000－1843－0000842　經 143/7534.2
禮記集說十卷　(元)陳澔集說　清同治七年(1868)楚北崇文書局刻本　十册

340000－1843－0000843　經 143/8700
附釋音禮記注疏六十三卷　(漢)鄭玄注　(唐)陸德明音義　(唐)孔穎達疏　**校勘記六十三卷**　(清)阮元撰　清嘉慶二十年(1815)江西南昌府學刻本　二十四册

340000－1843－0000844　經 143/8700.4
禮記二十卷　(漢)鄭玄註　清乾隆四十八年(1783)武英殿刻本　六册

340000－1843－0000845　經 143/8700.5
禮記二十卷　(漢)鄭玄註　清乾隆四十八年(1783)武英殿刻本　八册

340000－1843－0000846　經 143/8700.6
宋撫州本禮記二十卷　(漢)鄭玄註　**考異二卷**　(清)張敦仁撰　清同治九年(1870)楚北崇文書局刻本　八册

340000－1843－0000847　經 143/8700.7
禮記十卷　(漢)鄭玄註　清稽古樓刻本　十册

340000－1843－0000848　經 15(2)/4736
春秋傳三十卷　(宋)胡安國撰　清刻本　十册

340000－1843－0000849　經 15(3)/1124
春秋宗朱辨義十二卷首一卷　(清)張自超撰　清光緒七年(1881)刻本　八册

340000－1843－0000850　經 15(3)/3140
春秋大事表五十卷　(清)顧棟高纂輯　清同治十二年(1873)錫山何允安刻本　二十册

340000－1843－0000851　經 15/3122
春秋名號歸一圖二卷　(五代)馮繼先撰　清刻本　一册

340000－1843－0000852　經 15/4081
師伏堂春秋講義二卷　(清)皮錫瑞撰　清宣統元年(1909)鴻飛印刷局鉛印本　一册

340000－1843－0000853　經 15/4980
春秋比事參義十六卷　(清)桂含章輯　清光

緒八年(1882)桂氏務本堂刻本　十六冊

340000－1843－0000854　經15/8096
春秋求故四卷　(清)余煌撰　清道光十年(1830)刻本　一冊

340000－1843－0000855　經151/1059
欽定春秋傳説彙纂三十八卷首二卷　(清)王掞等纂　清同治十一年(1872)江西書局刻本　二十四冊

340000－1843－0000856　經151/1059.2
欽定春秋傳説彙纂三十八卷首二卷　(清)王掞等纂　清同治九年(1870)浙江巡撫楊昌濬刻本　二十二冊

340000－1843－0000857　經151/1726
左傳易讀六卷　(清)司徒則廬(司徒修)輯　清道光三十年(1850)刻本　六冊

340000－1843－0000858　經151/2614
左傳便讀六卷　(清)魏承樾選　清同治十年(1871)樹德堂刻本　六冊

340000－1843－0000859　經151/3147
春秋左繡三十卷首一卷　(清)馮李驊評輯　清光緒南京李光明莊刻本　十六冊

340000－1843－0000860　經1(3)/1142
京師大學堂倫理學經學講義不分卷　(清)張鶴齡撰　清光緒至宣統刻本　一冊

340000－1843－0000861　經1/7529
漢儒通義七卷　(清)陳澧輯　清咸豐八年(1858)廣州富文齋刻本　二冊

340000－1843－0000862　經1(2)/1204
通德遺書所見錄七十二卷　(清)孔廣林輯　清光緒十六年(1890)山東書局刻本　四冊

340000－1843－0000863　經1(3)/0043
新學僞經考十四卷　康有為撰　清光緒十七年(1891)武林望雲樓石印本　八冊

340000－1843－0000864　經12/1012
欽定書經傳説彙纂二十一卷首二卷　(清)王頊齡等撰　清同治十年(1871)湖北崇文書局刻本　十二冊

340000－1843－0000865　經12/1900
尚書駢枝不分卷　(清)孫詒讓撰　清末刻本　一冊

340000－1843－0000866　經12/4736
禹貢錐指二十卷圖一卷　(清)胡渭撰　清末刻本　十二冊

340000－1843－0000867　經12/2737
洪範明義二卷　(明)黄道周撰　清末刻本　二冊

340000－1843－0000868　經12/4684
尚書覈詁四卷　楊筠如撰　清末刻本　一冊

340000－1843－0000869　經12/6032
寫定尚書不分卷　(清)吴汝綸寫定　清光緒十八年(1892)桐城吴氏石印本　一冊

340000－1843－0000870　經13/1032
欽定詩經傳説彙纂二十一卷首二卷　(清)王鴻緒等撰　清刻本　十二冊

340000－1843－0000871　經13/4466.4
韓詩外傳十卷　(漢)韓嬰撰　清刻本　二冊

340000－1843－0000872　經13/4466.4
韓詩外傳十卷　(漢)韓嬰撰　清刻本　二冊

340000－1843－0000873　經13/4466.4
韓詩外傳十卷　(漢)韓嬰撰　清刻本　二冊

340000－1843－0000874　經13/4741
詩經學不分卷　胡樸安撰　清末安吴胡氏刻本　一冊

340000－1843－0000875　經13/8700.3
毛詩鄭箋二十卷　(漢)鄭玄箋　清刻本　四冊

340000－1843－0000876　經13/7533
毛詩稽古編三十卷　(清)陳啟源撰　清刻本　六冊

340000－1843－0000877　經13/7588
毛詩古音考四卷讀詩拙言一卷　(明)陳第撰　清刻本　四冊

340000－1843－0000878　經13/7588

毛詩古音考四卷讀詩拙言一卷　(明)陳第撰　清刻本　四册

340000－1843－0000879　經 14/4427
禮書通故五十卷　(清)黄以周撰　清光緒十九年(1893)黄氏試館刻本　二十四册

340000－1843－0000880　經 14(1)/5046.2
五禮通考二百六十二卷　(清)秦蕙田撰　清光緒六年(1880)江蘇書局刻本　一百册

340000－1843－0000881　經 14(1)/5046.2
五禮通考二百六十二卷　(清)秦蕙田撰　清光緒六年(1880)江蘇書局刻本　一百册

340000－1843－0000882　經 143/4433
明堂陰陽夏小正經傳考釋十卷夏時等例說一卷　(清)莊述祖撰　清光緒刻本　四册

340000－1843－0000883　經 143/4480
春秋比事參義十六卷　(清)桂含章輯　清光緒八年(1882)石埭桂氏務本堂刻本　十六册

340000－1843－0000884　經 151/0000
宋拓蜀石春秋左傳第十五卷　(□)□□撰　清末刻本　一册

340000－1843－0000885　經 151/4240
春秋左傳杜注補輯三十卷　(清)姚培謙輯　清同治五年(1866)金陵書局刻本　十册

340000－1843－0000886　經 151/4411
春秋經傳集解三十卷春秋年表一卷春秋名號歸一圖二卷　(晉)杜預注　清同治八年(1869)楚北崇文書局刻本　十二册

340000－1843－0000887　經 151/4411
春秋經傳集解三十卷　(晉)杜預撰　清同治八年(1869)崇文書局刻本　十二册

340000－1843－0000888　經 151/4411.6
春秋左傳五十卷　(晉)杜預集解　(宋)林堯叟注釋　(唐)陸德明音義　(明)鍾惺等評點　清光緒李光明莊刻本　十六册

340000－1843－0000889　經 151/4426
欽定春秋左傳讀本三十卷　(清)英和等纂輯　清咸豐元年(1851)濂溪書院刻本　十四册

340000－1843－0000890　經 151/4426.2
欽定春秋左傳讀本三十卷　(清)英和等纂輯　清同治八年(1869)江蘇書局刻本　十册

340000－1843－0000891　經 151/7775
左傳事緯十二卷　(清)馬驌編論　清光緒四年(1878)吴縣潘氏敏德堂刻本　十二册

340000－1843－0000892　經 151/4411
春秋經傳集解三十卷春秋年表一卷春秋名號歸一圖二卷　(晉)杜預注　清刻本　十一册　缺二卷(二十九至三十)

340000－1843－0000893　經 152/0043
春秋董氏學八卷附史記儒林列傳一卷　康有為撰　清光緒十九年(1893)刻萬木草堂叢書本　六册

340000－1843－0000894　經 152/2124
春秋公羊傳注疏二十八卷附校勘記　(漢)何休注　(唐)徐彦疏　清嘉慶二十年(1815)南昌府學刻本　八册

340000－1843－0000895　經 152/4428.2
春秋繁露十七卷　(漢)董仲舒撰　清光緒三年(1877)湖北崇文書局刻本　二册

340000－1843－0000896　經 152/4428.3
春秋繁露十七卷附錄一卷　(漢)董仲舒撰　(清)盧文弨校　清光緒八年(1882)淮南書局刻本　二册

340000－1843－0000897　經 152/4428.4
春秋繁露十七卷　(漢)董仲舒撰　清乾隆武英殿木活字印武英殿聚珍版叢書本　四册

340000－1843－0000898　經 152/4428.5
春秋繁露十七卷　(漢)董仲舒撰　(清)凌曙注　清嘉慶二十年(1815)蜚雲閣刻本　四册

340000－1843－0000899　經 153/8201
春秋穀梁傳補注二十四卷首一卷末一卷　(清)鍾文烝補注　清光緒二年(1876)嘉善鍾氏信美室刻本　八册

340000－1843－0000900　經 16/22
四書約旨十九卷　(清)任啟運撰　清乾隆三

十六年(1771)清芬堂刻本　十冊

340000－1843－0000901　經 16/2540
四書集註十九卷　(宋)朱熹章句集註　清光緒三年(1877)江蘇書局刻本　四冊

340000－1843－0000902　經 16/2540.3
四書集註十九卷　(宋)朱熹章句集註　清光緒元年(1875)湖北崇文書局刻本　六冊

340000－1843－0000903　經 16/2540.4
四書集註十九卷　(宋)朱熹章句集註　清同治六年(1867)湖北崇文書局刻本　六冊

340000－1843－0000904　經 16/2540.6
四書集註十九卷　(宋)朱熹章句集註　清末李光明莊刻本　六冊

340000－1843－0000905　經 16/2540.7
四書四種二十卷　(宋)朱熹章句集註　清刻本　十冊

340000－1843－0000906　經 16/2540.9
四書或問三十九卷　(宋)朱熹撰　**四書或問考異一卷**　(清)劉啓發撰　清同治十二年(1873)霍山劉氏五忠堂刻本　六冊

340000－1843－0000907　經 16/3010
四書纂言四十卷　(清)宋翔鳳輯　(清)李祖榮校刊　清光緒八年(1882)岩嵦山房刻本　十六冊

340000－1843－0000908　經 16/3022
四書經史摘証七卷　(清)宋繼穜輯　清光緒元年(1875)芝隱室刻本　四冊

340000－1843－0000909　經 16/3128
四書題鏡不分卷　(清)汪鯉翔撰　清同治三年(1864)刻本　五冊

340000－1843－0000910　經 16/4044
大學傳註一卷中庸傳註一卷論語傳註一卷論語傳註問二卷　(清)李塨傳註　清鉛印本　四冊

340000－1843－0000911　經 16/4061
四書反身録八卷　(清)李顒撰　清道光十一年(1831)浙江書局刻本　四冊

340000－1843－0000912　經 16/4491
四書圖考十三卷　(清)杜炳撰　清光緒十三年(1887)鴻文書局石印本　四冊

340000－1843－0000913　經 16/4684
四書音義聲韻補六卷　(清)楊鋭才補　清道光二年(1822)樹德堂刻本　四冊

340000－1843－0000914　經 16/6063
四書經註集証十九卷大學一卷中庸一卷論語十卷孟子七卷　(清)吳昌宗集証　清嘉慶三年(1798)江都汪氏刻本　十四冊

340000－1843－0000915　經 16/7474
四書集注大全三十九卷　(清)陸隴其輯　清刻本　二十四冊

340000－1843－0000916　經 16/7474
四書集注大全三十九卷　(清)陸隴其輯　清刻本　二十四冊

340000－1843－0000917　經 16/7745
四書典故辨正二十卷附録一卷　(清)周柄中撰　清乾隆四十九年(1784)刻本　六冊

340000－1843－0000918　經 16/8028
四書合講十九卷　(清)翁復編　清光緒十六年(1890)上海點石齋石印本　六冊

340000－1843－0000919　經 161/3130(3)
鄉黨圖考十卷　(清)江永編　清乾隆五十八年(1793)金閶書業堂刻本　三冊

340000－1843－0000920　經 163/2160
論語注疏二十卷校勘記不分卷　(三國魏)何晏集解　(宋)邢昺疏　清嘉慶二十年(1815)南昌府學刻本　五冊

340000－1843－0000921　經 163/3224
朱子論語集注訓詁考二卷　(清)潘衍桐輯　清光緒十六年(1890)刻本　二冊

340000－1843－0000922　經 163/7234.2
論語正義二十四卷　(清)劉寶楠撰　清同治五年(1866)代州馮志沂署刻本　六冊

340000－1843－0000923　經 164/2022
孟子正義三十卷　(清)焦循撰　清焦氏半九

書塾刻本　十四冊

340000－1843－0000924　經 17/0003.3
孝經正義九卷　(唐)玄宗李隆基注　(宋)邢昺校　**校勘記九卷**　(清)阮元撰　清嘉慶二十年(1815)南昌府學刻本　二冊

340000－1843－0000925　經 17/0003.4
孝經注疏九卷　(唐)玄宗李隆基注　(宋)邢昺校　**校勘記九卷**　(清)阮元撰　清光緒十八年(1892)湖南寶慶務本書局刻本　一冊

340000－1843－0000926　經 17/3123
孝經章句或問合編不分卷　(清)汪紱章句　清光緒二十一年(1895)刻本　一冊

340000－1843－0000927　經 181/0000
爾雅蒙求二卷　(清)李拔式撰　清光緒李光明莊刻本　二冊

340000－1843－0000928　經 182/0712
爾雅註疏十一卷　(晉)郭璞註　(宋)邢昺疏　清嘉慶二年(1797)玉軸樓刻本　四冊

340000－1843－0000929　經 182/4399
爾雅郭註補正九卷　(清)戴瑩等撰　清光緒十一年(1885)海陽韓光鼐刻本　六冊

340000－1843－0000930　經 182/0712.2
爾雅註疏十一卷　(晉)郭璞註　(宋)邢昺疏　清嘉慶二年(1797)武林文業齋刻本　四冊

340000－1843－0000931　經 182/0712.11
爾雅音圖三卷　(晉)郭璞註　清光緒十年(1884)上海同文書局石印本　四冊

340000－1843－0000932　經 182/0712.12
爾雅音圖三卷　(晉)郭璞註　清嘉慶六年(1801)藝學軒刻本　三冊

340000－1843－0000933　經 182/0712.13
爾雅三卷　(晉)郭璞註　(唐)陸德明音義　(清)孔繼汾　(清)張樞校　清乾隆刻本　一冊

340000－1843－0000934　經 182/0712
爾雅註疏十一卷　(晉)郭璞註　(宋)邢昺疏　清嘉慶二年(1797)玉軸樓刻本　四冊

340000－1843－0000935　經 182/0712.5
爾雅三卷　(晉)郭璞註　(唐)陸德明音義　清嘉慶二十二年(1817)清芬閣刻本　三冊

340000－1843－0000936　經 182/0712.5
爾雅三卷　(晉)郭璞註　(唐)陸德明音義　清嘉慶二十二年(1817)清芬閣刻本　三冊

340000－1843－0000937　經 182/0712.7
爾雅三卷　(晉)郭璞註　(唐)陸德明音義　清光緒三年(1877)衡陽魏氏刻本　三冊

340000－1843－0000938　經 182/0712.8
爾雅三卷　(晉)郭璞註　(唐)陸德明音義　清光緒二十一年(1895)金陵書局刻本　三冊

340000－1843－0000939　經 182/1044
爾雅郭註佚存補訂二十卷　王樹柟撰　清光緒十八年(1892)資陽王氏刻本　五冊

340000－1843－0000940　經 182/1226.2
爾雅直音二卷　(清)孫偘撰　清光緒六年(1880)福山王氏天壤閣刻本　四冊

340000－1843－0000941　經 182/1226.3
爾雅直音二卷　(清)孫偘撰　清同治九年(1870)京江文成堂刻本　二冊

340000－1843－0000942　經 182/1713
爾雅正義二十卷　(清)邵晉涵撰　**爾雅釋文三卷**　(唐)陸德明撰　清乾隆五十三年(1788)餘姚邵氏刻本　十二冊

340000－1843－0000943　經 1911/0080
説文經典異字考釋一卷　(清)高翔麟撰　清道光十五年(1835)吳青霞齋刻本　一冊

340000－1843－0000944　經 1911/0080(2)
説文字通十四卷　(清)高翔麟撰　清道光十八年(1838)刻本　四冊

340000－1843－0000945　經 1911/0812
説文分韻易知録五卷　(清)許巽行編　清光緒五年(1879)石印本　十冊

340000－1843－0000946　經 1911/0894
説文解字十五卷　(漢)許慎撰　(宋)徐鉉校定　清乾隆三十八年(1773)朱筠椒華吟舫刻

本　八册

340000－1843－0000947　經 1911/0894

說文解字十五卷　(漢)許慎撰　(宋)徐鉉校定　清乾隆三十八年(1773)朱筠椒華吟舫刻本　八册

340000－1843－0000948　經 1911/0894.10

說文解字十五卷　(漢)許慎撰　(宋)徐鉉校定　清光緒十一年(1885)蕉心室刻本　八册

340000－1843－0000949　經 1911/0894.10

說文解字十五卷　(漢)許慎撰　(宋)徐鉉校定　清光緒十一年(1885)蕉心室刻本　十册

340000－1843－0000950　經 1911/0894.11

說文解字十五卷繫傳四十卷校勘記三卷韻讀附錄一卷　(漢)許慎撰　(宋)徐鉉校定　清陽湖孫氏平津館刻本　十四册

340000－1843－0000951　經 1911/0894.13

說文解字十五卷　(漢)許慎撰　(宋)徐鉉校定　清光緒十一年(1885)平江洪氏刻本　四册

340000－1843－0000952　經 1911/0894.3

說文解字十五卷　(漢)許慎撰　(宋)徐鉉校定　清嘉慶十二年(1807)藤花榭刻本　三册

340000－1843－0000953　經 1911/0894.3

說文解字十五卷　(漢)許慎撰　(宋)徐鉉校定　清嘉慶十二年(1807)藤花榭刻本　四册

340000－1843－0000954　經 1911/0894.3

說文解字十五卷　(漢)許慎撰　(宋)徐鉉校定　清嘉慶十二年(1807)藤花榭刻本　四册

340000－1843－0000955　經 1911/0894.4

說文解字十五卷　(漢)許慎撰　(宋)徐鉉校定　清同治十三年(1874)刻本　三册

340000－1843－0000956　經 1911/0894.5

說文解字十五卷　(漢)許慎撰　(宋)徐鉉校定　清乾隆三十八年(1773)椒華吟舫刻本　六册

340000－1843－0000957　經 1911/0894.6

說文解字十五卷　(漢)許慎撰　(宋)徐鉉校定　清光緒七年(1881)淮南書局刻本　五册

340000－1843－0000958　經 1911/1014

說文拈字七卷補遺一卷　(清)王玉樹撰　清嘉慶刻本　八册

340000－1843－0000959　經 1911/1073

說文外編十五卷補遺一卷末一卷　(清)雷浚撰　清光緒二年(1876)刻本　三册

340000－1843－0000960　經 1911/1080

重文二卷補遺一卷　(清)丁午輯　清光緒八年(1882)刻本　一册

340000－1843－0000961　經 1911/1088

文字蒙求四卷　(清)王筠撰　清道光刻本　二册

340000－1843－0000962　經 1911/1088(3)

說文釋例二十卷　(清)王筠撰　清道光刻本　十一册

340000－1843－0000963　經 1911/1088(5)

說文繫傳校錄三十卷　(清)王筠撰　清咸豐刻本　四册

340000－1843－0000964　經 1911/1088(3).2

說文釋例二十卷　(清)王筠撰　清同治刻本　十九册

340000－1843－0000965　經 1911/1088(3).3

說文釋例二十卷　(清)王筠撰　清光緒十三年(1887)積山書局石印本　六册

340000－1843－0000966　經 1911/1088(3).6

說文釋例二十卷　(清)王筠撰　清道光十七年(1837)刻本　十册

340000－1843－0000967　經 1911/1088(4)

說文解字句讀三十卷　(清)王筠撰　清光緒八年(1882)四川尊經書院刻本　十六册

340000－1843－0000968　經 1911/1088(4)

說文解字句讀三十卷　(清)王筠撰　清光緒八年(1882)四川尊經書院刻本　十五册

340000－1843－0000969　經 1911/1088(2)

文字蒙求廣義四卷　(清)王筠撰　(清)蒯光

典補注　清光緒二十七年(1901)江楚書局刻本　五册

340000－1843－0000970　經 1911/1088(2)
文字蒙求廣義四卷　(清)王筠撰　(清)蒯光典補注　清光緒二十七年(1901)江楚書局刻本　五册

340000－1843－0000971　經 1911/1088.2
文字蒙求四卷　(清)王筠撰　清道光刻本　四册

340000－1843－0000972　經 1911/1088.2
文字蒙求四卷　(清)王筠撰　清道光刻本　四册

340000－1843－0000973　經 1911/1088.3
文字蒙求四卷　(清)王筠撰　清道光刻本　一册

340000－1843－0000974　經 1911/1088.4
文字蒙求四卷　(清)王筠撰　清光緒十三年(1887)梁谿浦氏刻本　一册

340000－1843－0000975　經 1911/1122(2)
說文發疑六卷　(清)張行孚述　清光緒九年(1883)刻本　三册

340000－1843－0000976　經 1911/1161
說文佚字考四卷　(清)張鳴珂撰　清光緒十三年(1887)豫章刻本　一册

340000－1843－0000977　經 1911/1231
說文正字二卷　(清)孫馮翼等撰　清嘉慶六年(1801)金陵藩署刻本　二册

340000－1843－0000978　經 1911/1741
說文引經證例二十四卷　(清)承培元撰　清光緒二十一年(1895)廣雅書局刻本　六册

340000－1843－0000979　經 1911/2574
說文通訓定聲十八卷分部柬韻一卷說雅一卷古今韻準一卷行狀一卷　(清)朱駿聲撰　清同治刻本　二十四册

340000－1843－0000980　經 1911/2574
說文通訓定聲十八卷古今韻準一卷行狀一卷　(清)朱駿聲撰　清同治九年(1870)臨嘯閣刻本　十六册　存十二卷(九至十八、古今韻準一卷、行狀一卷)

340000－1843－0000981　經 1911/2734.3
說文通檢十四卷首一卷末一卷　(清)黎永椿撰　清光緒五年(1879)刻本　四册

340000－1843－0000982　經 1911/2881.2
說文解字繫傳四十卷　(五代)徐鍇傳釋　**校勘記三卷**　(清)祁寯藻撰　清光緒二年(1876)平江吳氏刻本　八册

340000－1843－0000983　經 1911/2881.4
說文解字繫傳四十卷附錄一卷　(五代)徐鍇傳釋　**校勘記三卷**　(清)祁寯藻撰　清乾隆四十七年(1782)新安汪氏刻本　十六册

340000－1843－0000984　經 1911/2881.6
說文解字繫傳四十卷　(五代)徐鍇傳釋　**校勘記三卷**　(清)祁寯藻撰　清道光十九年(1839)刻本　十六册

340000－1843－0000985　經 1911/4031
說文辨字正俗八卷　(清)李富孫撰　清嘉慶刻本　四册

340000－1843－0000986　經 1911/4206(2)
說文聲系十四卷　(清)姚文田撰　清嘉慶九年(1804)刻本　一册

340000－1843－0000987　經 1911/4206(2)
說文聲系十四卷　(清)姚文田撰　清嘉慶九年(1804)刻本　二册

340000－1843－0000988　經 1911/4426
說文字原集注十六卷表一卷表說一卷　(清)蔣和撰　清乾隆五十三年(1788)刻本　四册

340000－1843－0000989　經 1911/4428
說文解字義証五十卷　(清)桂馥撰　清同治九年(1870)崇文書局刻本　三十二册

340000－1843－0000990　經 1911/4428
說文解字義証五十卷　(清)桂馥撰　清同治九年(1870)崇文書局刻本　三十二册

340000－1843－0000991　經 1911/4428
說文解字義証五十卷　(清)桂馥撰　清同治

九年(1870)崇文書局刻本　三十二册

340000－1843－0000992　經 1911/4428
説文解字義証五十卷　(清)桂馥撰　清同治九年(1870)崇文書局刻本　四十八册

340000－1843－0000993　經 1911/4433
説文古籀疏證六卷　(清)莊述祖撰　清光緒二十年(1894)津郡明文堂刻本　四册

340000－1843－0000994　經 1911/4433
説文古籀疏證六卷　(清)莊述祖撰　清光緒二十年(1894)津郡明文堂刻本　四册

340000－1843－0000995　經 1911/4480
説文聲讀表七卷　(清)苗夔撰　清光緒十年(1884)福山王氏天壤閣刻本　三册

340000－1843－0000996　經 1911/4722
説文管見三卷　(清)胡秉虔撰　清同治十二年(1873)世澤樓刻本　一册

340000－1843－0000997　經 1911/4722.2
説文管見三卷古韻論三卷　(清)胡秉虔撰　清刻本　一册

340000－1843－0000998　經 1911/4793
説文引經考異十六卷　(清)柳榮宗撰　清咸豐二年(1852)刻本　一册

340000－1843－0000999　經 1911/4793
説文引經考異十六卷　(清)柳榮宗撰　清咸豐二年(1852)刻本　四册

340000－1843－0001000　經 1911/5374
漢學諧聲二十四卷説文補考一卷説文又考一卷　(清)戚學標撰　清嘉慶刻本　四册

340000－1843－0001001　經 1911/5374
漢學諧聲二十四卷説文補考一卷説文又考一卷　(清)戚學標撰　清嘉慶刻本　八册

340000－1843－0001002　經 1911/5374
漢學諧聲二十四卷説文補考一卷説文又考一卷　(清)戚學標撰　清嘉慶刻本　八册

340000－1843－0001003　經 1911/6043
古今文字通釋十四卷　(清)呂世宜撰　清同治元年(1862)菽莊刻本　八册

340000－1843－0001004　經 1911/6067
説文偏旁考二卷　(清)吳照撰　清乾隆五十一年(1786)南城吳氏聽雨齋刻本　四册

340000－1843－0001005　經 1911/6603
説文校議三十卷　(清)嚴章福撰　清宣統吳興劉氏嘉業堂刻吳興叢書本　四册

340000－1843－0001006　經 1911/7714
説文解字註三十二卷　(漢)許慎撰　(清)段玉裁註　清同治十一年(1872)崇文書局刻本　十五册

340000－1843－0001007　經 1911/7714
説文解字註三十二卷　(漢)許慎撰　(清)段玉裁註　清同治十一年(1872)崇文書局刻本　十四册　存三十卷(三至三十二)

340000－1843－0001008　經 1911/7714
説文解字註三十二卷六書音韻表五卷　(清)段玉裁註　清同治六年(1867)蘇州保息局補刻本　十五册　存三十二卷(説文解字註三十二卷)

340000－1843－0001009　經 1911/7714.13
説文解字註十五卷六書音韻表五卷　(清)段玉裁註　**説文通檢十四卷首一卷末一卷**　(清)黎永椿編　**説文解字註匡謬八卷**　(清)徐承慶撰　清光緒三十四年(1908)上海江左書林石印本　八册

340000－1843－0001010　經 1911/7714.2
説文解字註三十二卷六書音韻表五卷汲古閣説文訂一卷　(清)段玉裁註　清光緒元年(1875)湖北崇文書局刻本　十八册

340000－1843－0001011　經 1911/7714.21
説文段註撰要九卷　(清)段玉裁註　(清)馬壽齡述　清光緒九年(1883)金陵胡氏愚園刻本　四册

340000－1843－0001012　經 1911/7714.21
説文段註撰要九卷　(清)段玉裁註　(清)馬壽齡述　清光緒九年(1883)金陵胡氏愚園刻

本　四冊

340000－1843－0001013　經 1911/7714.16
說文解字註三十二卷　(清)段玉裁註　清光緒三十年(1904)仿經韻樓刻本　二十四冊

340000－1843－0001014　經 1911/7714.17
說文解字註箋十四卷　(清)段玉裁註　(清)徐灝箋　清光緒二十年(1894)補刻本　三十二冊

340000－1843－0001015　經 1911/7714.18
說文解字註箋十四卷附檢字　(清)段玉裁註　(清)徐灝箋　清光緒二十年(1894)刻本　八冊

340000－1843－0001016　經 1911/7714.4
說文解字註三十二卷六書音韻表五卷　(清)段玉裁註　清光緒十二年(1886)上海蜚英館石印本　八冊

340000－1843－0001017　經 1911/7714.5
說文解字註三十二卷六書音韻表五卷　(清)段玉裁註　**說文通檢十四卷首一卷末一卷**　(清)黎永椿編　清光緒十四年(1888)上海蜚英館石印本　八冊

340000－1843－0001018　經 1911/7714.8741(3)
段氏說文註訂八卷　(清)鈕樹玉撰　清同治五年(1866)碧螺山館刻本　二冊

340000－1843－0001019　經 1911/7714.8741(3).2
段氏說文註訂八卷　(清)鈕樹玉撰　清同治十三年(1874)湖北崇文書局刻本　二冊

340000－1843－0001020　經 1911/7714.8741(3).2
段氏說文註訂八卷　(清)鈕樹玉撰　清同治十三年(1874)湖北崇文書局刻本　二冊

340000－1843－0001021　經 1911/8341
說文解字斠詮十四卷　(清)錢坫撰　清嘉慶十二年(1807)吉金樂石齋刻本　二十四冊

340000－1843－0001022　經 1911/8341.2
說文解字斠詮十四卷　(清)錢坫撰　清光緒九年(1883)淮南書局刻本　六冊

340000－1843－0001023　經 1911/8718
說文逸字二卷附錄一卷　(清)鄭珍撰　清咸豐八年(1858)望山堂刻本　二冊

340000－1843－0001024　經 1911/8718(2)
說文新附考六卷　(清)鄭珍撰　清光緒四年(1878)刻本　三冊

340000－1843－0001025　經 1911/8718(3)
說文逸字辨證一卷　(清)鄭珍原本　(清)李楨辨證　清光緒十一年(1885)善化李氏畹蘭室刻本　二冊

340000－1843－0001026　經 1911/8718.2
說文逸字二卷附錄一卷　(清)鄭珍撰　清咸豐刻本　一冊

340000－1843－0001027　經 1911/8741
說文新附考六卷續考一卷　(清)鈕樹玉撰　清同治七年(1868)刻本　二冊

340000－1843－0001028　經 1911/8741(2)
說文解字校錄十八卷　(清)鈕樹玉撰　清光緒十一年(1885)江蘇書局刻本　十四冊

340000－1843－0001029　經 1911/8741.2
說文新附考六卷續考一卷　(清)鈕樹玉撰　清同治七年(1868)碧螺山館刻本　二冊

340000－1843－0001030　經 1912/1714
說文雙聲疊韻譜一卷　(清)鄧廷楨撰　清光緒七年(1881)知不足齋刻本　一冊

340000－1843－0001031　經 1913/4206
說文校議十五卷　(清)姚文田　(清)嚴可均撰　清同治十三年(1874)歸安姚氏咫進齋刻本　六冊

340000－1843－0001032　經 192/3102
鐘鼎字源五卷　(清)汪立名撰　清光緒二年至五年(1876－1879)洞庭秦氏麟慶堂刻本　二冊

340000－1843－0001033　經 1921/0143
文字發凡四卷　(清)龍志澤撰　清光緒三十一年(1905)上海廣智書局鉛印本　二冊

340000－1843－0001034　經 1911/7714.14
說文解字注三十二卷　(清)段玉裁注　清同

治六年(1867)蘇州保息局補刻本　十六册

340000－1843－0001035　經 1911/7714.14
說文解字注三十二卷　(清)段玉裁注　清同治六年(1867)蘇州保息局補刻本　十六册

340000－1843－0001036　經 1911/7714.14
說文解字注三十二卷　(清)段玉裁注　清同治六年(1867)蘇州保息局補刻本　十五册

340000－1843－0001037　經 1911/7714.15
說文解字注三十二卷　(清)段玉裁撰　清同治十一年(1872)湖北崇文書局刻本　十八册

340000－1843－0001038　經 151/4411.3
春秋左傳五十卷　(晉)杜預注　清光緒李光明莊刻本　十六册

340000－1843－0001039　經 151/4411.4
春秋左傳五十卷　(晉)杜預集解　(宋)林堯叟注釋　(唐)陸德明音義　(明)鍾惺等評點　清光緒李光明莊刻本　十六册

340000－1843－0001040　經 16/7741
四書釋地一卷續一卷又續一卷三續一卷　(清)閻若璩撰　清乾隆五十二年(1787)浙江刻本　四册

340000－1843－0001041　經 16/8877
四書記聞二卷校記不分卷　(清)管同撰　清光緒十七年(1891)江寧翁氏心清平軒刻本　一册

340000－1843－0001042　經 161/3130.2
鄉黨圖考十卷　(清)江永編　清乾隆二十一年(1756)富裕堂刻本　四册

340000－1843－0001043　經 163/4441
論語後案二十卷　(清)黄式三撰　清光緒九年(1883)浙江書局刻本　十册

340000－1843－0001044　經 17/6043
篆文孝經不分卷　(清)吳大澂書　清光緒十一年(1885)上海同文書局石印本　一册

340000－1843－0001045　經 182/0712
爾雅音圖三卷　(晉)郭璞註　清嘉慶六年(1801)藝學軒刻本　三册

340000－1843－0001046　經 182/0712
爾雅註疏十一卷　(晉)郭璞註　(宋)邢昺疏　清嘉慶二年(1797)玉軸樓刻本　四册

340000－1843－0001047　經 182/0712.9
爾雅三卷　(晉)郭璞註　(唐)陸德明音釋　清光緒十八年(1892)桂垣書局刻本　三册

340000－1843－0001048　經 182/0712.12
爾雅音圖四卷　(晉)郭璞註　清嘉慶六年(1801)藝學軒刻本　三册

340000－1843－0001049　經 182/1044
爾雅郭註佚存補訂二十卷　王樹楠撰　清光緒十八年(1892)資陽王氏刻本　五册

340000－1843－0001050　經 182/1226
爾雅直音二卷　(清)孫偘撰　清刻本　二册

340000－1843－0001051　經 182/4440
爾雅古義十二卷　(清)黄奭註　清道光刻本　六册

340000－1843－0001052　經 182/4742
爾雅義疏二十卷　(清)郝懿行疏　清光緒十四年(1888)上海鴻文書局石印本　十二册

340000－1843－0001053　經 182/4742.2
爾雅義疏二十卷　(清)郝懿行疏　清光緒十三年(1887)湖北官書處刻本　八册

340000－1843－0001054　經 182/4742.3
爾雅義疏二十卷　(清)郝懿行疏　清同治四年(1865)郝氏刻本　八册

340000－1843－0001055　經 19/0436
小學考五十卷　(清)謝啟昆撰　清光緒十四年(1888)浙江書局刻本　二十册

340000－1843－0001056　經 19/0436
小學考五十卷　(清)謝啟昆撰　清光緒十四年(1888)浙江書局刻本　二十册

340000－1843－0001057　經 19/0436
小學考五十卷　(清)謝啟昆撰　清光緒十四年(1888)浙江書局刻本　二十册

340000－1843－0001058　經 19/0436

小學考五十卷　(清)謝啟昆撰　清光緒十四年(1888)浙江書局刻本　十冊　存二十六卷(二十五至五十)

340000－1843－0001059　經 19/7701
倉頡篇三卷　(清)孫星衍輯　**補本二卷**　(清)陶方琦編　**字林考逸八卷**　(清)任大椿編　清光緒十六年(1890)江蘇書局刻本　六冊

340000－1843－0001060　經 1911/1122
說文楬原二卷　(清)張行孚撰　清光緒十年(1884)知不足齋刻本　二冊

340000－1843－0001061　經 1911/2574.3
說文通訓定聲十八卷　(清)朱駿聲撰　清光緒十三年(1887)上海積山書局石印本　八冊

340000－1843－0001062　經 1911/2574.3
說文通訓定聲十八卷　(清)朱駿聲撰　清光緒十三年(1887)上海積山書局石印本　八冊

340000－1843－0001063　經 1911/4426
說文字原集注十六卷表一卷表說一卷　(清)蔣和撰　清乾隆五十三年(1788)刻本　四冊

340000－1843－0001064　經 1911/7714
段註說文解字十五篇三十二卷　(清)段玉裁註　清同治十一年(1872)崇文書局刻本　十五冊

340000－1843－0001065　經 1911/7714
段註說文解字十五篇三十二卷　(清)段玉裁註　清同治十一年(1872)崇文書局刻本　十四冊　存三十卷(三至三十二)

340000－1843－0001066　經 1911/7714.2
段註說文解字十五卷六書音韻表五卷汲古閣說文訂一卷　(清)段玉裁註　清光緒元年(1875)湖北崇文書局刻本　十八冊

340000－1843－0001067　經 1911/7714.4
說文解字註十五卷　(清)段玉裁註　清光緒十二年(1886)上海點石齋石印本　八冊

340000－1843－0001068　經 1911/7714.5
說文解字註十五卷六書音韻表五卷通檢不分卷　(清)段玉裁註　清光緒十四年(1888)蜚英館石印本　八冊

340000－1843－0001069　經 1912/3120
六書準不分卷　(清)馮調鼎撰　清刻本　二冊

340000－1843－0001070　經 1921/6043(2)
字說一卷　(清)吳大澂撰　清光緒十九年(1893)思賢講舍刻本　一冊

340000－1843－0001071　經 1922/1200
古籀拾遺三卷　(清)孫詒讓撰　清光緒十四年(1888)刻本　一冊

340000－1843－0001072　經 1922/1200(2)
古籀餘論三卷　(清)孫詒讓撰　清光緒二十九年(1903)燕京大學刻本　二冊

340000－1843－0001073　經 1922/1200(2)
古籀餘論三卷　(清)孫詒讓撰　清光緒二十九年(1903)燕京大學刻本　二冊

340000－1843－0001074　經 1922/1200
古籀拾遺三卷政和禮器文字考一卷　(清)孫詒讓撰　清光緒十四年(1888)永嘉戴鐘毓刻本　二冊

340000－1843－0001075　經 1922/5550
續復古編四卷　(元)曹本撰　清光緒十二年(1886)歸安姚氏咫進齋刻本　四冊

340000－1843－0001076　經 1922/6043
說文古籀補十四卷補遺一卷附錄一卷　(清)吳大澂撰　清光緒二十四年(1898)刻本　二冊

340000－1843－0001077　經 1922/6043.2
說文古籀補十四卷補遺一卷附錄一卷　(清)吳大澂撰　清光緒七年至九年(1881－1883)刻本　二冊

340000－1843－0001078　經 1922/6043.2
說文古籀補十四卷補遺一卷附錄一卷　(清)吳大澂撰　清光緒七年至九年(1881－1883)刻本　二冊

340000－1843－0001079　經 1922/6043.4

說文古籀補十四卷補遺一卷附錄一卷　(清)吳大澂撰　清光緒九年(1883)石印本　四冊

340000－1843－0001080　經 1922/7721
六書正譌五卷　(元)周伯琦編注　(明)胡正言訂篆　清乾隆古香閣刻本　五冊

340000－1843－0001081　經 1923/0004
正字通十二卷　(清)廖文英輯　清刻本　三十二冊

340000－1843－0001082　經 1923/1013
字典考證十二卷　(清)張玉書等纂　清光緒二年(1876)崇文書局刻本　六冊

340000－1843－0001083　經 1923/1115
康熙字典不分卷　(清)張玉書　(清)陳廷敬撰　清刻本　四十冊

340000－1843－0001084　經 1923/1115.12
康熙字典不分卷　(清)張玉書　(清)陳廷敬撰　清刻本　四十二冊

340000－1843－0001085　經 1923/1115.7
康熙字典四十二卷　(清)張玉書　(清)陳廷敬撰　清末上海石印本　七冊

340000－1843－0001086　經 1923/1115.7
康熙字典四十二卷　(清)張玉書　(清)陳廷敬撰　清末上海石印本　七冊

340000－1843－0001087　經 1923/1115.10
康熙字典不分卷　(清)張玉書　(清)陳廷敬撰　清刻本　四十冊

340000－1843－0001088　經 1923/1115.2
康熙字典不分卷　(清)張玉書　(清)陳廷敬撰　清末鉛印本　六冊

340000－1843－0001089　經 1923/1115.3
康熙字典不分卷　(清)張玉書　(清)陳廷敬撰　清光緒三年(1877)崇文書局刻本　四十冊

340000－1843－0001090　經 1923/1115.4
康熙字典四十二卷首一卷　(清)張玉書　(清)陳廷敬撰　清道光七年(1827)刻本　四十冊

340000－1843－0001091　經 1923/1115.4
康熙字典四十二卷首一卷　(清)張玉書　(清)陳廷敬撰　清道光七年(1827)刻本　三十七冊　缺四卷(辰上、中,甲下,首一卷)

340000－1843－0001092　經 1923/1115.5
康熙字典不分卷　(清)張玉書　(清)陳廷敬撰　清光緒三十年(1904)上海錦章書局石印本　二冊

340000－1843－0001093　經 1923/1115.6
康熙字典不分卷　(清)張玉書　(清)陳廷敬撰　清光緒三十年(1904)育文書局石印本　六冊

340000－1843－0001094　經 1923/1115.9
康熙字典四十二卷　(清)張玉書　(清)陳廷敬撰　清啟元堂刻本　四十冊

340000－1843－0001095　經 1923/1779
類篇十五卷　(宋)司馬光撰　清光緒二年(1876)川東官舍刻本　十四冊

340000－1843－0001096　經 1923/2244
字林考逸八卷　(清)任大椿撰　清乾隆刻本　二冊

340000－1843－0001097　經 1923/2244
字林考逸八卷　(清)任大椿撰　清刻本　二冊

340000－1843－0001098　經 1923/4480
普通百科新大詞典不分卷　黃人編　清宣統三年(1911)上海國學扶輪社石印本　十五冊

340000－1843－0001099　經 1923/4803
字彙十二卷首一卷　(明)梅膺祚撰　清敦化堂刻本　十三冊

340000－1843－0001100　經 1923/4803.2
字彙十二卷首一卷末一卷　(明)梅膺祚撰　清康熙靈隱寺刻本　十四冊

340000－1843－0001101　經 1923/4803.2
字彙十二卷首一卷末一卷　(明)梅膺祚撰　清刻本　十四冊

340000－1843－0001102　經 1923/3161

影舊鈔卷子原本玉篇零卷四卷 (南朝梁)顧野王撰 (清)黎庶昌編校 清光緒十年(1884)遵義黎氏刻古逸叢書本 二册

340000－1843－0001103 經 1923/8661
玉堂字彙四集 題(□)知足子增補 清光緒三十年(1904)刻本 四册

340000－1843－0001104 經 1924/0044
問奇典注六卷 (清)唐英撰 清嘉慶二十三年(1818)刻本 三册

340000－1843－0001105 經 1924/0131
字學舉隅四卷 (清)龍啟瑞撰 清同治十年(1871)刻本 一册

340000－1843－0001106 經 1924/0131.2
重校字學舉隅不分卷 (清)龍啟瑞撰 清光緒寫印本 一册

340000－1843－0001107 經 1924/0131.3
字學舉隅四卷 (清)龍啟瑞撰 清道光二十六年(1846)刻本 一册

340000－1843－0001108 經 1924/0131.4
字學舉隅四卷 (清)龍啟瑞撰 清同治十三年(1874)湖北崇文書局刻本 一册

340000－1843－0001109 經 1924/0131.5
字學舉隅補正四卷 (清)龍啟瑞撰 清光緒二年(1876)省吾齋刻本 一册

340000－1843－0001110 經 1924/0754.2
漢簡三卷 (宋)郭忠恕撰 清康熙四十二年(1703)錢唐汪立名一隅草堂刻本 一册

340000－1843－0001111 經 1924/0754.2
漢簡三卷 (宋)郭忠恕撰 清康熙四十二年(1703)錢唐汪立名一隅草堂刻本 二册

340000－1843－0001112 經 1924/0754.2
漢簡三卷 (宋)郭忠恕撰 清康熙四十二年(1703)錢唐汪立名一隅草堂刻本 二册

340000－1843－0001113 經 1924/0754.3
漢簡三卷 (宋)郭忠恕撰 清光緒寧波蔣瑞堂刻本 一册

340000－1843－0001114 經 1924/0754.4
漢簡箋正七卷 (宋)郭忠恕撰 (清)鄭珍箋 清光緒廣雅書局刻本 二册

340000－1843－0001115 經 1924/0754.4
漢簡箋正七卷 (宋)郭忠恕撰 (清)鄭珍箋 清光緒廣雅書局刻本 四册

340000－1843－0001116 經 1924/0754.4
漢簡箋正七卷 (宋)郭忠恕撰 (清)鄭珍箋 清光緒廣雅書局刻本 四册

340000－1843－0001117 經 1924/1005
古文四聲韻五卷 (宋)夏竦撰 清刻本 一册

340000－1843－0001118 經 1924/1033
草字彙不分卷 (清)石梁編 清道光五年(1825)刻本 六册

340000－1843－0001119 經 1924/1130
佩文韻篆六卷 (清)張家慶纂 清刻本 三册

340000－1843－0001120 經 1924/1140
復古編二卷 (宋)張有撰 清乾隆四十六年(1781)安邑葛鳴陽刻本 二册

340000－1843－0001121 經 1924/1140.2
復古編二卷 (宋)張有撰 清乾隆四十六年(1781)安邑葛鳴陽刻本 二册

340000－1843－0001122 經 1924/1174
增廣金石韻府五卷 (清)張鳳藻增訂 清咸豐張氏刻本 六册

340000－1843－0001123 經 1924/1174
增廣金石韻府五卷 (清)張鳳藻增訂 清咸豐七年(1857)張鳳藻理董軒刻本 六册

340000－1843－0001124 經 1924/1193
隸法彙纂十卷 (清)項懷述編錄 清刻本 四册

340000－1843－0001125 經 1924/1200
名原二卷 (清)孫詒讓撰 清光緒刻本 一册

340000－1843－0001126　經 1924/1200
名原二卷　(清)孫詒讓撰　清光緒刻本　一册

340000－1843－0001127　經 1924/1200
名原二卷　(清)孫詒讓撰　清光緒刻本　一册

340000－1843－0001128　經 1924/1200
名原二卷　(清)孫詒讓撰　清光緒刻本　一册

340000－1843－0001129　經 1924/1712
隸篇十五卷續十五卷再續十五卷　(清)翟云升編　清道光十七年至十八年(1837－1838)刻本　十册　缺二卷(續八至九)

340000－1843－0001130　經 1924/1712
隸篇十五卷續十五卷再續十五卷　(清)翟云升編　清道光十七年至十八年(1837－1838)刻本　十册

340000－1843－0001131　經 1924/1712
隸篇十五卷續十五卷再續十五卷　(清)翟云升編　清道光十七年至十八年(1837－1838)刻本　十册

340000－1843－0001132　經 1924/2344.2
六書分類十二卷首一卷　(清)傅世垚撰　清聽松閣刻本　十二册

340000－1843－0001133　經 1924/2344.2
六書分類十二卷首一卷　(清)傅世垚撰　清聽松閣刻本　十三册

340000－1843－0001134　經 1924/2344.2
六書分類十二卷首一卷　(清)傅世垚撰　清聽松閣刻本　十三册

340000－1843－0001135　經 1924/2344.2
六書分類十二卷首一卷　(清)傅世垚撰　清聽松閣刻本　一册　存一卷(十二)

340000－1843－0001136　經 1924/2530
草聖彙辨不分卷　(清)朱宗文撰　清刻本　四册

340000－1843－0001137　經 1924/2534
篆法探源不分卷習篆要訣不分卷摹印要訣不分卷　(明)朱之蕃撰　清宣統三年(1911)石印本　一册

340000－1843－0001138　經 1924/2534.2
篆訣辨釋不分卷　(明)朱之蕃撰　清光緒八年(1882)常熟抱芳閣刻本　一册

340000－1843－0001139　經 1924/2746
篆字彙十二卷　(清)佟世男撰　清康熙多山堂刻本　十二册

340000－1843－0001140　經 1924/3144
隸辨八卷　(清)顧藹吉撰　清同治十二年(1873)漁古山房刻本　八册

340000－1843－0001141　經 1924/3144.2
隸辨八卷　(清)顧藹吉撰　清乾隆八年(1743)項氏玉淵堂刻本　八册

340000－1843－0001142　經 1924/3404
六書轉注錄六卷　(清)洪亮吉撰　清光緒四年(1878)授經堂刻本　二册

340000－1843－0001143　經 1924/3639
六書辨異二卷補遺一卷　(清)湯容焻輯　清道光刻本　二册

340000－1843－0001144　經 1924/3639(2)
字林古今正俗異同通考四卷　(清)湯容焻輯　清道光五年(1825)四明滋德堂刻本　四册

340000－1843－0001145　經 1924/3940
藝文備覽一百二十卷檢字一卷補詳字義十四篇　(清)沙木集注　清嘉慶十一年至十二年(1806－1807)刻本　二十册

340000－1843－0001146　經 1924/4016
漢隸分韻七卷　(清)李石疊撰　清乾隆九年(1744)海昌程虞廷刻本　四册

340000－1843－0001147　經 1924/4428.2
繆篆分韻五卷補一卷　(清)桂馥編　清嘉慶元年(1796)刻本　四册

340000－1843－0001148　經 1924/4428.3
繆篆分韻五卷　(清)桂馥編　清乾隆五十四年(1789)刻本　二册

340000－1843－0001149　經 1924/5550
續復古編四卷　(元)曹本撰　清光緒十二年(1886)歸安姚氏咫進齋刻本　四冊

340000－1843－0001150　經 1924/5581
常用字辨不分卷　(清)曹金瑶撰　清同治九年(1870)刻本　一冊

340000－1843－0001151　經 1924/7213
隸韻十卷　(宋)劉球纂　清嘉慶十五年(1810)刻本　五冊

340000－1843－0001152　經 1924/7740
草韻彙編二十六卷　(清)陶南望輯　清乾隆南邨草堂刻本　八冊

340000－1843－0001153　經 1925/1122
臨文便覽不分卷　(清)張仰山編　清同治十三年(1874)松竹齋刻本　二冊

340000－1843－0001154　經 1925/1122
臨文便覽不分卷　(清)張仰山編　清同治十三年(1874)松竹齋刻本　二冊

340000－1843－0001155　經 1925/1262
倉頡篇輯二卷續一卷補二卷　(清)孫星衍等輯　清光緒十六年(1890)江蘇書局刻本　一冊

340000－1843－0001156　經 1925/1262
倉頡篇輯三卷續一卷補二卷續補一卷　(清)孫星衍等輯　清光緒二十三年(1897)成都龔氏刻本　二冊

340000－1843－0001157　經 1925/3308
倉頡篇校證三卷　(清)梁章鉅撰　清光緒五年(1879)梁恭辰刻本　二冊

340000－1843－0001158　經 1925/4038
李氏蒙求補注六卷附詩品不分卷　(唐)李瀚撰　(宋)徐子光註　清同治九年(1870)刻本　二冊

340000－1843－0001159　經 1925/4051
字學七種　(清)李書雲撰　清光緒十二年(1886)刻本　一冊

340000－1843－0001160　經 1925/4051.2
問奇一覽二卷　(清)李書雲撰　(清)朱素臣校　清香雲閣刻本　二冊

340000－1843－0001161　經 1925/7247
澄衷蒙學堂字課圖説四卷　(清)劉樹屏纂　清光緒三十一年(1905)石印本　八冊

340000－1843－0001162　經 1925/7247.2
澄衷蒙學堂字課圖説四卷　(清)劉樹屏纂　清光緒三十年(1904)澄衷蒙學堂石印本　八冊

340000－1843－0001163　經 1925/7537
小學集註六卷　(明)陳選集註　清刻本　二冊

340000－1843－0001164　經 1931/0000
增注十五音八卷　(清)[謝秀嵐]編　清會文堂刻本　八冊

340000－1843－0001165　經 1931/0000(2)
唐寫本唐韻不分卷　(清)[孫愐]撰　清光緒三十四年(1908)上海國粹學報館影印本　一冊

340000－1843－0001166　經 1931/0037
韻詁不分卷附補遺　(清)方濬頤輯　清光緒刻本　六冊

340000－1843－0001167　經 1931/0413
碎金詞韻四卷　(清)謝元淮撰　清道光二十八年(1848)刻本　二冊

340000－1843－0001168　經 1931/1000
附釋文互註禮部韻略五卷　(宋)丁度等撰　清光緒二年(1876)川東官舍刻本　五冊

340000－1843－0001169　經 1931/1774
古今韻略五卷　(清)邵長蘅撰　清康熙刻本　五冊

340000－1843－0001170　經 1931/1774
古今韻略五卷　(清)邵長蘅撰　清刻本　五冊

340000－1843－0001171　經 1931/1774
古今韻略五卷　(清)邵長蘅撰　清刻本　五冊

340000－1843－0001172　經 1931/1774
古今韻略五卷　(清)邵長蘅撰　清刻本　四册

340000－1843－0001173　經 1931/2150
古今韻會舉要三十卷　(元)熊忠撰　清光緒九年(1883)淮南書局刻本　十册

340000－1843－0001174　經 1931/2229
柴氏古韻通八卷　(清)柴紹炳撰　清乾隆四十一年(1776)刻本　八册

340000－1843－0001175　經 1931/3160
韻歧五卷　(清)江昱撰　清光緒七年(1881)刻本　二册

340000－1843－0001176　經 1931/3191
詩韻析五卷首一卷末一卷　(清)汪烜撰　清光緒九年(1883)紫陽書院刻本　四册

340000－1843－0001177　經 1931/3420
韻學驪珠二卷　(清)沈乘麐輯　清嘉慶元年(1796)枕流居刻本　二册

340000－1843－0001178　經 1931/3631(2)
增廣詩韻全璧五卷　(清)湯祥瑟原輯　(清)奕詢編　清光緒十七年(1891)上海錦章書局石印本　五册

340000－1843－0001179　經 1931/3631(2)
增廣詩韻全璧五卷　(清)湯祥瑟原輯　(清)奕詢編　清光緒十七年(1891)上海錦章書局石印本　五册

340000－1843－0001180　經 1931/3631(2)
增廣詩韻全璧五卷　(清)湯祥瑟原輯　(清)奕詢編　清光緒十七年(1891)上海錦章書局石印本　五册

340000－1843－0001181　經 1931/3631(2)
增廣詩韻全璧五卷　(清)湯祥瑟原輯　(清)奕詢編　清光緒十七年(1891)上海錦章書局石印本　五册

340000－1843－0001182　經 1931/3631(2)
增廣詩韻全璧五卷　(清)湯祥瑟原輯　(清)奕詢編　清光緒十七年(1891)上海錦章書局石印本　五册

340000－1843－0001183　經 1931/3631.3
詩韻合璧五卷　(清)湯文潞編　清光緒元年(1875)海陵書屋刻本　五册

340000－1843－0001184　經 1931/4094
音韻闡微十八卷　(清)李光地等撰　清光緒七年(1881)淮南書局刻本　五册

340000－1843－0001185　經 1931/4094
音韻闡微十八卷　(清)李光地等撰　清光緒七年(1881)淮南書局刻本　五册

340000－1843－0001186　經 1931/4094
音韻闡微十八卷　(清)李光地等撰　清光緒七年(1881)淮南書局刻本　五册

340000－1843－0001187　經 1931/4207
詩詞韻輯八卷　(清)姚詩雅編　清同治四年(1865)滑臺官舍刻本　二册

340000－1843－0001188　經 1931/4239
經韻集字析解二卷　(清)彭良敞撰　清道光十三年(1833)河南撫署刻本　二册

340000－1843－0001189　經 1931/4409
集韻編雅八卷　(清)董文煥輯註　清同治十二年(1873)刻本　四册

340000－1843－0001190　經 1931/4482.2150
古今韻會舉要三十卷　(元)黄公紹編　(元)熊忠舉要　清光緒九年(1883)淮南書局刻本　十册

340000－1843－0001191　經 1931/4709
韻字同異辨二卷　(清)胡文炳撰　清光緒二年(1876)蘭石齋刻本　二册

340000－1843－0001192　經 1931/7542
宋本廣韻五卷　(宋)陳彭年等撰　清刻本　二册

340000－1843－0001193　經 1931/7542
廣韻五卷　(宋)陳彭年等撰　清符山堂刻本　五册

340000－1843－0001194　經 1931/7548.4

廣韻五卷　(宋)陳彭年等撰　清符山堂刻本　五冊

340000－1843－0001195　經 1931/7548.4
廣韻五卷　(宋)陳彭年等撰　清符山堂刻本　五冊

340000－1843－0001196　經 1931/7548.4
廣韻五卷　(宋)陳彭年等撰　清符山堂刻本　五冊

340000－1843－0001197　經 1931/7548.5
大宋重修廣韻五卷　(宋)陳彭年等撰　清康熙四十三年(1704)吴縣張氏澤存堂刻本　四冊

340000－1843－0001198　經 1931/7734
佩文詩韻釋要五卷　(清)周兆基撰　清宣統三年(1911)商務印書館影印本　二冊

340000－1843－0001199　經 1931/7734
佩文詩韻釋要五卷　(清)周兆基撰　清宣統三年(1911)商務印書館影印本　二冊

340000－1843－0001200　經 1931/7734
佩文詩韻釋要五卷　(清)周兆基撰　清宣統三年(1911)商務印書館影印本　二冊

340000－1843－0001201　經 1931/7734.2
佩文詩韻釋要五卷附辯正不分卷　(清)周兆基撰　清光緒三年(1877)粤東使署刻本　二冊

340000－1843－0001202　經 1931/8044
新纂五方元音四卷　(清)樊騰鳳撰　(清)年希堯增補　清道光二十年(1840)敬文堂刻本　四冊

340000－1843－0001203　經 1931/8044.2
五方元音二卷　(清)樊騰鳳撰　(清)年希堯增補　清光緒八年(1882)上海掃葉山房刻本　二冊

340000－1843－0001204　經 1931/8374
韻目表一卷　(清)錢學嘉撰　清光緒七年(1881)刻本　一冊

340000－1843－0001205　經 1932/0131
古韻通說二十卷　(清)龍啟瑞撰　清光緒九年(1883)四川尊經書院刻本　四冊

340000－1843－0001206　經 1932/0131
古韻通說二十卷　(清)龍啟瑞撰　清光緒九年(1883)四川尊經書院刻本　三冊

340000－1843－0001207　經 1932/1044
韻學五卷　(清)王植撰　清刻本　四冊　存四卷(二至五)

340000－1843－0001208　經 1931/1061
韻學蠡言舉要五卷韻學叢書三十四種目錄一卷諧聲譜二卷群經異字同聲考九卷　(清)丁顯撰　清光緒二十六年(1900)刻本　八冊

340000－1843－0001209　經 1932/1079
形聲類篇五卷　(清)丁履恒撰　清光緒十四年(1888)刻大亭山館叢書本　一冊

340000－1843－0001210　經 1932/1092
夏炘詩古韻表二十二部集說(古韻表集說)二卷　(清)夏炘撰　清光緒十九年(1893)鉛印本　一冊

340000－1843－0001211　經 1932/1099
述均十卷　(清)夏燮撰　清咸豐五年(1855)鄱陽夏燮官廨石印本　四冊

340000－1843－0001212　經 1932/1165
古韻發明不分卷切字肆攷不分卷　(清)張畊撰　清道光六年(1826)蕓心堂刻本　四冊

340000－1843－0001213　經 1932/3040
六書韻徵十六卷　(清)安吉撰　清道光十八年(1838)刻本　六冊

340000－1843－0001214　經 1932/4031
李氏音鑑六卷　(清)李汝珍撰　清同治七年(1868)木樨山房刻本　四冊

340000－1843－0001215　經 1932/4206(2)
古音諧八卷　(清)姚文田撰　清道光二十五年(1845)蘇州振新書社刻本　六冊

340000－1843－0001216　經 1932/4626
九經補韻攷證不分卷　(宋)楊伯嵒撰　(清)錢侗考證　清光緒十年(1884)常熟鮑氏刻後

知不足齋叢書本　二册

340000－1843－0001217　經 1932/4627

經書字音辨要九卷　(清)楊名颺編輯　清道光二十七年(1847)令德堂刻本　二册

340000－1843－0001218　經 1932/4722

古韻論三卷　(清)胡秉虔撰　清光緒二年(1876)世澤樓刻本　一册

340000－1843－0001219　經 1932/4741

古今中外音韻通例不分卷　(清)胡垣撰　清光緒十四年(1888)刻本　四册

340000－1843－0001220　經 1932/4741

古今中外音韻通例不分卷　(清)胡垣撰　清光緒十四年(1888)刻本　四册

340000－1843－0001221　經 1932/6044.2

歌麻古韻考四卷　(清)吳樹聲撰　清同治刻本　四册

340000－1843－0001222　經 1932/6044.2

歌麻古韻考四卷　(清)吳樹聲撰　清同治刻本　四册

340000－1843－0001223　經 1932/7535

切韻考外篇三卷　(清)陳澧撰　清光緒十年(1884)番禺高師鉛印本　一册

340000－1843－0001224　經 1932/7588

屈宋古音義三卷　(明)陳第撰　清乾隆三十二年(1767)武昌張氏刻本　二册

340000－1843－0001225　經 1932/7714

六書音韻表五卷　(清)段玉裁撰　清乾隆刻本　一册

340000－1843－0001226　經 1932/7714

六書音韻表五卷　(清)段玉裁撰　清乾隆刻本　一册

340000－1843－0001227　經 1932/7714.2

六書音韻表五卷　(清)段玉裁撰　清同治十一年(1872)湖北崇文書局刻本　二册

340000－1843－0001228　經 1932/7714.3

六書音韻表五卷　(清)段玉裁撰　清刻本　二册

340000－1843－0001229　經 1932/7714.3

六書音韻表五卷　(清)段玉裁撰　清刻本　二册

340000－1843－0001230　經 1933/2222

四聲綜辨不分卷　(清)魏崧撰　清道光木活字印本　二册

340000－1843－0001231　經 1933/3808

音學秘書四卷　(清)涂謙撰　清道光九年(1829)六吉居刻本　四册

340000－1843－0001232　經 1933/4206

四聲易知録四卷　(清)姚文田撰　清刻本　二册

340000－1843－0001233　經 1933/6032

韻切指歸二卷　(清)吳遐齡輯　清道光七年(1827)集古堂刻本　四册

340000－1843－0001234　經 1933/7274

四音定切四卷首一卷　(清)劉熙載撰　清光緒刻本　二册

340000－1843－0001235　經 1933/9913

等韻一得内篇一卷外篇一卷　勞乃宣撰　清光緒二十四年(1898)吳橋官廨刻本　二册

340000－1843－0001236　經 1933/9913.2

等韻一得内篇一卷外篇一卷附補篇不分卷　勞乃宣撰　清光緒二十四年(1898)吳橋官廨刻本　三册

340000－1843－0001237　經 1934/4404

傳音快字不分卷　(清)蔡錫勇編　清光緒三十一年(1905)湖北武昌官書局刻本　一册

340000－1843－0001238　經 1941/1069

拾雅二十卷　(清)夏味堂撰　清嘉慶二十四年(1819)高郵夏氏遂園刻本　十一册　存十八卷(一至十八)

340000－1843－0001239　經 1941/1081.2

廣雅疏證十卷博雅音十卷　(清)王念孫撰　(清)王引之述　清光緒五年(1879)淮南書局刻本　八册

340000－1843－0001240　經 1941/1081.3
廣雅疏證十卷博雅音十卷　(清)王念孫撰　(清)王引之述　清光緒五年(1879)淮南書局刻本　八册

340000－1843－0001241　經 1941/1156
廣雅十卷　(三國魏)張揖撰　明天啟六年(1626)郎氏堂策檻刻本　一册

340000－1843－0001242　經 1941/2504.2244
駢雅訓纂十六卷　(明)朱謀㙔撰　(清)魏茂林訓纂　清咸豐元年(1851)有不為齋刻本　八册

340000－1843－0001243　經 1941/2504
駢雅訓纂十六卷　(明)朱謀㙔撰　(清)魏茂林訓纂　清咸豐元年(1851)有不為齋刻本　八册

340000－1843－0001244　經 1941/6015
別雅五卷　(清)吳玉搢撰　清乾隆七年(1742)新安程氏督經堂刻本　十册

340000－1843－0001245　經 1942/0000.2
一切經音義二十五卷　(唐)釋玄應撰　(清)莊炘等校　清道光二十五年(1845)刻海山仙館叢書本　六册

340000－1843－0001246　經 1942/1013
經傳釋詞十卷　(清)王引之撰　清光緒二十一年(1895)上海鴻文書局石印本　一册

340000－1843－0001247　經 1942/1046
三字經訓詁不分卷　(清)王相訓詁　清同治九年(1870)亦園刻本　一册

340000－1843－0001248　經 1942/1122
金壺精粹不分卷　(清)楊慶麟編訂　清光緒二年(1876)京師松竹齋刻本　二册

340000－1843－0001249　經 1942/3030.2
增訂金壺字攷十九卷二集二十一卷補注一卷　(宋)釋適之撰　(清)田朝恒增訂　清刻本　三册　存四十卷(增訂金壺字攷十九卷、二集一至二十、補注一卷)

340000－1843－0001250　經 1942/3030.4746
增訂金壺字攷一卷古體假借字一卷　(宋)釋適之撰　(清)田朝恒增訂　清光緒元年(1875)京都琉璃廠東善成堂刻本　二册

340000－1843－0001251　經 1942/4425
增注字詁義府合按三種　(清)黃生撰　(清)汪喜孫校　清光緒三年(1877)歙西黃氏刻本　四册

340000－1843－0001252　經 1942/4425
增注字詁義府合按三種　(清)黃生撰　(清)汪喜孫校　清光緒三年(1877)歙西黃氏刻本　三册

340000－1843－0001253　經 1942/5042
班馬字類五卷　(宋)婁機撰　清光緒十七年(1891)思賢書局刻本　二册

340000－1843－0001254　經 1942/7110
經籍籑詁一百六卷補遺一卷　(清)阮元撰　清光緒六年(1880)淮南書局刻本　四十册

340000－1843－0001255　經 1942/7110.2
經籍籑詁一百六卷　(清)阮元撰　清嘉慶十七年(1812)揚州阮氏琅環仙館刻本　四十八册

340000－1843－0001256　經 1942/7110.2
經籍籑詁一百六卷　(清)阮元撰　清嘉慶十七年(1812)揚州阮氏琅環仙館刻本　六十四册

340000－1843－0001257　經 1942/7110.3
經籍籑詁一百六卷補遺一卷　(清)阮元撰　清光緒二十年(1894)上海點石齋石印本　十二册

340000－1843－0001258　經 1942/7110.4
經籍籑詁一百六卷　(清)阮元撰　清光緒十四年(1888)鴻文書局石印本　十六册

340000－1843－0001259　經 1942/7234
助字辨略五卷　(清)劉淇撰　清咸豐五年(1855)刻本　二册

340000－1843－0001260　經 1942/7234.2
助字辨略五卷　(清)劉淇撰　清咸豐五年

(1855)刻本　五冊

340000－1843－0001261　經 1942/7277
釋名定本八卷　(漢)劉熙撰　(清)吳志忠校　清道光九年(1829)吳氏璜川書屋刻本　二冊

340000－1843－0001262　經 1943/1731
通俗編十五卷　(清)翟灝撰　(清)李調元校　清刻本　二冊

340000－1843－0001263　經 1943/2626
廣續方言四卷　程先甲撰　清光緒二十三年(1897)木活字印本　二冊

340000－1843－0001264　經 1943/5640.3
方言注十三卷　(漢)揚雄撰　(晉)郭璞注　清刻本　四冊

340000－1843－0001265　經 1943/5640.5
輶軒使者絕代語釋別國方言箋疏(方言注疏證)十三卷　(漢)揚雄撰　(清)戴震疏證　清嘉慶六年(1801)會稽樊氏刻本　八冊

340000－1843－0001266　經 1943/5640.6
輶軒使者絕代語釋別國方言箋疏(方言箋疏)十三卷　(漢)揚雄撰　(清)錢繹箋　清光緒十六年(1890)廣雅書局刻本　四冊

340000－1843－0001267　經 1943/8346
邇言六卷　(清)錢大昭撰　清光緒四年(1878)葛氏嘯園刻本　二冊

340000－1843－0001268　經 1944/0014
英語集全六卷　(清)唐廷樞編　清同治元年(1862)緯經堂刻本　六冊

340000－1843－0001269　經 1944/2337
欽定同文韻統六卷　(清)允祿等纂　清宣統二年(1910)理藩部刻本　五冊

340000－1843－0001270　經 1944/2391
御製增訂清文鑑三十二卷補編四卷　(清)傅恒等撰　清乾隆三十八年(1773)刻本(滿文版)　四十八冊

340000－1843－0001271　經 1944/3077
清文補彙八卷　(清)宜興撰　清刻本　八冊

340000－1843－0001272　經 1944/3097
蒙文晰義四卷　(清)賽尚阿纂輯　清道光二十八年(1848)刻本　四冊

340000－1843－0001273　經 1945/7115
馬氏文通十卷　(清)馬建忠撰　清光緒二十四年(1898)上海商務印書館鉛印本　六冊

340000－1843－0001274　經 1945/8043
虛字注釋備考六卷　(清)張文炳撰　(清)俞樾編　清光緒十二年(1886)申江文海堂刻本　一冊

340000－1843－0001275　經 161/7737
大學古本質言一卷　(清)劉沅撰　清光緒致福樓刻槐軒全書本　一冊

340000－1843－0001276　經 1(2)/8043
古經解鉤沉三十卷　(清)余蕭客撰　清道光二十年(1840)刻本　八冊

340000－1843－0001277　經 1(3)/1247
古微書三十六卷　(清)孫瑴輯　清嘉慶二十一年(1816)對山問月樓刻本　八冊

340000－1843－0001278　經 19/2244
小學鉤沉十九卷　(清)任大椿編　清光緒十年(1884)刻本　二冊

340000－1843－0001279　經 19/2244
小學鉤沉十九卷　(清)任大椿編　清光緒十年(1884)刻本　二冊

340000－1843－0001280　經 193/1061
韻學驫言舉要五卷群經異字同聲考二十四卷　(清)丁顯撰　清光緒二十六年(1900)刻本　八冊

340000－1843－0001281　經 1924/1130
佩文韻篆六卷　(清)張家慶輯　清刻本　三冊

340000－1843－0001282　經 1924/1140
復古編二卷　(宋)張有撰　清乾隆四十六年(1781)安邑葛鳴陽刻本　二冊

340000－1843－0001283　經 1924/1140.2
復古編二卷　(宋)張有撰　清乾隆四十六年

(1781)安邑葛鳴陽刻本　二册

340000－1843－0001284　經 1924/7702.2
六書通十卷　(明)閔齊伋撰　(清)畢宏述篆訂　清乾隆刻本　六册

340000－1843－0001285　經 1925/1122.2
臨文便覽不分卷　(清)張仰山撰　清光緒二年(1876)京都松竹齋刻本　二册

340000－1843－0001286　經 1931/3104
杜韓詩句集韻八卷　(清)汪文柏編　清康熙三十五年(1696)練江汪氏古香樓刻本　四册

340000－1843－0001287　經 1931/3104.2
杜韓詩句集韻三卷　(清)汪文柏撰　清古香樓刻本　六册

340000－1843－0001288　經 1942/0000
一切經音義二十五卷華嚴經音義一卷　(唐)釋玄應撰　(清)莊炘等校　清同治八年(1869)武林張氏寶晉齋刻本　四册

340000－1843－0001289　經 1942/0000
一切經音義二十五卷華嚴經音義一卷　(唐)釋玄應撰　(清)莊炘等校　清同治八年(1869)武林張氏寶晉齋刻本　四册

340000－1843－0001290　經 1512/4411
春秋經傳集解三十卷春秋年表一卷春秋名號歸一圖二卷　(晉)杜預撰　清刻本　十一册　存三十一卷(一至二十八、春秋年表一卷、春秋名號歸一圖二卷)

340000－1843－0001291　史 201/0041
支那史要六卷　(日本)市村瓚次郎撰　(清)陳毅譯　清光緒二十八年(1902)廣智書局鉛印本　四册

340000－1843－0001292　史 201/1713
支那通史四卷　(日本)那珂通世編　清光緒二十七年(1901)東文學社石印本　五册

340000－1843－0001293　史 201/1713.2
支那通史四卷　(日本)那珂通世編　清光緒二十五年(1899)東文學社石印本　五册

340000－1843－0001294　史 21/1773.2
史記一百三十卷　(漢)司馬遷撰　(南朝宋)裴駰集解　(唐)司馬貞索隱　(唐)張守節正義　清同治九年(1870)湖北崇文書局刻本　二十四册

340000－1843－0001295　史 21/1773.4
史記集解索隱正義合刻一百三十卷　(漢)司馬遷撰　(南朝宋)裴駰集解　(唐)司馬貞索隱　(唐)張守節正義　清同治五年(1866)金陵書局刻本　二十册

340000－1843－0001296　史 21/2823
史記測議一百三十卷　(明)徐孚遠　(明)陳子龍測議　清道光十四年(1834)三元堂刻本　三十二册

340000－1843－0001297　史 2121/1000
漢書藝文志考證十卷　(宋)王應麟撰　清光緒十年(1884)成都考古堂刻本　四册

340000－1843－0001298　史 2121/1160.2
漢書一百卷　(漢)班固撰　(唐)顔師古註　清光緒十三年(1887)金陵書局刻本　十六册

340000－1843－0001299　史 2121/1160.2
漢書一百卷　(漢)班固撰　(唐)顔師古註　清光緒十三年(1887)金陵書局刻本　十册　存六十五卷(一至十四、十六至十八、二十六至五十四、七十三至八十二、九十二至一百)

340000－1843－0001300　史 2121/1160.3
漢書一百卷　(漢)班固撰　(唐)顔師古註　清光緒十三年(1887)金陵書局刻本　十六册

340000－1843－0001301　史 2121/1160.3
漢書一百卷　(漢)班固撰　(唐)顔師古註　清光緒十三年(1887)金陵書局刻本　八册　存四十六卷(八至十四、十六至二十、二十六至二十七、四十五至六十三、七十三至八十二、九十八至一百)

340000－1843－0001302　史 2121/1160.5
漢書一百卷續漢志三十卷　(漢)班固撰　(唐)顔師古註　清光緒韓江書局刻本　十八册

340000－1843－0001303　史 2121/2848
漢書西域傳補註二卷　(清)徐松撰　清光緒二十年(1894)廣雅書局刻本　一冊

340000－1843－0001304　史 2121/2848.2
漢書西域傳補註二卷　(清)徐松撰　清末刻本　一冊

340000－1843－0001305　史 2121/2848.3
漢書西域傳補註二卷　(清)徐松撰　清末刻本　一冊

340000－1843－0001306　史 2121/3484
漢書疏證三十六卷　(清)沈欽韓撰　清光緒二十六年(1900)浙江官書局刻本　二十四冊

340000－1843－0001307　史 2121/7535
漢書地理志水道圖說七卷　(清)陳澧撰　**考正德清胡氏禹貢圖一卷**　(清)陳宗誼撰　清同治十一年(1872)廣州富文齋刻本　一冊

340000－1843－0001308　史 2121/8341
新斠注地理志集釋十六卷　(清)錢坫撰　(清)徐松集釋　清同治十三年(1874)會稽章氏刻本　八冊

340000－1843－0001309　史 2122/3484
後漢書疏證三十卷　(清)沈欽韓疏證　清光緒二十六年(1900)浙江官書局刻本　十六冊

340000－1843－0001310　史 2122/5045
後漢書補註二十四卷　(清)惠棟撰　清刻本　四冊

340000－1843－0001311　史 2122/6022
兩漢刊誤補遺十卷　(宋)吳仁傑撰　清同治七年(1868)金陵書局刻本　三冊

340000－1843－0001312　史 2122/8346
後漢書補表八卷　(清)錢大昭撰　清光緒八年(1882)後知不足齋刻本　四冊

340000－1843－0001313　史 2131/3308
三國志旁證三十卷　(清)梁章鉅撰　清光緒十六年(1890)廣雅書局刻本　六冊

340000－1843－0001314　史 2131/3404.3
補三國疆域志二卷　(清)洪亮吉撰　清刻本　一冊

340000－1843－0001315　史 2131/7540.2
三國志六十五卷　(晉)陳壽撰　(南朝宋)裴松之注　清同治六年(1867)金陵書局刻本　二十冊

340000－1843－0001316　史 2131/7540.3
三國志六十五卷　(晉)陳壽撰　(南朝宋)裴松之注　清乾隆四年(1739)武英殿刻本　十四冊

340000－1843－0001317　史 2131/7540.4
欽定三國志六十五卷　(晉)陳壽撰　(南朝宋)裴松之注　清光緒三十一年(1905)上海久敬齋石印本　四冊

340000－1843－0001318　史 2131/7540.6
三國志六十五卷　(晉)陳壽撰　(南朝宋)裴松之注　清光緒十四年(1888)上海蜚英館石印本　八冊

340000－1843－0001319　史 2131/8346
三國志辨疑三卷　(清)錢大昭撰　清光緒十五年(1889)廣雅書局刻本　一冊

340000－1843－0001320　史 2132/3002.2
晉書一百三十卷　(唐)房玄齡等撰　清同治十年(1871)金陵書局刻本　十九冊　存一百二十五卷(一至一百二十五)

340000－1843－0001321　史 2132/3404
東晉疆域志四卷　(清)洪亮吉撰　清光緒四年(1878)洪用懃授經堂刻本　二冊

340000－1843－0001322　史 21322/3404(2)
東晉疆域志四卷　(清)洪亮吉撰　清嘉慶元年(1796)京師刻本　三冊

340000－1843－0001323　史 2133/3148
南北史補志十四卷　(清)汪士鐸撰　清光緒四年(1878)淮南書局刻本　六冊

340000－1843－0001324　史 2133/3424
南北史識小錄二十八卷　(清)沈名蓀　(清)朱昆田輯　(清)張應昌補正　清同治十年(1871)武林吳氏清來堂刻本　十二冊

340000－1843－0001325　史 21331/4742
補宋書食貨志一卷　(清)郝懿行撰　清刻本　一册

340000－1843－0001326　史 21331/4742
補宋書刑法志一卷　(清)郝懿行撰　清刻本　一册

340000－1843－0001327　史 21333/4260
梁書五十六卷附考證　(唐)姚思廉撰　清同治十三年(1874)金陵書局刻本　六册

340000－1843－0001328　史 21334/4260
陳書三十六卷　(唐)姚思廉撰　清同治十一年(1872)金陵書局刻本　四册

340000－1843－0001329　史 21338/4014.2
南史八十卷　(唐)李延壽撰　清同治十一年(1872)金陵書局刻本　十二册

340000－1843－0001330　史 21339/4014.2
北史一百卷　(唐)李延壽撰　清同治十一年(1872)金陵書局刻本　二十册

340000－1843－0001331　史 2142/4923
新舊唐書互證二十卷　(清)趙紹祖撰　清嘉慶十八年(1813)古墨齋刻本　八册

340000－1843－0001332　史 2142/7772.2
新唐書二百二十五卷　(宋)歐陽修　(宋)宋祁撰　清同治十二年(1873)浙江書局刻本　四十册

340000－1843－0001333　史 25111/4067
重訂國語國策合註不分卷　(三國吳)韋昭解　(宋)鮑彪校註　清光緒七年(1881)姑蘇緑蔭堂刻本　十四册

340000－1843－0001334　史 25112/0020
國語鈔二卷　(清)高嵣集評　清乾隆五十三年(1788)刻高梅亭集評叢書本　二册

340000－1843－0001335　史 25112/0020
國策鈔二卷　(清)高嵣集評　清乾隆五十三年(1788)刻高梅亭集評叢書本　二册

340000－1843－0001336　史 25112/3131
國語校註本三種二十九卷　(清)汪遠孫撰　清道光二十六年(1846)錢塘振綺堂刻本　五册

340000－1843－0001337　史 25112/3131
國語校註本三種二十九卷　(清)汪遠孫撰　清道光二十六年(1846)錢塘振綺堂刻本　四册　存二十五卷(三君註輯存一至四、發正二十一卷)

340000－1843－0001338　史 25112/4067.5
國語二十一卷札記一卷　(三國吳)韋昭註　清刻本　四册

340000－1843－0001339　史 25112/4067.6
國語二十一卷　(三國吳)韋昭註　清孔氏詩禮堂刻本　三册

340000－1843－0001340　史 25112/4067.7
國語解十七卷　(三國吳)韋昭註　清嘉慶五年(1800)刻本　三册

340000－1843－0001341　史 25113/0002.4
戰國策三十三卷札記三卷　(漢)高誘註　清刻本　六册

340000－1843－0001342　史 25113/0002.6
剡川姚氏本戰國策三十三卷札記三卷　(漢)高誘註　清同治八年(1869)湖北崇文書局刻本　五册

340000－1843－0001343　史 25113/1114
戰國策釋地二卷　(清)張琦撰　清嘉慶二十年(1815)陽湖張琦宛鄰書屋刻本　二册

340000－1843－0001344　史 25113/2722
戰國策校註十卷　(宋)鮑彪校註　(元)吳師道重校　清光緒粵東登雲閣刻本　八册

340000－1843－0001345　史 25113/2722
戰國策校註十卷　(宋)鮑彪校註　(元)吳師道重校　清光緒粵東登雲閣刻本　八册

340000－1843－0001346　史 25113/7474
戰國策去毒二卷　(清)陸隴其評選　清同治九年(1870)六安求我齋刻本　二册

340000－1843－0001347　史 25142/6044
貞觀政要十卷　(唐)吳兢撰　清光緒四年

(1878)蘇城張有容堂刻本　四冊

340000－1843－0001348　史25151/0000
南渡錄四卷　(宋)辛棄疾撰　清光緒六年(1880)刻本　二冊

340000－1843－0001349　史25151/4032
建炎以來朝野雜記乙集二十卷　(宋)李心傳撰　清光緒十九年(1893)井研蕭氏刻本　八冊

340000－1843－0001350　史25154/9038
元朝秘史十卷續二卷　(元)忙豁侖紐察(元)脱察安撰　清光緒三十四年(1908)長沙葉氏观古堂刻本　十二冊

340000－1843－0001351　史25154/9038.3
元秘史註十五卷　(元)忙豁侖紐察　(元)脱察安同撰　(清)李文田註　清光緒二十九年(1903)石印本　八冊

340000－1843－0001352　史25154/9038.4
元秘史註十五卷　(元)忙豁侖紐察　(元)脱察安撰　(清)李文田註　**釋文證補三十卷**　(清)洪鈞撰　清光緒二十九年(1903)史學齋編譯石印書局石印本　十冊

340000－1843－0001353　史2516/0020
先撥志始二卷　(清)文秉撰　清同治二年(1863)當塗夏氏南昌刻本　二冊

340000－1843－0001354　史2516/0404
明季北略二十四卷　(清)計六奇撰　清光緒十三年(1887)上海圖書集成局鉛印本　六冊

340000－1843－0001355　史2516/0404
明季北略二十四卷　(清)計六奇撰　清光緒十三年(1887)上海圖書集成局鉛印本　六冊

340000－1843－0001356　史2516/0404.2
明季北略二十四卷　(清)計六奇編　清道光都城琉璃廠半松居士木活字印本　十一冊

340000－1843－0001357　史2516/0404.2
明季北略二十四卷　(清)計六奇編　清道光都城琉璃廠半松居士木活字印本　八冊

340000－1843－0001358　史2516/0404.2
明季北略二十四卷　(清)計六奇編　清道光都城琉璃廠半松居士木活字印本　十二冊

340000－1843－0001359　史2516/0404.2
明季北略二十四卷　(清)計六奇編　清道光都城琉璃廠半松居士木活字印本　十二冊

340000－1843－0001360　史2516/0404(2)
明季南略十八卷　(清)計六奇撰　清光緒十三年(1887)上海圖書集成局鉛印本　四冊

340000－1843－0001361　史2516/0404(2)
明季南略十八卷　(清)計六奇撰　清光緒十三年(1887)上海圖書集成局鉛印本　四冊

340000－1843－0001362　史2516/0404(2).2
明季南略十八卷　(清)計六奇編　清道光都城琉璃廠半松居士木活字印本　八冊

340000－1843－0001363　史2516/0404(2).2
明季南略十八卷　(清)計六奇編　清道光都城琉璃廠半松居士木活字印本　八冊

340000－1843－0001364　史2516/0404(2).2
明季南略十八卷　(清)計六奇編　清道光都城琉璃廠半松居士木活字印本　十二冊

340000－1843－0001365　史2516/1024
揚州十日記一卷(順治二年)　(清)王秀楚撰　**嘉定屠城紀略**　(□)□□編　清宣統三年(1911)上海書局石印本　一冊

340000－1843－0001366　史2516/1087
明末紀事補遺十卷　題(清)南州三余氏撰　清刻本　八冊

340000－1843－0001367　史2516/1712
東南紀事十二卷　(清)邵廷采撰　清光緒十年(1884)邵武徐氏刻本　二冊

340000－1843－0001368　史2516/3192
明季續聞不分卷　(清)汪光復撰　清宣統三年(1911)上海商務印書館鉛印本　一冊

340000－1843－0001369　史2516/3627
南疆繹史三十卷首二卷摭遺十八卷恤謚八卷　(清)溫睿臨等撰　清道光都城琉璃廠半松居士木活字印本　十二冊

340000－1843－0001370　史 2516/4233
蜀碧四卷　(清)彭遵泗編　清乾隆二十八年(1763)石室刻本　四册

340000－1843－0001371　史 2516/4233.3
蜀碧四卷　(清)彭遵泗編　清嘉慶二十年(1815)天祿閣刻本　一册

340000－1843－0001372　史 2516/6008.2
兩朝剝復錄六卷首一卷補校證六卷　(清)吴應箕輯　(清)夏燮校證　清同治二年(1863)皖南夏燮永甯官廨刻本　二册

340000－1843－0001373　史 2516/6023
綏寇紀略十二卷補遺三卷　(清)吴偉業撰　清光緒三年(1877)申報舘鉛印本　四册

340000－1843－0001374　史 2516/6023.2
綏寇紀略十二卷補遺三卷　(清)吴偉業撰　清嘉慶十四年(1809)昭文張海鵬照曠閣刻本　八册

340000－1843－0001375　史 2516/7237.2
四朝大政録二卷　(清)劉心學撰　抄本　二册

340000－1843－0001376　史 2516/7533
荊駝逸史五十一種平臺紀略一卷　題(清)陳湖逸士輯　清道光古槐山房刻本　二十四册

340000－1843－0001377　史 2517/0000
中東戰紀輯要不分卷　(□)□□撰　清末鉛印本　一册

340000－1843－0001378　史 2517/0000
西巡迴鑾始末記六卷　(□)□□撰　清光緒二十八年(1902)石印本　五册

340000－1843－0001379　史 2517/0031
庚子北京事變紀略不分卷　(清)鹿完天撰　清光緒二十七年(1901)刻本　一册

340000－1843－0001380　史 2517/1010
庚辛泣杭錄十六卷　(清)丁丙輯　清光緒二十一年(1895)錢塘丁氏刻本　六册

340000－1843－0001381　史 2517/1024
戡靖教匪述編十二卷　題(清)石香村居士(石俟)輯　清道光八年(1828)石香村刻本　二册

340000－1843－0001382　史 2517/1033
湘軍記二十卷　(清)王定安撰　清光緒十五年(1889)江南書局刻本　八册

340000－1843－0001383　史 2517/1033
湘軍記二十卷　(清)王定安撰　清光緒十五年(1889)江南書局刻本　八册

340000－1843－0001384　史 2517/1033
湘軍記二十卷　(清)王定安撰　清光緒十五年(1889)江南書局刻本　十二册

340000－1843－0001385　史 2517/1033
湘軍記二十卷　(清)王定安撰　清光緒十五年(1889)江南書局刻本　十二册

340000－1843－0001386　史 2517/1033
湘軍記二十卷　(清)王定安撰　清光緒十五年(1889)江南書局刻本　十二册

340000－1843－0001387　史 2517/1033.2
湘軍記二十卷　(清)王定安撰　清光緒十六年(1890)袖海山房石印本　四册

340000－1843－0001388　史 2517/1073.3
湘軍志十六卷　王闓運撰　清光緒十一年(1885)刻本　四册

340000－1843－0001389　史 2517/1073
湘軍志十六卷　王闓運撰　清末刻本　四册

340000－1843－0001390　史 2517/1073.2
湘軍志十六卷　王闓運撰　清坊刻本　四册

340000－1843－0001391　史 2517/1073.2
湘軍志十六卷　王闓運撰　清坊刻本　四册

340000－1843－0001392　史 2517/1099
中日戰輯六卷　(清)王炳耀輯　清光緒二十二年(1896)上海書局石印本　四册

340000－1843－0001393　史 2517/1099
粵氛紀事十三卷　(清)夏燮撰　清同治八年(1869)當塗夏燮刻本　六册

340000－1843－0001394　史 2517/1167

山東軍興紀略二十二卷　(清)張曜撰　清光緒十一年(1885)徑北草堂刻本　十冊

340000－1843－0001395　史 2517/2242
拳匪紀略八卷前編八卷後編二卷　(清)僑析生等撰　清光緒二十九年(1903)上洋書局石印本　四冊

340000－1843－0001396　史 2517/2242
拳匪紀略八卷前編八卷後編二卷　(清)僑析生等撰　清光緒二十九年(1903)上洋書局石印本　六冊

340000－1843－0001397　史 2517/2242.2
拳匪紀略八卷後編二卷　(清)僑析生等撰　清光緒二十七年至宣統三年(1901－1911)石印本　四冊

340000－1843－0001398　史 2517/2242(2)
京津拳匪略八卷前編二卷後編二卷附圖　(清)僑析生　(清)縉雲氏撰　清光緒二十七年(1901)香港書局石印本　六冊

340000－1843－0001399　史 2517/2633
增訂教案彙編六卷　(清)程宗裕編　清光緒二十八年(1902)杭州實學書社鉛印本　六冊

340000－1843－0001400　史 2517/2637
教務紀略四卷首一卷　魏家驊等撰　清光緒三十一年(1905)鉛印本　五冊

340000－1843－0001401　史 2517/3408
中東戰紀不分卷　(清)洪棄父纂　清光緒鉛印本　一冊

340000－1843－0001402　史 2517/3408
臺灣戰紀二卷　(清)洪棄父纂　清光緒鉛印本　二冊

340000－1843－0001403　史 2517/4002
萊陽亂事徵實錄不分卷　(清)李方保等編　抄本　一冊

340000－1843－0001404　史 2517/4040
思痛記二卷　(清)李圭撰　清光緒六年(1880)師一齋刻本　一冊

340000－1843－0001405　史 2517/4063
西巡大事本末記六卷　(日本)吉田良太郎譯　清光緒二十七年(1901)上海書局石印本　六冊

340000－1843－0001406　史 2517/4233
粵匪南北滋擾紀略二卷　(清)姚憲之撰　清末京都琉璃廠坊刻本　二冊

340000－1843－0001407　史 2517/4428
中東戰紀本末八卷續編四卷文學興國策二卷　(美國)林樂知譯　清光緒二十三年(1897)圖書集成局石印本　十三冊

340000－1843－0001408　史 2517/4428
中東戰紀本末八卷續編四卷文學興國策二卷　(美國)林樂知譯　清光緒二十三年(1897)圖書集成局石印本　八冊　存八卷(中東戰紀本末八卷)

340000－1843－0001409　史 2517/4428
中東戰紀本末八卷續編四卷文學興國策二卷　(美國)林樂知譯　清光緒二十三年(1897)圖書集成局石印本　十二冊　存十二卷(中東戰紀本末八卷、續編四卷)

340000－1843－0001410　史 2517/4435
浙東籌防錄四卷　(清)薛福成纂輯　清光緒十三年(1887)刻本　四冊

340000－1843－0001411　史 2517/4447
防海紀略二卷　題(清)芍唐居士撰　清光緒六年(1880)上洋文藝齋刻本　二冊

340000－1843－0001412　史 2517/4447
防海紀略二卷　題(清)芍唐居士撰　清光緒六年(1880)上洋文藝齋刻本　二冊

340000－1843－0001413　史 2517/4482
靖逆記六卷　題(清)蘭簃外史(盛大士)撰　清道光元年(1821)刻本　二冊

340000－1843－0001414　史 2517/4492
蕩平髮逆圖記二十二卷首一卷　(清)杜文瀾撰　清光緒十四年(1888)上海淞六山莊石印本　四冊

340000－1843－0001415　史 2517/4498

庚子天津一月記不分卷　(清)茅少笙撰　清抄本　一册

340000－1843－0001416　史2517/4682
平回志八卷　(清)楊毓秀撰　清光緒十五年(1889)劍南王氏紅杏山房刻本　四册

340000－1843－0001417　史2517/5023
平浙紀略十六卷　(清)秦緗業等纂　清同治十二年(1873)浙江書局刻本　四册

340000－1843－0001418　史2517/5023
平浙紀略十六卷　(清)秦緗業等纂　清同治十二年(1873)浙江書局刻本　四册

340000－1843－0001419　史2517/5023
平浙紀略十六卷　(清)秦緗業等纂　清同治十二年(1873)浙江書局刻本　四册

340000－1843－0001420　史2517/5023
平浙紀略十六卷　(清)秦緗業等纂　清同治十二年(1873)浙江書局刻本　四册

340000－1843－0001421　史2517/5023.2
平浙紀略十六卷　(清)秦緗業等纂　清光緒元年(1875)上海申報館鉛印本　四册

340000－1843－0001422　史2517/6033
庚子海外紀事四卷　呂海寰編　清光緒二十七年(1901)上海辦理商約行轅鉛印本　四册

340000－1843－0001423　史215.31/6081
昭德先生郡齋讀書志四卷後志二卷　(宋)晁公武撰　清康熙六十一年(1722)海寧陳氏刻本　四册

340000－1843－0001424　史215.31/6081.2
昭德先生郡齋讀書二十卷趙氏附志二卷　(宋)晁公武撰　清光緒十年(1884)長沙王氏刻本　十册

340000－1843－0001425　史215.31/7551
直齋書録解題二十二卷　(宋)陳振孫撰　清光緒九年(1883)江蘇書局刻本　六册

340000－1843－0001426　史215.31/7551
直齋書録解題二十二卷　(宋)陳振孫撰　清光緒九年(1883)江蘇書局刻本　六册

340000－1843－0001427　史215.31/7551.2
直齋書録解題二十二卷　(宋)陳振孫撰　清乾隆江南省刻武英殿聚珍書本　十二册

340000－1843－0001428　史215.31/7551.2
直齋書録解題二十二卷　(宋)陳振孫撰　清乾隆江南省刻武英殿聚珍書本　十二册

340000－1843－0001429　史215.31/7551.3
直齋書録解題二十二卷　(宋)陳振孫撰　清乾隆武英殿聚珍書木活字印本　十六册

340000－1843－0001430　史215.31/8077
申報館書目不分卷　題尊聞閣主輯　清光緒三年(1877)申報館鉛印本　一册

340000－1843－0001431　史215.32/1010
善本書室藏書志四十卷　(清)丁丙輯　清光緒二十七年(1901)錢塘丁氏刻本　十六册

340000－1843－0001432　史215.32/1010
善本書室藏書志四十卷　(清)丁丙輯　清光緒二十七年(1901)錢塘丁氏刻本　十六册

340000－1843－0001433　史215.32/1010
善本書室藏書志四十卷　(清)丁丙輯　清光緒二十七年(1901)錢塘丁氏刻本　十六册

340000－1843－0001434　史215.32/2741
藝風藏書記八卷　繆荃孫撰　清光緒二十七年(1901)刻本　一册

340000－1843－0001435　史215.32/2741
藝風藏書記八卷　繆荃孫撰　清光緒二十七年(1901)刻本　二册

340000－1843－0001436　史215.32/2741(2)
藝風藏書記八卷續記八卷　繆荃孫撰　清光緒二十六年(1900)刻本　六册

340000－1843－0001437　史215.32/2741(2)
藝風藏書記八卷續記八卷　繆荃孫撰　清光緒二十六年(1900)刻本　六册

340000－1843－0001438　史215.32/2894
重編紅雨樓題跋二卷　(明)徐𤊹撰　繆荃孫輯　清宣統三年(1911)峭帆樓刻本　一册

340000－1843－0001439　史215.32/4411
士禮居藏書題跋記六卷　（清）黄丕烈撰　（清）潘祖蔭輯　清光緒八年（1882）吴縣潘氏刻本　四册

340000－1843－0001440　史215.32/4622.3
楹書隅録五卷續編四卷　（清）楊紹和撰　清光緒二十年（1894）海源閣刻本　八册

340000－1843－0001441　史215.32/6046
拜經樓藏書題跋記五卷附録一卷　（清）吴壽暘撰　清道光二十七年（1847）刻本　四册

340000－1843－0001442　史215.32/6046
拜經樓藏書題跋記五卷附録一卷　（清）吴壽暘撰　清道光二十七年（1847）刻本　二册　存五卷（題跋記五卷）

340000－1843－0001443　史215.32/6062
勞氏碎金三卷　吴昌綬輯　清宣統元年（1909）仁和吴氏雙照樓鉛印本　一册

340000－1843－0001444　史215.32/6680
鐵琴銅劍樓藏書目録二十四卷　（清）瞿鏞撰　清光緒二十三年（1897）誦芬室刻本　十册

340000－1843－0001445　史215.32/6680
鐵琴銅劍樓藏書目録二十四卷　（清）瞿鏞撰　清光緒二十三年（1897）誦芬室刻本　十册

340000－1843－0001446　史215.32/6680
鐵琴銅劍樓藏書目録二十四卷　（清）瞿鏞撰　清光緒二十四年（1898）瞿氏刻本　八册

340000－1843－0001447　史215.32/6680
鐵琴銅劍樓藏書目録二十四卷　（清）瞿鏞撰　清光緒二十四年（1898）瞿氏刻本　八册

340000－1843－0001448　史215.32/7433
皕宋樓藏書志一百二十卷續志四卷　（清）陸心源編　清光緒八年（1882）十萬卷樓刻本　三十二册

340000－1843－0001449　史215.32/8354
曝書雜記三卷　（清）錢泰吉撰　清同治七年（1868）蘇州刻本　一册

340000－1843－0001450　史215.32/8804
花近樓叢書序跋記不分卷　（清）管庭芬撰　清宣統三年（1911）上海國學扶輪社鉛印本　一册

340000－1843－0001451　史215.4/0000
續三通目録十四卷　（清）席裕福輯　清光緒二十九年（1903）圖書集成局石印本　四册

340000－1843－0001452　史215.4/0033
正三通目録十二卷　（清）席裕福等輯　清光緒二十九年（1903）圖書集成局石印本　四册

340000－1843－0001453　史215.4/0042
日本書目志十五卷　康有為輯　清光緒上海大同譯書局石印本　八册

340000－1843－0001454　史215.4/2509
行素草堂目睹書録十卷　（清）朱記榮撰　清光緒十年至十一年（1884－1885）槐廬刻本　十册

340000－1843－0001455　史215.53/4634
留真譜初編十二卷二編八卷　楊守敬輯　清光緒二十七年（1901）宜都楊氏刻本　二十册

340000－1843－0001456　史215.54/8088
欽定武英殿聚珍版程式一卷　（清）金簡撰　清乾隆武英殿木活字印本　一册

340000－1843－0001457　史215.54/8088
欽定武英殿聚珍版程式一卷　（清）金簡撰　清乾隆武英殿木活字印本　一册

340000－1843－0001458　史216.1/0000
濰陽陳氏寶簠齋藏金石目不分卷　（清）陳介祺撰　清抄本　二册

340000－1843－0001459　史216.11/2741
藝風堂金石文字目十八卷　繆荃孫撰　清光緒三十二年（1906）刻本　六册

340000－1843－0001460　史216.11/4686
中州金石目録八卷　（清）楊鐸編　清光緒二十六年（1900）南陵徐氏刻鄦齋叢書本　二册

340000－1843－0001461　史216.11/4960
金石録三十卷　（宋）趙明誠輯　清黄本驥刻三長物齋叢書本　五册

340000－1843－0001462　史 216.11/4960.3
金石録三十卷目録十卷　(宋)趙明誠輯　(宋)朱記榮校刊　清光緒十三年(1887)行素草堂刻本　五册

340000－1843－0001463　史 216.12/1113
張叔未解元所藏金石文字不分卷　(清)張廷濟撰　清光緒十年(1884)四會嚴氏鶴緣齋石印本　二册

340000－1843－0001464　史 216.12/1146
重定金石契五卷石鼓文釋一卷補注一卷　(清)張燕昌撰　清光緒二十二年(1896)劉氏聚學軒刻本　五册

340000－1843－0001465　史 216.12/1146
重定金石契五卷石鼓文釋一卷補注一卷　(清)張燕昌撰　清光緒二十二年(1896)劉氏聚學軒刻本　四册　存五卷(重定金石契五卷)

340000－1843－0001466　史 216.12/2531
金石圖不分卷　(清)牛運震集說　清乾隆十年(1745)刻本　四册

340000－1843－0001467　史 216.12/2531
金石圖說二卷　(清)牛運震集說　劉世珩編補　清光緒十九年至二十一年(1893－1895)貴池劉氏刻本　二册

340000－1843－0001468　史 216.12/2767
金石屑四卷附編一卷　(清)鮑昌熙摹　清光緒三年(1877)刻本　四册

340000－1843－0001469　史 216.12/2767
金石屑四卷附編一卷　(清)鮑昌熙摹　清光緒三年(1877)刻本　四册

340000－1843－0001470　史 216.12/3117
金石索十二卷首一卷　(清)馮雲鵬　(清)馮雲鵷輯　清光緒三十二年(1906)上海文新書局石印本　二十四册

340000－1843－0001471　史 216.12/3117
金石索十二卷首一卷　(清)馮雲鵬　(清)馮雲鵷輯　清光緒三十二年(1906)上海文新書局石印本　六册　存六卷(金索一至六)

340000－1843－0001472　史 216.12/3117.2
金石索十二卷首一卷　(清)馮雲鵬　(清)馮雲鵷輯　清道光元年(1821)滋陽縣署刻本　十二册

340000－1843－0001473　史 216.12/3117.2
金石索十二卷首一卷　(清)馮雲鵬　(清)馮雲鵷輯　清道光元年(1821)滋陽縣署刻本　八册　存八卷(金索一至四、石索五至八)

340000－1843－0001474　史 216.12/3117.3
金石索十二卷首一卷　(清)馮雲鵬　(清)馮雲鵷輯　清光緒三十二年(1906)上海千頃堂刻本　十二册

340000－1843－0001475　史 216.12/3119
金石萷一卷　(清)馮承輝撰　清嘉慶二十三年(1818)金陵刻本　一册

340000－1843－0001476　史 216.12/7243
長安獲古編二卷　(清)劉喜海撰　清光緒三十一年(1905)劉鶚補刻本　二册

340000－1843－0001477　史 216.12/7243
長安獲古編二卷　(清)劉喜海撰　清光緒三十一年(1905)劉鶚補刻本　二册

340000－1843－0001478　史 216.12/7521
求古精舍金石圖四卷　(清)陳經撰　清嘉慶十八年至二十三年(1813－1818)說劍樓刻本　三册

340000－1843－0001479　史 216.13/1000
金石萃編補略二卷　(清)王言撰　清光緒八年(1882)刻本　四册

340000－1843－0001480　史 216.13/1000
金石萃編補略二卷　(清)王言撰　清光緒八年(1882)刻本　四册

340000－1843－0001481　史 216.13/1036
金石萃編一百六十卷　(清)王昶撰　清嘉慶十年(1805)青浦經訓堂刻本　六十册

340000－1843－0001482　史 216.13/1036.2
金石萃編一百六十卷　(清)王昶撰　清同治

十一年(1872)青浦經訓堂刻本　六十四冊

340000－1843－0001483　史216.13/1036.2
金石萃編一百六十卷　(清)王昶撰　清同治十一年(1872)青浦經訓堂刻本　七十二冊

340000－1843－0001484　史216.13/1123
二銘草堂金石聚十六卷　(清)張德容撰　清同治十一年(1872)衢州張德容二銘草堂刻本　十六冊

340000－1843－0001485　史216.13/2832
隨軒金石文字九種不分卷　(清)徐渭仁輯　清同治七年(1868)徐大有補刻本　八冊

340000－1843－0001486　史216.13/4923
金石文鈔八卷續鈔二卷　(清)趙紹祖編　清光緒二年(1876)趙氏刻本　十冊

340000－1843－0001487　史216.13/4923
安徽金石略十卷　(清)趙紹祖撰　清光緒貴池劉氏刻聚學軒叢書本　四冊

340000－1843－0001488　史216.13/6010
虢季子白盤銘攷不分卷溫虞恭公碑攷不分卷惠山聽松石牀題字不分卷　(清)吳雲撰　清同治五年(1866)歸安吳雲二百蘭亭齋刻本　一冊

340000－1843－0001489　史216.13/6015
金石存十五卷　(清)吳玉搢撰　清嘉慶二十四年(1819)山陽李氏聞妙香室刻本　四冊

340000－1843－0001490　史216.13/6015.2
金石存十五卷　(清)吳玉搢撰　清嘉慶二十四年(1819)山陽李氏聞妙香室刻本　四冊

340000－1843－0001491　史216.13/6646
江寧金石記八卷待訪目二卷　(清)嚴觀輯　清宣統二年(1910)江楚編譯書局刻本　二冊

340000－1843－0001492　史216.13/7493
金石續編二十一卷首一卷　(清)陸耀通纂　清光緒十九年(1893)上海醉六堂刻本　六冊

340000－1843－0001493　史216.13/7741
荊南萃古編一卷續一卷　(清)周懋琦　(清)劉瀚輯　清光緒二十年(1894)鴻寶署齋刻本　二冊

340000－1843－0001494　史216.13/8002
兩漢金石記二十二卷　(清)翁方綱撰　清乾隆五十四年(1789)南昌使院刻本　六冊

340000－1843－0001495　史216.13/8002
兩漢金石記二十二卷　(清)翁方綱撰　清乾隆五十四年(1789)南昌使院刻本　八冊

340000－1843－0001496　史216.15/0087
枕經堂金石書畫題跋三卷　(清)方朔撰　清同治三年(1864)懷寧方碩濟南刻本　三冊

340000－1843－0001497　史216.15/1113
清儀閣金石題識四卷　(清)張廷濟撰　(清)陳其榮編　清光緒二十年(1894)徐氏觀自得齋刻本　八冊

340000－1843－0001498　史216.15/1320
金石一跋四卷二跋四卷三跋二卷　(清)武億撰　清道光二十三年(1843)偃師武氏授堂刻授堂叢書本　四冊

340000－1843－0001499　史216.15/2528
開有益齋金石文字記不分卷　(清)朱緒曾撰　清道光刻本　一冊

340000－1843－0001500　史216.15/4096
觀妙齋藏金石文攷略十六卷　(清)李光暎撰　清雍正七年(1729)余氏安隱草堂抄本　六冊

340000－1843－0001501　史216.15/6048
九鐘精舍金石跋尾甲編一卷乙編一卷　(清)吳士鑑撰　清宣統二年(1910)刻本　二冊

340000－1843－0001502　史216.15/6614
鐵橋金石跋四卷　(清)嚴可均撰　清末歸安石宗建刻本　四冊

340000－1843－0001503　史216.15/7772
集古錄跋尾十卷　(宋)歐陽修撰　清道光二十四年(1844)三長物齋刻本　四冊

340000－1843－0001504　史216.15/8017
元豐金石跋尾一卷　(宋)曾鞏撰　清抄本　一冊

340000－1843－0001505　史216.16/1041
金石碑版廣例十卷　(清)王芑孫輯　清江元文抄本　四冊

340000－1843－0001506　史216.16/2540
宜祿堂金石記六卷讀書解義一卷　(清)朱士端輯　清同治二年(1863)刻本　二冊

340000－1843－0001507　史216.22/0000
續考古圖五卷釋文一卷　(宋)□□撰　清光緒十三年(1887)陸心源刻本　二冊

340000－1843－0001508　史216.22/0000
續考古圖五卷釋文一卷　(宋)□□撰　清光緒十三年(1887)陸心源刻本　四冊

340000－1843－0001509　史216.22/0030
西清古鑑四十卷錢錄十六卷　(清)高宗弘曆輯　(清)梁詩正等編　清光緒十四年(1888)上海鴻文書局石印本　二十四冊

340000－1843－0001510　史216.22/0030.2
西清古鑑四十卷錢錄十六卷　(清)高宗弘曆輯　(清)梁詩正等編　清光緒十四年(1888)邁宋書館刻本　二十四冊

340000－1843－0001511　史216.22/0030(3)
西清續鑑甲編二十卷附錄一卷　(清)高宗弘曆輯　(清)梁詩正等編　清宣統三年(1911)商務印書館影印本　二十一冊

340000－1843－0001512　史216.22/0200
陶齋吉金錄八卷　(清)端方撰　清光緒三十四年(1908)石印本　八冊

340000－1843－0001513　史216.22/0200
陶齋吉金錄八卷　(清)端方撰　清光緒三十四年(1908)石印本　八冊

340000－1843－0001514　史216.22/0200
陶齋吉金錄八卷　(清)端方撰　清光緒三十四年(1908)石印本　八冊

340000－1843－0001515　史216.22/0200(2)
陶齋吉金續錄八卷　(清)端方撰　清宣統元年(1909)石印本　二冊

340000－1843－0001516　史216.22/0200(2)
陶齋吉金續錄八卷　(清)端方撰　清宣統元年(1909)石印本　二冊

340000－1843－0001517　史216.22/1033
亦政堂重修宣和博古圖錄三十卷考古圖十卷古玉圖二卷　(宋)王黼等撰　清乾隆十七年(1752)黃晟亦政堂刻本　二十冊

340000－1843－0001518　史216.22/6010
兩罍軒彝器圖釋十二卷　(清)吳雲撰　清同治十一年(1872)刻本　六冊

340000－1843－0001519　史216.22/6010
兩罍軒彝器圖釋十二卷　(清)吳雲撰　清同治十一年(1872)刻本　六冊

340000－1843－0001520　史216.22/6010
兩罍軒彝器圖釋十二卷　(清)吳雲撰　清同治十一年(1872)刻本　六冊

340000－1843－0001521　史216.22/6010
兩罍軒彝器圖釋十二卷　(清)吳雲撰　清同治十一年(1872)刻本　四冊

340000－1843－0001522　史216.22/6010
兩罍軒彝器圖釋十二卷　(清)吳雲撰　清同治十一年(1872)刻本　四冊

340000－1843－0001523　史216.22/6043
恒軒所見所藏吉金錄不分卷　(清)吳大澂撰　清光緒十一年(1885)刻本　四冊

340000－1843－0001524　史216.22/6043
恒軒所見所藏吉金錄不分卷　(清)吳大澂撰　清光緒十一年(1885)刻本　二冊

340000－1843－0001525　史216.22/6047
亦政堂重修考古圖十卷　(宋)呂大臨撰　清乾隆十七年(1752)黃晟亦政堂刻本　五冊

340000－1843－0001526　史216.23/1023
嘯堂集古錄二卷　(宋)王俅輯　清刻本　二冊

340000－1843－0001527　史216.23/1200
古籀拾遺三卷宋政和禮器攷不分卷　(清)孫詒讓撰　清光緒十四年(1888)刻本　一冊

340000－1843－0001528　史 216.23/2580
敬吾心室彝器款識不分卷　(清)朱善旂輯　清光緒三十四年(1908)朱之溱石印本　二冊

340000－1843－0001529　史 216.23/2580
敬吾心室彝器款識不分卷　(清)朱善旂輯　清光緒三十四年(1908)朱之溱石印本　二冊

340000－1843－0001530　史 216.23/4491.2
歷代鐘鼎彝器款識法帖二十卷　(宋)薛尚功撰　清江左書林石印本　五冊

340000－1843－0001531　史 216.23/4491.2
歷代鐘鼎彝器款識法帖二十卷　(宋)薛尚功撰　清江左書林石印本　五冊

340000－1843－0001532　史 216.23/4491.3
歷代鐘鼎彝器款識法帖二十卷　(宋)薛尚功撰　清嘉慶二年(1797)儀徵阮氏刻本　四冊

340000－1843－0001533　史 216.23/6099
筠清館金文五卷　(清)吳榮光撰　清道光二十二年(1842)南海吳氏刻本　十冊

340000－1843－0001534　史 216.23/6099
筠清館金文五卷　(清)吳榮光撰　清道光二十二年(1842)南海吳氏刻本　五冊

340000－1843－0001535　史 216.23/7110
積古齋鐘鼎彝器款識十卷　(清)阮元編錄　清刻本　四冊

340000－1843－0001536　史 216.23/7110
積古齋鐘鼎彝器款識十卷　(清)阮元編錄　清刻本　六冊

340000－1843－0001537　史 216.23/7110.3
積古齋鐘鼎彝器款識十卷　(清)阮元編錄　清光緒八年(1882)常熟抱芳閣刻本　四冊

340000－1843－0001538　史 216.23/7110.4
積古齋鐘鼎彝器款識十卷　(清)阮元編錄　清光緒五年(1879)武昌刻本　六冊

340000－1843－0001539　史 216.23/7110.5
積古齋鐘鼎彝器款識十卷　(清)阮元編錄　清嘉慶九年(1804)刻本　四冊

340000－1843－0001540　史 216.23/7110.5
積古齋鐘鼎彝器款識十卷　(清)阮元編錄　清嘉慶九年(1804)刻本　四冊

340000－1843－0001541　史 216.23/7233
古文審八卷首一卷　(清)劉心源撰　清光緒十七年(1891)嘉魚劉氏龍江樓刻本　四冊

340000－1843－0001542　史 216.23/7233
古文審八卷首一卷　(清)劉心源撰　清光緒十七年(1891)嘉魚劉氏龍江樓刻本　四冊

340000－1843－0001543　史 216.23/7282
盤亭小錄三種　(清)劉銘傳編　清同治十二年(1873)刻本　一冊

340000－1843－0001544　史 216.24/8002
建初銅尺考不分卷附拓片　(清)翁方綱撰　清嘉慶刻本　一冊

340000－1843－0001545　史 216.31/2547
古金待問錄四卷錄餘一卷補遺一卷　(清)朱楓輯　清光緒十六年(1890)常熟鮑氏後知不足齋刻本　二冊

340000－1843－0001546　史 216.31/3701
欽定錢錄十六卷　(清)梁詩正編　清乾隆武英殿刻本　四冊

340000－1843－0001547　史 216.31/4027
古泉匯六十四卷　(清)李佐賢編　**續泉匯十四卷補遺二卷**　(清)李佐賢　(清)鮑康編　清同治三年(1864)李氏石泉書屋刻本　五冊

340000－1843－0001548　史 216.31/5031
遺篋錄八卷　(清)秦寶瓚編　清光緒二十九年(1903)刻本　四冊

340000－1843－0001549　史 216.32/3438
泉志十五卷　(宋)洪遵撰　清同治十三年(1874)隸釋齋刻本　四冊

340000－1843－0001550　史 216.32/9002
便覽寶泉誌不分卷　(清)小謫仙訂　清道光十三年(1833)刻本　一冊

340000－1843－0001551　史 216.34/0000
錢譜不分卷　(□)□□撰　清抄本　四冊

340000－1843－0001552　史216.34/0000
古刀異布略論不分卷　(□)□□撰　清抄本　五册

340000－1843－0001553　史216.34/0090
癖泉臆說六卷　(清)高煥文撰　清宣統三年(1911)上海商務印書館隸書石印本　一册

340000－1843－0001554　史216.34/1124
錢志新編二十卷　(清)張崇懿校輯　清道光十年(1830)酌春堂刻本　四册

340000－1843－0001555　史216.34/1124.2
錢志新編二十卷　(清)張崇懿校輯　清道光十年(1830)酌春堂刻本　四册

340000－1843－0001556　史216.34/3792
吉金所見録十六卷　(清)初尚齡輯　清道光七年(1827)古香書舍刻本　四册

340000－1843－0001557　史216.34/3792
吉金所見録十六卷　(清)初尚齡輯　清道光七年(1827)古香書舍刻本　四册

340000－1843－0001558　史216.34/3792
吉金所見録十六卷　(清)初尚齡輯　清道光七年(1827)古香書舍刻本　四册

340000－1843－0001559　史216.34/7243
嘉蔭簃論泉絕句二卷　(清)劉喜海撰　清同治十二年(1873)歙鮑氏觀古閣刻本　一册

340000－1843－0001560　史216.43/6044
封泥考略十卷　(清)吳式芬　(清)陳介祺同輯　清光緒三十年(1904)海豐吳氏石印本　十册

340000－1843－0001561　史216.43/6044
封泥考略十卷　(清)吳式芬　(清)陳介祺同輯　清光緒三十年(1904)海豐吳氏石印本　十册

340000－1843－0001562　史216.43/6044
封泥考略十卷　(清)吳式芬　(清)陳介祺同輯　清光緒三十年(1904)海豐吳氏石印本　十册

340000－1843－0001563　史216.22/3234
攈古廔彝器款識不分卷　(清)潘祖蔭撰　清同治十一年(1872)京師滂喜齋刻本　二册

340000－1843－0001564　史216.22/3234
攈古廔彝器款識不分卷　(清)潘祖蔭撰　清同治十一年(1872)京師滂喜齋刻本　二册

340000－1843－0001565　史216.22/5544
懷米山房吉金圖二卷　(清)曹奎(曹載奎)輯　清道光十九年(1839)石印本　一册

340000－1843－0001566　史216.51/1262
寰宇訪碑録十二卷　(清)孫星衍　(清)邢澍同撰　清嘉慶七年(1802)刻本　六册

340000－1843－0001567　史216.51/1262
寰宇訪碑録十二卷　(清)孫星衍　(清)邢澍同撰　清嘉慶七年(1802)刻本　四册

340000－1843－0001568　史216.51/1262.2
寰宇訪碑録十二卷　(清)孫星衍　(清)邢澍撰　**補録五卷**　(清)趙之謙撰　**刊謬一卷**　羅振玉撰　清光緒十一年(1885)吳縣朱記榮行素草堂刻金石叢書本　八册

340000－1843－0001569　史216.51/1262.2
寰宇訪碑録十二卷　(清)孫星衍　(清)邢澍撰　**補録五卷**　(清)趙之謙撰　**刊謬一卷**　羅振玉撰　清光緒十一年(1885)吳縣朱記榮行素草堂刻金石叢書本　八册

340000－1843－0001570　史216.51/4930.2
補寰宇訪碑録五卷附失編一卷　(清)趙之謙纂　清同治三年(1864)刻本　二册

340000－1843－0001571　史216.51/7771
集古録目五卷　(宋)歐陽棐撰　(清)黃本驥輯　清道光二十四年(1844)三長物齋刻本　二册

340000－1843－0001572　史216.51/7771.2
集古録目五卷　(宋)歐陽棐撰　清光緒吳縣朱記榮刻本　二册

340000－1843－0001573　史216.53/0200
陶齋藏石記四十四卷　(清)端方撰　(清)龔錫齡校　清宣統元年(1909)上海商務印書館

石印本　十二册

340000－1843－0001574　史216.53/0200
陶齋藏石記四十四卷　(清)端方撰　(清)龔錫齡校　清宣統元年(1909)上海商務印書館石印本　十二册

340000－1843－0001575　史216.53/2688
續語堂碑錄不分卷　(清)魏錫曾輯　清光緒九年(1883)刻本　四册

340000－1843－0001576　史216.53/4460
小蓬萊閣金石文字不分卷　(清)黄易撰　清嘉慶五年(1800)刻本　五册

340000－1843－0001577　史216.53/4634
高麗好太王碑六卷跋文一卷　楊守敬鉤　清宣統元年(1909)刻本　六册

340000－1843－0001578　史216.54/3432
隸釋二十七卷隸續二十一卷　(宋)洪适撰　清乾隆四十三年(1778)錢塘汪氏刻本　六册

340000－1843－0001579　史216.54/3432
隸釋二十七卷隸續二十一卷　(宋)洪适撰　清乾隆四十三年(1778)錢塘汪氏刻本　二册

340000－1843－0001580　史216.54/3438
漢魏石經考一卷唐宋石經考一卷　(清)萬斯同輯　清常熟蔣氏省吾堂刻本　一册

340000－1843－0001581　史216.54/4469
語石十卷　葉昌熾撰　清宣統元年(1909)刻本　四册

340000－1843－0001582　史216.54/4469
語石十卷　葉昌熾撰　清宣統元年(1909)刻本　四册

340000－1843－0001583　史216.54/4469
語石十卷　葉昌熾撰　清宣統元年(1909)刻本　四册

340000－1843－0001584　史216.54/8002
蘇米齋蘭亭攷八卷　(清)翁方綱撰　清光緒十五年(1889)常熟後知不足齋刻本　二册

340000－1843－0001585　史216.54/8002
瘞鶴銘攷補一卷山樵書外記一卷　(清)翁方綱撰　清光緒三十四年(1908)湮陽端方刻本　二册

340000－1843－0001586　史216.56/3261
金石例十卷札記一卷　(元)潘昂霄撰　清光緒三十四年(1908)南陵徐氏刻隨庵叢書本　二册

340000－1843－0001587　史216.57/1734
金石文字辨異十二卷　(清)邢澍撰　清光緒徐氏刻聚學軒叢書本　八册

340000－1843－0001588　史216.58/3441
石鼓文定本十卷　(清)沈梧撰　清光緒十六年(1890)古華山館刻本　四册

340000－1843－0001589　史216.58/7560
寶刻叢編二十卷　(宋)陳思撰　清道光海豐吴式芬刻本　八册

340000－1843－0001590　史216.58/7700
校補石鼓文音訓一卷　(清)周庠撰　清光緒二十三年(1897)刻本　一册

340000－1843－0001591　史216.58/7700
校補石鼓文音訓一卷　(清)周庠撰　清光緒二十三年(1897)刻本　一册

340000－1843－0001592　史216.62/2523
亦政堂重攷古玉圖二卷　(元)朱德潤撰　清乾隆十七年(1752)黄晟亦政堂刻本　一册

340000－1843－0001593　史216.63/6043
古玉圖攷一卷　(清)吴大澂撰　清光緒十五年(1889)刻本　二册

340000－1843－0001594　史216.63/6043.2
古玉圖攷一卷附三種　(清)吴大澂撰　清末刻本　一册

340000－1843－0001595　史216.71/7267
鐵雲藏龜不分卷　(清)劉鶚輯　清光緒二十九年(1903)抱殘守缺齋石印本　六册

340000－1843－0001596　史216.73/6051
殷商貞卜文字考一卷　羅振玉撰　清宣統二年(1910)上虞羅氏玉簡齋石印本　一册

340000－1843－0001597　史 216.81/0000
陶器拓片　(□)□□撰　初拓本　一册

340000－1843－0001598　史 216.81/1036
竹里秦漢瓦當文字不分卷　(清)王福田纂　清咸豐二年(1852)嘉興竹里王氏七橋草堂刻本　一册

340000－1843－0001599　史 216.81/2608
秦漢瓦當文字二卷續一卷　(清)程敦撰　清光緒二十年(1894)袖海山房石印本　三册

340000－1843－0001600　史 216.81/7267
鐵雲藏陶不分卷　(清)劉鶚輯　清光緒三十年(1904)抱殘守缺齋石印本　四册

340000－1843－0001601　史 216.81/7433
千甓亭古磚圖釋二十卷　(清)陸心源輯　清光緒十七年(1891)吳興陸氏石印本　四册

340000－1843－0001602　史 216.101/1262
京畿金石考二卷　(清)孫星衍撰　清問字堂刻本　二册

340000－1843－0001603　史 216.103/4923
安徽金石略十卷　(清)趙紹祖輯　清光緒徐氏刻聚學軒叢書本　四册

340000－1843－0001604　史 216.103/1051
山右金石記十卷　(清)王軒纂　清光緒十五年(1889)刻山西通志本　六册

340000－1843－0001605　史 216.103/1188
墨妙亭碑目考二卷附考一卷　(清)張鑑譔　清光緒十年(1884)江蘇書局刻本　二册

340000－1843－0001606　史 216.103/1320
安陽縣金石錄十二卷　(清)武億撰　清嘉慶二十四年(1819)刻本　四册

340000－1843－0001607　史 216.103/2074
關中金石文字存逸考十二卷石刻書法源流考不分卷　(清)毛鳳枝撰　清光緒二十七年(1901)會稽顧氏刻本　八册

340000－1843－0001608　史 216.103/4031
括蒼金石志十二卷續志四卷　(清)李遇孫輯　(清)鄒柏森校補　清同治十三年(1874)浙江處州府署刻本　六册

340000－1843－0001609　史 216.103/4713
山右石刻叢編四十卷　(清)胡聘之輯　清光緒二十七年(1901)刻本　二十四册

340000－1843－0001610　史 216.103/7110
兩浙金石志十八卷　(清)阮元編錄　清光緒十六年(1890)浙江書局刻本　十二册

340000－1843－0001611　史 216.103/7110
兩浙金石志十八卷　(清)阮元編錄　清光緒十六年(1890)浙江書局刻本　十二册

340000－1843－0001612　史 216.103/7110
兩浙金石志十八卷　(清)阮元編錄　清光緒十六年(1890)浙江書局刻本　十二册

340000－1843－0001613　史 216.103/7433
吳興金石記十六卷　(清)陸心源撰　清光緒十六年(1890)刻本　四册

340000－1843－0001614　史 216.103/7740
益都金石記四卷　(清)段松苓撰　清光緒九年(1883)刻本　一册

340000－1843－0001615　史 216.104/6031
關中金石記八卷增編目錄一卷附記一卷　(清)畢沅撰　(清)蔡汝霖　(清)蔡錫棟編次　清道光二十七年(1847)渭南焦醇敬堂刻本　六册

340000－1843－0001616　史 2143/4471.2
舊五代史一百五十卷目錄二卷　(宋)薛居正撰　清同治十一年(1872)湖北崇文書局刻本　十六册

340000－1843－0001617　史 2143/4471.2
舊五代史一百五十卷考證一卷　(宋)薛居正撰　清乾隆武英殿聚珍刻本　十六册

340000－1843－0001618　史 2143/7772.2
五代史記註七十四卷　(宋)歐陽修撰　(清)彭元瑞註　清道光八年(1828)刻本　二十册

340000－1843－0001619　史 2153/0863
金源劄記二卷又劄一卷史論五答一卷吉貝居暇唱一卷　(清)施國祁撰　清嘉慶十七年至

二十一年(1812 - 1816)潯溪吉貝居刻本 一冊

340000 - 1843 - 0001620 史2154/0000
欽定元史語解二十四卷 清光緒四年(1878)江蘇書局刻本 六冊

340000 - 1843 - 0001621 史2154/2631
元史新編九十五卷 (清)魏源撰 清光緒三十一年(1905)邵陽魏光燾慎微堂刻本 三十二冊

340000 - 1843 - 0001622 史2154/3030.3
元史二百十卷 (明)宋濂等撰 清同治十三年(1874)江蘇書局刻本 四十冊

340000 - 1843 - 0001623 史2154/3193
元史本證(證誤)二十三卷 (清)汪輝祖撰 清嘉慶七年(1802)蕭山汪氏刻本 二冊

340000 - 1843 - 0001624 史2154/3487
元史譯文證補三十卷 (清)洪鈞撰 清光緒二十三年(1897)刻本 四冊

340000 - 1843 - 0001625 史2154/8346
元史藝文志四卷 (清)錢大昕撰 清末江蘇書局刻本 一冊

340000 - 1843 - 0001626 史2154/8346(2)
元史氏族表三卷 (清)錢大昕撰 清末江蘇書局刻本 二冊

340000 - 1843 - 0001627 史216/1111
明史三百三十二卷目錄四卷 (清)張廷玉等撰 清刻本 一百二冊

340000 - 1843 - 0001628 史216/1111.3
明史三百三十二卷目錄四卷 (清)張廷玉等撰 清光緒三年(1877)湖北崇文書局刻本 八十冊

340000 - 1843 - 0001629 史22/1725
弘簡錄二百五十四卷 (明)邵經邦撰 清康熙二十七年(1688)刻本 八十冊

340000 - 1843 - 0001630 史22/1725
續弘簡錄四十二卷 (清)邵遠平撰 清康熙四十五年(1706)繼善堂刻本 二十冊

340000 - 1843 - 0001631 史22/3410
南天痕二十六卷附錄一卷 (清)淩雪撰 清宣統二年(1910)復古社鉛印本 六冊

340000 - 1843 - 0001632 史221/1260
逸周書十卷附校正補遺一卷 (晉)孔晁撰 清乾隆五十一年(1786)抱經堂刻本 二冊

340000 - 1843 - 0001633 史221/6033.2
路史四十七卷 (宋)羅泌撰 清光緒二年(1876)紅杏山房刻本 十六冊

340000 - 1843 - 0001634 史221/6033.3
路史四十七卷 (宋)羅泌撰 清光緒二十八年(1902)英德堂刻本 十四冊

340000 - 1843 - 0001635 史221/6033.4
路史四十七卷 (宋)羅泌撰 清福建刻本 二十冊

340000 - 1843 - 0001636 史221/6033.5
路史四十七卷 (宋)羅泌撰 清嘉慶六年(1801)酉山堂刻本 十六冊

340000 - 1843 - 0001637 史2231/4490
續後漢書四十七卷 (宋)蕭常撰 清同治八年(1869)師古山房刻本 六冊

340000 - 1843 - 0001638 史2232/7730
晉略六十五卷序目一卷 (清)周濟撰 清光緒二年(1876)味雋齋刻本 十冊

340000 - 1843 - 0001639 史2232/7730
晉略六十五卷序目一卷 (清)周濟撰 清光緒二年(1876)味雋齋刻本 十冊

340000 - 1843 - 0001640 史2232/7730
晉略六十五卷序目一卷 (清)周濟撰 清光緒二年(1876)味雋齋刻本 十冊

340000 - 1843 - 0001641 史2233/0436
西魏書二十四卷附錄一卷 (清)謝啟昆撰 清乾隆六十年(1795)樹經堂刻本 四冊

340000 - 1843 - 0001642 史2233/0436.2
西魏書二十四卷附錄一卷序錄一卷 (清)謝啟昆撰 清光緒九年(1883)樹經堂刻本 四冊

340000－1843－0001643　史 2251/1021
東都事略一百三十卷　(宋)王偁撰　清嘉慶三年(1798)掃葉山房刻本　十二册

340000－1843－0001644　史 2251/1021.2
東都事略一百三十卷　(宋)王偁撰　清乾隆振鷺堂刻本　二十四册

340000－1843－0001645　史 2251/7433
宋史翼四十卷　(清)陸心源輯　清光緒歸安陸氏刻朱墨套印本　十二册

340000－1843－0001646　史 2254/1731
元史類編四十三卷　(清)邵遠平撰　清乾隆六十年(1795)南沙席氏掃葉山房刻本　十二册

340000－1843－0001647　史 2254/8000
元書一百二卷　曾廉撰　清宣統三年(1911)層漪堂刻本　二十册

340000－1843－0001648　史 2254/8000
元書一百二卷　曾廉撰　清宣統三年(1911)層漪堂刻本　二十册

340000－1843－0001649　史 23/6030
大事記十二卷通釋十二卷解題十二卷　(宋)呂祖謙撰　清乾隆武英殿木活字印武英殿聚珍版叢書本　十六册

340000－1843－0001650　史 2517/7144.2
欽定滿洲源流考二十卷首一卷　(清)阿桂等撰　清光緒十九年(1893)杭州便益書局石印本　四册

340000－1843－0001651　史 2517/7144.2
欽定滿洲源流考二十卷首一卷　(清)阿桂等撰　清光緒十九年(1893)杭州便益書局石印本　四册

340000－1843－0001652　史 2517/7144.3
欽定滿洲源流考二十卷首一卷　(清)阿桂等撰　清光緒三十年(1904)中西書局石印本　四册

340000－1843－0001653　史 2517/7144.4
欽定滿洲源流考二十卷首一卷　(清)阿桂等撰　清刻本　八册

340000－1843－0001654　史 2517/7560
霆軍紀略十六卷　(清)陳昌輯　清光緒八年(1882)上海申報館鉛印本　六册

340000－1843－0001655　史 2517/7743
淮軍平捻記十二卷　(清)周世澄編　清末刻本　四册

340000－1843－0001656　史 2517/7743
淮軍平捻記十二卷　(清)周世澄編　清末刻本　四册

340000－1843－0001657　史 2517/8364
吴中平寇記八卷　(清)錢勖撰　清同治刻本　二册

340000－1843－0001658　史 252/3424
松漠紀聞一卷續一卷補遺考異一卷　(宋)洪皓撰　清同治十二年(1873)涇縣洪氏三瑞堂刻本　一册

340000－1843－0001659　史 25242/7432
中朝故事二卷　(五代)尉遲偓撰　清光緒南陵徐乃昌刻本　一册

340000－1843－0001660　史 2526/3626
野記四卷　(明)祝允明撰　清同治十三年(1874)元和祝氏刻本　二册

340000－1843－0001661　史 2526/8021
典故紀聞十八卷　(明)余繼登輯　清光緒五年(1879)謙德堂刻畿輔叢書二編本　四册

340000－1843－0001662　史 2527/2142
少保公遺書不分卷　(清)柴大紀撰　清刻本　一册

340000－1843－0001663　史 263/2237.2
十六國春秋一百卷　(北魏)崔鴻撰　清乾隆四十六年(1781)汪氏欣記山房刻本　十八册

340000－1843－0001664　史 263/3404
十六國疆域志十六卷　(清)洪亮吉撰　清光緒四年(1878)授經堂刻本　四册

340000－1843－0001665　史 2643/6027

十國春秋一百十六卷　(清)吳任臣撰　清海寧顧氏小石山房刻本　二十冊

340000－1843－0001666　史2643/7180.2
南唐書三十卷　(宋)馬令編　清嘉慶十八年(1813)沈氏嘯園刻本　六冊

340000－1843－0001667　史2643/7180.2
南唐書三十卷　(宋)馬令編　清嘉慶十八年(1813)沈氏嘯園刻本　二冊

340000－1843－0001668　史2652/4473
契丹國志二十七卷　(宋)葉隆禮撰　清嘉慶二年(1797)掃葉山房刻本　六冊

340000－1843－0001669　史267/0000
太平天國廣陵史稿不分卷　(清)□□撰　抄本　四冊

340000－1843－0001670　史267/0000
太平天國廣陵史稿不分卷　(清)□□撰　抄本　二冊

340000－1843－0001671　史267/0000
太平天國廣陵史稿不分卷　(清)□□撰　抄本　二冊

340000－1843－0001672　史267/0000
太平天國廣陵史稿不分卷　(清)□□撰　抄本　二冊

340000－1843－0001673　史267/0000
太平天國廣陵史稿不分卷　(清)□□撰　抄本　二冊

340000－1843－0001674　史267/0000
太平天國廣陵史稿不分卷　(清)□□撰　抄本　二冊

340000－1843－0001675　史27/0000
歷代年號記略不分卷附錄五種　(清)□□撰　清同治十年(1871)亦園刻本　一冊

340000－1843－0001676　史27/0000
歷代紀元部表二卷　(清)□□撰　(清)江永整理　清乾隆雲灣潛德堂刻本　一冊

340000－1843－0001677　史27/3491
廿一史四譜五十四卷　(清)沈炳震輯　清同治十年(1871)武林吳氏清來堂刻本　十六冊

340000－1843－0001678　史27/3491
廿一史四譜五十四卷　(清)沈炳震輯　清同治十年(1871)武林吳氏清來堂刻本　十六冊

340000－1843－0001679　史27/4033
紀元編三卷補一卷　(清)李兆洛撰　清道光十一年(1831)輩學齋刻本　三冊

340000－1843－0001680　史27/4033
紀元編三卷補一卷　(清)李兆洛撰　清道光十一年(1831)輩學齋刻本　一冊

340000－1843－0001681　史27/4447
歷代史表五十九卷　(清)萬斯同撰　清光緒十五年(1889)廣雅書局刻本　四冊

340000－1843－0001682　史27/4469
中外紀年通表四卷　(清)著易堂編　清光緒二十三年(1897)上海著易堂石印本　四冊

340000－1843－0001683　史27/6082
三國郡縣表八卷　(清)吳曾僅撰　清光緒二十一年(1895)木活字印本　四冊

340000－1843－0001684　史27/7774
歷代統計表十三卷　(清)段長基述　(清)段搢書編　清光緒元年(1875)味古山房刻本　十六冊

340000－1843－0001685　史271/0017
歷代帝王年表不分卷　(清)齊召南編　清道光四年(1824)小琅環僊館刻本　四冊

340000－1843－0001686　史28/0000
歷代史略六卷　(□)□□編　清刻本　七冊　存五卷(二至六)

340000－1843－0001687　史28/0000
古史記要六卷　(□)□□編　清道光二十五年(1845)海山仙館刻海山仙館叢書本　三冊

340000－1843－0001688　史28/0020
前漢書鈔九卷　(清)高嵣輯　清乾隆五十三年(1788)廣郡永邑楊培元堂刻本　四冊

340000－1843－0001689　史 28/0020(2)
後漢書鈔二卷　(清)高嵣集評　清乾隆五十三年(1788)廣郡永邑楊培元堂刻本　二册

340000－1843－0001690　史 28/0020(3)
史記鈔四卷　(清)高嵣集評　清乾隆五十三年(1788)廣郡永邑楊培元堂刻本　四册

340000－1843－0001691　史 28/1216
鑄史駢言十二卷　(清)孫玉田編　清光緒十三年(1887)石印本　二册

340000－1843－0001692　史 28/2237
讀史紀韻六卷首一卷末一卷　(清)任潤譔註　清道光十九年(1839)潯州學院街會文堂刻本　四册

340000－1843－0001693　史 28/2545
史略八十七卷　(清)朱坤編　清光緒二十四年(1898)蜚英館石印本　六册

340000－1843－0001694　史 28/2545.2
史略八十七卷　(清)朱坤輯　清刻本　十五册　存八十一卷(七至八十七)

340000－1843－0001695　史 28/3246
讀史鏡古編三十二卷　(清)潘世恩輯　清同治十三年(1874)冶城飛霞閣刻本　六册

340000－1843－0001696　史 28/3246
讀史鏡古編三十二卷　(清)潘世恩輯　清道光四年(1824)鳳池園刻本　八册

340000－1843－0001697　史 28/3491
新舊唐書合鈔二百六十卷宰相世系表訂譌十二卷　(清)沈炳震撰　**補正六卷**　(清)丁子復撰　清嘉慶十八年(1813)海昌查世倓刻同治十年(1871)吳氏清來堂補刻本　八十册

340000－1843－0001698　史 28/4033
廿一史提綱歌二卷　(清)李兆洛編　清江楚書局刻本　一册

340000－1843－0001699　史 28/4246.2
史記菁華録六卷　(清)姚苧田編　清道光四年(1824)吳興姚氏扶荔山房刻朱墨套印本　二册

340000－1843－0001700　史 28/4246.2
史記菁華録六卷　(清)姚苧田編　清道光四年(1824)吳興姚氏扶荔山房刻朱墨套印本　五册　存五卷(二至六)

340000－1843－0001701　史 28/4246.3
史記菁華録六卷　(清)姚苧田編　清光緒九年(1883)廣州翰墨園刻朱墨套印本　六册

340000－1843－0001702　史 28/4246.4
史記菁華録六卷　(清)姚苧田編　清同治十一年(1872)繡谷趙氏刻本　二册

340000－1843－0001703　史 28/4246.5
史記菁華録六卷　(清)姚苧田編　清光緒二十二年(1896)上海書局石印本　五册　存五卷(一至五)

340000－1843－0001704　史 28/4246.6
史記菁華録六卷　(清)姚苧田編　清刻本　四册　存四卷(三至六)

340000－1843－0001705　史 28/4445
歐陽文忠公五代史鈔二十卷　(明)茅坤批評　清初刻本　六册

340000－1843－0001706　史 28/7528
史緯三百三十卷　(清)陳允錫纂　清同治九年(1870)溫陵輔仁堂刻本　一百十九册　存三百二十六卷(一至二百十三、二百十八至三百三十)

340000－1843－0001707　史 28/7707
史學驪珠四卷　(清)周贇編　(清)洪吉英註　清光緒七年(1881)刻本　四册

340000－1843－0001708　史 29/1057
歸方評點史記合筆不分卷　(清)王拯編　清光緒元年(1875)錦城節署刻本　四册

340000－1843－0001709　史 291/0070.4
文史通義八卷校讐通義三卷　(清)章學誠撰　清光緒十九年(1893)粵東菁華閣刻本　八册

340000－1843－0001710　史 291/0090.5
文史通義八卷　(清)章學誠撰　清光緒三年

(1877)貴陽刻章氏遺書本　四冊

340000－1843－0001711　史291/0090.5
文史通義八卷　(清)章學誠撰　清光緒三年(1877)貴陽刻章氏遺書本　六冊

340000－1843－0001712　史291/2767
史通削繁四卷　(清)紀昀撰　(清)浦起龍註　清光緒元年(1875)崇文書局刻本　四冊

340000－1843－0001713　史291/2767
史通削繁四卷　(清)紀昀撰　(清)浦起龍註　清光緒元年(1875)崇文書局刻本　四冊

340000－1843－0001714　史291/2767.2
史通削繁四卷　(清)紀昀撰　(清)浦起龍註　清道光十三年(1833)兩廣節署刻朱墨套印本　四冊

340000－1843－0001715　史291/2767.2
史通削繁四卷　(清)紀昀撰　(清)浦起龍註　清道光十三年(1833)兩廣節署刻朱墨套印本　四冊

340000－1843－0001716　史291/7282.4
史通通釋二十卷　(唐)劉知幾撰　(清)浦起龍釋　清光緒二十年(1894)上海積山書局石印本　八冊

340000－1843－0001717　史291/7282.4
史通通釋二十卷　(唐)劉知幾撰　(清)浦起龍釋　清光緒二十年(1894)上海積山書局石印本　八冊

340000－1843－0001718　史291/7282.5
史通通釋二十卷　(唐)劉知幾撰　(清)浦起龍釋　清光緒二十五年(1899)上海寶文書局石印本　八冊

340000－1843－0001719　史292/1011
歷代史事政治論三百八卷　(清)雷瑨撰　清光緒三十年(1904)上海點石齋石印本　二十三冊　存二百九十七卷(一至二百六十、二百七十二至三百八)

340000－1843－0001720　史292/1044
中外和戰議十六卷　(清)王棻撰　(清)王楙摘抄　清光緒二十一年(1895)王楙抄本　一冊

340000－1843－0001721　史292/1133
歷代史論十二卷左傳史論二卷宋史論三卷元明史論五卷　(明)張溥等撰　清光緒九年(1883)蒼松山房刻本　九冊

340000－1843－0001722　史292/1133.2
歷代史論十二卷左傳史論二卷宋史論三卷元明史論五卷　(明)張溥等撰　清光緒五年(1879)雙和堂刻本　八冊

340000－1843－0001723　史292/1133.2
歷代史論十二卷左傳史論二卷宋史論三卷元明史論五卷　(明)張溥等撰　清光緒五年(1879)雙和堂刻本　八冊

340000－1843－0001724　史292/1133.3
歷代史論十二卷宋史論三卷元明史論五卷　(明)張溥撰　清光緒二十四年(1898)石印本　五冊

340000－1843－0001725　史292/1133.4
歷代史論一編四卷　(明)張溥撰　清光緒五年(1879)吳縣潘霨敏德堂刻本　四冊

340000－1843－0001726　史292/1133.5
增註批點歷代史論十二卷　(明)張溥等撰　清光緒二十四年(1898)圖書集成局鉛印本　六冊

340000－1843－0001727　史292/1154
史論彙函甲編二十六種　題(清)述古齋主人(張振鋆)輯　清光緒二十九年(1903)申江開文書局石印本　十六冊　存二十三種

340000－1843－0001728　史292/2587
二十四史論新編二十三卷　(清)朱鈞輯　清光緒二十七年(1901)煥文書局石印本　八冊

340000－1843－0001729　史292/2837
古今史論統編十六卷　(清)徐永隆輯　清光緒二十八年(1902)政學書社石印本　十二冊

340000－1843－0001730　史292/3031
經世史鏡二十卷　(清)宋宗元撰　清光緒二

十八年(1902)鉛印本　五冊

340000－1843－0001731　史292/3133
御製歷朝捷録史鑑總論四卷　(清)顧廻瀾撰　(清)張之洞音註　清光緒二十七年(1901)解州吉慶堂刻本　四冊

340000－1843－0001732　史292/3912
讀史大略六十卷小沙子史略一卷　(清)沙張白撰　清光緒二十六年(1900)刻本　十二冊

340000－1843－0001733　史292/4015
諸史簡論十五卷　(清)李元春撰　清道光十八年(1838)刻本　八冊

340000－1843－0001734　史292/4407
讀史論略二卷　(清)杜詔撰　清李光明莊刻本　一冊

340000－1843－0001735　史292/4467
于文定公讀史漫録二十卷　(明)于慎行撰　(清)黄恩彤參訂　清道光二十六年(1846)存素齋刻本　十冊

340000－1843－0001736　史292/4467
鑑評别録六十卷兩漢史斷六卷三國書法十卷　(清)黄恩彤撰　清光緒三十一年(1905)家塾刻本　二十四冊

340000－1843－0001737　史292/6060
史論彙選甲編八卷乙編八卷　(清)呂景端輯　清光緒二十七年(1901)石印本　六冊

340000－1843－0001738　史292/7819
校史偶得不分卷　(清)陳瑤熿撰　清光緒二十一年(1895)鉛印本　一冊

340000－1843－0001739　史292/8714
增廣古今人物論三十六卷　(明)鄭元直(鄭賢)輯　**續十二卷**　(清)願學齋續編　清光緒二十八年(1902)墨耨山房石印本　十一冊　缺一卷(增廣古今人物論九)

340000－1843－0001740　史293/0844
元秘史山川地名考十二卷　(清)施世杰撰　清光緒二十三年(1897)鄦鄭學廬刻本　一冊

340000－1843－0001741　史293/1065
十七史商榷一百卷　(清)王鳴盛撰　清乾隆五十二年(1787)洞涇草堂刻本　三十二冊

340000－1843－0001742　史293/1065.3
十七史商榷一百卷　(清)王鳴盛撰　清光緒六年(1880)太原王氏刻本　二十冊

340000－1843－0001743　史293/1065.4
十七史商榷一百卷　(清)王鳴盛撰　清鉛印本　一冊　存四十八卷(五十三至一百)

340000－1843－0001744　史293/1084
明史考證攟逸四十二卷　(清)王頌蔚輯　清光緒吳興劉氏刻嘉業堂叢書本　十冊

340000－1843－0001745　史293/1102
校刊史記集解索隱正義札記五卷　(清)張文虎撰　清同治十一年(1872)金陵書局刻本　二冊

340000－1843－0001746　史293/1102
校刊史記集解索隱正義札記五卷　(清)張文虎撰　清同治十一年(1872)金陵書局刻本　一冊　存三卷(一至三)

340000－1843－0001747　史293/4917
二十二史劄記三十六卷補遺一卷　(清)趙翼撰　清光緒二十四年(1898)集益學社刻本　十四冊

340000－1843－0001748　史293/4917.2
二十二史劄記三十六卷補遺一卷　(清)趙翼撰　清光緒二十年(1894)廣雅書局刻本　十冊

340000－1843－0001749　史293/4917.4
二十二史劄記三十六卷　(清)趙翼撰　清四川官印刷局刻本　十冊　存十卷(一至十)

340000－1843－0001750　史293/6032
史案二十卷　(清)吳裕垂撰　清光緒六年(1880)大成堂刻本　四冊

340000－1843－0001751　史293/8346
三史拾遺五卷諸史拾遺五卷　(清)錢大昕撰　清嘉慶十二年(1807)嘉興郡齋刻本　四冊

340000－1843－0001752　史293/8346

三史拾遺五卷諸史拾遺五卷　(清)錢大昕撰　清嘉慶十二年(1807)嘉興郡齋刻本　四册

340000－1843－0001753　史 294/2810
牧菴雜記六卷　(清)徐一麟撰　清同治七年(1868)豐城毛震壽居易山房刻本　四册

340000－1843－0001754　史 294/3635
金源紀事詩八卷　(清)湯運泰撰　(清)湯顯業　(清)湯顯幹註　清同治十二年(1873)淮南書局刻本　四册

340000－1843－0001755　史 294/3635
金源紀事詩八卷　(清)湯運泰撰　(清)湯顯業　(清)湯顯幹註　清同治十二年(1873)淮南書局刻本　四册

340000－1843－0001756　史 294/3635
金源紀事詩八卷　(清)湯運泰撰　(清)湯顯業　(清)湯顯幹註　清同治十二年(1873)淮南書局刻本　四册　存六卷(三至八)

340000－1843－0001757　史 294/4044
榆图讀史草二卷　(清)李壽蓉撰　(清)周益註　清光緒鉛印本　二册

340000－1843－0001758　史 294/4783
茨村詠史新樂府二卷附錄一卷　(清)胡介祉撰　清雍正二年(1724)諸暨郭氏學種花莊刻本　四册

340000－1843－0001759　史 294/5044
全史宫詞二十卷首一卷　(清)史夢蘭撰　清咸豐六年(1856)刻本　四册　存十五卷(一至三、十至二十,首一卷)

340000－1843－0001760　史 294/5558
話雲軒詠史詩二卷　(清)曹振鏞撰　清嘉慶五年(1800)刻本　二册

340000－1843－0001761　史 21011/0000
說淵六十四卷　(□)□□撰　清道光元年(1821)戊鬲山堂刻本　四册

340000－1843－0001762　史 21011/2540
五朝名臣言行錄前集十卷後集十四卷續集八卷別集二十六卷外集十七卷　(宋)朱熹撰　清道光元年(1821)歙縣洪氏績學堂刻本　十册　存四十七卷(前集十卷、後集十四卷、別集一至六、外集十七卷)

340000－1843－0001763　史 21011/2541.2
歷代名臣言行錄二十四卷　(清)朱桓編　清光緒十一年(1885)刻本　三十二册

340000－1843－0001764　史 21011/2553
歷代名臣傳續編五卷　(清)朱軾等編　清刻本　二册

340000－1843－0001765　史 21011/2553
歷代名儒傳八卷名臣傳三十五卷循史傳八卷　(清)朱軾等訂　清光緒二十一年(1895)江蘇書局刻本　二十四册

340000－1843－0001766　史 21011/4483
歷代名賢列女氏姓譜一百五十七卷　(清)蕭智漢撰　清乾隆五十七年(1792)聽濤山房刻本　一百五十三册

340000－1843－0001767　史 210111/4465
道學淵源錄六十二卷　(清)黄嗣東輯　清光緒三十四年(1908)鳳山學舍刻本　十六册

340000－1843－0001768　史 210111/6099
歷代名人年譜十卷　(清)吳榮光撰　清光緒二年(1876)京都寶經書坊刻本　十册

340000－1843－0001769　史 210111/7433
三續疑年錄十卷　(清)陸心源編　清光緒五年(1879)陸氏刻本　二册

340000－1843－0001770　史 210112/2741
續碑傳集八十六卷首二卷　繆荃孫撰　清宣統二年(1910)江楚編譯書局刻本　二十四册

340000－1843－0001771　史 210112/2741
續碑傳集八十六卷首二卷　繆荃孫撰　清宣統二年(1910)江楚編譯書局刻本　二十四册

340000－1843－0001772　史 210112/3145.2
史外八卷　(清)汪有典編　清光緒三年(1877)刻本　八册

340000－1843－0001773　史 210112/8324
碑傳集補六十卷首二卷末二卷　(清)錢儀吉

撰　清光緒十九年(1893)江蘇書局刻本　六十冊

340000－1843－0001774　史 210112/8324
碑傳集補六十卷首二卷末二卷　(清)錢儀吉撰　清光緒十九年(1893)江蘇書局刻本　六十冊

340000－1843－0001775　史 210112/8324
碑傳集補六十卷首二卷末二卷　(清)錢儀吉撰　清光緒十九年(1893)江蘇書局刻本　四十冊

340000－1843－0001776　史 210112/8324
碑傳集補六十卷首二卷末二卷　(清)錢儀吉撰　清光緒十九年(1893)江蘇書局刻本　六十冊

340000－1843－0001777　史 2101127/4010
國朝先正事略六十卷　(清)李元度撰　清同治五年(1866)循陔草堂刻本　二十四冊

340000－1843－0001778　史 2101127/4010
國朝先正事略六十卷　(清)李元度撰　清同治五年(1866)循陔草堂刻本　二十六冊

340000－1843－0001779　史 2101127/4010.2
國朝先正事略六十卷　(清)李元度撰　清光緒二十五年(1899)上海圖書集成印書局石印本　八冊

340000－1843－0001780　史 2101127/4010.3
國朝先正事略六十卷　(清)李元度撰　清光緒十二年(1886)石印本　十冊

340000－1843－0001781　史 2101127/4041
國朝耆獻類徵初編七百二十卷　(清)李桓編　清光緒十年(1884)湘陰李氏刻本　二百九十四冊

340000－1843－0001782　史 2101127/4041
國朝耆獻類徵初編七百二十卷　(清)李桓編　清光緒十年(1884)湘陰李氏刻本　二百七十八冊　存六百九十三卷(一至二十、三十五至一百七十二、一百八十六至七百二十)

340000－1843－0001783　史 21012/0011
姑蘇名賢小紀二卷　(明)文震孟撰　清光緒八年(1882)長洲蔣氏心矩齋刻本　二冊

340000－1843－0001784　史 21012/4432
國朝兩浙科名錄不分卷　(清)黃安綬編　清咸豐七年(1857)京師刻本　二冊

340000－1843－0001785　史 21012/7143
桐城耆舊傳十二卷　馬其昶撰　清宣統三年(1911)刻本　六冊

340000－1843－0001786　史 21012/7143
桐城耆舊傳十二卷　馬其昶撰　清宣統三年(1911)刻本　六冊

340000－1843－0001787　史 21012/7143
桐城耆舊傳十二卷　馬其昶撰　清宣統三年(1911)刻本　六冊

340000－1843－0001788　史 21012/7248
四明忠孝節義傳圖不分卷　(清)劉慈孚等撰　清光緒十二年(1886)石印本　四冊

340000－1843－0001789　史 21012/7532
江表忠略二十卷　陳澹然編　清光緒二十六年(1900)長沙刻本　四冊

340000－1843－0001790　史 21014/2672
崇禮會保祖書二卷　題(□)程氏派孫[崇禮會各派孫公]訂　清刻本　一冊

340000－1843－0001791　史 21015/0038
增廣尚友録統編二十二卷　應祖錫　(清)韓卿甫編　清光緒二十八年(1902)鴻寶齋石印本　十一冊　存二十卷(一至十八、二十一至二十二)

340000－1843－0001792　史 21015/0077
增補尚友録二十二卷　(明)廖用賢編　清康熙五年(1666)刻本　二十冊

340000－1843－0001793　史 21015/0077.2
尚友録二十二卷續集二十二卷　(明)廖用賢編　清光緒十四年(1888)上海點石齋石印本　八冊

340000－1843－0001794　史 21015/1134
尚友録三集二卷　(清)張兆蓉編　清光緒二

十九年(1903)經藝齋石印本　二冊

340000－1843－0001795　史 21015/3193
史姓韻編(二十四史姓氏韻編)二十四卷　(清)汪輝祖編　清光緒二十九年(1903)經藝齋石印本　八冊

340000－1843－0001796　史 21015/3193.2
史姓韻編(二十四史姓氏韻編)六十四卷　(清)汪輝祖編　清光緒十年(1884)上海中西書局石印本　四冊

340000－1843－0001797　史 21015/3193.3
史姓韻編(二十四史姓氏韻編)六十四卷　(清)汪輝祖輯　清光緒十年(1884)慈溪耕餘樓刻本　十六冊

340000－1843－0001798　史 21015/3233
尚友録續集二十二卷　(清)潘遵祁編　清光緒二十九年(1903)經藝齋石印本　四冊

340000－1843－0001799　史 21015/4024
國朝尚友録八卷　(清)李佩芳　(清)孫鼎編　清光緒二十八年(1902)上海南洋七日報館石印本　四冊

340000－1843－0001800　史 21015/5044
異號類編二十卷　(清)史夢蘭輯　清咸豐刻本　四冊

340000－1843－0001801　史 21021/0000
劉坤一四十年來大事記不分卷　(□)□□撰　清光緒二十九年(1903)石印本　一冊

340000－1843－0001802　史 21021/0000(4)
合肥相國(李鴻章)七十賜壽圖不分卷壽言不分卷　(清)[羅豐祿]編　清光緒十八年至二十七年(1892－1901)石印本　六冊

340000－1843－0001803　史 21021/0000(5)
李鴻章(中國四十年來大事記)十二章　梁啟超　清光緒二十七年(1901)石印本　一冊

340000－1843－0001804　史 21021/0000(5)
國朝滿洲蒙古御史題名不分卷　(□)□□編　清道光十七年(1837)京畿道刻本　一冊

340000－1843－0001805　史 21021/0000(7)
崇祀鄉賢録[黃輔辰]不分卷　(□)□□編　清光緒三年(1877)刻本　一冊

340000－1843－0001806　史 21021/0000(8)
安徽袖珍同官録四卷(庚戌春季)　(□)□□編　清宣統二年(1910)鉛印本　二冊　存二卷(二、四)

340000－1843－0001807　史 21021/0000(9)
安徽袖珍同官録四卷(辛亥春季)　(□)□□編　清宣統三年(1911)鉛印本　一冊　存一卷(二)

340000－1843－0001808　史 21021/0000(10)
中州同官録不分卷　(□)□□編　清道光二十年(1840)開封照磨署刻本　四冊

340000－1843－0001809　史 21021/0052
商文毅公[輅]年譜四卷　(明)商振倫編　清光緒二十二年(1896)商氏保傳堂木活字印本　二冊

340000－1843－0001810　史 21021/1020
張文貞公[玉書]年譜不分卷　丁傳靖撰　清光緒三十一年(1905)刻本　一冊

340000－1843－0001811　史 21021/1020
張文貞公[玉書]年譜不分卷　丁傳靖撰　清光緒三十一年(1905)刻本　一冊

340000－1843－0001812　史 21021/1043
正氣集十卷　(清)王式纂輯　清宣統三年(1911)不讀非道書齋鉛印本　四冊

340000－1843－0001813　史 21021/1171
忠武誌十卷　(清)張鵬翮輯　清嘉慶十九年(1814)刻本　六冊

340000－1843－0001814　史 21021/1171
忠武誌十卷　(清)張鵬翮輯　清康熙四十五年(1706)冰雪堂刻本　八冊

340000－1843－0001815　史 21021/1701
雪泥鴻爪前編一卷後編一卷閏編一卷　(清)邵亨豫撰　**末編一卷**　邵松年撰　清光緒刻本　三冊

340000－1843－0001816　史 21021/2221

龔氏四世循良傳不分卷　(清)倭仁等編　清同治刻本　一册

340000－1843－0001817　史 21021/2510
國朝先正事略續編四卷　朱孔彰編　清光緒二十六年(1900)石印本　四册

340000－1843－0001818　史 21021/2510
中興名臣事略八卷　朱孔彰編　清光緒二十四年(1898)上海書局石印本　四册

340000－1843－0001819　史 21021/2510
中興名臣事略八卷　朱孔彰編　清光緒二十五年(1899)上海圖書集成局石印本　四册

340000－1843－0001820　史 21021/2510
中興名臣事略八卷　朱孔彰編　清光緒二十五年(1899)上海圖書集成局石印本　四册

340000－1843－0001821　史 21021/2540
宋名臣言行錄前集十卷後集十四卷別集二十六卷　(宋)朱熹等撰　清道光二十二年(1842)丹徒包氏刻本　八册

340000－1843－0001822　史 21021/2540
宋名臣言行錄前集十卷後集十四卷別集二十六卷　(宋)朱熹等撰　清道光二十二年(1842)丹徒包氏刻本　一册　存七卷(前集七至十三)

340000－1843－0001823　史 21021/2700
内閣漢票簽中書舍人題名一卷補遺一卷　(清)鮑康輯　清咸豐十一年(1861)刻本　二册

340000－1843－0001824　史 21021/2700
曾文正公[國藩]年譜十二卷　(清)黎庶昌編輯　清光緒二年(1876)傳忠書局刻本　四册

340000－1843－0001825　史 21021/3177
文禄行述(文藝圃公行述)不分卷　(清)福隆阿撰　清同治五年(1866)刻本　一册

340000－1843－0001826　史 21021/3143
忠孝録七卷　(清)江朝榮等撰　清同治七年(1868)漢陽官廨刻本　一册

340000－1843－0001827　史 21021/3448
明李文正公[東陽]年譜七卷　(清)法式善撰　清嘉慶九年(1804)詩龕刻本　一册

340000－1843－0001828　史 21021/3743
李鴻章(中國四十年來大事記)十二章　梁啟超撰　清光緒二十七年(1901)石印本　一册

340000－1843－0001829　史 21021/4011
王祥儲[子餘]事實不分卷　(清)李承霖等撰　清刻本　一册

340000－1843－0001830　史 21021/4012
查忠烈公[城]考略不分卷　(清)查雲川輯　清光緒十七年(1891)刻本　一册

340000－1843－0001831　史 21021/4020
鶴徵録八卷　(清)李集輯　**後録十二卷**　(清)李富孫輯　清同治十一年(1872)漾葭老屋刻本　六册

340000－1843－0001832　史 21021/4020
鶴徵録八卷　(清)李集輯　**後録十二卷**　(清)李富孫輯　清同治十一年(1872)漾葭老屋刻本　六册

340000－1843－0001833　史 21021/4031
鶴徵後録十二卷　(清)李富孫輯　清同治十一年(1872)漾葭老屋刻本　四册

340000－1843－0001834　史 21021/4240
彭文敬公[蘊章]年譜不分卷　(清)彭蘊章自訂　清同治刻本　一册

340000－1843－0001835　史 21021/4405
新疆督軍兼省長楊上將軍自壽詩及其政績不分卷　(□)黄立中編述　清末朱色石印本　一册

340000－1843－0001836　史 21021/4420
碧血錄五卷　(清)莊仲方撰　清光緒八年(1882)上海同文書局石印本　五册

340000－1843－0001837　史 21021/4421
國朝御史題名不分卷　(清)黄叔璥編輯　清光緒十三年(1887)京畿道刻本　一册

340000－1843－0001838　史 21021/4424
黄公樹齋[爵滋]行述不分卷　(清)黄秩模等

撰　清刻本　一册

340000－1843－0001839　史21021/4429
宋忠定趙周王[汝愚]别録八卷　(□)黄德輝編　清光緒三十四年(1908)長沙葉氏刻本　四册

340000－1843－0001840　史21021/4796
忠敬堂彙録不分卷　(明)胡煜輯　清光緒十三年(1887)刻本　二册

340000－1843－0001841　史21021/4880
大清縉紳全書不分卷　(清)松竹齋編　清光緒十九年(1893)松竹齋刻本　四册

340000－1843－0001842　史21021/6025
安危註四卷　(明)吳甡輯　清康熙刻本　四册

340000－1843－0001843　史21021/6058
徐文達傳不分卷　(清)國史館撰　清光緒影印本　一册

340000－1843－0001844　史21021/6058
貳臣傳十二卷逆臣傳四卷　(清)國史館撰　清道光都城琉璃廠半松居士刻本　八册

340000－1843－0001845　史21021/6058.2
貳臣傳十二卷逆臣傳四卷　(清)國史館撰　清道光都城琉璃廠半松居士刻本　八册

340000－1843－0001846　史21021/6091
陸清獻公[隴其]年譜定本二卷　(清)吳光酉重輯　清光緒八年(1882)廣仁堂刻本　二册

340000－1843－0001847　史21021/7211
金佗稡編二十八卷金佗續編二十八卷　(宋)岳珂撰　清光緒九年(1883)浙江書局刻本　十二册

340000－1843－0001848　史21021/7225
庭聞録六卷末一卷　(清)劉健撰　清刻本　二册

340000－1843－0001849　史21021/7274
圖開勝蹟六卷戰功紀略一卷紀恩慕義一卷　(清)劉厚基編　清光緒元年至二年(1875－1876)刻本　八册

340000－1843－0001850　史21021/7541
庸閑老人自敘不分卷　(清)陳其元撰　清刻本　一册

340000－1843－0001851　史21022/0088
國朝學案小識十五卷首一卷末一卷　(清)唐鑑編　清光緒十年(1884)四砭齋刻本　十一册　存十六卷(一至十、十二至十五,首一卷,末一卷)

340000－1843－0001852　史21022/1033
宗聖志二十卷　(清)王定安編輯　清光緒十六年(1890)金陵刻本　八册

340000－1843－0001853　史21022/1033
宗聖志二十卷　(清)王定安編輯　清光緒十六年(1890)金陵刻本　六册

340000－1843－0001854　史21022/1035
王船山公[夫之]年譜前編一卷後編一卷　(清)王之春編　清光緒十九年(1893)刻本　二册

340000－1843－0001855　史21022/1243
理學宗傳二十六卷　(清)孫奇逢輯　清光緒六年(1880)浙江書局刻本　十二册

340000－1843－0001856　史21022/1243
理學宗傳二十六卷　(清)孫奇逢輯　清康熙六年(1667)刻本　十二册

340000－1843－0001857　史21022/1251
次晢次齋主人[孫振烈]年譜一卷　(清)孫振烈撰　清刻本　一册

340000－1843－0001858　史21022/2540
延平李先生答問二卷楊羅李朱四先生年譜　(宋)朱熹等編　清光緒五年(1879)延平府署刻本　四册

340000－1843－0001859　史21022/2830
皖學編十三卷首三卷　(清)徐定文編　清宣統元年(1909)春明萬卷樓刻本　六册

340000－1843－0001860　史21022/2830
敝帚齋主人[徐鼒]年譜一卷補一卷　(清)徐鼒撰　清光緒四年(1878)刻本　一册

340000－1843－0001861　史21022/3141
顧端文公[憲成]年譜四卷　(明)顧樞撰　清康熙刻本　一冊

340000－1843－0001862　史21022/3144
國朝漢學師承記八卷　(清)江藩撰　清嘉慶刻本　八冊

340000－1843－0001863　史21022/3144.2
國朝漢學師承記八卷經師經義一卷宋學淵源記二卷附記一卷　(清)江藩撰　清光緒二十二年(1896)長沙周大文堂刻本　四冊

340000－1843－0001864　史21022/4044
顏習齋先生[元]年譜二卷　(清)李塨纂　(清)王源訂　清光緒五年(1879)刻本　二冊

340000－1843－0001865　史21022/4438
宋元學案一百卷首一卷　(清)黃宗羲原編　(清)全祖望修定　清光緒五年(1879)長沙刻本　四十冊

340000－1843－0001866　史21022/4438
宋元學案一百卷首一卷　(清)黃宗羲原編　(清)全祖望修定　清光緒五年(1879)長沙刻本　二十二冊　存五十三卷(一至五十三)

340000－1843－0001867　史21022/4438(2)
明儒學案六十二卷　(清)黃宗羲撰　清光緒八年(1882)補刻本　二十冊

340000－1843－0001868　史21022/4438(2).3
明儒學案六十二卷　(清)黃宗羲撰　清刻本　三十二冊　存五十一卷(八至九、十一至十八、二十至三十、三十二至四十九、五十一至六十二)

340000－1843－0001869　史21022/4914
孔子編年四卷　(清)狄子奇撰　清光緒十三年(1887)浙江書局刻本　一冊

340000－1843－0001870　史21022/4914
孟子編年四卷　(清)狄子奇撰　清光緒十三年(1887)浙江書局刻本　一冊

340000－1843－0001871　史21022/4922
徵君孫先生[奇逢]年譜二卷游譜答問一卷家規一卷　(清)趙御眾等撰　清刻本　一冊

340000－1843－0001872　史21022/5030
顧亭林先生[炎武]年譜不分卷　(清)車守謙編　(清)張穆整理　清道光二十四年(1844)刻本　一冊

340000－1843－0001873　史21022/6018
聖賢像贊不分卷　(明)呂元善撰　清光緒四年(1878)曲阜會文堂刻本　四冊

340000－1843－0001874　史21022/6023
余孝惠先生[治]年譜不分卷　(清)吳師澄編　清光緒元年(1875)蘇州刻本　一冊

340000－1843－0001875　史21022/6092
濂洛關閩六先生傳不分卷　(清)羅惇衍編　清道光二十七年(1847)刻本　一冊

340000－1843－0001876　史21022/7110
疇人傳四十六卷續傳六卷　(清)阮元撰　清光緒八年(1882)海鹽常惺齋張氏刻本　十二冊

340000－1843－0001877　史21022/7110
疇人傳四十六卷續傳六卷　(清)阮元撰　清光緒八年(1882)海鹽常惺齋張氏刻本　十二冊

340000－1843－0001878　史21022/7110
疇人傳四十六卷續傳六卷　(清)阮元撰　清光緒八年(1882)海鹽常惺齋張氏刻本　十二冊

340000－1843－0001879　史21022/7110.2
疇人傳四十六卷續傳六卷三編七卷　(清)阮元撰　(清)羅士琳補　清光緒二十二年(1896)上海璣衡堂石印本　六冊

340000－1843－0001880　史21022/7282
王船山先生[夫之]年譜二卷　(清)劉毓崧撰　清光緒十二年(1886)江南書局刻本　二冊

340000－1843－0001881　史21022/7282
王船山先生[夫之]年譜二卷　(清)劉毓崧撰　清光緒十二年(1886)江南書局刻本　一冊

340000－1843－0001882　史21022/7530

培遠堂手札節存三卷　(清)陳宏謀撰　清光緒十七年(1891)福建刻本　一册

340000－1843－0001883　史21022/8009
汪雙池先生[紱]年譜四卷　(清)余龍光編　清同治五年(1866)沱川理源刻本　二册

340000－1843－0001884　史21022/8344
文獻徵存錄十卷　(清)錢林輯　清咸豐八年(1858)有嘉樹軒刻本　十册

340000－1843－0001885　史21023/0003
唐才子傳十卷　(元)辛文房撰　清蘇州文學山房木活字印本　二册

340000－1843－0001886　史21023/1005
潛溪錄六卷　丁立中輯　清宣統三年(1911)成都刻本　六册

340000－1843－0001887　史21023/1069
夏檢討公[之蓉]年譜不分卷　(清)夏味堂輯　清半舫齋刻本　一册

340000－1843－0001888　史21023/1127
國朝詩人徵略六十卷　(清)張維屏撰　清道光十年(1830)刻本　十册

340000－1843－0001889　史21023/1127
國朝詩人徵略六十卷　(清)張維屏撰　清道光十年(1830)刻本　十册

340000－1843－0001890　史21023/1182
眉山詩案廣證六卷　(清)張鑑秋撰　清光緒十年(1884)江蘇書局刻本　二册

340000－1843－0001891　史21023/2717
閻古古[爾梅]年譜一卷寅賓錄一卷　(清)魯一同輯　清吳興劉氏嘉業堂刻本　一册

340000－1843－0001892　史21023/2717
右軍[王羲之]年譜一卷　(清)魯一同撰　清咸豐五年(1855)刻本　一册

340000－1843－0001893　史21025/4432.2
墨林今話十八卷　(清)蔣寶齡撰　清咸豐二年(1852)昭文蔣氏刻本　六册

340000－1843－0001894　史210251/3084
清朝書畫家筆錄四卷　竇鎮撰　清宣統三年(1911)蘇州文學山房刻本　八册

340000－1843－0001895　史210251/8025
無聲詩史七卷　(清)姜紹書撰　清嘉興夏舜正刻本　四册

340000－1843－0001896　史21026/1032
吳門畫舫錄二卷　(清)西溪山人編　清嘉慶十一年(1806)紅樹山房刻本　二册

340000－1843－0001897　史21026/1234
小螺盦病榻憶語一卷　(清)孫道乾撰　清同治十三年(1874)刻本　一册

340000－1843－0001898　史21026/3143
百美新詠一卷圖傳一卷集詠一卷　(清)顧希源輯　清同治九年(1870)義盛堂刻本　四册

340000－1843－0001899　史21026/3143.2
百美新詠一卷圖傳一卷集詠一卷　(清)顧希源輯　清嘉慶十年(1805)刻本　二册

340000－1843－0001900　史21026/4823
繪圖青泥蓮花記十三卷　(清)梅鼎祚撰　清宣統二年(1910)北平自強書局石印本　四册

340000－1843－0001901　史21026/4823
繪圖青泥蓮花記十三卷　(清)梅鼎祚撰　清宣統二年(1910)北平自強書局石印本　四册

340000－1843－0001902　史21026/7227.2
古列女傳八卷　(漢)劉向撰　(晉)顧愷之圖　清道光五年(1825)揚州阮氏影南宋余氏刻本　二册

340000－1843－0001903　史21027/2650
高士傳三卷附圖　(晉)皇甫謐撰　(清)任熊畫像　清光緒三年(1877)刻本　二册

340000－1843－0001904　史21027/2814
張隱君[埴]墓表不分卷　(清)徐子苓撰　清同治五年(1866)刻本　一册

340000－1843－0001905　史21028/4293
旌孝錄四卷　(清)姚煥之輯　清光緒三十二年(1906)鉛印本　一册

340000－1843－0001906　史 21029/1260
紀德錄不分卷　（清）孫日廣編　清順治刻本　二册

340000－1843－0001907　史 21029/2134
關聖帝君聖蹟圖志全集五卷　（清）盧湛編　清道光九年（1829）刻本　五册

340000－1843－0001908　史 21029/7521
忠義紀聞錄三十卷續十卷　（清）陳繼聰述　清光緒八年（1882）刻本　八册

340000－1843－0001909　史 210210/2545
神僧傳九卷　（明）成祖朱棣撰　清宣統元年（1909）刻本　四册

340000－1843－0001910　史 210210/3066
比丘尼傳四卷　（晉）釋寶唱撰　清光緒十一年（1885）金陵刻經處刻本　一册

340000－1843－0001911　史 210210/3461
歷游天竺記傳（法顯傳）不分卷　（晉）釋法顯撰　清光緒十一年（1885）金陵刻經處刻本　一册

340000－1843－0001912　史 210210/4273
居士傳五十六卷二林居唱和詩一卷體仁要術一卷　（清）彭際清撰　清光緒四年（1878）錢唐許靈廬刻本　三册

340000－1843－0001913　史 210210/5520
高僧傳初集十五卷二集四十卷三集三十卷四集六卷　（南朝梁）釋慧皎等撰　清光緒十年至十八年（1884－1892）金陵刻經處刻本　二十四册

340000－1843－0001914　史 210210/5520
高僧傳初集十五卷二集四十卷三集三十卷四集六卷　（南朝梁）釋慧皎等撰　清光緒十年至十八年（1884－1892）金陵刻經處刻本　二十四册

340000－1843－0001915　史 21031/1102
湖樓校書記一卷餘記一卷西泠續記一卷蓮龕尋夢記一卷　（清）張文虎撰　清光緒十五年（1889）刻本　一册

340000－1843－0001916　史 21031/1163
河海崑崙録四卷　（清）裴景福撰　清宣統元年（1909）鉛印本　四册

340000－1843－0001917　史 21031/1163
河海崑崙録四卷　（清）裴景福撰　清宣統元年（1909）鉛印本　四册

340000－1843－0001918　史 21031/1163
河海崑崙録四卷　（清）裴景福撰　清宣統元年（1909）鉛印本　四册

340000－1843－0001919　史 21031/2266
出使美日秘國日記十六卷（光緒十五年至十九年）　（清）崔國因撰　清光緒二十年（1894）鉛印本　十二册

340000－1843－0001920　史 21031/2266
出使美日秘國日記十六卷（光緒十五年至十九年）　（清）崔國因撰　清光緒二十年（1894）鉛印本　十册

340000－1843－0001921　史 21031/2230
丙午日本遊記不分卷附錄一卷（光緒三十二年）　（清）程淯撰　清末鉛印本　一册

340000－1843－0001922　史 21031/4351
英軺日記十二卷（光緒二十八年）　（清）載振撰　清光緒二十九年（1903）上海文明書局鉛印本　四册

340000－1843－0001923　史 21031/4435
出使日記續編十卷（光緒十七年至二十年）　（清）薛福成撰　清光緒二十七年（1901）石印本　十册

340000－1843－0001924　史 21031/4468
隨軺日記不分卷（光緒十五年至十七年）　韓國鈞撰　清光緒二十五年（1899）刻本　一册

340000－1843－0001925　史 21031/4542
藴盦東遊日記一卷（光緒三十三年）附錄一卷　（清）樓藜然撰　清光緒三十三年（1907）鉛印本　一册

340000－1843－0001926　史 21031/6062
羅景山臺灣海防并開山日記不分卷（同治十

三年至光緒元年) (清)羅景山撰 清末石印本 一冊

340000－1843－0001927 史21031/7720
辛卯侍行記六卷(光緒十七年) (清)陶保廉撰 清光緒二十三年(1897)養樹山房刻本 六冊

340000－1843－0001928 史21031/7734
蜀輶日記四卷(嘉慶十五年) (清)陶澍撰 清光緒七年(1881)江州官舍刻本 二冊

340000－1843－0001929 史21031/8064
曾文正公手書日記不分卷(道光二十一年至同治十一年) (清)曾國藩撰 清宣統元年(1909)上海中國圖書公司石印本 四十冊

340000－1843－0001930 史21031/8064
曾文正公手書日記不分卷(道光二十一年至同治十一年) (清)曾國藩撰 清宣統元年(1909)上海中國圖書公司石印本 四十冊

340000－1843－0001931 史21032/0011
宦遊記略二卷 (清)高廷瑤撰 清光緒九年(1883)冀中官廨刻本 一冊

340000－1843－0001932 史21032/0900
鴻雪因緣圖記三集六卷 (清)麟慶撰 清道光二十七年(1847)揚州刻本 六冊

340000－1843－0001933 史21032/0900
鴻雪因緣圖記三集六卷 (清)麟慶撰 清道光二十七年(1847)揚州刻本 六冊

340000－1843－0001934 史21032/0900.2
鴻雪因緣圖記三集六卷 (清)麟慶撰 清光緒五年(1879)上海點石齋石印本 六冊

340000－1843－0001935 史21032/1226
北牕公遺待録不分卷 題(清)北牕(程兆樞)撰 清乾隆文林書屋抄本 一冊

340000－1843－0001936 史211.1/2129
歷代政治類編十二卷 (清)柴紹炳纂 清光緒二十七年(1901)上海自強局石印本 六冊

340000－1843－0001937 史211.1/2129
歷代政治類編十二卷 (清)柴紹炳纂 清光緒二十七年(1901)上海自強局石印本 六冊

340000－1843－0001938 史211.1/2314
續通志六百四十卷 (清)嵇璜撰 清光緒二十七年(1901)上海圖書集成局刻本 十二冊

340000－1843－0001939 史211.1/2525
治平全書三十三卷 (明)朱健 (清)朱徽撰 清道光二十九年(1849)來鹿堂刻本 二十冊

340000－1843－0001940 史211.1/3181
九通分類總纂二百四十卷 (清)汪鐘霖編 清光緒二十八年(1902)文瀾書局石印本 四十三冊

340000－1843－0001941 史211.1/3181
九通分類總纂二百四十卷 (清)汪鐘霖編 清光緒二十八年(1902)文瀾書局石印本 八十冊

340000－1843－0001942 史211.1/3643
三通考輯要七十六卷 湯壽潛編輯 清光緒二十五年(1899)上海通雅堂鉛印本 三十冊

340000－1843－0001943 史211.1/3643
三通考輯要七十六卷 湯壽潛編輯 清光緒二十五年(1899)上海通雅堂鉛印本 四十八冊

340000－1843－0001944 史211.1/3643.2
三通考輯要七十六卷 湯壽潛編輯 清光緒二十八年(1902)蜀東善成堂刻本 三十冊

340000－1843－0001945 史211.1/3760
文獻通考正續合纂四十四卷 (清)郎星 (清)王圻輯 清金匱山房石印本 二十四冊

340000－1843－0001946 史211.1/4424.5
通典二百卷 (唐)杜佑撰 清乾隆十二年(1747)内府刻本 三十六冊

340000－1843－0001947 史211.1/4451
二十四史通政典類要合編三百二十卷 (清)黄書霖輯 清光緒二十八年(1902)黄氏紉雅堂刻本 六十冊

340000－1843－0001948 史2151/7878.2

宋史四百九十六卷 (元)脫脫等撰 清刻本 一百六冊 缺四十八卷(五十四至五十七、六十二至六十六、一百三十四至一百四十一、一百八十至一百八十四、一百九十八至二百一、二百十四至二百十五、二百二十一至二百二十五、二百三十、三百三十二至三百三十六、四百五十至四百五十五、四百九十一至四百九十三)

340000－1843－0001949 史292/4037
史論五種 (清)李祖陶撰 清同治十年(1871)尚友樓刻本 四冊 存四種

340000－1843－0001950 史293/4917.3
二十二史劄記三十六卷補遺一卷 (清)趙翼撰 清光緒二十五年(1899)益元書局刻本 十六冊

340000－1843－0001951 史293/4917.3
二十二史劄記三十六卷補遺一卷 (清)趙翼撰 清光緒二十五年(1899)益元書局刻本 十二冊 存三十一卷(六至十九、二十一至三十六,補遺一卷)

340000－1843－0001952 史21031/4435(2)
出使英法義比四國日記六卷(光緒二十六年至三十年) (清)薛福成撰 清光緒二十年(1894)孫谿朱氏校經堂刻本 六冊

340000－1843－0001953 史213.1/7534
萬國輿圖不分卷 (清)陳兆桐繪 (清)李節齋重繪 清光緒十二年(1886)石印本 一冊

340000－1843－0001954 史213.31/1087
天咫偶聞十卷 震鈞撰 清光緒三十三年(1907)甘棠轉舍刻本 八冊

340000－1843－0001955 史213.31/1213
古香齋鑒賞袖珍春明夢餘錄七十卷 (清)孫永澤撰 清光緒九年(1883)廣州惜分陰館刻本 二十四冊

340000－1843－0001956 史213.31/1213
古香齋鑒賞袖珍春明夢餘錄七十卷 (清)孫永澤撰 清光緒九年(1883)廣州惜分陰館刻本 二十四冊

340000－1843－0001957 史213.31/2528
日下舊聞四十二卷 (清)朱彝尊撰 **補遺一卷** (清)朱昆田補 清康熙二十七年(1688)六峯閣刻本 十六冊

340000－1843－0001958 史213.31/2528
日下舊聞四十二卷 (清)朱彝尊撰 **補遺一卷** (清)朱昆田補 清康熙二十七年(1688)六峯閣刻本 二十冊

340000－1843－0001959 史213.31/4054
朝市叢載(增補都門紀略)八卷 (清)李虹若撰 清光緒十四年(1888)京都龍文閣刻本 八冊

340000－1843－0001960 史213.31/6071
宸垣識略十六卷 (清)吳長元輯 清乾隆五十三年(1788)池北草堂刻本 八冊

340000－1843－0001961 史213.31/7227
帝京景物略八卷 (明)劉侗等撰 清乾隆刻本 二冊

340000－1843－0001962 史213.321/1140
津門雜記三卷 (清)張燾撰 清光緒十年(1884)遊藝山莊刻本 三冊

340000－1843－0001963 史213.326/1126
蒙古遊牧記十六卷 (清)張穆撰 (清)何秋濤補 清同治六年(1867)壽陽祁氏刻本 四冊

340000－1843－0001964 史213.345/0863
帕米爾圖說一卷 (清)許景澄撰 清光緒二十二年(1896)西山黃氏刻儲英館叢刻本 一冊

340000－1843－0001965 史213.345/4091
漢西域圖考七卷圖一卷 (清)李光廷撰 清光緒十九年(1893)寶善書局石印本 七冊

340000－1843－0001966 史213.352/4442
續山東考古錄三十二卷首一卷 (清)葉圭綬撰 清光緒八年(1882)山東書局刻本 六冊

340000－1843－0001967 史213.353/1117
唐市徵獻錄續編二卷 (清)張璐編 清光緒

二十五年(1899)刻本　二冊

340000－1843－0001968　史 213.353/2570

吳郡圖經續記三卷　(宋)朱長文撰　清刻本　二冊

340000－1843－0001969　史 213.353/3150

廣陵通典十卷　(清)汪中撰　清同治八年(1869)揚州書局刻本　二冊

340000－1843－0001970　史 213.353/3150.2

廣陵通典十卷　(清)汪中撰　清道光三年(1823)刻本　三冊

340000－1843－0001971　史 213.353/4034

揚州畫舫錄十八卷　(清)李斗撰　清同治十一年(1872)刻本　四冊

340000－1843－0001972　史 213.353/4034

揚州畫舫錄十八卷　(清)李斗撰　清同治十一年(1872)刻本　四冊

340000－1843－0001973　史 213.353/4477.2

白下瑣言十卷　(清)甘熙撰　清光緒十六年(1890)築野堂刻本　四冊

340000－1843－0001974　史 213.354/3944

龍舒中七里河義渡志六卷　(清)沙相培編　清宣統元年(1909)刻本　四冊

340000－1843－0001975　史 213.354/0000

[光緒]安徽輿圖表說十卷　(清)□□撰　清光緒二十二年(1896)石印本　三冊

340000－1843－0001976　史 213.354/3152

新安景物約編不分卷　(清)江忠儁　(清)江正心編　清同治四年(1865)刻本　二冊

340000－1843－0001977　史 213.354/6025

廬陽名勝便覽六卷　(清)吳名鏊編　清乾隆三十二年(1767)刻本　一冊

340000－1843－0001978　史 213.354/7224

[光緒]安徽鄉土地理教科書附全省地圖第一冊　劉師培編　清光緒三十二年(1906)上海國學保存會鉛印本　一冊

340000－1843－0001979　史 213.354/7224

[光緒]安徽鄉土歷史教科書附參考書第一冊　劉師培編　清光緒三十二年(1906)上海國學保存會鉛印本　一冊

340000－1843－0001980　史 213.355/2542

南宋古蹟考二卷　(清)朱彭輯　清光緒七年(1881)武林丁氏刻本　一冊

340000－1843－0001981　史 213.355/3110

允都名教錄四卷　(清)馮至撰　清刻本　一冊

340000－1843－0001982　史 213.355/3118

龍井見聞錄十卷附錄二卷　(清)汪孟鋗撰　清乾隆二十七年(1762)刻本　五冊　存十一卷(二至十、附錄二卷)

340000－1843－0001983　史 213.355/6036

婺書八卷　(明)吳之器撰　清刻本　四冊

340000－1843－0001984　史 213.355/7509

吳興合璧四卷首一卷　(清)陳文煜編　清光緒四年(1878)聚珍齋刻本　一冊

340000－1843－0001985　史 213.357/0744

閩産錄異六卷　(清)郭柏蒼撰　清光緒十二年(1886)閩縣陳氏刻本　五冊

340000－1843－0001986　史 213.357/1002

閩都記三十三卷　(明)王應山撰　清道光十一年(1831)求放心齋刻本　六冊

340000－1843－0001987　史 213.361/7743

宋東京考二十卷　(清)周城輯　清乾隆二十七年(1762)六有堂刻本　四冊

340000－1843－0001988　史 213.363/4482

漢口叢談六卷　(清)范鍇撰　清道光二年(1822)刻本　六冊

340000－1843－0001989　史 213.364/1123

岳州救生局志八卷徵信錄一卷　(清)張德容編　清光緒元年(1875)岳州救生局刻本　六冊

340000－1843－0001990　史 213.365/1730

嶺南叢述六十卷　(清)鄧淳編　清道光十年(1830)養拙山房刻本　十七冊　存五十六卷

（一至四十五、五十至六十）

340000－1843－0001991　史 213.365/2431
羊城古鈔八卷首一卷　（清）仇池石輯　清嘉慶十一年（1806）大賚堂刻本　五冊

340000－1843－0001992　史 213.365/2736
南高平物産記二卷　（清）鄒漢勛撰　清末刻鄒秋孖遺書本　二冊

340000－1843－0001993　史 213.365/7744
廣東新語二十八卷　（清）屈大均撰　清文匯堂刻本　十冊

340000－1843－0001994　史 213.365/7700
廣東考古輯要四十六卷　（清）周廣等輯　清光緒十九年（1893）還讀書屋刻本　十冊

340000－1843－0001995　史 213.371/1134
蜀典十二卷　（清）張澍撰　清光緒二年（1876）尊經書院刻本　四冊

340000－1843－0001996　史 213.371/9011.3
華陽國志十二卷補華陽國志三州郡縣目錄一卷　（晉）常璩撰　清嘉慶十九年（1814）題襟館刻本　六冊

340000－1843－0001997　史 213.371/9011.4
華陽國志十二卷補華陽國志三州郡縣目錄一卷　（晉）常璩撰　清嘉慶十九年（1814）題襟館刻本　四冊

340000－1843－0001998　史 213.371/9011.5
華陽國志十二卷補華陽國志三州郡縣目錄一卷　（晉）常璩撰　清嘉慶刻本　十冊

340000－1843－0001999　史 213.373/6010
黔書一卷　（清）田雯撰　清光緒二十三年（1897）貴陽書局刻本　二冊

340000－1843－0002000　史 213.373/6010
黔書一卷　（清）田雯撰　清光緒二十三年（1897）貴陽書局刻本　二冊

340000－1843－0002001　史 213.374/4694
南詔野史二卷　（明）楊慎編輯　清刻本　二冊

340000－1843－0002002　史 213.374/5544
滇南雜志二十四卷　（清）曹樹翹編　清光緒中國申報館鉛印本　十冊

340000－1843－0002003　史 213.42/0000
瀛洲攬勝圖不分卷公牘偶存不分卷　（清）□□編　清光緒八年（1882）灊山官舍刻本　一冊

340000－1843－0002004　史 213.42/3099
滄浪小志二卷　（清）宋犖編　清光緒十年（1884）江蘇書局刻本　一冊

340000－1843－0002005　史 213.42/4064
大觀亭志六卷首一卷末一卷　李國模輯　清宣統三年（1911）合肥李氏慎餘堂木活字印本　四冊

340000－1843－0002006　史 213.42/4064
大觀亭志六卷首一卷末一卷　李國模輯　清宣統三年（1911）合肥李氏慎餘堂木活字印本　四冊

340000－1843－0002007　史 213.42/4064
大觀亭志六卷首一卷末一卷　李國模輯　清宣統三年（1911）合肥李氏慎餘堂木活字印本　四冊

340000－1843－0002008　史 213.42/4937
平山堂圖志十卷首一卷　（清）趙之壁撰　清光緒九年（1883）歐陽利見刻本　四冊

340000－1843－0002009　史 213.42/4937
平山堂圖志十卷首一卷　（清）趙之壁撰　清光緒九年（1883）歐陽利見刻本　四冊

340000－1843－0002010　史 213.43/4623
洛陽伽藍記五卷　（北魏）楊衒之撰　**集證一卷**　（清）吳若準撰　清光緒二十九年（1903）說劍齋刻本　一冊

340000－1843－0002011　史 213.43/7793
天童寺志十卷首一卷　（清）聞性道纂修　（清）釋德介輯　清刻本　四冊

340000－1843－0002012　史 213.44/2761
齊雲山桃源洞天誌一卷　（明）魯點撰　清道

光十三年(1833)休寧李文富堂刻本　一册

340000－1843－0002013　史 213.45/1115
湯陰精忠廟志十卷　(明)張玉車編　清乾隆十五年(1750)刻本　六册

340000－1843－0002014　史 213.45/1223
闕里文獻考一百卷首一卷末一卷　(清)孔繼汾撰　清乾隆二十七年(1762)刻本　十四册

340000－1843－0002015　史 213.45/1223
闕里文獻考一百卷首一卷末一卷　(清)孔繼汾撰　清乾隆二十七年(1762)刻本　八册

340000－1843－0002016　史 213.45/1223
闕里文獻考一百卷首一卷末一卷　(清)孔繼汾撰　清乾隆二十七年(1762)刻本　八册

340000－1843－0002017　史 213.45/2604
關聖陵廟紀略四卷　(清)魏勷　(清)王禹輯　清康熙章鄉刻本　四册

340000－1843－0002018　史 213.46/0011
東林書院志二十二卷　(清)高廷珍等編　清光緒七年(1881)刻本　八册

340000－1843－0002019　史 213.46/0011
東林書院志二十二卷　(清)高廷珍等編　清光緒七年(1881)刻本　八册

340000－1843－0002020　史 213.46/2021
白鹿書院志十九卷　(清)毛德琦編　清康熙五十七年(1718)刻本　六册

340000－1843－0002021　史 213.46/2558
豫南書院考不分卷　(清)朱壽鏞撰　清光緒十七年(1891)刻本　一册

340000－1843－0002022　史 213.46/4424
學海堂志不分卷　(清)林伯桐撰　(清)陳澧續　清同治五年(1866)刻本　一册

340000－1843－0002023　史 213.47/0000
京都涇縣新舊兩館録二卷附録一卷　(□)□□編　清同治刻本　一册　存二卷(二、附録一卷)

340000－1843－0002024　史 213.47/2843
重續歙縣會館録不分卷　(明)徐世寧編　(清)徐光文等續　清道光十四年(1834)會館刻本　二册

340000－1843－0002025　史 213.47/3203
京都涇縣館録不分卷　(清)潘慶瀾撰序　清光緒二十一年(1895)刻本　一册

340000－1843－0002026　史 213.47/4931
金陵涇邑會館録不分卷　(清)趙良霨等撰　清同治七年(1868)刻本　一册

340000－1843－0002027　史 213.51/4638
京口山水志十八卷首一卷末一卷　(清)楊棨撰　清道光二十七年(1847)枕溪書屋刻本　四册

340000－1843－0002028　史 213.51/4638
京口山水志十八卷首一卷末一卷　(清)楊棨撰　清道光二十七年(1847)枕溪書屋刻本　六册

340000－1843－0002029　史 213.52/0027
龍潭山志七卷首一卷末一卷　(清)康阜編　清光緒九年(1883)龍潭山刻本　八册

340000－1843－0002030　史 213.52/0030
西天目祖山志八卷首一卷末一卷　(清)釋廣賓撰　(清)際界增訂　清光緒二年(1876)刻本　四册

340000－1843－0002031　史 213.52/0413
雲臺新志十八卷首一卷末一卷　(清)謝元淮　(清)許喬林輯　清道光十六年(1836)郁州書院刻本　六册

340000－1843－0002032　史 213.52/0426
九華山志十卷首一卷末一卷　(清)謝維喈　(清)周贇編　清光緒二十六年(1900)刻本　八册

340000－1843－0002033　史 213.52/1032
錫山景物略十卷　(清)王永積輯　清光緒二十四年(1898)刻本　五册

340000－1843－0002034　史 213.52/1111
天台山全志十八卷　(清)張聯元輯　清康熙

六十年(1721)刻本　八册

340000－1843－0002035　史 213.52/1124
黃山志二卷　(清)張佩芳編　清乾隆三十五年(1770)抄本　一册

340000－1843－0002036　史 213.52/1213
浮山志五卷　題(清)酥醪洞主(陳銘珪)輯　清光緒七年(1881)刻本　五册

340000－1843－0002037　史 213.52/1730
慧山記四卷續編四卷　(明)邵寶　(清)邵涵初撰　清咸豐九年(1859)二泉書院刻本　四册

340000－1843－0002038　史 213.52/1730.2
慧山記四卷續編四卷　(明)邵寶　(清)邵涵初撰　清同治七年(1868)二泉書院刻本　六册

340000－1843－0002039　史 213.52/1730.2
慧山記四卷續編四卷　(明)邵寶　(清)邵涵初撰　清同治七年(1868)二泉書院刻本　六册

340000－1843－0002040　史 213.52/2021
廬山志十五卷　(清)毛德琦編　清乾隆順德堂刻本　十册

340000－1843－0002041　史 213.52/2021
廬山志十五卷　(清)毛德琦編　清同治十二年(1873)補刻本　十六册

340000－1843－0002042　史 213.52/2021
廬山志十五卷　(清)毛德琦編　清同治十二年(1873)補刻本　十六册

340000－1843－0002043　史 213.52/2504
南海普陀山志十五卷　(清)朱謹　(清)陳濬編　清雍正刻本　四册

340000－1843－0002044　史 213.52/3110
盋山志八卷　(清)顧雲編　清光緒九年(1883)刻本　三册

340000－1843－0002045　史 213.52/3137
虎邱山志十卷　(清)顧湄撰　清宣統三年(1911)集群圖書館鉛印本　二册

340000－1843－0002046　史 213.52/3137
虎邱山志十卷　(清)顧湄撰　清宣統三年(1911)集群圖書館鉛印本　二册

340000－1843－0002047　史 213.52/4033
金蓋山志四卷首一卷　(清)李宗蓮編　清光緒二十二年(1896)古書隱樓刻本　二册

340000－1843－0002048　史 213.52/4044
華嶽志八卷首一卷　(清)李榕編　清光緒三十年(1904)補刻本　四册

340000－1843－0002049　史 213.52/4044.2
華嶽志八卷首一卷　(清)李榕編　清光緒九年(1883)補刻本　四册

340000－1843－0002050　史 213.52/4050
石鐘山志十六卷首一卷　(清)李成謀　(清)丁義方輯　清光緒九年(1883)聽濤眺雨軒刻本　八册

340000－1843－0002051　史 213.52/4050
石鐘山志十六卷首一卷　(清)李成謀　(清)丁義方輯　清光緒九年(1883)聽濤眺雨軒刻本　八册

340000－1843－0002052　史 213.52/4050
石鐘山志十六卷首一卷　(清)李成謀　(清)丁義方輯　清光緒九年(1883)聽濤眺雨軒刻本　八册

340000－1843－0002053　史 213.52/4411
武夷山志二十四卷首一卷　(清)董天工撰　清道光二十六年(1846)五夫尺木軒刻本　八册

340000－1843－0002054　史 213.52/4411
武夷山志二十四卷首一卷　(清)董天工撰　清道光二十六年(1846)五夫尺木軒刻本　八册

340000－1843－0002055　史 213.52/4411
武夷山志二十四卷首一卷　(清)董天工撰　清道光二十六年(1846)五夫尺木軒刻本　五册　存十六卷(一至十六)

340000－1843－0002056　史 213.52/4422

鼓山志十四卷首一卷　(清)黄任修輯　清乾隆二十六年(1761)刻本　四册　存十一卷(一至四、九至十四,首一卷)

340000－1843－0002057　史 213.52/4442
恒山志五卷圖一卷　(清)桂敬順撰　清乾隆二十八年(1763)刻本　五册

340000－1843－0002058　史 213.52/6010
焦山志二十六卷　(清)吴雲撰　**焦山續志八卷**　(清)陳任暘續　清光緒三十一年(1905)刻本　十册

340000－1843－0002059　史 213.52/6010
焦山志二十六卷　(清)吴雲撰　**焦山續志八卷**　(清)陳任暘續　清光緒三十一年(1905)刻本　十册

340000－1843－0002060　史 213.52/6010
焦山志二十六卷　(清)吴雲撰　**焦山續志八卷**　(清)陳任暘續　清光緒三十一年(1905)刻本　十册

340000－1843－0002061　史 213.52/6010
焦山志二十六卷　(清)吴雲撰　清光緒三十一年(1905)刻本　八册

340000－1843－0002062　史 213.52/6010
焦山志二十六卷　(清)吴雲撰　清光緒三十一年(1905)刻本　八册

340000－1843－0002063　史 213.52/7224
南通州五山全志二十卷　(清)劉名芳撰　清乾隆刻本　六册

340000－1843－0002064　史 213.52/7444
九華紀勝二十三卷　(清)陳蔚撰　清道光元年(1821)刻本　六册

340000－1843－0002065　史 213.52/7706
黄山志定本七卷首一卷　(清)閔麟嗣撰　清康熙二十五年(1686)刻本　七册

340000－1843－0002066　史 213.52/7706.2
黄山志定本七卷首一卷　(清)閔麟嗣撰　清乾隆三十二年(1767)方祈宜刻本　七册

340000－1843－0002067　史 213.52/7708
崑邑馬鞍山志不分卷　(清)周奕鈁撰　抄本　二册

340000－1843－0002068　史 213.52/8038
泰山志二十卷　(清)全棨撰　清嘉慶刻本　六册

340000－1843－0002069　史 213.531/0000
江蘇水利圖說不分卷　(□)□□撰　清宣統三年(1911)刻本　一册

340000－1843－0002070　史 213.531/0014
水道提綱二十八卷天度刊誤一卷　(清)齊召南撰　清光緒二十四年(1898)三味書室刻本　八册

340000－1843－0002071　史 213.531/0014.2
水道提綱二十八卷　(清)齊召南撰　清光緒四年(1878)霞城精舍刻本　八册

340000－1843－0002072　史 213.531/0014.2
水道提綱二十八卷　(清)齊召南撰　清光緒四年(1878)霞城精舍刻本　八册

340000－1843－0002073　史 213.531/0014.2
水道提綱二十八卷　(清)齊召南撰　清光緒四年(1878)霞城精舍刻本　八册

340000－1843－0002074　史 213.531/0014.3
水道提綱二十八卷　(清)齊召南撰　清光緒五年(1879)宏達堂刻本　四册

340000－1843－0002075　史 213.531/0014.4
水道提綱二十八卷　(清)齊召南撰　清光緒七年(1881)上海文瑞樓鉛印本　八册

340000－1843－0002076　史 213.531/1377
江淮水利文牘不分卷　武同舉等撰　抄本　一册

340000－1843－0002077　史 213.531/1731
水經註四十卷首一卷末一卷附錄二卷　(北魏)酈道元註　王先謙校　清光緒十八年(1892)思賢講舍刻本　十六册

340000－1843－0002078　史 213.531/1731
水經註四十卷首一卷末一卷附錄二卷　(北魏)酈道元註　王先謙校　清光緒十八年

(1892)思賢講舍刻本　十六冊

340000－1843－0002079　史 213.531/1731
水經註四十卷首一卷末一卷附錄二卷　(北魏)酈道元註　王先謙校　清光緒十八年(1892)思賢講舍刻本　十六冊

340000－1843－0002080　史 213.531/1731.2
水經註四十卷　(北魏)酈道元註　清武英殿刻本　十冊

340000－1843－0002081　史 213.531/1731.4
水經註四十卷　(北魏)酈道元註　(清)黃晟校　清天都黃氏槐蔭草堂刻本　十冊

340000－1843－0002082　史 213.531/1731.5
水經註四十卷　(北魏)酈道元註　(清)戴震校　清刻本　十二冊

340000－1843－0002083　史 213.531/3130
淮揚治水論不分卷淮揚水利圖說不分卷　(清)馮道立撰　清道光十九年至二十年(1839－1840)刻本　二冊

340000－1843－0002084　史 213.531/3148
水經註圖一卷附錄一卷　(清)汪士鐸撰　清末石印本　二冊

340000－1843－0002085　史 213.531/3148.2
水經註圖一卷附錄一卷　(清)汪士鐸撰　清咸豐十一年(1861)刻本　一冊

340000－1843－0002086　史 213.531/4014
海塘輯要十卷首一卷　(英國)韋更斯撰　清末刻本　二冊

340000－1843－0002087　史 213.531/4438
今水經不分卷　(清)黃宗羲撰　清光緒三年(1877)湖北崇文書局刻本　一冊

340000－1843－0002088　史 213.531/4913
水經註釋四十卷首一卷附錄二卷刊誤十二卷　(清)趙一清撰　(北魏)酈道元原註　清光緒六年(1880)蛟州張壽榮刻本　二十冊

340000－1843－0002089　史 213.531/4913
水經註釋四十卷首一卷附錄二卷刊誤十二卷　(清)趙一清撰　(北魏)酈道元原註　清光緒六年(1880)蛟州張壽榮刻本　十六冊

340000－1843－0002090　史 213.531/4913
水經註釋四十卷首一卷附錄二卷刊誤十二卷　(清)趙一清撰　(北魏)酈道元原註　清光緒六年(1880)蛟州張壽榮刻本　二十冊

340000－1843－0002091　史 213.531/4913
水經註釋四十卷首一卷附錄二卷刊誤十二卷　(清)趙一清撰　(北魏)酈道元原註　清光緒六年(1880)蛟州張壽榮刻本　二十冊

340000－1843－0002092　史 213.532/1143
河防志十二卷　(清)張希良撰　清雍正三年(1725)刻本　十二冊

340000－1843－0002093　史 213.532/2802
安瀾紀要二卷迴瀾紀要二卷　(清)徐端撰　清道光二十四年(1844)長白慈蔭堂刻本　四冊

340000－1843－0002094　史 213.532/3227
河防一覽十四卷　(明)潘季馴撰　清乾隆十三年(1748)刻本　十冊

340000－1843－0002095　史 213.532/4030
永定河志三十二卷　(清)李逢亨撰　清嘉慶二十年(1815)刻本　十六冊

340000－1843－0002096　史 213.532/4253
治河方略十卷　(清)靳輔撰　清河庫道衙門刻本　十冊

340000－1843－0002097　史 213.532/4253
靳文襄公治河方略十卷首一卷　(清)靳輔撰　(清)崔應階重編　清乾隆三十二年(1767)刻本　八冊

340000－1843－0002098　史 213.532/7267
歷代黃河變遷圖攷十卷　(清)劉鶚撰　清宣統二年(1910)山東河口研究所油印本　二冊

340000－1843－0002099　史 213.533/0000
銅陵江壩錄不分卷　(清)□□撰　清光緒十四年(1888)同仁局刻本　一冊

340000－1843－0002100　史 213.533/3161
峽江圖考不分卷　(清)江國璋撰　清光緒十

五年(1889)石印本　二冊

340000－1843－0002101　史213.533/4488
揚子江流域現勢論不分卷　(日本)林繁撰　(清)汪國屏譯　清光緒二十八年(1902)上海廣智書局鉛印本　一冊

340000－1843－0002102　史213.533/6007
最近揚子江之大勢(揚子江航路記)不分卷　(日本)國府犀東撰　趙必振譯　清光緒二十八年(1902)上海廣智書局鉛印本　一冊

340000－1843－0002103　史213.534/3130
淮揚水利圖說不分卷　(清)馮道立撰　清道光二十年(1840)刻本　一冊

340000－1843－0002104　史213.535/0000
重濬七浦河全案一卷重濬江寧城河全案一卷重濬孟瀆等河全案五卷　(□)□□撰　清道光刻本　五冊

340000－1843－0002105　史213.535/0041
勅修兩浙海塘通志二十卷首一卷　(清)方觀承等編　清乾隆十六年(1751)官刻本　六冊

340000－1843－0002106　史213.535/1023
續海塘新志四卷　(清)王德寬編　清道光刻本　四冊

340000－1843－0002107　史213.535/1311
海塘新志六卷續海塘新志四卷　(清)琅玕撰　清道光十九年(1839)刻本　八冊

340000－1843－0002108　史213.535/2848
西域水道記五卷新疆賦一卷漢書西域傳補註二卷　(清)徐松撰　清光緒十九年(1893)寶善書局石印本　八冊

340000－1843－0002109　史213.535/2848.2
西域水道記五卷漢書西域傳補註二卷新疆賦一卷　(清)徐松撰　清光緒上海鴻文書局石印本　四冊

340000－1843－0002110　史213.535/3847
嘉興府水道全圖不分卷　(清)梁恭辰等編校　清刻本　一冊

340000－1843－0002111　史213.535/4001
江蘇水利圖說不分卷　(清)李慶雲輯　清光緒十四年(1888)刻本　一冊

340000－1843－0002112　史213.535/4001
江蘇海塘新志八卷首一卷　(清)李慶雲撰　清光緒十六年(1890)刻本　四冊

340000－1843－0002113　史213.535/4462
畿輔水利議不分卷國史本傳不分卷　(清)林則徐撰　清光緒二年(1876)刻本　一冊

340000－1843－0002114　史213.535/6020
畿輔水利叢書六種　(清)吳邦慶編　清道光刻本　八冊

340000－1843－0002115　史213.535/7203
揚州水道記四卷　(清)劉文淇撰　清道光二十五年(1845)欲寡過齋刻本　四冊

340000－1843－0002116　史213.535/7497
山東運河備覽十二卷運河圖一卷泉河總圖一卷禹王台圖一卷　(清)陸耀撰　(清)姚立德修　清乾隆四十一年(1776)切問齋刻本　十二冊

340000－1843－0002117　史213.535/7510
蜀水考四卷　(清)陳登龍撰　(清)朱錫穀補註　清光緒四年(1878)成都葉氏刻本　四冊

340000－1843－0002118　史213.538/1072
浙西水利備考一卷　(清)王鳳生纂　清道光四年(1824)刻本　一冊

340000－1843－0002119　史213.538/2022
揚州北湖小志六卷　(清)焦循撰　清嘉慶十三年(1808)刻本　三冊

340000－1843－0002120　史213.538/2311
西湖志四十八卷　(清)傅王露撰　清雍正十三年(1735)兩浙鹽驛道庫刻本　二十冊

340000－1843－0002121　史213.538/2311.2
西湖志四十八卷　(清)李衛修　(清)傅王露總纂　清光緒四年(1878)浙江書局刻本　二十冊

340000－1843－0002122　史213.538/2311.2
西湖志四十八卷　(清)李衛修　(清)傅王露

總纂　清光緒四年(1878)浙江書局刻本　二十冊

340000－1843－0002123　史 213.538/2311.2
西湖志四十八卷　(清)李衛修　(清)傅王露總纂　清光緒四年(1878)浙江書局刻本　二十冊

340000－1843－0002124　史 213.538/2311.2
西湖志四十八卷　(清)李衛修　(清)傅王露總纂　清光緒四年(1878)浙江書局刻本　二十冊

340000－1843－0002125　史 213.538/2311.2
西湖志四十八卷　(清)李衛修　(清)傅王露總纂　清光緒四年(1878)浙江書局刻本　二十冊

340000－1843－0002126　史 213.538/3301
西湖志纂十五卷首一卷　(清)梁詩正　(清)沈德潛撰　清乾隆二十七年(1762)賜經堂刻本　六冊

340000－1843－0002127　史 213.538/3437
杜白二湖全書不分卷　(明)沈海鵬撰　清嘉慶十年(1805)刻本　一冊

340000－1843－0002128　史 213.538/7146
莫愁湖志六卷首一卷　(清)馬士圖撰　清光緒八年(1882)刻本　二冊

340000－1843－0002129　史 213.538/7146
莫愁湖志六卷首一卷　(清)馬士圖撰　清光緒八年(1882)刻本　二冊

340000－1843－0002130　史 213.538/8041
太湖備考十六卷首一卷湖程紀略太湖備考續編四卷　(清)金友理撰　(清)鄭言紹輯　清光緒二十九年(1903)憇園刻本　十二冊

340000－1843－0002131　史 213.538/8041
太湖備考十六卷首一卷湖程紀略太湖備考續編四卷　(清)金友理撰　(清)鄭言紹輯　清光緒二十九年(1903)憇園刻本　十二冊

340000－1843－0002132　史 213.533/7120
長江圖說十二卷首一卷　(清)馬徵麟撰　清同治九年(1870)金陵提署刻本　十一冊

340000－1843－0002133　史 213.533/7120.2
長江圖說十二卷首一卷　(清)馬徵麟撰　清同治十年(1871)湖北崇文書局刻本　五冊

340000－1843－0002134　史 213.61/1731
湖山便覽十二卷附圖　(清)翟灝　(清)翟瀚輯　清光緒元年(1875)王氏槐蔭堂刻本　六冊

340000－1843－0002135　史 213.61/1731
湖山便覽十二卷附圖　(清)翟灝　(清)翟瀚輯　清光緒元年(1875)王氏槐蔭堂刻本　六冊

340000－1843－0002136　史 213.61/2833
徐霞客遊記十二卷　(明)徐宏祖撰　清乾隆四十一年(1776)刻本　十冊

340000－1843－0002137　史 213.61/6035
西湖遊覽志二十四卷志餘二十六卷　(明)田汝成撰　清光緒二十二年(1896)錢塘丁氏嘉惠堂刻本　十冊

340000－1843－0002138　史 213.61/6035
西湖遊覽志二十四卷志餘二十六卷　(明)田汝成撰　清光緒二十二年(1896)錢塘丁氏嘉惠堂刻本　十冊

340000－1843－0002139　史 213.61/7732
遊志續編不分卷　(明)陶宗儀編　清光緒十二年(1886)新陽趙氏刻本　一冊

340000－1843－0002140　史 213.61/8030
句餘土音三卷　(清)全祖望撰　清嘉慶十九年(1814)刻本　三冊

340000－1843－0002141　史 213.61/8030.2
句餘土音三卷遺詩一卷　(清)全祖望撰　清宣統三年(1911)上海國學扶輪社鉛印本　一冊

340000－1843－0002142　史 213.62/4299
康輶紀行十六卷　(清)姚瑩撰　清同治六年(1867)刻本　六冊

340000－1843－0002143　史 213.62/7115

適可齋記言四卷記行六卷　(清)馬建忠撰　清光緒二十二年(1896)刻本　四册

340000－1843－0002144　史 213.7/0024
大唐西域記十二卷　(唐)釋玄奘譯　(唐)釋辯機撰　清宣統元年(1909)常州天寧寺刻本　四册

340000－1843－0002145　史 213.7/0024
大唐西域記十二卷　(唐)釋玄奘譯　(唐)釋辯機撰　清宣統元年(1909)常州天寧寺刻本　四册

340000－1843－0002146　史 213.7/0024
大唐西域記十二卷　(唐)釋玄奘譯　(唐)釋辯機撰　清宣統元年(1909)常州天寧寺刻本　四册

340000－1843－0002147　史 213.7/1143
地球韻言四卷　(清)張士瀛撰　清光緒南京李光明家刻本　二册

340000－1843－0002148　史 213.7/1367
中外輿地全圖不分卷　(清)武昌輿地學會編　清光緒三十四年(1908)輿地學會刻本　一册

340000－1843－0002149　史 213.7/2631
海國圖志一百卷首一卷　(清)魏源撰　清光緒二年(1876)平慶涇固道署刻本　二十四册

340000－1843－0002150　史 213.7/2631
海國圖志一百卷首一卷　(清)魏源撰　清光緒二年(1876)平慶涇固道署刻本　二十四册

340000－1843－0002151　史 213.7/2631.2
海國圖志一百卷首一卷　(清)魏源撰　清光緒六年(1880)邵陽急當務齋刻本　三十二册

340000－1843－0002152　史 213.7/2631.2
海國圖志一百卷首一卷　(清)魏源撰　清光緒六年(1880)邵陽急當務齋刻本　三十二册

340000－1843－0002153　史 213.7/2631.2
海國圖志一百卷首一卷　(清)魏源撰　清光緒六年(1880)邵陽急當務齋刻本　二十六册　存四十二卷(五十九至一百)

340000－1843－0002154　史 213.7/2631.2
海國圖志一百卷首一卷　(清)魏源撰　清光緒六年(1880)邵陽急當務齋刻本　六册　存二十九卷(十一至三十九)

340000－1843－0002155　史 213.7/2631.3
海國圖志一百卷　(清)魏源撰　清光緒十三年(1887)巴蜀善成堂刻本　四十册

340000－1843－0002156　史 213.7/2631.4
增廣海國圖志一百卷續集二十五卷　(清)魏源　(清)鄧鏗撰　清光緒二十一年(1895)上海書局石印本　十六册

340000－1843－0002157　史 213.7/2631.4
增廣海國圖志一百卷續集二十五卷　(清)魏源　(清)鄧鏗撰　清光緒二十一年(1895)上海書局石印本　十六册

340000－1843－0002158　史 213.7/2631.5
增廣海國圖志一百卷續集二十五卷　(清)魏源　(清)鄧鏗撰　清光緒二十八年(1902)文賢閣石印本　十六册

340000－1843－0002159　史 213.7/2631.5
增廣海國圖志一百卷續集二十五卷　(清)魏源　(清)鄧鏗撰　清光緒二十八年(1902)文賢閣石印本　十六册

340000－1843－0002160　史 213.7/2631.6
海國圖志一百卷續志二十五卷　(清)魏源　(清)鄧鏗撰　清光緒二十一年(1895)上海積山書局石印本　十六册

340000－1843－0002161　史 213.7/2828
瀛環志略十卷　(清)徐繼畬撰　清道光二十八年(1848)刻本　六册

340000－1843－0002162　史 213.7/2828.2
瀛環志略十卷　(清)徐繼畬撰　清同治十二年(1873)掞雲樓刻本　六册

340000－1843－0002163　史 213.7/2828.3
瀛環志略十卷　(清)徐繼畬撰　清道光三十年(1850)紅杏山房刻本　六册

340000－1843－0002164　史 213.7/2828.3

瀛環志略十卷　(清)徐繼畬撰　清道光三十年(1850)紅杏山房刻本　六冊

340000－1843－0002165　史213.7/2828.4
瀛環志略十卷　(清)徐繼畬撰　清同治五年(1866)總理衙門刻本　六冊

340000－1843－0002166　史213.7/2828.5
瀛環志略十卷　(清)徐繼畬撰　清道光三十年(1850)刻本　六冊

340000－1843－0002167　史213.7/2828.6
瀛環志略十卷續集二卷補遺不分卷　(清)徐繼畬撰　(英國)慕維廉編　清光緒二十九年(1903)上海讀有用書齋刻本　六冊

340000－1843－0002168　史213.7/4013
海國大政記十二卷首一卷　(英國)麥丁富得力撰　(美國)林樂知譯　(清)鄭昌棪述　清光緒二十三年(1897)上海慎記書莊石印本　十二冊

340000－1843－0002169　史213.7/4427
泰西風土事物考四卷　題(清)藜牀臥讀生撰　清光緒二十八年(1902)石印本　二冊

340000－1843－0002170　史213.7/5514
伯利探路記(西伯利亞探路記)不分卷　(清)曹廷傑撰　清光緒二十四年(1898)成都志古堂刻本　一冊

340000－1843－0002171　史213.7/5514
中亞洲俄屬遊記二卷(光緒十九年)　(英國)蘭士德撰　(清)莫鎮藩　(清)楊樞譯　清光緒二十八年(1902)志古堂刻本　三冊

340000－1843－0002172　史213.7/7780
世界萬事最新調查表不分卷　(清)歐美調查會編　清光緒二十九年(1903)有正書局石印本　一冊

340000－1843－0002173　史213.71/1035
談瀛錄四卷　(清)王之春撰　清光緒六年(1880)刻本　二冊

340000－1843－0002174　史213.71/6014
柬埔寨以北探路記十五卷　(法國)晁西士尼撰　清光緒十年(1884)鉛印本　十五冊

340000－1843－0002175　史213.71/7702
西南亞各國志十七種附五種　(清)學部編譯書局編　清光緒三十三年(1907)學部圖書局鉛印本　八冊

340000－1843－0002176　史213.72/7702
開浦殖民地志不分卷新志不分卷　(清)學部編譯書局編　清光緒三十四年(1908)學部圖書局鉛印本　一冊

340000－1843－0002177　史213.73/0000
希臘志略七卷　(清)□□編　清光緒二十九年(1903)西蜀善成堂刻本　二冊

340000－1843－0002178　史213.73/2731
俄遊彙編八卷　(清)繆祐孫撰　清光緒二十四年(1898)上海書局石印本　六冊

340000－1843－0002179　史213.73/2731.2
俄遊彙編十二卷　(清)繆祐孫撰　清光緒十五年(1889)上海秀文書局石印本　四冊

340000－1843－0002180　史213.73/2731.2
俄遊彙編十二卷　(清)繆祐孫撰　清光緒十五年(1889)上海秀文書局石印本　三冊

340000－1843－0002181　史213.73/2813
歐遊雜錄二卷　(清)徐建寅撰　清光緒刻本　二冊

340000－1843－0002182　史213.73/3002
采風記五卷紀程感事詩不分卷　(清)宋育仁撰　清光緒二十一年(1895)上海書局石印本　三冊

340000－1843－0002183　史213.73/3002
時務論一卷　(清)宋育仁撰　清光緒二十一年(1895)上海書局石印本　一冊

340000－1843－0002184　史213.73/3002.2
采風記五卷紀程感事詩不分卷　(清)宋育仁撰　清光緒二十二年(1896)袖海山房石印本　三冊

340000－1843－0002185　史213.73/3002.2
時務論一卷　(清)宋育仁撰　清光緒二十二

年(1896)袖海山房石印本　一册

340000－1843－0002186　史 213.73/3424
遊歷聞見錄十八卷　(清)洪勳撰　清光緒十六年(1890)上海仁記石印本　四册

340000－1843－0002187　史 213.75/2310
遊歷巴西圖經十卷遊歷加納大圖經八卷遊歷秘魯圖經四卷　(清)傅雲龍撰　清光緒二十八年(1902)石印本　四册

340000－1843－0002188　史 213.8/1133
廣東海圖説一卷　(清)張之洞編　清光緒十五年(1889)廣雅書局刻本　一册

340000－1843－0002189　史 213.8/2123
朔方備乘六十八卷首十二卷　(清)何秋濤撰　清光緒七年(1881)刻本　二十四册

340000－1843－0002190　史 213.8/2123
朔方備乘六十八卷首十二卷　(清)何秋濤撰　清光緒七年(1881)刻本　二十五册

340000－1843－0002191　史 213.8/2123.2
朔方備乘六十八卷首十二卷　(清)何秋濤撰　清光緒七年(1881)石印本　八册

340000－1843－0002192　史 213.8/2123.2
朔方備乘六十八卷首十二卷　(清)何秋濤撰　清光緒七年(1881)石印本　八册

340000－1843－0002193　史 213.8/4053
東省與韓俄交界道路表不分卷　(清)聶士成等編　清光緒石印本　一册

340000－1843－0002194　史 213.8/8024
新譯海道圖説十五卷長江圖説不分卷　(英國)金約翰輯　(英國)傅蘭雅譯　(清)王德均筆述　清光緒二十二年(1896)上海書局石印本　八册

340000－1843－0002195　史 213.8/8033
新編沿海險要圖説十六卷長江險要圖説五卷新繪沿海長江險要圖二十七幀　(清)余宏淦撰　清光緒二十九年(1903)上海鴻文書局石印本　五册

340000－1843－0002196　史 213.8/8397.2
中俄界約斠註七卷首一卷　(清)錢恂撰　清光緒二十年(1894)上海醉六堂刻本　二册

340000－1843－0002197　史 214./0424
萬國通鑑四卷圖一卷　(美國)謝衛樓撰　(清)趙如光譯　清光緒八年(1882)刻本　六册

340000－1843－0002198　史 214./1062
十九世紀外交史不分卷　(日本)平田久撰　張相譯　清光緒二十八年(1902)史學齋石印本　四册

340000－1843－0002199　史 214./1991
萬國通商史不分卷　(英國)瑣米爾士撰　(日本)經濟雜誌社譯　(日本)古城貞吉重譯　清光緒二十七年(1901)南洋公學譯書院鉛印本　一册

340000－1843－0002200　史 214./2721
五大洲政治通考四十八卷　題(清)急先務齋主人纂　清光緒二十七年(1901)武進徐氏急先務齋石印本　十二册

340000－1843－0002201　史 214./2721
五大洲政治通考四十八卷　題(清)急先務齋主人纂　清光緒二十七年(1901)武進徐氏急先務齋石印本　十二册

340000－1843－0002202　史 214./4001
歐洲東方交涉記十二卷　(英國)麥高爾撰　(美國)林樂知　(清)瞿昂來譯　清光緒六年(1880)刻本　二册

340000－1843－0002203　史 214./4062
萬國通史前編十卷　(英國)李思倫譯　蔡爾康等筆述　清光緒二十六年(1900)上海廣學會鉛印本　十册

340000－1843－0002204　史 214./4062
萬國通史續編十卷　(英國)李思倫譯　蔡爾康等筆述　清光緒三十年(1904)上海廣學會鉛印本　十册

340000－1843－0002205　史 214./4062
萬國通史三編十卷　(英國)李思倫譯　蔡爾

康等筆述　清光緒三十一年(1905)上海廣學會鉛印本　十册

340000－1843－0002206　史214./4321
西政叢書三十二種　題(清)求自強齋主人輯　清光緒二十三年(1897)慎記書莊石印本　三十二册

340000－1843－0002207　史214./4338
列國政要一百三十二卷　(清)戴鴻慈輯　清光緒三十三年(1907)商務印書館石印本　二十二册

340000－1843－0002208　史214./4338
列國政要一百三十二卷　(清)戴鴻慈輯　清光緒三十三年(1907)商務印書館石印本　八册　存四十三卷(九十至一百三十二)

340000－1843－0002209　史214./4335
列國政要續編九十四卷　(清)戴鴻慈　(清)端方編　清宣統三年(1911)上海商務印書館石印本　三十二册

340000－1843－0002210　史214./4428
西國近事彙編三十六卷　(美國)林樂知口譯　(清)蔡錫齡筆述　清光緒二十三年(1897)慎記書莊石印本　十二册

340000－1843－0002211　史214./7757
萬國史記二十卷　(日本)岡本監輔撰　清光緒二十八年(1902)上海書局石印本　六册

340000－1843－0002212　史214./7757.2
萬國史記二十卷　(日本)岡本監輔撰　清光緒二十七年(1901)上海書局石印本　六册

340000－1843－0002213　史214./6087
十九世紀大勢變遷通論不分卷　(清)吳銘譯　清光緒二十八年(1902)上海廣智書局鉛印本　一册

340000－1843－0002214　史214./7724
西史綱目初函二十卷　(清)周維翰撰　清光緒二十八年(1902)經世文社石印本　十册

340000－1843－0002215　史214./8041
西國近事彙編二十八卷　(美國)金楷理口譯　(清)姚棻筆述　清光緒三年(1877)慎記書莊石印本　十二册

340000－1843－0002216　史214.1/0000
新出俄日戰事記(俄日戰事記)十二章　(清)□□編　清光緒三十年(1904)世界新社石印本　一册

340000－1843－0002217　史214.1/0223
印度史攬要三卷　(英國)亨德偉良撰　(清)任廷旭譯　清光緒二十七年(1901)上海廣學會鉛印本　三册

340000－1843－0002218　史214.1/1041
日本維新慷慨史二卷　(日本)西村三郎輯　趙必振譯　清光緒二十八年(1902)上海廣智書局鉛印本　二册

340000－1843－0002219　史214.1/1042
日本新史攬要七卷　(日本)石村貞一編　(清)遊瀛主人譯　清光緒二十五年(1899)石印本　七册

340000－1843－0002220　史214.1/1042.2
東洋新史攬要七卷　(日本)石村貞一編　(清)遊瀛主人譯　清光緒二十七年(1901)時學廬石印本　七册

340000－1843－0002221　史214.1/1620
安南史三卷　(日本)引田利章撰　(清)毛乃庸譯　清光緒石印本　一册

340000－1843－0002222　史214.1/2392
明治政黨小史不分卷　(日本)東京日日新報撰寫　(清)出洋學生編輯所編譯　清光緒二十八年(1902)商務印書館鉛印本　一册

340000－1843－0002223　史214.1/2814
越南輯略二卷　(清)徐延旭撰　清光緒三年(1877)梧州郡署刻本　二册

340000－1843－0002224　史214.1/3161
蒙古史二卷　(日本)河野元三撰　(清)歐陽瑞驊譯　清宣統三年(1911)江南圖書館鉛印本　二册

340000－1843－0002225　史214.1/4308

日本維新三十年史　(日本)東京博文館編　清光緒二十九年(1903)上海廣智書局鉛印本　六冊

340000－1843－0002226　史 214.1/4433
日本國志四十卷　(清)黄遵憲撰　清光緒二十四年(1898)上海圖書集成印書局鉛印本　八冊

340000－1843－0002227　史 214.1/4433
日本國志四十卷　(清)黄遵憲撰　清光緒二十四年(1898)上海圖書集成印書局鉛印本　八冊

340000－1843－0002228　史 214.1/4433
日本國志四十卷　(清)黄遵憲撰　清光緒二十四年(1898)上海圖書集成印書局鉛印本　八冊

340000－1843－0002229　史 214.1/4433
日本國志四十卷　(清)黄遵憲撰　清光緒二十四年(1898)上海圖書集成印書局鉛印本　八冊

340000－1843－0002230　史 214.1/4433.2
日本國志四十卷　(清)黄遵憲撰　清光緒二十四年(1898)浙江書局刻本　十冊

340000－1843－0002231　史 214.1/4433.3
日本國志四十卷　(清)黄遵憲撰　清光緒二十七年(1901)上海書局石印本　八冊

340000－1843－0002232　史 214.1/4455
朝鮮近世史二卷　(日本)北總林泰輔編　劉世珩譯　清光緒二十九年(1903)鴻寶書局石印本　二冊

340000－1843－0002233　史 214.1/4564
飛獵濱獨立戰史十四章附烈士志傳　(菲律賓)棒時撰　題(清)中國同是傷心人譯　清光緒二十八年(1902)商務印書館鉛印本　一冊

340000－1843－0002234　史 214.1/4840
新譯大日本近世史(大日本帝國近世史)四期四十九章　(日本)松井廣吉撰　(清)范枕石譯　清末上海會文學社石印本　四冊

340000－1843－0002235　史 214.1/4840
新譯大日本近世史(大日本帝國近世史)四期四十九章　(日本)松井廣吉撰　(清)范枕石譯　清末上海會文學社石印本　四冊

340000－1843－0002236　史 214.1/7774
東洋史要二卷　(日本)桑原騭藏撰　樊炳清譯　清光緒二十五年(1899)東文學社石印本　二冊

340000－1843－0002237　史 214.1/7774
東洋史要二卷　(日本)桑原騭藏撰　樊炳清譯　清光緒二十五年(1899)東文學社石印本　四冊

340000－1843－0002238　史 214.1/7774
東洋史要二卷　(日本)桑原騭藏撰　樊炳清譯　清光緒二十五年(1899)東文學社石印本　四冊

340000－1843－0002239　史 214.1/7774.2
東洋史要二卷　(日本)桑原騭藏撰　樊炳清譯　清光緒二十五年(1899)東文學社石印本　一冊

340000－1843－0002240　史 214.1/7774.2
東洋史要二卷　(日本)桑原騭藏撰　樊炳清譯　清光緒二十五年(1899)東文學社石印本　四冊

340000－1843－0002241　史 214.1/7774.2
東洋史要二卷　(日本)桑原騭藏撰　樊炳清譯　清光緒二十五年(1899)東文學社石印本　四冊

340000－1843－0002242　史 214.1/7774.3
東洋史要四卷　(日本)桑原騭藏撰　樊炳清譯　清光緒二十九年(1903)寶慶勸學書舍刻本　二冊　存二卷(一、四)

340000－1843－0002243　史 214.1/7774.4
東洋史要不分卷　(日本)桑原騭藏撰　湖北自強學堂東文齋重譯　清光緒三十年(1904)山東官書局鉛印本　二冊

340000－1843－0002244　史 214.2/8025
亞斐利加洲志不分卷新志不分卷　（清）學部編譯圖書局編　清宣統元年（1909）學部圖書局鉛印本　一册

340000－1843－0002245　史 214.3/0413
法蘭西志六卷　（日本）高橋二郎譯述　（日本）岡千仞刪定　清光緒二十二年（1896）新學書局刻本　三册

340000－1843－0002246　史 214.3/1044
歐洲族類源流略五卷　王樹楠撰　清光緒二十八年（1902）中衛縣署刻陶廬叢稿本　二册

340000－1843－0002247　史 214.3/1133
普法戰紀二十卷　（清）張宗良譯　（清）王韜撰輯　清光緒二十一年（1895）刻本　十册

340000－1843－0002248　史 214.3/1133.2
普法戰紀二十卷　（清）張宗良譯　（清）王韜撰輯　清光緒十二年（1886）王氏弢園刻本　十册

340000－1843－0002249　史 214.3/1133.3
重訂普法戰紀四卷　（清）張宗良譯　（清）王韜撰輯　清光緒二十四年（1898）香海中華印務總局鉛印本　八册

340000－1843－0002250　史 214.3/1133.3
重訂普法戰紀四卷　（清）張宗良譯　（清）王韜撰輯　清光緒二十四年（1898）香海中華印務總局鉛印本　八册

340000－1843－0002251　史 214.3/2524
俄羅斯史二卷　（日本）山本利喜雄撰　（清）麥鼎華譯　清光緒二十九年（1903）上海廣智書局鉛印本　二册

340000－1843－0002252　史 214.3/2866
俄史輯譯四卷　（清）徐景羅譯　清光緒二十三年（1897）湖南新學書局刻本　七册

340000－1843－0002253　史 214.3/3047
泰西民族文明史十四章　（法國）賽奴巴撰　（日本）野澤武之助譯　清光緒二十九年（1903）商務印書館鉛印本　一册

340000－1843－0002254　史 214.3/3488
英國印花稅章程不分卷　（清）沈鑑譯　清光緒二十六年（1900）江南商務局鉛印本　一册

340000－1843－0002255　史 214.3/3732
法國革命戰史八編三十二章　（日本）澀江保撰　（清）中國國民叢書社譯　清光緒二十九年（1903）商務印書館鉛印本　一册

340000－1843－0002256　史 214.3/4023
歐洲最新政治史十六章　（日本）森山守次撰　清光緒二十九年（1903）商務印書館鉛印本　一册

340000－1843－0002257　史 214.3/4420
大英國志八卷　（英國）慕維廉譯　清光緒七年（1881）上海益智書局刻本　二册

340000－1843－0002258　史 214.3/7171
泰西新史攬要二十四卷　（英國）馬懇西撰　（英國）李提摩太譯　清光緒二十八年（1902）美華書館鉛印本　八册

340000－1843－0002259　史 214.3/7171
重印節本泰西新史攬要八卷　（英國）馬懇西撰　（英國）李提摩太譯　（清）周慶雲節録　清光緒二十九年（1903）太原晉報館鉛印本　二册

340000－1843－0002260　史 214.3/7701
節本泰西新史攬要八卷　（英國）馬懇西撰　（英國）李提摩太譯　（清）周慶雲節録　清光緒二十七年（1901）夢坡室刻本　二册

340000－1843－0002261　史 214.3/7701
增註泰西新史攬要節本八卷　（英國）馬懇西撰　（英國）李提摩太譯　（清）周慶雲節録　清光緒二十八年（1902）曠覽軒刻本　二册

340000－1843－0002262　史 214.3/8821
泰西通史上編六章　（日本）箕作元八　（日本）峰岸米造撰　（清）華文祺　（清）李澂譯　清光緒二十八年（1902）文明編譯印書局鉛印本　四册

340000－1843－0002263　史 214.3/9471

歐洲財政史四章附表七 (日本)小林丑三郎撰 (清)胡宗瀛譯 清光緒二十八年(1902)商務印書館鉛印本 一冊

340000-1843-0002264 史214.5/7722
米利堅志四卷 (日本)岡千仞 (日本)河野通之撰 清光緒二十二年(1896)新學書局刻本 三冊

340000-1843-0002265 史215.11/2767
欽定四庫全書總目提要四部類敘不分卷 (清)紀昀等撰 (清)江標輯 清光緒二十二年(1896)貴州官書局刻本 一冊

340000-1843-0002266 史215.12/0033
六通訂誤六卷 (清)席裕福撰 清光緒上海圖書集成局鉛印本 二冊

340000-1843-0002267 史215.12/2101
群書拾補三十八種 (清)盧文弨校 清光緒十三年(1887)上海蜚英館石印本 八冊

340000-1843-0002268 史215.12/4279
古今僞書考不分卷 (清)姚際恒撰 清刻本 一冊

340000-1843-0002269 史215.13/4469
藏書紀事詩七卷 葉昌熾撰 清宣統二年(1910)刻本 六冊

340000-1843-0002270 史215.14/0000
尊經閣募捐藏書章程一卷祀典錄一卷中江講院建立經誼治事兩齋章程一卷中江尊經閣藏書目錄 (清)□□編 清末刻本 一冊

340000-1843-0002271 史215.14/2528
開有益齋讀書志六卷續志一卷 (清)朱緒曾撰 清光緒六年(1880)金陵翁氏茹古閣刻本 五冊

340000-1843-0002272 史215.14/2528
開有益齋讀書志六卷續志一卷 (清)朱緒曾撰 清光緒六年(1880)金陵翁氏茹古閣刻本 四冊

340000-1843-0002273 史215.14/2528
開有益齋讀書志六卷續志一卷 (清)朱緒曾撰 清光緒六年(1880)金陵翁氏茹古閣刻本 四冊

340000-1843-0002274 史215.21/0033
隋書經籍志考證十三卷 (清)章宗源撰 清光緒三年(1877)湖北崇文書局刻本 四冊

340000-1843-0002275 史215.21/0033
隋書經籍志考證十三卷 (清)章宗源撰 清光緒三年(1877)湖北崇文書局刻本 四冊

340000-1843-0002276 史215.21/0033
隋書經籍志考證十三卷 (清)章宗源撰 清光緒三年(1877)湖北崇文書局刻本 四冊

340000-1843-0002277 史215.21/1149
八史經籍志十種三十卷 (清)張壽榮輯 清光緒九年(1883)鎮海張氏校刻本 十七冊

340000-1843-0002278 史215.21/1149
八史經籍志十種三十卷 (清)張壽榮輯 清光緒九年(1883)鎮海張氏校刻本 十六冊

340000-1843-0002279 史215.22/0000
涵芬樓藏書目錄不分卷 (清)□□編 清宣統三年(1911)鉛印本 一冊

340000-1843-0002280 史215.22/0000
浙江藏書樓甲編書目不分卷乙編書目不分卷 (□)[楊復]編 清光緒三十三年(1907)杭州華豐書局鉛印本 三冊

340000-1843-0002281 史215.22/0000
浙江藏書樓甲編書目不分卷乙編書目不分卷 (□)[楊復]編 清光緒三十三年(1907)杭州華豐書局鉛印本 二冊

340000-1843-0002282 史215.22/0014
廣雅書院藏書目錄七卷 (清)廖廷相編 清光緒二十七年(1901)廣雅書局刻本 三冊

340000-1843-0002283 史215.22/1085
欽定天祿琳琅書目十卷 (清)于敏中等編 **後編** (清)彭元瑞等編 清光緒十年(1884)長沙王先謙刻本 十二冊

340000-1843-0002284 史215.22/1085
欽定天祿琳琅書目十卷 (清)于敏中等編

後編　(清)彭元瑞等編　清光緒十年(1884)長沙王先謙刻本　十冊

340000－1843－0002285　史215.22/1700
杭州藏書樓書目不分卷　(清)邵章編　清光緒二十八年(1902)刻本　一冊

340000－1843－0002286　史215.22/3146
江南圖書館善本書目不分卷　江南圖書館編　清宣統鉛印本　一冊

340000－1843－0002287　史215.22/4070
仙源書院書目八卷　在院諸子同編次　清末刻本　一冊

340000－1843－0002288　史215.22/4721
欽定四庫全書附存目錄十卷　(清)胡虔編　清光緒十年(1884)廣州學海堂刻本　六冊

340000－1843－0002289　史215.22/5540
四庫書目略二十卷首一卷附錄一卷　(清)費莫文良編　清同治九年(1870)費氏刻本　十二冊

340000－1843－0002290　史215.22/5540
四庫書目略二十卷首一卷附錄一卷　(清)費莫文良編　清同治九年(1870)費氏刻本　十二冊

340000－1843－0002291　史215.22/5540
四庫書目略二十卷首一卷附錄一卷　(清)費莫文良編　清同治九年(1870)費氏刻本　六冊

340000－1843－0002292　史215.23/1044
話雨樓碑帖目錄四卷　(清)王楠鑒藏　(清)王鯤編次　清道光十五年(1835)王氏刻本　二冊

340000－1843－0002293　史215.23/1066
豐順丁氏持靜齋書目不分卷　(清)丁日昌藏　(清)江標編　清光緒二十一年(1895)元和江標刻本　一冊

340000－1843－0002294　史215.23/1066
豐順丁氏持靜齋書目不分卷　(清)丁日昌藏　(清)江標編　清光緒二十一年(1895)元和江標刻本　一冊

340000－1843－0002295　史215.23/2509
行素草堂目覩書錄十卷　(清)朱記榮編　清光緒十年(1884)吳縣朱氏槐廬家塾刻本　八冊　存八編(甲至辛)

340000－1843－0002296　史215.23/2844
古越藏書樓書目二十卷首一卷　(清)徐樹蘭編　清光緒三十年(1904)崇實書局石印本　五冊　存十五卷(一至六、十至十四、十八至二十,首一卷)

340000－1843－0002297　史215.23/3141
聊城楊氏海源閣藏書目一卷　(清)江標輯　清光緒十四年(1888)元和江氏師鄦室刻本　一冊

340000－1843－0002298　史215.23/3141
聊城楊氏海源閣藏書目一卷　(清)江標輯　清光緒十四年(1888)元和江氏師鄦室刻本　一冊

340000－1843－0002299　史215.23/3141
聊城楊氏海源閣藏書目一卷　(清)江標輯　清光緒十四年(1888)元和江氏師鄦室刻本　一冊

340000－1843－0002300　史215.23/3148
藝芸書舍宋元本書目不分卷　(清)汪士鐘編　清同治十二年(1873)吳縣潘祖蔭刻本　一冊

340000－1843－0002301　史215.23/3148
藝芸書舍宋元本書目不分卷　(清)汪士鐘編　清同治十二年(1873)吳縣潘祖蔭刻本　一冊

340000－1843－0002302　史215.23/4399
式古堂目錄十七卷　(清)尤瑩編　清光緒十九年(1893)石印本　二冊

340000－1843－0002303　史215.23/4422
千頃堂書目三十二卷　(清)黃虞稷撰　萃古齋抄本　七冊　存十七卷(十六至三十二)

340000－1843－0002304　史215.23/4444

持靜齋書目四卷續增一卷　(清)丁日昌藏　(清)莫友芝編　清同治豐順丁氏家刻本　五册

340000－1843－0002305　史215.23/6680
鐵琴銅劍樓藏宋元本書目四卷　(清)瞿鏞編　清光緒二十三年(1897)元和江標刻本　一册

340000－1843－0002306　史215.23/7110
天一閣書目四卷　(清)阮元編　清嘉慶十三年(1808)揚州阮氏文選樓刻本　十册

340000－1843－0002307　史215.25/4742
績溪金紫胡氏所著書目二卷　(清)胡培系編　(清)胡廷楨校　清光緒十年(1884)世澤樓刻本　一册

340000－1843－0002308　史215.26/2101
常郡八邑藝文志十二卷　(清)盧文弨原編　(清)莊翊昆校補　清光緒十六年(1890)陽湖莊氏刻本　十六册

340000－1843－0002309　史215.26/6004
杭州藝文志十卷　(清)吳慶坻撰　清光緒三十四年(1908)長沙刻本　五册

340000－1843－0002310　史215.27/3127
彙刻書目不分卷　(清)顧修編　(清)朱學勤增訂　清光緒十五年(1889)上海福瀛書局刻本　二十册

340000－1843－0002311　史215.27/3127
彙刻書目不分卷　(清)顧修編　(清)朱學勤增訂　清光緒十五年(1889)上海福瀛書局刻本　二十册

340000－1843－0002312　史215.27/3127
彙刻書目不分卷　(清)顧修編　(清)朱學勤增訂　清光緒十五年(1889)上海福瀛書局刻本　二十册

340000－1843－0002313　史215.27/3127.3
彙刻書目十卷　(清)顧修編　清嘉慶四年(1799)桐川顧氏刻本　十册

340000－1843－0002314　史215.27/3127.4
彙刻書目初編十卷補編一卷　(清)顧修編　清光緒元年(1875)長洲無夢園陳氏刻本　十册

340000－1843－0002315　史215.28/0141
經籍舉要一卷附錄吳晴舫學使告示六條尊經閣募捐藏書章程一卷中江講院建立經誼治事兩齋章程一卷　(清)龍啟瑞撰　清光緒十九年(1893)中江講院刻本　一册

340000－1843－0002316　史215.28/1133.2
書目答問不分卷　(清)張之洞撰　清光緒十四年(1888)上海蜚英館石印本　二册

340000－1843－0002317　史215.28/1133.4
書目答問不分卷四川尊經書院記不分卷　(清)張之洞撰　清光緒五年(1879)貴陽刻本　二册

340000－1843－0002318　史215.28/1133.5
書目答問不分卷　(清)張之洞撰　清光緒二十三年(1897)新化三味堂刻本　四册

340000－1843－0002319　史215.210/0000
清代禁燬書目不分卷　(□)□□抄　(清)姚覲元編　抄本　二册

340000－1843－0002320　史215.210/4241.2
清代禁燬書目四種　(清)姚覲元輯　清光緒三十三年(1907)國學保存會鉛印本　一册

340000－1843－0002321　史215.31/2767
四庫全書總目二百卷四庫未收書目五卷四庫簡明目錄二十卷　(清)紀昀等撰　清光緒二十年(1894)上海點石齋石印本　二十四册

340000－1843－0002322　史215.31/2767
四庫全書總目提要二百卷　(清)紀昀等撰　清末石印本　一百十九册　存一百九十六卷(五至二百)

340000－1843－0002323　史215.31/2767
四庫全書總目提要二百卷　(清)紀昀等撰　清同治七年(1868)廣東書局刻本　一百二十册

340000－1843－0002324　史215.31/2767

四庫全書總目提要二百卷　(清)紀昀等撰　清同治七年(1868)廣東書局刻本　八十六冊　存一百六十八(一至十五、二十至二十二、二十四至二十九、三十二至五十三、五十七至五十八、六十一至七十六、七十九至八十一、八十八至一百十九、一百二十二至一百四十八、一百五十一至一百五十六、一百六十一至一百九十一、一百九十三至一百九十五、一百九十九至二百)

340000－1843－0002325　史215.31/2767
四庫全書總目提要二百卷　(清)紀昀等撰　清同治七年(1868)廣東書局刻本　一百十一冊　存一百八十六卷(一至一百二十六、一百二十九至一百五十七、一百七十至二百)

340000－1843－0002326　史215.31/2767
欽定四庫全書簡明目錄二十卷　(清)紀昀等撰　清同治七年(1868)廣東書局刻本　十二冊

340000－1843－0002327　史215.31/3437
浙江採集遺書總錄十集十卷　(清)沈初撰　清乾隆刻本　十冊

340000－1843－0002328　史215.31/4444
宋元舊本書經眼錄三卷附錄二卷　(清)莫友芝撰　清同治十二年(1873)刻本　一冊

340000－1843－0002329　史215.31/4444
宋元舊本書經眼錄三卷附錄二卷　(清)莫友芝撰　清同治十二年(1873)刻本　一冊

340000－1843－0002330　史2122/1020
後漢書集解九十卷　(南朝宋)范曄撰　(唐)李賢註　王先謙集解　清刻本　十六冊

340000－1843－0002331　史2122/4464.3
後漢書一百卷續後漢書三十卷　(南朝宋)范曄撰　(唐)李賢註　清光緒十三年(1887)金陵書局刻本　十五冊　存一百二十四卷(一至九十四、續三十卷)

340000－1843－0002332　史2122/4464.3
後漢書一百二十卷　(南朝宋)范曄撰　(唐)李賢註　清光緒十三年(1887)金陵書局刻本　五冊　缺八十卷(帝后紀一至四,列傳一至七、三十至八十,續後漢書志十三至三十)

340000－1843－0002333　史2122/4464.3
後漢書一百二十卷　(南朝宋)范曄撰　(唐)李賢註　清光緒十三年(1887)金陵書局刻本　十六冊

340000－1843－0002334　史2122/4464.6
後漢書一百二十卷　(南朝宋)范曄撰　(唐)李賢註　清刻本　十三冊

340000－1843－0002335　史231/0057
續資治通鑑綱目二十七卷　(明)高輅等撰　清光緒七年(1881)山東書局刻本　二十八冊

340000－1843－0002336　史231/0057
續資治通鑑綱目二十七卷　(明)高輅等撰　清光緒七年(1881)山東書局刻本　二十八冊

340000－1843－0002337　史231/1100
通鑑綱目釋地糾謬六卷補註六卷　(清)張庚撰　清藏修書屋刻本　四冊

340000－1843－0002338　史231/1779.4
資治通鑑目錄三十卷　(宋)司馬光撰　清同治八年(1869)江蘇書局刻本　十冊

340000－1843－0002339　史231/1779.4
資治通鑑二百九十四卷釋文辯誤十二卷　(宋)司馬光撰　清同治八年(1869)江蘇書局補刻本　一百冊

340000－1843－0002340　史231/1779.4
資治通鑑二百九十四卷釋文辯誤十二卷　(宋)司馬光撰　清同治八年(1869)江蘇書局補刻本　一百冊

340000－1843－0002341　史231/1779.5
資治通鑑二百九十四卷釋文辯誤十二卷外紀十卷外紀目錄五卷　(宋)司馬光編集　(宋)劉恕　(元)胡三省撰　清光緒十三年(1887)長沙刻本　一百二十冊

340000－1843－0002342　史231/1779.6
資治通鑑二百九十四卷　(宋)司馬光編集　清同治十三年(1874)湖北崇文書局刻本　一

百冊　存二百九十一卷(一至六十八、七十二至二百九十四)

340000－1843－0002343　史231/1779.7
資治通鑑二百九十四卷續資治通鑑二百二十卷　(宋)司馬光　(清)畢沅撰　清光緒十四年(1888)蜚英館石印本　五十六冊

340000－1843－0002344　史231/1779.7
通鑑目錄三十卷　(宋)司馬光撰　清光緒十四年(1888)上海蜚英館石印本　四冊

340000－1843－0002345　史231/1779(2).2
資治通鑑考異三十卷　(宋)司馬光撰　清光緒十年(1884)江右養雲書屋刻本　十六冊

340000－1843－0002346　史231/1779(2).3
資治通鑑考異三十卷　(宋)司馬光撰　清光緒十九年(1893)廣雅書局刻本　十冊

340000－1843－0002347　史231/1779(3).2
稽古錄二十卷　(宋)司馬光撰　清同治十一年(1872)湖北崇文書局刻本　四冊

340000－1843－0002348　史231/1779(3).2
稽古錄二十卷　(宋)司馬光撰　清同治十一年(1872)湖北崇文書局刻本　四冊

340000－1843－0002349　史231/1779(3).3
稽古錄二十卷　(宋)司馬光撰　清乾隆五十二年(1787)奉思堂刻本　四冊

340000－1843－0002350　史231/2391
御批歷代通鑑輯覽一百二十卷　(清)傅恒等撰　清同治十年(1871)浙江書局刻朱墨套印本　四十八冊

340000－1843－0002351　史231/2391
御批歷代通鑑輯覽一百二十卷　(清)傅恒等撰　清同治十年(1871)浙江書局刻朱墨套印本　四十八冊

340000－1843－0002352　史231/2391.2
御批歷代通鑑輯覽一百二十卷　(清)傅恒等撰　清光緒二十四年(1898)湖北書局刻本　六十四冊

340000－1843－0002353　史231/2391.3
御批歷代通鑑輯覽一百二十卷　(清)傅恒等撰　清同治十一年(1872)湖北崇文書局刻本　六十冊

340000－1843－0002354　史231/2391.3
御批歷代通鑑輯覽一百二十卷　(清)傅恒等撰　清同治十一年(1872)湖北崇文書局刻本　六十冊

340000－1843－0002355　史231/2391.4
御批歷代通鑑輯覽一百二十卷　(清)傅恒等撰　清光緒二十年(1894)湖南澹雅書局刻本　六十四冊

340000－1843－0002356　史231/2391.3
御批歷代通鑑輯覽一百二十卷　(清)傅恒等編纂　清光緒二十年(1894)湖南澹雅書局刻本　十三冊　存二十五卷(十八至三十三、五十六至五十七、八十四至八十五、八十八至九十二)

340000－1843－0002357　史231/2391.6
御批歷代通鑑輯覽一百二十卷　(清)傅恒等撰　清光緒二十年(1894)上海書局石印本　二十四冊

340000－1843－0002358　史231/2540
資治通鑑綱目五十九卷　(宋)朱熹撰　清光緒五年(1879)山東書局刻本　七十八冊

340000－1843－0002359　史231/2800
竹書紀年統箋十二卷前編一卷雜述一卷　(清)徐文靖撰　清光緒三年(1877)浙江書局刻本　四冊

340000－1843－0002360　史231/2800
竹書紀年統箋十二卷前編一卷雜述一卷　(清)徐文靖撰　清光緒三年(1877)浙江書局刻本　四冊

340000－1843－0002361　史231/3186
綱鑑正史約三十六卷　(明)顧錫疇編　清遺經堂刻本　二十四冊

340000－1843－0002362　史231/3186.2
綱鑑正史約三十六卷末一卷　(明)顧錫疇原

編 (清)陳宏謀增訂 清乾隆四十五年(1780)刻本 二十册

340000－1843－0002363 史231/4051
通鑑綱目前編二十五卷 (宋)朱熹撰 (明)南軒編 清刻本 八册

340000－1843－0002364 史231/4051
通鑑綱目前編二十五卷 (宋)朱熹撰 (明)南軒編 **正編六十卷** (宋)朱熹撰 **續編二十七卷** (明)商輅撰 清同治十二年(1873)大文堂刻本 一百二十册

340000－1843－0002365 史231/4923.2
校補竹書紀年二卷原委一卷 (清)趙紹祖校補 清嘉慶古墨齋刻本 一册

340000－1843－0002366 史231/4960
鼎鍥趙田了凡袁先生編纂古本歷史大方綱鑑補三十九卷首一卷 (明)趙田撰 (明)袁黄編 清刻本 三十四册

340000－1843－0002367 史231/5023
續資治通鑑長編拾補六十卷 (清)秦緗業等輯註 清光緒九年(1883)浙江書局刻本 十六册

340000－1843－0002368 史231/4040
續資治通鑑長編五百二十卷 (宋)李燾撰 清光緒七年(1881)浙江書局刻本 九十八册

340000－1843－0002369 史231/4040
續資治通鑑長編五百二十卷 (宋)李燾撰 清光緒七年(1881)浙江書局刻本 十册 存四十四卷(一百五十二至一百九十五)

340000－1843－0002370 史231/4044
新增加批綱鑑補註二十四卷 (明)袁黄編纂 清光緒二十七年(1901)上海文盛書局石印本 十二册

340000－1843－0002371 史231/6031
續資治通鑑二百二十卷 (清)畢沅編 清光緒十四年(1888)上海蜚英館石印本 二十册

340000－1843－0002372 史231/6031.4
續資治通鑑二百二十卷 (清)畢沅編 清同治八年(1869)江蘇書局補刻本 七十册

340000－1843－0002373 史231/6031.4
續資治通鑑二百二十卷 (清)畢沅編 清同治八年(1869)江蘇書局補刻本 六十册

340000－1843－0002374 史231/6031.4
續資治通鑑二百二十卷 (清)畢沅編 清同治八年(1869)江蘇書補局補刻本 六十册

340000－1843－0002375 史231/6031.5
續資治通鑑二百二十卷 (清)畢沅編 清嘉慶六年(1801)馮氏刻本 六十四册

340000－1843－0002376 史211.51/5520
各國交涉公法論初集四卷二集四卷三集八卷 (英國)費利摩羅巴德撰 (英國)傅蘭雅口譯 (清)俞世爵筆述 清光緒二十七年(1901)上海日新社石印本 八册

340000－1843－0002377 史211.51/8023
中俄交涉記四卷 (清)曾紀澤撰 清光緒二十二年(1896)積山書局石印本 四册

340000－1843－0002378 史211.52/4419
約章分類輯要三十八卷 蔡乃煌編 清光緒二十六年(1900)湖南商務局刻本 二十八册 存三十六卷(二至三十七)

340000－1843－0002379 史211.52/4030
通商章程成案彙編三十卷 (清)李鴻章編 清光緒鐵城廣百宋齋石印本 十二册

340000－1843－0002380 史211.52/1233
約章成案彙覽甲篇十卷乙篇四十二卷 北洋洋務局輯 清光緒三十一年(1905)上海點石齋石印本 四十六册

340000－1843－0002381 史211.52/1233
約章成案彙覽甲篇十卷乙篇四十二卷 北洋洋務局輯 清光緒三十一年(1905)上海點石齋石印本 二十九册 缺十九卷(甲篇四,乙篇六至七、九至十一、十三、十六至十八、二十二至二十三、二十五、二十八至三十一、三十五至三十六)

340000－1843－0002382 史211.52/0000

通商各國條約類編二十卷附錄一卷 (□)□□編 清光緒三年(1877)畿輔通志局刻本 六冊

340000－1843－0002383 史211.52/0000
辛丑各國和約不分卷 (□)□□編 清刻本 一冊

340000－1843－0002384 史211.52/0000
通商各國新舊條約不分卷 (□)□□編 清同治刻本 一冊

340000－1843－0002385 史211.52/0000
保和會譯章不分卷 (□)□□編 清光緒二十五年(1899)鉛印本 一冊

340000－1843－0002386 史211.52/0000
中日馬關新約不分卷 (□)□□編 清刻本 一冊

340000－1843－0002387 史211.52/0000
萬國條約不分卷 (□)□□編 清末山東書局刻本 十三冊

340000－1843－0002388 史211.52/4446
各國條約不分卷稅則不分卷 (清)黄世煦等校 清光緒二年(1876)湖南刻本 十四冊

340000－1843－0002389 史211.52/4446
各國條約不分卷稅則不分卷 (清)黄世煦等校 清光緒二年(1876)湖南刻本 十四冊

340000－1843－0002390 史211.52/5060
大瑞典國哪威國條約不分卷 中國 瑞典 挪威簽訂 清道光二十七年(1847)刻本 一冊 殘本

340000－1843－0002391 史211.6/4917
奉天鄉鎮巡警節次改良章程不分卷 (清)趙爾撰 清末鉛印本 一冊

340000－1843－0002392 史211.6/7532
權制八卷 陳澹然述 清光緒二十六年(1900)長沙徐崇立刻本 六冊

340000－1843－0002393 史211.6/7532.2
權制八卷 陳澹然述 清光緒二十八年(1902)刻本 四冊

340000－1843－0002394 史211.61/1036
北洋水師號衣圖不分卷 (清)丁汝昌撰 清光緒八年(1882)刻本 一冊

340000－1843－0002395 史211.63/0000
涇太團練紀不分卷 (□)□□編 抄本 一冊

340000－1843－0002396 史211.63/2134
實行保甲新議不分卷 (清)衛家壽撰 清光緒三十二年(1906)上海冀化堂書坊刻本 一冊

340000－1843－0002397 史211.63/2744
南山保甲書不分卷 (清)黎培敬編 清光緒刻本 一冊

340000－1843－0002398 史211.63/2845
保甲書輯要四卷 (清)徐棟編 清同治七年(1868)江蘇書局刻本 一冊

340000－1843－0002399 史211.63/2845.2
保甲書輯要四卷 (清)徐棟編 清同治十二年(1873)羊城書局刻本 一冊

340000－1843－0002400 史211.63/2845.3
保甲書輯要四卷 (清)徐棟編 清同治十年(1871)黔陽官署刻本 一冊

340000－1843－0002401 史211.63/4488
武陽團練紀實二卷 (清)莊毓鋐編 清光緒十二年(1886)刻本 一冊

340000－1843－0002402 史211.65/2544
邊事彙鈔十二卷續鈔八卷 (清)朱克敬編 清光緒六年(1880)刻本 八冊

340000－1843－0002403 史211.65/6649
三省邊防備覽十四卷 (清)嚴如熤輯 清刻本 八冊

340000－1843－0002404 史211.65/6649(2)
苗防備覽二十三卷 (清)嚴如熤輯 清道光二十三年(1843)紹義堂刻本 八冊

340000－1843－0002405 史211.65/6649(3).2
洋防輯要二十四卷 (清)嚴如熤輯 清刻本 十二冊

340000－1843－0002406　史 211.65/6649(3).2
洋防輯要二十四卷　(清)嚴如熤輯　清刻本　二十册

340000－1843－0002407　史 211.65/6649(3)
洋防輯要二十四卷　(清)嚴如熤輯　清刻本　十册

340000－1843－0002408　史 211.7/7530
培遠堂存稿摘鈔四卷　(清)陳宏謀撰　清光緒六年(1880)四川刻本　三册　存三卷(一至三)

340000－1843－0002409　史 211.71/1031
刑部通行章程三卷新續通行章程二卷遵行章程一卷三續通行章程一卷　(清)王汝礪編　清光緒十七年(1891)京都善成堂刻本　六册

340000－1843－0002410　史 211.71/2648
明刑管見錄一卷　(清)穆翰撰　清道光二十七年(1847)眉壽堂刻本　一册

340000－1843－0002411　史 211.71/2831
重修名法指掌圖四卷　(清)徐灝撰　清同治九年(1870)湖南藩署刻本　四册

340000－1843－0002412　史 211.71/2831
重修名法指掌圖四卷　(清)徐灝撰　清同治九年(1870)湖南藩署刻本　四册

340000－1843－0002413　史 211.71/4733
續輯明刑圖說不分卷　(清)胡鴻澤輯　(清)胡陶軒補輯　清光緒八年(1882)涇川胡氏刻本　一册

340000－1843－0002414　史 211.72/0000
大清律例增修彙纂大成四十卷秋審條規一卷秋審實緩比較一卷部頒新增一卷　(□)□□編　清光緒二十四年(1898)石印本　二十四册

340000－1843－0002415　史 211.72/0000
大清律例增修彙纂大成四十卷秋審條規一卷秋審實緩比較一卷部頒新增一卷　(□)□□編　清光緒二十四年(1898)石印本　二十四册

340000－1843－0002416　史 211.72/0000(2)
律例節要不分卷　(□)□□編　抄本　二册

340000－1843－0002417　史 211.72/0000
道光九年彙總條例　(□)□□編　清道光九年(1829)刻本　一册

340000－1843－0002418　史 211.72/1031
刑部通行章程六卷　(清)穆翰撰　清光緒十八年(1892)刻本　五册

340000－1843－0002419　史 211.72/1050
大清律例彙輯便覽四十卷附三種　(清)三泰等修　清同治十一年(1872)湖北讞局刻本　三十二册

340000－1843－0002420　史 211.72/1050
大清律例彙輯便覽四十卷附三種　(清)三泰等修　清同治十一年(1872)湖北讞局刻本　三十二册

340000－1843－0002421　史 211.72/1207
三流道里表四卷　(清)徐本纂　(清)刑部重訂　清嘉慶十六年(1811)刻本　四册

340000－1843－0002422　史 211.72/1224
大清刑律圖說不分卷　(清)孫嶼芝輯　清光緒二十三年(1897)上海翼化堂書坊石印本　一册

340000－1843－0002423　史 211.72/2228
大清律例根原一百二十四卷　(清)崇綸編　清同治十年(1871)安徽敷文書局木活字印本　十册

340000－1843－0002424　史 211.72/4775
續輯明刑圖說不分卷　(清)胡鴻澤輯　(清)胡陶軒補輯　清光緒八年(1882)涇川胡氏刻本　一册

340000－1843－0002425　史 211.72/3406
名法指掌新例增訂四卷　(清)沈辛田編　(清)董南厚增訂　清道光刻本　八册

340000－1843－0002426　史 211.72/3424
則律便覽四十九卷　(清)沈緗南摘錄　清嘉慶八年(1803)刻本　八册

340000－1843－0002427　史 211.72/3510
欽定重修六部處分則例五十二卷　(清)清平等纂修　(清)沈賢書　(清)孫爾耆增補　清光緒二十一年(1895)紫英山房刻本　八册

340000－1843－0002428　史 211.72/4438
律例便覽六卷　(清)蔡逢年編　清同治九年(1870)江蘇書局刻本　四册

340000－1843－0002429　史 211.72/4438(2)
處分則例圖要六卷　(清)蔡逢年編　清同治九年(1870)江蘇書局刻本　二册

340000－1843－0002430　史 211.72/7118.2
唐律疏議三十卷　(唐)長孫無忌等撰　清光緒十七年(1891)刻本　八册

340000－1843－0002431　史 211.72/7221.2
讀律心得三卷蜀僚問答二卷手鏡一卷勸諭牧令文不分卷　(清)劉衡纂輯　清同治七年(1868)楚北崇文書局刻本　一册

340000－1843－0002432　史 211.72/7773.2
大清律例增修統纂集成四十卷督捕則例二卷　(清)陶駿纂　(清)陶念霖增修　清光緒二十四年(1898)韶州刻本　二十四册

340000－1843－0002433　史 211.72/7773
大清律例增修統纂集成四十卷督捕則例二卷　(清)陶駿等撰　清光緒十二年(1886)上海文淵山房石印本　二十四册

340000－1843－0002434　史 211.72/7773.6
大清律例增修統纂集成四十卷督捕則例二卷　(清)陶駿等撰　清光緒三十四年(1908)刻本　二十四册

340000－1843－0002435　史 211.72/7773.5
大清律例增修統纂集成四十卷督捕則例二卷　(清)陶駿等撰　清光緒十八年(1892)刻本　二十四册

340000－1843－0002436　史 211.72/7773.3
大清律例增修統纂集成四十卷督捕則例二卷　(清)陶駿纂　(清)陶念霖增修　清光緒二十六年(1900)韶州刻本　二十三册　存四十一卷(一至二十、二十二至四十，督捕則例二卷)

340000－1843－0002437　史 211.72/7773.3
大清律例增修統纂集成四十卷督捕則例二卷　(清)陶駿纂　(清)陶念霖增修　清光緒二十六年(1900)韶州刻本　三十二册

340000－1843－0002438　史 211.72/7221
讀律心得三卷蜀僚問答二卷手鏡一卷勸諭牧令文不分卷　(清)劉衡纂輯　清同治九年(1870)湖南藩署刻本　一册

340000－1843－0002439　史 211.73/0845
洗冤錄詳義四卷附摭遺　(清)許槤編校　清光緒二年(1876)仁和葛氏嘯園刻本　二册

340000－1843－0002440　史 211.73/0845
洗冤錄詳義四卷附摭遺　(清)許槤編校　清光緒二年(1876)仁和葛氏嘯園刻本　五册

340000－1843－0002441　史 211.73/1074
重刻補註洗冤錄集證六卷　(清)王又槐等輯　清道光二十四年(1844)刻三色套印本　五册

340000－1843－0002442　史 211.73/2127
洗冤彙編二卷　(清)盧睿隆輯　清乾隆三年(1738)倫敘堂刻本　二册

340000－1843－0002443　史 211.74/3435
修訂法律館奏進咨議調查章程清單二件　沈家本撰　清光緒三十四年(1908)刻本　一册

340000－1843－0002444　史 211.74/0000
成案不分卷　(□)□□編　抄本　二册

340000－1843－0002445　史 211.74/0000
成案精義不分卷　(□)□□編　抄本　一册

340000－1843－0002446　史 211.74/4449
棠陰比事一卷　(宋)桂萬榮撰　清同治六年(1867)木樨山房刻本　一册

340000－1843－0002447　史 211.74/4984
提牢備考四卷　(清)趙舒翹撰　清光緒十九年(1893)東甌官舍刻本　二册

340000－1843－0002448　史 211.74/8740
折獄龜鑑八卷　(宋)鄭克輯　清光緒八年(1882)刻本　二册

340000－1843－0002449　史 211.75/4422
刑案匯覽續編三十二卷　(清)薛允升等編　清光緒十三年(1887)退思軒刻本　三十二册

340000－1843－0002450　史 211.75/8043
駁案彙編新編三十二卷續編七卷秋審比較彙案二卷　(清)全士潮編　清圖書集成局鉛印本　十二册

340000－1843－0002451　史 211.76/0000
定案彙編不分卷　(□)□□編　清光緒三十一年至三十四年(1905－1908)刻本　二册　存二種(光緒三十一年定案、光緒三十四年定案)

340000－1843－0002452　史 211.76/0000
上諭嚴禁鴉片條例不分卷　(□)□□編　清道光十九年(1839)刻本　一册

340000－1843－0002453　史 211.76/0007
大清商律破產律一卷　(清)商部訂　清光緒三十二年(1906)刻本　一册

340000－1843－0002454　史 211.76/5051
萬國公法四卷公法總論一卷中國古世公法略論一卷　(美國)惠頓撰　(美國)丁韙良等譯　清光緒二十四年(1898)上海新學書會石印本　四册

340000－1843－0002455　史 211.91/0000
金榜題名錄嘉慶乙卯科不分卷　(□)□□編　清抄本　一册

340000－1843－0002456　史 211.91/0000
清嘉慶乙卯恩科會試錄不分卷　(□)□□編　清嘉慶二十四年(1819)刻本　一册

340000－1843－0002457　史 211.91/0000
石笑軒稿不分卷　(□)□□編　抄本　六册

340000－1843－0002458　史 211.91/0000
清道光十八年進士登科錄不分卷　(□)□□編　清刻本　一册

340000－1843－0002459　史 211.91/0000
清光緒乙丑恩科江南鄉試同年齒錄不分卷　(□)□□編　清刻本　一册

340000－1843－0002460　史 211.91/0000
清光緒乙酉科明經通譜不分卷　(□)□□編　清光緒十二年(1886)北京刻本　四册

340000－1843－0002461　史 211.91/0000
清光緒十一年乙酉科江南鄉試題名錄不分卷　(□)□□編　清光緒鉛印本　一册

340000－1843－0002462　史 211.91/0000
簡易明經通譜宣統己酉科不分卷各行省優恭全錄不分卷　(□)□□編　清宣統二年(1910)北京琉璃廠刻本　五册

340000－1843－0002463　史 211.91/0000
分類直省闈墨不分卷　(□)□□編　清光緒二十九年(1903)焕文書局石印本　十册

340000－1843－0002464　史 211.91/3104
欽定殿試策不分卷　(清)馮文蔚等撰　清光緒松竹齋刻本　二册

340000－1843－0002465　史 211.91/4037
欽定科場條例六十卷首一卷　(清)奎潤等修　(清)詹鴻謨等撰　清光緒十三年(1887)刻本　四十册

340000－1843－0002466　史 211.91/1004
新選策論舉隅四卷　題(清)兩部鼓吹軒編校　清光緒二十六年(1900)文瑞樓石印本　四册

340000－1843－0002467　史 211.91/3628
本朝歷科墨卷選不分卷　(清)湯傳榘編　清康熙四十六年(1707)刻本　十二册

340000－1843－0002468　史 211.91/0448
貢卷闈墨不分卷　(清)謝敬等撰　清末石印本　一册

340000－1843－0002469　史 211.91/0448
貢卷闈墨不分卷　(清)謝敬等撰　清末石印本　一册

340000－1843－0002470　史 211.91/4001

制義科瑣記四卷續記一卷　(清)李調元輯　清乾隆雨村書屋刻本　一册

340000－1843－0002471　史211.91/3448

清秘述聞十六卷　(清)法式善編　清嘉慶四年(1799)刻本　六册

340000－1843－0002472　史211.91/3603

浙江鄉試闈墨硃卷不分卷　(清)湯應祥等撰　清末刻本　四册

340000－1843－0002473　史211.91/4713

江南鄉試硃卷不分卷　(清)胡承鄴等撰　清末刻本　五册

340000－1843－0002474　史211.91/0082

江西鄉試硃卷不分卷　(清)章銘先等撰　清末刻本　五册

340000－1843－0002475　史211.91/7245

湖北優選貢卷(同治甲子科)不分卷　(清)劉樹典撰　清末刻本　一册

340000－1843－0002476　史211.91/2285

會試硃卷墨卷不分卷　(清)崔錦中等撰　清末刻本　六册

340000－1843－0002477　史211.91/5522

拔貢卷鄉試硃卷不分卷　(清)曹作舟等撰　清末刻本　九册

340000－1843－0002478　史211.91/2731

翠竹山房試草不分卷　(清)殷良弼撰　清末石印本　一册

340000－1843－0002479　史211.91/2171

浙江鄉試闈墨不分卷　(清)何殿彫撰　清末刻本　一册

340000－1843－0002480　史211.91/0000

清光緒元年乙亥恩科江西鄉試題名錄不分卷　(□)□□編　清光緒刻本　一册

340000－1843－0002481　史211.91/7444

五石草堂試藝不分卷　(清)陸樹藩撰　清末刻本　一册

340000－1843－0002482　史211.91/0871

重遊泮水不分卷　(清)許學醇撰　清末刻本　一册

340000－1843－0002483　史211.91/1231

朝考卷不分卷　(清)孫家鼐等撰　清末石印本　一册

340000－1843－0002484　史211.91/8744

會試硃卷光緒庚寅恩科不分卷　(清)鄭恭等撰　清末刻本　一册

340000－1843－0002485　史211.91/4011

江南鄉試硃卷不分卷　(清)檀珂等撰　清末刻本　三册

340000－1843－0002486　史211.91/0000

清光緒乙亥恩科江南鄉試題名錄不分卷　(□)□□編　清末刻本　一册

340000－1843－0002487　史211.91/4744

鄉試拔貢試卷不分卷明經胡氏七哲集傳不分卷　(清)胡朝賀撰　清末刻本　一册

340000－1843－0002488　史211.91/2577

江南鄉試硃卷光緒乙酉科不分卷　(清)朱鳳書撰　清光緒刻本　一册

340000－1843－0002489　史211.91/6042

會試硃卷不分卷　(清)吴郁生等撰　清末刻本　一册

340000－1843－0002490　史211.91/3142

江志伊鄉試會試殿試卷不分卷　(清)江志伊撰　清末刻本　三册

340000－1843－0002491　史211.91/3133

宣統己酉科拔貢卷不分卷　(清)江宗淹撰　清末金陵鉛印本　一册

340000－1843－0002492　史211.91/4929

欽定鼎甲策不分卷　(清)趙以炯等撰　清刻本　七册

340000－1843－0002493　史211.91/7707

學部奏酌學部官制並歸併國子監事宜改定額缺摺不分卷　(清)學部奏　清光緒刻本　一册

340000－1843－0002494　史 211.92/0000
績溪東山高等官小學堂初章　(□)□□編　清末績邑湯乙照齋鉛印本　一冊

340000－1843－0002495　史 211.92/1117
奏定初等小學堂章程　(清)張百熙等撰　清末刻本　一冊

340000－1843－0002496　史 211.92/1117
奏定初等小學堂章程　(清)張百熙等撰　清末刻本　一冊

340000－1843－0002497　史 211.92/0000
欽定中學堂章程　清末石印本　一冊

340000－1843－0002498　史 211.92/0000
新定同文館章程　清刻本　一冊

340000－1843－0002499　史 211.92/1073
京師大學堂章程　(清)王鵬運擬訂　清光緒刻本　一冊

340000－1843－0002500　史 211.92/117
奏定學堂章程　(清)張百熙等撰　清光緒二十九年(1903)刻本　十一冊

340000－1843－0002501　史 211.92/117
奏定學堂章程　(清)張百熙等撰　清光緒二十九年(1903)江西官書局石印本　五冊

340000－1843－0002502　史 211.92/117
奏定學堂章程　(清)張百熙等撰　清光緒二十九年(1903)江西官書局石印本　五冊

340000－1843－0002503　史 211.92/117(2)
欽定學堂章程　(清)張百熙等撰　清末鉛印本　五冊

340000－1843－0002504　史 211.92/1133
輶軒語不分卷　(清)張之洞撰　清光緒退補齋刻本　一冊

340000－1843－0002505　史 211.92/4289
東瀛學校舉概一卷　(清)姚錫光撰　清光緒二十六年(1900)刻本　二冊

340000－1843－0002506　史 211.92/4475
欽定學政全書八十六卷　(清)恭阿拉等修　清嘉慶十七年(1812)刻本　二十四冊

340000－1843－0002507　史 211.92/3029
安徽省警察傳習所規則　安徽省警察傳習所編　清末鉛印本　一冊

340000－1843－0002508　史 211.92/0000
安徽陸軍小學堂同學錄　(□)□□編　清宣統二年(1910)鉛印本　一冊

340000－1843－0002509　史 211.92/6014
東瀛參觀學校記　(清)呂珮芬撰　清光緒三十四年(1908)呂氏晚節香齋鉛印本　一冊

340000－1843－0002510　史 211.93/0013
商務官報戊申二十七期　(清)商務官報局編　清光緒三十四年(1908)鉛印本　一冊

340000－1843－0002511　史 211.93/2135
中西教會報　(清)上海中西教會編　清光緒二十三年(1897)上海美華書館鉛印本　三冊　存三卷(二十六至二十八)

340000－1843－0002512　史 211.93/3734
時務報三十冊附書八種　梁啟超主編　清末石印本　六冊

340000－1843－0002513　史 211.93/4401
黃帝魂不分卷　題(□)黃帝子孫之一個人編　清光緒二十九年(1903)鉛印本　一冊

340000－1843－0002514　史 211.93/6051
教育世界譯文篇不分卷　羅振玉編　清末石印本　五冊

340000－1843－0002515　史 211.10/1073
國聞彙錄不分卷　麗則潔身社編　清光緒三十四年(1908)鉛印本　一冊

340000－1843－0002516　史 211.10/1001
熙朝紀政八卷　(清)王慶雲述　清光緒二十八年(1902)上海書局鉛印本　四冊

340000－1843－0002517　史 211.11/0000
同治上諭摘抄不分卷　(□)□□編　清末抄本　一冊

340000－1843－0002518　史 211.11/0094

聖諭廣訓十六條附廣訓衍義 (清)聖祖玄燁撰 (清)王又樸衍義 清涇陽柏氏經正堂刻本 六冊

340000－1843－0002519 史211.11/0094(2)
聖諭廣訓直解十六條 (清)聖祖玄燁撰(□)□□解 清刻本 二冊

340000－1843－0002520 史211.11/0094(3)
聖諭廣訓十六條 (清)聖祖玄燁訓 清刻滿漢對照本 一冊

340000－1843－0002521 史211.11/0094(4)
聖諭廣訓十六條 (清)聖祖玄燁 (清)世宗胤禛撰 清刻本 一冊

340000－1843－0002522 史211.11/1092
聖諭十六條附律易解 (清)夏炘易解 清同治刻本 一冊

340000－1843－0002523 史211.11/2234.2
(雍正)硃批諭旨 (清)世宗胤禛批 清光緒十三年(1887)上海點石齋朱墨套色石印本 六十冊

340000－1843－0002524 史211.11/2234.2
(雍正)硃批諭旨 (清)世宗胤禛批 清光緒十三年(1887)上海點石齋朱墨套色石印本 六十冊

340000－1843－0002525 史211.11/2234.2
(雍正)硃批諭旨 (清)世宗胤禛批 清光緒十三年(1887)上海點石齋朱墨套色石印本 八冊 存四人諭旨(孔毓珣、鄂爾泰、田文鏡、李衛)

340000－1843－0002526 史211.11/2234
(雍正)硃批諭旨 (清)世宗胤禛批 清雍正至乾隆武英殿刻朱墨套印本 一百十二冊

340000－1843－0002527 史211.11/2234
(雍正)硃批諭旨 (清)世宗胤禛批 清雍正至乾隆武英殿刻朱墨套印本 七冊 存七人諭旨(張大有、武格、石文焯、蔡良、魏經國、程元章、李衛)

340000－1843－0002528 史211.11/4332
(光緒二十三年至二十四年)邸鈔全覽不分卷 (清)德宗載湉等撰 清光緒二十四年(1898)鉛印本 十二冊

340000－1843－0002529 史211.11/4332(2)
(光緒甲辰九月初一至二十九)諭摺彙存不分卷 (清)德宗載湉等撰 清光緒木活字印本 六冊

340000－1843－0002530 史211.11/4332(4)
光緒二十年春夏秋冬季諭旨不分卷 (清)德宗載湉等撰 清木活字印本 四冊

340000－1843－0002531 史211.11/4332(5)
(光緒壬寅六月)諭摺彙存不分卷 (清)德宗載湉等撰 清光緒木活字印本 二冊

340000－1843－0002532 史211.11/4332(3)
(光緒乙未六月七月)諭摺彙存不分卷 (清)德宗載湉等撰 清光緒木活字印本 二冊

340000－1843－0002533 史211.11/4716
大清十朝聖訓不分卷 (清)太祖努爾哈赤等訓 清光緒刻本 二百五十冊

340000－1843－0002534 史211.12/0043
南海先生戊戌奏稿(戊戌奏稿)一卷 康有為撰 清宣統三年(1911)麥仲華鉛印本 一冊

340000－1843－0002535 史211.12/0043
南海先生戊戌奏稿(戊戌奏稿)一卷 康有為撰 清宣統三年(1911)麥仲華鉛印本 一冊

340000－1843－0002536 史211.12/0128
龔端毅公奏疏八卷末一卷 (清)龔鼎孳撰 清光緒十年(1884)刻本 四冊

340000－1843－0002537 史211.12/1104
張大司馬奏稿四卷 (清)張亮基撰 清光緒十七年(1891)刻本 四冊

340000－1843－0002538 史211.12/1104
張大司馬奏稿四卷 (清)張亮基撰 清光緒十七年(1891)刻本 四冊

340000－1843－0002539 史211.12/1104
張大司馬奏稿四卷 (清)張亮基撰 清光緒十七年(1891)刻本 四冊

340000－1843－0002540　史211.12/1122
奏稿摘錄不分卷　(清)張佩綸等撰　抄本　二冊

340000－1843－0002541　史211.12/1133
南皮張宫保政書奏議初編十二卷　(清)張之洞撰　清光緒二十七年(1901)上海圖書集成局鉛印本　一冊　存六卷(一至六)

340000－1843－0002542　史211.12/1143
寸草廬奏稿二卷　(清)張嘉祿撰　清宣統二年(1910)張氏刻本　二冊

340000－1843－0002543　史211.12/2022
吳綬奏稿不分卷　(清)吳綬奏　抄本　二冊

340000－1843－0002544　史211.12/2310
外務部續擬調用人員辦法并設立儲才館管理一切事宜奏摺不分卷　(清)外務部擬　清光緒三十二年(1906)刻本　一冊

340000－1843－0002545　史211.12/2516
朱中丞奏疏不分卷詩文遺稿不分卷　(清)朱理撰　清光緒十五年(1889)三餘堂刻本　一冊

340000－1843－0002546　史211.12/2533
各省區將軍巡按使都統護軍使鎮守使等籲請早日登極電奏不分卷　朱家寶等奏　清末鉛印本　一冊

340000－1843－0002547　史211.12/2757
包孝肅公奏議十卷　(宋)包拯撰　清同治三年(1864)合肥李瀚章省心閣刻本　四冊

340000－1843－0002548　史211.12/2772
普天忠憤集十四卷　(清)魯陽生編　清光緒二十一年(1895)石印本　十二冊

340000－1843－0002549　史211.12/2772
普天忠憤集十四卷　(清)魯陽生編　清光緒二十一年(1895)石印本　十二冊

340000－1843－0002550　史211.12/3180
唐陸宣公奏議全集四卷　(清)汪銘謙編輯　清光緒十四年(1888)長沙刻本　四冊

340000－1843－0002551　史211.12/3180.2
唐陸宣公奏議讀本四卷　(清)汪銘謙編輯　(清)馬傳庚評點　清光緒二十六年(1900)會稽馬氏刻本　四冊

340000－1843－0002552　史211.12/3416
經略洪承疇奏對筆記二卷　(清)洪承疇撰　清光緒十三年(1887)廣百宋齋石印本　一冊

340000－1843－0002553　史211.12/3416.2
經略洪承疇奏對筆記二卷　(清)洪承疇撰　清光緒九年(1883)京都琉璃廠刻本　一冊

340000－1843－0002554　史211.12/3444
沈文肅公政書七卷首一卷　(清)沈葆楨撰　清光緒六年(1880)吳門節署刻本　八冊

340000－1843－0002555　史211.12/3444
沈文肅公政書七卷首一卷　(清)沈葆楨撰　清光緒六年(1880)吳門節署刻本　十四冊

340000－1843－0002556　史211.12/3444.2
沈文肅公政書七卷首一卷　(清)沈葆楨撰　清光緒十八年(1892)烏石山祠刻本　八冊

340000－1843－0002557　史211.12/3444.2
沈文肅公政書七卷首一卷　(清)沈葆楨撰　清光緒十八年(1892)烏石山祠刻本　八冊

340000－1843－0002558　史211.12/4030
李肅毅伯奏議十三卷　(清)李鴻章奏　清石印本　十三冊

340000－1843－0002559　史211.12/4030
李肅毅伯奏議十三卷　(清)李鴻章奏　清石印本　十三冊

340000－1843－0002560　史211.12/4030.2
李文忠公奏議二十卷　(清)李鴻章奏　清保定蓮池書院石印本　二十冊

340000－1843－0002561　史211.12/4030－2
李勤恪公政書十卷　(清)李瀚章奏　(清)李經湘等編輯　清光緒三十二年(1906)石印本　十冊

340000－1843－0002562　史211.12/4210
彭剛直公奏稿八卷　(清)彭玉麟撰　清光緒十七年(1891)鉛印本　四冊

340000－1843－0002563　史 211.12/4210
彭剛直公奏稿八卷　（清）彭玉麟撰　清光緒十七年(1891)鉛印本　四冊

340000－1843－0002564　史 211.12/4210
彭剛直公奏稿八卷　（清）彭玉麟撰　清光緒十七年(1891)鉛印本　四冊

340000－1843－0002565　史 211.12/4210
彭剛直公奏稿八卷　（清）彭玉麟撰　清光緒十七年(1891)鉛印本　四冊

340000－1843－0002566　史 211.12/4210
彭剛直公奏稿八卷　（清）彭玉麟撰　清光緒十七年(1891)鉛印本　四冊

340000－1843－0002567　史 211.12/4210.2
彭剛直公奏稿八卷　（清）彭玉麟撰　清光緒十七年(1891)刻本　八冊

340000－1843－0002568　史 211.12/4210.2
彭剛直公奏稿八卷　（清）彭玉麟撰　清光緒十七年(1891)刻本　八冊

340000－1843－0002569　史 211.12/4435
出使奏疏二卷　（清）薛福成撰　清光緒二十年(1894)刻本　二冊

340000－1843－0002570　史 211.12/4442
石林奏議十五卷　（宋）葉夢得撰　清光緒十一年(1885)吳興陸氏皕宋樓刻本　二冊

340000－1843－0002571　史 211.12/4449
奏請推廣實業教育學堂奏摺不分卷　（清）葉芾棠撰　清末鉛印本　一冊

340000－1843－0002572　史 211.12/4462
林文忠公政書三十七卷雲左山房詩抄八卷末一卷　（清）林則徐撰　清光緒十二年(1886)刻本　十八冊

340000－1843－0002573　史 211.12/4462.2
林文忠公政書五種三十七卷　（清）林則徐撰　清光緒二十四年(1898)天津實德堂石印本　六冊

340000－1843－0002574　史 211.12/4462.3
林文忠公政書三十七卷荷戈紀程一卷政書蒐遺一卷畿輔水利議一卷滇軺紀程一卷首林文忠公事略　（清）林則徐撰　清光緒二年至五年(1876－1879)三山林氏刻本　十二冊

340000－1843－0002575　史 211.12/4462.3
林文忠公政書三十七卷荷戈紀程一卷政書蒐遺一卷畿輔水利議一卷滇軺紀程一卷首林文忠公事略　（清）林則徐撰　清光緒二年至五年(1876－1879)三山林氏刻本　十二冊

340000－1843－0002576　史 211.12/4462.3
林文忠公政書三十七卷荷戈紀程一卷政書蒐遺一卷畿輔水利議一卷滇軺紀程一卷首林文忠公事略　（清）林則徐撰　清光緒二年至五年(1876－1879)三山林氏刻本　十六冊

340000－1843－0002577　史 211.12/4462.3
林文忠公政書三十七卷荷戈紀程一卷政書蒐遺一卷畿輔水利議一卷滇軺紀程一卷首林文忠公事略　（清）林則徐撰　清光緒二年至五年(1876－1879)三山林氏刻本　十一冊　存三十九卷(林文忠公政書三十七卷、政書蒐遺一卷、滇軺紀程一卷)

340000－1843－0002578　史 211.12/4462.3
林文忠公政書三十七卷荷戈紀程一卷政書蒐遺一卷畿輔水利議一卷滇軺紀程一卷首林文忠公事略　（清）林則徐撰　清光緒二年至五年(1876－1879)三山林氏刻本　十冊

340000－1843－0002579　史 211.12/4462.3
林文忠公政書三十七卷荷戈紀程一卷政書蒐遺一卷畿輔水利議一卷滇軺紀程一卷首林文忠公事略　（清）林則徐撰　清光緒二年至五年(1876－1879)三山林氏刻本　十二冊

340000－1843－0002580　史 211.12/4462.4
林文忠公政書七種三十七卷　（清）林則徐撰　清末刻本　二十冊

340000－1843－0002581　史 211.12/4462.4
林文忠公政書七種三十七卷　（清）林則徐撰　清末刻本　二十冊

340000－1843－0002582　史 211.12/4462.5
三公奏議二十卷　（清）林則徐　（清）胡林翼

(清)曾國藩撰　清光緒二年(1876)思補樓刻本　二十册

340000－1843－0002583　史211.12/4936
趙忠定奏議四卷　(宋)趙汝愚撰　葉德輝輯　清宣統二年(1910)葉氏觀古堂刻本　二册

340000－1843－0002584　史211.12/6094
吴觀陽奏稿不分卷　(清)吴熚撰　清刻本　一册

340000－1843－0002585　史211.12/6094
吴觀陽奏稿不分卷　(清)吴熚撰　清刻本　一册

340000－1843－0002586　史211.12/7241
江楚會奏變法全摺不分卷　(清)劉坤一　(清)張之洞編　清末刻本　一册

340000－1843－0002587　史211.12/7244
劉中丞奏議二十卷　(清)劉蓉撰　清光緒十一年(1885)思賢講舍刻本　十册

340000－1843－0002588　史211.12/7244
劉中丞奏議二十卷　(清)劉蓉撰　清光緒十一年(1885)思賢講舍刻本　十册

340000－1843－0002589　史211.12/7444
陸宣公奏議註十五卷　(唐)陸贄撰　(宋)郎曄註　清光緒四年(1878)吳興陸氏刻本　二册

340000－1843－0002590　史211.12/7512
聖朝名公奏議八卷　(清)陳弢編　清光緒元年(1875)上海中西書局石印本　六册

340000－1843－0002591　史211.12/7512
聖朝名公奏議八卷　(清)陳弢編　清光緒元年(1875)上海中西書局石印本　五册　存七卷(一至五、七至八)

340000－1843－0002592　史211.12/7512
同治中興京外奏議約編八卷　(清)陳弢編　清光緒元年(1875)篋劍囊琴之室刻本　八册

340000－1843－0002593　史211.12/7512
同治中興京外奏議約編八卷　(清)陳弢編　清光緒元年(1875)篋劍囊琴之室刻本　四册

340000－1843－0002594　史211.12/7512
同治中興京外奏議約編八卷　(清)陳弢編　清光緒元年(1875)篋劍囊琴之室刻本　八册

340000－1843－0002595　史211.12/7512.2
同治中興京外奏議約編八卷　(清)陳弢編　清光緒元年(1875)京都小西房刻本　六册

340000－1843－0002596　史211.12/7707
學部奏遵各省學務詳細官制辦事權限并勸學所章摺不分卷　(清)學部奏　清光緒三十二年(1906)刻本　一册

340000－1843－0002597　史211.12/7720
駱文忠公奏稿十卷　(清)駱秉章撰　清光緒十七年(1891)刻本　十册

340000－1843－0002598　史211.12/7720
駱文忠公奏稿十卷　(清)駱秉章撰　清光緒十七年(1891)刻本　十册

340000－1843－0002599　史211.12/7720
駱文忠公奏稿十卷　(清)駱秉章撰　清光緒十七年(1891)刻本　十册

340000－1843－0002600　史211.12/7720
駱文忠公奏稿十卷　(清)駱秉章撰　清光緒十七年(1891)刻本　十册

340000－1843－0002601　史211.12/7720(2)
駱文忠公奏議湘中稿十六卷　(清)駱秉章撰　清光緒四年(1878)花縣駱氏刻本　二十六册

340000－1843－0002602　史211.12/7780
近時名臣奏議二集　(清)關錦章　(清)關弼臣輯　清文經堂刻本　二册

340000－1843－0002603　史211.12/8328
錢敏肅公奏疏七卷　(清)錢鼎銘撰　清光緒六年(1880)存素堂刻本　四册

340000－1843－0002604　史211.12/8423
奏摺譜一卷　(清)饒旬宣纂　清光緒九年(1883)京都琉璃廠刻本　一册

340000－1843－0002605　史211.13/0000
中國電局案牘不分卷　(□)□□編　清末鉛

印本　一册

340000－1843－0002606　史 211.13/1062
治臺必告錄八卷　(清)丁日健編　清同治六年(1867)知足知止園刻本　六册　存六卷(二至六、八)

340000－1843－0002607　史 211.13/1070
清端公政書八卷外集一卷首編一卷續集一卷　(清)于成龍撰　(清)蔡方炳編　清康熙四十六年(1707)刻本　九册

340000－1843－0002608　史 211.13/2141
公呈啟序錄不分卷　(清)何其頑等撰　清道光抄本　一册

340000－1843－0002609　史 211.13/3125
魏塘文告摘錄不分卷　(清)江峰青撰　清光緒二十五年(1899)刻本　一册

340000－1843－0002610　史 211.13/3125
魏塘文告摘錄不分卷　(清)江峰青撰　清光緒二十五年(1899)刻本　一册

340000－1843－0002611　史 211.13/4037
資治新書十四卷二集二十卷首一卷　(清)李漁輯　清光緒二十年(1894)上海圖書集成印書局石印本　十二册

340000－1843－0002612　史 211.13/4037.2
資治新書十四卷二集二十卷　(清)李漁輯　清康熙二年(1663)英德堂刻本　十六册

340000－1843－0002613　史 211.13/4443
樊山政書二十卷　樊增祥撰　清宣統二年(1910)金陵湯明林聚珍書局鉛印本　十册

340000－1843－0002614　史 211.13/9937
邸抄摘要不分卷　(清)榮祿等撰　清末鉛印本　六册

340000－1843－0002615　史 213.1/0000
皇朝輿地略一卷韻編一卷　(清)□□撰　清咸豐十年(1860)長沙刻本　一册

340000－1843－0002616　史 213.1/0000
皇朝輿地略一卷韻編一卷　(清)□□撰　清光緒十年(1884)湖北官書處刻本　二册

340000－1843－0002617　史 213.1/0000
職方圖不分卷　(清)□□撰　清刻本　四册

340000－1843－0002618　史 213.1/0000.2
皇朝直省地輿全圖不分卷　(清)□□編繪　清光緒十五年(1889)點石齋石印本　一册

340000－1843－0002619　史 23.1/1023
輿地紀勝二百卷　(宋)王象之編　清咸豐五年(1855)南海伍氏粤雅堂刻本　三十册

340000－1843－0002620　史 213.1/1040
元豐九域志十卷　(宋)王存等撰　清刻武英殿聚珍版禁書本　八册

340000－1843－0002621　史 213.1/1040.2
元豐九域志十卷　(宋)王存等撰　清光緒八年(1882)金陵書局刻本　四册

340000－1843－0002622　史 213.1/1040.2
元豐九域志十卷　(宋)王存等撰　清光緒八年(1882)金陵書局刻本　四册

340000－1843－0002623　史 213.1/1049
廣志繹五卷　(明)王士性撰　清嘉慶二十二年(1817)臨海宋氏刻台州叢書甲集本　二册

340000－1843－0002624　史 213.1/2250
太平寰宇記二百卷　(宋)樂史撰　清光緒八年(1882)金陵書局刻本　三十六册

340000－1843－0002625　史 213.1/2741
元和郡縣圖志逸文五卷　繆荃孫輯　清光緒七年(1881)江陰繆氏刻本　一册

340000－1843－0002626　史 213.1/3132
讀史方輿紀要一百三十卷　(清)顧祖禹輯　清光緒二十五年(1899)慎記書莊石印本　三十三册

340000－1843－0002627　史 213.1/3132
讀史方輿紀要一百三十卷　(清)顧祖禹輯　清光緒二十五年(1899)慎記書莊石印本　三十二册

340000－1843－0002628　史 213.1/3132.2
讀史方輿紀要一百三十卷　(清)顧祖禹輯　清光緒二十七年(1901)圖書集成局鉛印本

二十七册　存一百十三卷(一至七十四、八十三至八十八、九十五至一百二十七)

340000－1843－0002629　史213.1/3132.3
讀史方輿紀要一百三十卷　(清)顧祖禹輯　清敷文閣刻本　八十册

340000－1843－0002630　史213.1/3132.5
讀史方輿紀要摘錄十卷　(清)顧祖禹輯　(清)黄冕摘錄　清光緒二十八年(1902)湖南書局刻本　八册

340000－1843－0002631　史213.1/3132.5
讀史方輿紀要摘錄十卷　(清)顧祖禹輯　(清)黄冕摘錄　清光緒二十八年(1902)湖南書局刻本　六册

340000－1843－0002632　史213.1/3132.4
讀史方輿紀要一百三十卷　(清)顧祖禹輯　清光緒二十七年(1901)圖書集成局鉛印本　十一册

340000－1843－0002633　史213.1/3132.6
方輿全圖總説五卷　(清)顧祖禹撰　清光緒二十一年(1895)石印本　四册

340000－1843－0002634　史213.1/3132.7
方輿紀要簡覽二十四卷　(清)顧祖禹撰　(清)潘鐸輯　清咸豐八年(1858)紅杏書屋刻本　十二册

340000－1843－0002635　史213.1/3137
江南安徽全圖一卷　(清)福潤等編　清光緒二十二年(1896)上海點石齋石印本　一册

340000－1843－0002636　史213.1/3137
江南安徽全圖一卷　(清)福潤等編　清光緒二十二年(1896)上海點石齋石印本　一册

340000－1843－0002637　史213.1/3191.2
天下郡國利病書一百三十卷　(清)顧炎武撰　清光緒慎記書莊石印本　二十三册

340000－1843－0002638　史213.1/3191
天下郡國利病書一百二十卷　(清)顧炎武輯　清道光十一年(1831)敷文閣木活字印本　八十册

340000－1843－0002639　史213.1/3191.4
天下郡國利病書一百二十卷　(清)顧炎武輯　清光緒二十七年(1901)上海圖書集成局鉛印本　二十四册　存一百十五卷(一至八、十六至三十四、三十九至七十四、七十九至一百三十)

340000－1843－0002640　史213.1/3257
中外地輿圖説集成一百三十卷　題(清)浙東同康廬主人編　清光緒二十年(1894)上海積山書局石印本　二十四册

340000－1843－0002641　史213.1/3404
乾隆府廳州縣圖志五十卷　(清)洪亮吉編　清嘉慶八年(1803)刻本　十二册

340000－1843－0002642　史213.1/3404
乾隆府廳州縣圖志五十卷　(清)洪亮吉編　清嘉慶八年(1803)刻本　十二册

340000－1843－0002643　史213.1/3404
乾隆府廳州縣圖志五十卷　(清)洪亮吉編　清嘉慶八年(1803)刻本　八册

340000－1843－0002644　史213.1/3404.2
乾隆府廳州縣圖志五十卷　(清)洪亮吉撰　清光緒二十三年(1897)新化三味書堂刻本　十六册

340000－1843－0002645　史213.1/3570
地理志略不分卷　(清)學部編譯書局編　清光緒三十四年(1908)武昌刻本　二册

340000－1843－0002646　史213.1/4033
歷代地理志韻編今釋二十卷皇朝輿地韻編二卷　(清)李兆洛輯　清同治九年(1870)合肥李氏刻本　八册

340000－1843－0002647　史213.1/4033.3
歷代地理志韻編今釋二十卷皇朝輿地韻編二卷　(清)李兆洛輯　清上海蜚英館石印本　四册

340000－1843－0002648　史213.1/4045
元和郡縣圖志四十卷補志九卷　(唐)李吉甫撰　(清)嚴觀校補　清光緒六年至八年

(1880－1882)金陵書局刻本　十冊

340000－1843－0002649　史213.1/4045
元和郡縣圖志四十卷補志九卷　(唐)李吉甫撰　(清)嚴觀校補　清光緒六年至八年(1880－1882)金陵書局刻本　八冊

340000－1843－0002650　史213.1/4045.2
元和郡縣圖志四十卷　(唐)李吉甫撰　**闕卷逸文一卷**　(清)孫星衍輯　清嘉慶元年(1796)刻岱南閣叢書本　十六冊

340000－1843－0002651　史213.1/4050
括地志八卷　(唐)李泰撰　(清)孫星衍輯　清光緒七年(1881)刻本　二冊

340000－1843－0002652　史213.1/4390
新訂輿地沿革險要圖　饒敦秩撰　(清)戴光制　清光緒十一年(1885)刻朱墨套印本　一冊

340000－1843－0002653　史213.1/4409
增訂廣輿記二十四卷　(清)蔡方炳增輯　清乾隆十五年(1750)三畏堂刻本　十六冊

340000－1843－0002654　史213.1/4424
皇朝直省府廳州縣歌括不分卷　(清)蔣升撰　清光緒二十四年(1898)上海慈母堂印書局鉛印本　一冊

340000－1843－0002655　史213.1/4612
輿地沿革表四十卷首一卷　(清)楊丕復撰　清光緒十四年(1888)武陵楊琪光刻本　二十三冊　存三十九卷(二至四十)

340000－1843－0002656　史213.1/4634
輿地沿革表四十卷首一卷　楊守敬　饒敦秩撰　清光緒五年(1879)東湖饒敦秩刻朱墨套印本　一冊

340000－1843－0002657　史213.1/4634
輿地沿革表四十卷首一卷　楊守敬　饒敦秩撰　清光緒五年(1879)東湖饒敦秩刻朱墨套印本　一冊

340000－1843－0002658　史213.1/4634
輿地沿革表四十卷首一卷　楊守敬　饒敦秩撰　清光緒五年(1879)東湖饒敦秩刻朱墨套印本　一冊

340000－1843－0002659　史213.1/4634
輿地沿革表四十卷首一卷　楊守敬　饒敦秩撰　清光緒五年(1879)東湖饒敦秩刻朱墨套印本　一冊

340000－1843－0002660　史213.1/4634
輿地沿革表四十卷首一卷　楊守敬　饒敦秩撰　清光緒五年(1879)東湖饒敦秩刻朱墨套印本　一冊

340000－1843－0002661　史213.1/4634.2
輿地沿革表四十卷首一卷　楊守敬　饒敦秩撰　清光緒三十二年(1906)刻本　一冊

340000－1843－0002662　史213.1/4634.3
歷代輿地沿革險要圖說不分卷　楊守敬等撰　清光緒二十四年(1898)江南王氏石印本　一冊

340000－1843－0002663　史213.1/4634.4
歷代輿地圖不分卷　楊守敬編　清光緒三十二年(1906)宜都楊氏觀海堂刻本　八冊　存八種(歷代輿地沿革險要圖、春秋列國圖、戰國疆域圖、嬴秦郡縣圖、前漢地理圖、續漢郡國圖、三國疆域圖、西晉地理圖)

340000－1843－0002664　史213.1/4004
皇朝一統輿地全圖不分卷五大洲圖說簡明萬國公法不分卷　(清)內府藏　題(清)欽乃軒主人編繪　清光緒二十年(1894)上海鴻寶齋石印本　六冊

340000－1843－0002665　史213.1/4004
皇朝一統輿地全圖不分卷五大洲圖說簡明萬國公法不分卷　(清)內府藏　題(清)欽乃軒主人編繪　清光緒二十年(1894)上海鴻寶齋石印本　二冊

340000－1843－0002666　史213.1/4004
皇朝一統輿地全圖不分卷五大洲圖說簡明萬國公法不分卷　(清)內府藏　題(清)欽乃軒主人編繪　清光緒二十年(1894)上海鴻寶齋石印本　二冊

340000－1843－0002667　史213.1/4004

皇朝一統輿地全圖不分卷五大洲圖説簡明萬國公法不分卷　(清)内府藏　題(清)欸乃軒主人編繪　清光緒二十年(1894)上海鴻寶齋石印本　二册

340000－1843－0002668　史213.1/4004

皇朝一統輿地全圖不分卷五大洲圖説簡明萬國公法不分卷　(清)内府藏　題(清)欸乃軒主人編繪　清光緒二十年(1894)上海鴻寶齋石印本　一册　存十二幅(輿地總圖、盛京、直隸、江蘇、安徽、江西、浙江、福建、臺灣、河南、湖北、湖南)

340000－1843－0002669　史213.1/4741

大清中外一統輿圖中一卷南十卷北二十卷首一卷　(清)胡林翼等撰　(清)嚴樹森等編　清同治二年(1863)湖北撫署刻本　三十二册

340000－1843－0002670　史213.1/4741

大清中外一統輿圖中一卷南十卷北二十卷首一卷　(清)胡林翼等撰　(清)嚴樹森等編　清同治二年(1863)湖北撫署刻本　三十册

340000－1843－0002671　史213.1/4741

大清中外一統輿圖中一卷南十卷北二十卷首一卷　(清)胡林翼等撰　(清)嚴樹森等編　清同治二年(1863)湖北撫署刻本　八册

340000－1843－0002672　史213.1/4741

大清中外一統輿圖中一卷南十卷北二十卷首一卷　(清)胡林翼等撰　(清)嚴樹森等編　清同治二年(1863)湖北撫署刻本　十二册

340000－1843－0002673　史213.1/4741

大清中外一統輿圖中一卷南十卷北二十卷首一卷　(清)胡林翼等撰　(清)嚴樹森等編　清同治二年(1863)湖北撫署刻本　十三册

340000－1843－0002674　史213.1/4741

大清中外一統輿圖中一卷南十卷北二十卷首一卷　(清)胡林翼等撰　(清)嚴樹森等編　清同治二年(1863)湖北撫署刻本　十二册

340000－1843－0002675　史213.1/4877

大清一統志五百卷　(清)蔣廷錫總編　清光緒二十三年(1897)杭州竹簡齋石印本　六十册

340000－1843－0002676　史213.1/4877.2

大清一統志五百卷　(清)蔣廷錫總編　清光緒二十三年(1897)杭州竹簡齋石印本　六十册

340000－1843－0002677　史213.1/7542

歷代地理沿革表四十卷　(清)陳芳績撰　清道光十三年(1833)虞善張氏刻本　二十四册

340000－1843－0002678　史213.1/6644

大清中外一統輿圖中一卷南十卷北二十卷首一卷　(清)胡林翼等撰　(清)嚴樹森等編　清同治二年(1863)湖北撫署刻本　六册

340000－1843－0002679　史213.1/6644

大清中外一統輿圖中一卷南十卷北二十卷首一卷　(清)胡林翼等撰　(清)嚴樹森等編　清同治二年(1863)湖北撫署刻本　六册

340000－1843－0002680　史213.1/7222

欽定皇輿西域圖志四十八卷首四卷　(清)劉統勛等撰　清光緒十九年(1893)杭州便益書局石印本　十二册

340000－1843－0002681　史213.1/7120.2

歷代地理沿革圖不分卷　(清)馬徵麟撰　清同治十年(1871)金陵刻本　一册

340000－1843－0002682　史213.1/7770

輿地廣記三十八卷札記二卷　(宋)歐陽忞撰　(清)黄丕烈選　清嘉慶十七年(1812)士禮居校刻本　四册

340000－1843－0002683　史213.1/7770

輿地廣記三十八卷札記二卷　(宋)歐陽忞撰　(清)黄丕烈選　清光緒六年(1880)金陵書局刻本　四册

340000－1843－0002684　史231/1779.9

資治通鑑二百九十四卷目録三十卷　(宋)司馬光撰　清光緒二十六年(1900)上海圖書集成局鉛印本　四十四册　存二百二十卷(一至二十、三十六至五十七、七十四至八十、八

十九至一百十九、一百二十八至一百三十二、一百五十三至一百九十七、二百五至二百九十四）

340000－1843－0002685　史231/2540.2
資治通鑑綱目正編五十九卷續編二十七卷（宋）朱熹撰　（明）高輅等續　清刻本　七十一册　缺二十六卷（正編一至六，十六、二十四、三十二、三十四、四十五至四十六、五十，續編五至八、十、十二、十四至十六、十九、二十三、二十五、二十八）

340000－1843－0002686　史211.72/7773.4
大清律例增修統纂集成四十卷督捕則例二卷（清）陶駿等撰　清光緒十七年（1891）刻本　三十二册

340000－1843－0002687　史211.12/0000
閣鈔彙編不分卷　（□）□□編　清光緒二十年（1894）刻本　一册

340000－1843－0002688　史213.1/6110
皇朝直省地輿全圖不分卷　（清）點石齋重訂　清光緒五年（1879）點石齋石印本　二册

340000－1843－0002689　史231/6074
通鑑地理今釋十六卷　（清）吴熙載撰　清光緒八年（1882）江蘇書局刻本　三册

340000－1843－0002690　史231/6074.2
通鑑地理今釋十六卷　（清）吴熙載撰　清光緒二十三年（1897）廣東經史閣刻本　二册

340000－1843－0002691　史231/6085
鑑撮四卷奉使紀勝一卷讀史略論一卷　（清）曠敏本編　清道光十九年（1839）四宜堂刻本　八册

340000－1843－0002692　史231/6621
資治通鑑補二百九十四卷　（明）嚴衍撰　清光緒六年（1880）武進盛宣懷思補樓木活字印本　八十册

340000－1843－0002693　史231/7246
資治通鑑外紀十卷目錄五卷　（宋）劉恕編　清同治十年（1871）江蘇書局刻本　十册

340000－1843－0002694　史231/8073
資治通鑑綱目前編十八卷舉要三卷首一卷（宋）金履祥撰　清光緒七年（1881）山東書局刻本　十六册

340000－1843－0002695　史231/8337
錢陟園考訂資治通鑑綱目全書五十九卷（清）錢選考訂　清刻本　十一册　存十一卷（三十二、三十九、四十三至四十六、四十八至五十、五十三至五十四）

340000－1843－0002696　史241/4041.4
通鑑紀事本末二百三十九卷　（宋）袁樞編（明）張溥論正　清同治十二年（1873）江西書局刻本　五十九册　存一百六十六卷（二至四、二十一至二十八、三十八至四十二、四十八至七十九、八十一至九十八、一百四至一百十二、一百十七至一百十九、一百二十三至一百二十四、一百三十二至一百五十四、一百五十七至一百六十四、一百七十二至一百七十七、一百八十一至二百二、二百八至二百二十七、二百三十三至二百三十九）

340000－1843－0002697　史241/4041.5
通鑑紀事本末二百三十九卷　（宋）袁樞編（明）張溥論證　清光緒二十八年（1902）上海捷記書局石印本　十九册

340000－1843－0002698　史242511/1188.3
西夏紀事本末三十六卷　（清）張鑑撰　清光緒二十八年（1902）上海捷記書局石印本　一册

340000－1843－0002699　史24252/4049.5
遼史紀事本末五十二卷　（清）李友棠撰　清光緒二十八年（1902）上海捷記書局石印本　二册

340000－1843－0002700　史2427/2622
金川紀略四卷　（清）程穆衡撰　抄本　四册

340000－1843－0002701　史211.1/6629（1）.2
文獻通考詳節二十四卷　（清）嚴虞惇輯　清光緒二十七年（1901）鴻寶書局石印本　六册

340000－1843－0002702　史211.1/6629（1）.2

文獻通考詳節二十四卷　(清)嚴虞惇輯　清光緒二十七年(1901)鴻寶書局石印本　六冊

340000－1843－0002703　史211.1/6629(1).2
文獻通考詳節二十四卷　(清)嚴虞惇輯　清五鳳樓刻本　十二冊

340000－1843－0002704　史211.1/6629(1).3
文獻通考詳節二十四卷　(清)嚴虞惇輯　清繩武堂刻本　八冊

340000－1843－0002705　史211.1/8740
通志二十略五十二卷　(清)鄭樵撰　清刻本　二十四冊

340000－1843－0002706　史211.13/4050
英國議事章程不分卷　(英國)李提摩太口譯　清光緒二十五年(1899)上海廣學會鉛印本　一冊

340000－1843－0002707　史211.21/0010
南巡盛典一百二十卷　(清)高晉等纂輯　清乾隆三十六年(1771)刻本　四十八冊

340000－1843－0002708　史211.17/0033
皇朝政典類纂五百卷　(清)席裕福纂　清上海圖書集成局石印本　十冊

340000－1843－0002709　史211.17/1001
熙朝紀政四卷　(清)王慶雲撰　清光緒二十八年(1902)山東書局鉛印本　四冊

340000－1843－0002710　史211.17/2337
欽定大清會典一百卷　(清)允祹等纂　清光緒十九年(1893)上海圖書集成印書局石印本　八冊

340000－1843－0002711　史211.17/2337
欽定大清會典一百卷　(清)允祹等纂　清光緒十九年(1893)上海圖書集成印書局石印本　六冊　存八十四卷(九至四十二、五十一至一百)

340000－1843－0002712　史211.76/5051
萬國公法四卷　(美國)惠頓撰　(美國)丁韙良譯　清同治三年(1864)京都崇實館刻本　四冊

340000－1843－0002713　史211.44/2133(2)
光緒三十二年通商各關華洋貿易總冊不分卷　上海通商海關造冊處譯　清光緒三十三年(1907)鉛印本　一冊

340000－1843－0002714　史211.43/0000
重訂蘇滬釐卡委員會比較新章不分卷舊章不分卷　(□)□□編　清光緒刻本　一冊

340000－1843－0002715　史211.43/0000
重訂蘇滬釐卡委員會比較新章不分卷舊章不分卷　(□)□□編　清光緒刻本　一冊

340000－1843－0002716　史211.47/1033
重修兩淮鹽法志一百六十卷　(清)王定安纂修　(清)曾國荃督修　清光緒十八年(1892)金陵刻本　六十四冊

340000－1843－0002717　史211.47/1033
兩淮鹽法志一百六十卷　(清)王定安纂修　(清)曾國荃督修　清光緒三十一年(1905)刻本　六十四冊

340000－1843－0002718　史211.47/1033.2
兩淮鹽法志一百六十卷　(清)王定安纂修　(清)曾國荃督修　清光緒三十一年(1905)刻本　六十四冊

340000－1843－0002719　史211.411/1245
山東登郡煙台廣仁堂章程不分卷　(清)登萊青道編　清光緒十八年(1892)金陵刻本　一冊

340000－1843－0002720　史211.48/1002
錢幣芻言不分卷　(清)王瑬撰　清道光十七年(1837)藝海堂刻本　一冊

340000－1843－0002721　史211.51/1133
光緒乙巳年交涉要覽三卷　北洋洋務局纂輯　清光緒三十三年(1907)北洋官報局鉛印本　五冊

340000－1843－0002722　史211.51/1133
光緒乙巳年交涉要覽三卷　北洋洋務局纂輯　清末北洋官報局鉛印本　六冊

340000－1843－0002723　志62.148/2545

[乾隆]天津縣志二十四卷　(清)朱奎揚等修　(清)吳廷華纂　清乾隆四年(1739)刻本　八冊

340000－1843－0002724　志62.148/6051
[同治]續天津縣志二十卷首一卷　(清)吳惠元修　(清)蔣玉虹　(清)俞樾纂　清同治九年(1870)刻本　八冊

340000－1843－0002725　志63.148/4030
[同治]畿輔通志三百卷首一卷　(清)李鴻章等修　(清)黄彭年等纂　清光緒十年(1884)刻本　二百三十九冊　存三百卷(一至一百五、一百七至三百,首一卷)

340000－1843－0002726　志63.7449/4743
[光緒]豐潤縣志十二卷　(清)郝增祜等纂修　清光緒十七年(1891)刻本　十二冊

340000－1843－0002727　志63.7849/4442
[光緒]樂亭縣志十五卷首一卷末一卷續志稿不分卷　(清)蔡志修等修　清光緒三年(1877)刻本　六冊

340000－1843－0002728　志63.12548/7474
[同治]靈壽縣志十卷末一卷　(清)陸隴其等修　清同治十三年(1874)刻本　六冊

340000－1843－0002729　志63.13.343/4984
[雍正]館陶縣志十二卷　(清)趙知希等纂修　清光緒十九年(1893)刻本　四冊

340000－1843－0002730　志63.1346/4444
[道光]欒城縣志十卷首一卷末一卷　(清)桂超萬等修　清道光二十六年(1846)刻本　六冊

340000－1843－0002731　志63.15.246/3014
[道光]直隸定州志二十二卷首一卷　(清)寶琳等修　清道光三十年(1850)刻本　十二冊

340000－1843－0002732　志63.15.247/1044
[咸豐]直隸定州續志四卷　(清)王榕吉修　(清)張樸纂　清咸豐十年(1860)刻本　二冊

340000－1843－0002733　志63.15.649/8012
[光緒]容城縣志八卷　(清)俞廷獻等修　清光緒二十二年(1896)刻本　六冊

340000－1843－0002734　志63.16.449/0038
[光緒]蔚州志二十卷首一卷　(清)慶之金修　(清)楊篤纂　清光緒三年(1877)刻本　八冊

340000－1843－0002735　志63.16.449/0038
[光緒]蔚州志二十卷首一卷　(清)慶之金修　(清)楊篤纂　清光緒三年(1877)刻本　八冊

340000－1843－0002736　志63.1746/3850
[道光]承德府志六十卷首二十六卷　(清)海忠纂修　(清)廷傑　(清)李世寅重訂　清光緒十三年(1887)刻本　二十四冊

340000－1843－0002737　志63.18.749/7743
[光緒]東光縣志十二卷首一卷　(清)周植瀛修　(清)吳潯源纂　清光緒十四年(1888)刻本　十冊

340000－1843－0002738　志63.19.548/0030
[同治]棗強縣志補正五卷　(清)方宗誠纂修　清光緒二年(1876)刻本　二冊

340000－1843－0002739　志63.19.648/6032
[同治]深州風土記二十二卷　(清)吳汝綸纂修　清光緒二十六年(1900)刻本　六冊

340000－1843－0002740　志63.19.648/6033
[同治]深州風土記二十二卷　(清)吳汝綸纂修　清光緒二十六年(1900)刻本　十二冊

340000－1843－0002741　志63.749/3887
[光緒]永平府志七十二卷首一卷末一卷　(清)游智開修　(清)史夢蘭纂　清光緒五年(1879)刻本　三十二冊

340000－1843－0002742　志64.44/7024
[乾隆]山西志輯要十卷首一卷　(清)雅德修　(清)汪本直纂　清乾隆四十五年(1780)刻本　十二冊

340000－1843－0002743　志64.49/8064
[光緒]山西通志一百八十四卷首一卷　(清)曾國荃等修　清光緒十八年(1892)刻本　九

十六册

340000－1843－0002744　志64.49/8064
[光緒]山西通志一百八十四卷首一卷　(清)曾國荃等修　清光緒十八年(1892)刻本　九十六册

340000－1843－0002745　志64.8146/2755
[道光]大同縣志二十卷首一卷末一卷　(清)黎中輔纂修　清道光十年(1830)刻本　十六册

340000－1843－0002746　志64.9349/2828
[光緒]五臺新志四卷首一卷　(清)徐繼畬纂修　(清)孫汝明　(清)王步墀續修　清光緒九年至十年(1883－1884)刻本　四册

340000－1843－0002747　志64.101145/2862
[嘉慶]介休縣志十四卷　(清)徐品山　(清)陸元鏸修　(清)熊兆占等纂　清嘉慶二十四年(1819)刻本　八册

340000－1843－0002748　志64.101145/2862
[嘉慶]介休縣志十四卷　(清)徐品山　(清)陸元鏸修　(清)熊兆占等纂　清嘉慶二十四年(1819)刻本　八册

340000－1843－0002749　志64.101145/2862
[嘉慶]介休縣志十四卷　(清)徐品山　(清)陸元鏸修　(清)熊兆占等纂　清嘉慶二十四年(1819)刻本　八册

340000－1843－0002750　志64.101145/2862
[嘉慶]介休縣志十四卷　(清)徐品山　(清)陸元鏸修　(清)熊兆占等纂　清嘉慶二十四年(1819)刻本　八册

340000－1843－0002751　志64.10148/8048
[同治]榆次縣志十六卷首一卷末一卷　(清)俞世銓　(清)陶良駿修　(清)王平格　(清)王序賓纂　清同治二年(1863)刻本　八册

340000－1843－0002752　志64.10447/0053
[咸豐]太谷縣志八卷首一卷末一卷　(清)章青選　(清)汪和修　(清)章嗣衡纂　清咸豐五年(1855)刻本　八册

340000－1843－0002753　志64.10549/6002
[光緒]平遥縣志十二卷　(清)恩端等修　(清)武達材　(清)王舒萼纂　清光緒九年(1883)刻本　八册

340000－1843－0002754　志64.10549/6002
[光緒]平遥縣志十二卷首一卷　(清)恩端等修　(清)武達材　(清)王舒萼纂　清光緒九年(1883)刻本　七册　存十二卷(平遥縣志十二卷)

340000－1843－0002755　志64.1146/4040
[道光]陽曲縣志十六卷　(清)李培謙修　(清)閻士驤　(清)鄭起昌纂　清道光二十三年(1843)刻本　十册

340000－1843－0002756　志64.11.746/7762
[道光]汾陽縣志十四卷首一卷　(清)周貽纓　(清)曹文錦修　(清)曹樹穀纂　清咸豐元年(1851)刻本　八册

340000－1843－0002757　志64.143/0102
[雍正]重修太原縣志十六卷　(清)龔新　(清)沈繼賢修　(清)高若岐等纂　清雍正九年(1731)刻本　四册

340000－1843－0002758　志65.49/6347
[光緒]綏遠志十卷首一卷　(清)貽穀修　高賡恩纂　清光緒三十四年(1908)刻本　六册

340000－1843－0002759　志65.5948/7531
[同治]和林格爾廳志略一卷　(清)陳寶晉纂　清同治十年(1871)油印本　一册

340000－1843－0002760　志65.5948/7531
[同治]和林格爾廳志略一卷　(清)陳寶晉纂　清同治十年(1871)油印本　一册

340000－1843－0002761　志66.44/6098
[乾隆]盛京通志四十八卷首一卷　(清)吕耀曾等修　(清)魏樞等纂　清咸豐二年(1852)刻本　二十册

340000－1843－0002762　志67.46/4443
[道光]吉林外紀十卷　(清)薩英額撰　清光

緒二十一年(1895)刻本　四册

340000－1843－0002763　志 67.46/4443
[道光]吉林外紀十卷　(清)薩英額撰　清光緒二十一年(1895)刻本　二册

340000－1843－0002764　志 68.49/7730
[光緒]黑龍江輿地圖一卷輿圖説一卷　屠寄撰　清光緒二十五年(1899)刻本(圖説配抄本,圖六十一幅)　一册

340000－1843－0002765　志 69.45/3044
[嘉慶]松江府志八十四卷　(清)宋如林修　(清)孫星衍等纂　清嘉慶二十三年(1818)刻本　四十册

340000－1843－0002766　志 69.45/3044
[嘉慶]松江府志八十四卷　(清)宋如林修　(清)孫星衍等纂　清嘉慶二十三年(1818)刻本　四十册

340000－1843－0002767　志 69.49/4337
[光緒]松江府續志四十卷　(清)博潤修　(清)姚光发等纂　清光緒十年(1884)刻本　二十四册

340000－1843－0002768　志 69.49/4337
[光緒]松江府續志四十卷　(清)博潤修　(清)姚光发等纂　清光緒十年(1884)刻本　二十三册

340000－1843－0002769　志 69.1/4643
[紹熙]雲間志三卷　(宋)楊潛纂修　清光緒二十年(1894)刻本　二册

340000－1843－0002770　志 69.11149/3345
[光緒]寶山縣志十四卷首一卷　(清)梁蒲貴等纂修　清光緒八年(1882)刻本　八册

340000－1843－0002771　志 69.11149/3345
[光緒]寶山縣志十四卷首一卷　(清)梁蒲貴等纂修　清光緒八年(1882)刻本　八册

340000－1843－0002772　志 69.2148/0036
[同治]上海縣志三十二卷首一卷末一卷補遺敘錄一卷　(清)應寶時等修　(清)俞樾　(清)方宗誠纂　清同治十年(1871)刻本　十六册

340000－1843－0002773　志 69.2148/0036
[同治]上海縣志三十二卷首一卷末一卷補遺敘錄一卷　(清)應寶時等修　(清)俞樾　(清)方宗誠纂　清同治十一年(1872)刻本　十六册

340000－1843－0002774　志 69.2148/0036
[同治]上海縣志三十二卷首一卷末一卷補遺敘錄一卷　(清)應寶時等修　(清)俞樾　(清)方宗誠纂　清同治十一年(1872)刻光緒八年(1882)補刻本　十六册

340000－1843－0002775　志 69.2249/2641
[光緒]嘉定縣志三十二卷首一卷補遺一卷　(清)程其珏修　(清)楊震福纂　清光緒八年(1882)刻本　十六册

340000－1843－0002776　志 69.2249/2641
[光緒]嘉定縣志三十二卷首一卷補遺一卷　(清)程其珏修　(清)楊震福纂　清光緒八年(1882)刻本　十六册

340000－1843－0002777　志 69.2349/4678
[光緒]重修華亭縣志二十四卷首一卷末一卷　(清)楊開第修　(清)姚光發等纂　清光緒五年(1879)刻本　十册

340000－1843－0002778　志 69.2349/4678
[光緒]重修華亭縣志二十四卷首一卷末一卷　(清)楊開第修　(清)姚光發等纂　清光緒五年(1879)刻本　十册

340000－1843－0002779　志 69.2449/8038
[光緒]南匯縣志二十二卷首一卷末一卷　(清)金福曾等修　(清)張文虎等纂　清光緒五年(1879)刻本　十二册

340000－1843－0002780　志 69.2449/8038
[光緒]南匯縣志二十二卷首一卷末一卷　(清)金福曾等修　(清)張文虎等纂　清光緒五年(1879)刻本　十二册

340000－1843－0002781　志 69.2449/8038
[光緒]南匯縣志二十二卷首一卷末一卷

(清)金福曾等修　(清)張文虎等纂　清光緒五年(1879)刻本　十二册

340000－1843－0002782　志69.2549/4428
[光緒]重修奉賢縣志二十卷首一卷末一卷　(清)金福曾等修　(清)張文虎等纂　清光緒四年(1878)刻本　六册

340000－1843－0002783　志69.2549/4428
[光緒]重修奉賢縣志二十卷首一卷末一卷　(清)金福曾等修　(清)張文虎等纂　清光緒四年(1878)刻本　六册

340000－1843－0002784　志69.2549/4428
[光緒]重修奉賢縣志二十卷首一卷末一卷　(清)金福曾等修　(清)張文虎等纂　清光緒四年(1878)刻本　六册

340000－1843－0002785　志69.2749/3132
[光緒]青浦縣志三十卷首二卷末一卷　(清)汪祖綬等修　(清)熊其英　(清)邱式金纂　清光緒五年(1879)刻本　十二册

340000－1843－0002786　志69.2749/3132
[光緒]青浦縣志三十卷首二卷末一卷　(清)汪祖綬等修　(清)熊其英　(清)邱式金纂　清光緒五年(1879)刻本　十二册

340000－1843－0002787　志69.2849/4432
[光緒]崇明縣志十八卷　(清)林達　(清)譚泰來修　(清)李聯琇等纂　清光緒七年(1881)刻本　十二册

340000－1843－0002788　志612.149/4410
[光緒]續修廬州府志一百卷首一卷末一卷　(清)林達　(清)譚泰來修　(清)李聯琇等纂　清光緒十一年(1885)刻本　四十八册

340000－1843－0002789　志612.149/4410
[光緒]續修廬州府志一百卷首一卷末一卷　(清)林達　(清)譚泰來修　(清)李聯琇等纂　清光緒十一年(1885)刻本　四十八册

340000－1843－0002790　志612.149/4410
[光緒]續修廬州府志一百卷首一卷末一卷　(清)林達　(清)譚泰來修　(清)李聯琇等纂　清光緒十一年(1885)刻本　四十七册

340000－1843－0002791　志612.10249/2109
[光緒]宿州志三十六卷　(清)何慶釗修　(清)丁遜之　(清)吳振聲纂　清光緒十五年(1889)刻本　十六册

340000－1843－0002792　志612.10249/2109
[光緒]宿州志三十六卷　(清)何慶釗修　(清)丁遜之　(清)吳振聲纂　清光緒十五年(1889)刻本　十六册

340000－1843－0002793　志612.10649/0014
[光緒]泗虹合志十九卷　(清)方瑞蘭修　(清)江殿颺　(清)許湘甲纂　清光緒十四年(1888)刻本　八册

340000－1843－0002794　志612.10649/0014
[光緒]泗虹合志十九卷　(清)方瑞蘭修　(清)江殿颺　(清)許湘甲纂　清光緒十四年(1888)刻本　八册

340000－1843－0002795　志612.12.344/7514
[乾隆]歷陽典錄三十四卷補編六卷　(清)陳廷桂纂修　(清)游智開續纂修　清光緒十二年(1886)刻本　十二册

340000－1843－0002796　志612.12.349/2542
[光緒]直隸和州志四十卷首一卷補遺一卷　(清)朱大紳修　(清)高照纂　清光緒二十七年(1901)木活字印本　十六册

340000－1843－0002797　志612.12.349/2542
[光緒]直隸和州志四十卷首一卷補遺一卷　(清)朱大紳修　(清)高照纂　清光緒二十七年(1901)刻本　八册　存二十一卷(七至十、十二至十七、二十至二十一、二十三至三十一)

340000－1843－0002798　志612.12.445/3134
[嘉慶]無為州志三十六卷首一卷　(清)顧浩等修　(清)吴元慶等纂　清嘉慶八年(1803)刻本　十册

340000－1843－0002799　志612.12.445/3134
[嘉慶]無為州志三十六卷首一卷　(清)顧浩

等修　(清)吴元慶等纂　清嘉慶八年(1803)刻本　十册

340000－1843－0002800　志612.12.545/2623

[嘉慶]廬江縣志十五卷首一卷　(清)魏紹源　(清)張熯修　(清)儲嘉珩等纂　清同治七年(1868)木活字印本　八册

340000－1843－0002801　志612.12.549/8389

[光緒]廬江縣志十六卷首一卷　(清)錢鑅修　(清)盧鈺　(清)俞燮奎纂　清光緒十一年(1885)木活字印本　十六册

340000－1843－0002802　志612.12.549/8389

[光緒]廬江縣志十六卷首一卷　(清)錢鑅修　(清)盧鈺　(清)俞燮奎纂　清光緒十一年(1885)木活字印本　十六册

340000－1843－0002803　志612.12.549/8389

[光緒]廬江縣志十六卷首一卷　(清)錢鑅修　(清)盧鈺　(清)俞燮奎纂　清光緒十一年(1885)木活字印本　十六册

340000－1843－0002804　志6312.13.149/4005

[光緒]宣城縣志四十卷首一卷　(清)李應泰等修　(清)章綬纂　清光緒十四年(1888)木活字印本　二十七册

340000－1843－0002805　志6312.13.149/4005

[光緒]宣城縣志四十卷首一卷　(清)李應泰等修　(清)章綬纂　清光緒十四年(1888)木活字印本　二十七册

340000－1843－0002806　志612.13.349/4740

[光緒]廣德州志六十卷首一卷末一卷　(清)胡有誠修　(清)丁寶書纂　清光緒七年(1881)廣德州署刻本　二十册

340000－1843－0002807　志612.13.445/4023

[嘉慶]涇縣志三十二卷首一卷　(清)李德淦等修　(清)洪亮吉纂　清嘉慶十一年(1806)刻本　十四册

340000－1843－0002808　志612.13.445/4023

[嘉慶]涇縣志三十二卷首一卷　(清)李德淦等修　(清)洪亮吉纂　清嘉慶十一年(1806)刻本　十四册

340000－1843－0002809　志612.14.149/7241

[光緒]貴池縣沿革表一卷　劉世珩撰　清光緒二十八年(1902)湖北三佛閣陶子麟刻本　一册

340000－1843－0002810　志612.14.149/7412

[光緒]貴池縣志四十四卷首一卷　(清)陸延齡修　(清)桂迓衡等纂　清光緒九年(1883)貴池縣署木活字印本　二十册

340000－1843－0002811　志612.14.449/4445

[光緒]青陽縣志十二卷　(清)華椿等修　(清)周贇纂　清光緒十七年(1891)木活字印本　十二册

340000－1843－0002812　志612.15.449/8036

[光緒]壽州志三十六卷首一卷末一卷　(清)曾道唯　(清)王萬甡修　(清)葛蔭南等纂　清光緒十六年(1890)壽州州署木活字印本　十六册

340000－1843－0002813　志612.15.449/8036

[光緒]壽州志三十六卷首一卷末一卷　(清)曾道唯　(清)王萬甡修　(清)葛蔭南等纂　清光緒十六年(1890)壽州州署木活字印本　十六册

340000－1843－0002814　志612.15.449/8036

[光緒]壽州志三十六卷首一卷末一卷　(清)曾道唯　(清)王萬甡修　(清)葛蔭南等纂　清光緒十六年(1890)壽州州署木活字印本　十六册

340000－1843－0002815　志612.15.449/8036

[光緒]壽州志三十六卷首一卷末一卷　(清)曾道唯　(清)王萬甡修　(清)葛蔭南等纂　清光緒十六年(1890)壽州州署木活字印本　十六册

340000－1843－0002816　志612.15.549/6048

[光緒]續修舒城縣志五十卷首一卷末一卷　(清)吕林鍾等修　(清)趙鳳詔等纂　清光緒三十三年(1907)舒城縣署木活字印本　十六册

340000－1843－0002817　志 612.15.549/6048
[光緒]續修舒城縣志五十卷首一卷末一卷　(清)吕林鍾等修　(清)趙鳳詔等纂　清光緒三十三年(1907)舒城縣署木活字印本　十六册

340000－1843－0002818　志 612.15.549/6048
[光緒]續修舒城縣志五十卷首一卷末一卷　(清)吕林鍾等修　(清)趙鳳詔等纂　清光緒三十三年(1907)舒城縣署木活字印本　十六册

340000－1843－0002819　志 612.15.649/5030
[光緒]霍山縣志十五卷首一卷　(清)秦達章修　(清)何國佑　(清)程秉祺纂　清光緒三十一年(1905)霍山縣署木活字印本　六册

340000－1843－0002820　志 612.16.848/4738
[同治]潁上縣志十二卷首一卷　(清)都寵錫等修　(清)李道章等纂　清同治九年(1870)潁上縣署刻光緒四年(1878)補刻本　九册

340000－1843－0002821　志 612.2149/4023
[光緒]鳳臺縣志二十五卷首一卷　(清)李師沆　(清)石成之修　(清)葛蔭南　(清)周爾儀纂　清光緒十八年(1892)木活字印本　十册

340000－1843－0002822　志 612.442/4444
[康熙]太平府志四十卷　(清)黄桂修　(清)宋驤等纂　清光緒二十九年(1903)木活字印本　二十册

340000－1843－0002823　志 612.6349/5776
[光緒]重修五河縣志二十卷首一卷末一卷　(清)賴同晏　(清)孫玉銘修　(清)俞宗誠等纂　清光緒二十年(1894)刻本　八册

340000－1843－0002824　志 612.6349/5776
[光緒]重修五河縣志二十卷首一卷末一卷　(清)賴同晏　(清)孫玉銘修　(清)俞宗誠等纂　清光緒二十年(1894)刻本　六册　存十六卷(三至十二、十六至二十,末一卷)

340000－1843－0002825　志 612.16.249/8250
[光緒]亳州志四十三卷首一卷　(清)鍾泰　(清)陳晉纂修　清光緒二十年(1894)刻本　十四册

340000－1843－0002826　志 612.8546/2717
[道光]宿松縣志二十八卷首一卷　(清)鄔正階修　(清)石葆元等纂　清道光八年(1828)刻本　十册

340000－1843－0002827　志 612.91/6071
[淳熙]新安志十卷末一卷　(宋)羅願纂修　清光緒十四年(1888)新安府署刻本　四册

340000－1843－0002828　志 612.91/6071
[淳熙]新安志十卷末一卷　(宋)羅願纂修　清光緒十四年(1888)新安府署刻本　四册

340000－1843－0002829　志 612.91/6071
[淳熙]新安志十卷末一卷　(宋)羅願纂修　清光緒十四年(1888)新安府署刻本　四册

340000－1843－0002830　志 612.91/6071
[淳熙]新安志十卷末一卷　(宋)羅願纂修　清光緒十四年(1888)新安府署刻本　四册

340000－1843－0002831　志 612.9425/1014
[康熙]徽州府志十八卷　(清)丁廷楗等修　(清)趙吉士等纂　清康熙三十八年(1699)萬青閣刻本　三十册

340000－1843－0002832　志 612.946/7125
[道光]徽州府志十六卷首一卷　(清)馬步蟾纂修　清道光七年(1827)刻本　三十册

340000－1843－0002833　志 612.946/7125
[道光]徽州府志十六卷首一卷　(清)馬步蟾纂修　清道光七年(1827)刻本　二十九册

340000－1843－0002834　志 612.9348/7733
[同治]祁門縣志三十六卷首一卷　(清)周溶修　(清)汪韻珊纂　清同治十二年(1873)刻本　十二册

340000－1843－0002835　志 612.9348/7733
[同治]祁門縣志三十六卷首一卷　(清)周溶修　(清)汪韻珊纂　清同治十二年(1873)刻本　十二册

340000－1843－0002836　志 612.9348/7733

[同治]祁門縣志三十六卷首一卷　(清)周溶修　(清)汪韻珊纂　清同治十二年(1873)刻本　十二冊

340000－1843－0002837　志612.9445/6024
[嘉慶]黟縣志十六卷首一卷　(清)吴甸華修　(清)程汝翼　(清)俞正燮纂　清同治十年(1871)刻本　十六冊

340000－1843－0002838　志612.9445/6024
[嘉慶]黟縣志十六卷首一卷　(清)吴甸華修　(清)程汝翼　(清)俞正燮纂　清同治十年(1871)刻本　十六冊

340000－1843－0002839　志612.9448/0435
[同治]黟縣三志十六卷首一卷末一卷　(清)謝永泰修　(清)程鴻詔纂　清同治十年(1871)刻本　十六冊

340000－1843－0002840　志612.9448/0435
[同治]黟縣三志十六卷首一卷末一卷　(清)謝永泰修　(清)程鴻詔纂　清同治十年(1871)刻本　十六冊

340000－1843－0002841　志612.9448/0435
[同治]黟縣三志十六卷首一卷末一卷　(清)謝永泰修　(清)程鴻詔纂　清同治十年(1871)刻本　十六冊

340000－1843－0002842　志613.1044/8061
[乾隆]汀州府志四十五卷首一卷　(清)曾日瑛等修　(清)李紱　(清)熊為霖纂　清同治六年(1867)刻本　二十冊

340000－1843－0002843　志613.10444/3187
[乾隆]上杭縣志十二卷首一卷末一卷　(清)顧人驥等修　(清)沈成國纂　清同治三年(1864)刻本　七冊

340000－1843－0002844　志613.3242/3604
[康熙]寧化縣志七卷　(清)祝文鬱修　(清)李世熊纂　清同治八年(1869)刻本　四冊

340000－1843－0002845　志613.3242/3604
[康熙]寧化縣志七卷　(清)祝文鬱修　(清)李世熊纂　清同治八年(1869)刻本　四冊

340000－1843－0002846　志613.3242/3604
[康熙]寧化縣志七卷　(清)祝文鬱修　(清)李世熊纂　清同治八年(1869)刻本　八冊

340000－1843－0002847　志613.3242/3604
[康熙]寧化縣志七卷　(清)祝文鬱修　(清)李世熊纂　清同治八年(1869)刻本　七冊

340000－1843－0002848　志613.3310/7508
[弘治]重刊興化府志五十四卷　(明)陳效修　(明)周瑛　(明)黄仲昭纂　清同治十年(1871)刻本　二十四冊

340000－1843－0002849　志613.3310/7508
[弘治]重刊興化府志五十四卷　(明)陳效修　(明)周瑛　(明)黄仲昭纂　清同治十年(1871)刻本　二十四冊

340000－1843－0002850　志613.544/9044
[乾隆]泉州府志七十六卷首一卷　(清)懷蔭布修　(清)黄任　(清)郭賡武纂　清同治九年(1870)刻本　四十八冊

340000－1843－0002851　志613.544/9044
[乾隆]泉州府志七十六卷首一卷　(清)懷蔭布修　(清)黄任　(清)郭賡武纂　清同治九年(1870)刻本　四十八冊

340000－1843－0002852　志613.5/7727
[道光]廈門志十六卷　(清)周凱纂修　清道光十九年(1839)刻本　八冊

340000－1843－0002853　志613.5/7727
[道光]廈門志十六卷　(清)周凱纂修　清道光十九年(1839)刻本　十二冊

340000－1843－0002854　志610.145/6046
[嘉慶]新修江寧府志五十六卷　(清)呂燕昭修　(清)姚鼐纂　清光緒六年(1880)刻本　十二冊

340000－1843－0002855　志610.145/6046

[嘉慶]新修江寧府志五十六卷　(清)呂燕昭修　(清)姚鼐纂　清光緒六年(1880)刻本　十二冊

340000－1843－0002856　志 610.12.1549/8783
[光緒]常昭合志稿四十八卷首一卷末一卷　(清)鄭鍾祥修　(清)龐鴻文纂　清光緒三十年(1904)木活字印本　十六冊

340000－1843－0002857　志 610.6649/4631
[光緒]泰興縣志二十六卷首一卷末一卷　(清)楊激雲修　(清)顧曾烜纂　清光緒十二年(1886)刻本　十冊

340000－1843－0002858　志 610.12.847/3364
[咸豐]重修興化縣志十卷　(清)梁園棣修　(清)鄭之僑　(清)趙彥俞纂　清咸豐二年(1852)刻本　八冊

340000－1843－0002859　志 610.12.847/3364
[咸豐]重修興化縣志十卷　(清)梁園棣修　(清)鄭之僑　(清)趙彥俞纂　清咸豐二年(1852)刻本　八冊

340000－1843－0002860　志 610.12.847/3364
[咸豐]重修興化縣志十卷　(清)梁園棣修　(清)鄭之僑　(清)趙彥俞纂　清咸豐二年(1852)刻本　十冊

340000－1843－0002861　志 610.148/4432
[同治]續纂江寧府志十五卷首一卷　(清)蔣啟勛等修　(清)汪士鐸等纂　清光緒六年(1880)刻本　十二冊

340000－1843－0002862　志 610.148/4432
[同治]續纂江寧府志十五卷首一卷　(清)蔣啟勛等修　(清)汪士鐸等纂　清光緒六年(1880)刻本　十二冊

340000－1843－0002863　志 69.2949/0131
[光緒]重修金山縣志三十卷首一卷　(清)龔寶琦　(清)崔廷鏞修　(清)黃厚本纂　清光緒四年(1878)刻本　八冊

340000－1843－0002864　志 69.2949/0131
[光緒]重修金山縣志三十卷首一卷　(清)龔寶琦　(清)崔廷鏞修　(清)黃厚本纂　清光緒四年(1878)刻本　八冊

340000－1843－0002865　志 612.149/4001
[光緒]皖志便覽六卷　(清)李應珏纂　清光緒二十八年(1902)安徽省鏤雲閣刻本　四冊

340000－1843－0002866　志 612.948/4429
[同治]徽州府志辨證拾遺一卷　(清)黃崇惺纂　抄本　一冊

340000－1843－0002867　志 612.948/4429
[同治]徽州府志辨證拾遺一卷　(清)黃崇惺纂　抄本　二冊

340000－1843－0002868　志 613.8549/7244
[光緒]芝城紀略不分卷　(清)劉世英撰　清光緒抄本　一冊

340000－1843－0002869　志 613.8649/8013
[光緒]續修浦城縣志四十二卷首一卷　(清)翁天祐　(清)呂渭英修　(清)翁昭泰纂　清光緒二十六年(1900)南浦書院刻本　二十冊

340000－1843－0002870　志 613.8745/0804
[嘉慶]順昌縣志十卷　(清)許庭梧修　(清)謝鍾瑾纂　(清)陸嗣淵　(清)賈懋功增修　(清)謝鍾玿增纂　清光緒七年(1881)吳恩慶刻本　六冊

340000－1843－0002871　志 610.6649/4631
[光緒]泰興縣志二十六卷首一卷末一卷　(清)楊激雲修　(清)顧曾烜纂　清光緒十二年(1886)刻本　十冊

340000－1843－0002872　志 610.8149/2120
[光緒]丹徒縣志六十卷首四卷　(清)何紹章　(清)馮壽鏡修　(清)呂耀斗纂　清光緒五年(1879)刻本　三十二冊

340000－1843－0002873　志 610.8149/2120
[光緒]丹徒縣志六十卷首四卷　(清)何紹章　(清)馮壽鏡修　(清)呂耀斗纂　清光緒五年(1879)刻本　三十二冊

340000－1843－0002874　志 611.10449/4083
[光緒]奉化縣志四十卷首一卷　(清)李前泮

修　(清)張美翊纂　清光緒三十四年(1908)刻本　十二冊

340000－1843－0002875　志 611.10449/4083
[光緒]**奉化縣志四十卷首一卷**　(清)李前泮修　(清)張美翊纂　清光緒三十四年(1908)刻本　十二冊

340000－1843－0002876　志 611.10249/7790
[光緒]**餘姚縣志二十七卷首一卷末一卷**　(清)周炳麟修　(清)邵友濂等纂　清光緒二十五年(1899)刻本　十六冊

340000－1843－0002877　志 611.10249/7790
[光緒]**餘姚縣志二十七卷首一卷末一卷**　(清)周炳麟修　(清)邵友濂等纂　清光緒二十五年(1899)刻本　十六冊

340000－1843－0002878　志 611.10349/4650
[光緒]**慈溪縣志五十六卷附編一卷**　(清)楊泰亨修　(清)馮可鏞纂　清刻本　二十四冊

340000－1843－0002879　志 611.10349/4650
[光緒]**慈溪縣志五十六卷附編一卷**　(清)楊泰亨修　(清)馮可鏞纂　清刻本　二十四冊

340000－1843－0002880　志 611.10849/7534
[光緒]**諸暨縣志六十卷首一卷**　(清)陳遹聲修　(清)蔣鴻藻纂　清宣統二年(1910)刻本　十八冊

340000－1843－0002881　志 611.11/3104
[咸淳]**臨安志一百卷**　(元)潛說友纂修　清道光十年(1830)錢塘汪氏振綺堂刻本　二十四冊

340000－1843－0002882　志 611.11/3104
[咸淳]**臨安志一百卷**　(元)潛說友纂修　清道光十年(1830)錢塘汪氏振綺堂刻本　二十四冊

340000－1843－0002883　志 611.11/3104
[咸淳]**臨安志一百卷**　(元)潛說友纂修　清道光十年(1830)錢塘汪氏振綺堂刻本　二十四冊

340000－1843－0002884　志 611.11/3104
[咸淳]**臨安志一百卷**　(元)潛說友纂修　清道光十年(1830)錢塘汪氏振綺堂刻本　二十四冊

340000－1843－0002885　志 611.11/8316
[景定]**嚴州續志十卷**　(宋)錢可則修　(宋)鄭瑤等纂　清光緒二十二年(1896)刻本　二冊

340000－1843－0002886　志 611.149/1077
[光緒]**唐棲志二十卷**　(清)王同纂修　清光緒十六年(1890)刻本　八冊

340000－1843－0002887　志 612.91/6071
[淳熙]**新安志十卷末一卷**　(宋)羅願纂修　清光緒十四年(1888)新安府署刻本　四冊

340000－1843－0002888　志 612.91/6071
[淳熙]**新安志十卷末一卷**　(宋)羅願纂修　清光緒十四年(1888)新安府署刻本　四冊

340000－1843－0002889　志 612.91/6071
[淳熙]**新安志十卷末一卷**　(宋)羅願纂修　清光緒十四年(1888)新安府署刻本　四冊

340000－1843－0002890　志 612.91/6071
[淳熙]**新安志十卷末一卷**　(宋)羅願纂修　清光緒十四年(1888)新安府署刻本　六冊

340000－1843－0002891　志 611.1145/1143
[嘉慶]**餘杭縣志四十卷**　(清)張吉安修　(清)朱文藻纂　(清)崔應榴　(清)董作棟續纂　清刻本　八冊

340000－1843－0002892　志 611.1145/1143
[嘉慶]**餘杭縣志四十卷**　(清)張吉安修　(清)朱文藻纂　(清)崔應榴　(清)董作棟續纂　清刻本　八冊

340000－1843－0002893　志 611.11.242/3442
[康熙]**臨海縣志十五卷首一卷**　(清)洪若皋纂　清康熙二十二年(1683)刻同治印本　八冊

340000－1843－0002894　志 611.11.242/3442
[康熙]**臨海縣志十五卷首一卷**　(清)洪若皋纂　清康熙二十二年(1683)刻同治印本

八冊

340000－1843－0002895　志 611.11.349/7538
[光緒]黄岩縣志四十卷首一卷黄岩集三十二卷　(清)陳寶善　(清)孫憙修　(清)王棻纂　(清)陳鍾英　(清)王詠霓續修　清光緒三年(1877)刻本　十六冊

340000－1843－0002896　志 611.11.349/7538.2
[光緒]黄岩縣志四十卷首一卷　(清)陳寶善　(清)孫憙修　(清)王棻纂　(清)陳鍾英　(清)王詠霓續修　清光緒六年(1880)刻本　十六冊

340000－1843－0002897　志 611.11.55/1047
[光緒]仙居縣志二十四卷首一卷仙居集二十四卷　(清)王壽頤　(清)潘紀恩修　(清)王棻　(清)李仲昭纂　清光緒二十年(1894)木活字印本　十八冊

340000－1843－0002898　志 611.11.645/0010.2
[嘉慶]太平縣志十八卷首一卷　(清)慶霖修　(清)戚學標等纂　清嘉慶十六年(1811)刻本　十二冊

340000－1843－0002899　志 611.11.645/0010.2
[嘉慶]太平縣志十八卷首一卷　(清)慶霖修　(清)戚學標等纂　清光緒二十二年(1896)刻本　九冊　存十八卷(一至十六、十八,首一卷)

340000－1843－0002900　志 611.11.649/7531
[光緒]太平續志十八卷首一卷　(清)陳汝霖修　(清)王棻等纂　清光緒二十二年(1896)太平縣署刻本　八冊

340000－1843－0002901　志 611.11.742/4029
[康熙]天台縣志十五卷首一卷　(清)李德耀　(清)黄執中修　清康熙二十三年(1684)刻本　六冊

340000－1843－0002902　志 611.12.148/4230
[同治]麗水縣志十五卷　(清)彭潤章等纂修　清同治十三年(1874)刻本　八冊

340000－1843－0002903　志 611.12.244/4430
[乾隆]龍泉縣志十二卷首一卷　(清)蘇過龍修　(清)沈光厚纂　清乾隆二十七年(1762)龍泉縣署刻本　四冊

340000－1843－0002904　志 611.12.349/1084
[光緒]青田縣志十八卷首一卷　(清)雷銑修　(清)王棻纂　清光緒二年(1876)青田縣署刻本　十四冊

340000－1843－0002905　志 611.12.49/3109
[光緒]富陽縣志二十四卷首一卷　(清)汪文炳修　(清)蔣敬時　(清)何鎔纂　清光緒三十二年(1906)刻本　十六冊

340000－1843－0002906　志 611.12.49/3109
[光緒]富陽縣志二十四卷首一卷　(清)汪文炳修　(清)蔣敬時　(清)何鎔纂　清光緒三十二年(1906)富陽縣署刻本　十六冊

340000－1843－0002907　志 611.12.49/3220
[光緒]處州府志三十卷首一卷末一卷　(清)潘紹詒修　(清)周榮椿等纂　清光緒三年(1877)處州府署刻本　二十八冊

340000－1843－0002908　志 611.12.549/4743
[光緒]遂昌縣志十二卷首一卷外編四卷　(清)胡壽海　(清)史恩緯修　(清)褚成允纂　清光緒二十二年(1896)刻本　十二冊

340000－1843－0002909　志 611.12.649/2113
[光緒]縉雲縣志十六卷首一卷末一卷　(清)何乃容　(清)葛華修　(清)潘樹棠纂　清光緒七年(1881)刻本　十二冊

340000－1843－0002910　志 611.12.649/2113
[光緒]縉雲縣志十六卷首一卷末一卷　(清)何乃容　(清)葛華修　(清)潘樹棠纂　清光緒七年(1881)刻本　十二冊

340000－1843－0002911　志 611.12.748/2114
[同治]雲和縣志十六卷首一卷　(清)伍承吉修　(清)涂冠續修　(清)王士鈖纂　清咸豐七年至同治三年(1857－1864)雲和縣署刻本　六冊

340000－1843－0002912　志 611.12.948/7740

[同治]景寧縣志十四卷首一卷末一卷 (清)周杰修 (清)嚴用光 (清)葉篤貞纂 清同治十二年(1873)刻本 八册

340000－1843－0002913 志611.12.948/7740
[同治]景寧縣志十四卷首一卷末一卷 (清)周杰修 (清)嚴用光 (清)葉篤貞纂 清同治十二年(1873)刻本 八册

340000－1843－0002914 志611.1314/1033
[萬曆]錢塘縣志十卷 (明)聶心湯纂修 清光緒十九年(1893)刻本 六册

340000－1843－0002915 志611.1345/4491
[嘉慶]於潛縣志十六卷首一卷末一卷 (清)蔣光弼修 (清)張夑纂 清嘉慶十七年(1812)木活字印本 十二册

340000－1843－0002916 志611.1649/7243
[光緒]淳安縣志十六卷首一卷 (清)劉世寧原本 (清)李詩續修 (清)陳中元 (清)竺士彦續纂 清光緒十年(1884)淳安縣署刻本 八册

340000－1843－0002917 志611.22/2626
四明它山水利備覽二卷釋文一卷 (宋)魏峴撰 清咸豐四年(1854)刻本 一册

340000－1843－0002918 志611.22/1011
[至正]四明續志十二卷 (元)王元恭修 (元)王厚孫 (清)徐亮纂 清咸豐四年(1854)刻宋元四明六志叢書本 十册

340000－1843－0002919 志611.22/4781.2
[寶慶]四明志二十一卷 (宋)胡榘修 (宋)方萬里 (宋)羅濬纂 清咸豐四年(1854)刻宋元四明六志叢書本 十册

340000－1843－0002920 志611.22/7136
[延祐]四明志二十卷 (元)馬澤修 (元)袁桷等纂 清咸豐四年(1854)刻宋元四明六志叢書本 十册 存十七卷(一至八、十二至二十)

340000－1843－0002921 志611.247/2864
四明六志校勘記九卷 (清)徐時棟纂 (清)陳子湘補纂 清咸豐四年(1854)刻宋元四明六志叢書本 三册

340000－1843－0002922 志611.344/1200
甌海軼聞五十八卷補遺一卷 (清)孫衣言輯 清光緒刻本 二十册

340000－1843－0002923 志611.243/5522
[雍正]寧波府志三十六卷首一卷 (清)曹秉仁等修 (清)萬經等纂 清道光二十六年(1846)刻本 十六册

340000－1843－0002924 志611.249/1042
[光緒]鎮海縣志四十卷 (清)于萬川 (清)盛鴻燾修 (清)俞樾等纂 清光緒五年(1879)刻本 十六册

340000－1843－0002925 志611.2148/4348
[同治]鄞縣志七十五卷 (清)戴枚修 (清)張恕 (清)董沛等纂 清光緒三年(1877)刻本 三十四册

340000－1843－0002926 志611.2148/4348
[同治]鄞縣志七十五卷 (清)戴枚修 (清)張恕 (清)董沛等纂 清光緒三年(1877)刻本 三十一册 存七十一卷(二至三十六、三十八至四十二、四十五至七十五)

340000－1843－0002927 志611.2349/1017
[光緒]寧海縣誌二十四卷首一卷 (清)王瑞成 (清)程雲驤修 (清)張濬等纂 清光緒二十八年(1902)刻本 十二册

340000－1843－0002928 志611.344/4013
[乾隆]温州府志三十卷首一卷 (清)李琬修 (清)齊召南 (清)汪沆纂 清同治四年(1865)温州府署刻本 十六册

340000－1843－0002929 志611.344/4013
[乾隆]温州府志三十卷首一卷 (清)李琬修 (清)齊召南 (清)汪沆纂 清同治四年(1865)温州府署刻本 十六册

340000－1843－0002930 志611.444/4688
[乾隆]梅里志十八卷 (清)楊謙纂 (清)李富孫補輯 (清)余楙續補 清光緒三年

(1877)刻本　六冊

340000－1843－0002931　志611.449/0819
[光緒]嘉興府志八十八卷首二卷　(清)許瑤光修　(清)吳仰賢等纂　清光緒四年(1878)刻本　四十八冊

340000－1843－0002932　志611.449/0819
[光緒]嘉興府志八十八卷首二卷　(清)許瑤光修　(清)吳仰賢等纂　清光緒四年(1878)刻本　四十八冊

340000－1843－0002933　志611.4249/1042
[光緒]海鹽縣志二十二卷首一卷圖説一卷敘錄一卷　(清)王彬修　(清)徐用儀纂　清光緒三年(1877)刻本　十六冊

340000－1843－0002934　志611.4349/6671
[光緒]桐鄉縣誌二十四卷首四卷　(清)嚴辰纂修　清光緒十三年(1887)刻本　二十四冊　存二十六卷(一至二十、二十三至二十四,首四卷)

340000－1843－0002935　志611.4349/8011
[光緒]石門縣志十一卷首一卷　(清)余麗元等纂修　清光緒五年(1879)刻本　十二冊

340000－1843－0002936　志611.5/3164
[咸豐]南潯鎮志四十卷首一卷　(清)汪曰楨纂修　清同治二年(1863)刻本　十二冊

340000－1843－0002937　志611.5248/3199
[同治]安吉縣志十八卷首一卷　(清)汪榮　(清)劉蘭敏修　(清)張行孚　(清)丁寶書纂　清同治十三年(1874)刻本　十六冊

340000－1843－0002938　志611.5248/7231
[同治]孝豐縣志十卷首一卷　(清)劉濬修　(清)潘宅仁等纂　清光緒五年(1879)刻本　十冊

340000－1843－0002939　志611.5248/7231
[同治]孝豐縣志十卷首一卷　(清)劉濬修　(清)潘宅仁等纂　清光緒五年(1879)刻本　十冊

340000－1843－0002940　志611.5348/4935
[同治]長興縣志三十二卷　(清)趙定邦等修　(清)周學濬　(清)丁寶書纂　清光緒元年(1875)長興縣署刻本　十六冊

340000－1843－0002941　志611.5348/4935.2
[同治]長興縣志三十二卷　(清)趙定邦等修　(清)周學濬　(清)丁寶書纂　清光緒十八年(1892)補刻本　十六冊

340000－1843－0002942　志611.548/3033
[同治]湖州府志九十六卷首一卷　(清)宗源瀚　(清)郭式昌修　(清)周學濬　(清)陸心源纂　清同治十三年(1874)刻本　四十冊

340000－1843－0002943　志611.549/3211
[光緒]烏程縣志三十六卷　(清)潘玉璿　(清)馮健修　(清)周學濬　(清)汪曰楨纂　清光緒七年(1881)刻本　十二冊

340000－1843－0002944　志611.549/3211
[光緒]烏程縣志三十六卷　(清)潘玉璿　(清)馮健修　(清)周學濬　(清)汪曰楨纂　清光緒七年(1881)刻本　十二冊

340000－1843－0002945　志611.549/4060
[光緒]歸安縣志五十二卷首一卷　(清)李昱修　(清)陸心源纂　清光緒八年(1882)刻本　十二冊

340000－1843－0002946　志611.549/4060
[光緒]歸安縣志五十二卷首一卷　(清)李昱修　(清)陸心源纂　清光緒八年(1882)刻本　十六冊

340000－1843－0002947　志611.4149/3125
[光緒]嘉善縣志三十六卷首一卷　(清)江峰青修　(清)顧福仁纂　清光緒二十年(1894)刻本　十六冊

340000－1843－0002948　志611.4149/3126
[光緒]嘉善縣志三十六卷首一卷　(清)江峰青修　(清)顧福仁纂　清光緒二十年(1894)刻本　十六冊

340000－1843－0002949　志611.11.849/4434
[光緒]玉環廳志十五卷首一卷　(清)杜冠英

（清）胥壽榮修　（清）吕鴻燾纂　清光緒六年（1880）刻本　八册

340000－1843－0002950　志611.11.849/4434
[光緒]玉環廳志十五卷首一卷　（清）杜冠英　（清）胥壽榮修　（清）吕鴻燾纂　清光緒六年（1880）刻本　八册

340000－1843－0002951　志614.49/7241
[光緒]江西通志一百八十卷首五卷　（清）曾國藩　（清）劉坤一等修　（清）劉繹　（清）趙之謙等纂　清光緒七年（1881）刻本　一百二十册

340000－1843－0002952　志614.101148/8081
[同治]廣昌縣志十卷首一卷　（清）曾毓璋纂修　清同治六年（1867）刻本　十册

340000－1843－0002953　志614.10248/2644
[同治]金谿縣志三十六卷首一卷末一卷　（清）程芳修　（清）鄭浴脩等纂　清同治九年（1870）刻本　十六册

340000－1843－0002954　志614.10148/0082
[同治]臨川縣志五十四卷首一卷末一卷　（清）童範儼修　（清）陳慶齡等纂　清同治九年（1870）刻本　二十四册

340000－1843－0002955　志614.1248/2630
[同治]贛州府志七十八卷首一卷　（清）魏瀛等修　（清）魯琪光　（清）鍾音鴻纂　清同治十二年（1873）刻本　二十六册

340000－1843－0002956　志614.1448/4444
[同治]安義縣志十六卷首一卷末一卷　（清）杜林修　（清）彭斗山　（清）熊賓善纂　清同治十年（1871）木活字印本　八册

340000－1843－0002957　志614.2148/4449
[同治]樂平縣志十卷首一卷　（清）董萼榮　（清）梅毓翰修　（清）汪元祥　（清）陳謨纂　清同治九年（1870）樂平縣署刻本　十二册

340000－1843－0002958　志614.348/8699
[同治]萍鄉縣志十卷首一卷　（清）錫榮　（清）王明璠纂修　清同治十一年（1872）刻本　八册

340000－1843－0002959　志614.348/8699
[同治]萍鄉縣志十卷首一卷　（清）錫榮　（清）王明璠纂修　清同治十一年（1872）刻本　八册

340000－1843－0002960　志614.448/0014
[同治]新喻縣志十六卷首一卷　（清）文聚奎　（清）祥安修　（清）吳增逵纂　清同治十二年（1873）刻本　十二册

340000－1843－0002961　志614.6148/4672
[同治]貴溪縣志十卷首一卷　（清）楊長傑修　（清）黄聯珏等纂　清同治十年（1871）貴溪縣署刻本　十四册

340000－1843－0002962　志614.8348/1063
[同治]上饒縣志二十六卷首一卷　（清）王恩溥　（清）邢德裕修　（清）李樹藩等纂　清同治十一年（1872）刻本　二十册

340000－1843－0002963　志614.8446/4406
[道光]婺源縣志三十九卷首一卷　（清）黄應昀修　（清）朱元理纂　清道光六年（1826）刻本　十六册

340000－1843－0002964　志614.8446/6067
[光緒]婺源縣志六十四卷首一卷　（清）吳鶚修　（清）汪正元纂　清光緒九年（1883）刻本　二十四册

340000－1843－0002965　志614.8446/6067
[光緒]婺源縣志六十四卷首一卷　（清）吳鶚修　（清）汪正元纂　清光緒九年（1883）刻本　二十四册

340000－1843－0002966　志614.8446/6067
[光緒]婺源縣志六十四卷首一卷　（清）吳鶚修　（清）汪正元纂　清光緒九年（1883）刻本　二十四册

340000－1843－0002967　志614.8548/4443
[同治]玉山縣志十卷首一卷補遺一卷　（清）黄壽祺修　（清）吳華辰纂　清同治十二年（1873）刻本　十册

340000－1843－0002968　志 614.8648/2080
[同治]廣豐縣志十卷首一卷　(清)雙全　(清)王麟書修　(清)顧蘭生　(清)林廷傑纂　清同治十一年(1872)廣豐縣署刻本　十冊

340000－1843－0002969　志 614.8848/4036
[同治]興安縣志十六卷首一卷　(清)李賓暘修　(清)趙桂林纂　清同治十年(1871)興安縣署刻本　六冊

340000－1843－0002970　志 614.9248/1032
[同治]豐城縣志二十八卷首一卷　(清)王家傑等修　(清)周文鳳　(清)李庚纂　清同治十二年(1873)豐城縣署刻本　十六冊

340000－1843－0002971　志 614.9348/2447
[同治]臨江府志三十二卷首一卷　(清)德馨　(清)飽孝光修　(清)朱孫詒　(清)陳錫麟纂　清同治十年(1871)臨江府署刻本　六冊

340000－1843－0002972　志 614.9348/2447
[同治]臨江府志三十二卷首一卷　(清)德馨　(清)飽孝光修　(清)朱孫詒　(清)陳錫麟纂　清同治十年(1871)臨江府署刻本　六冊

340000－1843－0002973　志 614.9348/3247
[同治]清江縣志十卷首一卷　(清)潘懿　(清)胡湛修　(清)朱孫詒纂　清同治九年(1870)刻本　十冊

340000－1843－0002974　志 614.9348/3247
[同治]清江縣志十卷首一卷　(清)潘懿　(清)胡湛修　(清)朱孫詒纂　清同治九年(1870)刻本　十冊

340000－1843－0002975　志 614.9748/3144
[同治]重修上高縣志十四卷首一卷末一卷　(清)馮蘭森修　(清)陳卿雲等纂　清同治九年(1870)上高縣署刻本　十四冊

340000－1843－0002976　志 614.9848/6042
[同治]奉新縣志十六卷首一卷末一卷　(清)吕懋先修　(清)帥方蔚纂　清同治十年(1871)刻本　十二冊

340000－1843－0002977　志 615.43/7231
[雍正]山東通志三十六卷首一卷　(清)岳濬等修　(清)杜詔等纂　清乾隆元年(1736)刻本　四十四冊

340000－1843－0002978　志 615.146/1064
[道光]濟南府志七十二卷首一卷　(清)王贈芳　(清)王鎮修　(清)成瓘　(清)冷烜纂　清道光二十年(1840)刻本　四十冊

340000－1843－0002979　志 615.10149/0079
[光緒]寧陽志二十四卷　(清)高升榮修　(清)黄恩彤纂　清光緒五年(1879)刻本　十二冊

340000－1843－0002980　志 615.10246/7717
[道光]東平州志三十卷首二卷　(清)周雲鳳修　(清)唐鑑　(清)周兆棠纂　清抄本　八冊

340000－1843－0002981　志 615.11/4673
[光緒]章邱縣鄉土志二卷　(清)楊學淵修　(清)李洪鈺等纂　清光緒三十三年(1907)章邱縣署石印本　二冊

340000－1843－0002982　志 615.1146/6010
[道光]章邱縣志十六卷首一卷末一卷　(清)吴璋修　(清)曹楙堅纂　清道光十三年(1833)章邱縣署刻本　八冊

340000－1843－0002983　志 615.12.1344/1162
[乾隆]掖縣志八卷首一卷　(清)張思勉修　(清)于始瞻纂　清光緒十九年(1893)刻掖縣全志本　十六冊

340000－1843－0002984　志 615.12.1345/1172
[嘉慶]續掖縣志四卷　(清)張彤修　(清)張詡纂　清光緒十九年(1893)刻掖縣全志本　與340000－1843－0002983、2985、2986 合十六冊

340000－1843－0002985　志 615.12.1346/4633
[道光]再續掖縣志二卷　(清)楊祖憲修　(清)侯登岸纂　清光緒十九年(1893)刻掖縣全志本　與 340000－1843－0002983、2984、

2986 合十六册

340000－1843－0002986　志 615.12.1349/2647
[光緒]三續掖縣志四卷首一卷　(清)魏起鵬修　(清)王續藩纂　清光緒十九年(1893)刻掖縣全志本　與 340000－1843－0002983、2984、2985 合十六册

340000－1843－0002987　志 615.12.1644/3246
[乾隆]曲阜縣志一百卷　(清)潘相等纂修　清乾隆三十九年(1774)曲阜縣署刻本　十二册

340000－1843－0002988　志 615.12.248/4433
[同治]即墨縣志十二卷首一卷　(清)林溥修　(清)周翕鐄纂　清同治十二年(1873)刻本　四册

340000－1843－0002989　志 615.12.248/4433
[同治]即墨縣志十二卷首一卷　(清)林溥修　(清)周翕鐄纂　清同治十二年(1873)刻本　四册

340000－1843－0002990　志 615.12.546/2650
[道光]重修平度州志二十七卷　(清)保忠　(清)吳慈修　(清)李圖　(清)王大錀纂　清道光二十九年(1849)平度州署刻本　八册

340000－1843－0002991　志 615.12.546/2650
[道光]重修平度州志二十七卷　(清)保忠　(清)吳慈修　(清)李圖　(清)王大錀纂　清道光二十九年(1849)平度州署刻本　八册

340000－1843－0002992　志 615.12.749/1119
[光緒]益都縣圖志五十四卷首一卷　(清)張承燮修　(清)法偉堂等纂　清光緒三十三年(1907)益都縣署刻本　十六册

340000－1843－0002993　志 615.12.749/1119
[光緒]益都縣圖志五十四卷首一卷　(清)張承燮修　(清)法偉堂等纂　清光緒三十三年(1907)益都縣署刻本　十六册

340000－1843－0002994　志 615.12.948/1728
[同治]黄縣志十四卷首一卷末一卷　(清)尹繼美等纂修　清同治十年(1871)黄縣縣署刻本　四册

340000－1843－0002995　志 615.12.948/1728
[同治]黄縣志十四卷首一卷末一卷　(清)尹繼美等纂修　清同治十年(1871)黄縣縣署刻本　四册

340000－1843－0002996　志 615.1246/8727
[道光]長清縣志十六卷首四卷末二卷　(清)舒化民等修　(清)徐德城等纂　清道光十五年(1835)刻本　八册

340000－1843－0002997　志 615.1246/8727
[道光]長清縣志十六卷首四卷末二卷　(清)舒化民等修　(清)徐德城等纂　清道光十五年(1835)刻本　八册

340000－1843－0002998　志 615.1246/8727
[道光]長清縣志十六卷首四卷末二卷　(清)舒化民等修　(清)徐德城等纂　清道光十五年(1835)刻本　六册

340000－1843－0002999　志 615.13.244/1008
[乾隆]樂陵縣志八卷首一卷末一卷　(清)王謙益修　(清)鄭成中　(清)莊肇奎纂　清末石印本　八册

340000－1843－0003000　志 615.13.648/3430
[同治]臨邑縣志十六卷首一卷末一卷　(清)沈淮修　(清)陳鴻翽續修　(清)翟振慶續纂　清同治十三年(1874)刻本　八册

340000－1843－0003001　志 615.13.648/3430
[同治]臨邑縣志十六卷首一卷末一卷　(清)沈淮修　(清)陳鴻翽續修　(清)翟振慶續纂　清同治十三年(1874)刻本　八册

340000－1843－0003002　志 615.14.445/2780
[嘉慶]長山縣志十六卷首一卷　(清)倪企望修　(清)鍾廷瑛　(清)徐果行纂　清嘉慶六年(1801)長山縣署刻本　十二册

340000－1843－0003003　志 615.16.546/4004
[道光]城武縣志十四卷首一卷　(清)袁章華修　(清)劉士瀛纂　清道光十年(1830)城武縣署刻本　八册

340000－1843－0003004　志 615.6649/4213
[光緒]臨朐縣志十六卷首一卷　(清)姚延福修　(清)鄧嘉緝　(清)蔣師轍纂　清光緒十年(1884)臨朐縣署刻本　六冊

340000－1843－0003005　志 615.9249/6043
[光緒]郯縣續志十二卷首一卷　(清)吳若灝修　(清)錢楏纂　清光緒十八年(1892)刻本　四冊

340000－1843－0003006　志 615.9849/4943
[光緒]泗水縣志十五卷首一卷　(清)趙英祚修　(清)黃承臒纂　清光緒十八年(1892)刻本　八冊

340000－1843－0003007　志 616.15.449/1033
[光緒]鹿邑縣志十六卷首一卷　(清)于滄瀾　(清)馬家彥修　(清)蔣師轍纂　清光緒二十二年(1896)刻本　六冊

340000－1843－0003008　志 616.17.945/1374
[嘉慶]商城縣志十四卷首一卷末一卷　(清)武開吉修　(清)周之祿纂　清嘉慶八年(1803)刻本　十二冊

340000－1843－0003009　志 616.1845/1228
[嘉慶]南陽府志六卷圖一卷　(清)孔傳金纂修　清嘉慶十二年(1807)南陽府署刻本　十二冊

340000－1843－0003010　志 616.18.349/3230
[光緒]南陽縣志十二卷首一卷　(清)潘守廉修　(清)張嘉謀　(清)張鳳岡纂　清光緒三十年(1904)南陽縣署刻本　八冊

340000－1843－0003011　志 616.2－42/8805
[康熙]開封府志四十卷　(清)管竭忠修　(清)張沐纂　清同治二年(1863)開封府署刻本　十冊

340000－1843－0003012　志 616.2346/7273
[道光]尉氏縣志二十卷首一卷　(清)劉厚滋等修　(清)王觀潮等纂　清道光十一年(1831)刻本　八冊

340000－1843－0003013　志 616.5146/3126
[道光]修武縣志十二卷首一卷　(清)馮繼照修　(清)金皋　(清)袁俊纂　清道光十九年(1839)刻本　十冊

340000－1843－0003014　志 616.5146/3126
[道光]修武縣志十二卷首一卷　(清)馮繼照修　(清)金皋　(清)袁俊纂　清道光十九年(1839)刻本　十二冊

340000－1843－0003015　志 616.6145/2127
[嘉慶]濬縣志二十二卷首一卷末一卷　(清)熊象階修　(清)武穆淳纂　清嘉慶七年(1802)刻本　五冊

340000－1843－0003016　志 616.7144/4971
[乾隆]新鄉縣志三十四卷首一卷　(清)趙開元修　(清)暢俊纂　清乾隆十二年(1747)新鄉縣署刻本　六冊

340000－1843－0003017　志 616.7344/6022
[乾隆]獲嘉縣志十六卷首一卷　(清)吳喬齡修　(清)李棟纂　清道光二十五年(1845)刻本　六冊

340000－1843－0003018　志 616.7441/7222
[順治]胙城縣志四卷　(清)劉純德修　(清)郭金鼎纂　清順治十六年(1659)胙城縣署刻本　二冊

340000－1843－0003019　志 616.7442/8031
[康熙]延津縣志十卷　(清)余心孺纂修　清康熙四十一年(1702)刻本　四冊

340000－1843－0003020　志 616.7645/4014
[嘉慶]長垣縣志十六卷　(清)李于垣修　(清)楊元錫纂　清同治十二年(1873)刻本　九冊

340000－1843－0003021　志 616.7646/4438
[道光]續修長垣縣志二卷　(清)葛之鏞修　(清)蔣庸纂　清同治十二年(1873)刻本　一冊

340000－1843－0003022　志 616.7648/4634
[同治]增續長垣縣志二卷　(清)觀祜等修　(清)齊聯芳等纂　清同治十二年(1873)刻本

二册

340000－1843－0003023　志 616.8145/5050

［嘉慶］安陽縣志二十八卷首一卷　（清）貴泰修　（清）武穆淳纂　清嘉慶二十四年（1819）安陽縣署刻本　十四册

340000－1843－0003024　志 617.10448/7231

［同治］應山縣志三十六卷首一卷末一卷　（清）劉宗元等修　（清）吴天錫纂　清同治十年（1871）刻本　十六册

340000－1843－0003025　志 617.11.349/4360

［光緒］黄岡縣志二十四卷首一卷　（清）戴昌言等修　（清）劉恭冕纂　清光緒八年（1882）刻本　二十四册

340000－1843－0003026　志 617.13.1048/7711

［同治］公安縣志八卷首一卷　（清）周承弼修　（清）王慰纂　清同治十三年（1874）公安縣南平書院刻本　十册

340000－1843－0003027　志 617.14.344/4440

［乾隆］東湖縣志三十卷首一卷　（清）林有席修　（清）嚴思濬　（清）林有彬纂　清乾隆二十八年（1763）刻本　八册

340000－1843－0003028　志 617.15.149/7110

［光緒］續輯均州志十六卷首一卷　（清）馬雲龍修　（清）賈洪詔纂　清光緒十年（1884）刻本　八册

340000－1843－0003029　志 617.16.149/1004

［光緒］施南府志續編十卷　（清）王庭楨　（清）李謙修　（清）雷春沼　（清）尹壽衡纂　清光緒十年（1884）施南府署刻本　四册

340000－1843－0003030　志 617.16.149/1004

［光緒］施南府志續編十卷　（清）王庭楨　（清）李謙修　（清）雷春沼　（清）尹壽衡纂　清光緒十年（1884）施南府署刻本　四册

340000－1843－0003031　志 617.16.149/1004

［光緒］施南府志續編十卷　（清）王庭楨　（清）李謙修　（清）雷春沼　（清）尹壽衡纂　清光緒十年（1884）施南府署刻本　四册

340000－1843－0003032　志 617.3148/4636

［同治］襄陽縣志七卷首一卷　（清）吴耀斗修　（清）李士彬纂　清同治十三年（1874）刻本　八册

340000－1843－0003033　志 617.3148/4637

［同治］襄陽縣志七卷首一卷　（清）吴耀斗修　（清）李士彬纂　清同治十三年（1874）刻本　八册

340000－1843－0003034　志 617.16.448/0064

［同治］巴東縣志十六卷首一卷　（清）廖恩樹修　（清）蕭佩聲纂　清光緒六年（1880）刻本　三册

340000－1843－0003035　志/618.－49/4076

［光緒］湖南圖説不分卷　（清）左學吕撰　清光緒二十三年（1897）刻本　二册

340000－1843－0003036　志/618.1148/7225

［同治］長沙縣志三十六卷首一卷　（清）劉采邦等修　（清）張延珂等纂　清同治十年（1871）刻本　二十册

340000－1843－0003037　志/618.1149/6037

［光緒］善化縣志三十四卷首一卷　（清）吴兆熙修　（清）張先掄等纂　清光緒三年（1877）刻本　二十册

340000－1843－0003038　志/618.1248/1039

［同治］瀏陽縣志二十四卷捐修姓氏一卷　（清）王汝惺等修　（清）鄒焌傑等纂　清同治十二年（1873）刻本　十三册

340000－1843－0003039　志/618.1248/1039

［同治］瀏陽縣志二十四卷捐修姓氏一卷　（清）王汝惺等修　（清）鄒焌傑等纂　清同治十二年（1873）刻本　十三册

340000－1843－0003040　志/618.3149/7544

［光緒］湘潭縣志十二卷　（清）陳嘉榆等修　王闓運等纂　清光緒十五年（1889）刻本　十册

340000－1843－0003041　志/618.3149/7544

［光緒］湘潭縣志十二卷　（清）陳嘉榆等修

王闓運等纂　清光緒十五年(1889)刻本　十冊

340000－1843－0003042　志/618.3149/7544
[光緒]湘潭縣志十二卷　(清)陳嘉榆等修　王闓運等纂　清光緒十五年(1889)刻本　十冊

340000－1843－0003043　志/618.3149/7544
[光緒]湘潭縣志十二卷　(清)陳嘉榆等修　王闓運等纂　清光緒十五年(1889)刻本　十冊

340000－1843－0003044　志 215.22/1206
[道光]皖省志略不分卷　(清)朱雲錦纂修　清道光元年(1821)刻本　四冊

340000－1843－0003045　志 622.14.349/6021
[光緒]豐都縣誌四卷首一卷典禮備攷八卷　(清)田秀栗　(清)徐濬鏞修　(清)徐昌緒纂　(清)蔣履泰增纂　清光緒十九年(1893)刻本　八冊　存十卷(縣誌四卷、典禮備攷三至八)

340000－1843－0003046　志 622.14.349/6021
[光緒]豐都縣誌四卷首一卷典禮備攷八卷　(清)田秀栗　(清)徐濬鏞修　(清)徐昌緒纂　(清)蔣履泰增纂　清光緒十九年(1893)刻本　八冊

340000－1843－0003047　志 622.14.349/6021
[光緒]豐都縣誌四卷首一卷典禮備攷八卷　(清)田秀栗　(清)徐濬鏞修　(清)徐昌緒纂　(清)蔣履泰增纂　清光緒十九年(1893)刻本　五冊

340000－1843－0003048　志 622.145/1051
[嘉慶]成都縣志六卷首一卷　(清)王泰雲等修　(清)衷以壎等纂　(清)楊芳燦續纂　清嘉慶二十一年(1816)刻本　六冊

340000－1843－0003049　志 622.145/1051
[嘉慶]成都縣志六卷首一卷　(清)王泰雲等修　(清)衷以壎等纂　(清)楊芳燦續纂　清嘉慶二十一年(1816)刻本　六冊

340000－1843－0003050　志 622.15.249/1044
[光緒]秀山縣志十四卷首一卷　(清)王壽松修　(清)李稽勳等纂　清光緒十八年(1892)刻本　四冊

340000－1843－0003051　志 622.1549/1106
[光緒]重修彭縣志十三卷首一卷　(清)張龍甲修　(清)吕調陽等纂　清刻本　十冊

340000－1843－0003052　志 622.1549/1106
[光緒]重修彭縣志十三卷首一卷　(清)張龍甲修　(清)吕調陽等纂　清刻本　十冊

340000－1843－0003053　志 622.16.348/3128
[同治]南溪縣志八卷　(清)福倫修　(清)胡元翔　(清)唐毓彤纂　清同治十三年(1874)刻本　八冊

340000－1843－0003054　志 622.1646/1155
[道光]新都縣志十八卷首一卷　(清)張奉書等修　(清)張懷泃等纂　清道光二十四年(1844)刻本　十冊

340000－1843－0003055　志 622.17.949/0046
[光緒]蓬州志十五卷　(清)方旭修　(清)張禮傑等纂　清光緒二十三年(1897)刻本　三冊

340000－1843－0003056　志 622.18.846/2584
[道光]巴州志十卷首一卷　(清)朱錫穀修　(清)陳一津等纂　清道光十三年(1833)刻本　四冊

340000－1843－0003057　志 622.19.445/7222
[嘉慶]清溪縣志四卷　(清)劉傳經修　(清)陳一沺纂　清嘉慶五年(1800)清溪縣署刻本　四冊

340000－1843－0003058　志 622.3146/1044
[道光]滎縣志三十八卷首一卷　(清)王培荀等纂修　清道光二十五年(1845)刻本　八冊

340000－1843－0003059　志 622.3244/7714
[乾隆]富順縣志五卷首一卷　(清)段玉裁　(清)李芝纂修　清光緒八年(1882)刻本　五冊

340000－1843－0003060　志622.7545/4001
[嘉慶]羅江縣志十卷　(清)李調元纂修　清光緒八年(1882)刻本　二册

340000－1843－0003061　志622.7545/4044
[嘉慶]羅江縣志三十六卷　(清)李桂林等纂修　清同治四年(1865)刻本　四册

340000－1843－0003062　志622.7545/4044
[嘉慶]羅江縣志三十六卷　(清)李桂林等纂修　清同治四年(1865)刻本　三册

340000－1843－0003063　志622.7545/4044
[嘉慶]羅江縣志三十六卷　(清)李桂林等纂修　清同治四年(1865)刻本　六册

340000－1843－0003064　志622.9246/6003
[道光]蓬溪縣志十六卷　(清)吳章祁修　(清)顧士英纂　清道光二十五年(1845)刻本　四册

340000－1843－0003065　志622.9249/7778
[光緒]蓬溪縣續志十四卷　(清)周學銘修　(清)熊祥謙等纂　清光緒二十五年(1899)刻本　八册

340000－1843－0003066　志623.346/1048
[道光]遵義府志四十八卷首一卷　(清)平翰等修　(清)鄭珍纂　清道光二十一年(1841)刻本　二十册

340000－1843－0003067　志623.346/1048
[道光]遵義府志四十八卷首一卷　(清)平翰等修　(清)鄭珍纂　清道光二十一年(1841)刻本　二十册

340000－1843－0003068　志623.346/1048
[道光]遵義府志四十八卷首一卷　(清)平翰等修　(清)鄭珍纂　清道光二十一年(1841)刻本　二十册

340000－1843－0003069　志624.45/2188
[嘉慶]滇繫四十卷　(清)師範纂修　清光緒十三年(1887)雲南通志局刻本　四十册

340000－1843－0003070　志624.45/2188
[嘉慶]滇繫四十卷　(清)師範纂修　清光緒十三年(1887)雲南通志局刻本　四十册　存三十七卷(一至八、十二至四十)

340000－1843－0003071　志624.49/1040
[光緒]全滇紀要不分卷　(清)雲南課吏館纂修　清光緒三十二年(1906)鉛印本　十册

340000－1843－0003072　志624.49/1040
[光緒]全滇紀要不分卷　(清)雲南課吏館纂修　清光緒三十二年(1906)鉛印本　十册

340000－1843－0003073　志624.49/1040
[光緒]全滇紀要不分卷　(清)雲南課吏館纂修　清光緒三十二年(1906)鉛印本　十册

340000－1843－0003074　志624.146/4321
[道光]昆明縣志十卷　(清)戴絅孫纂修　清光緒二十七年(1901)刻本　十七册

340000－1843－0003075　志624.1149/2541
[光緒]呈貢縣志八卷　(清)朱若功修　(清)李明鋆續修　抄本　十六册

340000－1843－0003076　志624.4542/4427
[康熙]羅平州志四卷　(清)黄德巽修　(清)胡承灝纂　抄本　四册

340000－1843－0003077　志624.4643/8848
[雍正]師宗州志二卷續編一卷　(清)管棆修　(清)夏治源增修　抄本　二册

340000－1843－0003078　志624.4746/2777
[道光]陸涼州志八卷　(清)繆闐修　抄本　三册

340000－1843－0003079　志625.45/2614
[嘉慶]衛藏通志十六卷　(清)和琳纂　清光緒二十一年(1895)桐廬漸西村舍刻本　八册

340000－1843－0003080　志626.43/7208
[雍正]陝西通志一百卷首一卷　(清)劉於義修　(清)沈青崖纂　清雍正十三年(1735)刻本　一百册　缺一卷(陝西通志一)

340000－1843－0003081　志626.10342/1026
[康熙]城固縣志十卷　(清)王穆纂修　清光緒四年(1878)刻本　四册

340000－1843－0003082　志 626.14312/6045
[嘉靖]高陵縣志七卷　(明)吕柟纂修　清光緒十年(1884)刻本　二册

340000－1843－0003083　志 626.1449/2620
[光緒]高陵縣續志八卷　(清)程維雍修　清光緒十年(1884)刻本　二册

340000－1843－0003084　志 626.21312/40131
[嘉靖]耀州志十一卷　(明)李廷寶修　(明)喬世寧纂　清光緒十六年(1890)刻本　三册

340000－1843－0003085　志 626.2144/3131
[乾隆]續耀州志十一卷　(清)汪灝修　(清)鍾麟書纂　清光緒十六年(1890)刻本　三册

340000－1843－0003086　志 626.3649/4768
[光緒]岐山縣志八卷　(清)胡昇猷修　(清)張殿元纂　清光緒十年(1884)刻本　四册

340000－1843－0003087　志 626.411.311/0038
[正德]武功縣志三卷　(明)康海纂修　(清)孫景烈評注　清乾隆二十六年(1761)刻本　一册

340000－1843－0003088　志 626.411.311/0038.2
[正德]武功縣志三卷　(明)康海纂　(清)孫景烈評注　清同治十二年(1873)刻本　一册

340000－1843－0003089　志 626.411.311/0038.2
[正德]武功縣志三卷　(明)康海纂　(清)孫景烈評注　清同治十二年(1873)刻本　一册

340000－1843－0003090　志 626.411.311/0038.3
[正德]武功縣志三卷　(明)康海纂修　(清)孫景烈評注　清乾隆二十六年(1761)抄本　一册

340000－1843－0003091　志 626.546/4072
[道光]榆林府志五十卷首一卷　(清)李熙齡纂修　清道光二十一年(1841)刻本　十二册

340000－1843－0003092　志 626.7744/0054
[乾隆]郃陽縣全志四卷　(清)席奉乾修　(清)孫景烈纂　清乾隆三十四年(1769)郃陽縣署刻本　四册

340000－1843－0003093　志 626.7846/2130
[道光]大荔縣志十六卷首一卷　(清)熊兆麟纂修　清道光三十年(1850)刻本　六册

340000－1843－0003094　志 626.7847/4015
[咸豐]朝邑縣志三卷　(清)李元春纂　清咸豐元年(1851)刻本　二册

340000－1843－0003095　志 626.7847/4015
[咸豐]朝邑縣志三卷　(清)李元春纂　清咸豐元年(1851)刻本　二册

340000－1843－0003096　志 626.7847/4015
[咸豐]朝邑縣志三卷　(清)李元春纂　清咸豐元年(1851)刻本　二册

340000－1843－0003097　志 626.9845/4348
[嘉慶]漢陰廳志十卷首一卷　(清)錢鶴年修　(清)董詔纂　清嘉慶二十三年(1818)漢陰廳署刻本　六册

340000－1843－0003098　志 627.449/8035
[光緒]秦州直隸州新志二十四卷首一卷　(清)余澤春修　(清)王權纂　清光緒十五年(1889)刻本　十六册

340000－1843－0003099　志 627.449/8035
[光緒]秦州直隸州新志二十四卷首一卷　(清)余澤春修　(清)王權纂　清光緒十五年(1889)刻本　十六册

340000－1843－0003100　志 627.1344/6020
[乾隆]皋蘭縣志二十卷　(清)吴鼎新修　(清)黄建中纂　清乾隆四十三年(1778)影印本　四册

340000－1843－0003101　志 627.4146/6673
[道光]秦安縣志十四卷　(清)嚴長宦修　(清)劉德熙纂　清道光十八年(1838)刻本　四册

340000－1843－0003102　志 627.9445/6072

[嘉慶]**武階備志二十二卷**　(清)吳鵬翱纂修　清同治十二年(1873)刻本　四册

340000 - 1843 - 0003103　志 622.1648/1101
[同治]**新繁縣志一六卷首一卷**　(清)張文珍等修　清同治十二年(1873)刻本　八册

340000 - 1843 - 0003104　志 622.749/7109
[光緒]**新修潼川府志三十卷**　(清)阿麟修　清光緒二十三年(1897)刻本　十六册

340000 - 1843 - 0003105　志 622.7548/7123
[同治]**續修羅江縣志二十四卷**　(清)馬傳業修　清同治四年(1865)刻本　二册

340000 - 1843 - 0003106　志 631.44/8002.2
[乾隆]**續修臺灣府志二十六卷首一卷**　(清)余文儀修　(清)黄佾纂　抄本　二十四册

340000 - 1843 - 0003107　志 631.44/8002
[乾隆]**續修臺灣府志二十六卷首一卷**　(清)余文儀修　(清)黄佾纂　清乾隆三十九年(1774)刻本　十二册

340000 - 1843 - 0003108　志 630.410/4042
[宣統]**新疆圖志一百十六卷首一卷**　袁大化修　王樹楠纂　清宣統三年(1911)木活字印本　六十册

340000 - 1843 - 0003109　志 610.11.1/7767
[光緒]**周莊鎮志六卷首一卷庚申見聞録二卷**　(清)陶煦纂修　清光緒八年(1882)刻本　六册

340000 - 1843 - 0003110　志 610.11.2/2833
[嘉慶]**黎里志十六卷首一卷**　(清)徐達源纂修　清嘉慶十年(1805)刻本　十册

340000 - 1843 - 0003111　志 610.11.2/2833
[嘉慶]**黎里志十六卷首一卷**　(清)徐達源纂修　清光緒二十五年(1899)刻本　十册

340000 - 1843 - 0003112　志 610.11.2/2833
[光緒]**黎里續志十六卷首一卷**　(清)蔡丙圻纂修　清光緒二十五年(1899)刻本　十册

340000 - 1843 - 0003113　志 610.11.244/7524
[乾隆]**震澤縣志三十八卷首一卷**　(清)陳和志修　(清)倪師孟　(清)沈彤纂　清光緒十九年(1893)刻本　八册

340000 - 1843 - 0003114　志 610.11.249/8038
[光緒]**吳江縣續志四十卷首一卷**　(清)金福曾修　(清)熊其英纂　清光緒五年(1879)刻本　七册　存三十八卷(一至三十七、首一卷)

340000 - 1843 - 0003115　志 610.11.249/8038
[光緒]**吳江縣續志四十卷**　(清)金福曾修　(清)熊其英纂　清光緒五年(1879)刻本　八册

340000 - 1843 - 0003116　志 610.11.44/7016
[乾隆]**蘇州府志八十卷首一卷**　(清)雅爾哈善等修　(清)習寯等纂　清乾隆十三年(1748)刻本　二十二册

340000 - 1843 - 0003117　志 610.11.48/4082
[同治]**重修蘇州府志一百五十卷**　(清)李銘皖等修　(清)馮桂芬纂　清光緒八年(1882)刻本　八十册

340000 - 1843 - 0003118　志 610.1148/4434
[同治]**上江兩縣志二十九卷首一卷**　(清)莫祥芝　(清)甘紹盤修　(清)汪士鐸等纂　清同治十三年(1874)刻本　十一册　存二十九卷(一至十一、十三至二十九,首一卷)

340000 - 1843 - 0003119　志 610.1148/4434.2
[同治]**上江兩縣志二十九卷首一卷**　(清)莫祥芝　(清)甘紹盤修　(清)汪士鐸等纂　清光緒二年(1876)刻本　十二册

340000 - 1843 - 0003120　志 610.12.1045/4621
[嘉慶]**如皋縣志二十四卷**　(清)楊受廷　(清)左元鎮修　(清)馮汝舟　(清)江大鍵纂　清嘉慶十三年(1808)刻本　十册

340000 - 1843 - 0003121　志 610.12.1046/4428
[道光]**如皋縣續志十二卷**　(清)范士義修　(清)吳鎧纂　清道光十七年(1837)刻本　二册

340000 - 1843 - 0003122　志 610.12.1048/7771

[同治]如皋縣續志十六卷　(清)周際霖　(清)胡維藩修　(清)周項　(清)吳開陽纂　清同治十二年(1873)刻本　六冊

340000-1843-0003123　志610.12.1245/4062
[嘉慶]溧陽縣志十六卷　(清)李景嶧　(清)陳鴻壽修　(清)史炳等纂　清光緒二十二年(1896)楊立志木活字印本　十冊

340000-1843-0003124　志610.12.1249/2563
[光緒]溧陽縣續志十六卷末一卷　(清)朱畯等修　(清)馮煦等纂　清光緒二十五年(1899)木活字印本　八冊

340000-1843-0003125　志610.12.1349/2160
[光緒]江陰縣志三十卷首一卷　(清)盧思誠等修　(清)季念詒等纂　清光緒四年(1878)刻本　二十冊

340000-1843-0003126　志610.12.1445/0026
[嘉慶]重刊荊溪縣志四卷首一卷　(清)唐仲冕修　(清)寧楷纂　清光緒八年(1882)刻本　二冊

340000-1843-0003127　志610.12.1445/4029
[嘉慶]重刊宜興縣志十卷首一卷末一卷　(清)李先榮原本　(清)阮升基增修　(清)寧楷增纂　清光緒八年(1882)刻本　十冊

340000-1843-0003128　志610.12.1446/3127
[道光]重刊續纂宜荆縣志十卷首一卷　(清)顧名　(清)龔潤森修　(清)吳德旋纂　清道光二十年(1840)刻本　四冊

340000-1843-0003129　志610.12.1449/0850
[光緒]宜興荆溪縣新志十卷首一卷末一卷　(清)施惠　(清)錢志澄修　(清)吳景牆纂　清光緒八年(1882)刻本　八冊

340000-1843-0003130　志610.12.15/4418
琴川三志補記十卷續八卷　(清)黄廷鑑撰　清光緒二十四年(1898)木活字印本　四冊

340000-1843-0003131　志610.12.1544/1086
[乾隆]常昭合志十二卷首一卷　(清)王錦　(清)楊繼熊修　(清)言如泗纂　清光緒二十四年(1898)木活字印本　十四冊

340000-1843-0003132　志610.12.1549/8783
[光緒]常昭合志稿四十八卷首一卷末一卷　(清)鄭鍾祥　(清)張瀛修　(清)龐鴻文纂　清光緒三十年(1904)木活字印本　十六冊

340000-1843-0003133　志610.12.172/4605
[至正]昆山郡志六卷　(元)楊譓纂修　清抄本　一冊

340000-1843-0003134　志610.12.248/4023
[同治]宿遷縣志十九卷　(清)李德溥修　(清)方駿謨纂　清同治十三年(1874)刻本　六冊

340000-1843-0003135　志610.12.348/1134
[同治]重修山陽縣志二十一卷圖一卷　(清)張兆棟　(清)孫雲修　(清)何紹基　(清)丁晏纂　清同治十二年(1873)刻本　八冊

340000-1843-0003136　志610.12.445/7740
[嘉慶]東臺縣志四十卷　(清)周右修　(清)蔡復午等纂　清嘉慶二十二年(1817)刻本　十冊

340000-1843-0003137　志610.12.445/7740
[嘉慶]東臺縣志四十卷　(清)周右修　(清)蔡復午等纂　清嘉慶二十二年(1817)刻本　十二冊

340000-1843-0003138　志610.12.445/7740.2
[嘉慶]東臺縣志四十卷　(清)周右修　(清)蔡復午等纂　清道光十年(1830)刻本　十冊

340000-1843-0003139　志610.12.745/4632
[嘉慶]高郵州志十二卷首一卷　(清)楊宜侖修　(清)夏之蓉　(清)沈之本纂　清道光二十五年(1845)刻本　十八冊

340000-1843-0003140　志610.12.746/4095
[道光]續增高郵州志不分卷　(清)左輝春等纂修　清道光二十三年(1843)刻本　六冊

340000-1843-0003141　志610.12.749/8019
[光緒]再續高郵州志八卷首一卷　(清)龔定

瀛修　(清)夏子鐊纂　清光緒九年(1883)刻本　八冊

340000－1843－0003142　志 610.12.847/3364
[咸豐]重修興化縣志十卷　(清)梁園棣修　(清)鄭之僑　(清)趙彦俞纂　清咸豐二年(1852)刻本　八冊

340000－1843－0003143　志 610.12.847/3364
[咸豐]重修興化縣志十卷　(清)梁園棣修　(清)鄭之僑　(清)趙彦俞纂　清咸豐二年(1852)刻本　十冊

340000－1843－0003144　志 610.1249/0410
[光緒]六合縣志八卷圖説一卷　(清)謝延庚等修　(清)賀廷壽等纂　清光緒九年至十年(1883－1884)刻本　十冊

340000－1843－0003145　志 610.1349/2349
[光緒]溧水縣志二十二卷首一卷　(清)傅觀光　(清)施春膏修　(清)丁維誠纂　清光緒九年(1883)刻本　十二冊

340000－1843－0003146　志 610.1449/2733
[光緒]江浦埤乘四十卷首一卷　(清)侯宗海　(清)夏錫寶纂　清光緒十七年(1891)刻本　六冊

340000－1843－0003147　志 611.101248/1042
[同治]江山縣志十二卷首一卷末一卷　(清)王彬修　(清)朱寶慈纂　清同治十二年(1873)刻本　八冊

340000－1843－0003148　志 611.101248/1042
[同治]江山縣志十二卷首一卷末一卷　(清)王彬修　(清)朱寶慈纂　清同治十二年(1873)刻本　八冊

340000－1843－0003149　志 610.101/4477.2
錫金識小錄十二卷　(清)黄印撰　清光緒二十二年(1896)木活字印本　六冊

340000－1843－0003150　志 610.10149/1145
[光緒]無錫金匱縣志四十卷首一卷　(清)裴大中　(清)倪咸生修　(清)秦緗業纂　清光緒七年(1881)刻本　十八冊

340000－1843－0003151　志 610.10149/1145
[光緒]無錫金匱縣志四十卷首一卷　(清)裴大中　(清)倪咸生修　(清)秦緗業纂　清光緒七年(1881)刻本　二十冊

340000－1843－0003152　志 610.2349/2723
[光緒]睢寧縣志稿十八卷　(清)侯紹瀛修　(清)丁顯纂　清光緒十二年(1886)刻本　六冊

340000－1843－0003153　志 610.248/6042
[同治]徐州府志二十五卷　(清)吳世雄　(清)朱忻修　(清)劉庠　(清)方駿謨纂　清同治十三年(1874)刻本　十六冊

340000－1843－0003154　志 610.248/6042
[同治]徐州府志二十五卷　(清)吳世雄　(清)朱忻修　(清)劉庠　(清)方駿謨纂　清同治十三年(1874)刻本　十二冊

340000－1843－0003155　志 610.2547/4477
[咸豐]邳州志二十卷首一卷　(清)董用威　(清)馬軼群修　(清)魯一同纂　清咸豐元年(1851)刻本　四冊

340000－1843－0003156　志 610.2547/4477.2
[咸豐]邳州志二十卷首一卷　(清)董用威　(清)馬軼群修　(清)魯一同纂　清光緒十八年(1892)刻本　四冊

340000－1843－0003157　志 610.2547/4477.3
[咸豐]邳州志二十卷首一卷　(清)董用威　(清)馬軼群修　(清)魯一同纂　清光緒二十一年(1895)刻本　四冊

340000－1843－0003158　志 610.3349/1017
[光緒]贛榆縣志十八卷　(清)王豫熙修　張謇纂　清光緒十四年(1888)刻本　四冊

340000－1843－0003159　志 610.345/0026
[嘉慶]海州直隸州志三十二卷首一卷　(清)唐仲冕修　(清)汪梅鼎等纂　清嘉慶十六年(1811)刻本　十冊

340000－1843－0003160　志 610.4146/5580
[道光]淮城信今錄十卷　(清)曹鑣撰　抄本

八册

340000－1843－0003161　志 610.4849/8019
[光緒]重修安東縣志十五卷首一卷　(清)金元烺修　(清)吳昆田　(清)魯蕡纂　清光緒元年(1875)刻本　四册

340000－1843－0003162　志 610.4948/2225
[同治]盱眙縣志六卷　(清)崔秀春　(清)方家藩修　(清)傅紹曾纂　清同治十二年(1873)刻本　四册

340000－1843－0003163　志 610.4949/1081
[光緒]盱眙縣志稿十七卷首一卷　(清)王錫元修　(清)高延第等纂　清光緒刻本　八册

340000－1843－0003164　志 610.499/1218
[光緒]淮安府志四十卷首一卷　(清)孫雲錦修　(清)吳昆田　(清)高延第纂　清光緒十年(1884)刻本　十六册

340000－1843－0003165　志 610.5249/7159
[光緒]阜寧縣志二十四卷首一卷　(清)阮本焱修　(清)陳肇礽　(清)殷自芳纂　清光緒十二年(1886)刻本　十册

340000－1843－0003166　志 610.549/7226
[光緒]鹽城縣志十七卷首一卷　(清)劉崇照修　(清)陳玉樹　(清)龍繼棟纂　清光緒二十一年(1895)刻本　八册

340000－1843－0003167　志 610.6－45/7149
[嘉慶]重修揚州府志七十二卷首一卷　(清)阿克當阿修　(清)姚文田等纂　清嘉慶十五年(1810)刻本　四十八册

340000－1843－0003168　志 610.6446/1784
[道光]重修寶應縣志二十八卷首一卷　(清)孟毓蘭修　(清)喬載繇等纂　清道光二十年(1840)刻本　十册

340000－1843－0003169　志 610.65/2022
北湖小志六卷首一卷　(清)焦循撰　清嘉慶十三年(1808)刻本　二册

340000－1843－0003170　志 610.65/4410
甘棠小志四卷首一卷末一卷　(清)董醇纂修　清咸豐五年(1855)刻本　四册

340000－1843－0003171　志 610.6544/1047
[乾隆]江都縣志三十二卷　(清)五格　(清)黄湘纂修　清光緒七年(1881)刻本　十册

340000－1843－0003172　志 610.6549/0410
[光緒]江都縣續志三十卷首一卷　(清)謝延庚修　(清)劉壽曾纂　清光緒七年(1881)刻本　八册

340000－1843－0003173　志 610.6549/0410
[光緒]江都縣續志三十卷首一卷　(清)謝延庚修　(清)劉壽曾纂　清光緒十年(1884)刻本　十二册

340000－1843－0003174　志 610.6549/2875
[光緒]增修甘泉縣志二十四卷首一卷圖一卷　(清)徐成敟等修　(清)陳浩恩等纂　清光緒七年(1881)木活字印本　二十册

340000－1843－0003175　志 610.6649/4631
[光緒]泰興縣志二十六卷首一卷末一卷　(清)楊激雲修　(清)顧曾烜纂　清光緒十二年(1886)刻本　十册

340000－1843－0003176　志 610.8149/2120
[光緒]丹徒縣志六十卷首四卷　(清)何紹章　(清)馮壽鏡修　(清)呂耀斗纂　清光緒五年(1879)刻本　三十二册

340000－1843－0003177　志 610.8244/5502
[乾隆]句容縣志十卷首一卷末一卷　(清)曹襲先纂修　清光緒二十六年(1900)刻本　八册

340000－1843－0003178　志 610.8249/1129
[光緒]續纂句容縣志二十卷首一卷末一卷　(清)張紹棠修　(清)蕭穆纂　清光緒三十年(1904)刻本　二十册

340000－1843－0003179　志 610.9149/4488
[光緒]武陽志餘十二卷首一卷　(清)莊毓鋐　(清)陸鼎翰纂修　清光緒十四年(1888)木活字印本　十五册

340000－1843－0003180　志 610.9149/1043
[光緒]**武進陽湖縣志三十卷首一卷**　(清)王其淦　(清)吳康壽修　(清)湯成烈纂　清光緒五年(1879)刻本　二十冊

340000－1843－0003181　志 611.43/4021
[雍正]**敕修浙江通志二百八十卷首三卷**　(清)嵇曾筠修　(清)沈翼機纂　清光緒二十五年(1899)刻本　一百二十冊

340000－1843－0003182　志 611.11/3104
[咸淳]**臨安志一百卷**　(元)潛說友纂修　清道光十年(1830)錢塘汪氏振綺堂刻本　二十四冊

340000－1843－0003183　志 611.11/4480
[淳熙]**嚴州圖經三卷**　(宋)陳公亮修　(宋)劉文富纂　清光緒二十二年(1896)漸西村舍刻本　二冊

340000－1843－0003184　志 611.11/7733
[乾道]**臨安志十五卷**　(宋)周淙纂修　清光緒七年(1881)刻本　一冊

340000－1843－0003185　志 611.11/8316
[景定]**嚴州續志十卷**　(宋)錢可則修　(宋)鄭瑤等纂　清光緒二十二年(1896)刻本　二冊

340000－1843－0003186　志 611.149/1077
[光緒]**唐棲志二十卷**　(清)王同纂修　清光緒十六年(1890)刻本　八冊

340000－1843－0003187　志 611.149/6043
[光緒]**嚴州府志三十八卷首一卷**　(清)吳士進修　(清)吳世榮纂　(清)鄒伯森等纂　清光緒十六年(1890)刻本　二十八冊

340000－1843－0003188　志 611.101248/1042
[同治]**江山縣志十二卷首一卷末一卷**　(清)王彬修　(清)朱寶慈纂　清同治十二年(1873)刻本　八冊

340000－1843－0003189　志 611.10249/7790
[光緒]**餘姚縣志二十七卷首一卷末一卷**　(清)周炳麟修　(清)邵友濂等纂　清光緒二十五年(1899)刻本　十六冊

340000－1843－0003190　志 611.10349/4650
[光緒]**慈溪縣志五十六卷附編一卷**　(清)楊泰亨修　(清)馮可鏞纂　清刻本　二十四冊

340000－1843－0003191　志 611.10449/4083
[光緒]**奉化縣志四十卷首一卷**　(清)李前泮修　(清)張美翊纂　清光緒三十四年(1908)刻本　十二冊

340000－1843－0003192　志 611.10749/4230
[光緒]**平湖縣志二十五卷首一卷**　(清)彭潤章修　(清)葉廉鍔纂　清光緒十二年(1886)刻本　十三冊

340000－1843－0003193　志 611.10849/7534
[光緒]**諸暨縣志六十卷首一卷**　(清)陳遹聲修　(清)蔣鴻藻纂　清宣統二年(1910)刻本　十八冊

340000－1843－0003194　志 611.10949/5088
[光緒]**蘭溪縣志八卷首一卷補遺一卷**　(清)秦簧等修　(清)唐壬森纂　清光緒十五年(1889)刻本　十冊

340000－1843－0003195　志 611.10949/5088
[光緒]**蘭溪縣志八卷首一卷補遺一卷**　(清)秦簧等修　(清)唐壬森纂　清光緒十五年(1889)刻本　十冊

340000－1843－0003196　子 311.211/4418
欽定古今圖書集成一萬卷目録四十卷考證二十四卷　(清)蔣廷錫等纂　(清)陳夢雷等原輯　清光緒十二年(1886)同文書局石印本　五千四十四冊

340000－1843－0003197　子 311.23/3434
御定駢字類編二百四十卷　(清)聖祖玄燁　(清)沈宗敬編　清光緒十三年(1887)上海同文書局石印本　四十八冊

340000－1843－0003198　子 311.23/3434
御定駢字類編二百四十卷　(清)聖祖玄燁　(清)沈宗敬編　清光緒十三年(1887)上海同文書局石印本　四十八冊

340000－1843－0003199　子 311.24/2123
新纂氏族箋釋(增補氏族箋釋)八卷　(清)熊峻運編　清裕元堂刻本　四册

340000－1843－0003200　子 311.24/2129
省軒考古類編十二卷　(清)柴紹炳纂　(清)姚培謙評　清乾隆二十三年(1758)文盛堂刻本　六册

340000－1843－0003201　子 311.24/2129
省軒考古類編十二卷　(清)柴紹炳纂　(清)姚培謙評　清乾隆二十三年(1758)敦化堂刻本　六册

340000－1843－0003202　子 311.24/2129
省軒考古類編十二卷　(清)柴紹炳纂　(清)姚培謙評　清乾隆二十三年(1758)敦化堂刻本　六册

340000－1843－0003203　子 311.24/2129.2
省軒考古類編十二卷　(清)柴紹炳纂　(清)姚培謙評　清雍正四年(1726)澹成堂刻本　八册

340000－1843－0003204　子 311.24/2622
人壽金鑑二十二卷　(清)程得齡編　清嘉慶二十五年(1820)柳衣園刻本　六册

340000－1843－0003205　子 311.24/2622
人壽金鑑二十二卷　(清)程得齡編　清嘉慶二十五年(1820)柳衣園刻本　六册

340000－1843－0003206　子 311.24/2634
人鏡類纂四十六卷　(清)程之楨編　清同治十二年(1873)江夏程氏刻本　八册

340000－1843－0003207　子 311.24/3148
經濟類考二卷　(清)顧九錫編　清末慶槐堂刻本　四册

340000－1843－0003208　子 311.24/3148
經濟類考二卷　(清)顧九錫編　清光緒十五年(1889)上海鴻文書局石印本　二册

340000－1843－0003209　子 311.24/3148
經濟類考約編二卷　(清)顧九錫編　清刻本　六册

340000－1843－0003210　子 311.24/3308
稱謂錄三十二卷　(清)梁章鉅撰　清光緒十年(1884)刻本　八册

340000－1843－0003211　子 311.24/4444
古今類傳四卷　(清)董穀士　(清)董炳文編　清末未學齋刻本　四册

340000－1843－0003212　子 311.24/4444
古今類傳四卷　(清)董穀士　(清)董炳文編　清末未學齋刻本　四册

340000－1843－0003213　子 311.24/5064
月令粹編二十一卷圖説一卷　(清)秦嘉謨輯　清嘉慶十七年(1812)江都秦氏刻本　八册

340000－1843－0003214　子 311.24/7510
格致鏡原一百卷　(清)陳元龍撰　清雍正十三年(1735)刻本　二十四册

340000－1843－0003215　子 311.24/7510
格致鏡原一百卷　(清)陳元龍撰　清雍正十三年(1735)刻本　二十四册

340000－1843－0003216　子 312.1/4608
陰符經發隱一卷道德經發隱一卷沖虚經發隱一卷南華經發隱一卷　(清)楊文會註　清光緒三十年(1904)金陵刻經處刻本　一册

340000－1843－0003217　子 312.1/4608
陰符經發隱一卷道德經發隱一卷沖虚經發隱一卷南華經發隱一卷　(清)楊文會註　清光緒三十年(1904)金陵刻經處刻本　一册

340000－1843－0003218　子 312.1/4608
陰符經發隱一卷道德經發隱一卷沖虚經發隱一卷南華經發隱一卷　(清)楊文會註　清光緒三十年(1904)金陵刻經處刻本　一册

340000－1843－0003219　子 312.1/7740
文昌帝君陰騭文廣義節錄三卷　(清)周夢顔述　清光緒二十六年(1900)刻本　三册

340000－1843－0003220　子 312.1/7740
文昌帝君陰騭文廣義節錄三卷　(清)周夢顔述　清光緒二十六年(1900)刻本　三册

340000－1843－0003221　子 312.1/7740

文昌帝君陰騭文廣義節錄三卷　(清)周夢顏述　清光緒七年(1881)揚州藏經禪院刻本　三冊

340000－1843－0003222　子312.1/7740
文昌帝君陰騭文廣義節錄三卷　(清)周夢顏述　清光緒七年(1881)揚州藏經禪院刻本　三冊

340000－1843－0003223　子312.1/7740
文昌帝君陰騭文廣義節錄三卷　(清)周夢顏述　清光緒七年(1881)揚州藏經禪院刻本　三冊

340000－1843－0003224　子312.1/7740
文昌帝君陰騭文廣義節錄三卷　(清)周夢顏述　清光緒七年(1881)揚州藏經禪院刻本　三冊

340000－1843－0003225　子312.1/7740
文昌帝君陰騭文廣義節錄三卷　(清)周夢顏述　清光緒七年(1881)揚州藏經禪院刻本　三冊

340000－1843－0003226　子312.10/5522
道藏考略不分卷　曲繼皋撰　抄本　一冊

340000－1843－0003227　子312.2/1020
太上感應篇圖說一卷　(清)黃正元撰　(清)許鶴沙圖説　清同治十一年(1872)同心堂刻本　一冊

340000－1843－0003228　子312.2/1020
太上感應篇圖說一卷　(清)黃正元撰　(清)許鶴沙圖説　清光緒十五年(1889)木活字印本　一冊

340000－1843－0003229　子313.1/0000
佛説阿彌陀經一卷　(□)□□譯　清光緒十五年(1889)金陵刻經處刻本　一冊

340000－1843－0003230　子313.1/0000
佛説阿彌陀經一卷　(□)□□譯　清光緒十五年(1889)金陵刻經處刻本　一冊

340000－1843－0003231　子313.1/0000
佛説盂蘭盆經一卷　(□)□□譯　清光緒十五年(1889)金陵刻經處刻本　一冊

340000－1843－0003232　子313.1/0000
金剛三昧經二卷　(□)□□譯　清同治十二年(1873)金陵刻經處刻本　一冊

340000－1843－0003233　子313.1/0000
阿彌陀經一卷　(□)□□譯　清光緒十五年(1889)金陵刻經處刻本　一冊

340000－1843－0003234　子313.1/0000
阿彌陀經一卷　(□)□□譯　清光緒十五年(1889)金陵刻經處刻本　一冊

340000－1843－0003235　子313.1/0000
阿彌陀經一卷　(□)□□譯　清光緒十五年(1889)金陵刻經處刻本　一冊

340000－1843－0003236　子313.1/0000
阿彌陀經一卷　(□)□□譯　清光緒十五年(1889)金陵刻經處刻本　一冊

340000－1843－0003237　子313.1/0000
阿彌陀經一卷　(□)□□譯　清光緒十五年(1889)金陵刻經處刻本　一冊

340000－1843－0003238　子313.1/0000
阿彌陀經一卷　(□)□□譯　清光緒十五年(1889)金陵刻經處刻本　一冊

340000－1843－0003239　子313.1/0000
妙法蓮華經觀世音菩薩普門品一卷　(□)□□譯　清光緒十二年(1886)江北刻經處刻本　一冊

340000－1843－0003240　子313.1/0000
妙法蓮華經觀世音菩薩普門品一卷　(□)□□譯　清光緒十二年(1886)江北刻經處刻本　一冊

340000－1843－0003241　子313.1/0000
妙法蓮華經觀世音菩薩普門品一卷　(□)□□譯　清光緒十二年(1886)江北刻經處刻本　一冊

340000－1843－0003242　子313.1/0000
大方便佛報恩經七卷　(□)□□譯　清同治十一年(1872)金陵刻經處刻本　二冊

340000－1843－0003243　子313.1/0000

大方便佛報恩經七卷　(□)□□譯　清同治十一年(1872)金陵刻經處刻本　二冊

340000－1843－0003244　子313.1/0000

大方便佛報恩經七卷　(□)□□譯　清同治十一年(1872)金陵刻經處刻本　二冊

340000－1843－0003245　子313.1/0000

大方便佛報恩經七卷　(□)□□譯　清同治十一年(1872)金陵刻經處刻本　二冊

340000－1843－0003246　子313.1/0000

大方便佛報恩經七卷　(□)□□譯　清同治十一年(1872)金陵刻經處刻本　二冊

340000－1843－0003247　子313.1/0000

御定大雲輪請雨經一卷　(□)□□譯　清同治九年(1870)崇文書局刻本　一冊

340000－1843－0003248　子313.1/0024

藥師瑠璃光如來本願功德經一卷　(唐)[釋玄奘]譯　清道光十六年(1836)刻本　一冊

340000－1843－0003249　子313.1/0024

藥師瑠璃光如來本願功德經一卷　(唐)[釋玄奘]譯　清道光十六年(1836)刻本　一冊

340000－1843－0003250　子313.1/0024

藥師瑠璃光如來本願功德經一卷　(唐)[釋玄奘]譯　清道光十六年(1836)刻本　一冊

340000－1843－0003251　子313.1/0024

藥師瑠璃光如來本願功德經一卷　(唐)[釋玄奘]譯　清道光十六年(1836)刻本　一冊

340000－1843－0003252　子313.1/0024

藥師瑠璃光如來本願功德經一卷　(唐)[釋玄奘]譯　清道光十六年(1836)刻本　一冊

340000－1843－0003253　子313.1/1032

諸菩薩求佛本業經一卷菩薩十住行道品經一卷佛說菩薩十住經等目菩薩所問三昧經三卷文殊師利問菩薩署經一卷　(晉)聶道真等譯　清宣統元年(1909)刻本　一冊

340000－1843－0003254　子313.1/4273

一乘決疑論一卷　(清)彭際清譯　清同治八年(1869)如皋刻經處刻本　一冊

340000－1843－0003255　子313.1/4273

一乘決疑論一卷　(清)彭際清譯　清同治八年(1869)如皋刻經處刻本　一冊

340000－1843－0003256　子313.1/4706

佛垂般涅槃略說教誡經一卷佛臨涅槃記法住經一卷佛滅度後棺斂葬送經一卷般泥洹後灌臘經一卷　(後秦)釋鳩摩羅什等譯　清宣統元年(1909)刻本　一冊

340000－1843－0003257　子313.1/6080

大方廣三戒經三卷　(印度)釋曇無讖譯　清宣統元年(1909)刻本　一冊

340000－1843－0003258　子313.1/6168

善住意天子所問經三卷　(北魏)釋毗目智仙　(北魏)釋流支譯　清光緒六年(1880)常熟刻經處刻本　一冊

340000－1843－0003259　子313.1/6662

毗耶娑問經二卷　(北魏)釋瞿曇般若流支等譯　清宣統元年(1909)刻本　一冊

340000－1843－0003260　子313.1/1677

佛說羅摩伽經四卷　(晉)釋聖堅譯　清宣統元年(1909)刻本　一冊

340000－1843－0003261　子313.1/2143

得無垢女經一卷文殊師利所說不思議佛界經二卷　(北魏)釋瞿曇般若流支等譯　清宣統元年(1909)刻本　一冊

340000－1843－0003262　子313.1/3040

佛說大安般守意經二卷　(漢)釋安世高譯　清宣統元年(1909)刻本　一冊

340000－1843－0003263　子313.1/3040

佛說大乘方等要慧經一卷彌勒菩薩所問本願經一卷度一切諸佛境界智嚴經一卷佛遺日摩尼寶經一卷佛說摩訶衍寶嚴經一卷　(漢)釋安世高譯　清宣統二年(1910)刻本　一冊

340000－1843－0003264　子313.1/3074

地藏菩薩本願經三卷　(唐)釋實叉難陀譯　清光緒三十年(1904)金陵刻經處刻本　一冊

340000－1843－0003265　子 313.1/3477

佛説俱枳羅陀羅尼經一卷佛説消除一切災障寶髻陀羅尼經一卷佛説妙色陀羅尼經一卷栴檀香身陀羅尼經一卷鉢蘭那賒嚩哩大陀羅尼經一卷宿命智陀羅尼經一卷慈氏菩薩誓願陀羅尼經一卷滅除五逆罪大陀羅尼經一卷無量功德陀羅尼經一卷十八臂陀羅尼經一卷洛叉陀羅尼經一卷辟除諸惡陀羅尼經一卷大愛陀羅尼經一卷阿羅漢具德經一卷八大靈塔名號經一卷尊那經一卷頻婆娑羅王經一卷人仙經一卷舊城喻經一卷信解智力經一卷　(宋)釋法賢譯　清宣統元年(1909)揚州刻本　一册

340000－1843－0003266　子 313.1/3731

佛説觀彌勒菩薩上生兜率陀天經一卷佛説彌勒下生經一卷佛説觀彌勒菩薩下生經一卷　(南朝宋)釋沮渠景聲譯　清光緒三年(1877)金陵刻經處刻本　一册

340000－1843－0003267　子 313.1/4067

成具光明定意經一卷　(漢)釋支曜譯　清刻本　一册

340000－1843－0003268　子 313.1/4316

楞伽阿跋多羅寶經四卷　(南朝宋)釋求那跋陀羅譯　清同治九年(1870)金陵刻經處刻本　二册

340000－1843－0003269　子 313.1/4316

佛説菩薩内戒經一卷　(南朝宋)釋求那跋摩譯　清光緒十六年(1890)江北刻經處刻本　一册

340000－1843－0003270　子 313.1/0024

般若波羅蜜多心經一卷　(唐)[釋玄奘]譯　清光緒十五年(1889)如臯刻經處刻本　一册

340000－1843－0003271　子 313.1/0024

般若波羅蜜多心經一卷　(唐)[釋玄奘]譯　清光緒十五年(1889)如臯刻經處刻本　一册

340000－1843－0003272　子 313.1/0024

般若波羅蜜多心經一卷　(唐)[釋玄奘]譯　清光緒十五年(1889)如臯刻經處刻本　一册

340000－1843－0003273　子 313.1/0024

般若波羅蜜多心經一卷　(唐)[釋玄奘]譯　清光緒十五年(1889)如臯刻經處刻本　一册

340000－1843－0003274　子 313.1/0024

般若波羅蜜多心經一卷　(唐)[釋玄奘]譯　清光緒十五年(1889)如臯刻經處刻本　一册

340000－1843－0003275　子 313.1/4706

諸法無行經二卷　(後秦)釋鳩摩羅什譯　清宣統元年(1909)常州天寧寺刻本　一册

340000－1843－0003276　子 313.1/4706

摩訶般若波羅蜜經二十七卷　(後秦)釋鳩摩羅什譯　清光緒十五年(1889)如臯刻經處刻本　三册　存十五卷(一至五、二十一至三十)

340000－1843－0003277　子 313.1/4706

佛説阿彌陀經一卷觀世音經楞嚴大勢至念佛章一卷往生咒佛贊蓮池大師發願回向文一卷　(後秦)釋鳩摩羅什譯　清刻本　一册

340000－1843－0003278　子 313.1/4706

佛説阿彌陀經一卷阿彌陀經疏鈔擷一卷跋一卷　(後秦)釋鳩摩羅什譯　清北京文芳刻字石印局刻本　一册

340000－1843－0003279　子 313.1/0028

佛説無量壽經二卷　(三國魏)釋康僧鎧譯　清同治十三年(1874)金陵刻經處刻本　一册

340000－1843－0003280　子 313.1/0028

六度集經八卷　(三國吳)釋康僧會譯　清光緒五年(1879)金陵刻經處刻本　二册

340000－1843－0003281　子 313.1/0804

佛説守護大千國土經三卷　(印度)釋施護譯　清同治十三年(1874)刻本　一册

340000－1843－0003282　子 313.1/1044

佛説造像量度經一卷經解一卷續補一卷　(清)釋工布查布譯解述　清同治十三年(1874)金陵刻經處刻本　一册

340000－1843－0003283　子 313.1/2576

大方等如來藏經一卷莊嚴菩提心經一卷寶授菩薩菩提行經一卷佛説長者女庵提遮師子吼

了義經一卷佛說老女人經一卷稱讚大乘功德經一卷佛說長者法志妻經一卷佛說堅固女經一卷 （印度）釋佛陀跋陀羅等譯　清光緒二十三年(1897)金陵刻經處刻本　一冊

340000－1843－0003284　子313.1/2576
觀佛三昧海經十卷 （印度）釋佛陀跋陀羅等譯　清光緒十七年(1891)金陵刻經處刻本　二冊

340000－1843－0003285　子313.1/4376
勝鬘師子吼一乘大方便方廣經(勝鬘夫人會)一卷 （南朝宋）釋求那跋陀羅　（唐）釋菩提流志譯　清光緒二十二年(1896)金陵刻經處刻本　一冊

340000－1843－0003286　子313.1/4536
拔陂菩薩經一卷無量意菩薩經四卷 （漢）釋支婁迦讖譯　清宣統元年(1909)刻本　一冊

340000－1843－0003287　子311.211/4060
太平御覽一千卷 （宋）李昉等纂　清嘉慶十七年(1812)刻本　二十三冊　存九百五十二卷(九至九百九、九百五十至一千)

340000－1843－0003288　子311.212/0000
策府淵萃四十六卷 （□）□□撰　清末同文書局石印本　五冊

340000－1843－0003289　子311.212/1080
十七史蒙求十六卷 （宋）王令編　清道光九年(1829)敦經堂刻本　三冊　存十五卷(一至四、六至十六)

340000－1843－0003290　子311.212/1724
古今姓氏書辯證四十卷校勘記三卷 （宋）鄧名世撰　（清）錢熙祚校　清道光二十四年(1844)博古齋刻守山閣叢書本　五冊

340000－1843－0003291　子311.212/2031
新編分門古今類事(蜀本分門古今類事)二十卷 （宋）委心子編　清光緒刻本　六冊

340000－1843－0003292　子311.212/2532
文苑擷華八卷 （清）朱迺紱編　清光緒十五年(1889)上海鴻文書局石印本　二冊

340000－1843－0003293　子311.212/2532(2)
集句儷典七卷 （清）朱迺紱編　清光緒十五年(1889)上海鴻文書局石印本　二冊

340000－1843－0003294　子311.212/3130
四書典林三十卷四書古人典林十二卷 （清）江永編　清末慈川鋤經閣刻本　七冊　存三十九卷(四書典林四至三十、四書古人典林十二卷)

340000－1843－0003295　子311.212/4360
增廣典彙集成十二卷 題（清）求是齋主人纂編　清光緒十三年(1887)上海石印本　五冊　存十卷(一至二、五至十二)

340000－1843－0003296　子311.212/4443
策學總纂大成四十六卷目錄二卷 （清）蔡壽祺編　清光緒七年(1881)京都琉璃廠聚文堂刻本　十二冊

340000－1843－0003297　子311.212/5377
人範須知六卷 （清）盛龍編　清同治二年(1863)石竹山房刻本　六冊

340000－1843－0003298　子311.212/6000
子史精華一百六十卷 （清）吳襄等編　清光緒十三年(1887)積山書局石印本　十冊　存一百五十九卷(一至一百五十九)

340000－1843－0003299　子311.212/6000
子史精華一百六十卷 （清）吳襄等編　清光緒十年(1884)上海同文書局石印本　八冊

340000－1843－0003300　子311.212/6000
子史精華一百六十卷 （清）吳襄等編　清光緒十年(1884)上海同文書局石印本　八冊

340000－1843－0003301　子311.212/6000.2
子史精華一百六十卷 （清）吳襄等編　清光緒十二年(1886)上海同文書局石印本　八冊

340000－1843－0003302　子311.212/6000.2
子史精華一百六十卷 （清）吳襄等編　清光緒十二年(1886)上海同文書局石印本　八冊

340000－1843－0003303　子311.212/6000.3
子史精華一百六十卷 （清）吳襄等編　清光

緒十三年(1887)上海積山書局石印本　八冊

340000－1843－0003304　子 311.212/6000.3
子史精華一百六十卷　(清)吳襄等編　清光緒十三年(1887)上海積山書局石印本　八冊

340000－1843－0003305　子 311.212/6000.4
子史精華一百六十卷　(清)吳襄等編　清光緒十五年(1889)上海蜚英館石印本　八冊

340000－1843－0003306　子 311.212/2337.7
子史精華三十卷　(清)吳襄等編　清光緒九年(1883)上海點石齋石印本　二冊

340000－1843－0003307　子 311.212/6019
增廣文選六種六十四卷　(清)吳承烜　(清)何松等編　清光緒二十一年(1895)上海鴻寶齋石印本　十二冊

340000－1843－0003308　子 311.22/1111
韻府拾遺一百六卷　(清)張廷玉等編　清刻本　二十四冊

340000－1843－0003309　子 311.22/1115
佩文韻府一百六卷韻府拾遺一百六卷　(清)張玉書等編　清嶺南潘氏海山仙館刻本　一百二十冊

340000－1843－0003310　子 311.22/1115
佩文韻府一百六卷韻府拾遺一百六卷　(清)張玉書等編　清嶺南潘氏海山仙館刻本　一百六十冊

340000－1843－0003311　子 311.22/1115.2
佩文韻府一百六卷　(清)張玉書等編　清康熙五十年(1711)武英殿刻本　九十五冊

340000－1843－0003312　子 311.22/1115.2
佩文韻府一百六卷　(清)張玉書等編　清康熙五十年(1711)武英殿刻本　一百五冊

340000－1843－0003313　子 311.22/1115.4
佩文韻府一百六卷韻府拾遺一百六卷　(清)張玉書等編　清光緒十五年(1889)上海點石齋石印本　二十四冊

340000－1843－0003314　子 311.22/1115.5
佩文韻府一百六卷韻府拾遺一百六卷　(清)張玉書等編　清石印本　二十二冊　存二百卷(六至五十二、六十至一百六,韻府拾遺一百六卷)

340000－1843－0003315　子 311.22/1115.6
佩文韻府一百六卷韻府拾遺一百六卷　(清)張玉書等編　清光緒十二年(1886)上海點石齋石印本　四十七冊　存一百五十一卷(一至七、十一至三十六、三十八至五十、五十三至九十九、一百四至一百六,韻府拾遺四十四至九十八)

340000－1843－0003316　子 311.22/1115.7
佩文韻府一百六卷韻府拾遺一百六卷　(清)張玉書等編　清石印本　九十五冊　存一百五十卷(六十三至一百六、拾遺一百六卷)

340000－1843－0003317　子 311.22/1117
普通學韻言　(清)張一鵬　清光緒二十六年(1900)刻本　一冊

340000－1843－0003318　子 311.22/7865
新增說文韻府群玉二十卷　(元)陰時夫輯　(元)陰中夫編註　清文光堂刻本　二十冊

340000－1843－0003319　子 311.23/2191
分類字錦六十四卷　(清)何焯等編　清刻本　四十冊

340000－1843－0003320　子 313.6/4044
三論玄義二卷　(唐)釋吉藏撰　清光緒二十五年(1899)金陵刻經處刻本　一冊

340000－1843－0003321　子 313.6/4044
三論玄義二卷　(唐)釋吉藏撰　清光緒二十五年(1899)金陵刻經處刻本　一冊

340000－1843－0003322　子 313.6/4044
三論玄義二卷　(唐)釋吉藏撰　清光緒二十五年(1899)金陵刻經處刻本　一冊

340000－1843－0003323　子 313.6/4477
大佛頂首楞嚴經疏解蒙鈔六十卷首一卷　(明)釋蒙叟述　清光緒十五年(1889)刻本　十冊　存三十卷(三十一至六十)

340000－1843－0003324　子 313.6/4706

佛遺教經論疏節要一卷 (後秦)釋鳩摩羅什譯 (宋)釋淨源節要 (明)釋袾宏補註 清光緒二十四年(1898)金陵刻經處刻本 一冊

340000－1843－0003325 子313.6/4706
佛遺教經論疏節要一卷 (後秦)釋鳩摩羅什譯 (宋)釋淨源節要 (明)釋袾宏補註 清光緒二十四年(1898)金陵刻經處刻本 一冊

340000－1843－0003326 子313.6/4706
佛遺教經論疏節要一卷 (後秦)釋鳩摩羅什譯 (宋)釋淨源節要 (明)釋袾宏補註 清光緒二十四年(1898)金陵刻經處刻本 一冊

340000－1843－0003327 子313.6/4706
佛遺教經論疏節要一卷 (後秦)釋鳩摩羅什譯 (宋)釋淨源節要 (明)釋袾宏補註 清光緒二十四年(1898)金陵刻經處刻本 一冊

340000－1843－0003328 子313.6/7167
大乘起信論疏解彙集八種三十六卷 (印度)釋馬鳴造 (印度)釋真諦等譯 清光緒十一年至二十五年(1885－1899)金陵刻經處刻本 十二冊

340000－1843－0003329 子313.6/8024
金剛經五十二家註解不分卷 (□)翁集芙等註 清光緒刻本 四冊

340000－1843－0003330 子313.7/0017
毘尼珍敬録二卷 (明)釋廣承輯録 清光緒二年(1876)揚州藏經禪院刻本 二冊

340000－1843－0003331 子313.7/1027
念佛開心頌一卷首一卷 題(清)玉峰古崑述 清光緒十一年(1885)杭州昭慶慧空經房刻本 一冊

340000－1843－0003332 子313.7/1027
唯識開蒙問答二卷 (元)釋雲峰集 清宣統三年(1911)揚州藏經禪院刻本 二冊

340000－1843－0003333 子313.7/1062
龍舒淨土文十卷首一卷末一卷 (宋)王日休撰 清光緒九年(1883)金陵刻經處刻本 一冊

340000－1843－0003334 子313.7/1062
龍舒淨土文十卷首一卷末一卷 (宋)王日休撰 清光緒九年(1883)金陵刻經處刻本 一冊

340000－1843－0003335 子313.7/1062
龍舒淨土文十卷首一卷末一卷 (宋)王日休撰 清光緒九年(1883)金陵刻經處刻本 一冊

340000－1843－0003336 子313.7/1062
龍舒淨土文十卷首一卷末一卷 (宋)王日休撰 清光緒九年(1883)金陵刻經處刻本 一冊

340000－1843－0003337 子313.7/1062
龍舒淨土文十卷首一卷末一卷 (宋)王日休撰 清光緒九年(1883)金陵刻經處刻本 一冊

340000－1843－0003338 子313.7/1064
遊心安樂道一卷 (唐)釋元曉撰 清末金陵刻經處刻本 一冊

340000－1843－0003339 子313.7/1064
遊心安樂道一卷 (唐)釋元曉撰 清末金陵刻經處刻本 一冊

340000－1843－0003340 子313.7/1064
遊心安樂道一卷 (唐)釋元曉撰 清末金陵刻經處刻本 一冊

340000－1843－0003341 子313.7/1240
萬善同歸集三卷 (宋)釋延壽述 清同治十一年(1872)金陵刻經處刻本 三冊

340000－1843－0003342 子313.7/1240
萬善同歸集三卷 (宋)釋延壽述 清同治十一年(1872)金陵刻經處刻本 三冊

340000－1843－0003343 子313.7/1240
萬善同歸集三卷 (宋)釋延壽述 清同治十一年(1872)金陵刻經處刻本 三冊

340000－1843－0003344 子313.7/1240
萬善同歸集三卷 (宋)釋延壽述 清同治十一年(1872)金陵刻經處刻本 三冊

340000－1843－0003345　子 313.7/1240
萬善同歸集三卷　(宋)釋延壽述　清同治十一年(1872)金陵刻經處刻本　三册

340000－1843－0003346　子 313.7/1240
萬善同歸集三卷　(宋)釋延壽述　清同治十一年(1872)金陵刻經處刻本　三册

340000－1843－0003347　子 313.7/1240
萬善同歸集三卷　(宋)釋延壽述　清同治十一年(1872)金陵刻經處刻本　三册

340000－1843－0003348　子 313.7/2048
淨土生無生論親聞記二卷　(明)釋受教記　清光緒二十七年(1901)揚州藏經院刻本　一册

340000－1843－0003349　子 313.7/2053
唯心集一卷影響集二林唱和詩一卷觀河集節鈔一卷測海集節鈔一卷瓊樓稿節鈔一卷　(清)釋乘戒　(清)釋定慧等撰　清同治十一年(1872)如皋刻經處刻本　一册

340000－1843－0003350　子 313.7/2053
唯心集一卷影響集二林唱和詩一卷觀河集節鈔一卷測海集節鈔一卷瓊樓稿節鈔一卷　(清)釋乘戒　(清)釋定慧等撰　清同治十一年(1872)如皋刻經處刻本　一册

340000－1843－0003351　子 313.7/2053
唯心集一卷影響集二林唱和詩一卷觀河集節鈔一卷測海集節鈔一卷瓊樓稿節鈔一卷　(清)釋乘戒　(清)釋定慧等撰　清同治十一年(1872)如皋刻經處刻本　一册

340000－1843－0003352　子 313.7/2213
康藏法師之别傳(唐大薦福寺故寺主翻經大德法藏和尚傳)不分卷　(唐)崔致遠撰　清光緒二十三年(1897)金陵刻經處刻本　一册

340000－1843－0003353　子 313.7/2213
康藏法師之别傳(唐大薦福寺故寺主翻經大德法藏和尚傳)不分卷　(唐)崔致遠撰　清光緒二十三年(1897)金陵刻經處刻本　一册

340000－1843－0003354　子 313.7/2213
康藏法師之别傳(唐大薦福寺故寺主翻經大德法藏和尚傳)不分卷　(唐)崔致遠撰　清光緒二十三年(1897)金陵刻經處刻本　一册

340000－1843－0003355　子 313.7/2435
法華擊節一卷　(明)釋德清述　(清)鄭澄源校　清同治三年(1864)刻本　一册

340000－1843－0003356　子 313.7/2435
法華擊節一卷　(明)釋德清述　(清)鄭澄源校　清同治三年(1864)刻本　一册

340000－1843－0003357　子 313.7/2435
法華擊節一卷　(明)釋德清述　(清)鄭澄源校　清同治三年(1864)刻本　一册

340000－1843－0003358　子 313.7/2435
法華擊節一卷法華綸貫一卷　(明)釋德清　(清)釋智旭述　(清)鄭澄源校　清同治三年(1864)刻本　一册

340000－1843－0003359　子 313.7/2435.2
法華擊節一卷法華綸貫一卷　(明)釋德清撰　清道光二十四年(1844)刻本　一册

340000－1843－0003360　子 313.7/2435.2
法華擊節一卷法華綸貫一卷　(明)釋德清撰　清道光二十四年(1844)刻本　一册

340000－1843－0003361　子 313.7/2435.2
法華擊節一卷法華綸貫一卷　(明)釋德清撰　清道光二十四年(1844)刻本　一册

340000－1843－0003362　子 313.7/2592
永嘉禪宗集註二卷　(唐)釋元覺撰　(明)釋傳燈編註　清光緒二十二年(1896)刻本　一册

340000－1843－0003363　子 313.7/2592
永嘉禪宗集註二卷　(唐)釋元覺撰　(明)釋傳燈編註　清光緒二十二年(1896)刻本　一册

340000－1843－0003364　子 313.7/2631
淨土四經不分卷　(清)魏源集録　清同治五年(1866)金陵書局刻本　一册

340000－1843－0003365　子 313.7/2631

淨土四經不分卷　(清)魏源集録　清同治五年(1866)金陵書局刻本　一册

340000－1843－0003366　子 313.7/3013
佛祖心燈一卷宗教律諸家演派一卷摘錄聖武記之卷五溯查西藏剌麻來源一卷　(清)釋守一重編　清光緒十六年(1890)金陵刻經處刻本　一册

340000－1843－0003367　子 313.7/3013
佛祖心燈一卷宗教律諸家演派一卷摘錄聖武記之卷五溯查西藏剌麻來源一卷　(清)釋守一重編　清光緒十六年(1890)金陵刻經處刻本　一册

340000－1843－0003368　子 313.7/3013
佛祖心燈一卷宗教律諸家演派一卷摘錄聖武記之卷五溯查西藏剌麻來源一卷　(清)釋守一重編　清光緒十六年(1890)金陵刻經處刻本　一册

340000－1843－0003369　子 313.7/3013
佛祖心燈一卷宗教律諸家演派一卷摘錄聖武記之卷五溯查西藏剌麻來源一卷　(清)釋守一重編　清光緒十六年(1890)金陵刻經處刻本　一册

340000－1843－0003370　子 313.7/3013
佛祖心燈一卷宗教律諸家演派一卷摘錄聖武記之卷五溯查西藏剌麻來源一卷　(清)釋守一重編　清光緒十六年(1890)金陵刻經處刻本　一册

340000－1843－0003371　子 313.7/3014
華嚴經浄行品一卷十無盡藏品一卷普賢願品一卷　(唐)釋實叉難陀　(唐)釋般若譯　清末石印本　一册

340000－1843－0003372　子 313.7/3030
禪源諸詮集都序(禪那理行諸詮集)四卷　(唐)釋宗密述　清光緒十八年(1892)金陵刻經處刻本　一册

340000－1843－0003373　子 313.7/3030
禪源諸詮集都序(禪那理行諸詮集)四卷　(唐)釋宗密述　清光緒十八年(1892)金陵刻經處刻本　一册

340000－1843－0003374　子 313.7/3030
禪源諸詮集都序(禪那理行諸詮集)四卷　(唐)釋宗密述　清光緒十八年(1892)金陵刻經處刻本　一册

340000－1843－0003375　子 313.7/3030
禪源諸詮集都序(禪那理行諸詮集)四卷　(唐)釋宗密述　清光緒十八年(1892)金陵刻經處刻本　一册

340000－1843－0003376　子 313.7/3030
禪源諸詮集都序(禪那理行諸詮集)四卷　(唐)釋宗密述　清光緒十八年(1892)金陵刻經處刻本　一册

340000－1843－0003377　子 313.7/3044
成唯識論述記六十卷　(唐)釋窺基撰　清光緒二十七年(1901)金陵刻經處刻本　二十册
存五十四卷(四至四十五、四十八至六十)

340000－1843－0003378　子 313.7/3044
西方要決釋疑通規一卷　(唐)釋窺基撰　清光緒金陵刻經處刻本　一册

340000－1843－0003379　子 313.7/3044
西方要決釋疑通規一卷　(唐)釋窺基撰　清光緒金陵刻經處刻本　一册

340000－1843－0003380　子 313.7/3044
西方要決釋疑通規一卷　(唐)釋窺基撰　清光緒金陵刻經處刻本　一册

340000－1843－0003381　子 313.7/3044.2
西方要決科注(西方要決釋疑通規)二卷　(唐)釋窺基撰　清刻本　一册

340000－1843－0003382　子 313.7/3044.2
西方要決科注(西方要決釋疑通規)二卷　(唐)釋窺基撰　清刻本　一册

340000－1843－0003383　子 313.7/3044.2
西方要決科注(西方要決釋疑通規)二卷　(唐)釋窺基撰　清刻本　一册

340000－1843－0003384　子 313.7/3044.2
西方要決科注(西方要決釋疑通規)二卷

（唐）釋窺基撰　清刻本　一冊

340000－1843－0003385　子 313.7/3044.2
西方要決科注（西方要決釋疑通規）二卷
（唐）釋窺基撰　清刻本　一冊

340000－1843－0003386　子 313.7/3180
蓮社備覽不分卷　（清）汪善慶等註述　清同治六年（1867）廣陵藏經院刻本　一冊

340000－1843－0003387　子 313.7/3180
蓮社備覽不分卷　（清）汪善慶等註述　清同治六年（1867）廣陵藏經院刻本　一冊

340000－1843－0003388　子 313.7/3180
蓮社備覽不分卷　（清）汪善慶等註述　清同治六年（1867）廣陵藏經院刻本　一冊

340000－1843－0003389　子 313.7/3246
答順宗心要法門一卷原人論一卷　（唐）釋澄觀撰　（唐）釋宗密述註　清光緒二十三年（1897）金陵刻經處刻本　一冊

340000－1843－0003390　子 313.7/3246
答順宗心要法門一卷原人論一卷　（唐）釋澄觀撰　（唐）釋宗密述註　清光緒二十三年（1897）金陵刻經處刻本　一冊

340000－1843－0003391　子 313.7/3246
答順宗心要法門一卷原人論一卷　（唐）釋澄觀撰　（唐）釋宗密述註　清光緒二十三年（1897）金陵刻經處刻本　一冊

340000－1843－0003392　子 313.7/3246
答順宗心要法門一卷原人論一卷　（唐）釋澄觀撰　（唐）釋宗密述註　清光緒二十三年（1897）金陵刻經處刻本　一冊

340000－1843－0003393　子 313.7/3350.2
刪定止觀三卷　（唐）梁肅刪定　清宣統三年（1911）鉛印本　一冊

340000－1843－0003394　子 313.7/3423
合刻十不二門指要鈔詳解二卷　（唐）釋湛然籤釋　（宋）釋可度詳解　（宋）釋知禮鈔　清福德因緣堂刻本　四冊

340000－1843－0003395　子 313.7/3423
摩訶止觀輔行傳弘決四十卷　（唐）釋湛然撰　清刻本　二十冊

340000－1843－0003396　子 313.7/3444
流轉章一卷　（唐）釋法藏述　清光緒二十一年（1895）金陵刻經處刻本　一冊

340000－1843－0003397　子 313.7/3444
流轉章一卷　（唐）釋法藏述　清光緒二十一年（1895）金陵刻經處刻本　一冊

340000－1843－0003398　子 313.7/3444
流轉章一卷　（唐）釋法藏述　清光緒二十一年（1895）金陵刻經處刻本　一冊

340000－1843－0003399　子 313.7/3444
流轉章一卷　（唐）釋法藏述　清光緒二十一年（1895）金陵刻經處刻本　一冊

340000－1843－0003400　子 313.7/3444
流轉章一卷　（唐）釋法藏述　清光緒二十一年（1895）金陵刻經處刻本　一冊

340000－1843－0003401　子 313.7/3444
念佛往生西方公據一卷　（清）沈□□　（清）周□□集　（清）彭紹升輯　清光緒五年（1879）慧空經房刻本（圖多幅）　一冊

340000－1843－0003402　子 313.7/3444
念佛往生西方公據一卷　（清）沈□□　（清）周□□集　（清）彭紹升輯　清光緒五年（1879）慧空經房刻本（圖多幅）　一冊

340000－1843－0003403　子 313.7/3444.2
念佛往生西方公據一卷　（清）沈□□　（清）周□□集　（清）彭紹升輯　清光緒五年（1879）慧空經房刻本（圖多幅）　一冊

340000－1843－0003404　子 313.7/3450
永嘉禪師證道歌註不分卷　（元）釋法惠注頌　（元）釋德弘編　清光緒三十四年（1908）金陵刻經處刻本　一冊

340000－1843－0003405　子 313.7/3450
永嘉禪師證道歌註不分卷　（元）釋法惠注頌　（元）釋德弘編　清光緒三十四年（1908）金陵刻經處刻本　一冊

340000－1843－0003406　子 313.7/3450
永嘉禪師證道歌註不分卷　(元)釋法惠注頌　(元)釋德弘編　清光緒三十四年(1908)金陵刻經處刻本　一册

340000－1843－0003407　子 313.7/3450
永嘉禪師證道歌註不分卷　(元)釋法惠注頌　(元)釋德弘編　清光緒三十四年(1908)金陵刻經處刻本　一册

340000－1843－0003408　子 313.7/3450
永嘉禪師證道歌註不分卷　(元)釋法惠注頌　(元)釋德弘編　清光緒三十四年(1908)金陵刻經處刻本　一册

340000－1843－0003409　子 313.7/3530
禪關策進二集　(明)釋祩宏輯　清光緒二十四年(1898)金陵刻經處刻本　一册

340000－1843－0003410　子 313.7/3530
禪關策進二集　(明)釋祩宏輯　清光緒二十四年(1898)金陵刻經處刻本　一册

340000－1843－0003411　子 313.7/3821
安樂集二卷　(唐)釋道綽撰　清光緒二十三年(1897)金陵刻經處刻本　一册

340000－1843－0003412　子 313.7/3821
安樂集二卷　(唐)釋道綽撰　清光緒二十三年(1897)金陵刻經處刻本　一册

340000－1843－0003413　子 313.7/3821
安樂集二卷　(唐)釋道綽撰　清光緒二十三年(1897)金陵刻經處刻本　一册

340000－1843－0003414　子 313.7/3821
安樂集二卷　(唐)釋道綽撰　清光緒二十三年(1897)金陵刻經處刻本　一册

340000－1843－0003415　子 313.7/3877
顯密圓通成佛心要集二卷　(遼)釋道殹集　清同治十一年(1872)金陵刻經處刻本　一册

340000－1843－0003416　子 313.7/3877
顯密圓通成佛心要集二卷　(遼)釋道殹集　清同治十一年(1872)金陵刻經處刻本　一册

340000－1843－0003417　子 313.7/4213
華嚴念佛三昧論一卷　(清)彭際清述　清乾隆五十六年(1791)刻本　一册

340000－1843－0003418　子 313.7/4437
天台四教儀集註十卷　(元)釋蒙潤集　清光緒三十四年(1908)揚州藏經院刻本　四册

340000－1843－0003419　子 313.7/4442
萬松老人評唱天童覺和尚頌古從容庵録十卷　(金)釋萬松行秀述　(元)釋離知録　(明)曾鳳儀校　清光緒七年(1881)許氏刻本　三册

340000－1843－0003420　子 313.7/4646
蓮修必讀一卷　(清)釋觀如輯　清光緒十二年(1886)揚州藏經院刻本　一册

340000－1843－0003421　子 313.7/4646
蓮修必讀一卷　(清)釋觀如輯　清光緒十二年(1886)揚州藏經院刻本　一册

340000－1843－0003422　子 313.7/4706
大乘妙法蓮華經七卷　(後秦)釋鳩摩羅什譯　清光緒三十年(1904)刻本　四册

340000－1843－0003423　子 313.7/4944
寶王三昧念佛直指二卷　(明)釋妙葉集　清光緒五年(1879)長沙刻經處刻本　一册

340000－1843－0003424　子 313.7/5223
大乘般若出三界要集經(禪宗正眼)不分卷　(清)釋静參集　清光緒二十七年(1901)古譚州募化刻本　一册

340000－1843－0003425　子 313.7/5521
六祖大師法寶壇經一卷六祖大師事略　(唐)釋慧能說　(清)釋法海錄　清同治十一年(1872)如皋刻經處刻本　一册

340000－1843－0003426　子 313.7/5522
六祖大師法寶壇經一卷　(唐)釋慧能說　(清)釋法海錄　清同治十一年(1872)如皋刻經處刻本　一册

340000－1843－0003427　子 313.7/5522
六祖大師法寶壇經一卷　(唐)釋慧能說　(清)釋法海錄　清同治十一年(1872)如皋刻

經處刻本　一冊

340000－1843－0003428　子313.7/6632
指月錄三十二卷　(明)瞿汝稷集　清同治七年(1868)皖城樵署半畝園刻本　十冊

340000－1843－0003429　子313.7/6799
淨業痛策一卷淨土必求不分卷　(清)釋照瑩集　清光緒三年(1877)刻本　一冊

340000－1843－0003430　子313.7/7149
元高峰大師語錄不分卷　題(元)釋原妙語參學門人編　清光緒十五年(1889)金陵刻經處刻本　一冊

340000－1843－0003431　子313.7/7149
元高峰大師語錄不分卷　題(元)釋原妙語參學門人編　清光緒十五年(1889)金陵刻經處刻本　一冊

340000－1843－0003432　子313.7/7172
瑜伽燄口施食要集不分卷　(印度)釋阿闍黎節述　清光緒三年(1877)金陵刻經處刻本　一冊

340000－1843－0003433　子313.7/7304
受持佛說阿彌陀經行願儀一卷　(明)釋成時輯　(清)彭際清訂　清同治九年(1870)如皋刻經處刻本　一冊

340000－1843－0003434　子313.7/7304
受持佛說阿彌陀經行願儀一卷　(明)釋成時輯　(清)彭際清訂　清同治九年(1870)如皋刻經處刻本　一冊

340000－1843－0003435　子313.7/7304
受持佛說阿彌陀經行願儀一卷　(明)釋成時輯　(清)彭際清訂　清同治九年(1870)如皋刻經處刻本　一冊

340000－1843－0003436　子313.7/7644
論法華二卷　題(□)釋咫觀老人口說　題(□)釋妙諦子筆受　清光緒三年(1877)江北刻經處刻本　一冊

340000－1843－0003437　子313.7/7644
論法華二卷　題(□)釋咫觀老人口說　題(□)釋妙諦子筆受　清光緒三年(1877)江北刻經處刻本　一冊

340000－1843－0003438　子313.7/7734
西歸直指四卷首一卷　(清)周安士(周夢顏)彙輯　清光緒十二年(1886)金陵刻經處刻本　一冊

340000－1843－0003439　子313.7/7734
西歸直指四卷首一卷　(清)周安士(周夢顏)彙輯　清光緒十二年(1886)金陵刻經處刻本　一冊

340000－1843－0003440　子313.7/7734
西歸直指四卷首一卷　(清)周安士(周夢顏)彙輯　清光緒十二年(1886)金陵刻經處刻本　一冊

340000－1843－0003441　子313.7/7734
西歸直指四卷首一卷　(清)周安士(周夢顏)彙輯　清光緒十二年(1886)金陵刻經處刻本　一冊

340000－1843－0003442　子313.7/7734
西歸直指四卷首一卷　(清)周安士(周夢顏)彙輯　清光緒十二年(1886)金陵刻經處刻本　一冊

340000－1843－0003443　子313.7/7764
西方確指一卷　(印度)釋覺明廟行菩薩說　(清)釋常欇集　清光緒五年(1879)北京聚文齋刻本　一冊

340000－1843－0003444　子313.7/7764
西方確指一卷　(印度)釋覺明廟行菩薩說　(清)釋常欇集　清光緒五年(1879)北京聚文齋刻本　一冊

340000－1843－0003445　子313.7/7764
西方確指一卷　(印度)釋覺明廟行菩薩說　(清)釋常欇集　清光緒五年(1879)北京聚文齋刻本　一冊

340000－1843－0003446　子313.7/7764
西方確指一卷　(印度)釋覺明廟行菩薩說　(清)釋常欇集　清刻本　一冊

340000－1843－0003447　子313.7/7764
西方確指一卷　(印度)釋覺明廟行菩薩說　(清)釋常樞集　清刻本　一册

340000－1843－0003448　子313.7/7764
西方確指一卷　(印度)釋覺明廟行菩薩說　(清)釋常樞集　清刻本　一册

340000－1843－0003449　子313.7/7764
西方確指一卷　(印度)釋覺明廟行菩薩說　(清)釋常樞集　清刻本　一册

340000－1843－0003450　子313.7/7764
西方確指一卷　(印度)釋覺明廟行菩薩說　(清)釋常樞集　清刻本　一册

340000－1843－0003451　子313.7/8621
摩訶止觀輔行傳弘決四十卷　(隋)釋智顗說　(隋)釋灌頂記　(唐)釋湛然等撰　清光緒十年(1884)刻本　十三册　存八卷(一、二上、三下、五至六、八下、九至十)

340000－1843－0003452　子313.7/8621
摩訶止觀輔行傳弘決四十卷　(隋)釋智顗說　(隋)釋灌頂記　(唐)釋湛然等撰　清刻本　一册　存四卷(一至三、四上)

340000－1843－0003453　子313.7/8646
教觀綱宗一卷教觀綱宗釋義一卷　(清)釋智旭述　清光緒三十三年(1907)刻本　一册

340000－1843－0003454　子313.7/8646
相宗八要直解八種　(清)釋智旭述　(印度)釋商羯羅主菩薩等造　(唐)釋玄奘等譯　清同治九年(1870)金陵刻經處刻本　二册

340000－1843－0003455　子313.7/8646
大乘止觀法門釋要六卷　(清)釋智旭述　清光緒二十二年(1896)刻本　二册

340000－1843－0003456　子313.7/8646
大乘止觀法門釋要六卷　(清)釋智旭述　清光緒二十二年(1896)刻本　二册

340000－1843－0003457　子313.7/8646
大乘止觀法門釋要六卷　(清)釋智旭述　清光緒二十二年(1896)刻本　二册

340000－1843－0003458　子313.7/8646
大乘止觀法門釋要六卷　(清)釋智旭述　清光緒二十二年(1896)刻本　二册

340000－1843－0003459　子313.7/8646
靈峰蕅益大師宗論十卷首一卷　(清)釋智旭述　(明)釋成時編輯　清嘉慶六年(1801)和碩豫親王裕豐刻本　十册

340000－1843－0003460　子313.7/8732
修西定課一卷　(清)鄭澄德　(清)鄭澄源述　清光緒二十四年(1898)金陵刻經處刻本　一册

340000－1843－0003461　子313.7/8740
羅浮山房譚玄詩草一卷羅浮山房修真四要不分卷　鄭觀應撰　清光緒二十四年(1898)刻本　一册

340000－1843－0003462　子313.7/8830
度世品經六卷　(晉)釋竺法護譯　清光緒九年(1883)常熟刻經處刻本　一册　存三卷(四至六)

340000－1843－0003463　子313.7/9177
淨業知津一卷附闢邪　(清)釋悟開述　清同治十三年(1874)金陵刻經處刻本　一册

340000－1843－0003464　子313.7/9177
淨業知津一卷附闢邪　(清)釋悟開述　清同治十三年(1874)金陵刻經處刻本　一册

340000－1843－0003465　子313.7/9177
淨業知津一卷附闢邪　(清)釋悟開述　清同治十三年(1874)金陵刻經處刻本　一册

340000－1843－0003466　子313.7/9177
淨業知津一卷附闢邪　(清)釋悟開述　清同治十三年(1874)金陵刻經處刻本　一册

340000－1843－0003467　子313.7/9177
淨業知津一卷附闢邪　(清)釋悟開述　清同治十三年(1874)金陵刻經處刻本　一册

340000－1843－0003468　子313.7/4273
重訂西方公據二卷　(清)彭際清編　清光緒四年(1878)金陵刻經處刻本　一册

340000－1843－0003469　子 313.7/4273
重訂西方公據二卷　(清)彭際清編　清光緒四年(1878)金陵刻經處刻本　一册

340000－1843－0003470　子 313.7/4273
重訂西方公據二卷　(清)彭際清編　清光緒四年(1878)金陵刻經處刻本　一册

340000－1843－0003471　子 313.7/4273
重訂西方公據二卷　(清)彭際清編　清光緒四年(1878)金陵刻經處刻本　一册

340000－1843－0003472　子 313.7/4273
重訂西方公據二卷　(清)彭際清編　清光緒四年(1878)金陵刻經處刻本　一册

340000－1843－0003473　子 313.7/4273
重訂西方公據二卷　(清)彭際清編　清光緒四年(1878)金陵刻經處刻本　一册

340000－1843－0003474　子 313.7/6750
天目中峰和尚廣録(中峰廣録)三十卷　(元)釋明本撰　(元)揭傒斯輯　清光緒七年(1881)姑蘇刻經處刻本　六册

340000－1843－0003475　子 313.81/2435
憨山老人夢遊集五十五卷　(明)釋德清撰　(明)釋福善録　(明)釋通烱編輯　清光緒五年(1879)江北刻經處刻本　十册　存二十五卷(三十一至五十五)

340000－1843－0003476　子 311.212/2337.7
子史精華三十卷　(清)吴襄等編　清光緒九年(1883)點石齋石印本　二册

340000－1843－0003477　子 311.212/2337
子史精華一百六十卷　(清)吴襄等編　清光緒十三年(1887)上海積山書局石印本　十册

340000－1843－0003478　子 313.81/0000
翻譯名義集選一卷　(□)□□撰　清同治十二年(1873)江北刻經處刻本　一册

340000－1843－0003479　子 313.81/0000
佛祖心要節録二卷　(□)□□撰　清同治五年(1866)杭省昭慶寺刻本　一册

340000－1843－0003480　子 313.81/0000
佛祖心要節録二卷　(□)□□撰　清同治五年(1866)杭省昭慶寺刻本　一册

340000－1843－0003481　子 313.81/0000
佛祖心要節録二卷　(□)□□撰　清同治五年(1866)杭省昭慶寺刻本　一册

340000－1843－0003482　子 313.81/0000
佛祖心要節録二卷　(□)□□撰　清同治五年(1866)杭省昭慶寺刻本　一册

340000－1843－0003483　子 313.81/0000
佛祖心要節録二卷　(□)□□撰　清同治五年(1866)杭省昭慶寺刻本　一册

340000－1843－0003484　子 313.81/1240
慧日永明智覺壽禪師山居詩一卷　(宋)釋延壽撰　(清)釋悟開輯　**福源石屋珙禪師山居詩一卷**　(宋)釋清珙撰　(清)釋悟開輯　清光緒十一年(1885)江北刻經處刻本　一册

340000－1843－0003485　子 313.81/1240.2
慧日永明智覺壽禪師山居詩一卷　(宋)釋延壽撰　(清)釋悟開輯　**福源石屋珙禪師山居詩一卷**　(宋)釋清珙撰　(清)釋悟開輯　清道光二十一年至光緒十一年(1841－1885)善因寺江北刻經處刻本　一册

340000－1843－0003486　子 313.81/1240.2
慧日永明智覺壽禪師山居詩一卷　(宋)釋延壽撰　(清)釋悟開輯　**福源石屋珙禪師山居詩一卷**　(宋)釋清珙撰　(清)釋悟開輯　清道光二十一年至光緒十一年(1841－1885)善因寺江北刻經處刻本　一册

340000－1843－0003487　子 313.81/1240.2
慧日永明智覺壽禪師山居詩一卷　(宋)釋延壽撰　(清)釋悟開輯　**福源石屋珙禪師山居詩一卷**　(宋)釋清珙撰　(清)釋悟開輯　清道光二十一年至光緒十一年(1841－1885)善因寺江北刻經處刻本　一册

340000－1843－0003488　子 313.81/1240.2
慧日永明智覺壽禪師山居詩一卷　(宋)釋延壽撰　(清)釋悟開輯　**福源石屋珙禪師山居詩一卷**　(宋)釋清珙撰　(清)釋悟開輯　清

道光二十一年至光緒十一年(1841－1885)善因寺江北刻經處刻本　一冊

340000－1843－0003489　子313.81/2435
性相通說不分卷　(明)釋德清述　(清)鄭澄源校　清同治十二年(1873)金陵刻經處刻本　一冊

340000－1843－0003490　子313.81/2860
經律異相七十三種二卷　(南朝梁)釋僧旻等撰　(清)釋古崑摘錄　清同治十三年(1874)南海慧濟寺刻本　一冊

340000－1843－0003491　子313.81/3530
雲棲大師遺稿三卷　(明)釋袾宏撰　(明)釋廣全初編　(清)張文嘉重集　清光緒二十五年(1899)金陵刻經處刻本　二冊

340000－1843－0003492　子313.81/3530
雲棲大師遺稿三卷　(明)釋袾宏撰　(明)釋廣全初編　(清)張文嘉重集　清光緒二十五年(1899)金陵刻經處刻本　二冊

340000－1843－0003493　子313.81/3530
雲棲大師遺稿三卷　(明)釋袾宏撰　(明)釋廣全初編　(清)張文嘉重集　清光緒二十五年(1899)金陵刻經處刻本　二冊

340000－1843－0003494　子313.81/3530
雲棲大師遺稿三卷　(明)釋袾宏撰　(明)釋廣全初編　(清)張文嘉重集　清光緒二十五年(1899)金陵刻經處刻本　二冊

340000－1843－0003495　子313.81/3530
雲棲大師遺稿三卷　(明)釋袾宏撰　(明)釋廣全初編　(清)張文嘉重集　清光緒二十五年(1899)金陵刻經處刻本　二冊

340000－1843－0003496　子313.81/4037
筠州黃蘗山斷際禪師傳心法要二卷　(唐)釋希運述　(唐)裴休集　清光緒十年(1884)金陵刻經處刻本　一冊

340000－1843－0003497　子313.81/4608
佛教初學課本一卷佛教初學課本註一卷　(清)楊文會述註　清光緒三十二年(1906)金陵刻經處刻本　一冊

340000－1843－0003498　子313.81/4608
佛教初學課本一卷佛教初學課本註一卷　(清)楊文會述註　清光緒三十二年(1906)金陵刻經處刻本　一冊

340000－1843－0003499　子313.81/5037
智證傳一卷附寶鏡三昧　(宋)釋惠洪　(宋)釋覺範撰　(宋)釋覺慈編　清光緒二年(1876)金陵刻經處刻本　一冊

340000－1843－0003500　子313.81/6032
重訂教乘法數十二卷　(明)釋圓瀞集　(清)釋超海　(清)釋廣持重校定　清光緒四年(1878)杭州昭慶慧空經房刻本　六冊

340000－1843－0003501　子313.81/6091
佛果圜悟禪師碧巖集十卷　(宋)釋圜悟述　清光緒二年(1876)杭州昭慶慧空經房刻本　四冊　存八卷(一至八)

340000－1843－0003502　子313.81/6091
佛果圜悟禪師碧巖集十卷　(宋)釋圜悟述　清光緒二年(1876)杭州昭慶慧空經房刻本　三冊　存六卷(一至六)

340000－1843－0003503　子313.81/8646
靈峰宗論十卷首一卷附闢邪集不分卷見聞錄不分卷　(清)釋智旭撰　(明)釋成時編輯　清光緒元年(1875)江北刻經處刻本　十冊

340000－1843－0003504　子313.81/8646
選佛譜六卷　(清)釋智旭述　清光緒十七年(1891)金陵刻經處刻本　二冊

340000－1843－0003505　子313.82/0000
放生儀一卷　(明)[釋袾宏]撰　清光緒四年(1878)刻本　一冊

340000－1843－0003506　子313.82/0000
放生儀軌不分卷　(□)□□撰　清末杭州昭慶慧空經房刻本　一冊

340000－1843－0003507　子313.82/0000
蒙山施食略解不分卷放生儀不分卷　(□)□□撰　清光緒四年(1878)金陵刻經處刻本

一冊

340000－1843－0003508　子313.82/0000

蒙山施食略解不分卷放生儀不分卷　(□)□□撰　清光緒四年(1878)金陵刻經處刻本　一冊

340000－1843－0003509　子313.82/1170

徑中徑又徑徵義三卷首一卷　(清)張師誠輯　(清)徐槐廷徵義　清光緒二十五年(1899)蘇城倉米巷藏稜齋刻本　一冊

340000－1843－0003510　子313.82/1170

徑中徑又徑徵義三卷首一卷　(清)張師誠輯　(清)徐槐廷徵義　清光緒二十五年(1899)蘇城倉米巷藏稜齋刻本　一冊

340000－1843－0003511　子313.82/1170

徑中徑又徑徵義三卷首一卷　(清)張師誠輯　(清)徐槐廷徵義　清光緒二十五年(1899)蘇城倉米巷藏稜齋刻本　一冊

340000－1843－0003512　子313.82/1170

徑中徑又徑徵義三卷首一卷　(清)張師誠輯　(清)徐槐廷徵義　清光緒二十五年(1899)蘇城倉米巷藏稜齋刻本　一冊

340000－1843－0003513　子313.82/1170

徑中徑又徑徵義三卷首一卷　(清)張師誠輯　(清)徐槐廷徵義　清光緒二十五年(1899)蘇城倉米巷藏稜齋刻本　一冊

340000－1843－0003514　子313.82/1170

徑中徑又徑四卷　(清)張師誠撰　清光緒二十九年(1903)揚州藏經院刻本　二冊

340000－1843－0003515　子313.82/1170

徑中徑又徑四卷　(清)張師誠撰　清光緒二十九年(1903)揚州藏經院刻本　二冊

340000－1843－0003516　子313.82/1170

徑中徑又徑四卷　(清)張師誠撰　清光緒二十九年(1903)揚州藏經院刻本　二冊

340000－1843－0003517　子313.82/1170

徑中徑又徑四卷　(清)張師誠撰　清光緒二十九年(1903)揚州藏經院刻本　二冊

340000－1843－0003518　子313.82/1700

蕅益大師梵室偶談一卷徹悟禪師語錄二卷　(清)釋了亮等集　清同治十年(1871)金陵刻經處刻本　一冊

340000－1843－0003519　子313.82/1700

蕅益大師梵室偶談一卷徹悟禪師語錄二卷　(清)釋了亮等集　清同治十年(1871)金陵刻經處刻本　一冊

340000－1843－0003520　子313.82/1700

蕅益大師梵室偶談一卷徹悟禪師語錄二卷　(清)釋了亮等集　清同治十年(1871)金陵刻經處刻本　一冊

340000－1843－0003521　子313.82/1700

蕅益大師梵室偶談一卷徹悟禪師語錄二卷　(清)釋了亮等集　清同治十年(1871)金陵刻經處刻本　一冊

340000－1843－0003522　子313.82/1700

蕅益大師梵室偶談一卷徹悟禪師語錄二卷　(清)釋了亮等集　清同治十年(1871)金陵刻經處刻本　一冊

340000－1843－0003523　子313.82/3030

原人論一卷　(唐)釋宗密述　清同治十三年(1874)雞園刻經處刻本　一冊

340000－1843－0003524　子313.82/3492

遠色編二卷真見集不可錄不分卷　(清)沈惇復重校　清光緒二十九年(1903)蘇州上藝齋刻本　一冊

340000－1843－0003525　子313.82/3530

竹窗三筆一卷　(明)釋袾宏撰　清光緒二十四年(1898)金陵刻經處刻本　三冊

340000－1843－0003526　子313.82/3530

竹窗三筆一卷　(明)釋袾宏撰　清光緒二十四年(1898)金陵刻經處刻本　三冊

340000－1843－0003527　子313.82/3530

竹窗三筆一卷　(明)釋袾宏撰　清光緒二十四年(1898)金陵刻經處刻本　三冊

340000－1843－0003528　子313.82/3530

竹窗三筆一卷　(明)釋袾宏撰　清光緒二十四年(1898)金陵刻經處刻本　三册

340000－1843－0003529　子313.82/3530
竹窗三筆一卷　(明)釋袾宏撰　清光緒二十四年(1898)金陵刻經處刻本　三册

340000－1843－0003530　子313.82/3530
竹窗隨筆一卷竹窗二筆一卷　(明)釋袾宏撰　清光緒二十四年(1898)金陵刻經處刻本　二册

340000－1843－0003531　子313.82/3530
往生集三卷附一卷　(明)釋袾宏輯　清光緒二十四年(1898)金陵刻經處刻本　一册

340000－1843－0003532　子313.82/3530
往生集三卷附一卷　(明)釋袾宏輯　清光緒二十四年(1898)金陵刻經處刻本　一册

340000－1843－0003533　子313.82/3530
往生集三卷附一卷　(明)釋袾宏輯　清光緒二十四年(1898)金陵刻經處刻本　一册

340000－1843－0003534　子313.82/3530
往生集三卷附一卷　(明)釋袾宏輯　清光緒二十四年(1898)金陵刻經處刻本　一册

340000－1843－0003535　子313.82/3530
往生集三卷附一卷　(明)釋袾宏輯　清光緒二十四年(1898)金陵刻經處刻本　一册

340000－1843－0003536　子313.82/3530.2
放生儀一卷戒殺放生文一卷　(明)釋袾宏撰註　清光緒刻雲棲法彙本　一册

340000－1843－0003537　子313.82/3530.2
放生儀一卷戒殺放生文一卷　(明)釋袾宏撰註　清光緒刻雲棲法彙本　一册

340000－1843－0003538　子313.82/3530.2
放生儀一卷戒殺放生文一卷　(明)釋袾宏撰註　清光緒刻雲棲法彙本　一册

340000－1843－0003539　子313.82/3530.2
放生儀一卷戒殺放生文一卷　(明)釋袾宏撰註　清光緒刻雲棲法彙本　一册

340000－1843－0003540　子313.82/3530.2
放生儀一卷戒殺放生文一卷　(明)釋袾宏撰註　清光緒刻雲棲法彙本　一册

340000－1843－0003541　子313.82/3530.3
諸經日誦集要二卷附西方願文略釋　(明)釋袾宏輯　清光緒二十四年(1898)金陵刻經處刻本　一册

340000－1843－0003542　子313.82/3530.3
諸經日誦集要二卷附西方願文略釋　(明)釋袾宏輯　清光緒二十四年(1898)金陵刻經處刻本　一册

340000－1843－0003543　子313.82/3530.3
諸經日誦集要二卷附西方願文略釋　(明)釋袾宏輯　清光緒二十四年(1898)金陵刻經處刻本　一册

340000－1843－0003544　子313.82/3530.3
諸經日誦集要二卷附西方願文略釋　(明)釋袾宏輯　清光緒二十四年(1898)金陵刻經處刻本　一册

340000－1843－0003545　子313.82/3530.3
諸經日誦集要二卷附西方願文略釋　(明)釋袾宏輯　清光緒二十四年(1898)金陵刻經處刻本　一册

340000－1843－0003546　子313.82/4273
念佛警策二卷　(清)彭際清纂　清同治十三年(1874)許靈虛刻本　一册

340000－1843－0003547　子313.82/4273
念佛警策二卷　(清)彭際清纂　清同治十三年(1874)許靈虛刻本　一册

340000－1843－0003548　子313.82/4273
念佛警策二卷　(清)彭際清纂　清同治十三年(1874)許靈虛刻本　一册

340000－1843－0003549　子313.82/4273
念佛警策二卷　(清)彭際清纂　清同治十三年(1874)許靈虛刻本　一册

340000－1843－0003550　子313.82/4273
念佛警策二卷　(清)彭際清纂　清同治十三

年(1874)許靈虛刻本　一册

340000－1843－0003551　子313.82/4361

禪門鍛煉說一卷　(明)釋戒顯撰　清同治十一年(1872)如皋刻經處刻本　一册

340000－1843－0003552　子313.82/7144

龐居士語錄三卷　(唐)龐藴撰　(唐)于頔編　清咸豐元年(1851)刻本　一册

340000－1843－0003553　子313.82/7734

欲海回狂三卷省庵法師不淨觀頌一卷四念處頌一卷　(清)周安士(周夢顔)撰　清同治三年(1864)江都熊兆奎刻本　一册

340000－1843－0003554　子313.82/7734

欲海回狂三卷省庵法師不淨觀頌一卷四念處頌一卷　(清)周安士(周夢顔)撰　清同治三年(1864)江都熊兆奎刻本　一册

340000－1843－0003555　子313.82/7734

欲海回狂三卷省庵法師不淨觀頌一卷四念處頌一卷　(清)周安士(周夢顔)撰　清同治三年(1864)江都熊兆奎刻本　一册

340000－1843－0003556　子313.82/7734

欲海回狂三卷省庵法師不淨觀頌一卷四念處頌一卷　(清)周安士(周夢顔)撰　清同治三年(1864)江都熊兆奎刻本　一册

340000－1843－0003557　子313.82/7734

欲海回狂三卷省庵法師不淨觀頌一卷四念處頌一卷　(清)周安士(周夢顔)撰　清同治三年(1864)江都熊兆奎刻本　一册

340000－1843－0003558　子313.84/0000

千手千眼大悲懺法一卷千手千眼大悲心陀羅尼像解一卷　(□)□□撰　清末金陵刻經處刻本　一册

340000－1843－0003559　子313.84/0000

樂邦定課(大悲咒彌陀經發願文)不分卷　(□)□□撰　清光緒十八年(1892)揚州藏經院刻本　一册

340000－1843－0003560　子313.84/1104

護法論一卷　(宋)張商英述　清光緒二年(1876)常熟刻經處刻本　一册

340000－1843－0003561　子313.84/1104

護法論一卷　(宋)張商英述　清光緒二年(1876)常熟刻經處刻本　一册

340000－1843－0003562　子313.84/1104

護法論一卷　(宋)張商英述　清光緒二年(1876)常熟刻經處刻本　一册

340000－1843－0003563　子313.84/1104

護法論一卷　(宋)張商英述　清光緒二年(1876)常熟刻經處刻本　一册

340000－1843－0003564　子313.84/1104

護法論一卷　(宋)張商英述　清光緒二年(1876)常熟刻經處刻本　一册

340000－1843－0003565　子313.84/3046

佛涅槃日供會規儀不分卷　(清)釋定如彙集　清光緒二十六年(1900)蘇城瑪瑙經房刻本　一册

340000－1843－0003566　子313.84/4421

慈悲梁皇寶懺十卷　(南朝梁)武帝蕭衍輯　清光緒十五年(1889)金陵刻經處刻本　三册

340000－1843－0003567　子313.84/4421

慈悲梁皇寶懺十卷　(南朝梁)武帝蕭衍輯　清光緒十五年(1889)金陵刻經處刻本　三册

340000－1843－0003568　子313.84/4421

慈悲梁皇寶懺十卷　(南朝梁)武帝蕭衍輯　清光緒十五年(1889)金陵刻經處刻本　三册

340000－1843－0003569　子313.84/6417

淨土儀式一卷附修淨土詩　(清)釋曉柔輯　清同治十一年(1872)刻本　一册

340000－1843－0003570　子313.84/7762

萬善先資集四卷　(清)周安士(周夢顔)述　清光緒十三年(1887)刻本　二册

340000－1843－0003571　子313.84/7762

萬善先資集四卷　(清)周安士(周夢顔)述　清光緒十三年(1887)刻本　二册

340000－1843－0003572　子313.84/7762

萬善先資集四卷 (清)周安士(周夢顔)述 清光緒十三年(1887)刻本 二册

340000－1843－0003573 子313.84/7762
萬善先資集四卷 (清)周安士(周夢顔)述 清光緒十三年(1887)刻本 二册

340000－1843－0003574 子313.84/8621
修習止觀坐禪法要二卷六妙法門一卷 (隋)釋智顗述 清光緒二十九年(1903)金陵刻經處刻本 一册

340000－1843－0003575 子313.84/8634
異方便淨土傳燈歸元鏡三祖實錄二卷 (清)釋智達撰 (清)釋德日閲錄 清同治十三年(1874)武林刻本 二册

340000－1843－0003576 子313.84/8646
衛生集三卷 (清)釋智旭等撰 清同治八年(1869)杭州昭慶寺慧空經房刻本 一册

340000－1843－0003577 子313.85/7750
佛爾雅八卷 (清)周春撰 清宣統二年(1910)國學扶輪社鉛印本 一册

340000－1843－0003578 子313.86/3213
楊居士塔銘一卷事略一卷附楊氏分家筆據題(清)浙西寐叟等撰 清末刻本 一册

340000－1843－0003579 子313.86/3213
楊居士塔銘一卷事略一卷附楊氏分家筆據題(清)浙西寐叟等撰 清末刻本 一册

340000－1843－0003580 子313.86/3213
楊居士塔銘一卷事略一卷附楊氏分家筆據題(清)浙西寐叟等撰 清末刻本 一册

340000－1843－0003581 子313.86/3213
楊居士塔銘一卷事略一卷附楊氏分家筆據題(清)浙西寐叟等撰 清末刻本 一册

340000－1843－0003582 子313.86/3213
楊居士塔銘一卷事略一卷附楊氏分家筆據題(清)浙西寐叟等撰 清末刻本 一册

340000－1843－0003583 子313.86/3530
雲棲大師山房雜録二卷 (明)釋袾宏撰 清光緒二十五年(1899)金陵刻經處刻雲棲法彙本 二册

340000－1843－0003584 子313.86/3530
雲棲大師山房雜録二卷 (明)釋袾宏撰 清光緒二十五年(1899)金陵刻經處刻雲棲法彙本 二册

340000－1843－0003585 子313.86/3530
雲棲大師山房雜録二卷 (明)釋袾宏撰 清光緒二十五年(1899)金陵刻經處刻雲棲法彙本 二册

340000－1843－0003586 子313.86/3530
雲棲大師山房雜録二卷 (明)釋袾宏撰 清光緒二十五年(1899)金陵刻經處刻雲棲法彙本 二册

340000－1843－0003587 子313.86/3530
雲棲大師山房雜録二卷 (明)釋袾宏撰 清光緒二十五年(1899)金陵刻經處刻雲棲法彙本 二册

340000－1843－0003588 子313.87/3530
皇明名僧輯略一卷武林西湖高僧事略一卷 (明)釋袾宏等輯述 清光緒二十五年(1899)金陵刻經處刻雲棲法彙本 一册

340000－1843－0003589 子313.87/4273
善女人傳二卷附偈 (清)彭際清述 清同治十一年(1872)刻本 一册

340000－1843－0003590 子313.87/4273
善女人傳二卷附偈 (清)彭際清述 清同治十一年(1872)刻本 一册

340000－1843－0003591 子313.87/4273
善女人傳二卷附偈 (清)彭際清述 清同治十一年(1872)刻本 一册

340000－1843－0003592 子313.87/4273
善女人傳二卷附偈 (清)彭際清述 清同治十一年(1872)刻本 一册

340000－1843－0003593 子313.87/4696
高僧傳四集六卷 (明)釋如惺撰 清光緒十八年(1892)江北刻經處刻本 二册

340000－1843－0003594 子313.87/7565

影宋刊南嶽總勝集三卷　(宋)陳田夫撰　清光緒三十二年(1906)長沙葉氏刻本　三冊

340000－1843－0003595　子313.87/8071

無隱禪師略録不分卷　題(□)普願居士集校　清光緒二十七年(1901)揚州藏經院刻本　一冊

340000－1843－0003596　子313.87/8071

無隱禪師略録不分卷　題(□)普願居士集校　清光緒二十七年(1901)揚州藏經院刻本　一冊

340000－1843－0003597　子313.87/8071

無隱禪師略録不分卷　題(□)普願居士集校　清光緒二十七年(1901)揚州藏經院刻本　一冊

340000－1843－0003598　子313.87/8071

無隱禪師略録不分卷　題(□)普願居士集校　清光緒二十七年(1901)揚州藏經院刻本　一冊

340000－1843－0003599　子313.87/8071

無隱禪師略録不分卷　題(□)普願居士集校　清光緒二十七年(1901)揚州藏經院刻本　一冊

340000－1843－0003600　子313.87/8071

無隱禪師略録不分卷　題(□)普願居士集校　清光緒二十七年(1901)揚州藏經院刻本　一冊

340000－1843－0003601　子313.87/9177

蓮宗九祖傳略不分卷　(清)釋悟開編　清道光四年(1824)刻本　一冊

340000－1843－0003602　子314.4/0023

民教相安不分卷　高步瀛　陳寶泉編　清光緒三十一年(1905)北洋官報局影印本　一冊

340000－1843－0003603　子314.4/0023

民教相安不分卷　高步瀛　陳寶泉編　清光緒三十一年(1905)北洋官報局影印本　一冊

340000－1843－0003604　子314.4/0023

民教相安不分卷　高步瀛　陳寶泉編　清光緒三十一年(1905)北洋官報局影印本　一冊

340000－1843－0003605　子311/8043

諸子平議三十五卷　(清)俞樾撰　清同治十年(1871)德清俞氏刻光緒七年(1881)增刻本　八冊

340000－1843－0003606　子3110/0712

穆天子傳註疏六卷首一卷末一卷　(晉)郭璞註　(清)檀萃疏　清乾隆石渠閣刻本　二冊

340000－1843－0003607　子3110/0712.3

山海經新校正十八卷首一卷　(晉)郭璞傳　(清)畢沅校正　清光緒二十年(1894)澹雅局刻本　四冊

340000－1843－0003608　子3110/0712.3

山海經新校正十八卷首一卷　(晉)郭璞傳　(清)畢沅校正　清光緒二十年(1894)澹雅局刻本　六冊

340000－1843－0003609　子3110/0712.4

山海經箋疏十八卷圖讚一卷訂譌一卷敘錄一卷　(晉)郭璞註　(清)郝懿行疏　清光緒二十三年(1897)上海梧岡精舍石印本　六冊

340000－1843－0003610　子3110/0712.5

山海經箋疏十八卷圖讚五卷訂譌一卷敘錄一卷　(晉)郭璞註　(清)郝懿行疏　清光緒十七年(1891)上海仿古齋石印本　六冊

340000－1843－0003611　子312/1050

孔子家語十卷　(三國魏)王肅註　清光緒江南李光明莊刻本　四冊

340000－1843－0003612　子312/1050

孔子家語十卷　(三國魏)王肅註　清光緒江南李光明莊刻本　四冊

340000－1843－0003613　子312/1050

孔子家語十卷　(三國魏)王肅註　清上海同文書局石印本　五冊

340000－1843－0003614　子312/2140

合刻孔子家語十卷集語二卷　(清)何柏齋評點　清武林讀書坊刻本　二冊

340000－1843－0003615　子312/2435

中庸直指一卷　(明)釋德清述　清光緒十年(1884)金陵刻經處刻本　一冊

340000－1843－0003616　子 312/2435
中庸直指一卷　(明)釋德清述　清光緒十年(1884)金陵刻經處刻本　一冊

340000－1843－0003617　子 312/4436
荀子二十卷校勘補遺一卷　(戰國)荀況撰　(唐)楊倞註　清光緒二十三年(1897)新化三味書室刻本　八冊

340000－1843－0003618　子 312/4436(2)
荀子集解二十卷考證一卷　(戰國)荀況撰　(唐)楊倞註　王先謙集解　清光緒十七年(1891)刻本　二冊

340000－1843－0003619　子 312/4436(2)
荀子集解二十卷考證一卷　(戰國)荀況撰　(唐)楊倞註　王先謙集解　清光緒十七年(1891)刻本　六冊

340000－1843－0003620　子 312/4436(2)
荀子集解二十卷考證一卷　(戰國)荀況撰　(唐)楊倞註　王先謙集解　清光緒十七年(1891)刻本　六冊

340000－1843－0003621　子 312/4620
荀子(荀子箋釋)二十卷校勘補遺一卷　(唐)楊倞註　(清)謝墉箋釋　清嘉慶九年(1804)姑蘇聚文堂刻本　四冊

340000－1843－0003622　子 312/5640
揚子法言十三卷附音義一卷　(漢)揚雄撰　(晉)李軌註　清嘉慶二十三年(1818)秦氏石研齋刻本　二冊

340000－1843－0003623　子 312/6066
晏子春秋七卷　(春秋)晏嬰撰　(清)蘇輿校　清光緒十八年(1892)蘇氏思賢講舍刻本　二冊

340000－1843－0003624　子 313/0018
老子證義二卷附老子考異辨古今諸家論老氏宗旨　(清)高延第撰　清光緒十二年(1886)涌翠山房刻本　二冊

340000－1843－0003625　子 313/2004
老子翼八卷　(明)焦竑撰　清光緒二十一年(1895)漸西郙舍刻本　四冊

340000－1843－0003626　子 313/2004
老子翼八卷　(明)焦竑撰　清光緒二十一年(1895)漸西郙舍刻本　四冊

340000－1843－0003627　子 313/2004
老子翼八卷　(明)焦竑撰　清光緒二十一年(1895)漸西郙舍刻本　四冊

340000－1843－0003628　子 313/2626
參同契一卷　(漢)魏伯陽撰　**陰符經一卷**　(漢)張良撰　**素書一卷**　(宋)張商英撰　清刻本　一冊

340000－1843－0003629　子 313/2631
老子本義二卷附老子四論老子列傳　(清)魏源撰　清光緒漸西郙舍刻本　二冊

340000－1843－0003630　子 313/4010.3
桐城先生點勘老子讀本一卷　(春秋)李耳撰　(清)吳汝綸點勘　清宣統元年(1909)桐城吳先生點勘諸子七種鉛印本　一冊

340000－1843－0003631　子 313/4477(3)
莊子集解十卷　(戰國)莊周撰　王先謙集解　清光緒思賢講舍刻本　八冊

340000－1843－0003632　子 313/4477(3)
莊子集解十卷　(戰國)莊周撰　王先謙集解　清光緒思賢講舍刻本　六冊

340000－1843－0003633　子 313/4477(4)
莊子十卷　(戰國)莊周撰　(晉)郭象註　清光緒二年(1876)浙江書局刻本　六冊

340000－1843－0003634　子 313/4477(8)
莊子南華真經十卷附唐陸氏釋文音義　(戰國)莊周撰　(晉)郭象註　清光緒十一年(1885)傳忠書局刻本　六冊

340000－1843－0003635　子 313/7444
莊子雪三卷附莊子列傳莊子祠堂記讀莊雜說　(清)陸樹芝輯註　清嘉慶四年(1799)粵東儒雅堂刻本　三冊

340000－1843－0003636　子 313/8090
七注陰符經三篇不分卷陰符集證不分卷　(戰國)姜尚註　(漢)張良解　(三國蜀)諸葛亮釋　(唐)李淳風校正　清咸豐五年(1855)刻本　一册

340000－1843－0003637　子 314/1024
管子地員篇註四卷　(春秋)管仲撰　(清)王紹蘭注　清光緒十七年(1891)胡琴舫寄虹山館刻本　四册

340000－1843－0003638　子 314/4307
管子校正二十四卷　(春秋)管仲撰　(清)戴望纂　清同治十一年(1872)刻本　六册

340000－1843－0003639　子 314/4411.5
韓非子集解二十卷　(戰國)韓非撰　(清)王先慎集解　清光緒二十二年(1896)長沙王氏刻本　六册

340000－1843－0003640　子 3942/1037
周秦古鉩(周秦古璽)不分卷　西泠印社藏　清光緒二十一年(1895)西泠印社刻鈐印本　二册

340000－1843－0003641　子 3942/1714
鄧石如印存(完白山人篆刻偶存)不分卷　(清)鄧石如篆刻　清光緒三十二年(1906)上海有正書局石印本　二册

340000－1843－0003642　子 3942/3136
名印傳真(小石山房印譜)六卷　(清)顧湘藏　清道光二十六年(1846)小石山房刻鈐印本　八册

340000－1843－0003643　子 3951/0827.2
奕理指歸圖三卷　(清)施紹闇撰　(清)錢長澤繪圖　清光緒七年(1881)刻本　六册

340000－1843－0003644　子 3951/8373
奕理指歸圖式新譜三卷　(清)錢長澤繪圖　清光緒七年(1881)刻本　三册

340000－1843－0003645　子 3952/2530
椀鞠錄二卷　朱祖謀編　清宣統元年(1909)南陵徐氏刻本　一册

340000－1843－0003646　子 39513/7730
弔譜不分卷　題(□)且漁主人撰　題(□)香雪主人錄　抄本　一册

340000－1843－0003647　子 39514/7714
七巧集成八卷　(清)周承基纂　清道光二十五年(1845)怡性園刻本　八册

340000－1843－0003648　子 310/4433
自西徂東五卷　(德國)花之安撰　(清)馮勉齋删訂　清光緒十年(1884)刻本　五册

340000－1843－0003649　子 310/4340
中西新學大全十一種十九卷　題(清)求志齋主人纂輯　清光緒二十三年(1897)上海鴻文書局石印本　二十四册

340000－1843－0003650　子 310/1042
西學輯存六種　(清)王韜　(清)仲弢撰　清光緒十五年(1889)淞隱廬遯叟鉛印本　二册

340000－1843－0003651　子 310/3513
御製數理精藴上編五卷下編四十卷表八卷　(清)聖祖玄燁撰　清光緒十四年(1888)上海慎記書局石印本　三十册　存二十七卷(下編二至十八、三十五至四十,表一至四)

340000－1843－0003652　子 3101/0028
物理小識十二卷首一卷　(清)方以智撰　清光緒十年(1884)寧静堂刻本　六册

340000－1843－0003653　子 3101/0030
柏堂讀書筆記七種十三卷　(清)方宗誠撰　清光緒三年至四年(1877－1878)刻本　四册

340000－1843－0003654　子 3101/10000
論衡三十卷　(漢)王充撰　清刻本　六册　存二十五卷(一至二十五)

340000－1843－0003655　子 3101/1146
社會通詮不分卷　(英國)甄克思撰　嚴復譯　清光緒二十九年(1903)上海商務印書館鉛印本　一册

340000－1843－0003656　子 3101/1227
畚塘芻論二卷　(清)孫鼎臣撰　清咸豐刻本　二册

340000－1843－0003657　子3101/2347

佐治芻言一卷　(英國)傅蘭雅口譯　應祖錫等述　清江南製造總局鉛印本　三册

340000－1843－0003658　子3101/2237

中國現勢論不分卷　出洋學生編輯所編　清光緒二十八年(1902)上海中華書局帝國叢書鉛印本　一册

340000－1843－0003659　子3101/2617

自強學齋治平十議十種二十五卷　題(清)自強學齋主人輯　清光緒二十三年(1897)鉛印本　十二册

340000－1843－0003660　子3101/2642

名學八篇　(英國)穆勒約翰撰　嚴復譯　清光緒三十一年(1905)金粟齋刻本　二册

340000－1843－0003661　子3101/3031

巾經纂二十卷　(清)宋宗元撰　清光緒十六年(1890)刻本　五册

340000－1843－0003662　子3101/3031.2

巾經纂二十卷　(清)宋宗元撰　清同治十年(1871)陸川李廷樟刻本　五册

340000－1843－0003663　子3101/3031.2

巾經纂二十卷　(清)宋宗元撰　清同治十年(1871)陸川李廷樟刻本　五册

340000－1843－0003664　子3101/3125

癸卯時務策不分卷　(清)江峰青撰　清宣統元年(1909)木活字印本　一册

340000－1843－0003665　子3101/3334

維新政治文編二十四卷　梁啟超等撰　清光緒二十七年(1901)上海中華書局中西譯書會石印本　四册

340000－1843－0003666　子3101/3406

菜根譚不分卷娑羅館清語二卷　(明)洪應明　(明)屠隆撰　清光緒十三年(1887)揚州藏經禪院刻本　一册

340000－1843－0003667　子3101/3406

菜根譚不分卷娑羅館清語二卷　(明)洪應明　(明)屠隆撰　清光緒十三年(1887)揚州藏經禪院刻本　一册

340000－1843－0003668　子3101/3406

菜根譚不分卷娑羅館清語二卷　(明)洪應明　(明)屠隆撰　清光緒十三年(1887)揚州藏經禪院刻本　一册

340000－1843－0003669　子3101/3406

菜根譚不分卷娑羅館清語二卷　(明)洪應明　(明)屠隆撰　清光緒十三年(1887)揚州藏經禪院刻本　一册

340000－1843－0003670　子3101/3406

菜根譚不分卷娑羅館清語二卷　(明)洪應明　(明)屠隆撰　清光緒十三年(1887)揚州藏經禪院刻本　一册

340000－1843－0003671　子3101/3449

續原教論二卷　(明)沈士榮撰　清光緒元年(1875)金陵刻經處刻本　一册

340000－1843－0003672　子3101/3449

續原教論二卷　(明)沈士榮撰　清光緒元年(1875)金陵刻經處刻本　一册

340000－1843－0003673　子3101/3449

續原教論二卷　(明)沈士榮撰　清光緒元年(1875)金陵刻經處刻本　一册

340000－1843－0003674　子3101/3449

續原教論二卷　(明)沈士榮撰　清光緒元年(1875)金陵刻經處刻本　一册

340000－1843－0003675　子3101/3449

續原教論二卷　(明)沈士榮撰　清光緒元年(1875)金陵刻經處刻本　一册

340000－1843－0003676　子3101/3462

國富策三卷　(英國)法思德撰　(清)汪鳳藻等譯　清光緒八年(1882)上海美華書館鉛印本　三册

340000－1843－0003677　子3101/3462

國富策三卷　(英國)法思德撰　(清)汪鳳藻等譯　清光緒八年(1882)上海美華書館鉛印本　三册

340000－1843－0003678　子3101/4022

二十世紀之怪物——帝國主義不分卷 （日本）幸德秋水述 趙必振譯 清光緒二十八年(1902)上海廣智書局木活字印本 一册

340000－1843－0003679 子3101/4231
原富七卷附斯密亞當傳中西年表 （英國）斯密亞當撰 嚴復譯 清光緒二十八年(1902)南洋公學譯書院鉛印本 八册

340000－1843－0003680 子3101/4231
原富七卷附斯密亞當傳中西年表 （英國）斯密亞當撰 嚴復譯 清光緒二十八年(1902)南洋公學譯書院鉛印本 八册

340000－1843－0003681 子3101/4231
原富七卷附斯密亞當傳中西年表 （英國）斯密亞當撰 嚴復譯 清光緒二十八年(1902)南洋公學譯書院鉛印本 八册

340000－1843－0003682 子3101/4231
原富七卷附斯密亞當傳中西年表 （英國）斯密亞當撰 嚴復譯 清光緒二十八年(1902)南洋公學譯書院鉛印本 八册

340000－1843－0003683 子3101/4233
群學肄言不分卷 （英國）斯賓賽爾撰 嚴復譯 清光緒二十九年(1903)上海文明書局鉛印本 四册

340000－1843－0003684 子3101/4233
群學肄言不分卷 （英國）斯賓賽爾撰 嚴復譯 清光緒二十九年(1903)上海文明書局鉛印本 三册

340000－1843－0003685 子3101/4321
理財節略一卷 （清）戴樂爾撰 清光緒二十六年(1900)浙江書局刻本 一册

340000－1843－0003686 子3101/4412
天演論二卷 （英國）赫胥黎撰 嚴復譯 清光緒二十七年(1901)富文書局石印本 一册

340000－1843－0003687 子3101/4412.2
天演論二卷 （英國）赫胥黎撰 嚴復譯 清光緒二十四年(1898)鉛印本 一册

340000－1843－0003688 子3101/4412.3
天演論二卷 （英國）赫胥黎撰 嚴復譯 清光緒二十四年(1898)刻本 二册

340000－1843－0003689 子3101/4413
洋務時事彙編八卷 （清）葛子源輯 清光緒二十四年(1898)上海書局石印本 十二册

340000－1843－0003690 子3101/4428
文學興國策二卷 （美國）林樂知譯 清光緒二十二年(1896)廣學會刻本 二册

340000－1843－0003691 子3101/4470
洋務經濟通考十六卷 （清）韓卿甫纂 （清）邵友濂撰 清光緒二十四年至二十八年(1898－1902)上海鴻寶齋石印本 十二册

340000－1843－0003692 子3101/4470
洋務經濟通考十六卷 （清）韓卿甫纂 （清）邵友濂撰 清光緒二十四年至二十八年(1898－1902)上海鴻寶齋石印本 十二册

340000－1843－0003693 子3101/4470
洋務經濟通考十六卷 （清）韓卿甫纂 （清）邵友濂撰 清光緒二十四年至二十八年(1898－1902)上海鴻寶齋石印本 十二册

340000－1843－0003694 子3101/4689
格致治平通議二十六卷 （清）楊毓惲撰 清光緒二十八年(1902)鴻寶書局石印本 十六册

340000－1843－0003695 子3101/4700
時務通考三十一卷續編三十一卷 題（清）杞廬主人輯 清光緒二十三年至二十七年(1897－1901)上海點石齋石印本 四十册

340000－1843－0003696 子3101/4700
時務通考三十一卷 題（清）杞廬主人輯 清光緒二十四年(1898)上海點石齋石印本 二十四册

340000－1843－0003697 子3101/4700.2
時務通考三十一卷續編三十一卷 題（清）杞廬主人輯 清光緒二十三年至二十七年(1897－1901)上海點石齋石印本 四十册

340000－1843－0003698 子3101/4712

易言二卷　（清）杞憂生撰　清光緒元年(1875)鉛印本　二册

340000－1843－0003699　子 3101/4882
政治一斑三卷　（日本）檜前保人撰　清光緒上海商務印書館政學叢書第一集鉛印本　一册

340000－1843－0003700　子 3101/5313
政治泛論四卷　（美國）威爾遜撰　（日本）高田早苗譯　商務印書館重譯　清光緒二十九年(1903)上海商務印書館鉛印本　二册

340000－1843－0003701　子 3101/7115
星軺指掌三卷續一卷　（英國）馬爾頓撰　（清）聯芳　（清）慶常譯　清光緒二年(1876)同文館刻本　四册

340000－1843－0003702　子 3101/7230
淮南子二十一卷敘目一卷　（漢）劉安撰　（漢）高誘註　清乾隆五十三年(1788)咸寧官署刻本　六册

340000－1843－0003703　子 3101/7532
寤言二卷　陳滄然撰　清刻本　二册

340000－1843－0003704　子 3101/7597
時事新編初集六卷　（清）陳耀卿編　清光緒二十一年(1895)鉛印本　六册

340000－1843－0003705　子 3101/8322
萬國分類時務大成四十卷首一卷　（清）錢豐輯　清光緒二十七年(1901)上海文盛書局石印本　二十八册

340000－1843－0003706　子 3102/0000
甲子雜鈔不分卷　（□）□□輯　抄本　一册

340000－1843－0003707　子 3102/0014
風俗通義十卷　（漢）應劭撰　清刻本　二册

340000－1843－0003708　子 3102/0032
蕉軒隨錄十二卷續錄二卷　（清）方濬師撰　清同治十一年(1872)退一步齋刻本　十四册

340000－1843－0003709　子 3102/0032(2)
蕉軒續錄二卷　（清）方濬師撰　清光緒刻本　二册

340000－1843－0003710　子 3102/0700
樗園銷夏錄三卷　（清）郭麐撰　清嘉慶十三年(1808)刻本　一册

340000－1843－0003711　子 3102/1043
居易錄三十四卷　（清）王士禛撰　清康熙刻本　八册

340000－1843－0003712　子 3102/1043
香祖筆記十二卷　（清）王士禛撰　清康熙刻本　四册

340000－1843－0003713　子 3102/1043.2
分甘餘話四卷　（清）王士禛撰　清康熙四十八年(1709)刻本　一册

340000－1843－0003714　子 3102/2030
對山書屋墨餘錄十六卷　（清）毛祥麟撰　清同治九年(1870)上海毛氏亦可居刻本　八册

340000－1843－0003715　子 3102/1035
椒生隨筆八卷　（清）王之春撰　清光緒七年(1881)上洋文藝齋刻本　二册

340000－1843－0003716　子 3102/1040
東望閣隨筆不分卷　題（清）丙塘居士撰　清刻本　一册

340000－1843－0003717　子 3102/2115
餘冬敘錄六十五卷　（明）何孟春撰　清光緒六年(1880)補刻本　十三册

340000－1843－0003718　子 3102/2654
養古齋叢錄二十卷餘錄十卷　（清）吳振棫撰　清光緒二十三年(1897)刻本　八册

340000－1843－0003719　子 3102/2802
玉芝堂談薈三十六卷　（明）徐應秋撰輯　清倩園刻本　三十二册

340000－1843－0003720　子 3102/3148
悔翁筆記六卷　（清）汪士鐸撰　清合肥味古齋刻本　一册

340000－1843－0003721　子 3102/3308
退菴隨筆二十二卷　（清）梁章鉅撰　清末上海文瑞樓石印本　八册

340000－1843－0003722　子3102/3322

兩般秋雨盦隨筆八卷　（清）梁紹壬撰　清光緒二十二年（1896）上海古香閣刻本　八册

340000－1843－0003723　子3102/3714

七修類稿五十一卷　（明）郎瑛撰　清乾隆四十年（1775）耕煙草堂刻本　十六册

340000－1843－0003724　子3102/4022

行素齋雜記二卷　（清）李佳繼昌撰　清光緒二十七年（1901）湖南臬署刻本　二册

340000－1843－0003725　子3102/4213

竹葉亭雜記八卷　（清）姚元之撰　清光緒十九年（1893）刻本　二册

340000－1843－0003726　子3102/4213

竹葉亭雜記八卷　（清）姚元之撰　清光緒十九年（1893）刻本　四册

340000－1843－0003727　子3102/4317

藤陰雜記十二卷　（清）戴璐撰　題（清）吟梅居士輯　清光緒三年（1877）吳興會館刻本　二册

340000－1843－0003728　子3102/4317

藤陰雜記十二卷　（清）戴璐撰　題（清）吟梅居士輯　清光緒三年（1877）吳興會館刻本　二册

340000－1843－0003729　子3102/4426

恩福堂筆記二卷　（清）英和撰　清道光十七年（1837）刻本　一册

340000－1843－0003730　子3102/4433

封氏聞見錄十卷　（唐）封演撰　清乾隆五十七年（1792）江都秦氏刻本　一册

340000－1843－0003731　子3102/4453

東坡志林十二卷　（宋）蘇軾撰　清刻本　四册

340000－1843－0003732　子3102/4917

麗濾薈錄十四卷爽鳩要錄二卷　（清）蔣超伯撰　清同治六年（1867）刻本　八册

340000－1843－0003733　子3102/4917

簷曝雜記六卷　（清）趙翼撰　清刻本　一册

340000－1843－0003734　子3102/6265

增訂一夕話新集六卷　（清）咄咄夫撰　（清）咄咄子增訂　清道光十二年（1832）經綸堂刻本　六册

340000－1843－0003735　子3102/6745

嘯亭雜錄十卷續錄三卷　（清）昭槤撰　清宣統元年（1909）中國圖書公司鉛印本　四册　存十卷（一至七、續錄三卷）

340000－1843－0003736　子3102/6745

嘯亭雜錄十卷續錄三卷　（清）昭槤撰　清宣統元年（1909）中國圖書公司鉛印本　四册

340000－1843－0003737　子3102/3191

菰中隨筆不分卷　（清）顧炎武撰　清道光刻本　一册

340000－1843－0003738　子3103/3191

菰中隨筆不分卷　（清）顧炎武撰　清道光刻本　一册

340000－1843－0003739　子3102/7203

儒釋道平心論二卷　（明）劉謐撰　清同治二年（1863）江北刻經處刻本　一册

340000－1843－0003740　子3102/7425

合肥學舍札記十二卷　（清）陸繼輅撰　清光緒四年（1878）湖北陽湖興國州署刻本　四册

340000－1843－0003741　子3102/7425

合肥學舍札記十二卷　（清）陸繼輅撰　清光緒四年（1878）湖北陽湖興國州署刻本　四册

340000－1843－0003742　子3102/7438

老學庵筆記二卷　（宋）陸游撰　清宣統三年（1911）掃葉山房石印本　二册

340000－1843－0003743　子3102/7503

燕下鄉脞錄（郎谿二筆）十六卷　（清）陳康祺撰　清光緒十一年（1885）暨陽刻舊雨草堂叢書第七種本　四册

340000－1843－0003744　子3102/7503

燕下鄉脞錄（郎谿二筆）十六卷　（清）陳康祺撰　清光緒十一年（1885）暨陽刻舊雨草堂叢書第七種本　四册

340000－1843－0003745　子 3102/7503
燕下鄉脞錄(郎谿二筆)十六卷　(清)陳康祺撰　清光緒十一年(1885)暨陽刻舊雨草堂叢書第七種本　六冊

340000－1843－0003746　子 3102/7503
郎潛紀聞十四卷　(清)陳康祺撰　清光緒六年(1880)琴川刻舊雨草堂叢書第六種本　六冊

340000－1843－0003747　子 3102/7503
郎潛紀聞十四卷　(清)陳康祺撰　清光緒十年(1884)琴川刻舊雨草堂叢書第六種本　六冊

340000－1843－0003748　子 3102/7503
郎潛紀聞十四卷　(清)陳康祺撰　清光緒十年(1884)琴川刻舊雨草堂叢書第六種本　四冊

340000－1843－0003749　子 3102/7732
輟耕錄三十卷　(明)陶宗儀撰　清光緒十一年(1885)上海福瀛書局刻本　十冊

340000－1843－0003750　子 3102/7730
癸辛雜識前集一卷後集一卷續集二卷　(宋)周密撰　清刻本　二冊

340000－1843－0003751　子 3102/8080
熙朝新語十六卷　(清)余金輯　清道光二年(1822)有金堂刻本　六冊

340000－1843－0003752　子 3102/8333.2
履園叢話二十四卷　(清)錢泳輯　清同治九年(1870)虞山錢氏述德堂刻本　八冊

340000－1843－0003753　子 3102/8333.2
履園叢話二十四卷　(清)錢泳輯　清道光三年(1823)虞山錢氏述德堂刻本　八冊

340000－1843－0003754　子 3102/8333
履園叢話二十四卷　(清)錢泳輯　清同治九年(1870)古虞石室刻本　八冊

340000－1843－0003755　子 3102/0074
見聞續筆二十四卷　(清)齊學裘撰　清光緒二年(1876)天空海闊之居刻本　八冊

340000－1843－0003756　子 3103/0028
方氏通雅五十二卷首三卷刊誤一卷　(清)方以智撰　清光緒十八年(1892)桐城方氏刻本　十六冊

340000－1843－0003757　子 3103/0028.2
通雅五十二卷首三卷　(清)方以智撰　清康熙立教館刻本　十二冊

340000－1843－0003758　子 3103/0028.3
通雅五十二卷首三卷　(清)方以智撰　清浮山此藏軒刻本　十六冊

340000－1843－0003759　子 3103/10000
困學紀聞二十卷　(宋)王應麟撰　(清)翁元圻註　清道光五年(1825)餘姚守福堂刻本　十二冊

340000－1843－0003760　子 3103/10000
困學紀聞二十卷　(宋)王應麟撰　(清)翁元圻註　清道光五年(1825)餘姚守福堂刻本　十三冊

340000－1843－0003761　子 3103/10000
困學紀聞二十卷　(宋)王應麟撰　(清)翁元圻註　清道光五年(1825)餘姚守福堂刻本　十四冊

340000－1843－0003762　子 3103/10000
困學紀聞二十卷　(宋)王應麟撰　(清)翁元圻註　清道光五年(1825)餘姚守福堂刻本　十六冊

340000－1843－0003763　子 3103/10000.2
困學紀聞二十卷　(宋)王應麟撰　清乾隆三年(1738)祁門馬氏叢書樓刻本　八冊

340000－1843－0003764　子 3103/10000.4
困學紀聞二十卷　(宋)王應麟撰　清乾隆三年(1738)祁門馬氏叢書樓刻本　十冊

340000－1843－0003765　子 3103/10000.5
困學紀聞二十卷　(宋)王應麟撰　清同治九年(1870)揚州書局刻本　六冊

340000－1843－0003766　子 3103/10000.6
五家註困學紀聞二十卷　(宋)王應麟撰

(清)閻若璩等箋　清嘉慶十二年(1807)金閶友益齋刻本　六冊

340000－1843－0003767　子3103/10000.7
困學紀聞二十卷首一卷　(宋)王應麟撰　(清)翁元圻註　清光緒八年(1882)新都廖氏刻本　十四冊

340000－1843－0003768　子3103/10000.8
困學紀聞集證合註二十卷　(宋)王應麟撰　(清)閻若璩等箋註　清嘉慶十八年(1813)掃葉山房刻本　六冊

340000－1843－0003769　子3103/1033
學古堂日記四十三種叢抄六卷　(清)雷浚　(清)汪之昌選　清光緒十六年至二十二年(1890－1896)學古堂刻本　二十六冊

340000－1843－0003770　子3103/1044
野客叢書三十卷附錄一卷　(宋)王楙撰　清刻本　六冊

340000－1843－0003771　子3103/1065
蛾術編八十二卷　(清)王鳴盛撰　清道光二十一年(1841)世楷堂刻本　二十四冊

340000－1843－0003772　子3103/1081.2
讀書雜志八十二卷餘編二卷　(清)王念孫撰　清刻本　十八冊

340000－1843－0003773　子3103/1081.3
讀書雜志八十二卷餘編二卷　(清)王念孫撰　清同治九年(1870)金陵書局刻本　二十四冊

340000－1843－0003774　子3103/1081.4
讀書雜志八十二卷餘編二卷　(清)王念孫撰　清刻本　十四冊

340000－1843－0003775　子3103/1102
舒藝室隨筆六卷　(清)張文虎撰　清同治十三年(1874)金陵冶城賓館刻本　二冊

340000－1843－0003776　子3103/1102
舒藝室續筆一卷餘筆三卷　(清)張文虎撰　清光緒五年(1879)復園刻本　一冊

340000－1843－0003777　子3103/3191
日知錄三十二卷　(清)顧炎武撰　清道光十二年(1832)錦江書院刻本　十六冊

340000－1843－0003778　子3103/1134
項氏家說十卷附錄二卷　(宋)項安世撰　清光緒二十五年(1899)廣雅書局刻武英殿聚珍版叢書本　六冊

340000－1843－0003779　子3103/1200
札迻十二卷　(清)孫詒讓撰　清光緒二十年(1894)刻本　四冊

340000－1843－0003780　子3103/1200
札迻十二卷　(清)孫詒讓撰　清光緒二十年(1894)刻本　四冊

340000－1843－0003781　子3103/2191
義門讀書記五十八卷　(清)何焯撰　清刻本　八冊

340000－1843－0003782　子3103/3191
日知錄三十二卷　(清)顧炎武撰　清遂初堂刻本　十二冊

340000－1843－0003783　子3103/3191.2
日知錄三十二卷　(清)顧炎武撰　清遂初堂刻本　二十冊

340000－1843－0003784　子3103/3191.4
日知錄集釋三十二卷勘誤二卷續勘誤二卷　(清)顧炎武撰　(清)黃汝成集釋　清同治十一年(1872)湖北崇文書局刻本　十六冊

340000－1843－0003785　子3103/3191.4
日知錄集釋三十二卷勘誤二卷續勘誤二卷　(清)顧炎武撰　(清)黃汝成集釋　清同治十一年(1872)湖北崇文書局刻本　十六冊

340000－1843－0003786　子3103/3191.5
日知錄集釋三十二卷勘誤二卷續勘誤二卷　(清)顧炎武撰　(清)黃汝成集釋　清同治朝宗書室木活字印本　十六冊

340000－1843－0003787　子3103/3191
日知錄集釋三十二卷勘誤二卷續勘誤二卷　(清)顧炎武撰　(清)黃汝成集釋　清同治十一年(1872)湖北崇文書局刻本　十六冊

340000－1843－0003788　子 3103/3434
容齋隨筆五集七十四卷　（宋）洪邁撰　清乾隆五十九年（1794）掃葉山房刻本　十六册

340000－1843－0003789　子 3103/3434
容齋隨筆五集七十四卷　（宋）洪邁撰　清乾隆五十九年（1794）掃葉山房刻本　十册

340000－1843－0003790　子 3103/4288
援鶉堂筆記五十卷刊誤一卷刊誤補遺一卷　（清）姚範撰　清道光十五年（1835）姚瑩刻本　十六册

340000－1843－0003791　子 3103/3479
讀書叢錄七卷　（清）洪頤煊撰　清廣雅書局刻本　一册

340000－1843－0003792　子 3103/4410
慈溪黄氏日鈔分類古今紀要十九卷　（宋）黄震撰　清乾隆三十二年（1767）新安汪氏珠樹堂刻本　八册

340000－1843－0003793　子 3103/4410
慈溪黄氏日鈔分類九十七卷　（宋）黄震撰　清乾隆三十二年（1767）刻本　十八册

340000－1843－0003794　子 3103/4428
札樸十卷　（清）桂馥撰　清光緒九年（1883）長洲蔣氏心矩齋校刻本　四册

340000－1843－0003795　子 3103/4428.2
札樸十卷　（清）桂馥撰　清光緒七年（1881）依山陰小李山房刻本　五册

340000－1843－0003796　子 3103/4479
匏瓜錄十卷　（清）芮長恤撰　清光緒十年（1884）毘陵惲氏懷永堂校刻本　四册

340000－1843－0003797　子 3103/4691
丹鉛雜錄十卷玉名詁一卷　（明）楊慎撰　清刻本　四册

340000－1843－0003798　子 3103/4917
陔餘叢考四十三卷　（清）趙翼撰　清乾隆五十五年（1790）湛貽堂刻本　十二册

340000－1843－0003799　子 3103/4917
陔餘叢考四十三卷　（清）趙翼撰　清乾隆五十五年（1790）湛貽堂刻本　十二册

340000－1843－0003800　子 3103/4700
少室山房筆錄四十八卷詩藪内編六卷外編四卷雜編六卷　（明）胡應麟編　清光緒二十二年（1896）廣雅書局刻本　十二册

340000－1843－0003801　子 3103/4000
甕牖閑評八卷　（宋）袁文撰　清光緒二十五年（1899）廣雅書局刻武英殿聚珍版叢書本　二册

340000－1843－0003802　子 3103/2510
無邪堂答問五卷　（清）朱一新撰　清光緒二十一年（1895）廣東大良龍氏刻本　五册

340000－1843－0003803　子 3103/6031
吴氏遺著五卷附錄一卷　（清）吴淩雲撰　清道光二十六年（1846）五百卷閣刻本　二册

340000－1843－0003804　子 3103/6616
娱親雅言六卷　（清）嚴元照撰　清嘉慶十四年（1809）刻本　二册

340000－1843－0003805　子 3103/7423
冷廬雜識八卷　（清）陸以湉撰　清咸豐六年（1856）刻本　八册

340000－1843－0003806　子 3103/7500
句谿雜著五卷　（清）陳立撰　清刻本　二册

340000－1843－0003807　子 3103/7524
食古錄一卷　（清）陳偉撰　清刻本　一册

340000－1843－0003808　子 3103/7524（2）
待質錄一卷居求錄一卷　（清）陳偉撰　清刻本　一册

340000－1843－0003809　子 3103/7524（3）
愚慮錄五卷　（清）陳偉撰　清光緒二十二年（1896）刻本　八册

340000－1843－0003810　子 3103/7534
丁戊筆記二卷　（清）陳宗起撰　清刻本　一册

340000－1843－0003811　子 3103/7535
東塾讀書記二十五卷　（清）陳澧撰　清刻本

(卷十三至十四、十七至二十、二十二至二十五未刊) 四册

340000－1843－0003812 子3103/7535

東塾讀書記二十五卷 (清)陳澧撰 清刻本(卷十三至十四、十七至二十、二十二至二十五未刊) 四册

340000－1843－0003813 子3103/8019

癸巳存稿十五卷 (清)俞正燮撰 清光緒十年(1884)刻本 六册

340000－1843－0003814 子3103/8019

癸巳存稿十五卷 (清)俞正燮撰 清光緒十年(1884)刻本 八册

340000－1843－0003815 子3103/8019

癸巳存稿十五卷 (清)俞正燮撰 清光緒十年(1884)刻本 八册

340000－1843－0003816 子3103/8019

癸巳存稿十五卷 (清)俞正燮撰 清光緒十年(1884)刻本 六册

340000－1843－0003817 子3103/8019

癸巳存稿十五卷 (清)俞正燮撰 清光緒十年(1884)刻本 八册

340000－1843－0003818 子3103/8019.(2)

癸巳存稿十五卷 (清)俞正燮撰 清道光十三年(1833)求日益齋刻本 六册

340000－1843－0003819 子3103/8034

湛園札記四卷 (清)姜宸英撰 清光緒七年(1881)見山樓刻本 一册

340000－1843－0003820 子3103/8043

古書疑義舉例七卷 (清)俞樾撰 清光緒刻第一樓叢書本 二册

340000－1843－0003821 子3103/8064

求闕齋讀書録十卷 (清)曾國藩撰 (清)王定安輯 清光緒二年(1876)都門刻本 四册

340000－1843－0003822 子3103/8346

十駕齋養新録二十卷餘録三卷錢辛楣先生年譜一卷續譜一卷 (清)錢大昕撰 清光緒二年(1876)浙江書局刻本 八册

340000－1843－0003823 子3103/8346

十駕齋養新録二十卷餘録三卷錢辛楣先生年譜一卷續譜一卷 (清)錢大昕撰 清光緒二年(1876)浙江書局刻本 七册

340000－1843－0003824 子3103/8346.2

十駕齋養新録二十卷餘録三卷 (清)錢大昕撰 清光緒十年(1884)長沙龍氏家塾刻本 六册

340000－1843－0003825 子311.11/3042

讀書紀數略五十四卷 (清)宫夢仁編 清康熙四十六年(1707)刻本 十六册

340000－1843－0003826 子311.11/3042

讀書紀數略五十四卷 (清)宫夢仁編 清康熙四十六年(1707)刻本 十六册

340000－1843－0003827 子311.11/4447

東鱗西爪不分卷 蘇蔭椿(蘇萱臣)輯 抄本 五册

340000－1843－0003828 子311.11/4735

偶見隨録不分卷 胡之耕輯 抄本 一册

340000－1843－0003829 子311.11/7126

意林五卷附補遺 (唐)馬總編 清光緒三年(1877)湖北崇文書局刻本 二册

340000－1843－0003830 子311.11/2134

讀書樂趣八卷說詩樂趣二十卷 (清)伍涵芬撰 清康熙三十七年(1698)大文堂刻本 十册

340000－1843－0003831 子311.11/1216

鑄史駢言十二卷 (清)孫玉田編 清光緒二十九年(1903)上海慎記書莊石印本 二册

340000－1843－0003832 子311.12/7748

南北史精華八卷 (清)周亮猷輯 清同治十一年(1872)南園寄社木活字印本 四册

340000－1843－0003833 子311.211/0000

乙巳年酬世全書不分卷 (□)□□輯 清惜陰別墅石印本 一册

340000－1843－0003834 子311.211

古事比五十二卷 (清)方中德輯 清光緒十

三年(1887)上海文盛堂石印本　六册

340000－1843－0003835　子311.211/10000
小學紺珠十卷　(宋)王應麟編　清刻本　五册

340000－1843－0003836　子311.211/1000.2
小學紺珠十卷　(宋)王應麟編　清光緒九年至十六年(1883－1890)浙江書局刻玉海本　四册

340000－1843－0003837　子311.211/1024
類林剪綵八卷　(清)王豐垣編　清乾隆四十一年(1776)浣花書屋刻本　一册

340000－1843－0003838　子311.211/1047
表異錄二十卷　(明)王志堅輯　清光緒二年(1876)刻本　二册

340000－1843－0003839　子311.211/1144
淵鑑類函四百五十卷目錄四卷　(清)張英等編　清康熙四十九年(1710)清吟堂刻本　一百四十册

340000－1843－0003840　子311.211/1144
淵鑑類函四百五十卷目錄四卷　(清)張英等編　清康熙四十九年(1710)清吟堂刻本　一百六十册

340000－1843－0003841　子311.211/1144.2
淵鑑類函四百五十卷　(清)張英等編　清光緒九年(1883)上海點石齋石印本　十册

340000－1843－0003842　子311.211/1144.2
淵鑑類函四百五十卷　(清)張英等編　清光緒九年(1883)上海點石齋石印本　十册

340000－1843－0003843　子311.211/1144.2
淵鑑類函四百五十卷　(清)張英等編　清光緒九年(1883)上海點石齋石印本　十册

340000－1843－0003844　子311.211/1144.3
淵鑑類函四百五十卷　(清)張英等編　清光緒十三年(1887)上海同文書局石印本　四十八册

340000－1843－0003845　子311.211/1144.4
淵鑑類函四百五十卷　(清)張英等編　清光緒二十年(1894)上海點石齋石印本　十册

340000－1843－0003846　子311.211/1144.5
淵鑑類函四百五十卷　(清)張英等編　清光緒二十一年(1895)上海點石齋石印本　二十册

340000－1843－0003847　子311.211/1144.6
淵鑑類函四百五十卷　(清)張英等編　清光緒二十三年(1897)上海點石齋石印本　十册

340000－1843－0003848　子311.211/1144.8
(古香齋新刻袖珍御製)淵鑑類函四百五十卷　(清)張英等編　清古香齋新刻本　一百六十册

340000－1843－0003849　子311.211/1144.8
(古香齋新刻袖珍御製)淵鑑類函四百五十卷　(清)張英等編　清古香齋刻本　六十七册　存一百五十九卷(一至五、十一至十三、二十四至二十五、三十一、三十六、四十六至四十八、五十二、五十八至五十九、六十九至七十一、七十八至八十三、九十至九十一、九十四至九十五、九十八至九十九、一百六至一百七、一百十一至一百十二、一百十六至一百十七、一百二十至一百二十三、一百二十六至一百二十九、一百五十一至一百五十五、一百六十二至一百六十九、二百二至二百三、二百十二至二百十三、二百十六至二百二十一、二百二十六至二百二十八、二百三十七至二百三十八、二百四十一至二百四十四、二百四十七至二百四十九、二百五十三至二百五十八、二百六十八至二百六十九、二百七十六至二百七十九、二百九十五至三百二、三百七至三百八、三百十一至三百十二、三百二十四至三百二十九、三百三十七至三百三十八、三百四十一至三百四十二、三百四十六至三百四十七、三百五十至三百五十一、三百五十四至三百五十八、三百六十七至三百七十、三百七十五至三百七十七、三百八十八至四百、四百十四至四百十七、四百二十二至四百二十五、四百二十九至四百三十四)

340000－1843－0003850　子311.211/1201

群玉閣彙刊類書十二種二十三卷 (清)孫顔等編撰 清同治六年(1867)刻本 十二冊

340000－1843－0003851 子311.211/2144
北堂書鈔一百六十卷 (唐)虞世南編 (清)孔廣陶校註 清光緒十四年(1888)南海孔氏三十有三萬卷堂刻本 十一冊 存七十三卷(八十八至一百六十)

340000－1843－0003852 子311.211/2144
北堂書鈔一百六十卷 (唐)虞世南編 (清)孔廣陶校註 清光緒十四年(1888)南海孔氏三十有三萬卷堂刻本 十六冊

340000－1843－0003853 子311.211/1219
六藝通攷(經史新義錄)一百卷目錄一百卷 (清)孫玉堂撰 清光緒二十七年(1901)兩湖書院刻本 四十八冊 缺一卷(六藝通攷九)

340000－1843－0003854 子311.211/2877
古香齋鑒賞袖珍初學記三十卷 (唐)徐堅等編 清乾隆至嘉慶古香齋刻本 十六冊

340000－1843－0003855 子311.211/2877
古香齋鑒賞袖珍初學記三十卷 (唐)徐堅等編 清乾隆至嘉慶古香齋刻本 十二冊

340000－1843－0003856 子311.211/3148
西法策學彙源初集十卷二集十三卷 (清)顧其義 (清)吳文藻同輯 清光緒二十三年(1897)上海鴻寶齋石印本 四十八冊

340000－1843－0003857 子311.211/4060
太平御覽一千卷目錄十五卷引書目一卷 (宋)李昉等纂 清嘉慶十七年(1812)歙縣鮑氏刻本 九十六冊

340000－1843－0003858 子311.211/4060
太平御覽一千卷目錄十五卷引書目一卷 (宋)李昉等纂 清嘉慶十七年(1812)歙縣鮑氏刻本 一百冊

340000－1843－0003859 子311.211/4060
太平御覽一千卷目錄十五卷引書目一卷 (宋)李昉等纂 清嘉慶十七年(1812)歙縣鮑氏刻本 一百二冊

340000－1843－0003860 子311.211/4240
角山樓增補類腋六十七卷 (清)姚培謙輯 (清)趙克宜增補 清光緒十二年(1886)上海文瑞樓鴻章書局石印本 六冊

340000－1843－0003861 子311.211/4240
角山樓增補類腋六十七卷 (清)姚培謙輯 (清)趙克宜增補 清光緒十二年(1886)上海文瑞樓鴻章書局石印本 六冊

340000－1843－0003862 子311.211/4240
角山樓增補類腋六十七卷 (清)姚培謙輯 (清)趙克宜增補 清光緒十二年(1886)上海文瑞樓鴻章書局石印本 六冊

340000－1843－0003863 子311.211/4400
事類統編九十三卷 (清)林意誠彙編 清光緒十年(1884)腹笥山房刻本 十二冊 存八十九卷(一至十六、二十一至九十三)

340000－1843－0003864 子311.211/4409
廣治平略正集三十六卷續集八卷 (清)蔡方炳纂輯 清月香閣刻本 五冊

340000－1843－0003865 子311.211/4441
廣博物志五十卷 (明)董斯張纂 (明)楊鶴訂 清光緒五年(1879)學海堂刻本 二十四冊

340000－1843－0003866 子311.211/442
增補事類賦統編九十三卷首一卷 (清)黄葆真編 清道光二十六年(1846)丹陽黄氏刻本 四十八冊

340000－1843－0003867 子311.211/6037
事類賦三十卷 (宋)吳淑撰 **廣事類賦四十卷** (清)華希閔撰 清乾隆二十九年(1764)刻本 十二冊

340000－1843－0003868 子311.211/6037
重訂事類賦三十卷 (宋)吳淑撰註 清光緒元年(1875)經國堂刻本 六冊

340000－1843－0003869 子311.211/7144
事物異名錄四十卷 (清)萬荃輯 (清)關槐增纂 清乾隆五十三年(1788)兩廣總督府刻

本　十册

340000－1843－0003870　子311.211/7474
小知録十二卷　(清)陸鳳藻編　清嘉慶九年(1804)琴雅堂刻本　六册

340000－1843－0003871　子311.211/7590
天中記六十卷　(明)陳耀文編　清光緒四年(1878)聽雨山房刻本　十二册

340000－1843－0003872　子311.211/7727
類書纂要三十三卷　(清)周魯編　清康熙刻本　十六册

340000－1843－0003873　子311.211/7747
清異録二卷　(宋)陶穀撰　清光緒刻本　二册

340000－1843－0003874　子311.211/7747
清異録二卷　(宋)陶穀撰　清康熙刻本　二册

340000－1843－0003875　子3410/0744
海錯百一録五卷　(清)郭柏蒼輯　清光緒十二年(1886)刻本　三册

340000－1843－0003876　子3411.1/0046
聽鍾軒蟲薈五卷　(清)方旭撰　(清)胡念修校　清光緒十六年(1890)睦州方氏刻本　四册

340000－1843－0003877　子3511/2519
陶説六卷　(清)朱琰述　清乾隆三十九年(1774)刻本　二册

340000－1843－0003878　子3511/3067
匋雅二卷　題(清)寂園叟(陳瀏)撰　清宣統二年(1910)上海朝記書莊石印本　二册

340000－1843－0003879　子3511/3067.2
匋雅二卷　題(清)寂園叟(陳瀏)撰　清宣統二年(1910)上海朝記書莊石印本　四册

340000－1843－0003880　子3511/3067.2
匋雅二卷　題(清)寂園叟(陳瀏)撰　清宣統二年(1910)上海朝記書莊石印本　四册

340000－1843－0003881　子3511/4433
景德鎮陶録十卷　(清)藍浦撰　(清)鄭廷桂補輯　清嘉慶二十年(1815)黄氏翼經堂刻本　四册

340000－1843－0003882　子3511/6030
陽羨名陶録二卷續録一卷　(清)吴騫撰　清乾隆五十一年(1786)刻本　一册

340000－1843－0003883　子3522/3131
鑑古齋墨藪四卷附録一卷　(清)汪近聖撰　清嘉慶十三年(1808)武進陶氏刻本　三册

340000－1843－0003884　子3522/3421
墨法集要一卷附圖　(清)沈繼孫撰　清乾隆四十年(1775)武英殿聚珍版本　一册

340000－1843－0003885　子3524/4377
寶硯堂硯石考二卷　(清)戴熙撰　清道光十年(1830)抄本　二册

340000－1843－0003886　子3524/6042
端溪硯史三卷　(清)吴蘭修編　(清)鄭廷松校　清道光十七年(1837)嘉善周氏刻本　一册

340000－1843－0003887　子361/0000
庚寅年正字三編通書　(□)□□輯　清麟玉樓刻本　一册

340000－1843－0003888　子361/1124
新測中星圖表一卷　(清)張作楠撰　清道光刻本　一册

340000－1843－0003889　子361/4062
圜天圖説三卷續編二卷　(清)李明徹述　(清)阮元鑒定　清嘉慶二十四年(1819)松梅軒刻本　五册

340000－1843－0003890　子361/4418
曆象彙編乾象典一百卷　(清)蔣廷錫等撰　清光緒十年(1884)上海圖書集成局鉛印本　十六册

340000－1843－0003891　子361/4440
天文揭要二卷十七章附年表　(美國)赫士口譯　(清)周文源筆述　清光緒二十二年(1896)上海美華書館鉛印本　一册

340000－1843－0003892　子 361/8717
大清光緒年時憲書　(清)欽天監統纂　清光緒刻本　十四冊

340000－1843－0003893　子 362/0038
同文算學課藝四卷　(清)席淦　(清)貴榮編　清光緒二十二年(1896)上海著易堂石印本　四冊

340000－1843－0003894　子 362/0064
御製數理精蘊上編五卷下編四十卷表八卷　(清)聖祖玄燁編　清光緒二十二年(1896)上海博文書局石印本　二十四冊

340000－1843－0003895　子 362/1043
緝古算經細草三卷　(唐)王孝通撰　(清)張敦仁細草　清嘉慶八年(1803)藝學軒刻本　二冊

340000－1843－0003896　子 362/1124
翠薇山房數學十二種　(清)張作楠撰　清嘉慶至道光金華張氏翠薇山房刻本　二十冊

340000－1843－0003897　子 362/2542
四元玉鑑細草三卷附一卷增一卷　(元)朱世傑撰　(清)羅士琳補草　清道光十八年(1838)刻本　十冊　缺一卷(上之一至二)

340000－1843－0003898　子 362/2724
鄒徵君遺書不分卷夏紫笙算書遺稿不分卷　(清)鄒伯奇撰輯　清同治十二年(1873)刻本　六冊

340000－1843－0003899　子 362/3144
汪衡齋算學遺書合刻九卷　(清)汪萊撰　清光緒十八年(1892)聞梅舊塾刻本　二冊

340000－1843－0003900　子 362/3424
淩百硯齋算稿八種十九卷　(清)淩步芳撰　清光緒二十八年(1902)番禺靈山石硯齋刻本　四冊

340000－1843－0003901　子 362/4084
則古昔齋算學二十七卷　(清)李善蘭撰　清同治六年(1867)刻本　四冊

340000－1843－0003902　子 362/4444
行素軒算稿五種　(清)華蘅芳纂　清光緒八年(1882)梁谿華氏刻本　六冊

340000－1843－0003903　子 362/6034
代微積拾級十八卷　(美國)羅密士撰　(英國)偉烈亞力口譯　(清)李善蘭筆述　清咸豐九年(1859)墨海書館刻本　三冊

340000－1843－0003904　子 362/7228
九章算術細草圖說九卷　(晉)劉徽註　(唐)李淳風註釋　清光緒二十二年(1896)上海文淵山房石印本　四冊

340000－1843－0003905　子 362/7523
中西算學大成一百卷　(清)陳維祺纂　清光緒二十七年(1901)石印本　二十冊

340000－1843－0003906　子 362/7726
幾何原本十五卷　(希臘)歐幾里德撰　(意大利)利瑪竇口譯　(明)徐光啟筆受　清同治四年(1865)金陵刻本　八冊

340000－1843－0003907　子 3631/1022
格致古微六卷　王仁俊述　清光緒二十二年(1896)吳縣王氏刻本　五冊

340000－1843－0003908　子 3631/1063
格物入門七卷　(美國)丁韙良撰　清同治七年(1868)京都同文館刻本　七冊

340000－1843－0003909　子 3631/2134
泰西藝學通考十六卷　(清)何良棟編　清光緒二十七年(1901)鴻寶書局石印本　二十三冊

340000－1843－0003910　子 3633/2317
金石識別十二卷名目表一卷　(美國)代紺撰　(美國)瑪高溫口譯　(清)華蘅芳筆述　清石印本　四冊

340000－1843－0003911　子 3633/4032
礦務叢鈔二十卷　(英國)士密德輯　(英國)傅蘭雅口譯　(清)王德均筆述　清光緒二十三年(1897)鉛印本　二十冊

340000－1843－0003912　子 371/1032
[補註]黃帝内經素問二十四卷靈樞十二卷素

問遺篇一卷　(唐)王冰　(宋)劉溫舒撰　清三味堂刻本　十六册

340000－1843－0003913　子 372/3160
皇帝素問靈樞合纂(素問靈樞類纂約註)三卷　(清)汪昂纂輯　清同治十年(1871)掃葉山房刻本　三册

340000－1843－0003914　子 373/8041
增註傷寒類證活人書(增註類證活人書)二十二卷　(宋)朱肱撰　清光緒十一年(1885)刻本　四册

340000－1843－0003915　子 374/6010
溫病條辨六卷　(清)吳瑭撰　清嘉慶十八年(1813)信義書屋刻本　四册

340000－1843－0003916　子 374/6010.2
溫病條辨六卷　(清)吳瑭撰　(清)汪瑟菴參訂　(清)朱武曹點評　清慈溪葉氏濬吾樓石印本　四册

340000－1843－0003917　子 375/1029
九思堂重訂證治準繩六種四十四卷　(明)王肯堂輯　清乾隆九思堂刻本　四十二册

340000－1843－0003918　子 376/6010
溫病條辨六卷首一卷　(清)吳瑭撰　清光緒三十一年(1905)掃葉山房刻本　六册

340000－1843－0003919　子 3715/1032
衛生學問答一卷　丁福保撰　清光緒二十七年(1901)鉛印本　一册

340000－1843－0003920　子 3715/1032
衛生學問答一卷　丁福保撰　清光緒二十七年(1901)鉛印本　一册

340000－1843－0003921　子 3715/1032
衛生學問答一卷　丁福保撰　清光緒二十七年(1901)鉛印本　一册

340000－1843－0003922　子 3715/1032
衛生學問答一卷　丁福保撰　清光緒二十七年(1901)鉛印本　一册

340000－1843－0003923　子 3715/1032
衛生學問答一卷　丁福保撰　清光緒二十七年(1901)鉛印本　一册

340000－1843－0003924　子 3718/2734
本經疏證十二卷本經續疏六卷本經序疏要八卷　(清)鄒澍撰　清道光二十七年(1847)刻本　十二册

340000－1843－0003925　子 3718/4061
本草綱目五十二卷藥品總目一卷圖三卷　(明)李時珍撰　清光緒十一年(1885)合肥張氏味古齋刻本　四十六册

340000－1843－0003926　子 3719/3160
醫方集解三卷　(清)汪昂編　清光緒十二年(1886)刻本　六册

340000－1843－0003927　子 3722/7548
辨證奇聞十五卷　(清)陳士鐸撰　清道光二十三年(1843)刻本　十二册

340000－1843－0003928　子 381/1700
皇極經世緒言九卷首二卷　(宋)邵雍撰　(明)黄粵洲註釋　清嘉慶四年(1799)善成堂刻本　十册

340000－1843－0003929　子 384/8093
条星秘要諏吉便覽不分卷增附寶鏡圖　(清)俞榮寬編　(清)費淳鑒定　清同治四年(1865)羊城維經堂刻本　一册

340000－1843－0003930　子 387/7134
人學三卷星學一卷　(清)匡良杞撰　清刻本　一册

340000－1843－0003931　子 388/7244
奇門遁甲三十卷　(明)劉基撰　清省思堂刻本　十六册

340000－1843－0003932　志 610.8249/1129
[光緒]續纂句容縣志二十卷首一卷末一卷　(清)張紹棠修　(清)蕭穆纂　清光緒三十年(1904)刻本　二十册

340000－1843－0003933　子 3921/1117
清河書畫舫十二卷　(明)張丑撰　清光緒二年(1876)吳氏池北草堂刻本　十二册

340000－1843－0003934　子 3921/1213

庚子銷夏記八卷 (清)孫承澤撰 清乾隆二十六年(1761)歙縣鮑氏知不足齋刻本 八册

340000－1843－0003935 子3921/1278
佩文齋書畫譜一百卷 (清)孫岳頒等輯 清光緒九年(1883)上海同文書局石印本 十六册

340000－1843－0003936 子3921/4006
南京圖書館書畫目錄不分卷 南京圖書局編 清南京圖書局鉛印本 一册

340000－1843－0003937 子3921/4014
甌鉢羅室書畫過目攷四卷 (清)李玉棻編輯 清光緒二十三年(1897)北京琉璃廠西興盛齋刻本 四册

340000－1843－0003938 子3921/4027
書畫鑑影二十四卷 (清)李佐賢編 清同治十年(1871)利津李氏刻本 八册

340000－1843－0003939 子3923/0704
名賢手札八卷 (清)郭慶藩輯 清光緒十年(1884)岵瞻堂刻本 四册

340000－1843－0003940 子3923/0405
有明名賢遺翰二卷 (清)謝廣甫輯 清光緒十三年(1887)漢口文淵書局刻本 二册

340000－1843－0003941 子3923/1034
論書賸語二卷 (清)王澍 **換凡直指一卷** (清)沈維鍾撰 清咸豐刻本 一册

340000－1843－0003942 子3923/2570
墨池編二十卷印典八卷 (宋)朱長文撰 清雍正十一年(1733)就閒堂刻本 六册

340000－1843－0003943 子3923/2841
歷代帝王法帖釋文十卷 (清)徐朝弼集釋 清嘉慶十七年(1812)刻本 一册

340000－1843－0003944 子3923/3055
書法約言一卷 (清)宋曹撰 清光緒二十六年(1900)上海文明書局鉛印本 一册

340000－1843－0003945 子3923/3113
書法正傳十卷 (清)馮武編 清虞山馮氏世豸堂刻本 四册

340000－1843－0003946 子3923/4433
林和靖先生手書詩稿不分卷 (宋)林逋書 清光緒三十三年(1907)上海有正書局石印本 一册

340000－1843－0003947 子3923/6027
昭代名人尺牘二十四卷小傳二十四卷 (清)吳修編 清光緒三十四年(1908)杭州西泠印社石印本 二十四册

340000－1843－0003948 子3923/7736
昭代名人尺牘續集二十四卷 陶湘編 清宣統三年(1911)天寶石印局石印本 二十四册

340000－1843－0003949 子3923/8043
翁松禪手札不分卷 (清)翁同龢撰 清宣統三年(1911)影印本 十册

340000－1843－0003950 子3924/2841
淳化閣帖釋文十卷 (清)徐朝弼集釋 清刻本 一册

340000－1843－0003951 子3101/4411(2)
吹網錄六卷 (清)葉廷琯撰 清同治八年(1869)刻本 二册

340000－1843－0003952 子3101/8397
財政四綱不分卷 (清)錢恂撰 清光緒二十七年(1901)鉛印本 一册

340000－1843－0003953 子3102/3442
寒夜叢談三卷 (清)沈赤然撰 清光緒元年(1875)新陽趙氏刻本 一册

340000－1843－0003954 子3102/7110
定香亭筆談四卷 (清)阮元撰 清光緒十年(1884)漱江宋氏刻本 四册

340000－1843－0003955 子3102/5089
平書八卷 (清)秦篤輝撰 清咸豐刻本 二册

340000－1843－0003956 子3102/7221
食舊悳齋雜著二卷 (清)劉嶽雲撰 清光緒刻本 二册

340000－1843－0003957 子3102/7522
讀書鏡五卷 (明)陳繼儒撰 清刻本 五册

340000－1843－0003958　子 3102/8080.2
熙朝新語十六卷　(清)余金輯　清同治六年(1867)茂選樓刻本　四册

340000－1843－0003959　子 3102/3236
宋稗類鈔八卷　(清)潘永因輯　清宣統元年(1909)有正書局刻本　八册

340000－1843－0003960　子 3102/6745
嘯亭雜錄八卷續錄二卷　(清)昭槤撰　清光緒六年(1880)刻本　十二册

340000－1843－0003961　子 3102/6745
嘯亭雜錄八卷續錄二卷　(清)昭槤撰　清光緒六年(1880)刻本　十二册

340000－1843－0003962　子 3103/0057
古今釋疑十八卷　(清)方中履撰　清康熙汗青閣刻本　十五册

340000－1843－0003963　子 3103/0057
古今釋疑十八卷　(清)方中履撰　清康熙汗青閣刻本　十册　存十五卷(一至十一、十五至十八)

340000－1843－0003964　子 3103/1043
變法攻髓二卷　(清)王有宗撰　清光緒二十七年(1901)鉛印本　一册

340000－1843－0003965　子 310/3123
山海經存九卷首一卷　(清)汪紱釋　清光緒二十一年(1895)石印本　四册

340000－1843－0003966　子 311.12/1157
遣愁集十二卷　(清)張貴胜輯　清刻本　四册

340000－1843－0003967　子 311.211/1047
表異錄二十卷　(明)王志堅輯　清光緒二年(1876)刻本　二册

340000－1843－0003968　子 311.211/1413
西學大成十二編五十六種　(清)王西清　(清)盧梯青輯　清光緒二十一年(1895)刻本　十二册

340000－1843－0003969　子 311.211/4060
太平御覽一千卷　(宋)李昉等纂　清嘉慶十二年(1807)歙縣鮑氏刻本　一百十册　存九百十三卷(一至二百二十、二百六十七至九百九、九百五十一至一千)

340000－1843－0003970　子 311.211/4431
錦字箋四卷　(清)黃澐等輯　清康熙刻本　四册

340000－1843－0003971　子 311.211/2541
古今圖書集成二百七十二卷　(清)陳夢雷等撰　清光緒刻本　六十五册

340000－1843－0003972　子 362/0064
御製數理精蘊上編五卷下編四十卷表八卷　(清)聖祖玄燁編　清光緒八年(1882)刻本　五册

340000－1843－0003973　子 362/2022
天元一釋二卷　(清)焦循撰　清刻本　二册

340000－1843－0003974　子 385/0126
(黃石公原本)靈棋經不分卷　(漢)東方朔撰　(晉)顔功明等註釋　清白鹿山房刻本　二册

340000－1843－0003975　子 3923/0000
北宋拓石鼓文不分卷　(□)□□輯　清光緒十八年(1892)上虞羅振鏞刻本　一册

340000－1843－0003976　子 3923/6645
明瞿忠宣公手札及蠟丸書不分卷　(明)瞿式耜撰　清光緒三十四年(1908)國學保存會石印本　一册

340000－1843－0003977　子 3110/0712
山海經新校正十八卷　(晉)郭璞傳　(清)畢沅校正　清乾隆四十八年(1783)經訓堂刻本　四册

340000－1843－0003978　子 3101/3123
山海經存九卷　(清)汪紱釋　清光緒刻本　二册

340000－1843－0003979　子 3090/8323
宗範八卷　(清)錢伊庵編輯　清道光刻本　三册

340000－1843－0003980　子 322/1046

金華王魯齋先生傳集二卷　(清)趙祖聖校正　清乾隆十年(1745)刻本　二册

340000－1843－0003981　子322/4700
性理大全書七十卷　(明)胡廣等撰　清刻本　一册　存三卷(二十二至二十四)

340000－1843－0003982　子322/7533
小學集註六卷　(明)陳達註　清同治六年(1867)金陵書局刻本　二册

340000－1843－0003983　子3300/8673
心賦註二卷　(宋)釋延壽述　清刻本　二册

340000－1843－0003984　子3300/8673
心賦註二卷　(宋)釋延壽述　清刻本　二册

340000－1843－0003985　子3924/3301
(欽定)三希堂石渠寶笈法帖正集三十四册　(清)梁詩正　(清)汪由敦編　清末影印本　三十册　存三十册(一至二、四、六至三十)

340000－1843－0003986　子3924/446
戲鴻堂法書十六册　(明)董其昌審定　拓本　十四册　存十四册(一至十、十二、十四至十六)

340000－1843－0003987　子3924/4407
蘇唐卿篆書醉翁亭記不分卷　(宋)蘇唐卿書　清道光二十五年(1845)拓本　一册

340000－1843－0003988　子3924/4038
古寶賢堂法書四卷　(清)李清鑰刻石　清光緒元年(1875)江人鏡摹拓本　四册

340000－1843－0003989　子3927/4634
激素飛清閣藏碑九種　楊守敬輯　清光緒二年(1876)宜都楊氏激素飛清閣刻本　十七册

340000－1843－0003990　子3924/7591
御刻三希堂石渠寶笈法帖釋文十六卷　(清)陳焯釋文　清光緒二十三年(1897)上海鴻寶齋石印本　八册

340000－1843－0003991　子3924/5040
明代法書十卷　(清)車萬育輯　清康熙三十二年(1693)車氏螢照堂拓印本　八册　存八卷(一、三至七、九至十)

340000－1843－0003992　子3924/7772
歐陽文忠公瀧岡阡表一卷　(宋)歐陽修書　清宣統三年(1911)江西開智書局石印本　一册

340000－1843－0003993　子3924/8038
鳳野殘帖釋文八卷又二卷　(宋)曾宏父刻　(清)姚晏釋文　清歸安姚氏刻咫進齋叢書本　四册

340000－1843－0003994　子3925/2622
昭代名人尺牘小傳二十四卷　(清)吳修輯　清光緒刻本　二册

340000－1843－0003995　子3926/0080
文美齋詩箋譜一卷　題(清)文美齋主人繪　清宣統三年(1911)刻彩色套印本　二册

340000－1843－0003996　子3926/1030
冶梅蘭竹譜不分卷　(清)王寅作　清光緒八年(1882)合肥李氏東瀛刻本　二册

340000－1843－0003997　子3926/1030
冶梅蘭竹譜不分卷　(清)王寅作　清光緒八年(1882)合肥李氏東瀛刻本　二册

340000－1843－0003998　子3926/1030
冶梅蘭竹譜不分卷　(清)王寅作　清光緒八年(1882)合肥李氏東瀛刻本　一册

340000－1843－0003999　子3926/1041
芥子園畫傳一集五卷二集八卷三集四卷附錄一卷　(清)王概　(清)王耆　(清)王臯摹古增編　(清)李漁論定　清康熙十八年(1679)金陵芥子園刻彩色套印本[三集四卷爲清康熙四十年(1701)金陵芥子園刻彩色套印本]　十三册

340000－1843－0004000　子3926/1814
紅樓夢圖詠不分卷　(清)改琦繪　清光緒五年(1879)淮浦居士刻本　一册　存一册(二)

340000－1843－0004001　子3926/1041.2
(原版初印)芥子園畫譜二集　(清)王概　(清)王耆編　清康熙四十年(1701)刻彩色套印本　四册

340000－1843－0004002　子 3926/1100
(增訂)國朝畫徵錄三卷續錄二卷　(清)張庚撰　清乾隆四年(1739)刻本　二册

340000－1843－0004003　子 3926/4748
國朝院畫錄二卷　(清)胡敬撰　清嘉慶二十一年(1816)刻本　一册

340000－1843－0004004　子 3926/5033
畫學心印八卷　(清)秦祖永評輯　清光緒四年(1878)梁谿秦氏刻朱墨套印本　八册

340000－1843－0004005　子 3926/7013
虛齋名畫錄十六卷　龐元濟輯　清宣統元年(1909)烏程龐氏刻本　十六册

340000－1843－0004006　子 3927/6454
圖畫新聞(宣統元年二月一日至十月三十日含閏二月)不分卷　(清)時事報編　清宣統元年(1909)石印本　十册

340000－1843－0004007　子 3927/8770
點石齋畫報大全不分卷　題尊聞閣主人編　清宣統二年(1910)上海集成圖書公司石印本　七十七册　缺二十九册(二十八、四十至六十七)

340000－1843－0004008　子 3927/6048
凌煙圖畫附題辭不分卷　(清)吳嘉猷畫　清光緒二十年(1894)石印本　一册

340000－1843－0004009　子 3931/7535
聲律通考十卷　(清)陳澧撰　清咸豐八年(1858)刻本　二册

340000－1843－0004010　子 3932/7703
山門新語五學八卷　(清)周贇撰　清光緒三十二年(1906)石印本　四册

340000－1843－0004011　子 3933/2834
五知齋琴譜八卷　(清)徐祺鑒定　(清)徐俊校　(清)黃鎮參訂　(清)周魯村彙纂　清雍正二年(1724)刻本　八册

340000－1843－0004012　子 3934/1292
聖門樂志不分卷　(清)孔尚任纂　清光緒十三年(1887)刻本　一册

340000－1843－0004013　子 3942/0000
印譜不分卷　(□)□□輯　清朱色拓印剪輯本　一册

340000－1843－0004014　子 3942/3147
仲穆摹刻秦漢印存不分卷　(清)趙穆撰　清琴鶴草堂朱色拓印本　二册

340000－1843－0004015　子 3942/6021
印正不分卷　(清)吳俊三纂刻　清嘉慶二十五年(1820)雲香廬刻本　一册

340000－1843－0004016　子 3927/8770
點石齋畫報不分卷　題尊聞閣主人編　清光緒十年(1884)刻本　十册

340000－1843－0004017　子 3927/6014
蘭竹名冊不分卷　(清)吳子嘉繪　(清)吳馨摹　清光緒九年(1883)刻本　二册

340000－1843－0004018　子 314/8825
管子二十四卷　(春秋)管仲撰　(唐)房玄齡註　(明)劉績增註　(明)朱長春通演　清嘉慶九年(1804)姑蘇王氏聚文堂刻本　四册

340000－1843－0004019　子 314/8825(2)
管子二十四卷　(春秋)管仲撰　(唐)房玄齡註　清光緒二年(1876)影印本　四册

340000－1843－0004020　子 316/1068
墨商三卷補遺一卷　(清)王景義撰　清宣統二年(1910)刻本　二册

340000－1843－0004021　子 316/1150
張皋文手寫墨子經說解二卷　(清)張惠言撰　清宣統元年(1909)國學保存會石印本　一册

340000－1843－0004022　子 316/1200
墨子閒詁十五卷目錄一卷附錄一卷後語二卷　(清)孫詒讓撰　清光緒三十三年(1907)瑞安孫氏刻本　八册

340000－1843－0004023　子 316/1200.3
墨子閒詁十五卷目錄一卷附錄一卷後語二卷　(清)孫詒讓撰　清宣統二年(1910)刻本　八册

340000－1843－0004024　子 316/1200.4
墨子閒詁十五卷目錄一卷附錄一卷後語二卷　(清)孫詒讓撰　清光緒二十一年(1895)上海掃葉山房石印本　八冊

340000－1843－0004025　子 316/6017.2
墨子十六卷　(戰國)墨翟撰　(清)畢沅註　清乾隆四十九年(1784)靈巖山館刻本　四冊

340000－1843－0004026　子 318/2614
宗鏡錄一百卷　(宋)釋延壽集　清雍正十三年(1735)刻本　二十冊

340000－1843－0004027　子 318/2614
宗鏡錄一百卷　(宋)釋延壽集　清雍正十三年(1735)刻本　十冊　存五十卷(一至五十)

340000－1843－0004028　子 3110/0712.2
繪圖廣註山海經四卷　(晉)郭璞傳　(清)吳志伊註　清光緒十年(1884)掃葉山房刻本　四冊

340000－1843－0004029　子 311./0712.6
山海經十八卷　(晉)郭璞傳　(清)畢沅校正　清光緒三年(1877)浙江書局刻本　三冊

340000－1843－0004030　子 3110/0712.7
山海經十八卷　(晉)郭璞傳　(清)畢沅校正　清光緒十四年(1888)上海掃葉山房刻本　三冊

340000－1843－0004031　子 3110/7532
山海經彙說八卷　(清)陳逢衡撰　清道光二十五年(1845)刻本　四冊

340000－1843－0004032　子 321/0011
唐子潛書不分卷　(清)唐甄撰　(清)王聞遠編　清光緒九年(1883)中江李氏刻本　四冊

340000－1843－0004033　子 321/1003
新書十卷　(漢)賈誼撰　清乾隆四十九年(1784)杭州盧氏抱經堂刻本　二冊

340000－1843－0004034　子 321/1224
孔叢子七卷　(漢)孔鮒撰　(宋)宋咸註　清海昌陳氏刻本　四冊

340000－1843－0004035　子 321/2138
新政真詮六編七種　(清)何啓　胡禮垣編　清光緒二十七年(1901)吳雲記廣譯書局鉛印本　七冊

340000－1843－0004036　子 321/3144
校邠廬抗議二卷　(清)馮桂芬撰　清光緒二十三年(1897)聚豐坊刻本　二冊

340000－1843－0004037　子 321/3144.2
校邠廬抗議二卷　(清)馮桂芬撰　清光緒十八年(1892)敏德堂刻本　二冊

340000－1843－0004038　子 321/3144.2
校邠廬抗議二卷　(清)馮桂芬撰　清光緒十八年(1892)敏德堂刻本　二冊

340000－1843－0004039　子 321/3144.3
校邠廬抗議二卷　(清)馮桂芬撰　清光緒二十四年(1898)刻本　二冊

340000－1843－0004040　子 321/3144.4
校邠廬抗議二卷　(清)馮桂芬撰　清光緒二十六年(1900)文成書局刻本　二冊

340000－1843－0004041　子 321/3144.5
校邠廬抗議二卷　(清)馮桂芬撰　清光緒九年(1883)津河廣仁堂刻本　一冊

340000－1843－0004042　子 321/3334
中國魂二卷　梁啟超撰　清光緒二十八年(1902)上海廣益書局鉛印本　二冊

340000－1843－0004043　子 321/3334
中國魂二卷　梁啟超撰　清光緒二十八年(1902)上海廣益書局鉛印本　二冊

340000－1843－0004044　子 321/3334
中國魂二卷　梁啟超撰　清光緒二十九年(1903)上海廣益書局鉛印本　二冊

340000－1843－0004045　子 321/3334.2
中國魂二卷　梁啟超撰　清光緒二十九年(1903)上海廣益書局鉛印本　二冊

340000－1843－0004046　子 321/3334.2
中國魂二卷　梁啟超撰　清光緒二十九年(1903)上海廣益書局鉛印本　一冊

340000－1843－0004047　子 321/3334.2

中國魂二卷　梁啟超撰　清光緒二十九年(1903)上海廣益書局鉛印本　二冊

340000－1843－0004048　子 321/3334.2

中國魂二卷　梁啟超撰　清光緒二十九年(1903)上海廣益書局鉛印本　二冊

340000－1843－0004049　子 321/3610

危言四卷　(清)湯震撰　清光緒十八年(1892)抄本　二冊

340000－1843－0004050　子 321/4433

御覽經史講義三十一卷首一卷　(清)蔣溥等編修　清乾隆刻本　二十三冊　存三十一卷(一至三十、首一卷)

340000－1843－0004051　子 321/4477

翼教叢編六編　(清)蘇輿輯　清光緒二十四年(1898)刻本　四冊

340000－1843－0004052　子 321/7293

中國民約精義三卷　(清)劉光漢　(清)林獬撰　清光緒三十年(1904)上海鏡今書局鉛印本　一冊

340000－1843－0004053　子 321/7227

說苑二十卷　(漢)劉向撰　清光緒元年(1875)崇文書局刻本　四冊

340000－1843－0004054　子 321/7530

培遠堂手札節存三卷　(清)陳宏謀撰　清光緒十七年(1891)刻本　一冊

340000－1843－0004055　子 321/4712

盛世危言續編五卷　(清)杞憂生撰　清光緒二十一年(1895)上海賜書堂石印本　五冊

340000－1843－0004056　子 321/8740

盛世危言五卷　鄭觀應撰　清光緒十九年(1893)石印本　五冊

340000－1843－0004057　子 321/8740

盛世危言五卷附一卷續編三卷外編二卷　鄭觀應撰　清光緒二十二年(1896)上海書局石印本[續編三卷外編二卷爲清光緒二十一年(1895)上海賜書堂石印本]　十二冊

340000－1843－0004058　子 321/8740.2

增訂盛世危言初刻彙編十四卷　鄭觀應撰　清光緒二十三年(1897)上海實事求是齋石印本　八冊

340000－1843－0004059　子 321/8740.3

盛世危言五卷附一卷續編三卷外編二卷　鄭觀應撰　清光緒二十二年(1896)上海書局石印本[續編三卷外編二卷爲清光緒二十一年(1895)上海賜書堂石印本]　十冊

340000－1843－0004060　子 312.1/5045

感應篇引經箋註不分卷　(清)惠棟箋註　清同治六年(1867)京師龍文齋刻本　一冊

340000－1843－0004061　子 322/0054

漢學商兌四卷　(清)方東樹撰　清光緒八年(1882)四川花雨樓刻本　四冊

340000－1843－0004062　子 322/0054

漢學商兌四卷勘誤補遺一卷　(清)方東樹撰　清道光十一年(1831)刻本　五冊

340000－1843－0004063　子 322/1032

陽明先生論學書三卷　(明)王守仁撰　清刻本　二冊

340000－1843－0004064　子 322/1037

中庸衍義十七卷　(明)夏良勝撰　清同治十年(1871)江西撫署刻本　十冊

340000－1843－0004065　子 322/1037

中庸衍義十七卷　(明)夏良勝撰　清同治十年(1871)江西撫署刻本　十二冊

340000－1843－0004066　子 322/1727

潛室劄記二卷　(清)刁包撰　清道光二十三年(1843)祁陽順積樓刻本　二冊

340000－1843－0004067　子 322/2540

淵鑒齋御纂朱子全書六十六卷　(宋)朱熹撰　(清)李光地纂　清同治八年(1869)四川刻本　三十冊

340000－1843－0004068　子 322/2540(2)

朱子晚年全論八卷　(宋)朱熹撰　(清)李紱編　清雍正十三年(1735)無怒軒刻本　二冊

340000－1843－0004069　子322/2540(3)
近思錄集註十四卷　(宋)朱熹撰　(清)江永集註　清同治八年(1869)江蘇書局刻本　四册

340000－1843－0004070　子322/2540(3).2
近思錄集註十四卷　(宋)朱熹撰　(清)江永集註　清光緒十五年(1889)金陵書局刻本　四册

340000－1843－0004071　子322/2540(3).2
朱子原訂近思錄(朱子原訂近思錄集注)十四卷　(宋)朱熹撰　(清)江永集註　清嘉慶十九年(1814)江西藩屬册庫刻本　四册

340000－1843－0004072　子322/2540(4)
延平李先生師弟子答問不分卷　(宋)朱熹編　清刻本　一册

340000－1843－0004073　子322/2540.2
淵鑒齋御纂朱子全書六十六卷　(宋)朱熹撰　(清)李光地等纂　清康熙五十二年(1713)武英殿刻本　二十五册

340000－1843－0004074　子322/2702
朱子語類一百四十卷　(宋)黎靖德編　清同治十一年(1872)應元書院刻本　四十册

340000－1843－0004075　子323/0094
庭訓格言不分卷　(清)聖祖玄燁編　清同治四年(1865)刻本　一册

340000－1843－0004076　子323/3193
佐治藥言一卷續言一卷學治臆説一卷續説學治一卷　(清)汪耀祖撰　清乾隆五十四年(1789)雙節堂刻本　一册

340000－1843－0004077　子322/3124
五子近思錄十四卷　(清)汪佑編　清康熙三十二年(1693)刻本　二册

340000－1843－0004078　子322/4022
大學衍義四十三卷　(宋)真德秀撰　清乾隆二年(1737)刻本　十册

340000－1843－0004079　子322/4022.2
大學衍義四十三卷　(宋)真德秀撰　清刻本　八册

340000－1843－0004080　子322/4022.3
大學衍義四十三卷　(宋)真德秀撰　清同治十三年(1874)金陵書局刻本　八册

340000－1843－0004081　子322/4094
榕村語錄續集二十卷　(清)李光地撰　清光緒二十年(1894)石印本　十册

340000－1843－0004082　子322/4662
下學錄二卷　(清)楊甲仁撰　清赤城葉光宇刻本　二册

340000－1843－0004083　子322/4700
新刻性理大全書七十卷　(明)胡廣等撰　清刻本　十六册

340000－1843－0004084　子322/4791
日知筆記不分卷　(清)胡光琦撰　清道光十五年(1835)婺源遺訓堂刻本　一册

340000－1843－0004085　子322/6045
呻吟語六卷　(明)呂坤撰　清同治十三年(1874)木犀山房刻本　六册

340000－1843－0004086　子322/7231
正潙八卷　(清)劉沅撰　清咸豐四年(1854)豫誠堂刻本　四册

340000－1843－0004087　子322/7231
大學衍義補輯要十二卷　(明)丘濬撰　(清)陳宏謀纂　清道光二十二年(1842)寶恕堂刻本　十二册

340000－1843－0004088　子322/3413
劉念臺先生人譜不分卷類記二卷　(清)洪正治校編　清光緒六年(1880)京都永盛齋刻本　一册

340000－1843－0004089　子322/7237
人譜一卷明史本傳一卷　(明)劉宗周撰　清同治七年(1868)蕺山書院刻本　一册

340000－1843－0004090　子322/7442
思辨錄輯要二十二卷後集十三卷　(清)陸世儀撰　清光緒三年(1877)江蘇書局刻本　八册

340000－1843－0004091　子 322/7474
松陽講義十二卷　(清)陸隴其撰　清同治十年(1871)公善堂刻本　四册

340000－1843－0004092　子 322/7524
誨爾録二卷　(清)陳偉撰　清光緒二十二年(1896)刻本　二册

340000－1843－0004093　子 322/7530
北谿先生字義二卷補遺二則附録三種　(宋)陳淳撰　清嘉慶十年(1805)刻本　二册

340000－1843－0004094　子 322/7544
木鍾集十一卷　(宋)陳埴撰　清同治六年(1867)東甌郡齋刻本　八册

340000－1843－0004095　子 322/8013
庸言四卷　(清)余元遴撰　清咸豐元年(1851)刻本　二册

340000－1843－0004096　子 322/9950
勞餘山先生遺書十卷附録一卷　(清)勞史撰　(清)桑調元　(清)沈廷芳編　清乾隆三十年(1765)須友堂刻本　二册

340000－1843－0004097　子 323/0020
嘉懿集初鈔四卷　(清)高塘編　清乾隆五十四年(1789)永邑楊氏培元堂刻本　四册　存三卷(二至四)

340000－1843－0004098　子 323/3318
聖諭像解二十卷　(清)梁延年編　清光緒二十九年(1903)北洋官報局石印本　十册

340000－1843－0004099　子 323/6045
吕子節録四卷補遺二卷　(明)吕坤撰　(清)陳宏謀輯　清乾隆元年(1736)刻本　四册

340000－1843－0004100　子 323/4297
(御覽)説教不分卷　(清)彭光譽撰　清光緒二十二年(1896)琉璃廠文光齋刻本　一册

340000－1843－0004101　子 323/4297
(御覽)説教不分卷　(清)彭光譽撰　清光緒二十二年(1896)琉璃廠文光齋刻本　一册

340000－1843－0004102　子 323/7530.3
五種遺規　(清)陳宏謀編輯　清光緒二十一年(1895)浙江書局刻本　十册

340000－1843－0004103　子 3231/1111
澄懷園語四卷　(清)張廷玉撰　清光緒二年(1876)嘯園刻本　一册

340000－1843－0004104　子 3231/2193
鑑誡録十卷　(五代)何光遠編　清光緒三年(1877)湖北崇文書局刻本　二册

340000－1843－0004105　子 3231/2234
庭訓格言不分卷　(清)世宗胤禛撰　清江蘇書局刻本　一册

340000－1843－0004106　子 3231/3178
御製勸善要言一卷　(清)世祖福臨撰　清光緒二十一年(1895)陝西味經刻書處刻本　一册

340000－1843－0004107　子 3232/0135.2
顔氏家訓二卷　(北齊)顔之推撰　清光緒元年(1875)湖北崇文書局刻本　一册

340000－1843－0004108　子 3232/1058
傳家寶初集八卷二集八卷三集八卷四集八卷　(清)石成金撰　清乾隆四年(1739)刻本　三十二册

340000－1843－0004109　子 3235/1133
勸學篇内篇一卷外篇一卷　(清)張之洞撰　清光緒二十四年(1898)湖北官書局刻本　二册

340000－1843－0004110　子 3235/1133.2
勸學篇内篇一卷　(清)張之洞撰　清光緒二十四年(1898)上海道署刻本　一册

340000－1843－0004111　子 3235/1133.3
勸學篇内篇一卷外篇一卷　(清)張之洞撰　清光緒二十四年(1898)浙江省刻本　一册

340000－1843－0004112　子 3235/1133.3
勸學篇内篇一卷外篇一卷　(清)張之洞撰　清光緒二十四年(1898)浙江省刻本　一册

340000－1843－0004113　子 3235/1133.3
勸學篇内篇一卷外篇一卷　(清)張之洞撰

清光緒二十四年(1898)浙江省刻本　一册

340000－1843－0004114　子3235/1133(2)
輶軒語不分卷　(清)張之洞撰　清光緒三年(1877)濠上書齋刻本　一册

340000－1843－0004115　子3235/1133(2).2
輶軒語不分卷　(清)張之洞撰　清光緒五年(1879)貴陽刻本　一册

340000－1843－0004116　子3235/7530
學仕遺規四卷補四卷　(清)陳宏謀輯　清光緒五年(1879)江蘇書局刻本　五册

340000－1843－0004117　子3235/7530.2
學仕遺規四卷補四卷　(清)陳宏謀輯　清宣統二年(1910)學部圖書局石印本　二册

340000－1843－0004118　子3235/7530.2
學仕遺規四卷補四卷　(清)陳宏謀輯　清宣統二年(1910)學部圖書局石印本　二册

340000－1843－0004119　子3235/7530.3
學仕遺規四卷補四卷　(清)陳宏謀輯　清福州正誼書院刻本　五册

340000－1843－0004120　子3236/0030
子弟須知不分卷　(清)方宗誠撰　抄本　一册

340000－1843－0004121　子3236/0073
邇訓二十卷　(明)方學漸撰　清光緒九年(1883)刻本　三册

340000－1843－0004122　子3236/4441
庭書平説四卷　(清)黄標撰　清乾隆十三年(1748)古吴三多齋新刻本　四册

340000－1843－0004123　子3236/5055
願體廣類集二卷　(清)史典輯　(清)陳蘭芝增補　清光緒二十年(1894)湖北崇文書局刻本　四册

340000－1843－0004124　子3236/8033
得一錄八卷　(清)余治輯　清同治八年(1869)無錫余氏刻本　八册

340000－1843－0004125　子3236/8034
得一錄八卷　(清)余治輯　清光緒十一年(1885)寶善堂刻本　八册

340000－1843－0004126　子331/0440
火龍經三卷人龍經二集三卷附圖　(三國蜀)諸葛亮撰　(明)劉伯溫增輯　清刻本　二册

340000－1843－0004127　子331/0837
虎鈐經二十卷　(宋)許洞撰　清刻本　六册

340000－1843－0004128　子331/0837
虎鈐經二十卷　(宋)許洞撰　清刻本　四册

340000－1843－0004129　子331/1082
乾坤大略十卷補遺一卷　(清)王餘佑撰　清宣統三年(1911)綠雲樓鉛印本　二册

340000－1843－0004130　子331/1134
諸葛忠武侯兵法六卷首一卷　(清)張澍編輯　清刻本　三册

340000－1843－0004131　子331/1213
孫子不分卷　(春秋)孫武撰　(清)夏壽田選註　清末石印本　一册

340000－1843－0004132　子331/1213(4)
孫吴司馬法三種八卷　(春秋)孫武等撰　(清)孫星衍輯　清同治十年(1871)淮南書局刻本　一册

340000－1843－0004133　子331/4027
金湯借箸十二籌十二卷　(明)李盤等撰　清咸豐刻本　八册

340000－1843－0004134　子331/4741
讀史兵略四十六卷　(清)胡林翼撰　清咸豐十一年(1861)武昌節署刻本　十六册

340000－1843－0004135　子331/4741
讀史兵略四十六卷　(清)胡林翼撰　清咸豐十一年(1861)武昌節署刻本　二十册

340000－1843－0004136　子331/4741.2
讀史兵略十二卷　(清)胡林翼撰　清光緒二十九年(1903)紹先書局石印本　十二册

340000－1843－0004137　子331/4741.3
讀史兵略續編十卷　(清)胡林翼撰　清光緒

二十六年(1900)上海圖書館集成印書局鉛印本　十冊

340000－1843－0004138　子331/5043
洴澼百金方十四卷　題(清)惠麓酒民(袁宮桂)撰　(清)玉扈居士重訂　清道光二十年(1840)刻本　六冊

340000－1843－0004139　子331/7203
奇門行軍要略四卷　(清)劉文瀾纂　清道光二十五年(1845)刻本　四冊

340000－1843－0004140　子3321/0000
勸捐公啟並白話演說魚雷艇圖說一卷附錄一卷　(□)□□輯　清宣統三年(1911)鉛印本　一冊

340000－1843－0004141　子3321/4412
火龍經三集二卷　(明)茅元儀彙輯　清南陽隆中刻本　一冊

340000－1843－0004142　子3322/5329(2)
練兵紀實九卷　(明)戚繼光撰　清光緒二十一年(1895)上海醉經樓石印本　四冊

340000－1843－0004143　子3322/5329(3)
練兵紀實九卷雜集六卷　(明)戚繼光撰　清刻本　六冊

340000－1843－0004144　子3322/5329.2
紀效新書十八卷　(明)戚繼光撰　清光緒二十一年(1895)上海醉經樓石印本　四冊

340000－1843－0004145　子3322/5329.3
紀效新書十八卷　(明)戚繼光撰　清刻本　六冊

340000－1843－0004146　子3322/5329.4
紀效新書十八卷　(明)戚繼光撰　清咸豐三年(1853)慎德堂刻本　六冊

340000－1843－0004147　子3322/5329.5
紀效新書十八卷　(明)戚繼光撰　清照曠閣刻本　二冊

340000－1843－0004148　子3322/5329.7
紀效新書十八卷　(明)戚繼光撰　清咸豐三年(1853)慎德堂刻本　六冊

340000－1843－0004149　子3321/6067
製造火藥圖說不分卷　(清)吳鶚撰　清光緒六年(1880)刻本　一冊

340000－1843－0004150　子3322/6320
水師操練七卷首一卷　(英國)戰船部原書　(英國)傅蘭雅口譯　(清)徐建寅筆述　清末刻本　一冊

340000－1843－0004151　子341/0822
農務全書三編四十八卷　(美國)施妥縷撰　舒高第口譯　趙詒琛筆述　清光緒三十三年(1907)江南機器製造總局刻本　二十四冊

340000－1843－0004152　子341/1064
齊民要術十卷　(北魏)賈思勰撰　清光緒二十二年(1896)中江榷署刻本　四冊

340000－1843－0004153　子331/3121
戊笈談兵十卷　(清)汪紱撰　清光緒二十一年(1895)刻本　八冊

340000－1843－0004154　子3235/8032
志學編二卷　(清)余寅止輯　清嘉慶十八年(1813)敬義堂刻本　二冊

340000－1843－0004155　子341/1133
三農紀二十四卷　(清)張宗法撰　清乾隆二十五年(1760)刻本　八冊

340000－1843－0004156　子341/1133
三農紀二十四卷　(清)張宗法撰　清乾隆二十五年(1760)刻本　八冊

340000－1843－0004157　子341/1751
農桑輯要七卷　(元)司農司撰　清光緒二十一年(1895)中江榷署刻本　二冊

340000－1843－0004158　子341/1751
農桑輯要七卷　(元)司農司撰　清光緒二十一年(1895)中江榷署刻本　二冊

340000－1843－0004159　子341/2022
御製耕織圖四十六幅　(清)焦秉貞繪　(清)聖祖玄燁　題(清)朱圭刻　清光緒十二年(1886)上海點石齋石印本　一冊

340000－1843－0004160　子341/2893

農政全書六十卷　(明)徐光啟編　清光緒二十六年(1900)上海文海書局石印本　八冊

340000－1843－0004161　子341/2893
農政全書六十卷　(明)徐光啟編　清光緒二十六年(1900)上海文海書局石印本　八冊

340000－1843－0004162　子341/2893
農政全書六十卷　(明)徐光啟編　清光緒二十六年(1900)上海文海書局石印本　八冊

340000－1843－0004163　子341/2893.2
農政全書六十卷　(明)徐光啟編　清宣統元年(1909)上海求學齋書局石印本　八冊

340000－1843－0004164　子341/2893.3
農政全書六十卷　(明)徐光啟編　清道光二十三年(1843)曙海樓刻本　十六冊

340000－1843－0004165　子341/3141.3
佩文齋廣群芳譜一百卷目錄二卷　(清)聖祖玄燁撰　(清)汪灝等纂輯　清康熙四十七年(1708)刻本(卷八十七至八十八抄本)　二十四冊

340000－1843－0004166　子341/4433
欽定授時通考七十八卷　(清)蔣溥等編修　清道光六年(1826)四川藩署刻本　三十二冊

340000－1843－0004167　子341/4433
欽定授時通考七十八卷　(清)蔣溥等編修　清道光六年(1826)四川藩署刻本　二十四冊

340000－1843－0004168　子341/4433.2
欽定授時通考七十八卷　(清)蔣溥等編修　清光緒二十八年(1902)富文書局石印本　十二冊

340000－1843－0004169　子347/2143
蠶桑萃編十五卷首一卷　(清)衛杰編　清光緒二十五年(1899)刻本　八冊

340000－1843－0004170　子347/3425
蠶桑輯要圖說一卷告示規條一卷雜說一卷樂府一卷　(清)沈秉成撰　清光緒九年(1883)金陵書局刻本　一冊

340000－1843－0004171　子347/3425(2)
蠶桑輯要圖說一卷告示規條一卷雜說一卷樂府一卷廣蠶桑說一卷　(清)沈秉成撰　清光緒元年(1875)江西書局刻本　一冊

340000－1843－0004172　子347/4445
蠶桑簡明輯說一卷附補遺諸圖　(清)黄世本編　清光緒十四年(1888)刻本　一冊

340000－1843－0004173　子347/4622
豳風廣義三卷　(清)楊雙山纂輯　清乾隆五年(1740)寧一堂刻本　二冊

340000－1843－0004174　子347/4622
豳風廣義三卷　(清)楊雙山纂輯　清乾隆五年(1740)寧一堂刻本　二冊

340000－1843－0004175　子347/4944
蠶桑說一卷　(清)趙敬如撰　清光緒二十二年(1896)刻本　一冊

340000－1843－0004176　子347/5584
五畝居桑蠶清課四卷　(清)曹笙南輯　清同治十一年(1872)青陽曹守成莊刻本　一冊

340000－1843－0004177　子341/3141.2
佩文齋廣群芳譜一百卷　(清)汪灝等纂輯　清同治七年(1868)江左書林刻本　四十四冊

340000－1843－0004178　子3481/1021
二如亭群芳譜三十卷　(明)王象晉撰　(清)毛晉校正　清文富堂刻本　二十四冊

340000－1843－0004179　子3481/1021.2
二如亭群芳譜三十卷首一卷　(明)王象晉纂輯　清兩儀堂刻本　二十八冊

340000－1843－0004180　子313.1/0024
大般若波羅蜜多經六百卷　(唐)釋玄奘譯　清同治十三年(1874)鷄園刻經處刻本　一百二十冊

340000－1843－0004181　子313.1/1030
仁王護國般若波羅密多經二卷　(唐)釋不空譯　清同治九年(1870)金陵刻經處刻本　一冊

340000－1843－0004182　子313.1/1030
仁王護國般若波羅密多經二卷　(唐)釋不空

譯　清同治九年(1870)金陵刻經處刻本　一冊

340000－1843－0004183　子313.1/1030
仁王護國般若波羅密多經二卷　(唐)釋不空譯　清同治九年(1870)金陵刻經處刻本　一冊

340000－1843－0004184　子313.1/1030
仁王護國般若波羅密多經二卷　(唐)釋不空譯　清同治九年(1870)金陵刻經處刻本　一冊

340000－1843－0004185　子313.1/1030
佛母大孔雀明王經三卷　(唐)釋不空譯　清光緒十四年(1888)常熟刻經處刻本　一冊

340000－1843－0004186　子313.1/1031
三劫三千佛緣起三卷　(南朝宋)釋畺良耶舍譯　清光緒元年(1875)金陵刻經處刻本　一冊

340000－1843－0004187　子313.1/1031
三劫三千佛緣起三卷　(南朝宋)釋畺良耶舍譯　清光緒元年(1875)金陵刻經處刻本　一冊

340000－1843－0004188　子313.1/1031
佛說觀無量壽佛經一卷　(南朝宋)釋畺良耶舍譯　清同治十年(1871)金陵刻經處刻本　一冊

340000－1843－0004189　子313.1/1031
佛說觀無量壽佛經一卷　(南朝宋)釋畺良耶舍譯　清同治十年(1871)金陵刻經處刻本　二冊

340000－1843－0004190　子313.1/1031
佛說觀無量壽佛經一卷　(南朝宋)釋畺良耶舍譯　清同治十年(1871)金陵刻經處刻本　二冊

340000－1843－0004191　子313.1/1031.2
佛說觀无量壽佛經一卷御製無量壽佛贊一卷佛說阿彌陀經一卷拔一切業障根本得生淨土禪咒一卷後出阿彌佛偈經一卷阿彌陀鼓音聲王陀羅尼經一卷觀世音菩薩得大勢菩薩受記經一卷無量壽經優波提舍一卷佛說阿彌陀經贊一卷　(南朝宋)釋畺良耶舍譯　清同治十年至光緒八年(1871－1882)刻本　一冊

340000－1843－0004192　子313.1/1735
大集須彌藏經二卷　(北齊)釋那連提耶舍(北齊)釋法智譯　清宣統元年(1909)常熟刻經處刻本　一冊

340000－1843－0004193　子313.1/1735
大集須彌藏經二卷　(北齊)釋那連提耶舍(北齊)釋法智譯　清宣統元年(1909)常熟刻經處刻本　一冊

340000－1843－0004194　子313.1/2572
大方廣圓覺脩多羅了義經一卷　(唐)釋佛陀多羅譯　清同治八年(1869)金陵刻經處刻本　一冊

340000－1843－0004195　子313.1/2572
大方廣圓覺脩多羅了義經一卷　(唐)釋佛陀多羅譯　清同治八年(1869)金陵刻經處刻本　一冊

340000－1843－0004196　子313.1/2572
大方廣圓覺脩多羅了義經一卷　(唐)釋佛陀多羅譯　清同治八年(1869)金陵刻經處刻本　一冊

340000－1843－0004197　子313.1/2572
大方廣圓覺脩多羅了義經一卷　(唐)釋佛陀多羅譯　清同治八年(1869)金陵刻經處刻本　一冊

340000－1843－0004198　子313.1/2572
大方廣圓覺脩多羅了義經一卷　(唐)釋佛陀多羅譯　清同治八年(1869)金陵刻經處刻本　一冊

340000－1843－0004199　子313.1/2612
佛說須賴經二種譯文　(三國魏)釋白延譯　清宣統二年(1910)刻本　一冊

340000－1843－0004200　子313.1/2612
佛說須賴經二種譯文　(三國魏)釋白延譯

清宣統二年(1910)刻本　一册

340000－1843－0004201　子313.1/3914
地藏菩薩本願經三卷　(唐)釋實叉難陀譯　清光緒三十年(1904)金陵刻經處刻本　一册

340000－1843－0004202　子313.1/3914
地藏菩薩本願經三卷　(唐)釋實叉難陀譯　清光緒三十年(1904)金陵刻經處刻本　一册

340000－1843－0004203　子313.1/3050
金光明經四卷　(唐)釋實叉難陀譯　清刻本　二册

340000－1843－0004204　子313.1/3640
佛説四十二章經一卷佛遺教經一卷八大人覺經一卷　(漢)釋迦葉摩騰　(漢)釋竺法蘭等譯　清同治九年(1870)金陵刻經處刻本　一册

340000－1843－0004205　子313.1/3640
佛説四十二章經一卷佛遺教經一卷八大人覺經一卷　(漢)釋迦葉摩騰　(漢)釋竺法蘭等譯　清同治九年(1870)金陵刻經處刻本　一册

340000－1843－0004206　子313.1/3640
佛説四十二章經一卷佛遺教經一卷八大人覺經一卷　(漢)釋迦葉摩騰　(漢)釋竺法蘭等譯　清同治九年(1870)金陵刻經處刻本　一册

340000－1843－0004207　子313.1/3640
佛説四十二章經一卷佛遺教經一卷八大人覺經一卷　(漢)釋迦葉摩騰　(漢)釋竺法蘭等譯　清同治九年(1870)金陵刻經處刻本　一册

340000－1843－0004208　子313.1/4316
過去現在因果經四卷　(南朝宋)釋求那跋陀羅譯　清光緒十年(1884)江北刻經處刻本　一册

340000－1843－0004209　子313.1/4316
過去現在因果經四卷　(南朝宋)釋求那跋陀羅譯　清光緒十年(1884)江北刻經處刻本　一册

340000－1843－0004210　子313.1/4316
過去現在因果經四卷　(南朝宋)釋求那跋陀羅譯　清光緒十年(1884)江北刻經處刻本　一册

340000－1843－0004211　子313.1/4453
大乘金剛髻珠菩薩修行分經一卷度諸佛境界智光嚴經一卷　(唐)釋菩提流志譯　清宣統三年(1911)揚州梁友信刻本　一册

340000－1843－0004212　子313.1/4453
大乘金剛髻珠菩薩修行分經一卷度諸佛境界智光嚴經一卷　(唐)釋菩提流志譯　清宣統三年(1911)揚州梁友信刻本　一册

340000－1843－0004213　子313.1/4453
無量壽如來會二卷　(唐)釋菩提流志譯　清光緒二十二年(1896)金陵刻經處刻本　一册

340000－1843－0004214　子313.1/4453
無量壽如來會二卷　(唐)釋菩提流志譯　清光緒二十二年(1896)金陵刻經處刻本　一册

340000－1843－0004215　子313.1/4453
無量壽如來會二卷　(唐)釋菩提流志譯　清光緒二十二年(1896)金陵刻經處刻本　一册

340000－1843－0004216　子313.1/4706
思益梵天所問經四卷　(後秦)釋鳩摩羅什譯　清光緒五年(1879)金陵刻經處刻本　一册

340000－1843－0004217　子313.1/4706
思益梵天所問經四卷　(後秦)釋鳩摩羅什譯　清光緒五年(1879)金陵刻經處刻本　一册

340000－1843－0004218　子313.1/4706
佛説梵網經二卷　(後秦)釋鳩摩羅什譯　清光緒十年(1884)金陵刻經處刻本　一册

340000－1843－0004219　子313.1/4706
佛説梵網經二卷　(後秦)釋鳩摩羅什譯　清光緒十年(1884)金陵刻經處刻本　一册

340000－1843－0004220　子313.1/4706
佛説梵網經二卷　(後秦)釋鳩摩羅什譯　清光緒十年(1884)金陵刻經處刻本　一册

340000－1843－0004221　子 313.1/6080
金光明經四卷　(北凉)釋曇無讖譯　清同治十年(1871)金陵刻經處刻本　一冊

340000－1843－0004222　子 313.1/6080
金光明經四卷　(北凉)釋曇無讖譯　清同治十年(1871)金陵刻經處刻本　一冊

340000－1843－0004223　子 313.1/6080
金光明經四卷　(北凉)釋曇無讖譯　清同治十年(1871)金陵刻經處刻本　一冊

340000－1843－0004224　子 313.1/5662
大乘造像功德經二卷佛説作佛形像經一卷佛説選立形像福報經一卷佛説灌佛經一卷佛説浴像功德經一卷佛説校量數珠功德經一卷曼殊室利咒藏中校量數珠功德經一卷佛説龍施女經一卷佛説龍施菩薩本起經一卷佛説八吉祥神咒經一卷佛説八陽神咒經一卷佛説八吉祥經一卷佛説盂蘭盆經一卷佛説報恩奉盆經一卷佛説觀藥王藥上二菩薩經一卷　(唐)釋提曇般若等譯　清同治十一年(1872)常熟刻經處刻本　一冊

340000－1843－0004225　子 313.1/5662
大乘造像功德經二卷佛説作佛形像經一卷佛説選立形像福報經一卷佛説灌佛經一卷佛説浴像功德經一卷佛説校量數珠功德經一卷曼殊室利咒藏中校量數珠功德經一卷佛説龍施女經一卷佛説龍施菩薩本起經一卷佛説八吉祥神咒經一卷佛説八陽神咒經一卷佛説八吉祥經一卷佛説盂蘭盆經一卷佛説報恩奉盆經一卷佛説觀藥王藥上二菩薩經一卷　(唐)釋提曇般若等譯　清同治十一年(1872)常熟刻經處刻本　一冊

340000－1843－0004226　子 313.1/5662
大乘造像功德經二卷佛説作佛形像經一卷佛説選立形像福報經一卷佛説灌佛經一卷佛説浴像功德經一卷佛説校量數珠功德經一卷曼殊室利咒藏中校量數珠功德經一卷佛説龍施女經一卷佛説龍施菩薩本起經一卷佛説八吉祥神咒經一卷佛説八陽神咒經一卷佛説八吉祥經一卷佛説盂蘭盆經一卷佛説報恩奉盆經一卷佛説觀藥王藥上二菩薩經一卷　(唐)釋提曇般若等譯　清同治十一年(1872)常熟刻經處刻本　一冊

340000－1843－0004227　子 313.1/4706.3
維摩詰所説經三卷　(後秦)釋鳩摩羅什譯　清同治九年(1870)金陵刻經處刻本　一冊

340000－1843－0004228　子 313.1/4706.3
維摩詰所説經三卷　(後秦)釋鳩摩羅什譯　清同治九年(1870)金陵刻經處刻本　一冊

340000－1843－0004229　子 313.1/4706.3
維摩詰所説經三卷　(後秦)釋鳩摩羅什譯　清同治九年(1870)金陵刻經處刻本　一冊

340000－1843－0004230　子 313.1/4706.3
維摩詰所説經三卷　(後秦)釋鳩摩羅什譯　清同治九年(1870)金陵刻經處刻本　一冊

340000－1843－0004231　子 313.1/7712
大方等大集賢護經四卷　(隋)釋闍那崛多等譯　清同治十二年(1873)江北刻經處刻本　一冊

340000－1843－0004232　子 313.1/7712
大方等大集賢護經四卷　(隋)釋闍那崛多等譯　清同治十二年(1873)江北刻經處刻本　一冊

340000－1843－0004233　子 313.1/7712
大方等大集賢護經四卷　(隋)釋闍那崛多等譯　清同治十二年(1873)江北刻經處刻本　一冊

340000－1843－0004234　子 313.1/7712.2
大方等大集賢護經四卷　(隋)釋闍那崛多等譯　清同治十二年(1873)江北刻經處刻本　一冊

340000－1843－0004235　子 313.1/7712.2
大方等大集賢護經四卷　(隋)釋闍那崛多等譯　清同治十二年(1873)江北刻經處刻本　一冊

340000－1843－0004236　子 313.1/7712.2
大方等大集賢護經四卷　(隋)釋闍那崛多等

譯　清同治十二年(1873)江北刻經處刻本　一冊

340000－1843－0004237　子313.1/8666
廣博嚴淨不退轉法輪經四卷　(南朝宋)釋智嚴　(南朝宋)釋寶雲譯　清刻本　二冊

340000－1843－0004238　子313.1/8666
廣博嚴淨不退轉法輪經四卷　(南朝宋)釋智嚴　(南朝宋)釋寶雲譯　清刻本　二冊

340000－1843－0004239　子313.1/8666
廣博嚴淨不退轉法輪經四卷　(南朝宋)釋智嚴　(南朝宋)釋寶雲譯　清刻本　二冊

340000－1843－0004240　子313.1/7712
四童子三昧經三卷　(隋)釋闍那崛多等譯　清宣統元年(1909)刻本　一冊

340000－1843－0004241　子313.1/7712
虛空孕菩薩經二卷虛空藏菩薩經一卷　(隋)釋闍那崛多等譯　清宣統元年(1909)刻本　一冊

340000－1843－0004242　子313.1/7712
妙法蓮華經七卷　(隋)釋闍那崛多等譯　清宣統三年(1911)揚州刻本　三冊

340000－1843－0004243　子313.1/8637
千眼千臂陀羅尼神咒一卷千手千眼姥陀羅尼身經一卷千手千眼廣大圓滿無礙大悲心一卷秘密神咒經一卷如意摩尼陀羅經一卷如意心陀羅尼經一卷　(唐)釋智通等譯　清宣統元年(1909)刻本　一冊

340000－1843－0004244　子313.1/8830
郁迦羅越問菩薩經一卷佛說幻士仁賢經一卷佛說決定毘尼經一卷　(晉)釋竺法護等譯　清宣統元年(1909)刻本　一冊

340000－1843－0004245　子313.1/8830
郁迦羅越問菩薩經一卷佛說幻士仁賢經一卷佛說決定毘尼經一卷　(晉)釋竺法護等譯　清宣統元年(1909)刻本　一冊

340000－1843－0004246　子313.1/8830
慧上菩薩問大善權經二卷大乘顯識經二卷　(晉)釋竺法護等譯　清光緒六年(1880)常熟刻經處刻本　一冊

340000－1843－0004247　子313.1/8830
持人菩薩所問經四卷　(晉)釋竺法護等譯　清刻本　一冊

340000－1843－0004248　子313.1/8830
佛昇忉利天為母說法經三卷覺意三昧一卷　(晉)釋竺法護等譯　清光緒五年(1879)刻本　一冊

340000－1843－0004249　子313.1/8830
佛昇忉利天為母說法經三卷覺意三昧一卷　(晉)釋竺法護等譯　清光緒五年(1879)刻本　一冊

340000－1843－0004250　子313.1/8830
佛說離垢施女經一卷　(晉)釋竺法護等譯　清宣統元年(1909)刻本　一冊

340000－1843－0004251　子313.1/8830
梵女首意經六經一卷有德女所問大乘經一卷佛說七俱胝佛母心大準提陀羅尼經一卷佛說大明陀羅尼經一卷附觀行法七俱胝佛母所說準提陀羅尼經一卷種種雜咒經一卷　(晉)釋竺法護等譯　清宣統元年(1909)刻本　一冊

340000－1843－0004252　子313.1/8830
佛說大淨法門品經一卷　(晉)釋竺法護等譯　清光緒元年(1875)江北刻經處刻本　一冊

340000－1843－0004253　子313.1/8830
光讚般若波羅蜜經十卷　(晉)釋竺法護等譯　清光緒十二年(1886)刻本　二冊

340000－1843－0004254　子313.1/8830
分別經未生怨經四願經鬧狗經四經同卷黑氏梵志經阿鳩留經佛為阿支羅迦葉自化作苦經佛說罪業報應教化地獄經佛說龍王兄弟經佛說長者音悅經八經同卷佛說七女經佛說八師經佛說越難經佛說所欲致患經阿闍世王問五逆經五經同卷　(晉)釋竺法護等譯　清宣統元年(1909)刻本　一冊

340000－1843－0004255　子313.1/8830

分別經未生怨經四願經鬧狗經四經同卷黑氏梵志經阿鳩留經佛為阿支羅迦葉自化作苦經佛說罪業報應教化地獄經佛說龍王兄弟經佛說長者音悅經八經同卷佛說七女經佛說八師經佛說越難經佛說所欲致患經阿闍世王問五逆經五經同卷 （晉）釋竺法護等譯　清宣統元年(1909)刻本　一冊

340000－1843－0004256　子 313.1/8868
中心經十四經同本二卷 （晉）釋竺曇無蘭等譯　清宣統二年(1910)刻本　一冊

340000－1843－0004257　子 313.2/2444
毘尼關要十六卷毘尼關要事義十六卷 （清）釋德基輯　清光緒三十二年(1906)華山律堂刻本　八冊　存三十卷(三至十六、事義十六卷)

340000－1843－0004258　子 313.2/3530
梵網經心地品菩薩戒義疏發隱五卷事義一卷 （明）釋袾宏發隱　清光緒二十四年(1898)金陵刻經處刻本　五冊

340000－1843－0004259　子 313.2/3530
梵網經心地品菩薩戒義疏發隱五卷事義一卷 （明）釋袾宏發隱　清光緒二十四年(1898)金陵刻經處刻本　五冊

340000－1843－0004260　子 313.2/3530
梵網經心地品菩薩戒義疏發隱五卷事義一卷 （明）釋袾宏發隱　清光緒二十四年(1898)金陵刻經處刻本　五冊

340000－1843－0004261　子 313.3/0434
成唯識論十卷 （印度）釋護法等造　（唐）釋玄奘譯　清光緒二十三年(1897)金陵刻經處刻本　二冊

340000－1843－0004262　子 313.2/0000
禪門佛事全部二卷 （□）□□輯　清光緒八年(1882)北京永盛齋刻本　一冊

340000－1843－0004263　子 313.3/2838
寶藏論(僧肇法師寶藏論)一卷 （後秦）僧肇撰　清光緒二十三年(1897)金陵刻經處刻本　一冊

340000－1843－0004264　子 313.3/2838
寶藏論(僧肇法師寶藏論)一卷 （後秦）僧肇撰　清光緒二十三年(1897)金陵刻經處刻本　一冊

340000－1843－0004265　子 313.2/3830
比丘尼四分戒本一卷沙彌尼十戒相一卷沙彌尼律儀要略一卷 （唐）釋道宣刪定　（清）釋宏札校　清刻本　一冊

340000－1843－0004266　子 313.2/7712
大乘三聚懺悔經佛說迦葉禁戒經一卷佛說犯戒罪輕重經一卷佛說戒消災經一卷佛說優婆塞五戒相經一卷 （隋）釋闍那崛多等譯　清同治十年(1871)常熟刻經處刻本　一冊

340000－1843－0004267　子 313.2/7712
大乘三聚懺悔經佛說迦葉禁戒經一卷佛說犯戒罪輕重經一卷佛說戒消災經一卷佛說優婆塞五戒相經一卷 （隋）釋闍那崛多等譯　清同治十年(1871)常熟刻經處刻本　一冊

340000－1843－0004268　子 313.2/7712
大乘三聚懺悔經佛說迦葉禁戒經一卷佛說犯戒罪輕重經一卷佛說戒消災經一卷佛說優婆塞五戒相經一卷 （隋）釋闍那崛多等譯　清同治十年(1871)常熟刻經處刻本　一冊

340000－1843－0004269　子 313.3/0144
十二門論不分卷 （印度）龍樹菩薩造　（後秦）釋鳩摩羅什譯　清光緒二十一年(1895)金陵刻經處刻本　一冊

340000－1843－0004270　子 313.3/0144
十二門論不分卷 （印度）龍樹菩薩造　（後秦）釋鳩摩羅什譯　清光緒二十一年(1895)金陵刻經處刻本　一冊

340000－1843－0004271　子 313.3/0144
十二門論不分卷 （印度）龍樹菩薩造　（後秦）釋鳩摩羅什譯　清光緒二十一年(1895)金陵刻經處刻本　一冊

340000－1843－0004272　子 313.3/0144
十二門論不分卷 （印度）龍樹菩薩造　（後秦）釋鳩摩羅什譯　清光緒二十一年(1895)

金陵刻經處刻本　一册

340000－1843－0004273　子 313.3/0144

十二門論不分卷　(印度)龍樹菩薩造　(後秦)釋鳩摩羅什譯　清光緒二十一年(1895)金陵刻經處刻本　一册

340000－1843－0004274　子 313.3/4273

無量壽壽經起信論一卷觀無量壽佛經約論一卷阿彌陀經一卷　(清)彭際清述　清同治十一年(1872)如皋刻經處刻本　一册

340000－1843－0004275　子 313.3/4273

無量壽壽經起信論一卷觀無量壽佛經約論一卷阿彌陀經一卷　(清)彭際清述　清同治十一年(1872)如皋刻經處刻本　一册

340000－1843－0004276　子 313.3/4273

無量壽壽經起信論一卷觀無量壽佛經約論一卷阿彌陀經一卷　(清)彭際清述　清同治十一年(1872)如皋刻經處刻本　一册

340000－1843－0004277　子 313.3/4273

無量壽壽經起信論一卷觀無量壽佛經約論一卷阿彌陀經一卷　(清)彭際清述　清同治十一年(1872)如皋刻經處刻本　一册

340000－1843－0004278　子 313.3/7167

大乘起信論一卷　(印度)馬鳴菩薩造　(南朝梁)釋真諦譯　清光緒二十四年(1898)金陵刻經處刻本(梁譯本)　一册

340000－1843－0004279　子 313.3/7167

大乘起信論一卷　(印度)馬鳴菩薩造　(南朝梁)釋真諦譯　清光緒二十四年(1898)金陵刻經處刻本(梁譯本)　一册

340000－1843－0004280　子 313.3/7167

大乘起信論一卷　(印度)馬鳴菩薩造　(南朝梁)釋真諦譯　清光緒二十四年(1898)金陵刻經處刻本(梁譯本)　一册

340000－1843－0004281　子 313.3/7167

大乘起信論一卷　(印度)馬鳴菩薩造　(南朝梁)釋真諦譯　清光緒二十四年(1898)金陵刻經處刻本(梁譯本)　一册

340000－1843－0004282　子 313.3/7167

大乘起信論一卷　(印度)馬鳴菩薩造　(南朝梁)釋真諦譯　清光緒二十四年(1898)金陵刻經處刻本(梁譯本)　一册

340000－1843－0004283　子 313.3/4273

一乘決疑論一卷　(清)彭際清述　清同治八年(1869)如皋刻經處刻本　一册

340000－1843－0004284　子 313.3/4273

一乘決疑論一卷　(清)彭際清述　清同治八年(1869)如皋刻經處刻本　一册

340000－1843－0004285　子 313.4/0000

千手千眼大悲懺法一卷　(□)□□撰　清末金陵刻經處刻本　一册

340000－1843－0004286　子 313.4/0000

千手千眼大悲懺法一卷　(□)□□撰　清末金陵刻經處刻本　一册

340000－1843－0004287　子 313.4/0000

千手千眼大悲懺法一卷　(□)□□撰　清末金陵刻經處刻本　一册

340000－1843－0004288　子 313.4/0000

千手千眼大悲懺法一卷　(□)□□撰　清末金陵刻經處刻本　一册

340000－1843－0004289　子 313.4/0000

千手千眼大悲懺法一卷　(□)□□撰　清末金陵刻經處刻本　一册

340000－1843－0004290　子 313.4/9134

慈悲道場水懺三卷　(唐)釋悟達撰　清同治十三年(1874)江北刻經處刻本　一册

340000－1843－0004291　子 313.4/9134

慈悲道場水懺三卷　(唐)釋悟達撰　清同治十三年(1874)江北刻經處刻本　一册

340000－1843－0004292　子 313.4/9134

慈悲道場水懺三卷　(唐)釋悟達撰　清同治十三年(1874)江北刻經處刻本　一册

340000－1843－0004293　子 313.4/9134

慈悲道場水懺三卷　(唐)釋悟達撰　清同治十三年(1874)江北刻經處刻本　一册

340000－1843－0004294　子 313.4/0000
御製大雲輪請雨經一卷　（隋）[釋那連提耶舍]譯撰　清同治十年（1871）湖南通志總局刻本　一册

340000－1843－0004295　子 313.4/0000
御製大雲輪請雨經一卷　（隋）[釋那連提耶舍]譯撰　清同治十年（1871）湖南通志總局刻本　一册

340000－1843－0004296　子 313.4/0000
御製大雲輪請雨經一卷　（隋）[釋那連提耶舍]譯撰　清同治十年（1871）湖南通志總局刻本　一册

340000－1843－0004297　子 313.4/0000
御製大雲輪請雨經一卷　（隋）[釋那連提耶舍]譯撰　清同治十年（1871）湖南通志總局刻本　一册

340000－1843－0004298　子 313.5/0077
大佛頂經序指味疏一卷　（清）釋諦閑述疏（清）釋唯則撰　清光緒二十八年（1902）刻本　一册

340000－1843－0004299　子 313.5/1000
地藏菩薩本願經科註一卷　（清）釋靈椉輯　清光緒七年（1881）天台山真覺寺刻本　六册

340000－1843－0004300　子 313.5/2435
大佛頂如來密因修證了義諸菩薩萬行首楞嚴經通議十卷　（明）釋德清述　清光緒二十年（1894）金陵刻經處刻本　六册

340000－1843－0004301　子 313.5/2435
大佛頂如來密因修證了義諸菩薩萬行首楞嚴經通議十卷　（明）釋德清述　清光緒二十年（1894）金陵刻經處刻本　六册

340000－1843－0004302　子 313.5/2435
大佛頂如來密因修證了義諸菩薩萬行首楞嚴經通議十卷　（明）釋德清述　清光緒二十年（1894）金陵刻經處刻本　六册

340000－1843－0004303　子 313.5/2435
妙法蓮華經通義二十卷　（明）釋德清述　清光緒三十四年（1908）金陵刻經處刻本　五册

340000－1843－0004304　子 313.5/2435
妙法蓮華經通義二十卷　（明）釋德清述　清光緒三十四年（1908）金陵刻經處刻本　四册　存十二卷（九至二十）

340000－1843－0004305　子 313.5/2841
佛說阿彌陀經疏鈔擷一卷附經及十念法門　（後秦）釋鳩摩羅什譯　（明）釋袾宏疏鈔（清）徐槐廷擷　清同治六年（1867）北京文芳刻字石印局刻本　一册

340000－1843－0004306　子 313.5/3030
大方廣佛華嚴經普賢行願品別行疏鈔十五卷　（唐）釋宗密疏鈔　清光緒三十二年（1906）金陵刻經處刻本　四册　存十二卷（一至二、六至十五）

340000－1843－0004307　子 313.5/3030
大方廣佛華嚴經普賢行願品別行疏鈔十五卷　（唐）釋宗密疏鈔　清光緒三十二年（1906）金陵刻經處刻本　四册　存十二卷（一至二、六至十五）

340000－1843－0004308　子 313.5/3034
般若波羅蜜多心經註解一卷金剛般若波羅經註解一卷　（後秦）釋鳩摩羅什　（唐）釋玄奘譯　（明）釋宗泐　（明）釋如玘註　清光緒二年（1876）長沙刻經處刻本　一册

340000－1843－0004309　子 313.5/3034
般若波羅蜜多心經註解一卷金剛般若波羅經註解一卷　（後秦）釋鳩摩羅什　（唐）釋玄奘譯　（明）釋宗泐　（明）釋如玘註　清光緒二年（1876）長沙刻經處刻本　一册

340000－1843－0004310　子 313.5/3034
般若波羅蜜多心經註解一卷金剛般若波羅經註解一卷　（後秦）釋鳩摩羅什　（唐）釋玄奘譯　（明）釋宗泐　（明）釋如玘註　清光緒二年（1876）長沙刻經處刻本　一册

340000－1843－0004311　子 313.5/3034
般若波羅蜜多心經註解一卷般若波羅蜜多心經直說一卷　（後秦）釋鳩摩羅什　（唐）釋玄

奘譯　(明)釋宗泐　(明)釋如玘註　清光緒二十三年(1897)金陵刻經處刻本　一冊

340000－1843－0004312　子313.5/3030
大方廣圓覺修多羅了義經略疏一卷　(唐)釋宗密述　清光緒三十年(1904)揚州藏經院刻本　二冊

340000－1843－0004313　子313.5/2435
金剛決疑般若波羅蜜多心經直說一卷　(後秦)釋鳩摩羅什譯　(明)釋德清撰　清陳寶晉、鄭學烺校刻本　一冊

340000－1843－0004314　子313.5/2435
金剛決疑般若波羅蜜多心經直說一卷　(後秦)釋鳩摩羅什譯　(明)釋德清撰　清陳寶晉、鄭學烺校刻本　一冊

340000－1843－0004315　子313.5/2435
金剛決疑般若波羅蜜多心經直說一卷　(後秦)釋鳩摩羅什譯　(明)釋德清撰　清陳寶晉、鄭學烺校刻本　一冊

340000－1843－0004316　子313.5/2434
般若波羅蜜多心經解一卷　(清)釋續發述　清末北京刻經處刻本　一冊

340000－1843－0004317　子313.5/1700
佛說二十四章經註一卷佛遺教經註一卷附唐太宗文皇帝施行遺教經　(明)釋了童補注　清光緒十六年(1890)金陵刻經處刻本　一冊

340000－1843－0004318　子313.5/1067
佛說阿彌陀經義疏一卷　(宋)釋元照述　清光緒二十四年(1898)金陵刻經處刻本　一冊

340000－1843－0004319　子313.5/1067
佛說阿彌陀經義疏一卷　(宋)釋元照述　清光緒二十四年(1898)金陵刻經處刻本　一冊

340000－1843－0004320　子313.5/1067
佛說阿彌陀經義疏一卷　(宋)釋元照述　清光緒二十四年(1898)金陵刻經處刻本　一冊

340000－1843－0004321　子313.5/1067
佛說阿彌陀經義疏一卷　(宋)釋元照述　清光緒二十四年(1898)金陵刻經處刻本　一冊

340000－1843－0004322　子313.5/1067
佛說阿彌陀經義疏一卷　(宋)釋元照述　清光緒二十四年(1898)金陵刻經處刻本　一冊

340000－1843－0004323　子313.5/2122
佛說阿彌陀經摘要易解一卷毘陵天寧普能崇禪師淨土詩一卷毘陵天守定念禪和尚經錄一卷　(清)釋真嵩述　清光緒五年(1879)刻本　一冊

340000－1843－0004324　子313.5/3034
楞伽阿跋多羅寶經註解四卷　(南朝宋)釋求那跋多羅譯　(明)釋宗泐　(明)釋如玘註　清光緒四年(1878)長沙刻經處刻本　二冊

340000－1843－0004325　子313.5/3090
佛說梵網經直解二卷附直解事義　(明)釋寂光直解　(後秦)釋鳩摩羅什譯　清乾隆五年(1740)刻本　四冊

340000－1843－0004326　子313.5/3090
佛說梵網經直解十卷　(明)釋寂光直解　(後秦)釋鳩摩羅什譯　清乾隆五年(1740)刻本　四冊

340000－1843－0004327　子313.5/3246
大華嚴略策一卷答順宗心要法門一卷三聖圓融觀門一卷原人論一卷華嚴念佛三昧論一卷　(唐)釋澄觀述　清光緒二十一年至二十三年(1895－1897)金陵刻經處刻本　一冊

340000－1843－0004328　子313.5/3246
大華嚴略策一卷答順宗心要法門一卷三聖圓融觀門一卷原人論一卷華嚴念佛三昧論一卷　(唐)釋澄觀述　清光緒二十一年至二十三年(1895－1897)金陵刻經處刻本　一冊

340000－1843－0004329　子313.5/3246
大華嚴略策一卷答順宗心要法門一卷三聖圓融觀門一卷原人論一卷華嚴念佛三昧論一卷　(唐)釋澄觀述　清光緒二十一年至二十三年(1895－1897)金陵刻經處刻本　一冊

340000－1843－0004330　子313.5/3246
大華嚴略策一卷答順宗心要法門一卷三聖圓融觀門一卷原人論一卷華嚴念佛三昧論一卷

（唐）釋澄觀述　清光緒二十一年至二十三年（1895－1897）金陵刻經處刻本　一冊

340000－1843－0004331　子313.5/3246
大華嚴略策一卷答順宗心要法門一卷三聖圓融觀門一卷原人論一卷華嚴念佛三昧論一卷　（唐）釋澄觀述　清光緒二十一年至二十三年（1895－1897）金陵刻經處刻本　一冊

340000－1843－0004332　子313.5/3411
大般涅槃經玄義二卷　（隋）釋灌頂撰　清光緒八年（1882）金陵刻經處刻本　一冊

340000－1843－0004333　子313.5/3411
大般涅槃經玄義二卷　（隋）釋灌頂撰　清光緒八年（1882）金陵刻經處刻本　一冊

340000－1843－0004334　子313.5/3444
入楞伽心玄義一卷　（唐）釋法藏撰　清光緒十八年（1892）金陵刻經處刻本　一冊

340000－1843－0004335　子313.5/3444
入楞伽心玄義一卷　（唐）釋法藏撰　清光緒十八年（1892）金陵刻經處刻本　一冊

340000－1843－0004336　子313.5/3444
入楞伽心玄義一卷　（唐）釋法藏撰　清光緒十八年（1892）金陵刻經處刻本　一冊

340000－1843－0004337　子313.5/3444
梵網經菩薩戒本疏十卷　（唐）釋法藏撰　清光緒二十五年（1899）金陵刻經處刻本　二冊

340000－1843－0004338　子313.5/3444
梵網經菩薩戒本疏十卷　（唐）釋法藏撰　清光緒二十五年（1899）金陵刻經處刻本　二冊

340000－1843－0004339　子313.5/3444
梵網經菩薩戒本疏十卷　（唐）釋法藏撰　清光緒二十五年（1899）金陵刻經處刻本　二冊

340000－1843－0004340　子313.5/3444
梵網經菩薩戒本疏十卷　（唐）釋法藏撰　清光緒二十五年（1899）金陵刻經處刻本　二冊

340000－1843－0004341　子313.5/3034
般若波羅蜜多心經註解一卷金剛般若波羅蜜經註解一卷　（後秦）釋鳩摩羅什　（唐）釋玄奘譯　（明）釋宗泐　（明）釋如玘註　清光緒二年（1876）長沙刻經處刻本　一冊

340000－1843－0004342　子313.5/3530
佛說阿彌陀經疏鈔四卷　（後秦）釋鳩摩羅什譯經　（明）釋袾宏述　清光緒十八年至二十五年（1892－1899）金陵刻經處刻本　五冊

340000－1843－0004343　子313.5/3530
佛說阿彌陀經疏鈔四卷　（後秦）釋鳩摩羅什譯經　（明）釋袾宏述　清光緒十八年至二十五年（1892－1899）金陵刻經處刻本　五冊

340000－1843－0004344　子313.5/3530
佛說阿彌陀經疏鈔四卷　（後秦）釋鳩摩羅什譯經　（明）釋袾宏述　清光緒十八年至二十五年（1892－1899）金陵刻經處刻本　五冊

340000－1843－0004345　子313.5/3530
佛說阿彌陀經疏鈔四卷　（後秦）釋鳩摩羅什譯經　（明）釋袾宏述　清光緒十八年至二十五年（1892－1899）金陵刻經處刻本　五冊

340000－1843－0004346　子313.5/3530
佛說阿彌陀經疏鈔四卷　（後秦）釋鳩摩羅什譯經　（明）釋袾宏述　清光緒十八年至二十五年（1892－1899）金陵刻經處刻本　五冊

340000－1843－0004347　子313.5/4044
勝鬘經寶窟十五卷　（唐）釋吉藏撰　清光緒二十六年（1900）金陵刻經處刻本　四冊

340000－1843－0004348　子313.5/4044
勝鬘經寶窟十五卷　（唐）釋吉藏撰　清光緒二十六年（1900）金陵刻經處刻本　四冊

340000－1843－0004349　子313.5/5026
佛說阿彌陀經論一卷華嚴小懺一卷華嚴大懺一卷　（清）釋書海等論　清同治十三年（1874）江北刻經處刻本　一冊

340000－1843－0004350　子313.5/5026
佛說阿彌陀經論一卷華嚴小懺一卷華嚴大懺一卷　（清）釋書海等論　清同治十三年（1874）江北刻經處刻本　一冊

340000－1843－0004351　子313.5/4706

維摩詰所説經註八卷　(後秦)釋鳩摩羅什譯　(晉)釋僧肇註　清光緒十三年(1887)金陵刻經處刻本　二册

340000－1843－0004352　子313.5/4706
維摩詰所説經註八卷　(後秦)釋鳩摩羅什譯　(晉)釋僧肇註　清光緒十三年(1887)金陵刻經處刻本　二册

340000－1843－0004353　子313.5/4706
維摩詰所説經註八卷　(後秦)釋鳩摩羅什譯　(晉)釋僧肇註　清光緒十三年(1887)金陵刻經處刻本　二册

340000－1843－0004354　子313.5/3737
大方廣圓覺修多羅了義經近釋六卷　(明)釋通潤述　清光緒十三年(1887)金陵刻經處刻本　二册

340000－1843－0004355　子313.5/3737
大方廣圓覺修多羅了義經近釋六卷　(明)釋通潤述　清光緒十三年(1887)金陵刻經處刻本　二册

340000－1843－0004356　子313.5/3737
大方廣圓覺修多羅了義經近釋六卷　(明)釋通潤述　清光緒十三年(1887)金陵刻經處刻本　二册

340000－1843－0004357　子313.5/3737
大方廣圓覺修多羅了義經近釋六卷　(明)釋通潤述　清光緒十三年(1887)金陵刻經處刻本　二册

340000－1843－0004358　子313.5/4706
佛説彌勒下生經一卷大方廣佛華嚴經修慈分一卷佛説出家功德經一卷占察善惡報業經一卷　(後秦)釋鳩摩羅什等譯　清光緒五年(1879)長沙刻經處刻本　一册

340000－1843－0004359　子313.6/4706
佛遺教經論疏節要一卷　(後秦)釋鳩摩羅什譯　(宋)釋淨源節要　(明)釋袾宏補註　清光緒二十四年(1898)金陵刻經處刻本　一册

340000－1843－0004360　子313.5/7143
金剛般若波羅蜜次詁五卷　(後秦)釋鳩摩羅什譯　馬其昶次詁　清固始張氏幔經閣刻本　一册

340000－1843－0004361　子313.5/6022
金剛般若波羅蜜經直解二卷般若波羅蜜多心經直解一卷祖師隆檀三十二次偈一卷金剛靈驗一卷　(唐)吕岩解　清咸豐六年(1856)刻本　一册

340000－1843－0004362　子313.5/8646
佛説阿彌陀經要解不分卷　(後秦)釋鳩摩羅什譯　(清)釋智旭註　清光緒十一年(1885)金陵刻經處刻本　一册

340000－1843－0004363　子313.5/8646
佛説四十二章經解一卷佛遺教經解一卷八大人覺經略解一卷　(清)釋智旭解述　清光緒十一年(1885)金陵刻經處刻本　一册

340000－1843－0004364　子313.5/8646
占察善惡業報經玄義一卷占察善惡業報經疏二卷附行法　(隋)釋菩提登譯　(清)釋智旭述　清同治七年(1868)清芬堂刻本　二册

340000－1843－0004365　子313.5/8646
佛説梵網經菩薩心地品合註七卷附義雜集　(後秦)釋鳩摩羅什譯　(清)釋智旭註　清同治十三年(1874)金陵刻經處刻本　四册　存五卷(一、四至七)

340000－1843－0004366　子313.5/8626
佛説金剛般若波羅蜜經略疏二卷般若波羅蜜多心經略疏　(唐)釋智儼　(唐)釋法藏述　清光緒二十六年(1900)北京刻經處刻本　一册

340000－1843－0004367　子313.5/8621
金剛般若經疏一卷般若波羅蜜多心經疏一卷　(唐)釋智儼　(唐)釋法藏述　清光緒三十三年(1907)金陵刻經處刻本　一册

340000－1843－0004368　子313.5/8621
金剛般若經疏一卷般若波羅蜜多心經疏一卷　(唐)釋智儼　(唐)釋法藏述　清光緒三十三年(1907)金陵刻經處刻本　一册

340000－1843－0004369　子313.5/8621
金剛般若經疏一卷般若波羅蜜多心經疏一卷　(唐)釋智儼　(唐)釋法藏述　清光緒三十三年(1907)金陵刻經處刻本　一册

340000－1843－0004370　子313.5/8621
金剛般若經疏一卷般若波羅蜜多心經疏一卷　(唐)釋智儼　(唐)釋法藏述　清光緒三十三年(1907)金陵刻經處刻本　一册

340000－1843－0004371　子313.5/8621
金剛般若經疏一卷般若波羅蜜多心經疏一卷　(隋)釋智顗說　清光緒七年(1881)長沙刻經處刻本　一册

340000－1843－0004372　子313.5/8621
妙法蓮華經玄義節要二卷　(隋)釋智顗說　(隋)釋灌頂記　(清)釋智旭節　清福德因緣堂刻本　二册

340000－1843－0004373　子313.5/8621
妙法蓮華經玄義釋籤二卷　(隋)釋智顗說　(隋)釋灌頂記　(清)釋智旭節　清宣統二年(1910)江北刻經處刻本　十册

340000－1843－0004374　子313.5/8621
妙法蓮華經玄義釋籤二卷　(隋)釋智顗說　(隋)釋灌頂記　(清)釋智旭節　清宣統二年(1910)江北刻經處刻本　十册

340000－1843－0004375　子313.5/8621
合刻妙法蓮華經文句記三十卷　(後秦)釋鳩摩羅什譯　(隋)釋智顗說　(隋)釋灌頂記　(唐)釋湛然述　清光緒七年(1881)姑蘇刻經處刻本　三十册

340000－1843－0004376　子313.5/8621
合刻妙法蓮華經文句記三十卷　(後秦)釋鳩摩羅什譯　(隋)釋智顗說　(隋)釋灌頂記　(唐)釋湛然述　清光緒七年(1881)姑蘇刻經處刻本　三十册

340000－1843－0004377　子313.5/8621
合刻妙法蓮華經文句記三十卷　(後秦)釋鳩摩羅什譯　(隋)釋智顗說　(隋)釋灌頂記　(唐)釋湛然述　清光緒七年(1881)姑蘇刻經處刻本　三十册

340000－1843－0004378　子313.5/8646
金剛般若波羅蜜經破空論一卷金剛經觀心釋一卷心經釋要一卷　(清)釋智旭　(清)釋際明論述　清同治十年(1871)如皋刻經處刻本　一册

340000－1843－0004379　子313.5/8646
金剛般若波羅蜜經破空論一卷金剛經觀心釋一卷心經釋要一卷　(清)釋智旭　(清)釋際明論述　清同治十年(1871)如皋刻經處刻本　一册

340000－1843－0004380　子313.5/8646
金剛般若波羅蜜經破空論一卷金剛經觀心釋一卷心經釋要一卷　(清)釋智旭　(清)釋際明論述　清同治十年(1871)如皋刻經處刻本　一册

340000－1843－0004381　子313.5/8646
金剛般若波羅蜜經破空論一卷金剛經觀心釋一卷心經釋要一卷　(清)釋智旭　(清)釋際明論述　清同治十年(1871)如皋刻經處刻本　一册

340000－1843－0004382　子313.5/8646
菩薩戒本經一卷箋要一卷　(清)釋智旭箋題(□)慈氏菩薩說　清光緒六年(1880)金陵刻經處刻本　一册

340000－1843－0004383　子313.5/8646
菩薩戒本經一卷箋要一卷　(清)釋智旭箋題(□)慈氏菩薩說　清光緒六年(1880)金陵刻經處刻本　一册

340000－1843－0004384　子313.5/8640
仁王護國般若經疏五卷　(隋)釋智者大師(顗)說　(隋)釋灌頂記　清光緒十二年(1886)江北刻經處刻本　一册

340000－1843－0004385　子313.5/8640
仁王護國般若經疏五卷　(隋)釋智者大師(顗)說　(隋)釋灌頂記　清光緒十二年(1886)江北刻經處刻本　二册

340000－1843－0004386　子313.5/8626

佛說金剛般若波羅蜜經略疏二卷般若波羅蜜多心經略疏一卷　（唐）釋智儼　（唐）釋法藏述　清光緒二十六年（1900）北京刻經處刻本　一册

340000－1843－0004387　子313.5/8626

佛說金剛般若波羅蜜經略疏二卷般若波羅蜜多心經略疏一卷　（唐）釋智儼　（唐）釋法藏述　清光緒二十六年（1900）北京刻經處刻本　一册

340000－1843－0004388　子313.5/8621

金剛般若經疏一卷般若波羅蜜多心經疏一卷　（隋）釋智顗說　（唐）釋玄奘釋　清光緒三十三年（1907）金陵刻經處刻本　一册

340000－1843－0004389　子313.5/8621

金剛般若經疏一卷般若波羅蜜多心經疏一卷　（隋）釋智顗說　（唐）釋玄奘釋　清光緒三十三年（1907）金陵刻經處刻本　一册

340000－1843－0004390　子313.5/1773

折疑論集註二卷　（元）釋子成撰　（明）釋師子註　清光緒三十四年（1908）刻本　二册

340000－1843－0004391　子313.5/2435

大乘起信論真解二卷　（明）釋德清述　清光緒十六年（1890）金陵刻經處刻本　一册

340000－1843－0004392　子313.5/2435

大乘起信論真解二卷　（明）釋德清述　清光緒十六年（1890）金陵刻經處刻本　一册

340000－1843－0004393　子313.6/3044

唯識二十論述記四卷　（唐）釋窺基述　（唐）釋玄奘譯　清宣統二年（1910）江西刻經處刻本　二册

340000－1843－0004394　子313.6/3044

唯識二十論述記四卷　（唐）釋窺基述　（唐）釋玄奘譯　清宣統二年（1910）江西刻經處刻本　二册

340000－1843－0004395　子313.6/2260

大乘起信論纂註二卷　（印度）馬鳴菩薩造　（南朝梁）釋真諦譯　（明）釋真界纂註　清光緒十一年（1885）金陵刻經處刻本　一册

340000－1843－0004396　子313.6/2260

大乘起信論纂註二卷　（印度）馬鳴菩薩造　（南朝梁）釋真諦譯　（明）釋真界纂註　清光緒十一年（1885）金陵刻經處刻本　一册

340000－1843－0004397　子313.6/2260

大乘起信論纂註二卷　（印度）馬鳴菩薩造　（南朝梁）釋真諦譯　（明）釋真界纂註　清光緒十一年（1885）金陵刻經處刻本　一册

340000－1843－0004398　子313.6/2260

大乘起信論纂註二卷　（印度）馬鳴菩薩造　（南朝梁）釋真諦譯　（明）釋真界纂註　清光緒十一年（1885）金陵刻經處刻本　一册

340000－1843－0004399　子313.6/2260

大乘起信論纂註二卷　（印度）馬鳴菩薩造　（南朝梁）釋真諦譯　（明）釋真界纂註　清光緒十一年（1885）金陵刻經處刻本　一册

340000－1843－0004400　集41/2540.2

楚辭集註（朱文公楚辭集註）八卷總評　（宋）朱熹集註　清乾隆五十三年（1788）聽雨齋新刻朱墨套印本　四册

340000－1843－0004401　集41/2540.3

楚辭集註（朱文公楚辭集註）八卷總評　（宋）朱熹集註　清乾隆五十三年（1788）聽雨齋新刻朱墨套印本　四册

340000－1843－0004402　集41/2540.7

楚辭集註八卷辯證二卷離騷草木疏四卷離騷箋二卷　（宋）朱熹集註　清光緒三年（1877）湖北崇文書局刻本　五册

340000－1843－0004403　集41/4240

楚辭節註六卷楚辭叶音一卷　（清）姚培謙節註　清乾隆六年（1741）姚氏自刻本　三册

340000－1843－0004404　集41/7143

屈賦微二卷　馬其昶撰　清光緒三十二年（1906）合肥李氏集虚草堂刻本　一册

340000－1843－0004405　集41/7247

屈子章句七卷　(清)劉夢鵬撰　清乾隆五十四年(1789)藜青堂刻本　二冊

340000－1843－0004406　集41/7728
楚辭新註八卷　(清)屈復撰　清道光十七年(1837)弱水草堂刻本　四冊

340000－1843－0004407　集41/8363.2
離騷集傳一卷　(宋)錢杲之撰　清光緒三十年(1904)南陵徐氏刻隨庵叢書本　一冊

340000－1843－0004408　集41/8363.3
離騷集傳一卷　(宋)錢杲之撰　清光緒三年(1877)湖北崇文書局刻本　一冊

340000－1843－0004409　集41/8363.3
離騷集傳一卷　(宋)錢杲之撰　清光緒三年(1877)湖北崇文書局刻本　一冊

340000－1843－0004410　集421/4422.3
蔡中郎集十卷外紀一卷外集四卷末一卷　(漢)蔡邕撰　清光緒十六年(1890)番禺陶氏愛廬刻本　五冊

340000－1843－0004411　集421/4422.3
蔡中郎集十卷外紀一卷外集四卷末一卷　(漢)蔡邕撰　清光緒十六年(1890)番禺陶氏愛廬刻本　四冊

340000－1843－0004412　集421/4422.4
蔡中郎文集十卷蔡中郎外傳一卷　(漢)蔡邕撰　清光緒七年(1881)吳興陸氏十萬卷樓刻本　四冊

340000－1843－0004413　集422/0440.2
諸葛忠武侯文集四卷首一卷附錄二卷故事五卷　(三國蜀)諸葛亮撰　(清)張澍編　清光緒三十四年(1908)金谿周氏刻本　六冊

340000－1843－0004414　集422/0440.4
諸葛武侯集四卷首一卷　(三國蜀)諸葛亮撰　清同治十年(1871)楚醴聚奎書閣刻四忠遺集本　二冊

340000－1843－0004415　集422/0440.5
武侯全書二十卷　(三國蜀)諸葛亮撰　(清)趙承恩編　清光緒十年(1884)紅杏山房刻本　十二冊

340000－1843－0004416　集423/2300
傅鶉觚集五卷首一卷校勘記一卷　(晉)傅玄撰　(清)方濬師校　清光緒二年(1876)廣東書局刻本　四冊

340000－1843－0004417　集423/7731.3
靖節先生集十卷首一卷諸本評陶彙集一卷年譜攷異二卷　(晉)陶潛撰　(清)陶澍註　清光緒九年(1883)江蘇書局刻本　四冊

340000－1843－0004418　集423/7731.3
靖節先生集十卷首一卷諸本評陶彙集一卷年譜攷異二卷　(晉)陶潛撰　(清)陶澍註　清光緒九年(1883)江蘇書局刻本　四冊

340000－1843－0004419　集423/7731.3
靖節先生集十卷首一卷諸本評陶彙集一卷年譜攷異二卷　(晉)陶潛撰　(清)陶澍註　清光緒九年(1883)江蘇書局刻本　四冊

340000－1843－0004420　集423/7736.5
陶淵明集十卷　(晉)陶淵明撰　清宣統二年(1910)上海著易堂書局石印本　四冊

340000－1843－0004421　集423/7736.9
陶淵明集十卷　(晉)陶淵明撰　(清)胡伯薊書　清光緒五年(1879)廣州萃文堂刻本　三冊

340000－1843－0004422　集423/7736.9
陶淵明集十卷　(晉)陶淵明撰　(清)胡伯薊書　清光緒五年(1879)廣州萃文堂刻本　三冊

340000－1843－0004423　集423/7736.10
陶靖節先生詩集四卷　(晉)陶淵明撰　清光緒會稽章氏刻本　一冊

340000－1843－0004424　集424/0020.4
庾子山集十六卷年譜一卷總釋一卷　(北周)庾信撰　(清)倪璠釋註　清康熙二十六年(1687)崇岫堂刻本　六冊

340000－1843－0004425　集424/0020.4
庾子山集十六卷年譜一卷總釋一卷　(北周)

庾信撰　(清)倪璠釋註　清康熙二十六年(1687)崇岫堂刻本　八册

340000－1843－0004426　集424/0020.5
庾子山集十六卷年譜一卷總釋一卷　(北周)庾信撰　(清)倪璠釋註　清道光十九年(1839)同文堂刻本　八册

340000－1843－0004427　集424/0020.6
庾子山全集(箋注庾開府集)十卷諸家詩評一卷　(北周)庾信撰　(清)吳兆宜註　清吳郡寶翰樓刻本　六册

340000－1843－0004428　集424/0413
謝康樂集四卷附詩話傳記一卷　(南朝宋)謝靈運撰　(清)劉拱宸鑒定　清同治六年(1867)陽夏謝文靖公祠刻本　二册

340000－1843－0004429　集424/0472.3
謝宣城詩集一卷　(南朝齊)謝朓撰　清刻本　一册

340000－1843－0004430　集424/2874
徐孝穆全集六卷備攷一卷　(南朝陳)徐陵撰　(清)吳兆宜註　(清)徐文炳考　清光緒二年(1876)廣東翰墨園刻本　六册

340000－1843－0004431　集424/2874.2
徐孝穆全集六卷備攷一卷　(南朝陳)徐陵撰　(清)吳兆宜註　(清)徐文炳考　清康熙阮氏困學書屋刻本　六册

340000－1843－0004432　集4261/1044
王子安集註二十卷首一卷末一卷　(唐)王勃撰　(清)蔣清翊註　清光緒九年至十年(1883－1884)吳縣蔣氏雙唐碑館刻本　十册

340000－1843－0004433　集4261/1044
王子安集註二十卷首一卷末一卷　(唐)王勃撰　(清)蔣清翊註　清光緒九年至十年(1883－1884)吳縣蔣氏雙唐碑館刻本　六册

340000－1843－0004434　集4261/1108
張燕公集二十五卷　(唐)張說撰　清光緒二十五年(1899)廣雅書局刻武英殿聚珍版叢書本　六册

340000－1843－0004435　集4261/1108.2
張說之文集二十五卷補遺五卷　(唐)張說撰　清光緒三十一年(1905)仁和朱氏刻結一廬賸餘叢書本　四册

340000－1843－0004436　集4261/7731
駱賓王文集十卷攷異一卷　(唐)駱賓王撰　清嘉慶二十一年(1816)秦氏石研齋刻本　一册　缺一葉(一)

340000－1843－0004437　集4261/7731.2
駱侍御全集四卷攷異一卷首一卷　(唐)陳子昂撰　(明)顏文註　清道光三十年(1850)孫氏滋德堂刻本　四册

340000－1843－0004438　集4261/7731.2
駱侍御全集四卷攷異一卷首一卷　(唐)陳子昂撰　(明)顏文註　清道光三十年(1850)孫氏滋德堂刻本　四册

340000－1843－0004439　集4262/1020
王右丞集箋註二十八卷首一卷末一卷　(唐)王維撰　(清)趙殿成箋註　清乾隆颺錦齋刻本　十册

340000－1843－0004440　集4262/1020
王右丞集箋註二十八卷首一卷末一卷　(唐)王維撰　(清)趙殿成箋註　清乾隆颺錦齋刻本　十册

340000－1843－0004441　集4262/1020
王右丞集箋註二十八卷首一卷末一卷　(唐)王維撰　(清)趙殿成箋註　清乾隆颺錦齋刻本　八册

340000－1843－0004442　集4262/4026
李太白文集集註三十卷附錄六卷　(唐)李白撰　(清)王琦集註　清乾隆聚錦堂刻本　十二册

340000－1843－0004443　集4262/4026
李太白文集集註三十卷附錄六卷　(唐)李白撰　(清)王琦集註　清乾隆聚錦堂刻本　十二册

340000－1843－0004444　集4262/4453.2

杜詩鏡銓二十卷首一卷諸家論杜一卷杜文註解二卷　(唐)杜甫撰　(清)楊倫輯　(清)張溍註　清同治十一年(1872)吳棠望三益齋刻本　十冊

340000－1843－0004445　集4262/4453.2
杜詩鏡銓二十卷首一卷諸家論杜一卷杜文註解二卷　(唐)杜甫撰　(清)楊倫輯　(清)張溍註　清同治十一年(1872)吳棠望三益齋刻本　十冊　存二十一卷(杜詩鏡銓二十卷、首一卷)

340000－1843－0004446　集4262/4453.2
杜詩鏡銓二十卷首一卷諸家論杜一卷杜文註解二卷　(唐)杜甫撰　(清)楊倫輯　(清)張溍註　清同治十一年(1872)吳棠望三益齋刻本　十二冊

340000－1843－0004447　集4262/4453.5
杜詩鏡銓二十卷首一卷諸家論杜一卷　(唐)杜甫撰　(清)楊倫輯　清乾隆五十七年(1792)楊氏九柏山房刻本　十二冊

340000－1843－0004448　集4262/4453.6
杜工部集二十卷諸家詩話一卷唱酬題詠一卷志傳集序一卷年譜一卷　(唐)杜甫撰　(清)錢謙益箋註　清康熙六年(1667)季振宜靜思堂刻本　八冊

340000－1843－0004449　集4262/4453.6
杜工部集二十卷諸家詩話一卷唱酬題詠一卷志傳集序一卷年譜一卷　(唐)杜甫撰　(清)錢謙益箋註　清康熙六年(1667)季振宜靜思堂刻本　十二冊

340000－1843－0004450　集4262/4453.9
杜詩詳註(杜少陵集詳注)二十五卷首一卷諸家詠杜一卷杜詩補註一卷諸家論杜一卷　(唐)杜甫撰　(清)仇兆鰲集註　清道光江西大文堂刻本　十四冊

340000－1843－0004451　集4262/4453.9
杜詩詳註(杜少陵集詳注)二十五卷首一卷諸家詠杜一卷杜詩補註一卷諸家論杜一卷　(唐)杜甫撰　(清)仇兆鰲集註　清道光江西大文堂刻本　二十四冊

340000－1843－0004452　集4262/4453.10
讀杜心解六卷首二卷　(唐)杜甫撰　(清)浦起龍解　(清)浦起麟參讀　(清)浦芳體校刊　清雍正三年(1725)前磵浦氏寧我齋刻本　八冊

340000－1843－0004453　集4262/4453.10
讀杜心解六卷首二卷　(唐)杜甫撰　(清)浦起龍解　(清)浦起麟參讀　(清)浦芳體校刊　清雍正三年(1725)前磵浦氏寧我齋刻本　十冊

340000－1843－0004454　集4262/4453.10
讀杜心解六卷首二卷　(唐)杜甫撰　(清)浦起龍解　(清)浦起麟參讀　(清)浦芳體校刊　清雍正三年(1725)錫山浦氏寧我齋刻本　六冊

340000－1843－0004455　集4262/4453.10
讀杜心解六卷首二卷　(唐)杜甫撰　(清)浦起龍解　(清)浦起麟參讀　(清)浦芳體校刊　清雍正三年(1725)錫山浦氏寧我齋刻本　八冊

340000－1843－0004456　集4262/4453.11
杜律啟蒙十二卷年譜等一卷　(唐)杜甫撰　(清)邊連寶集註　清乾隆四十二年(1777)刻本　四冊

340000－1843－0004457　集4262/4453.14
杜詩論文五十六卷　(唐)杜甫撰　(清)吳見思註　(清)潘眉評　(清)吳興祚校訂　清康熙十一年(1672)常州岱淵堂刻本　二十冊

340000－1843－0004458　集4262/4453.15
杜詩集說二十卷年譜一卷末一卷　(清)江浩然纂輯　清乾隆四十三年(1778)本立堂刻本　十六冊

340000－1843－0004459　集4262/4453.15
杜詩集說二十卷年譜一卷末一卷　(清)江浩然纂輯　清乾隆四十三年(1778)本立堂刻本　十二冊

340000－1843－0004460　集 4262/4453.21

杜詩偶評四卷　(唐)杜甫撰　(清)沈德潛選評　清乾隆十二年(1747)長洲潘承松賦閒草堂刻本　二册

340000－1843－0004461　集 4262/4453.22

杜工部集二十卷首一卷　(唐)杜甫撰　清光緒三年(1877)廣州翰墨園刻五色套印本　十册

340000－1843－0004462　集 4262/4453.22

杜工部集二十卷首一卷　(唐)杜甫撰　清光緒三年(1877)廣州翰墨園刻五色套印本　十册

340000－1843－0004463　集 4262/4453.23

景宋王狀元集百家註編年杜詩詩史三十二卷　(唐)杜甫撰　(宋)魯訔註　(宋)王十朋集註　清宣統三年(1911)貴池劉氏玉海堂影宋刻本　十二册

340000－1843－0004464　集 4262/4453.25

杜詩詳註(杜少陵全集詳註)二十五卷附編二卷　(唐)杜甫撰　(清)仇兆鰲輯註　清末善成堂刻本　二十五册　存二十四卷(一至十、十三至二十五,附編上)

340000－1843－0004465　集 4262/4453.26

杜詩詳註二十五卷首世系年譜一卷末逸詩數條諸家詠杜一卷杜詩分卷補註一卷諸家論杜一卷　(唐)杜甫撰　(清)仇兆鰲輯註　清康熙三十二年(1693)刻本　二十四册

340000－1843－0004466　集 4262/4453.27

杜詩鈔五卷　(唐)杜甫撰　(清)鄭杲選析　清末退耕堂鉛印本　四册

340000－1843－0004467　集 4262/4453.28

杜詩直解五卷年譜一卷　(唐)杜甫撰　(清)范廷謀註　清雍正六年(1728)范氏稼石堂刻本　五册

340000－1843－0004468　集 4262/7277

劉隨州詩集十卷補遺一卷　(唐)劉長卿撰　清刻本　二册

340000－1843－0004469　集 4263/2180

玉川子詩註五卷附校勘表一卷　(唐)盧仝撰　(清)孫之騄註　清同治二年(1863)濟陽盧永祥刻藍印本　五册

340000－1843－0004470　集 4263/4023

李衛公文集(會昌一品制集)二十卷別集十卷外集四卷補遺一卷　(唐)李德裕撰　清刻本　十二册

340000－1843－0004471　集 4263/4023

李衛公會昌一品集正集二十卷別集十卷外集四卷補遺一卷　(唐)李德裕撰　(清)王用臣校　清光緒五年至十三年(1879－1887)謙德堂刻畿輔叢書本　六册

340000－1843－0004472　集 4263/4046

李長吉歌詩註四卷首一卷外集一卷　(唐)李賀撰　(清)王琦註　清宣統元年(1909)上海掃葉山房石印本　四册

340000－1843－0004473　集 4263/4046.5

李長吉昌谷集句解定本四卷　(唐)李賀撰　(清)姚佺箋　(清)丘象升　(清)蔣文運評　(清)丘象隨辯註　清初丘象隨西軒刻本　四册

340000－1843－0004474　集 4263/4046.6

李賀歌詩編四卷　(唐)李賀撰　清海虞瞿氏鐵琴銅劍樓刻本　二册

340000－1843－0004475　集 4263/4427

權載之文集五十卷補刻一卷　(唐)權德輿撰　清嘉慶十一年(1806)大興朱珪刻本　八册

340000－1843－0004476　集 4263/4480

韓集補註一卷　(唐)韓愈撰　(清)沈欽韓註　(清)胡承珙訂　清光緒十七年(1891)廣雅書局刻本　一册

340000－1843－0004477　集 4263/4480.5

昌黎先生集四十卷外集十卷集傳一卷點勘四卷遺文一卷　(唐)韓愈撰　(唐)李漢編　(宋)廖瑩中輯註　清宣統二年(1910)上海集成圖書公司石印本　八册

340000－1843－0004478　集 4263/4480.9
五百家註音辯昌黎先生文集三十六卷　(唐)韓愈撰　(宋)魏仲舉輯　清乾隆四十九年(1784)兩儀堂刻本　十二册

340000－1843－0004479　集 4263/4480.11
昌黎先生詩增註證訛十一卷年譜一卷　(唐)韓愈撰　(清)黄鉞增註證訛　清咸豐七年(1857)四明鮑氏二客軒刻本　四册

340000－1843－0004480　集 4263/4480.13
重刊五百家註音辯昌黎先生文集　(唐)韓愈撰　(宋)魏仲舉輯　清乾隆四十九年(1784)刻本　十二册

340000－1843－0004481　集 4263/4480.15
昌黎先生詩集註十一卷年譜一卷　(唐)韓愈撰　(清)何焯　(清)朱彝尊評　(清)顧嗣立刪補　清道光十六年(1836)膺德堂刻朱墨套印本　四册

340000－1843－0004482　集 4263/4480.15
昌黎先生詩集註十一卷年譜一卷　(唐)韓愈撰　(清)何焯　(清)朱彝尊評　(清)顧嗣立刪補　清道光十六年(1836)膺德堂刻朱墨套印本　四册

340000－1843－0004483　集 4263/4480.16
韓昌黎全集四十卷集傳一卷外集十卷遺文一卷點勘四卷　(唐)韓愈撰　(唐)李漢編　(清)陳景雲勘　清宣統二年(1910)上海掃葉山房石印本　十二册

340000－1843－0004484　集 4263/4480.17
昌黎先生詩集註十一卷年譜一卷　(唐)韓愈撰　(清)何焯　(清)朱彝尊評　(清)顧嗣立刪補　清光緒九年(1883)廣州翰墨園刻三色套印本　四册

340000－1843－0004485　集 4263/4480.17
昌黎先生詩集註十一卷年譜一卷　(唐)韓愈撰　(清)何焯　(清)朱彝尊評　(清)顧嗣立刪補　清光緒九年(1883)廣州翰墨園刻三色套印本　四册

340000－1843－0004486　集 4263/4480.17
昌黎先生詩集註十一卷年譜一卷　(唐)韓愈撰　(清)何焯　(清)朱彝尊評　(清)顧嗣立刪補　清光緒九年(1883)廣州翰墨園刻三色套印本　四册

340000－1843－0004487　集 4263/4731.2
柳河東文集六卷　(唐)柳宗元撰　清宣統二年(1910)上海會文堂書局石印本　六册

340000－1843－0004488　集 4263/4731.5
柳文惠公全集四十三卷別集二卷外集二卷附録一卷首年譜一卷　(唐)柳宗元撰　(唐)劉禹錫編　(宋)穆脩訂　清同治七年(1868)補刻本　十二册

340000－1843－0004489　集 4263/4731.5
柳文惠公全集四十三卷別集二卷外集二卷附録一卷首年譜一卷　(唐)柳宗元撰　(唐)劉禹錫編　(宋)穆脩訂　清同治七年(1868)補刻本　十册

340000－1843－0004490　集 4263/4731.5
柳文惠公全集四十三卷別集二卷外集二卷附録一卷首年譜一卷　(唐)柳宗元撰　(唐)劉禹錫編　(宋)穆脩訂　清同治七年(1868)補刻本　十三册

340000－1843－0004491　集 4263/6036
呂衡州文集十卷攷證一卷　(唐)呂溫撰　(清)顧廣圻攷證　清道光至光緒南海伍氏刻粤雅堂叢書本　三册

340000－1843－0004492　集 4263/7228.2
重刊明鈔劉賓客文集三十卷外集十卷　(唐)劉禹錫撰　清光緒三十一年(1905)仁和朱氏刻結一廬剩餘叢書本　六册

340000－1843－0004493　集 4263/7444.2
唐陸宣公翰苑集二十二卷首一卷　(唐)陸贄撰　清同治五年(1866)善化楊氏問竹軒刻本　六册

340000－1843－0004494　集 4263/7444.3
唐陸宣公翰苑集二十二卷增輯二卷　(唐)陸贄撰　清道光二十七年(1847)節署刻本　八册

340000－1843－0004495　集4263/9000

唐制詔集二十卷　(唐)常衮撰　清光緒七年(1881)侯官郭柏蒼沁泉山館刻本　四册

340000－1843－0004496　集4264/1240

唐孫可之先生全集錄二卷　(唐)孫樵撰　(清)儲欣錄　清宜興儲氏在陸草堂刻本　二册

340000－1843－0004497　集4264/3608

溫飛卿詩集箋註九卷諸家詩評一卷　(唐)溫庭筠撰　(明)曾益原註　(清)顧予咸補註　(清)顧嗣立重校　清光緒八年(1882)萬軸山房刻本　二册

340000－1843－0004498　集4264/3608.4

溫飛卿詩集箋註九卷諸家詩評一卷　(唐)溫庭筠撰　(明)曾益原註　(清)顧予咸補註　清宣統二年(1910)廣益書局石印本　四册

340000－1843－0004499　集4264/3608.4

溫飛卿詩集箋註九卷諸家詩評一卷　(唐)溫庭筠撰　(明)曾益原註　(清)顧予咸補註　清宣統二年(1910)廣益書局石印本　四册

340000－1843－0004500　集4264/4007.1

李義山詩集箋註十六卷　(唐)李商隱撰　(清)姚培謙箋註　清乾隆五年(1740)華亭姚氏松桂讀書堂刻本　一册

340000－1843－0004501　集4264/4007.2

李義山詩集輯評三卷諸家詩評一卷詩譜一卷　(唐)李商隱撰　(清)朱鶴齡箋註　(清)沈厚塽輯評　清同治九年(1870)廣州倅署刻朱墨藍套印本　四册

340000－1843－0004502　集4264/4007.2

李義山詩集輯評三卷諸家詩評一卷詩譜一卷　(唐)李商隱撰　(清)朱鶴齡箋註　(清)沈厚塽輯評　清同治九年(1870)廣州倅署刻朱墨藍套印本　四册

340000－1843－0004503　集4264/4007.2

李義山詩集輯評三卷諸家詩評一卷詩譜一卷　(唐)李商隱撰　(清)朱鶴齡箋註　(清)沈厚塽輯評　清同治九年(1870)廣州倅署刻朱墨藍套印本　四册

340000－1843－0004504　集4264/4007.2

李義山詩集輯評三卷諸家詩評一卷詩譜一卷　(唐)李商隱撰　(清)朱鶴齡箋註　(清)沈厚塽輯評　清同治九年(1870)廣州倅署刻朱墨藍套印本　四册

340000－1843－0004505　集4264/4007.3

李義山詩集輯評三卷諸家詩評一卷詩譜一卷　(唐)李商隱撰　(清)朱鶴齡箋註　(清)沈厚塽輯評　清同治九年(1870)廣東倅署刻本　四册

340000－1843－0004506　集4264/4007.4

李義山詩集輯評三卷諸家詩評一卷詩譜一卷　(唐)李商隱撰　(清)朱鶴齡箋註　清懷德堂刻本　三册

340000－1843－0004507　集4264/4007.9

玉谿生詩詳註三卷首一卷年譜一卷贈詩一卷詩話一卷　(唐)李商隱撰　(清)朱鶴齡箋註　清德聚堂刻本　四册

340000－1843－0004508　集4264/4007.9

玉谿生詩詳註三卷首一卷年譜一卷贈詩一卷詩話一卷　(唐)李商隱撰　(清)朱鶴齡箋註　清德聚堂刻本　四册

340000－1843－0004509　集4264/4007.10

箋註李義山詩集三卷詩譜一卷諸家詩評一卷　(唐)李商隱撰　(清)朱鶴齡箋註　清刻本　二册

340000－1843－0004510　集4264/4428

樊川文集二十卷外集一卷别集一卷　(唐)杜牧撰　清初刻本　十二册

340000－1843－0004511　集4264/4428.2

樊川詩集註四卷補遺一卷外集一卷别集一卷　(唐)杜牧撰　(清)馮集梧註　清刻本　五册

340000－1843－0004512　集4264/4428.3

樊川詩集註四卷補遺一卷外集一卷别集一卷　(唐)杜牧撰　(清)馮集梧註　清光緒十六

年(1890)湖南書局刻本　六冊

340000－1843－0004513　集4264/4428.3
樊川詩集註四卷補遺一卷外集一卷別集一卷　(唐)杜牧撰　(清)馮集梧註　清光緒十六年(1890)湖南書局刻本　二冊

340000－1843－0004514　集4264/6072.3
羅昭諫文集八卷　(唐)羅隱撰　(清)張瓚校　清道光四年(1824)新城羅昭諫祠堂刻本　二冊

340000－1843－0004515　集4264/7424
重刊校正笠澤叢書四卷補遺一卷續補遺一卷　(唐)陸龜蒙撰　清雍正陸氏刻本　四冊

340000－1843－0004516　集4264/7424.2
笠澤叢書四卷補遺一卷續補遺一卷　(唐)陸龜蒙撰　清大疊山房刻本　二冊

340000－1843－0004517　集4281/1022
小畜集三十卷外集十三卷拾遺一卷　(宋)王禹偁撰　清光緒二十年(1894)增刻武英殿聚珍版書本　二十冊

340000－1843－0004518　集4281/1031.5
王臨川文集一百卷　(宋)王安石撰　清光緒刻本　八冊

340000－1843－0004519　集4281/1080
石守道先生集二卷　(宋)石介撰　清同治五年(1866)福州正誼書院刻正誼堂全書本　二冊

340000－1843－0004520　集45223/1028
惺齋五種續編一種　(清)夏綸撰　(清)徐夢元評　清乾隆十八年(1753)世光堂刻本　十二冊

340000－1843－0004521　集45223/1028
惺齋五種續編一種　(清)夏綸撰　(清)徐夢元評　清乾隆十八年(1753)世光堂刻本　十二冊

340000－1843－0004522　集45223/1148
六如亭傳奇二卷十八出　(清)張九鉞撰　清道光賜錦樓刻本　六冊

340000－1843－0004523　集45223/1292.2
桃花扇四卷首一卷四十出　(清)孔尚任撰　清光緒二十一年(1895)蘭雪堂刻本　五冊

340000－1843－0004524　集45223/1292.3
桃花扇五卷四十出　(清)孔尚任撰　清光緒二十一年(1895)蘭雪堂刻本　四冊

340000－1843－0004525　集45223/1292.3
桃花扇二卷四十出　(清)孔尚任撰　清西園刻本　四冊

340000－1843－0004526　集45223/1292.3
桃花扇二卷四十出　(清)孔尚任撰　清西園刻本　四冊

340000－1843－0004527　集45223/2867
梨花雪(白霓裳)十二折白頭新六折　(清)徐鄂撰　清光緒十二年(1886)大同書局誦荻齋曲石印本　四冊

340000－1843－0004528　集45223/3022
返魂香傳奇四卷四十出　題(清)香雪首人(宣鼎)撰　清光緒三年(1877)申報館刻本　四冊

340000－1843－0004529　集45223/3060
五虎記二卷四十六出　(清)永恩撰　清乾隆四十一年(1776)刻漪園四種本　二冊

340000－1843－0004530　集45223/3438
姽嫿封一卷六出　題(清)篴道人(楊恩壽)撰　清同治長沙楊恩壽坦園刻本　一冊

340000－1843－0004531　集45223/3460
長生殿二卷五十折　(清)洪昇撰　清刻本　六冊

340000－1843－0004532　集45223/3460.3
長生殿傳奇二卷五十折　(清)洪昇撰　清光緒十六年(1890)石印本　四冊

340000－1843－0004533　集45223/3460.3
長生殿傳奇二卷五十折　(清)洪昇撰　清光緒十六年(1890)石印本　四冊

340000－1843－0004534　集45223/4037
繪圖笠翁十種曲　(清)李漁撰　清大成堂刻

本　二十册

340000－1843－0004535　集45223/4037
繪圖笠翁十種曲　（清）李漁撰　清九如堂刻本　十册

340000－1843－0004536　集45223/4037(2)
奈何天(奇福記)二卷三十出　題(清)湖上笠翁(李漁)撰　清刻李笠翁四種曲本　一册

340000－1843－0004537　集45223/4037(3)
繡像慎鸞交傳奇二卷三十二折　題(清)湖上笠翁(李漁)撰　清大成堂刻笠翁十種曲本　二册

340000－1843－0004538　集45223/4338
繪圖百寶箱傳奇二卷三十二出　題(清)梅窗主人撰　清光緒二十年(1894)秀海山房石印本　四册

340000－1843－0004539　集45223/4443
重刊芝龕記樂府六卷首跋一卷末一卷　(清)董榕撰　清光緒十五年(1889)湖南道州官刻本　四册

340000－1843－0004540　集45223/4448
蔣鉛山九種曲九種十三卷　(清)蔣士銓撰　清乾隆三十九年(1774)紅雪樓刻本　十二册

340000－1843－0004541　集45223/4448.3
紅雪樓九種填詞九種十三卷　(清)蔣士銓撰　清乾隆三十九年(1774)紅雪樓刻本　八册

340000－1843－0004542　集45223/4448.4
藏園九種曲十三卷　(清)蔣士銓撰　清漁古堂刻本　十二册

340000－1843－0004543　集45223/4448.5
蔣氏九種曲十三卷　(清)蔣士銓撰　清煥乎堂刻本　十二册

340000－1843－0004544　集45223/4493
桃谿雪二卷二十出　(清)黄燮清撰　清道光二十七年(1847)馴雲閣刻本　一册

340000－1843－0004545　集45223/4493
倚晴樓七種曲(韻珊外集)十二卷　(清)黄燮清撰　清光緒三十三年(1907)海鹽開通新書局刻本　十册

340000－1843－0004546　集45223/5553
新刻繡像换空箱全傳二十一卷　(清)曹春江撰　清咸豐八年(1858)蘭蕙軒刻本　六册

340000－1843－0004547　集45223/6782
繡像落金扇全傳八卷五十出　題(清)吹竽先生編　清同治十二年(1873)刻本　八册

340000－1843－0004548　集45223/7580
紅樓夢傳奇八卷八十出　(清)陳鐘麟撰　清道光十五年(1835)刻本　八册

340000－1843－0004549　集45223/7592
玉獅堂十種曲　(清)陳烺撰　清光緒刻本　五册　存五種(仙線池傳奇、燕子樓傳奇、同亭室傳奇、廻流記傳奇、海雪唫傳奇)

340000－1843－0004550　集45223/7593
玉獅堂後五種傳奇　(清)陳烺填詞　清光緒十一年(1885)刻本　五册

340000－1843－0004551　集45223/7723
補天石傳奇八卷　(清)周樂清撰　清道光十年(1830)静正草堂刻本　四册

340000－1843－0004552　集45223/8033
庶幾堂今樂二十八種　題(清)寄雲山人(余治)撰　清光緒蘇州得見齋刻本　十册

340000－1843－0004553　集45223/8033(2)
庶幾堂今樂二十八種　題(清)寄雲山人(余治)撰　清光緒蘇州得見齋刻本　一册　存四種四卷(酒樓記一卷、緑林鐸一卷、劫海圖一卷、燒香案一卷)

340000－1843－0004554　集45223/8757
暗香樓樂府三種　(清)鄭由熙撰　清光緒十六年(1890)暗香樓刻本　三册

340000－1843－0004555　集45223/8757
霧中人一卷　(清)鄭由熙撰　清光緒十六年(1890)刻暗香樓樂府三種本　一册

340000－1843－0004556　集4213./0832
玉井山館文略五卷文續二卷詩十五卷詩餘一卷　(清)許宗衡撰　清同治四年(1865)刻本

五冊

340000－1843－0004557　集4213./0834
澤雅堂詩六卷二集十六卷　(清)施補華撰　清同治十一年至光緒十六年(1872－1890)兩研齋刻本　六冊

340000－1843－0004558　集4213./0834
澤雅堂文集不分卷　(清)施補華撰　清抄本　四冊

340000－1843－0004559　集4213./0841
文竹閣詩鈔十二卷試帖四卷賦一卷　(清)許標撰　清咸豐八年(1858)刻本　五冊

340000－1843－0004560　集4213./1008
也農詩草十卷　(清)王慶善撰　清光緒二十七年(1901)金陵宜春閣木活字印本　四冊

340000－1843－0004561　集4213./1020
虛受堂文集十五卷書札二卷　王先謙撰　清光緒二十六年(1900)刻本　六冊

340000－1843－0004562　集4213./1020(3)
葵園四種　王先謙撰　清光緒二十七年(1901)刻本　十八冊

340000－1843－0004563　集4213./1023
飣餖唫集唐(飣餖唫)八卷　(清)石贊清撰　清咸豐八年(1858)刻本　六冊

340000－1843－0004564　集4213./1033
養拙齋詩十四卷附一卷　(清)王必達撰　**桂隱詩存一卷**　(清)王必蕃撰　清光緒十八年(1892)王氏刻本　四冊

340000－1843－0004565　集4213./1035
椒生詩草六卷　(清)王之春撰　清光緒十年(1884)上海文藝齋刻本　二冊

340000－1843－0004566　集4213./1035
椒生詩草六卷續椒生詩草六卷　(清)王之春撰　清光緒二十年(1894)刻本　四冊

340000－1843－0004567　集4213./1038
味諫果齋集六卷　(清)王汝金撰　清光緒八年(1882)錢江刻本　六冊

340000－1843－0004568　集4213./1042
哀生閣初稿四卷續稿三卷　(清)王大經撰　清光緒十一年(1885)姑蘇鈊芳齋刻本　六冊

340000－1843－0004569　集4213./1042－2
弢園文録外編十二卷　(清)王韜撰　清光緒二十三年(1897)弢園滬上刻本　六冊

340000－1843－0004570　集4213./1043
百柱堂全集五十三卷信甫詩一卷文一卷　(清)王柏心撰　清光緒二十四年(1898)貴陽唐氏刻本　十六冊

340000－1843－0004571　集4213./1044
呹庵詩存不分卷　夏敬觀撰　抄本　五冊

340000－1843－0004572　集4213./1057
龍壁山房文集五卷　(清)王拯撰　清光緒九年(1883)善化向氏刻本　四冊

340000－1843－0004573　集4213./1066
蓮西詩集四卷　(清)王□□撰　清光緒二十一年(1895)王氏石印本　四冊

340000－1843－0004574　集4213./1080
王壯武公遺集二十四卷年譜二卷　(清)王鑫撰　清光緒十七年(1891)湘鄉王氏刻本　十二冊

340000－1843－0004575　集4213./1084
蠙廬詩鈔十卷　(清)王蔭槐撰　清光緒七年(1881)刻本　二冊

340000－1843－0004576　集4213./1092
景紫堂文集十四卷　(清)夏炘撰　清咸豐五年(1855)刻本　四冊

340000－1843－0004577　集4213./1104
磐那室詩存一卷　(清)張亨嘉撰　清宣統三年(1911)平江蘇氏刻本　一冊

340000－1843－0004578　集4213./1099
毋自欺室文集十卷　(清)王炳燮撰　清刻本　四冊

340000－1843－0004579　集4213./1114
延秋吟館詩續鈔四卷　(清)張聯桂撰　清光緒十八年(1892)粵西節署刻本　一冊

340000－1843－0004580　集4213./1114

延秋吟館詩續鈔四卷　(清)張聯桂撰　清光緒十八年(1892)粵西節署刻本　一册

340000－1843－0004581　集4213./1126

月齋文集八卷詩集四卷　(清)張穆撰　(清)吳履敬　(清)吳式訓編次　清咸豐八年(1858)刻本　四册

340000－1843－0004582　集4213./1138

濂亭文集八卷　(清)張裕釗撰　清光緒八年(1882)蘇州查氏木漸齋刻本　二册

340000－1843－0004583　集4213./1141

舟如屋彙稿十九卷首一卷末一卷　(清)張夢玉撰　清同治九年(1870)孏園刻本　六册

340000－1843－0004584　集4213./1154

訪廬文存四卷外集一卷餘集一卷　(清)張壽榮撰　清光緒九年(1883)刻本　四册

340000－1843－0004585　集4213./1161

寒松閣詩四卷詞録三卷駢文一卷　(清)張鳴珂撰　清光緒十九年(1893)刻本　二册

340000－1843－0004586　集4213./1188

廣陵遊草一卷　(清)張節撰　清刻本　一册

340000－1843－0004587　集4213./1184

躬厚堂文存八卷詩初録四卷詞三卷梅花館詩一卷　(清)張金墉撰　清光緒四年(1878)刻本　四册

340000－1843－0004588　集4213./1194

北戍草不分卷津案始末一卷　(清)張光藻撰　清光緒二十三年(1897)廣德張光裕堂刻本　二册

340000－1843－0004589　集4213./1200

遜學齋詩鈔十卷文鈔十卷　(清)孫衣言撰　清同治十三年(1874)刻本　六册　存十卷(文鈔十卷)

340000－1843－0004590　集4213./1200

遜學齋詩鈔十卷文鈔十卷　(清)孫衣言撰　清同治三年(1864)刻本[文鈔爲清同治十三年(1874)刻本]　六册

340000－1843－0004591　集4213./1200

遜學齋文鈔十二卷續五卷詩十卷續五卷　(清)孫衣言撰　清同治十二年(1873)刻本　十二册

340000－1843－0004592　集4213./1218

孫先生遺書流離雜記二卷宦遊偶錄二卷雜文僅存一卷年譜二卷　(清)孫雲錦撰　清宣統二年(1910)張謇刻本　三册　存五卷(孫先生遺書流離雜記二卷、宦遊偶錄二卷、雜文僅存一卷)

340000－1843－0004593　集4213./1240

鄭齋漢學文編六卷　(清)孫雄撰　清光緒二十四年(1898)刻師鄭叢書本　二册

340000－1843－0004594　集4213./1240

鄭齋漢學文編六卷　(清)孫雄撰　清光緒二十四年(1898)刻師鄭叢書本　二册

340000－1843－0004595　集4213./1742

扁善齋文存二卷詩存一卷　(清)鄧嘉緝撰　清光緒二十七年(1901)刻本　三册

340000－1843－0004596　集4213./1751

心白日齋集六卷　(清)尹耕雲撰　清光緒二十一年(1895)刻本　四册

340000－1843－0004597　集4213./1764

南邨草堂詩鈔二十二卷　(清)鄧顯鶴撰　清道光九年(1829)刻本　六册

340000－1843－0004598　集4213./2046

丹魁堂詩集七卷　(清)季芝昌撰　清同治四年(1865)刻本　六册

340000－1843－0004599　集4213./2118

居易初集三卷　(清)經元善撰　清光緒二十八年(1902)上海同文社鉛印本　三册

340000－1843－0004600　集4213./2124

東洲草堂詩鈔三十卷詩餘一卷　(清)何紹基撰　清同治六年(1867)長沙無園刻本　十二册

340000－1843－0004601　集4213./2124

東洲草堂詩鈔三十卷詩餘一卷　(清)何紹基

撰　清同治六年(1867)長沙無園刻本　六冊　缺三卷(二十九至三十、詩餘一卷)

340000－1843－0004602　集4213./2124
東洲草堂文鈔二十卷詩鈔三十卷詩餘一卷　(清)何紹基撰　**眠琴閣遺文一卷詩二卷**　(清)何慶涵撰　**浣月樓遺詩三卷**　(清)李楣撰　清同治六年至光緒九年(1867－1883)刻本　十四冊

340000－1843－0004603　集4213./2133
老學後盦自訂詩二集六卷詞二卷泥雪錄一卷憶語一卷　(清)何兆瀛撰　清光緒十三年(1887)武林刻本[泥雪錄一卷憶語一卷爲清光緒十四年(1888)刻本]　五冊

340000－1843－0004604　集4213./2143
悔餘菴文九卷樂府四卷餘辛集三卷　(清)何栻撰　清同治四年(1865)刻本　六冊

340000－1843－0004605　集4213./2143
悔餘菴詩集十二卷文七卷詞四卷尺牘三卷衲蘇集三卷　(清)何栻撰　清同治蕪湖刻本　十四冊

340000－1843－0004606　集4213./2143
悔餘樂府(江風集)五卷　(清)何栻撰　(清)袁翼評　清咸豐七年(1857)刻本　二冊

340000－1843－0004607　集4213./2221
倭文端公遺書十卷首二卷　(清)倭仁撰　清光緒三年(1877)粵東翰天樓刻本　六冊

340000－1843－0004608　集4213./2221.2
倭文端公遺書八卷首一卷續刊三卷　(清)倭仁撰　清光緒元年(1875)六安求我齋刻本　四冊

340000－1843－0004609　集4213./2221.2
倭文端公遺書八卷首一卷續刊三卷　(清)倭仁撰　清光緒元年(1875)六安求我齋刻本　四冊

340000－1843－0004610　集4213./2347
梧生詩鈔十卷文鈔十卷　(清)傅桐撰　清光緒七年(1881)刻本　八冊

340000－1843－0004611　集4213./2510
佩弦齋文存二卷雜存二卷　(清)朱一新撰　清光緒二十三年(1897)葆真堂刻本　二冊　缺一卷(雜存上)

340000－1843－0004612　集4213./2514
小萬卷齋詩藁三十二卷詩續藁十二卷末一卷文藁二十四卷首一卷經進藁四卷　(清)朱琦撰　清光緒十一年(1885)嘉樹山房刻本　二十四冊

340000－1843－0004613　集4213./2514(2)
小萬卷齋經進藁四卷　(清)朱琦撰　清光緒十一年(1885)嘉樹山房刻本　一冊

340000－1843－0004614　集4213./2524
古月軒詩存五卷西江泛宅集三卷試帖偶存一卷文存二卷　(清)朱伸林撰　**浣霞軒詩稿一卷寓草二卷試帖一卷**　(清)朱驤成撰　**過庭集一卷車笠同盟集一卷**　(清)朱駜成撰　清光緒十年(1884)琴川書屋刻本　六冊

340000－1843－0004615　集4213./2531
朱九江先生集十卷　(清)朱次琦撰　清光緒二十三年(1897)刻本　四冊

340000－1843－0004616　集4213./2624
益神智室詩二卷　(清)程秉格撰　清光緒十九年(1893)刻本　一冊

340000－1843－0004617　集4213./2631
精刊魏默深文集十卷　(清)魏源撰　(清)黃象離校　清宣統元年(1909)國學扶輪社鉛印本　七冊

340000－1843－0004618　集4213./2631(2)
精刊魏默深文集十卷　(清)魏源撰　(清)黃象離校　清宣統元年(1909)國學扶輪社鉛印本　六冊

340000－1843－0004619　集4213./2631(2)
精刊魏默深文集十卷　(清)魏源撰　(清)黃象離校　清宣統元年(1909)國學扶輪社鉛印本　四冊　存八卷(古微堂内集一至二、外集二至七)

340000－1843－0004620　集4213./2632
曠廬詩集二十卷　(清)白永修撰　清光緒二十九年(1903)刻本　四册

340000－1843－0004621　集4213./2637
古微堂内集三卷外集七卷　(清)魏源撰　清光緒淮南書局刻本　四册

340000－1843－0004622　集4213./2641
初桄齋集二卷　(清)程梯功撰　清同治三年(1864)刻本　二册

340000－1843－0004623　集4213./2642
曼殊沙館初集五卷　(清)程士經撰　清光緒二十三年(1897)武昌刻本　一册

340000－1843－0004624　集4213./2663
嘯雲軒詩集六卷　(清)程畹撰　清同治十一年(1872)刻本　二册

340000－1843－0004625　集4213./2691
潔華館詩集一卷　(清)程榮功撰　清光緒二十一年(1895)吳祖樾銘槐軒刻本　一册

340000－1843－0004626　集4213./2706
拙尊園叢稿六卷　(清)黎庶昌撰　清光緒二十一年(1895)金陵狀元閣刻本　四册

340000－1843－0004627　集4213./2706
拙尊園叢稿六卷　(清)黎庶昌撰　清光緒二十一年(1895)金陵狀元閣刻本　四册

340000－1843－0004628　集4213./2717
通甫類稿四卷續編二卷詩存四卷詩存之餘二卷　(清)魯一同撰　清咸豐九年(1859)刻本　六册

340000－1843－0004629　集4213./2717
通甫類稿四卷續編二卷詩存四卷詩存之餘二卷補過軒四書文不分卷　(清)魯一同撰　**仲實類稿一卷仲實詩存二卷**　(清)魯蕡撰　清咸豐九年(1859)刻本　十一册

340000－1843－0004630　集4213./2717
桐華舸詩鈔八卷續八卷明季詠史詩鈔一卷褒忠詩鈔一卷　(清)鮑瑞駿撰　清同治五年至光緒二年(1866－1876)刻本　十册

340000－1843－0004631　集4213./2728
輟耕唫稿五卷　(清)倪偉人撰　清光緒十六年(1890)章安刻本　二册

340000－1843－0004632　集4213./2733
補竹軒文集六卷詩集三卷　(清)鮑源深撰　清光緒十四年(1888)刻本　四册

340000－1843－0004633　集4213./2737
知足齋課徒草不分卷　(清)鄔家驪撰　清光緒六年(1880)東園刻本　二册

340000－1843－0004634　集4213./2737
知足齋課徒草不分卷　(清)鄔家驪撰　清光緒六年(1880)東園刻本　二册

340000－1843－0004635　集4213./2737
知足齋課徒草不分卷　(清)鄔家驪撰　清光緒六年(1880)東園刻本　二册

340000－1843－0004636　集4213./2737
知足齋課徒草不分卷　(清)鄔家驪撰　清光緒六年(1880)東園刻本　二册

340000－1843－0004637　集4213./2737
知足齋課徒草不分卷　(清)鄔家驪撰　清光緒六年(1880)東園刻本　二册

340000－1843－0004638　集4213./2740
繆武烈公遺集六卷　(清)繆梓撰　清光緒七年(1881)刻本　四册

340000－1843－0004639　集4213./2740
繆武烈公遺集六卷　(清)繆梓撰　清光緒七年(1881)刻本　四册

340000－1843－0004640　集4213./2741
藝風堂文集八卷　繆荃孫撰　清光緒二十六年(1900)刻本　四册

340000－1843－0004641　集4213./2741
藝風堂文集八卷　繆荃孫撰　清光緒二十六年(1900)刻本　四册

340000－1843－0004642　集4213./2746
鮑太史詩八卷　(清)鮑存曉撰　清光緒十二年(1886)刻本　四册

340000－1843－0004643　集 4213./2747
半巖廬遺集二卷　(清)邵懿辰撰　清光緒三十四年(1908)刻本　二冊

340000－1843－0004644　集 4213./2747
半巖廬遺集二卷　(清)邵懿辰撰　清光緒三十四年(1908)刻本　二冊

340000－1843－0004645　集 4213./2807
不自謙齋漫存六卷　(清)徐賡陛撰　清光緒八年(1882)刻本　六冊

340000－1843－0004646　集 4213./2814
敦艮吉齋詩存二卷文鈔四卷劫餘小錄一卷　(清)徐子苓撰　清光緒十二年(1886)集虛草堂刻本　六冊

340000－1843－0004647　集 4213./2814
粵軺集四卷　徐琪撰　清光緒二十年(1894)刻本　四冊

340000－1843－0004648　集 4213./2864
煙嶼樓詩集十八卷末二卷文集四十卷　(清)徐時棟撰　清同治六年(1867)虎胛山房刻本　十二冊

340000－1843－0004649　集 4213./2899
懷古田舍時節鈔六卷　(清)徐榮撰　清同治三年(1864)錦城刻本　六冊

340000－1843－0004650　集 4213./3012
偶齋詩草内集八卷内次集十卷外集八卷外次集十卷　(清)寶廷撰　清光緒十九年(1893)刻本　十冊

340000－1843－0004651　集 4213./3033
頤情舘聞過集十二卷　(清)宗源瀚撰　清光緒三年(1877)刻本　六冊

340000－1843－0004652　集 4213./3037
躬恥齋文鈔二十卷後編六卷詩鈔十四卷後編七卷　(清)宗稷辰撰　清咸豐元年(1851)越峴山館刻本[詩鈔十四卷後編七卷爲清咸豐九年(1859)刻本]　二十二冊

340000－1843－0004653　集 4213./3107
悔過齋文集七卷劄記一卷續集七卷補遺一卷　(清)顧廣譽撰　清光緒三年(1877)刻本　四冊

340000－1843－0004654　集 4213./3107(2)
學詩詳説三十卷正詁五卷附補刊校勘補記　(清)顧廣譽撰　清光緒三年(1877)刻本　十冊

340000－1843－0004655　集 4213./3122
怡顔書屋遺稿不分卷　(清)顧嵩撰　清光緒刻國魂叢編本　一冊

340000－1843－0004656　集 4213./3133
餘園詩稿(餘園樂府)三卷　(清)汪述祖撰　清光緒刻本　二冊

340000－1843－0004657　集 4213./313.6
伏敔堂詩録十五卷續四卷首一卷　(清)江湜撰　清同治元年(1862)福建刻本　四冊

340000－1843－0004658　集 4213./313.6
伏敔堂詩録十五卷續四卷首一卷　(清)江湜撰　清同治元年(1862)福建刻本　四冊

340000－1843－0004659　集 4213./3144
孟晉齋文集五卷周烈士傳一卷年譜一卷　(清)顧壽楨撰　清同治五年(1866)見素抱樸齋刻本　二冊

340000－1843－0004660　集 4213./3144
顯志堂集十二卷　(清)馮桂芬撰　清光緒二年(1876)校邠廬刻本　四冊

340000－1843－0004661　集 4213./3148(2)
悔翁詩餘五卷　(清)汪士鐸撰　清光緒九年(1883)合肥張氏味古齋刻本　一冊

340000－1843－0004662　集 4213./3148
汪梅村先生文集十二卷外集一卷　(清)汪士鐸撰　清光緒七年(1881)刻本　八冊

340000－1843－0004663　集 4213./3148
汪梅村先生集十二卷　(清)汪士鐸撰　清光緒七年(1881)刻本　四冊

340000－1843－0004664　集 4213./3153
江忠烈公遺集二卷首一卷附録一卷　(清)江忠源撰　清同治十二年(1873)刻本　三冊

340000－1843－0004665　集4213./3153(2)
江忠烈公遺集首一卷文録一卷補遺一卷詩録一卷補遺一卷附録一卷　(清)江忠源撰　清光緒十二年(1886)吴縣行素草堂刻槐廬叢書本　六册

340000－1843－0004666　集4213./3188
知白齋詩鈔四卷雙穚小築詞存四卷遺集一卷　(清)江人鏡撰　清光緒十九年(1893)鏟障山房、揚州運署題襟館刻本　四册

340000－1843－0004667　集4213./3204
黄州宦遊草不分卷　(清)濮文彬撰　清光緒十二年(1886)刻本　一册

340000－1843－0004668　集4213./3334(5)
飲冰室壬寅文集十八卷　梁啟超撰　清光緒三十一年(1905)維新學社石印本　十五册

340000－1843－0004669　集4213./3428
補遺書齋遺稿十卷　(清)沈維鐈撰　清光緒元年(1875)羊城富文齋刻本　四册

340000－1843－0004670　集4213./3430
樂志簃詩詞録詩六卷詞一卷附曲五套　(清)沈祥龍撰　清光緒二十六年(1900)刻本　四册

340000－1843－0004671　集4213./3436
龍岡山人集詩鈔十八卷又二卷駢文鈔三卷　(清)洪良品撰　清光緒四年(1878)刻本　七册

340000－1843－0004672　集4213./3436
龍岡山人文鈔十卷　(清)洪良品撰　清光緒十七年(1891)刻本　一册

340000－1843－0004673　集4213./3474
萬物炊累室類稿三編三種十七卷　沈同芳撰　清宣統三年(1911)上海圖書公司鉛印本　五册

340000－1843－0004674　集4213./3480
退思軒稿一卷　(清)淩錦章撰　清光緒二十四年(1898)刻本　一册

340000－1843－0004675　集4213./3663
琴隱園詩集三十六卷詞集四卷　(清)湯貽汾撰　清光緒元年(1875)刻本　八册

340000－1843－0004676　集4213./3677
湯海秋詩集二十六卷　(清)湯鵬撰　清刻本　五册　存十五卷(一至十五)

340000－1843－0004677　集4213./4010
天岳山館文鈔四十卷　(清)李元度撰　清光緒六年(1880)爽谿精舍刻本　十六册

340000－1843－0004678　集4213./4011
好雲樓初集二十八卷首一卷　(清)李聯琇撰　清咸豐十一年(1861)通州李彬彬堂刻本　八册

340000－1843－0004679　集4213./4017
邃懷堂文集四卷詩前編六卷後編六卷小清容山舘詞鈔二卷駢文箋註十六卷　(清)袁翼撰　清光緒十四年(1888)刻本　十二册

340000－1843－0004680　集4213./4017
邃懷堂文集四卷詩前編六卷後編六卷哀忠集三卷駢文十六卷蛾術山房詩鈔四卷淞逸詩存一卷　(清)袁翼撰　清光緒十三年至十四年(1887－1888)彙刻本　二十二册

340000－1843－0004681　集4213./4030
蘇鄰遺詩續集不分卷　(清)李鴻裔撰　清光緒十七年(1891)李氏石印本　一册

340000－1843－0004682　集4213./4032.2
寄鴻堂古文辭(寄鴻堂文集)四卷　(清)李宗傳撰　清同治四年(1865)沛上刻本　二册

340000－1843－0004683　集4213./4036
袁忠節公遺詩三卷　(清)袁昶撰　清宣統元年(1909)上海時中書局鉛印本　一册

340000－1843－0004684　集4213./4036
安般簃詩續鈔十卷　(清)袁昶撰　清光緒十六年(1890)刻本　三册

340000－1843－0004685　集4213./4036
安般簃詩續鈔十卷　(清)袁昶撰　清光緒十六年(1890)刻本　三册

340000－1843－0004686　集4213./4036(2)

安般簃詩續鈔十卷 (清)袁昶撰 清光緒十六年(1890)刻本 五册

340000－1843－0004687 集4213./4036(2)
安般簃詩續鈔十卷 (清)袁昶撰 清光緒十六年(1890)刻本 五册

340000－1843－0004688 集4213./4036
安般簃詩續集十卷于湖小集三卷 (清)袁昶撰 清光緒十六年(1890)刻本[于湖小集三卷爲清光緒十八年(1892)刻本] 三册 存六卷(安般簃詩續集辛至壬、于湖小集三卷)

340000－1843－0004689 集4213./4036(5)
于湖小集六卷 (清)袁昶撰 清光緒二十年(1894)刻本 三册

340000－1843－0004690 集4213./4036(5)
于湖小集六卷 (清)袁昶撰 清光緒二十年(1894)刻本 三册

340000－1843－0004691 集4213./4036(5)
于湖小集六卷 (清)袁昶撰 清光緒二十年(1894)刻本 二册 存三卷(一至三)

340000－1843－0004692 集4213./4036
漸西村人初集十三卷 (清)袁昶撰 清光緒二十年(1894)刻本 三册

340000－1843－0004693 集4213./4036
漸西村人初集十三卷 (清)袁昶撰 清光緒二十年(1894)刻本 三册

340000－1843－0004694 集4213./4039
盾鼻餘瀋一卷 (清)左宗棠撰 清光緒八年(1882)刻本 一册

340000－1843－0004695 集4213./4039
盾鼻餘瀋一卷 (清)左宗棠撰 清光緒八年(1882)刻本 一册

340000－1843－0004696 集4213./4039(2)
左文襄公書牘二十六卷家書二卷 (清)左宗棠撰 清宣統元年(1909)上海廣智書局刻本 二十八册

340000－1843－0004697 集4213./4040
環遊海國圖詩一卷 (清)李圭撰 清末鉛印本 一册

340000－1843－0004698 集4213./4040
小芋香舘遺集十二卷 (清)李杭撰 清咸豐元年(1851)刻本 四册

340000－1843－0004699 集4213./4041
石船居古今體詩賸稿(石船居賸稿)十二卷 (清)李超瓊撰 清光緒二十二年(1896)刻本 四册

340000－1843－0004700 集4213./4041
石船居古今體詩賸稿(石船居賸稿)十二卷 (清)李超瓊撰 清末刻本 六册

340000－1843－0004701 集4213./4043
十三峰書屋全集九卷 (清)李榕撰 清光緒二十五年(1899)石印本 四册

340000－1843－0004702 集4213./4045
小潛樓詩四卷文四卷 (清)袁梓貴撰 清光緒十一年(1885)怡園刻本 四册

340000－1843－0004703 集4213./4062
眉洲室帖體詩二卷 (清)李恩綬撰 清光緒十三年(1887)刻本 二册

340000－1843－0004704 集4213./4082
含薰室文四卷詩二卷 (清)吉鍾穎撰 清同治刻本 四册

340000－1843－0004705 集4213./4084
冷吟仙舘詩稿八卷詩餘一卷文存一卷附録一卷 (清)左錫嘉撰 清光緒十七年(1891)刻本 七册

340000－1843－0004706 集4213./4233
硯食齋詩四卷 (清)彭定瀾撰 清末刻本 四册

340000－1843－0004707 集4213./4234
絃詩塾詩六卷 (清)姚清華撰 清光緒六年(1880)金山程氏讀書齋刻本 二册

340000－1843－0004708 集4213./4234
慎宜軒文五卷 姚永概撰 清光緒三十四年(1908)鉛印本 一册

340000－1843－0004709　集4213./4240
松風閣詩鈔二十五卷　(清)彭藴章撰　清同治刻本　八冊

340000－1843－0004710　集4213./4270
仙心閣詩鈔二卷　(清)彭慰高撰　清光緒二年(1876)抄本　二冊

340000－1843－0004711　集4213./4299
復莊詩問三十四卷　(清)姚燮撰　清道光二十六年至二十八年(1846－1848)姚氏刻大梅山館集本　八冊

340000－1843－0004712　集4213./4307
譪慶堂遺集四卷　(清)戴望撰　清光緒元年(1875)刻本　一冊

340000－1843－0004713　集4213./4342
采百集二卷　(清)戴藝郛撰　清光緒十三年(1887)鉛印本　二冊

340000－1843－0004714　集4213./4377
習苦齋詩集八卷集外詩一卷雜著一卷　(清)戴熙撰　清同治五年(1866)刻本　四冊

340000－1843－0004715　集4213./4399
東溟文集六卷外集二卷　(清)姚瑩撰　清道光十三年(1833)刻本　二冊

340000－1843－0004716　集4213./4402
嘯古堂詩集八卷芬陀利室詞集五卷詩遺一卷詞遺一卷詞話三卷事實雜録一卷　(清)蔣敦復撰　清光緒十一年(1885)刻本　四冊

340000－1843－0004717　集4213./4402
嘯古堂詩集八卷　(清)蔣敦復撰　(清)王韜編　清宣統三年(1911)廣益書局石印本　二冊

340000－1843－0004718　集4213./4416
四百三十二峯草堂詩抄不分卷　(清)黄璟撰　清光緒刻本　四冊

340000－1843－0004719　集4213./4425
青溪詩選二卷　(清)蔣師轍撰　清光緒十六年(1890)刻本　一冊

340000－1843－0004720　集4213./4430
六一山房詩集十卷　(清)董沛撰　清同治十三年(1874)刻本　四冊

340000－1843－0004721　集4213./4430
正誼堂文集二十二卷　(清)董沛撰　清光緒二十七年(1901)刻本　六冊

340000－1843－0004722　集4213./4432
歸盦文集稿八卷　(清)葉裕仁撰　清光緒八年(1882)刻本　四冊

340000－1843－0004723　集4213./4435
庸盦海外文編四卷　(清)薛福成撰　清光緒二十一年(1895)刻本　四冊

340000－1843－0004724　集4213./4435(2)
庸庵文續編二卷外編四卷　(清)薛福成撰　清光緒十九年(1893)刻本　五冊

340000－1843－0004725　集4213./4435(2)
庸盦海外文編四卷　(清)薛福成撰　清光緒二十一年(1895)刻本　四冊

340000－1843－0004726　集4213./4435(3)
庸庵文編四卷續編二卷外編四卷出使英法義比四國日記六卷浙東籌防録四卷　(清)薛福成撰　清光緒十四年(1888)刻本　十五冊

340000－1843－0004727　集4213./4436
西徵集四卷　(清)黄家鼎撰　清光緒六年(1880)刻本　四冊

340000－1843－0004728　集4213./4444
郘亭詩鈔六卷　(清)莫友芝撰　清咸豐二年(1852)刻同治五年(1866)補刻本　二冊

340000－1843－0004729　集4213./4444
郘亭詩鈔六卷　(清)莫友芝撰　清咸豐二年(1852)刻同治五年(1866)補刻本　二冊

340000－1843－0004730　集4213./4447
江上小蓬萊吟舫詩存十八卷　(清)葉坤厚撰　清光緒九年(1883)刻本　二十冊

340000－1843－0004731　集4213./4447
江上小蓬萊吟舫詩存十八卷　(清)葉坤厚撰　清光緒九年(1883)刻本　二十冊

340000－1843－0004732　集 4213./4452
晚香亭詩鈔不分卷　（清）蔡邦甸撰　清光緒十八年（1892）天津石印本　四册

340000－1843－0004733　集 4213./4452
晚香亭詩鈔不分卷　（清）蔡邦甸撰　清光緒十八年（1892）天津石印本　四册

340000－1843－0004734　集 4213./4453
夢緑草堂詩鈔十二卷風簫集二卷詩餘四十八闋末評語跋一卷續集四卷　（清）蔡壽祺撰　清咸豐七年（1857）刻本［續集四卷爲清同治五年（1866）刻本］　八册

340000－1843－0004735　集 4213./4456
黄鵠山人詩鈔十四卷　（清）林壽圖撰　清光緒八年（1882）刻本　五册

340000－1843－0004736　集 4213./4461
藤香舘詩删存四卷詞删存二卷　（清）薛時雨撰　清光緒五年（1879）刻本　五册

340000－1843－0004737　集 4213./4461
藤香舘詩鈔四卷　（清）薛時雨撰　清同治七年（1868）浙省寶墨齋趙楚寶刻本　四册

340000－1843－0004738　集 4213./4462
雲左山房詩鈔八卷試帖一卷　（清）林則徐撰　清光緒十二年（1886）福州家刻本　二册

340000－1843－0004739　集 4213./4483
日本紀遊詩二卷　（清）莊介禕撰　清光緒十年（1884）刻本　二册

340000－1843－0004740　集 4213./4494
范伯子詩十八卷　（清）范當世撰　清光緒鉛印本　三册

340000－1843－0004741　集 4213./4494（2）
范伯子詩集十九卷　（清）范當世撰　清光緒三十四年（1908）刻本　四册

340000－1843－0004742　集 4213./4494（2）
范伯子詩集十九卷　（清）范當世撰　清光緒三十四年（1908）刻本　四册

340000－1843－0004743　集 4213./4610
清麓文集二十三卷日記五卷行狀一卷　（清）賀瑞麟撰　清光緒二十五年（1899）劉氏傳經堂刻本　二十四册

340000－1843－0004744　集 4213./4621
移芝室古文二卷詩集三卷　（清）楊彝珍撰　清光緒二十二年（1896）刻本　四册

340000－1843－0004745　集 4213./4623
汲庵詩存八卷　（清）楊象濟撰　清光緒八年（1882）西泠刻本　四册

340000－1843－0004746　集 4213./4633
冠悔堂駢體文鈔六卷賦鈔四卷　（清）楊浚撰　清光緒十八年至二十二年（1892－1896）刻本　十册

340000－1843－0004747　集 4213./4649
蘇龕文録二卷駢文録五卷詩八卷詞一卷　（清）楊葆光撰　清光緒九年（1883）杭州刻本　五册

340000－1843－0004748　集 4213./4649
蘇龕文録二卷駢文録五卷詩八卷詞一卷　（清）楊葆光撰　清光緒九年（1883）杭州刻本　五册

340000－1843－0004749　集 4213./4672
自攜前集不分卷　（清）楊陳復撰　清光緒十一年（1885）屯溪茹古堂刻本　一册

340000－1843－0004750　集 4213./4724
緑蔭軒遺集六卷　（清）胡佩芳撰　清光緒二十三年（1897）金陵刻本　四册

340000－1843－0004751　集 4213./4741
胡文忠公遺集八十六卷首一卷目録一卷　（清）胡林翼撰　清光緒元年（1875）湖北崇文書局刻本　十六册　存五十卷（一至五十）

340000－1843－0004752　集 4213./4741
胡文忠公遺集八十六卷首一卷目録一卷　（清）胡林翼撰　清光緒元年（1875）湖北崇文書局刻本　三十二册

340000－1843－0004753　集 4213./4741
胡文忠公遺集八十六卷首一卷目録一卷　（清）胡林翼撰　清光緒元年（1875）湖北崇文

書局刻本　三十二册

340000－1843－0004754　集4213./4741
胡文忠公遺集八十六卷首一卷目錄一卷　(清)胡林翼撰　清光緒元年(1875)湖北崇文書局刻本　三十二册

340000－1843－0004755　集4213./4741
胡文忠公遺集八十六卷首一卷目錄一卷　(清)胡林翼撰　清光緒元年(1875)湖北崇文書局刻本　三十二册

340000－1843－0004756　集4213./4741(2)
胡文忠公遺集八十六卷首一卷目錄一卷　(清)胡林翼撰　清光緒二十七年(1901)上海圖書集成印書局石印本　八册

340000－1843－0004757　集4213./4741(3)
胡文忠公遺集十卷首一卷　(清)胡林翼撰　清同治七年(1868)刻本　八册

340000－1843－0004758　集4213./4777
退補齋文存十二卷二編五卷　(清)胡鳳丹撰　清同治十二年(1873)鄂州寓廬退補齋刻本　七册

340000－1843－0004759　集4213./4777
退補齋詩存十六卷首一卷詩存二編十七卷文存十二卷首一卷文存二編五卷　(清)胡鳳丹撰　清同治十二年(1873)鄂州寓廬退補齋刻本　十四册

340000－1843－0004760　集4213./4782
靈芝仙館詩鈔十二卷詞二卷　(清)胡念修撰　清光緒二十七年(1901)刻本　四册

340000－1843－0004761　集4213./4880
柏梘山房文集十六卷文續集一卷詩集十卷詩續集二卷駢體文二卷　(清)梅曾亮撰　清咸豐六年(1856)刻同治三年(1864)補刻本　八册

340000－1843－0004762　集4213./4880
柏梘山房文集十六卷文續集一卷詩集十卷詩續集二卷駢體文二卷　(清)梅曾亮撰　清咸豐六年(1856)刻同治三年(1864)補刻本　八册

340000－1843－0004763　集4213./4880(2)
柏梘山房文集十六卷續一卷駢體文二卷詩集十卷詩續集二卷　(清)梅曾亮撰　清光緒二十七年(1901)朱慶元刻本　十二册

340000－1843－0004764　集4213./4902
還硯齋賦稿十卷　(清)趙新撰　清光緒八年(1882)黄樓刻本　十册

340000－1843－0004765　集4213./4974
青草堂集十二卷　(清)趙國華撰　清同治元年(1862)濟南刻本　四册

340000－1843－0004766　集4213./5023
虹橋老屋遺稿十二卷　(清)秦緗業撰　清光緒十五年(1889)無錫秦氏刻本　四册

340000－1843－0004767　集4213./5083
俞俞齋文稿四卷詩稿二卷　(清)史念祖撰　清光緒十六年(1890)黔南藩署刻本　六册

340000－1843－0004768　集4213./5360
鬱華閣遺集四卷　(清)盛昱撰　清光緒二十八年(1902)武昌刻本　一册

340000－1843－0004769　集4213./5573
復盦類稿四卷　曹允源撰　清光緒二十八年(1902)刻本　一册

340000－1843－0004770　集4213./6010
攜雪堂全集四卷　(清)吳可讀撰　(清)楊慶生註　清光緒二十六年(1900)刻本　四册

340000－1843－0004771　集4213./6014
拙脩集十卷　(清)吳廷楝撰　清同治十年(1871)六安求我齋刻本　四册

340000－1843－0004772　集4213./6021
仿建除體分句詩四卷　(清)易順豫撰　清光緒十二年(1886)刻本　四册

340000－1843－0004773　集4213./6022
函樓詩九卷詞鈔二卷　(清)易佩仲撰　清光緒八年(1882)刻本　一册　存二卷(詩九、詞鈔二)

340000－1843－0004774　集4213./6023
北山樓集二卷文補一卷文集一卷詩續一卷　吳保初撰　清光緒二十五年(1899)鉛印本　二册

340000－1843－0004775　集4213./6027
小匏庵詩存六卷末一卷詩話十卷　(清)吳仰賢撰　清光緒四年(1878)嘉興吳氏刻本　六册

340000－1843－0004776　集4213./6032
桐城吳先生全書十七種　(清)吳汝綸撰　清光緒二十九年至三十年(1903－1904)桐城吳氏刻本　二十册

340000－1843－0004777　集4213./6032
桐城吳先生文集四卷　(清)吳汝綸撰　清光緒二十九年至三十年(1903－1904)桐城吳氏刻桐城吳先生全書本　五册

340000－1843－0004778　集4213./6032
吳摯甫尺牘五卷補遺一卷諭兒書一卷　(清)吳汝綸撰　清宣統二年(1910)國學扶輪社石印本　十二册

340000－1843－0004779　集4213./6034
羅山遺集八卷年譜二卷　(清)羅澤南撰　清同治二年(1863)長沙刻本　一册

340000－1843－0004780　集4213./6041
小酉腴山館文集十二卷詩八卷自訂年譜二卷　(清)吳大廷撰　清光緒五年(1879)刻本　四册

340000－1843－0004781　集4213./6041(3)
小酉腴山館文鈔七卷集外文三卷詩鈔二卷詩鈔續編二卷詩鈔三編二卷　(清)吳大廷撰　清同治三年(1864)杭州德清俞樾署刻本　六册

340000－1843－0004782　集4213./6043
儀宋堂詩十卷文十卷文外集二卷詞二卷　(清)吳嘉詮撰　清咸豐元年(1851)刻本　六册

340000－1843－0004783　集4213./6054
花宜館詩鈔十六卷無腔村笛二卷文略一卷　(清)吳振棫撰　清光緒二十六年(1900)刻本　七册

340000－1843－0004784　集4213./6066
漱六山房全集十一卷　(清)吳昆田撰　清光緒十一年(1885)刻本　六册

340000－1843－0004785　集4213./6084
柈湖文集十二卷　(清)吳敏樹撰　清光緒十九年(1893)思賢講舍刻本　二册

340000－1843－0004786　集4213./6084
柈湖文集十二卷　(清)吳敏樹撰　清光緒十九年(1893)思賢講舍刻本　四册

340000－1843－0004787　集4213./6084
柈湖文集十二卷　(清)吳敏樹撰　清光緒十九年(1893)思賢講舍刻本　四册

340000－1843－0004788　集4213./6084
柈湖文集十二卷　(清)吳敏樹撰　清光緒十九年(1893)思賢講舍刻本　四册

340000－1843－0004789　集4213./6084(2)
柈湖詩録六卷首一卷　(清)吳敏樹撰　清同治八年(1869)刻本　三册

340000－1843－0004790　集4213./6090
望三益齋詩文鈔九卷末一卷　(清)吳棠撰　清同治十三年(1874)成都使署刻本　四册

340000－1843－0004791　集4213./6671
墨花吟館詩鈔十六卷　(清)嚴辰撰　清光緒八年(1882)刻本　十册

340000－1843－0004792　集4213./6871
惺諟齋初稾十卷　(清)喻長霖撰　清宣統三年(1911)鉛印本　六册

340000－1843－0004793　集4213./7153
固始張侍郎遺蹟不分卷　(清)馬振憲編撰　清宣統元年(1909)石印本　一册

340000－1843－0004794　集4213./7232
犢鼻山房小稾一卷東遊筆記二卷　(清)劉侃撰　清光緒九年(1883)刻本　三册

340000－1843－0004795　集 4213./7233
耕銕研齋詩草不分卷　劉澤沛撰　清稿本　四冊

340000－1843－0004796　集 4213./7243
復園編年詩選十四卷　(清)劉基定撰　清同治刻本　四冊

340000－1843－0004797　集 4213./7244
養晦堂文集十卷　(清)劉蓉撰　清光緒三年(1877)思賢講舍校刻本　五冊

340000－1843－0004798　集 4213./7244
養晦堂文集十卷　(清)劉蓉撰　清光緒三年(1877)思賢講舍校刻本　五冊

340000－1843－0004799　集 4213./7244
養晦堂文集十卷　(清)劉蓉撰　清光緒三年(1877)思賢講舍校刻本　五冊

340000－1843－0004800　集 4213./7274
昨非集四卷　(清)劉熙載撰　清光緒三年(1877)刻本　二冊

340000－1843－0004801　集 4213./7247
旅窗懷舊詩不分卷　(清)劉履芬撰　清同治二年(1863)姑蘇謝文翰齋刻本　一冊

340000－1843－0004802　集 4213./7282(2)
通義堂文集十六卷　(清)劉毓崧撰　清光緒十一年(1885)南林劉氏求恕齋刻本　八冊

340000－1843－0004803　集 4213./7422
意苕山館詩稿十六卷　(清)陸嵩撰　清光緒十八年(1892)京師刻本　四冊

340000－1843－0004804　集 4213./7433
儀顧堂集二十卷　(清)陸心源撰　清光緒二十四年(1898)刻本　八冊

340000－1843－0004805　集 4213./7433
儀顧堂集十六卷　(清)陸心源撰　清同治十三年(1874)福州刻本　四冊

340000－1843－0004806　集 4213./7433(2)
儀顧堂集十二卷　(清)陸心源撰　清同治十三年(1874)福州刻本　四冊

340000－1843－0004807　集 4213./7442
龕翁文鈔四卷　(清)陸懋修撰　清光緒二十四年(1898)刻本　一冊

340000－1843－0004808　集 4213./7442
嶺上白雲集十二卷龕翁文鈔四卷　(清)陸懋修撰　清光緒二十四年(1898)刻本　四冊

340000－1843－0004809　集 4213./7426
讀秋水齋詩集十六卷　(清)陸黻恩撰　清同治七年(1868)刻本　四冊

340000－1843－0004810　集 4213./7503
秣陵集六卷圖考一卷金陵歷代紀年事表一卷　(清)陳文述撰　清光緒十年(1884)淮南書局刻本　六冊

340000－1843－0004811　集 4213./7503(2)
頤道堂詩選十四卷　(清)陳文述撰　清嘉慶二十一年(1816)刻本　六冊

340000－1843－0004812　集 4213./7530
陳伯生遺集四卷　(清)陳寶撰　清光緒十八年(1892)著易堂鉛印本　一冊

340000－1843－0004813　集 4213/7533
簡學齋詩存四卷詩刪四卷試律續鈔不分卷課賦續鈔不分卷　(清)陳沆撰　清咸豐二年(1852)蘄水陳氏刻本　六冊

340000－1843－0004814　集 4213/7535
東塾集六卷申范一卷　(清)陳澧撰　清光緒十八年(1892)菊坡精舍刻本　四冊

340000－1843－0004815　集 4213/7535
東塾集六卷申范一卷　(清)陳澧撰　清光緒十八年(1892)廣州富文齋刻本　四冊　存六卷(東塾集六卷)

340000－1843－0004816　集 4213/7544
運甓詩集八卷　(清)陳勱撰　清光緒十年(1884)刻本　四冊

340000－1843－0004817　集 4213/7710
水流雲在館詩鈔十四卷詞鈔八卷月樓琴語一卷試帖二卷　(清)周天麟撰　清光緒二十一年(1895)刻本　八冊

340000－1843－0004818　集4213/7710
水流雲在舘詩鈔十四卷詞鈔八卷月樓琴語一卷試帖二卷　(清)周天麟撰　清光緒二十一年(1895)刻本　六册　存十六卷(詩鈔十四卷、試帖二卷)

340000－1843－0004819　集4213/7728
蘭娟吟草不分卷　陶馥撰　抄本　二册

340000－1843－0004820　集4213/7734
度心香室初稿不分卷　(清)周心梅撰　清光緒觀妙堂抄本　二册

340000－1843－0004821　集4213/7734
期不負齋文集五卷　(清)周家楣撰　清光緒二十一年(1895)刻本　二册

340000－1843－0004822　集4213/7744
壯學齋文集十二卷　(清)周樹槐撰　清咸豐二年(1852)刻本　四册

340000－1843－0004823　集4213/7746
思益堂詩鈔六卷古文二卷詞鈔一卷日札十卷　(清)周壽昌撰　清光緒十四年(1888)刻本　六册

340000－1843－0004824　集4213/7747
紅豆樹舘詩稿十二卷詞八卷逸稿一卷　(清)陶樑撰　清末刻本　五册

340000－1843－0004825　集4213/8023
曾惠敏公文集五卷詩四卷日記二卷奏疏六卷　(清)曾紀澤撰　清光緒十九年(1893)江南製造總局刻本　八册

340000－1843－0004826　集4213/8023(2)
曾惠敏公全集四種　(清)曾紀澤撰　清光緒二十年(1894)上海石印本　四册

340000－1843－0004827　集4213/8034
知止齋詩集十六卷　(清)翁心存撰　清光緒三年(1877)刻本　四册

340000－1843－0004828　集4213./8044
碧螺山館詩鈔七卷　(清)金蘭撰　清同治二年(1863)刻本　四册

340000－1843－0004829　集4213./8064
曾文正公書札三十三卷　(清)曾國藩撰　清同治十三年至光緒二年(1874－1876)傳忠書局刻曾文正公全集本　十六册

340000－1843－0004830　集4213./8064
曾文正公詩集四卷　(清)曾國藩撰　清同治十三年(1874)傳忠書局刻本　一册

340000－1843－0004831　集4213./8064(2)
曾文正公文集四卷詩集四卷　(清)曾國藩撰　清同治十三年(1874)傳忠書局刻本　三册　存四卷(文集一至二、詩集一至二)

340000－1843－0004832　集4213./8324
衎石齋記事稿十卷續稿十卷　(清)錢儀吉撰　清光緒六年(1880)錢彝甫刻本　十册

340000－1843－0004833　集4213./8331.3
存素堂詩稿十三卷續集一卷文稿四卷補遺一卷　(清)錢寶琛撰　清同治七年(1868)刻本　四册

340000－1843－0004834　集4213./8331
存素堂詩稿十三卷文稿四卷續編四卷　(清)錢寶琛撰　清光緒六年(1880)刻本　八册　存四卷(續編四卷)

340000－1843－0004835　集4213./8331.2
存素堂文稿四卷補遺一卷詩稿十四卷　(清)錢寶琛撰　清同治九年(1870)刻本　四册

340000－1843－0004836　集4213./8354
甘泉鄉人稿二十四卷年譜一卷郊農偶吟稿一卷　(清)錢泰吉撰　清同治十一年(1872)刻本　五册　存二十三卷(甘泉鄉人稿一至六、十至二十四,年譜一卷,郊農偶吟稿一卷)

340000－1843－0004837　集4213./8700
久芬室詩集六卷　(清)鄭襄撰　清光緒二十一年(1895)刻本　二册

340000－1843－0004838　集4213./8741.2
海藏樓詩八卷　鄭孝胥撰　清光緒二十八年(1902)武昌精刻本　二册

340000－1843－0004839　集4213./8741.2
海藏樓詩八卷　鄭孝胥撰　清光緒二十八年

(1902)武昌精刻本　二册

340000－1843－0004840　集4211./4692
太史升庵全集八十一卷目錄二卷　(明)楊慎撰　(明)楊有仁錄　**升庵[楊慎]年譜一卷**　(明)楊□□撰　清乾隆六十年(1795)養拙山房刻本　二十册

340000－1843－0004841　集4211./4772
胡敬齋先生文集三卷居業錄四卷　(明)胡居仁撰　清同治八年(1869)劉氏傳經堂刻本　六册

340000－1843－0004842　集4211./4772
胡敬齋先生文集三卷居業錄四卷　(明)胡居仁撰　清同治八年(1869)劉氏傳經堂刻本　六册

340000－1843－0004843　集4211./5013.3
史忠正公集四卷首一卷末一卷　(明)史可法撰　清咸豐六年(1856)史兆霖追遠堂刻本　二册

340000－1843－0004844　集4211./5013.2
史忠正公集四卷首一卷末一卷　(明)史可法撰　清同治七年(1868)楚醴景萊書室刻本　二册

340000－1843－0004845　集4211./5013
史忠正公全集四卷首一卷附錄三卷錄補一卷　(明)史可法撰　清光緒十年(1884)蕪湖江氏石印本　五册

340000－1843－0004846　集4211./6008
樓山堂遺集二十六卷　(明)吳應箕撰　清光緒六年(1880)王氏蟫園木活字印本　八册

340000－1843－0004847　集4211./6045
呂新吾先生去偽齋文集十卷　(明)呂坤撰　清康熙十三年(1674)呂氏繩其居刻本　十册

340000－1843－0004848　集4211./6045.2
新刻呂新吾先生文集十卷　(明)呂坤撰　清嘉慶二年(1797)呂譽安刻本　十一册

340000－1843－0004849　集4211./6032
羅念菴先生文錄十八卷附錄一卷　(明)羅洪先撰　(清)喻震孟輯　清光緒十二年(1886)安齋刻本　八册

340000－1843－0004850　集4211./6622.3
鈐山堂集四十卷　(明)嚴嵩撰　清嘉慶十一年(1806)嚴氏刻本　十册

340000－1843－0004851　集4211./6645
瞿忠宣公集十卷　(明)瞿式耜撰　清光緒十三年(1887)刻本　四册

340000－1843－0004852　集4211./7142
四六雕蟲十卷　(明)馬樸撰　清同治十一年(1872)關中敦倫堂刻馬氏叢刻本　六册

340000－1843－0004853　集4211./7244.3
太師誠意伯劉文成公集二十卷首一卷　(明)劉基撰　清光緒二十六年(1900)浙江書局刻本　十册

340000－1843－0004854　集4211./7510
陳忠裕公全集三十卷首一卷末一卷年譜三卷　(明)陳子龍撰　(清)王昶輯　清嘉慶八年(1803)刻同治二年(1863)補刻本　十册

340000－1843－0004855　集4211./7510.2
陳臥子先生安雅堂稿十五卷兵垣奏議二卷　(明)陳子龍撰　清宣統二年(1910)上海時中書局鉛印本　八册

340000－1843－0004856　集4211./7510.2
白沙子全集十卷古詩教解二卷首一卷末一卷　(明)陳獻章撰　(明)張詡等輯　清乾隆三十六年(1771)碧玉樓刻本　十册

340000－1843－0004857　集4211./7510.2
白沙子全集十卷古詩教解二卷首一卷末一卷　(明)陳獻章撰　(明)張詡等輯　清乾隆三十六年(1771)碧玉樓刻本　十册

340000－1843－0004858　集4211./7793
訥谿先生文錄十卷詩錄九卷尺牘四卷雜錄三卷首一卷　(明)周怡撰　**年譜一卷**　(明)吳達可編譜　清光緒二十七年(1901)燕翼堂刻本　十册

340000－1843－0004859　集4211./8023

晚聞堂集十六卷首一卷 (明)余紹祉撰 (清)龍光輯 清道光十七年(1837)和源單氏刻本 二册

340000－1843－0004860 集4211./8042
敬亭集十卷補遺一卷附錄一卷 (明)姜埰撰 清光緒十五年(1889)山東書局刻本 四册

340000－1843－0004861 集8211./8047
金忠節公文集八卷 (明)金聲撰 清光緒三年(1877)嘉魚檜蔭山房刻本 四册

340000－1843－0004862 集8211./8047.2
金忠節公文集八卷 (明)金聲撰 清光緒十四年(1888)黟邑李氏刻本 四册

340000－1843－0004863 集8211./8047.2
金忠節公文集八卷 (明)金聲撰 清光緒十四年(1888)黟邑李氏刻本 四册

340000－1843－0004864 集4211./8744
梓溪文鈔外集十卷内集八卷 (明)舒芬撰 (明)舒琛 (明)舒瓌輯 清乾隆七年(1742)舒香刻本 十册

340000－1843－0004865 集4211./8823
賜誠堂文集十六卷 (明)管紹寧撰 清光緒三年(1877)刻本 四册

340000－1843－0004866 集4212.1/0014
集虛齋學古文十二卷 (清)方棨如撰 清光緒十年至十一年(1884－1885)淳安縣署刻本 四册

340000－1843－0004867 集4212.1/0028
稽古堂文集二卷 (清)方以智撰 清刻本 一册

340000－1843－0004868 集4212.1/0041
思綺堂文集十卷 (清)章藻功撰註 清康熙六十一年(1722)聚錦堂刻本 十册

340000－1843－0004869 集4212.1/0044－2
清吟堂集九卷神功聖德詩一卷皇帝親平漠北頌一卷 (清)高士奇撰 清康熙三十九年(1700)刻本 四册

340000－1843－0004870 集4212.1/0044
望溪先生文集十八卷集外文十卷補遺二卷年譜一卷附錄一卷 (清)方苞撰 清咸豐元年(1851)戴鈞衡刻本 十二册

340000－1843－0004871 集4212.1/0044
望溪先生文集十八卷集外文十卷補遺二卷年譜一卷附錄一卷 (清)方苞撰 清咸豐元年(1851)戴鈞衡刻本 十六册

340000－1843－0004872 集4212.1/0044
望溪先生文集十八卷集外文十卷補遺二卷年譜一卷附錄一卷 (清)方苞撰 清咸豐元年(1851)戴鈞衡刻本 十三册 存三十一卷(文集一至九、十一至十八,集外文十卷,補遺二卷,年譜一卷,附錄一卷)

340000－1843－0004873 集4212.1/0045
續溪雜感詩註釋一卷末一卷校補一卷 (清)高孝本撰 (清)汪潭注 清同治九年(1870)刻本 一册

340000－1843－0004874 集4212.1/0128.3
定山堂詩餘四卷古文小品二卷古文小品續集一卷附錄一卷 (清)龔鼎孳撰 清光緒十年(1884)刻本 四册

340000－1843－0004875 集4212.1/0128.3
定山堂詩餘四卷古文小品二卷古文小品續集一卷附錄一卷 (清)龔鼎孳撰 清光緒十年(1884)刻本 一册 存四卷(定山堂詩餘四卷)

340000－1843－0004876 集4212.1/0128.3
定山堂詩集四十三卷詩餘四卷 (清)龔鼎孳撰 清光緒九年(1883)聖彝書屋刻本 十六册

340000－1843－0004877 集4212.1/0453
天愚山人詩集十二卷文集十六卷附錄一卷 (清)謝泰宗撰 清光緒六年至七年(1880－1881)靈猶館刻本 八册

340000－1843－0004878 集4212.1/0870
施愚山先生學餘詩集五十卷 (清)施閏章撰 (清)施彥淳等錄輯 清康熙四十七年(1708)曹寅楝亭刻本 二十四册

340000－1843－0004879　集 4212.1/0870.2
施愚山先生學餘文集二十八卷傳文七卷別集四卷　（清）施閏章撰　（清）施彥淳等錄輯　清康熙四十七年（1708）曹寅楝亭刻本　九册

340000－1843－0004880　集 4212.1/1013
砥齋集十二卷　（清）王弘撰撰　清光緒二十年（1894）華陰王山史敬義堂刻本　六册

340000－1843－0004881　集 4212.1/1040
白田草堂存稿三十四卷行狀鄉賢錄一卷　（清）王懋竑撰　清乾隆刻本　八册

340000－1843－0004882　集 4212.1/1040
白田草堂存稿三十四卷行狀鄉賢錄一卷　（清）王懋竑撰　清乾隆刻本　六册

340000－1843－0004883　集 4212.1/1043
古懽集八卷　（清）王士禛撰　清康熙快誼堂刻本　一册

340000－1843－0004884　集 4212.1/1043
漁洋山人精華錄十卷自訂年譜二卷附錄一卷精華錄補十卷年譜補一卷　（清）王士禛撰　（清）惠棟註　清光緒十七年（1891）會稽徐氏述史樓刻本　十四册

340000－1843－0004885　集 4212.1/1043.4
漁洋山人精華箋註十二卷補註一卷年譜一卷附錄一卷　（清）王士禛撰　（清）金榮箋註　清光緒二十年（1894）上海寶文書局石印本　十册

340000－1843－0004886　集 4212.1/1043.5
漁洋山人精華錄訓纂十卷年譜二卷箋註辯訛二卷　（清）王士禛撰　清乾隆元和惠氏紅豆齋刻本　十一册　存十卷（漁洋山人精華錄訓纂十卷）

340000－1843－0004887　集 4212.1/2830
漁洋山人精華錄箋註十二卷　（清）王士禛撰　（清）金榮箋註　（清）徐淮纂輯　清乾隆鳳翽堂刻本　八册

340000－1843－0004888　集 4212.1/2830
漁洋山人精華錄箋註十二卷　（清）王士禛撰　（清）金榮箋註　（清）徐淮纂輯　清乾隆鳳翽堂刻本　十二册

340000－1843－0004889　集 4212.1/2830
漁洋山人精華錄箋註十二卷　（清）王士禛撰　（清）金榮箋註　（清）徐淮纂輯　清乾隆鳳翽堂刻本　十六册

340000－1843－0004890　集 4212.1/1047
樓邨詩集二十五卷　（清）王式丹撰　清雍正四年（1726）刻本　四册

340000－1843－0004891　集 4212.1/1071
西亭文鈔十二卷　（清）王原撰　（清）劉汝錫編次　清光緒十七年至十八年（1891－1892）劉氏不遠復齋刻本　四册

340000－1843－0004892　集 4212.1/1106
彝壽軒詩鈔十二卷寄庵雜著二卷煙波漁唱四卷　（清）張應昌撰　**聞妙香室詞一卷**　（清）陸珊撰　**青藜精舍詩鈔一卷**　（清）張應鼎撰　**話雨斋詩鈔一卷**　（清）張興仁撰　清同治二年（1863）西昌旅舍刻本　六册

340000－1843－0004893　集 4211.1/1120
西廬文集四卷　（清）張雋撰　清宣統二年（1910）上海國學扶輪社鉛印本　二册

340000－1843－0004894　集 4212.1./1121
娛老集不分卷　（清）張貞撰　清康熙續夢堂刻本　四册

340000－1843－0004895　集 4212.1/1144.2
篤素堂文集四卷　（清）張英撰　清光緒六年（1880）刻本　一册

340000－1843－0004896　集 4212.1/1144
篤素堂文集四卷　（清）張英撰　清光緒十七年（1891）上海申報館鉛印本　一册

340000－1843－0004897　集 4212.1/1144
存誠堂詩集二十五卷　（清）張英撰　清光緒二十三年（1897）桐城張氏刻本　十二册

340000－1843－0004898　集 4212.1/1243
夏峰集十四卷補遺二卷　（清）孫奇逢纂撰　清道光二十五年（1845）大梁書院刻本　十册

340000－1843－0004899　集 4212.1/1262
芳茂山人詩錄九卷　(清)孫星衍撰　**長離閣集一卷**　(清)王采薇撰　清光緒十一年(1885)刻本　二冊

340000－1843－0004900　集 4212.1/1149
秀野山房集詩草一卷抱甕吟一卷　(清)張世煒撰　清康熙刻本　四冊

340000－1843－0004901　集 4212.1/1728
尹文端公詩集十卷　(清)尹繼善撰　清嘉慶二十一年(1816)尹氏刻本　六冊

340000－1843－0004902　集 4212.1/1774
青門簏稿十六卷旅稿六卷賸稿八卷　(清)邵長蘅撰　(清)顧景星批點　清康熙三十二年(1693)毗陵邵氏青門草堂刻光緒二十二年(1896)遞刻本　十二冊

340000－1843－0004903　集 4212.1/1774.2
青門簏稿十六卷邵氏家錄二卷旅稿六卷賸稿八卷　(清)邵長蘅撰　清光緒二十三年(1897)武進盛氏刻本　四冊

340000－1843－0004904　集 4212.1/2012
學齋詩集四卷　(清)喬崇烈撰　清刻本　四冊

340000－1843－0004905　集 4212.1/2233
鳴鶴堂文集(任玉谷先生文集)十卷　(清)任源祥撰　清光緒十五年(1889)任錫汾刻本　五冊

340000－1843－0004906　集 4212.1/2322
霜紅龕集四十卷附錄三卷　(清)傅山撰　**年譜一卷**　(清)丁寶銓輯譜　清宣統三年(1911)山陽丁氏刻本　十二冊

340000－1843－0004907　集 4212.1/2400
儲遯菴文集十二卷　(清)儲方慶撰　(清)儲欣評　清光緒二年(1876)宜興儲氏刻本　四冊

340000－1843－0004908　集 4212.1/2400
儲遯菴文集十二卷　(清)儲方慶撰　(清)儲欣評　清光緒二年(1876)宜興儲氏刻本　四冊

340000－1843－0004909　集 4212.1/2553
朱文端公集四卷補遺四卷　(清)朱軾撰　**年譜一卷**　(清)朱舲纂譜　清同治十年(1871)古唐朱氏古懽齋刻本　四冊

340000－1843－0004910　集 4212.1/2624
寒松堂全集十二卷　(清)魏家樞撰　**年譜一卷**　(清)魏學誠等編　清嘉慶十六年(1811)魏氏刻本　十三冊

340000－1843－0004911　集 4212.1/2624
寒松堂全集十二卷　(清)魏家樞撰　**年譜一卷**　(清)魏學誠等編　清嘉慶十六年(1811)魏煜刻本　十二冊

340000－1843－0004912　集 4212.1/2704
壯悔堂文集十卷文集遺稿一卷四憶堂詩集六卷詩集遺稿一卷年譜等一卷　(清)侯方域撰　(清)宋犖評點　(清)侯洵輯譜　清光緒四年(1878)紅杏山房刻本　十八冊

340000－1843－0004913　集 4212.1/2704.4
四憶堂詩集六卷遺稿一卷　(清)侯方域撰　(清)賈開宗等選註　清刻本　四冊

340000－1843－0004914　集 4212.1/2741
託素齋文集一刻二卷二刻二卷詩集一刻一卷二刻一卷三刻一卷　(清)黎士弘撰　清康熙九年至二十八年(1670－1689)黎氏仁恕堂刻本　六冊

340000－1843－0004915　集 4212.1/2848
而菴說唐詩二十二卷首一卷　(清)徐增撰　清康熙富春堂刻本　七冊

340000－1843－0004916　集 4212.1/2861
乙未亭詩集六卷　(清)徐昂發撰　清桂森堂刻本　二冊

340000－1843－0004917　集 4212.1/3013
安雅堂未刻稿八卷入蜀集二卷　(清)宋琬撰　清乾隆三十一年(1766)孫仁若刻本　六冊

340000－1843－0004918　集 4212.1/3140
精刊顧仲恭文集二卷　(明)顧大韶撰　清宣

統元年(1909)國學扶輪社鉛印本　二冊

340000－1843－0004919　集4212.1/3166
白茅堂詩文集四十六卷耳提錄全集一卷諸家評語一卷　(清)顧景星撰　(清)顧昌校輯　清光緒二十八年(1902)刻本　二十冊

340000－1843－0004920　集4212.1/3191
顧亭林先生詩箋註十七卷校補一卷　(清)顧炎武撰　(清)徐嘉註　李詳等校補　清光緒二十三年(1897)徐氏味靜齋刻本　六冊

340000－1843－0004921　集4212.1/3191
顧亭林先生詩箋註十七卷校補一卷　(清)顧炎武撰　(清)徐嘉註　李詳等校補　清光緒二十三年(1897)徐氏味靜齋刻本　六冊

340000－1843－0004922　集4212.1/3603
潛菴先生遺稿五卷洛學編五卷疏稿一卷家書一卷　(清)湯斌撰　(清)閻興邦評　(清)田蘭芳校　清康熙刻本[洛學編五卷爲清乾隆刻本,家書一卷爲清乾隆十七年(1752)貽安堂刻本]　二十一冊

340000－1843－0004923　集4212.1/3603
潛菴先生遺稿五卷洛學編五卷疏稿一卷家書一卷　(清)湯斌撰　(清)閻興邦評　(清)田蘭芳校　清康熙刻本[洛學編五卷爲清乾隆刻本,家書一卷爲清乾隆十七年(1752)貽安堂刻本]　六冊

340000－1843－0004924　集4212.1/3603
潛菴先生全集五卷疏稿一卷困學祿一卷志學會約一卷　(清)湯斌撰　清同治十二年(1873)紅杏山房刻本　八冊　缺一卷(潛菴先生全集一)

340000－1843－0004925　集4212.1/3603.2
湯子遺書十卷首一卷年譜一卷末一卷　(清)湯斌撰　(清)王廷燦編譜　清同治九年(1870)刻本　十六冊

340000－1843－0004926　集4212.1/3648
懷清堂集二十卷　(清)湯右曾撰　清乾隆七年(1742)黄鍾刻本　六冊

340000－1843－0004927　集4212.1/3727
偏行堂集十六卷　(清)釋澹歸撰　清宣統三年(1911)國學扶輪社鉛印本　八冊

340000－1843－0004928　集4212.1/4034
中江紀年詩集四卷　(清)袁啟旭撰　清光緒十七年(1891)刻本　四冊

340000－1843－0004929　集4212.1/4037
笠翁一家言全集十六卷　(清)李漁撰　清雍正芥子園刻本　八冊　存八卷(一至八)

340000－1843－0004930　集4212.1/4038
秋錦山房集十卷　(清)李良年撰　(清)李潮偕編　清康熙三十五年(1696)秀水張雲上刻本　四冊

340000－1843－0004931　集4212.1/4042
寒支初集十卷二集四卷首歲紀一卷　(清)李世熊撰　清同治十三年(1874)刻本　十四冊

340000－1843－0004932　集4212.1/4046
太白山人槲葉集五卷南游草一卷補遺一卷附錄一卷　(清)李柏撰　清光緒刻本　六冊

340000－1843－0004933　集4212.1/4061.3
李二曲先生集二十四卷　(清)李顒撰　清光緒二年(1876)刻本　四冊

340000－1843－0004934　集4212.1/4232
芝庭先生集十八卷附錄一卷　(清)彭啟豐撰　清光緒二年(1876)惠州郡署刻本　六冊

340000－1843－0004935　集4212.1/4324.5
南山全集十六卷　(清)戴名世撰　清光緒十六年(1890)木活字印本　八冊

340000－1843－0004936　集4212.1/4324.2
潛虚先生文集十四卷補遺一卷　(清)戴名世撰　清光緒十八年(1892)木活字印本　八冊

340000－1843－0004937　集4212.1/4324
潛虚先生文集十四卷　(清)戴名世撰　(清)尤雲鶚編　清光緒十一年(1885)木活字印本　八冊

340000－1843－0004938　集4212.1/4324.4
戴褐夫集一卷補遺一卷續補遺一卷紀行一卷

紀略一卷年譜一卷戴刻目錄一卷 (清)戴名世撰 (清)戴鈞衡纂譜 清宣統元年(1909)國學保存會鉛印本 三冊

340000－1843－0004939 集4212.1/4327.2
擬明史樂府一卷外國竹枝詞一卷 (清)尤侗撰 (清)尤珍註 清刻本 一冊

340000－1843－0004940 集4212.1/4327.4
西堂雜俎一集八卷二集八卷三集八卷 (清)尤侗撰 清康熙兩儀堂刻本 十一冊 存二十二卷(一集八卷、二集一至六、三集八卷)

340000－1843－0004941 集4212.1/4327.3
西堂詩集十四種三十七卷 (清)尤侗撰 清刻本 十冊 存十二種

340000－1843－0004942 集4212.1/4408.2
董若雨詩文集二十五卷 (清)董說撰 清吳興劉氏嘉業堂刻本 六冊

340000－1843－0004943 集4212.1/4408.3
董若雨詩文集二十七卷 (清)董說撰 清吳興劉氏嘉業堂刻本 六冊

340000－1843－0004944 集4212.1/4408.3
董若雨詩文集二十七卷 (清)董說撰 清吳興劉氏嘉業堂刻本 六冊

340000－1843－0004945 集4212.1/4410
范忠貞公集五卷附錄一卷 (清)范承謨撰 清光緒二十一年(1895)刻本 四冊

340000－1843－0004946 集4212.1/4421
鹿洲初集二十卷公案二卷 (清)藍鼎元撰 (清)曠敏本評 清光緒五年(1879)刻鹿洲全集本 十冊

340000－1843－0004947 集4212.1/4422
秋江集註六卷 (清)黃任撰 (清)王元麟註 清道光二十三年(1843)東山家塾刻本 六冊

340000－1843－0004948 集4212.1/4431
變雅堂遺集文八卷詩十卷附錄一卷 (清)杜濬撰 清光緒二十年(1894)黃岡沈氏刻本 六冊

340000－1843－0004949 集4212.1/4438
黃梨洲先生南雷文約四卷 (清)黃宗羲撰 (清)鄭性訂 清乾隆刻本 十冊

340000－1843－0004950 集4212.1/4438
南雷文定前集十一卷後集四卷三集三卷四集四卷 (清)黃宗羲撰 清黃氏家塾刻本 八冊

340000－1843－0004951 集4212.1/4438.3
南雷餘集一卷 (清)黃宗羲撰 清宣統三年(1911)順德鄧氏刻風雨樓叢書本 一冊

340000－1843－0004952 集4212.1/4442
精刊聊齋先生文集二卷 (清)蒲松齡撰 清宣統二年(1910)上海國學扶輪社鉛印本 二冊

340000－1843－0004953 集4212.1/4942
海鷗小譜不分卷 (清)趙執信撰 清末石印本 一冊

340000－1843－0004954 集4212.1/4464
葉忠節公遺稿十二卷 (清)葉映榴撰 清同治刻本 四冊

340000－1843－0004955 集4212.1/6010－2
古歡堂文集五卷 (清)田雯撰 清刻本 四冊

340000－1843－0004956 集4212.1/6010
蓮洋集二十卷年譜一卷附錄一卷 (清)田雯撰 (清)翁方綱編譜 清乾隆三十九年(1774)莳圃草堂刻本 四冊

340000－1843－0004957 集4212.1/6010
古歡堂雜著八卷文集十四卷詩集十五卷黔書二卷長河志籍考十卷蒙齋年譜一卷蒙齋生志一卷續年譜一卷 (清)田雯撰 **補年譜一卷** (清)田肇麗補 清康熙田氏古歡堂刻本 十五冊

340000－1843－0004958 集4212.1/6010.2
古歡堂文集五卷 (清)田雯撰 清康熙末刻本 四冊

340000－1843－0004959 集4212.1/6010.2

蓮洋集選十二卷 (清)田雯撰 (清)王士禛評定 (清)賈澤洛校 清乾隆十五年(1750)臨汾劉氏夢鶴草堂刻本 十二册

340000－1843－0004960 集4212.1/6010.3
蓮洋集十二卷補遺一卷首一卷末一卷 (清)田雯撰 (清)劉組曾等校訂 (清)王士禛評定 清乾隆十七年(1752)臨汾劉氏夢鶴草堂刻本 六册

340000－1843－0004961 集4212.1/6023.2
梅村詩集箋註十八卷 (清)吳偉業撰 (清)吳翌鳳箋註 清光緒十年(1884)湖北官書處刻本 十二册

340000－1843－0004962 集4212.1/6023.2
梅村詩集箋註十八卷 (清)吳偉業撰 (清)吳翌鳳箋註 清光緒十年(1884)湖北官書處刻本 十二册

340000－1843－0004963 集4212.1/6023.5
吳詩集覽二十卷補註二十卷談藪二卷 (清)吳偉業撰 (清)靳榮藩註 清乾隆四十年(1775)凌雲亭刻本 二十册

340000－1843－0004964 集4212.1/6023.5
吳詩集覽二十卷補註二十卷談藪二卷 (清)吳偉業撰 (清)靳榮藩註 清乾隆四十年(1775)凌雲亭刻本 十六册

340000－1843－0004965 集4212.1/6023.6
梅村家藏稿五十八卷補遺一卷世系一卷 (清)吳偉業撰 **年譜四卷** (清)顧師軾纂 清宣統三年(1911)武進董氏刻誦芬室叢刻本 八册

340000－1843－0004966 集4212.1/6023
梅村詩集箋註十八卷 (清)吳偉業撰 (清)吳翌鳳箋註 清光緒九年(1883)四川善成堂刻本 十二册

340000－1843－0004967 集4212.1/6024.2
林蕙堂文集十二卷 (清)吳綺撰 (清)吳琥繡重校 清乾隆四十一年(1776)刻本 四册

340000－1843－0004968 集4212.1/6035
黃葉邨莊詩集八卷續集一卷後集一卷首贈行詩一卷 (清)吳之振撰 清光緒四年(1878)吳康壽刻本 四册

340000－1843－0004969 集4212.1/6070
咸陟堂文集二十四卷 (清)釋成鷲撰 清道光二十五年(1845)刻本 十二册

340000－1843－0004970 集4212.1/6080
有正味齋詩集十六卷 (清)吳錫麒撰 清嘉慶刻本 四册

340000－1843－0004971 集4212.1/6091
藥園詩稿二卷 (清)吳焯撰 清嘉慶八年(1803)吳用威刻朱色套印本 二册

340000－1843－0004972 集4212.1/6091.2
渚陸鴻飛集不分卷 (清)吳焯撰 清嘉慶九年(1804)吳用威刻朱色套印本 一册

340000－1843－0004973 集4212.1/7142
馬太史匡庵詩前集六卷詩集六卷 (清)馬世俊撰 清光緒二十一年(1895)馬敬培刻本 四册

340000－1843－0004974 集4212.1/7210
宛委山人詩集五卷 (清)劉正誼撰 清雍正刻本 一册

340000－1843－0004975 集4212.1/7211
葛莊分體詩鈔不分卷 (清)劉廷璣撰 清乾隆刻本 八册

340000－1843－0004976 集4212.1/7240
劉文清公遺集十七卷應制詩三卷 (清)劉墉撰 清道光六年(1826)劉氏味經書屋刻本 四册

340000－1843－0004977 集4212.1/7243
嶧桐文集十卷詩集十卷 (清)劉城撰 清光緒十九年(1893)刻本 八册

340000－1843－0004978 集4212.1/7281
岳容齋詩集四卷 (清)岳鍾琪撰 清道光鵝谿孫氏古棠書屋刻古棠書屋叢書本 一册

340000－1843－0004979 集4212.1/7447
鐵莊文集八卷疏快軒詩集二卷詩餘一卷

（清）陸楣撰　清光緒二十一年（1895）曹氏樂善堂木活字印本　四冊

340000－1843－0004980　集4212.1/7474
三魚堂集十二卷外集六卷崇祀錄一卷　（清）陸隴其撰　清康熙四十年（1701）琴川書屋刻本　六冊

340000－1843－0004981　集4212.1/7474.2
三魚堂集十二卷外集六卷末一卷　（清）陸隴其撰　清末老掃葉山房刻本　八冊

340000－1843－0004982　集4212.1/7522.3
陳檢討集二十集　（清）陳維崧撰　（清）程師恭註　清康熙有美堂刻本　十二冊

340000－1843－0004983　集4212.1/7522.3
湖海樓文集六卷湖海樓詩集十二卷補遺一卷詞集二十卷駢文集十二卷　（清）陳維崧撰　清光緒十七年（1891）弇山鐸署刻本　十六冊

340000－1843－0004984　集4212.1/7522.3
湖海樓文集六卷湖海樓詩集十二卷補遺一卷詞集二十卷駢文集十二卷　（清）陳維崧撰　清光緒十七年（1891）弇山鐸署刻本　二十冊

340000－1843－0004985　集4212.1/7522.4
湖海樓文集六卷湖海樓詩集八卷詞集三十卷駢文集三十卷　（清）陳維崧撰　清康熙患立堂刻本　十四冊

340000－1843－0004986　集4212.1/7532
寶綸堂集十卷拾遺一卷附軼事　（清）陳洪綬撰　清光緒十四年（1888）董氏刻本　八冊

340000－1843－0004987　集4212.1/7727
邱邦士文集十八卷　（清）邱維屏撰　清光緒六年（1880）刻本　八冊

340000－1843－0004988　集4212.1/7743
桐埜詩集四卷　（清）周起渭撰　清咸豐二年（1852）九秋世恩堂陳氏刻本　二冊

340000－1843－0004989　集4212.1/7744.3
道援堂集十三卷　（清）屈大均撰　清道光刻本　八冊

340000－1843－0004990　集4212.1/8021
習是堂文集二卷　（清）曾倬撰　清光緒二十年（1894）常熟曾氏義莊鉛印本　一冊

340000－1843－0004991　集4212.1/8021
檜門詩存四卷觀劇絕句一卷　（清）金德瑛撰　清乾隆三十三年（1768）如心堂刻本　二冊

340000－1843－0004992　集4212.1/8034
姜先生全集三十二卷　（清）姜宸英撰　清刻本　十八冊

340000－1843－0004993　集4212.1/8081
聖歎外書三卷　（元）王實甫撰　（清）金人瑞批點　清抄本　四冊

340000－1843－0004994　集4212.1/8308
錢牧齋文鈔不分卷　（清）錢謙益撰　清宣統元年（1909）國學扶輪社鉛印本　四冊

340000－1843－0004995　集4212.1/8308.2
初學集一百十卷　（清）錢謙益撰　（清）錢曾箋註　清宣統二年（1910）邃漢齋鉛印本　二十四冊

340000－1843－0004996　集4212.1/8333
田間文集三十卷年譜一卷　（清）錢澄之撰　清宣統二年（1910）錢氏振風學社木活字印本　十冊

340000－1843－0004997　集4212.1/8777
寒村集十八種　（清）鄭風撰　清二老閣刻本　四冊　存十六種

340000－1843－0004998　集4212.1/9747
甌香館集十二卷首一卷末一卷　（清）惲格撰　清光緒七年（1881）刻本　四冊

340000－1843－0004999　集4212.1/9747
甌香館集十二卷首一卷末一卷　（清）惲格撰　清光緒七年（1881）刻本　四冊

340000－1843－0005000　集4212.2/0004
梅麓詩鈔十八卷　（清）齊彥槐撰　清光緒二年（1876）齊學裘刻本　二冊　存九卷（談海集一卷，出山集二卷，遠山集一卷、補遺二卷，新安往遠集一卷，勝遊集一卷、拾遺一卷）

340000－1843－0005001　集4212.2/0026

陶山詩錄十二卷 (清)唐仲冕撰 清嘉慶十五年(1810)吳門有耀齋刻本 三册

340000－1843－0005002 集4212.2/0030
御製全韻詩不分卷 (清)高宗弘曆撰 清寫刻本 五册

340000－1843－0005003 集4212.2/0078
萬善花室文稿六卷 (清)方履籛撰 清光緒十二年(1886)小砍山館刻本 三册

340000－1843－0005004 集4212.2/0148
衍慶堂詩稿十一卷 (清)顏檢撰 清道光元年至道光三十年(1821－1850)閩浙官署刻本 八册

340000－1843－0005005 集4212.2/0163
澹靜齋文鈔六卷 (清)龔景瀚撰 清道光六年(1826)恩錫堂刻本 四册

340000－1843－0005006 集4212.2/0413
養默山房詩稿二十七卷 (清)謝元淮撰 清嘉慶二十五年(1820)刻本 六册

340000－1843－0005007 集4212.2/0461
太鶴山人集十三卷 (清)端木國瑚撰 清道光二十年(1840)瑞安洪坤刻本 四册

340000－1843－0005008 集4212.2/0467
蕉影齋詩集四卷補遺一卷 (清)謝照撰 (清)福恒編次 清光緒五年(1879)山陰謝氏刻本 四册

340000－1843－0005009 集4212.2/0700
靈芬館詩初集四卷二集十卷三集四卷四集六卷詞四卷雜著二卷詩話十二卷續詩話六卷 (清)郭麐撰 清嘉慶十二年(1807)刻本 十六册 存十五卷(初集四卷,二集十,三集四卷,浮眉詞二卷、衡夢詞二卷,雜著二卷)

340000－1843－0005010 集4212.2/0700.2
靈芬館詩初集四卷二集十卷三集四卷四集六卷詞四卷雜著二卷詩話十二卷續詩話六卷 (清)郭麐撰 清嘉慶十二年(1807)刻本 十八册

340000－1843－0005011 集4212.2/1010
紅蝠山房詩鈔二編十一卷補鈔一卷補續鈔一卷補遺一卷 (清)王乃斌撰 清光緒十年(1884)刻本 六册

340000－1843－0005012 集4212.2/1010
紅蝠山房詩鈔二編十一卷補鈔一卷補續鈔一卷補遺一卷 (清)王乃斌撰 清光緒十年(1884)刻本 六册

340000－1843－0005013 集4212.2/1010
紅蝠山房詩鈔二編十一卷補鈔一卷補續鈔一卷補遺一卷 (清)王乃斌撰 清光緒十年(1884)刻本 六册

340000－1843－0005014 集4212.2/1020
小樓詩集八卷 (清)王嵩高撰 清道光十六年(1836)刻本 二册

340000－1843－0005015 集4212.2/1028
晚晴軒稿八卷詞一卷 (清)王復撰 清乾隆刻本 四册

340000－1843－0005016 集4212.2/1036
春融堂集六十八卷年譜二卷真行日錄一卷徵緬紀聞一卷蜀徼紀聞一卷商洛行程一卷記雪鴻再錄一卷使楚叢譚一卷臺懷隨筆一卷 (清)王昶撰 清嘉慶十二年(1807)塾南書舍刻本 十二册 缺三十九卷(一至三十九)

340000－1843－0005017 集4212.2/1039
願學堂詩鈔二十八卷 (清)王宗耀撰 清咸豐十年(1860)刻本 六册

340000－1843－0005018 集4212.2/1040
葆淳閣集二十四卷易說二卷 (清)王杰撰 **年譜一卷** (清)阮元編譜 清嘉慶二十年(1815)刻本 十二册

340000－1843－0005019 集4212.2/1040.2
金陵雜詠不分卷 (清)王友亮撰 清嘉慶九年(1804)雙佩齋刻本 一册

340000－1843－0005020 集4212.2/1041
淵雅堂編年詩稿十六卷讀賦卮言一卷 (清)王芑孫撰 清嘉慶三年(1798)刻本 六册

340000－1843－0005021 集4212.2/1043

瓀琈山房詩稿八卷補遺一卷唱和詩不分卷 (清)王志湉撰 清嘉慶二十三年至道光七年(1818－1827)刻本 四冊

340000－1843－0005022 集4212.2/1048
藝芸館詩鈔十三卷環翠樓詩鈔一卷録蒲褐山房詩話一卷 (清)王世錦撰 (清)王熊伯撰 (清)王芑孫選 清嘉慶十三年(1808)刻本 一冊

340000－1843－0005023 集4212.2/1103
嬰山小園詩集十六卷晚年手定稿五卷 (清)張誠撰 清光緒元年(1875)刻本 四冊

340000－1843－0005024 集4212.2/1110
豔雪堂詩集四卷 (清)張晉撰 清道光十七年(1837)香雪庵刻本 四冊

340000－1843－0005025 集4212.2/1111
澄懷園文存十五卷詩選十二卷 (清)張廷玉撰 清光緒十七年至十八年(1891－1892)張紹文刻本 十二冊

340000－1843－0005026 集4212.2/1111
澄懷園文存十五卷詩十二卷澄懷園語四卷自定年譜六卷 (清)張廷玉撰 清光緒十七年至十八年(1891－1892)張紹文刻本 十五冊

340000－1843－0005027 集4212.2/1115
荷塘詩集十六卷 (清)張五典撰 清乾隆五十年(1785)刻本 四冊

340000－1843－0005028 集4212.2/1124
悔廬文鈔五卷首一卷 (清)張崇蘭撰 清道光二十七年(1847)刻本 三冊

340000－1843－0005029 集4212.2/1150.5
茗柯文初編一卷二編二卷三編一卷四編一卷 (清)張惠言撰 清光緒七年(1881)刻本 二冊

340000－1843－0005030 集4212.2/1150.5
茗柯文初編一卷二編二卷三編一卷四編一卷 (清)張惠言撰 清光緒七年(1881)刻本 二冊

340000－1843－0005031 集4212.2/1171
南華山人詩鈔十六卷 (清)張鵬翀撰 清乾隆刻本 六冊

340000－1843－0005032 集4212.2/1172
華海堂詩八卷 (清)張熙純撰 清嘉慶刻本 四冊

340000－1843－0005033 集4212.2/1175
白蕤詩集十六卷海嶽遊人酬贈集一卷 (清)張開東撰 清乾隆五十三年(1788)棗存園刻本 八冊

340000－1843－0005034 集4212.2/1177
船山詩草二十卷 (清)張問陶撰 清嘉慶二十年(1815)刻本 八冊

340000－1843－0005035 集4212.2/1177
船山詩草二十卷 (清)張問陶撰 清嘉慶二十年(1815)刻本 八冊

340000－1843－0005036 集4212.2/1177
船山詩註二十卷 (清)張問陶撰 (清)李岑註 (清)江海清增註 清同治九年(1870)席珍山館刻本 十六冊

340000－1843－0005037 集4212.2/1213
泰雲堂集四種二十五卷 (清)孫爾準撰 清同治九年(1870)刻本 四冊

340000－1843－0005038 集4212.2/1246
孫太史稿二卷補編一卷 (清)孫希旦撰 清道光十年(1830)刻本 二冊

340000－1843－0005039 集4212.2/1262
孫淵如先生全集二十一卷 (清)孫星衍撰 **長離閣集一卷** (清)王采薇撰 清光緒二十年(1894)湖南思賢局刻本 十二冊

340000－1843－0005040 集4212.2/1262
孫淵如先生全集二十一卷 (清)孫星衍撰 **長離閣集一卷** (清)王采薇撰 清光緒二十年(1894)湖南思賢局刻本 八冊

340000－1843－0005041 集4212.2/1273
天真閣集三十二集 (清)孫原湘撰 清光緒二十一年(1895)刻本 八冊

340000－1843－0005042 集4212.2/1287

復見心齋詩草六卷 (清)孫人鳳撰 清光緒四年(1878)錢塘孫氏刻本 一冊

340000－1843－0005043 集4212.2/2091
最樂堂文集六卷 (清)喬光烈撰 清乾隆二十一年(1756)刻本 四冊

340000－1843－0005044 集4212.2/2211
師水齋文集十八卷 (清)崔預撰 清道光二十年(1840)宛陵師水齋刻本 四冊

340000－1843－0005045 集4212.2/2263
香杜草二卷二集四卷三集一卷詩話一卷 (清)任昌運撰 (清)任震伯編次 清光緒二十一年(1895)靜讀齋刻本 四冊

340000－1843－0005046 集4212.2/2440
存硯樓文集十六卷 (清)儲大文撰 清光緒元年(1875)靜遠堂刻本 八冊

340000－1843－0005047 集4212.2/2503
繞竹山房詩稿十卷詩餘一卷續詩稿十四卷 (清)朱文治撰 清嘉慶二十三年(1818)刻咸豐五年(1855)續刻本 八冊

340000－1843－0005048 集4212.2/2504
求聞過齋文集四卷 (清)朱文增撰 清光緒二十年(1894)刻本 三冊

340000－1843－0005049 集4212.2/2514
知足齋文集六卷進呈文稿四卷 (清)朱珪撰 清嘉慶十年(1805)刻本 六冊

340000－1843－0005050 集4212.2/2521
梅崖居士文集三十卷 (清)朱仕琇撰 清乾隆四十七年(1782)松谷刻本 九冊

340000－1843－0005051 集4212.2/2521
梅崖居士文集三十八卷外集二卷 (清)朱仕琇撰 清乾隆二十四年(1759)刻本 六冊

340000－1843－0005052 集4212.2/2531
空山堂文集十二卷詩集六卷 (清)牛運震撰 清嘉慶六年(1801)牛氏空山堂刻本 八冊

340000－1843－0005053 集4212.2/2531
蕉聲館詩集二十卷補遺四卷續編一卷文集八卷 (清)朱為弼撰 清咸豐二年至七年(1852－1857)刻本 十二冊

340000－1843－0005054 集4212.2/2540
吉金樂石山房文集一卷詩集一卷棗花書屋詩集不分卷 (清)朱士端撰 清同治三年至四年(1864－1865)寶應朱氏刻本 一冊

340000－1843－0005055 集4212.2/2614
勉行堂詩集二十四卷首一卷 (清)程晉芳撰 清嘉慶二十五年(1820)刻本 四冊

340000－1843－0005056 集4212.2/2619
雲輝堂文集二卷詩四卷賦稿二卷 (清)程烈光撰 清道光二十二年(1842)刻本 六冊

340000－1843－0005057 集4212.2/2706
賜綺堂集十五卷 (清)詹應甲撰 清嘉慶十年(1805)讀我書齋刻本 四冊

340000－1843－0005058 集4212.2/2722
留春草堂詩鈔七卷 (清)伊秉綬撰 清光緒二十三年(1897)華陽縣署刻本 二冊

340000－1843－0005059 集4212.2/2726
海門詩鈔八卷外集四卷外集末一卷 (清)鮑臯撰 清光緒三十三年(1907)刻本 四冊

340000－1843－0005060 集4212.2/2739
心安隱室詩集九卷詞集四卷 (清)詹肇堂撰 清道光二十三年(1843)刻本 八冊

340000－1843－0005061 集4212.2/2746
覺生詩鈔十卷詠物詩鈔四卷詠史詩鈔三卷感舊詩鈔二卷 (清)鮑桂星撰 清嘉慶二十五年(1820)刻本 六冊

340000－1843－0005062 集4212.2/2767
紀文達公遺文十六卷詩十六卷首一卷 (清)紀昀撰 清道光三十年(1850)小娜嬛山館刻本 十六冊

340000－1843－0005063 集4212.2/2767.2
紀文達公遺文十六卷詩十六卷首一卷 (清)紀昀撰 清嘉慶十七年(1812)刻本 十六冊

340000－1843－0005064 集4212.2/2767.3
紀曉嵐詩註釋四卷 (清)紀昀撰 (清)郭斌註 清嘉慶六年(1801)寶華樓刻本 二冊

340000－1843－0005065　集4212.2/2788
五百四峰堂詩鈔二十五卷　(清)黎簡撰　清同治十三年(1874)南海陳氏刻本　八册

340000－1843－0005066　集4212.2/2808
悟雪樓詩存三十四卷　(清)徐謙撰　清道光二十九年(1849)四香草堂刻本　八册

340000－1843－0005067　集4212.2/2815
畫雨樓稿六卷詞鈔一卷　(清)徐珠撰　清嘉慶十二年(1807)刻本　六册

340000－1843－0005068　集4212.2/2832
南州文鈔二卷　(清)徐浩撰　清南州草堂刻本　二册

340000－1843－0005069　集4212.2/3104
思適齋集十八卷　(清)顧廣圻撰　清道光二十九年(1849)上海徐氏刻春暉堂叢書本　四册

340000－1843－0005070　集4212.2/3113
鈍翁文集十六卷　(清)汪琬撰　清宣統二年(1910)國學扶輪社石印本　八册

340000－1843－0005071　集4212.2/3121
花仙劫圖總題一卷分題一卷題後一卷附錄一卷　(清)汪作霖撰　清道光刻本　二册

340000－1843－0005072　集4212.2/3121
汪子文錄十卷　(清)汪縉撰　清光緒七年(1881)長洲彭氏刻本　四册

340000－1843－0005073　集4212.2/3132
白圭堂詩鈔六卷續鈔六卷　(清)汪之紀撰　清光緒十九年(1893)刻本　四册

340000－1843－0005074　集4212.2/3133
東里生爐餘集三卷　(清)汪家禧撰　清光緒刻本　四册

340000－1843－0005075　集4212.2/3134
孟亭居士文稿五卷經進稿一卷詩稿四卷　(清)馮浩撰　清嘉慶六年至七年(1801－1802)刻本　十二册

340000－1843－0005076　集4212.2/3140
鶴半巢詩存十卷續鈔五卷　(清)馮培撰　清嘉慶三年(1798)刻本　六册

340000－1843－0005077　集4212.2/3142
稼門文鈔七卷詩鈔十卷　(清)汪志伊撰　清嘉慶二十年(1815)刻本　二册

340000－1843－0005078　集4212.2/3149
顧雙溪集九卷　(清)顧奎光撰　清乾隆三十一年至三十三年(1766－1768)刻本　四册

340000－1843－0005079　集4212.2/3150
述學内編三卷外編一卷補遺一卷別錄一卷　(清)汪中撰　清同治八年(1869)揚州書局刻本　四册

340000－1843－0005080　集4212.2/3150
述學内編三卷外編一卷補遺一卷別錄一卷　(清)汪中撰　清同治八年(1869)揚州書局刻本　二册

340000－1843－0005081　集4212.2/3150
述學内編三卷外編一卷補遺一卷別錄一卷　(清)汪中撰　清同治八年(1869)揚州書局刻本　二册

340000－1843－0005082　集4212.2/3130.3
述學補遺一卷別錄一卷　(清)汪中撰　清道光汪喜孫刻本　一册

340000－1843－0005083　集4212.2/3194
響泉集詩十七卷文一卷詞二卷　(清)顧光旭撰　清宣統二年(1910)無錫顧氏刻本　四册

340000－1843－0005084　集4212.2/3202
三松堂續集六卷　(清)潘奕雋撰　清同治刻本　六册

340000－1843－0005085　集4212.2/3227
養一齋集二十六卷首一卷　(清)潘德輿撰　清同治八年(1869)刻本　六册

340000－1843－0005086　集4212.2/3332
雪鴻詩草四卷　(清)梁道奐撰　清嘉慶刻本　四册

340000－1843－0005087　集4212.2/3404.2
更生齋文甲集四卷乙集四卷詩集八卷詩餘二卷鮚軒詩八卷　(清)洪亮吉撰　清嘉慶七年

(1802)洋川書院刻本　七冊

340000－1843－0005088　集4212.2/3410
芝泉集概八卷　(清)淩霄撰　清道光刻本　四冊

340000－1843－0005089　集4212.2/3423
歸愚詩鈔二十卷餘集八卷文鈔二十卷餘集七卷　(清)沈德潛撰　清乾隆刻本　十六冊

340000－1843－0005090　集4212.2/3454
東園詩鈔十二卷　(清)淩泰封撰　清光緒十六年(1890)刻本　四冊

340000－1843－0005091　集4212.2/3473
桂留山房詩十二卷詞一卷　(清)沈宇淵撰　清道光刻本　四冊

340000－1843－0005092　集4212.2/3491
借菴詩鈔十二卷　(清)釋清恒撰　清道光刻本　四冊

340000－1843－0005093　集4212.2/3633
隨園詩草八卷禪家公案頌一卷　(清)邊連寶撰　清乾隆四十年(1775)刻本　八冊

340000－1843－0005094　集4212.2/3677
海秋詩集二十六卷後集一卷　(清)湯鵬撰　清道光十八年(1838)刻本　十冊

340000－1843－0005095　集4212.2/3677
海秋詩集二十六卷後集一卷　(清)湯鵬撰　清道光十八年(1838)刻本　五冊　存十一卷(詩集十六至二十六、後集一卷)

340000－1843－0005096　集4212.2/4001
童山詩集二十六卷　(清)李調元撰　清嘉慶萬卷樓刻本　十冊

340000－1843－0005097　集4212.2/4023
韋廬詩內集四卷外集四卷　(清)李秉禮撰　清光緒十三年(1887)紅陽官舍刻本　四冊

340000－1843－0005098　集4212.2/4026
棣懷堂隨筆十一卷　(清)李象鵾撰　清道光元年(1821)刻本　七冊

340000－1843－0005099　集4212.2/4033
養一齋文集二十卷　(清)李兆洛撰　清光緒四年(1878)刻本　八冊

340000－1843－0005100　集4212.2/4044
粵東雜詩五種一卷唐鍾形制一卷　(清)李夢松撰　清嘉慶五年(1800)刻本　一冊

340000－1843－0005101　集4212.2/4044.2
帶草軒詩一卷　(清)韋協夢撰　清乾隆三十八年(1773)刻本　一冊

340000－1843－0005102　集4212.2/4047
道古堂全集四十六卷　(清)杭世駿撰　清乾隆五十七年(1792)刻本　十冊

340000－1843－0005103　集4212.2/4047.2
道古堂文集四十八卷　(清)杭世駿撰　清光緒十四年(1888)振綺堂刻本　十冊

340000－1843－0005104　集4212.2/4048
小倉山房文集三十五卷外集八卷詩集三十六卷補遺一卷　(清)袁枚撰　清乾隆隨園刻本　十八冊

340000－1843－0005105　集4212.2/4048.2
音註小倉山房尺牘八卷補遺一卷　(清)袁枚撰　(清)胡光斗箋釋　清光緒十二年(1886)上海掃葉山房刻朱墨套印本　四冊

340000－1843－0005106　集4212.2/4048.8
袁文箋正十六卷補註一卷　(清)袁枚撰　(清)石韞玉箋註　清嘉慶十七年(1812)鶴壽山堂刻本　十六冊

340000－1843－0005107　集4212.2/4048.9
小倉山房尺牘六卷　(清)袁枚撰　清刻本　四冊

340000－1843－0005108　集4212.2/4048.10
隨園駢體文註十六卷　(清)袁枚撰　(清)黎光地註　清光緒四年至七年(1878－1881)長沙刻本　八冊

340000－1843－0005109　集4212.2/4048.11
小倉山房外集八卷　(清)袁枚撰　清乾隆隨園刻本　二冊

340000－1843－0005110　集4212.2/4048.7

袁文箋正十六卷補註一卷 （清）袁枚撰 （清）石韞玉箋註 清光緒八年（1882）長夏汗青簃刻本 八冊

340000－1843－0005111 集 4212.2/4049
侯鯖集十卷 （清）李友棠撰 清繡谷趙氏靜香閣刻本 四冊

340000－1843－0005112 集 4212.2/4081
存吾春山房集二十二卷 （清）李鈺撰 清咸豐刻本 八冊

340000－1843－0005113 集 4212.2/4206
邃雅堂集十卷 （清）姚文田撰 清道光元年（1821）江陰學使署刻本 四冊

340000－1843－0005114 集 4212.2/4217.4
惜抱先生尺牘八卷 （清）姚鼐撰 清宣統元年（1909）小萬柳堂刻本 四冊

340000－1843－0005115 集 4212.2/4217（6）
惜抱軒全集十四種 （清）姚鼐撰 清同治五年（1866）省心閣刻本 六冊 存八種

340000－1843－0005116 集 4212.2/4222
一行居集八卷附錄一卷 （清）彭紹升撰 清道光五年（1825）彭氏葆素堂刻本 四冊

340000－1843－0005117 集 4212.2/4222.2
測海集六卷 （清）彭紹升撰 清同治四年（1865）刻本 六冊

340000－1843－0005118 集 4212.2/4222
二林居集二卷 （清）彭紹升撰 清光緒刻本 二冊

340000－1843－0005119 集 4212.2/4222.3
二林居集八卷 （清）彭紹升撰 清道光五年（1825）刻本 四冊

340000－1843－0005120 集 4212.2/4234
紘詩塾詩六卷 （清）姚清華撰 清光緒七年（1881）金山程氏補讀書齋刻本 二冊

340000－1843－0005121 集 4212.2/4234
小謨觴館詩集注八卷詩續集註二卷詩餘注一卷詩餘續注一卷文集四卷文續集註二卷懺摩錄一卷潘瀾筆記二卷附錄四卷 （清）彭兆蓀撰 （清）孫元培等註 清光緒三十二年（1906）刻本 五冊 存七卷（小謨觴館詩集注六至八、詩續集注二卷、詩餘注一卷、詩餘續注一卷）

340000－1843－0005122 集 4212.2/4288
賜墨齋詩二卷詞一卷 （清）姚念曾撰 清光緒十六年（1890）金山程氏補讀書齋刻本 一冊

340000－1843－0005123 集 4212.2/4301
戴簡恪公遺集八卷 （清）戴敦元撰 清同治十一年（1872）刻本 四冊

340000－1843－0005124 集 4212.2/4310
戴東原集十二卷札記一卷 （清）戴震撰 **年譜一卷** （清）段玉裁纂譜 清宣統二年（1910）渭南嚴氏孝義家塾刻本 六冊

340000－1843－0005125 集 4212.2/4310
戴東原集十二卷札記一卷 （清）戴震撰 **年譜一卷** （清）段玉裁纂譜 清宣統二年（1910）渭南嚴氏孝義家塾刻本 六冊

340000－1843－0005126 集 4212.2/4310
戴東原集十二卷札記一卷 （清）戴震撰 **年譜一卷** （清）段玉裁纂譜 清宣統二年（1910）渭南嚴氏孝義家塾刻本 四冊

340000－1843－0005127 集 4212.2/4362
裘文達公文集六卷補遺一卷恭和御製詩六卷詩集十二卷奏議一卷首一卷 （清）裘曰修撰 清嘉慶七年至八年（1802－1803）刻本 六冊

340000－1843－0005128 集 4212.2/4430
東井詩鈔四卷文鈔二卷 （清）黃定文撰 清光緒十六年（1890）四明黃氏補不足齋刻本 四冊

340000－1843－0005129 集 4212.2/4432
唐堂集五十卷補遺二卷續集八卷冬錄一卷 （清）黃之雋撰 清乾隆刻本 十二冊

340000－1843－0005130 集 4212.2/4432（4060）

香屑集十八卷首詩話一卷　(清)黄之雋撰題(清)古愚(陳邦直)校註　清宣統二年(1910)上海掃葉山房刻本　四册

340000－1843－0005131　集 4212.2/4432
詩娱室詩初集十二卷　(清)黄安濤撰　清道光二年(1822)刻本　四册

340000－1843－0005132　集 4212.2/4440
平園雜著内編十四卷　(清)林有席撰　清道光六年(1826)刻本　六册

340000－1843－0005133　集 4212.2/4440
蘇園仲詩集六卷　(清)蘇去疾撰　清嘉慶六年(1801)雙檜軒刻本　四册

340000－1843－0005134　集 4212.2/4445
韓湘南先生遺文一卷　(清)韓棟撰　清光緒八年(1882)刻本　一册

340000－1843－0005135　集 4212.2/4448
味蕉小寮集五種六卷　(清)蔡世鈸撰　清道光刻本　四册

340000－1843－0005136　集 4212.2/4462.2
兩當軒集二十二卷附録四卷　(清)黄景仁撰　**考異二卷**　(清)黄志述撰　清光緒二年(1876)黄氏家塾刻本　六册

340000－1843－0005137　集 4212.2/4462.3
兩當軒集十四卷悔存詞二卷　(清)黄景仁撰　清嘉慶四年(1799)刻嘉慶二十二年(1817)補刻本　四册

340000－1843－0005138　集 4212.2/4462.2
兩當軒集十四卷竹眠詞鈔二卷　(清)黄景仁撰　清道光十三年(1833)廣州刻本　四册

340000－1843－0005139　集 4212.2/4483
壹齋集二十七卷賦一卷二十四畫品一卷奏御集二卷　(清)黄鉞撰　清嘉慶二十五年(1820)刻道光補刻本　八册

340000－1843－0005140　集 4212.2/4483.2
壹齋集四十四卷賦一卷二十四畫品一卷畫友録一卷兩朝恩賚記一卷游黄山記一卷　(清)黄鉞撰　清咸豐九年(1859)刻本　九册

340000－1843－0005141　集 4212.2/4487
滑疑集八卷　(清)韓錫胙撰　清同治十三年(1874)浙江處州府署刻本　四册

340000－1843－0005142　集 4212.2/4649
芙蓉山館詩鈔八卷補鈔一卷詞鈔二卷附詞鈔一卷文鈔八卷　(清)楊芳燦撰　清光緒十七年(1891)無錫匡寶才木活字印本　八册

340000－1843－0005143　集 4212.2/4669
插花窗詩草六卷賦草二卷　(清)楊昌光撰　清嘉慶二十三年(1818)積秀堂刻本　二册

340000－1843－0005144　集 4212.2/4672
寒香館詩鈔四卷附録一卷文鈔八卷　(清)賀熙齡撰　清道光二十八年(1848)刻本　四册

340000－1843－0005145　集 4212.2/4680
夙好齋詩鈔十五卷賦鈔一卷　(清)楊知新撰　清光緒四年(1878)蘇州刻本　四册

340000－1843－0005146　集 4212.2/4710
狃文詩集不分卷　(清)胡承課撰　清刻本　一册

340000－1843－0005147　集 4212.2/4713
石笥山房文集六卷詩集十一卷詞一卷　(清)胡天游撰　清道光二十六年(1846)博平縣衙刻本　十六册

340000－1843－0005148　集 4212.2/4917.3
甌北集五十三卷　(清)趙翼撰　清嘉慶十七年(1812)湛貽堂刻本　八册

340000－1843－0005149　集 4212.2/4917
甌北集五十三卷　(清)趙翼撰　清嘉慶十七年(1812)湛貽堂刻本　十二册

340000－1843－0005150　集 4212.2/4917.2
甌北集五十卷續增三卷　(清)趙翼撰　清嘉慶十七年(1812)壽考堂刻本　十二册

340000－1843－0005151　集 4212.2/4917.4
甌北詩鈔十九卷詩話二卷　(清)趙翼撰　清嘉慶十七年(1812)湛貽堂刻本　八册

340000－1843－0005152　集 4212.2/4929
小松石齋集五卷　(清)趙允懷撰　清道光二

十三年(1843)常熟趙氏雙卷樓刻本　六冊

340000－1843－0005153　集4212.2/4943
角山樓賦鈔註釋二卷　(清)趙克宜撰　(清)趙連城校刊　清道光二十三年(1843)愛石山房刻本　四冊

340000－1843－0005154　集4212.2/4943.2
角山樓詩鈔十五卷首一卷　(清)趙克宜撰　清道光二十六年(1846)刻本　四冊

340000－1843－0005155　集4212.2/4944
濾月軒詩集二卷續集二卷文集一卷詩餘一卷　(清)趙棻撰　清同治十二年(1873)刻本　六冊

340000－1843－0005156　集4212.2/4991
亦有生齋集文二十卷詩三十二卷　(清)趙懷玉撰　清嘉慶二十年至道光元年(1815－1821)刻本　二十冊

340000－1843－0005157　集4212.2/5012
樗壽山房輯稿六卷　(清)史致儼撰　清道光二十六年(1846)王永元刻字舖刻本　四冊

340000－1843－0005158　集4212.2/5301
詒晉齋集八卷隨筆一卷　(清)永瑆撰　清道光二十八年(1848)刻本　四冊

340000－1843－0005159　集4212.2/5547
曇雲閣詩集八卷詩附錄二卷外集一卷詞鈔一卷詞續刻一卷音匏隨筆一卷　(清)曹楙堅撰　清道光二十三年(1843)刻本　六冊

340000－1843－0005160　集4212.2/6020
初月樓文鈔十卷詩鈔四卷　(清)吳德旋撰　清光緒十年(1884)刻本　四冊

340000－1843－0005161　集4212.2/6028
紅雪山房詩鈔十二卷　(清)吳嵰撰　清嘉慶十九年(1814)陸介眉寫刻本　二冊

340000－1843－0005162　集4212.2/6030
紫石泉山房文集十二卷附錄一卷　(清)吳定撰　清光緒十三年(1887)黟縣李氏刻本　四冊

340000－1843－0005163　集4212.2/6040
尊聞居士集八卷　(清)羅有高撰　清光緒七年(1881)刻本　四冊

340000－1843－0005164　集4212.2/6040
吳學士文集四卷詩集五卷　(清)吳鼒撰　(清)梁肇煌等編　清光緒八年(1882)江寧藩署刻本　六冊

340000－1843－0005165　集4212.2/6060
小羅浮山館詩鈔十五卷　(清)吳昇撰　清同治四年(1865)刻本　四冊

340000－1843－0005166　集4212.2/6067
聽雨齋詩十四卷補編一卷　(清)吳照撰　清乾隆刻本　二冊

340000－1843－0005167　集4212.2/6080
有正味齋駢文箋註十六卷　(清)吳錫麒撰　(清)葉聯芬箋　清同治七年(1868)慈北葉氏刻本　八冊

340000－1843－0005168　集4212.2/6119
清仁宗御製詩初集四十八卷目錄六卷　(清)仁宗顒琰撰　清嘉慶八年(1803)刻本　十六冊

340000－1843－0005169　集4212.2/6119.2
清仁宗御製文二集十四卷　(清)仁宗顒琰撰　清嘉慶二十年(1815)刻本　十二冊

340000－1843－0005170　集4212.2/6614
鐵橋漫稿八卷　(清)嚴可均撰　清光緒十一年(1885)心矩齋刻本　四冊

340000－1843－0005171　集4212.2/6649
樂園文鈔八卷詩稿六卷　(清)嚴如熤撰　清道光刻本　八冊

340000－1843－0005172　集4212.2/7110
揅經室一集十四卷二集八卷三集五卷四集十一卷續集九卷再續集六卷外集五卷　(清)阮元撰　清道光三年(1823)儀徵阮氏文選樓刻本　二十四冊

340000－1843－0005173　集4212.2/7110(2)
揅經室一集十四卷二集八卷三集五卷四集十一卷續集九卷再續集六卷外集五卷　(清)阮

元撰　清道光三年(1823)儀徵阮氏文選樓刻本　十冊　存二十七卷(三集四至五、四集十一卷、續集九卷、外集五卷)

340000－1843－0005174　集 4212.2/7140
青櫺山房詩鈔十一卷附錄一卷　(清)馬士龍撰　清光緒元年(1875)刻本　六冊

340000－1843－0005175　集 4212.2/7617
樊榭山房集十卷續集十卷文集八卷集外詩三卷集外詞四卷集外曲二卷集外文一卷　(清)厲鶚撰　清光緒十年(1884)錢塘汪氏振綺堂刻本　九冊

340000－1843－0005176　集 4212.2/7203
青溪舊屋文集十一卷　(清)劉文淇撰　清光緒九年(1883)刻本　四冊

340000－1843－0005177　集 4212.2/7232
綠野齋文集四卷　(清)劉鴻翶撰　清道光七年(1827)同仁堂刻本　四冊

340000－1843－0005178　集 4212.2/7244.2
海峰先生詩十卷札記一卷　(清)劉大櫆撰　(清)姚鼐校　清光緒二十五年(1899)蕭穆刻本　二冊

340000－1843－0005179　集 4212.2/7244.2
海峰先生詩十卷札記一卷　(清)劉大櫆撰　(清)姚鼐校　清光緒二十五年(1899)蕭穆刻本　二冊

340000－1843－0005180　集 4212.2/7244
海峰先生文十卷補遺一卷詩八卷　(清)劉大櫆撰　(清)湯彬校　清光緒十四年(1888)桐城吳大有堂木活字印本　十冊

340000－1843－0005181　集 4212.2/7244
海峰詩集十一卷文集八卷　(清)劉大櫆撰　清同治十三年(1874)刻本　四冊　存十四卷(詩集十一卷、文集六至八)

340000－1843－0005182　集 4212.2/7244.2
海峰先生文十卷詩六卷　(清)劉大櫆撰　(清)許宗亮編校　清同治十三年(1874)時還書屋刻本　八冊

340000－1843－0005183　集 4212.2/7262
尚絅堂詩集二卷　(清)劉嗣綰撰　清同治八年(1869)刻本　八冊

340000－1843－0005184　集 4212.2/7269
思補齋文集四卷　(清)劉星煒撰　清光緒二十年(1894)刻本　四冊

340000－1843－0005185　集 4212.2/7277
孟塗文集四十四卷　(清)劉開撰　清道光六年(1826)桐城姚氏檗山草堂刻本　八冊

340000－1843－0005186　集 4212.2/7277.2
孟塗文集十卷駢文二卷　(清)劉開撰　清光緒十二年(1886)大鄣山館刻本　四冊

340000－1843－0005187　集 4212.2/7277.2
孟塗前集十卷後集二十二卷文集十卷駢體文二卷　(清)劉開撰　清道光六年(1826)桐城姚氏檗山草堂刻本　八冊

340000－1843－0005188　集 4212.2/7340
字雲巢文稿二十卷　(清)盛大謨撰　(清)熊為霖訂　清同治二年(1863)課花別館刻本　四冊

340000－1843－0005189　集 4212.2/7404
最樂山莊詩鈔七卷　(清)陸齊壽撰　**于斯閣詩鈔六卷**　(清)陸素生撰　清道光二十九年(1849)刻本　四冊

340000－1843－0005190　集 4212.2/7425
崇百藥齋文集二十卷續集四卷三集十二卷五真閣吟稿一卷　(清)陸繼輅撰　清光緒四年(1878)興國州署刻本　十二冊

340000－1843－0005191　集 4212.2/7481
善卷堂四六十卷　(清)陸繁弨撰　(清)吳自高註　清乾隆三十五年(1770)亦園刻本　四冊

340000－1843－0005192　集 4212.2/7482
篁村集十二卷　(清)陸錫熊撰　清嘉慶十四年(1809)陸慶循刻本　八冊

340000－1843－0005193　集 4212.2/7503
秣陵集六卷圖考一卷金陵歷代紀年事表一卷

（清）陳文述撰　清光緒十年（1884）淮南書局刻本　三册

340000－1843－0005194　集 4212.2/7503
西泠懷古集十卷　（清）陳文述撰　清光緒九年（1883）越中刻本　六册

340000－1843－0005195　集 4212.2/7503(2)
西泠閨咏十六卷　（清）陳文述撰　清光緒十三年（1887）西泠翠螺閣刻本　六册

340000－1843－0005196　集 4212.2/7510
秋坪詩存十四卷　（清）陳登龍撰　清嘉慶刻本　四册

340000－1843－0005197　集 4212.2/7519
琴海集二卷　（清）陳玉鄰撰　清光緒二十一年（1895）刻本　一册

340000－1843－0005198　集 4212.2/7520
簡莊集對策六卷　（清）陳鱣撰　清嘉慶十年（1805）士鄉堂刻本　一册

340000－1843－0005199　集 4212.2/7530
培遠堂手札節存三卷　（清）陳宏謀撰　清同治三年（1864）射雕山館刻本　三册

340000－1843－0005200　集 4212.2/7530
陳文恭公手札節要三卷　（清）陳宏謀撰　清同治七年（1868）湖北崇文書局刻本　一册

340000－1843－0005201　集 4212.2/7530
陳文恭公手札節要三卷　（清）陳宏謀撰　清同治七年（1868）湖北崇文書局刻本　一册

340000－1843－0005202　集 4212.2/7540
卓廬初草四卷　（清）陳墉撰　清道光十四年（1834）刻本　六册

340000－1843－0005203　集 4212.2/7710.2
十誦齋詩集四卷詞一卷雜文一卷　（清）周天度撰　**小十誦寮詩存一卷**　（清）周南撰　清光緒十年（1884）刻本　四册

340000－1843－0005204　集 4212.2/7710
諸華香處詩集十三卷　（清）邱瑋撰　清嘉慶十九年（1814）刻道光補刻本　十册

340000－1843－0005205　集 4212.2/7726
夫椒山館詩二十二卷　（清）周儀暐撰　清道光二十七年（1847）刻本　四册

340000－1843－0005206　集 4212.2/7730
春酒堂文集不分卷　（清）周容撰　清宣統二年（1910）國學扶輪社鉛印本　一册

340000－1843－0005207　集 4212.2/7730
介存齋詩六卷味雋齋史義二卷文稿一卷詞一卷　（清）周濟撰　**貯素樓詞一卷**　（清）蘇穆撰　**柳下詞一卷**　（清）周青撰　清道光刻本　八册

340000－1843－0005208　集 4212.2/7734
陶文毅公全集六十四卷附錄一卷　（清）陶澍撰　清道光二十年（1840）淮北士民公刻本　三十二册

340000－1843－0005209　集 4212.2/7734.2
撫吴草四卷　（清）陶澍撰　清道光刻本　一册

340000－1843－0005210　集 4212.2/8000
豸華堂文鈔八卷　（清）金應麟撰　清道光二十六年（1846）刻本　二册

340000－1843－0005211　集 4212.2/8030
全謝山文鈔十六卷　（清）全祖望撰　清宣統二年（1910）上海國學扶輪社鉛印本　八册

340000－1843－0005212　集 4212.2/8034
棕亭詩鈔十八卷　（清）金兆燕撰　清道光十六年（1836）贈雲軒刻本　四册

340000－1843－0005213　集 4212.2/8042
蒓鄉詩鈔八卷遺鈔一卷續鈔一卷　（清）金夢熊撰　清乾隆五十三年（1788）刻本　八册

340000－1843－0005214　集 4212.2/8086
白石山人詩鈔不分卷　（清）金智撰　清嘉慶元年（1796）刻本　一册

340000－1843－0005215　集 4212.2/8092
賞雨茅屋詩集十五卷　（清）曾燠撰　清嘉慶二十年（1815）刻本　五册

340000－1843－0005216　集 4212.2/8324

刻楮集四卷 （清）錢儀吉撰　清道光十年(1830)刻本　一冊

340000－1843－0005217　集4212.2/8335
南園詩存不分卷 （清）錢灃撰　清嘉慶趙州師範刻本　一冊

340000－1843－0005218　集4212.2/8335.2
錢南園先生遺集五卷 （清）錢灃撰　清同治十一年(1872)刻本　二冊

340000－1843－0005219　集4212.2/8335.3
錢南園遺集五卷 （清）錢灃撰　清光緒十九年(1893)刻本　二冊

340000－1843－0005220　集4212.2/8343
擇石齋詩集四十九卷 （清）錢載撰　清乾隆刻本　六冊

340000－1843－0005221　集4212.2/8344
玉山草堂集三十卷 （清）錢林撰　清道光十五年(1835)刻本　十二冊

340000－1843－0005222　集4212.2/8346
潛研堂詩集十卷續集十卷 （清）錢大昕撰　清嘉慶十一年(1806)刻本　四冊

340000－1843－0005223　集4212.2/8346
潛研堂文集五十卷詩集十卷詩續集十卷 （清）錢大昕撰　清嘉慶十一年(1806)刻本(文集卷二配抄本)　二十冊

340000－1843－0005224　集4212.2/8371(2)
香樹齋詩集十八卷 （清）錢陳群撰　清乾隆十六年(1751)刻本　六冊

340000－1843－0005225　集4212.2/8720
瓶水齋詩集十七卷別集二卷詩話一卷末一卷 （清）舒位撰　清光緒十二年(1886)定州王氏謙德堂刻本　八冊

340000－1843－0005226　集4212.2/8799
板橋集六種 （清）鄭燮撰　清乾隆清暉書屋刻本　四冊

340000－1843－0005227　集4212.2/8848
韞山堂文集八卷 （清）管世銘撰　清光緒十七年(1891)存厚堂刻本　四冊

340000－1843－0005228　集4212.2/8848.2
韞山堂文集八卷詩集十六卷 （清）管世銘撰　清光緒二十年(1894)讀雪山房刻本　五冊

340000－1843－0005229　集4212.2/8848.2
韞山堂文集八卷詩集十六卷 （清）管世銘撰　清光緒二十年(1894)讀雪山房刻本　五冊

340000－1843－0005230　集4212.2/8848.2
韞山堂文集八卷詩集十六卷 （清）管世銘撰　清光緒二十年(1894)讀雪山房刻本　五冊

340000－1843－0005231　集4212.2/8877
因寄軒文初集十卷二集六卷補遺一卷 （清）管同撰　清光緒五年(1879)刻本　四冊

340000－1843－0005232　集4212.2/8877
因寄軒文初集十卷二集六卷補遺一卷 （清）管同撰　清光緒五年(1879)刻本　四冊

340000－1843－0005233　集4212.2/8877
因寄軒文初集十卷二集六卷補遺一卷 （清）管同撰　清光緒五年(1879)刻本　四冊

340000－1843－0005234　集4212.2/8877
因寄軒文初集十卷二集六卷補遺一卷 （清）管同撰　清光緒五年(1879)刻本　四冊

340000－1843－0005235　集4213./0002
萃錦唫八卷 （清）奕訢撰　清光緒十一年(1885)刻本　八冊

340000－1843－0005236　集4213./0002
樂道堂古近體詩二卷正誼書屋試帖詩存二卷廣四時讀書樂詩試帖一卷豳風詠一卷賡獻集一卷岵屺懷音一卷 （清）奕訢撰　清同治六年(1867)刻本　八冊

340000－1843－0005237　集4213./0002
樂道堂文鈔五卷 （清）奕訢撰　清同治六年(1867)刻本　五冊

340000－1843－0005238　集4213./0008
茶夢盦詩稿十二卷燼餘詞一卷 （清）高望曾撰　**寫麋詞一卷** （清）陳嘉撰　清同治九年(1870)福州刻光緒十六年(1890)杭州補刻本　四冊

340000－1843－0005239　集 4213./0018
涌翠山房文集四卷詩集四卷　(清)高延第撰　清光緒十四年(1888)刻本　四冊

340000－1843－0005240　集 4213./0030
柏堂集前編十四卷次編十三卷續編二十二卷後編二十二卷餘編八卷補存三卷外編十二卷附存五卷　(清)方宗誠撰　清光緒六年至十二年(1880－1886)刻本　二十四冊

340000－1843－0005241　集 4213./0030
柏堂集前編十四卷次編十三卷續編二十二卷後編二十二卷餘編八卷補存三卷外編十二卷附存五卷　(清)方宗誠撰　清光緒六年至十二年(1880－1886)刻本　十六冊

340000－1843－0005242　集 4212.1/1043.6
漁洋山人精華錄箋註十二卷　(清)王士禛撰　(清)金榮箋註　(清)徐淮纂集　清乾隆鳳翽堂刻本　十六冊

340000－1843－0005243　集 4212.1/1043.7
漁洋山人精華錄箋註十二卷　(清)王士禛撰　(清)金榮箋註　(清)徐淮纂集　清乾隆鳳翽堂刻本　十冊

340000－1843－0005244　集 4213./0032
退一步齋文集四卷　(清)方浚師撰　清光緒十八年(1892)刻本　四冊

340000－1843－0005245　集 4213./0037
二知軒詩鈔十四卷續鈔十八卷　(清)方浚頤撰　清同治五年至八年(1866－1869)刻本　十冊　存十八卷(二知軒詩鈔十四卷、續鈔一至四)

340000－1843－0005246　集 4213./0037
二知軒詩鈔十四卷續鈔十八卷　(清)方浚頤撰　清同治五年至八年(1866－1869)刻本　十三冊

340000－1843－0005247　集 4213./0042
南海先生詩集四種四卷　康有為撰　梁啟超手寫　清光緒三十四年(1908)石印本　一冊

340000－1843－0005248　集 4213./0043
啖蔗軒詩存三卷自訂年譜一卷東歸日記一卷蔗餘偶筆一卷　(清)方士淦撰　**梁聞山評書帖一卷**　(清)梁巘撰　**鮑覺生未刻詩一卷**　(清)鮑桂星撰　清同治十一年(1872)兩淮運署刻本　四冊

340000－1843－0005249　集 4213./0044
珠泉草廬詩鈔四卷　(清)廖樹蘅撰　清光緒二十七年(1901)刻本　二冊

340000－1843－0005250　集 4213./0044(2)
珠泉草廬文錄二卷　(清)廖樹蘅撰　清宣統二年(1910)長沙刻本　二冊

340000－1843－0005251　集 4213./0044(2)
珠泉草廬文錄二卷　(清)廖樹蘅撰　清宣統二年(1910)長沙刻本　二冊

340000－1843－0005252　集 4213./0046
今白華堂時文集三十二卷試帖一卷關中書院試帖序不分卷　(清)童槐撰　清同治五年(1866)刻本　六冊

340000－1843－0005253　集 4213./0046(2)
今白華堂詩錄八卷首二卷補八卷　(清)童槐撰　清同治八年(1869)刻本　五冊

340000－1843－0005254　集 4213./0054
儀衛軒詩集三卷　(清)方東樹撰　清同治刻本　二冊

340000－1843－0005255　集 4213./0054(2)
發槃集文錄十二卷　(清)方東樹撰　**待廬遺集二卷**　(清)方澤撰　清光緒二十年(1894)刻本　十冊

340000－1843－0005256　集 4213./0063
百一山房集十卷　(清)應時良撰　清光緒十八年(1892)海寧鍾氏刻本　四冊

340000－1843－0005257　集 4213./0064
虛白室文鈔四卷詩鈔十四卷　(清)方昌翰撰　清光緒十三年(1887)刻本　六冊

340000－1843－0005258　集 4213./0099
謝家山人集六卷　(清)唐瑩撰　清光緒十年(1884)刻本　二冊

340000－1843－0005259　集4213./0183
五山草堂初編二卷　(清)龍令憲撰　清光緒三十四年(1908)刻本　一册

340000－1843－0005260　集4213./0183
五山草堂初編二卷　(清)龍令憲撰　清光緒三十四年(1908)刻本　一册

340000－1843－0005261　集4213./0199
樂志堂詩十二卷文十八卷文續二卷　(清)譚瑩撰　清咸豐十一年(1861)吏隱園刻本　十二册

340000－1843－0005262　集4213./0400
春草堂詩集十二卷四六一卷詞二卷詩話八卷　(清)謝堃撰　清道光刻本　十册

340000－1843－0005263　集4213./0434.2
杏廬文鈔八卷　(清)諸福坤撰　清光緒二十二年(1896)刻本　一册　存三卷(一至三)

340000－1843－0005264　集4213./0725
養知書屋文集二十八卷　(清)郭嵩燾撰　清光緒十八年(1892)刻本　十二册

340000－1843－0005265　集4213./0819
雪門詩草十四卷　(清)許瑤光撰　清同治十三年(1874)刻本　六册

340000－1843－0005266　集4213./0112
春華集二卷　(清)龍元任撰　清光緒十九年(1893)刻本　一册

340000－1843－0005267　集4213./0112
春華集二卷　(清)龍元任撰　清光緒十九年(1893)刻本　一册

340000－1843－0005268　集4213./0121
定庵文集三卷續集四卷補編四卷補二卷別集一卷　(清)龔自珍撰　清光緒三年(1877)萬本書堂刻本　六册

340000－1843－0005269　集4213./0123
復堂類集文四卷詩九卷詞二卷　(清)譚獻撰　**待堂文詩一卷**　(清)吳懷珍撰　清光緒十一年(1885)刻本　四册

340000－1843－0005270　集4213./0123
復堂類集文四卷詩九卷詞二卷　(清)譚獻撰　**待堂文詩一卷**　(清)吳懷珍撰　清光緒十一年(1885)刻本　四册

340000－1843－0005271　集4213./0123
復堂類集文四卷詩九卷詞二卷日記六卷　(清)譚獻撰　**待堂文詩一卷**　(清)吳懷珍撰　清光緒十一年(1885)刻本　六册

340000－1843－0005272　集4213./0123.2
復堂類集文四卷詩十一卷詞三卷日記八卷合肥三家詩錄二卷池上小集一卷　(清)譚獻撰　**待堂文詩一卷**　(清)吳懷珍撰　清光緒十一年至十三年(1885－1887)刻本　七册

340000－1843－0005273　集4213./0160
遠遺堂集外初編一卷續編一卷　(清)譚嗣同撰　清光緒二十八年(1902)石印本　一册

340000－1843－0005274　集4213./0164
蕉雨軒稿不分卷　(清)龍吟薌撰　清光緒三十四年(1908)刻本　一册

340000－1843－0005275　集4213./0164
蕉雨軒稿不分卷　(清)龍吟薌撰　清光緒三十四年(1908)刻本　一册

340000－1843－0005276　集451225/2816
閨秀詞鈔十六卷補遺三卷　徐乃昌編　清宣統三年(1911)刻本　八册

340000－1843－0005277　集4264/4007.2
李義山詩集三卷　(唐)李商隱撰　(清)朱鶴齡箋註　(清)沈厚塽輯評　清同治九年(1870)萃文堂刻三色套印本　三册

340000－1843－0005278　集45312/1003
御製詞譜四十卷　(清)王奕清等撰　清末石印本　二十册

340000－1843－0005279　集45312/1003
御製詞譜四十卷　(清)王奕清等撰　清末石印本　十九册　存三十八卷(一至三十八)

340000－1843－0005280　集45312/2850
詞律拾遺八卷補遺一卷　(清)徐本立撰　清同治十二年(1873)荔園刻本　五册

340000－1843－0005281　集45312/2850
詞律拾遺八卷補遺一卷　(清)徐本立撰　清同治十二年(1873)荔園刻本　四册

340000－1843－0005282　集45312/4042.4
詞學全書十五卷古韻一卷　(清)查培繼編　清刻本　八册

340000－1843－0005283　集45312/4042.3
詞學全書十四卷　(清)查培繼編　清刻本　八册

340000－1843－0005284　集45312/4042.3
詞學全書十四卷　(清)查培繼編　清刻本　八册

340000－1843－0005285　集45312/4042.2
詞學全書十四卷古韻一卷　(清)查培繼編　清刻本　十六册

340000－1843－0005286　集45312/4444.4
詞律二十卷　(清)萬樹撰　清刻本　十册

340000－1843－0005287　集45312/4454
天籟軒詞譜六卷　(清)葉申薌編　清道光刻本　六册

340000－1843－0005288　集45312/8744
白香詞譜箋四卷　(清)舒蘿蘭編　(清)謝朝徵註　清光緒十一年(1885)刻本　二册

340000－1843－0005289　集45312/8744.4
白香詞譜箋四卷　(清)舒蘿蘭編　(清)謝朝徵註　清光緒二十一年(1895)刻本　二册

340000－1843－0005290　集45322/0000
審音鑑古録六十六折　(清)□□撰　清道光刻本　八册

340000－1843－0005291　集45322/0000(2)
昆曲雜鈔不分卷　(清)□□撰　抄本　一册

340000－1843－0005292　集45322/0000(3)
霓裳集錦不分卷　(清)□□撰　抄本　四册

340000－1843－0005293　集45322/0000(9)
鐵冠圖曲譜二卷　(清)□□撰　抄本　二册

340000－1843－0005294　集45322/1082
遏雲閣曲譜初集不分卷　(清)王錫純編　清同治九年(1870)著易堂石印本　九册

340000－1843－0005295　集45322/1082.2
遏雲閣曲譜初集不分卷　(清)王錫純編　清光緒十九年(1893)著易堂石印本　八册

340000－1843－0005296　集45322/1082.2
遏雲閣曲譜初集不分卷　(清)王錫純編　清光緒十九年(1893)著易堂石印本　八册

340000－1843－0005297　集45322/1082.2
遏雲閣曲譜初集不分卷　(清)王錫純編　清光緒十九年(1893)著易堂石印本　十二册

340000－1843－0005298　集45322/1167
崑曲粹存初集五種　國學保存會編　清宣統三年(1911)石印本　六册

340000－1843－0005299　集45322/1167
崑曲粹存初集五種　國學保存會編　清宣統三年(1911)石印本　六册

340000－1843－0005300　集45322/4490(3).2
納書楹曲譜正集四卷　(清)葉堂編　清乾隆刻本　七册

340000－1843－0005301　集45322/4490(3)
納書楹曲譜正集四卷　(清)葉堂編　清乾隆刻本　八册

340000－1843－0005302　集45322/4490(3)
納書楹曲譜正集四卷　(清)葉堂編　清乾隆刻本　七册

340000－1843－0005303　集45322/4490
納書楹西廂記全譜一卷邯鄲記全譜一卷　(清)葉堂編　清乾隆六十年(1795)納書楹刻本　二册

340000－1843－0005304　集45322/4490(2)
納書楹曲譜二十二卷　(清)葉堂編　清乾隆二十七年(1762)刻本　二十二册

340000－1843－0005305　集45322/4490(2)
納書楹曲譜二十二卷　(清)葉堂編　清乾隆二十七年(1762)刻本　二十册

340000－1843－0005306　集45322/4490(2)
納書楹曲譜二十二卷　(清)葉堂編　清乾隆二十七年(1762)刻本　二十四册

340000－1843－0005307　集4533/2884
詞苑叢談十二卷　(清)徐釚撰　清康熙二十七年(1688)刻本　七册　存九卷(一至九)

340000－1843－0005308　集4533/4402
芬陀利室詞話三卷　(清)蔣敦復撰　清光緒王氏 園刻本　一册

340000－1843－0005309　集4533/4402
芬陀利室詞話三卷　(清)蔣敦復撰　清光緒王氏 園刻本　一册

340000－1843－0005310　集4533/6026
蓮子居詞話四卷　(清)吴衡照輯　清同治九年(1870)退補齋刻本　一册

340000－1843－0005311　集4533/7519
白雨齋詞話八卷　(清)陳廷焯撰　清光緒二十年(1894)刻本　四册

340000－1843－0005312　集4533/7519
白雨齋詞話八卷　(清)陳廷焯撰　清光緒二十年(1894)刻本　四册

340000－1843－0005313　集4534/4031
雨村曲話二卷　(清)李調元撰　清末刻本　一册

340000－1843－0005314　集4534/4037
閑情偶寄十六卷　(清)李漁撰　清刻本　十二册

340000－1843－0005315　集461/0175
繡像小説不分卷　商務印書館編　清光緒二十九年(1903)石印本　七册

340000－1843－0005316　集461/0856
里乘(蘭苕館外史)十卷　(清)許奉恩撰　清光緒五年(1879)常熟抱芳閣刻本　十册

340000－1843－0005317　集4461/1061
今世説八卷　(清)王晫撰　清咸豐十年(1860)刻粤雅堂叢書刻本　四册

340000－1843－0005318　集461/1212.2
續世説十三卷　(宋)孔平仲撰　清刻本　六册

340000－1843－0005319　集461/1432
夜航船八卷　題(清)破額山人編　清嘉慶五年(1800)刻本　八册

340000－1843－0005320　集461/3140
情史類略二十四卷　(明)馮夢龍編　清道光二十八年(1848)經綸堂刻本　十册

340000－1843－0005321　集461/3144
雲仙散録一卷　(唐)馮贄撰　清光緒三十年(1904)南陵徐氏影宋刻本　一册

340000－1843－0005322　集461/4060
太平廣記五百卷目録十卷　(宋)李昉等編　清嘉慶十一年(1806)姑蘇聚文堂刻本　六十四册

340000－1843－0005323　集461/4060.4
太平廣記五百卷目録十卷　(宋)李昉等編　清道光二十六年(1846)刻本　六十四册

340000－1843－0005324　集461/5014
西青散記四卷　(清)史震林撰　清乾隆二年(1737)瓜渚草堂刻本　四册

340000－1843－0005325　集461/5014.2
西青散記四卷　(清)史震林撰　清乾隆二年(1737)海陽汪氏三餘堂刻本　四册

340000－1843－0005326　集461/5014.2
西青散記四卷　(清)史震林撰　清乾隆二年(1737)海陽汪氏三餘堂刻本　四册

340000－1843－0005327　集461/5014.2
西青散記四卷　(清)史震林撰　清乾隆二年(1737)海陽汪氏三餘堂刻本　四册

340000－1843－0005328　集461/5014.2
西青散記四卷　(清)史震林撰　清乾隆二年(1737)海陽汪氏三餘堂刻本　四册

340000－1843－0005329　集461/6000
香艷小品八種　(清)冒襄等編　清宣統元年(1909)石印本　五册

340000－1843－0005330　集 461/7280.4
世說新語補二十卷　(南朝宋)劉義慶撰　(明)何良俊增　(清)黄汝琳補　清乾隆二十七年(1762)刻本　四冊

340000－1843－0005331　集 461/7280.5
世說新語補二十卷　(南朝宋)劉義慶撰　(明)何良俊增　(清)黄汝琳補　清末刻本　十冊

340000－1843－0005332　集 461/7280.7
世說新語六卷　(南朝宋)劉義慶撰　清光緒十七年(1891)思賢講舍刻本　六冊

340000－1843－0005333　集 461/7547
唐代叢書(唐人說薈)一百六十四種　(清)陳世熙　(清)王文誥編　清嘉慶十一年(1806)天門渤海馬緯雲刻本　十五冊　存七十種

340000－1843－0005334　集 461/7547.3
唐人說薈十六集　(清)陳世熙　(清)王文誥編　清宣統三年(1911)上海掃葉山房鉛印本　十六冊

340000－1843－0005335　集 461/7547.3
唐人說薈十六集　(清)陳世熙　(清)王文誥編　清宣統三年(1911)上海掃葉山房鉛印本　十六冊

340000－1843－0005336　集 461/7547.4
唐代叢書(唐人說薈)一百六十四種　(清)陳世熙　(清)王文誥編　清同治十年(1871)北京琉璃廠刻本　十冊　存八十種

340000－1843－0005337　集 461/7754(2)
酉陽雜俎二十卷續集十卷　(唐)段成式撰　清光緒三年(1877)湖北崇文書局刻本　六冊

340000－1843－0005338　集 461/7754(2)
酉陽雜俎二十卷續集十卷　(唐)段成式撰　清光緒三年(1877)湖北崇文書局刻本　六冊

340000－1843－0005339　集 461/7788
六合内外瑣言二十卷　(清)屠紳撰　清宣統三年(1911)上海國學扶輪社鉛印本　十冊

340000－1843－0005340　集 461/8028
耳郵四卷　(清)羊朱翁(俞樾)編　清光緒上海申報館鉛印本　二冊

340000－1843－0005341　集 461/8712
觚賸八卷續編四卷　(清)鈕琇撰　清宣統三年(1911)上海國學扶輪社鉛印本　六冊

340000－1843－0005342　集 462/0763
洞靈小志八卷　(清)郭則澐撰　清同治十三年(1874)贅園刻本　四冊

340000－1843－0005343　集 462/1042
後聊齋志異圖說十二卷　(清)王韜撰　清光緒十三年(1887)大同書局石印本　四冊

340000－1843－0005344　集 462/2767.2
閱微草堂筆記二十四卷　(清)紀昀撰　清嘉慶北平盛氏望益書屋刻本　十冊

340000－1843－0005345　集 462/2767.7
紀氏嘉言四卷　(清)紀昀撰　(清)徐春摘　清咸豐九年(1859)英華齋刻本　四冊

340000－1843－0005346　集 462/3226
道聽塗説十二卷　(清)潘綸恩撰　清光緒上海申報館鉛印本　六冊

340000－1843－0005347　集 462/3347
池上草堂筆記八卷　(清)梁恭辰撰　清同治十二年(1873)豫章聽鸝館刻本　八冊

340000－1843－0005348　集 462/3434
夷堅志八十卷　(宋)洪邁撰　清光緒五年(1879)刻本　十二冊

340000－1843－0005349　集 462/3447
諧鐸十卷　(清)沈起鳳撰　清刻本　六冊

340000－1843－0005350　集 462/4442.3
聊齋志異新評十六卷　(清)蒲松齡撰　清道光二十二年(1842)刻朱墨套印本　十六冊

340000－1843－0005351　集 462/4442.3
聊齋志異新評十六卷　(清)蒲松齡撰　清道光二十二年(1842)刻朱墨套印本　十六冊

340000－1843－0005352　集 462/4442.4
聊齋志異新評十六卷　(清)蒲松齡撰　清刻

本　十二册　存十四卷(一至十、十三至十六)

340000－1843－0005353　集462/7716
周氏冥通記四卷　(南朝梁)陶弘景撰　清刻本　一册

340000－1843－0005354　集462/8043
右台仙館筆記十六卷　(清)俞樾撰　清刻本　六册

340000－1843－0005355　集463/4263
西湖佳話十六卷　題(清)墨浪子輯　清乾隆五十一年(1786)芥子園刻本　十册

340000－1843－0005356　集463/4263.2
西湖佳話十六卷　題(清)墨浪子輯　清宣統元年(1909)廣益書局鉛印本　六册

340000－1843－0005357　集463/4424
窈聞一卷　(明)葉紹袁撰　清咸豐六年(1856)大興王氏硯緣庵刻本　一册

340000－1843－0005358　集464/0000
更豈有此理四卷　(□)□□撰　清道光四年(1824)刻本　四册

340000－1843－0005359　集464/1612
莊諧選錄十二卷　題(清)醒醉生編　清光緒三十年(1904)鉛印本　四册

340000－1843－0005360　集465/0000
龍圖公案十卷　(□)□□撰　清經國堂刻本　四册

340000－1843－0005361　集465/0000(3)
景宋殘本五代平話八卷　(□)□□撰　清宣統三年(1911)昆陵董氏誦芬室刻本　二册

340000－1843－0005362　集465/0000(5)
新編五代史平話八卷　(□)□□撰　清宣統三年(1911)昆陵董氏誦芬室刻本　二册

340000－1843－0005363　集466/0000
五虎平西前傳十四卷　(□)□□撰　清道光十六年(1836)經元堂刻本　十四册

340000－1843－0005364　集466/0000(2)
希夷夢四十卷　(□)□□撰　清光緒四年(1878)刻本　二十册

340000－1843－0005365　集466/0000(3)
雙鳳奇緣四卷八十回　(□)□□撰　清道光二十六年(1846)一也軒刻本　十册

340000－1843－0005366　集466/0000(4)
雲鍾雁三鬧太平莊全傳五十四回　(□)□□撰　清道光二十九年(1849)刻本　八册

340000－1843－0005367　集466/0000(5)
繪圖後紅樓夢六卷三十二回　(清)□□撰　清宣統二年(1910)上海章福記石印本　六册

340000－1843－0005368　集466/0000(6)
續今古奇觀六卷三十回　(□)□□撰　清光緒二十年(1894)鉛印本　六册

340000－1843－0005369　集466/0000(7)
新刻天寶圖五十七回　(□)□□撰　清同治四年(1865)刻本　十册

340000－1843－0005370　集466/0000(8)
新刻五美緣八十回　(□)□□撰　清道光二十三年(1843)慎德堂刻本　八册

340000－1843－0005371　集466/0000(11)
繡像萬年清奇才新傳二集八卷二十回附方世玉打擂台　(□)□□撰　清刻本　八册

340000－1843－0005372　集466/0000(12)
緑牡丹六十回　(□)□□撰　清同治四年(1865)刻本　六册

340000－1843－0005373　集466/0000(14)
新編鴛鴦影十八回　(□)□□撰　清道光十五年(1835)刻本　四册

340000－1843－0005374　集466/0000(15)
永慶生平前傳十二卷九十回　(清)□□撰　清光緒二十九年(1903)上海簡青齋石印本　八册

340000－1843－0005375　集466/0000(17)
新鐫古本批評繡像三世報隔簾花影(隔簾花影)四十八回　(□)□□撰　清刻本　十二册

340000－1843－0005376　集466/0033
禪真逸史八卷　(明)方汝浩撰　清刻本　十二冊

340000－1843－0005377　集466/0810.3
評論出像水滸傳二十卷七十回　(明)施耐庵撰　(清)金聖嘆外書　清善成堂刻本　二十冊

340000－1843－0005378　集466/1033
歡喜冤家二十四回　題(清)西湖漁隱主人撰　清二美堂刻本　十冊

340000－1843－0005379　集466/1044
野叟曝言二十卷一百五十四回　夏敬觀撰　清光緒八年(1882)申報館鉛印本　十冊

340000－1843－0005380　集466/1044
野叟曝言二十卷一百五十四回　夏敬觀撰　清光緒八年(1882)申報館鉛印本　十冊

340000－1843－0005381　集466/1044
野叟曝言二十卷一百五十四回　夏敬觀撰　清光緒八年(1882)申報館鉛印本　十冊

340000－1843－0005382　集466/1044
野叟曝言二十卷一百五十四回　夏敬觀撰　清光緒八年(1882)申報館鉛印本　二十冊

340000－1843－0005383　集466/1072
醒世姻緣傳一百回　題(清)西周生撰　清同治九年(1870)刻本　二十四冊

340000－1843－0005384　集466/1124
東西漢通俗演義十八卷　(明)甄偉　(明)謝詔撰　清刻本　十二冊

340000－1843－0005385　集466/1127
新刻天花藏批評玉嬌梨四卷二十回　(清)張匀撰　清大文堂刻本　四冊

340000－1843－0005386　集466/1192
平金川四卷三十二回　(清)張小山撰　清光緒三十二年(1906)上海書局石印本　四冊

340000－1843－0005387　集466/1240
娱目醒心編十六卷　題(清)玉峯草亭老人(杜綱)編　清乾隆刻本　十冊

340000－1843－0005388　集466/2127
紅樓復夢一百回　題(清)紅香閣小和山樵南陽氏編輯　清光緒二年(1876)上海申報館鉛印本　十冊

340000－1843－0005389　集466/2142
南宋志傳十卷北宋志傳十卷　(明)熊大木撰　清善成堂刻本　十四冊

340000－1843－0005390　集466/2142.2
新鐫玉茗堂批點按鑑參補南宋志傳十卷北宋志傳十卷　(明)熊大木撰　(清)徐來琛訂正　清大文堂刻本　十二冊

340000－1843－0005391　集466/2222
白圭志四卷十六回　(清)崔象川撰　清刻本　四冊

340000－1843－0005392　集466/2616
西遊原旨二十四卷一百回　(明)吳承恩撰　(清)劉一明原旨　清嘉慶二十四年(1819)護國菴刻本　二十四冊

340000－1843－0005393　集466/2622
花月痕五十二回　(清)魏秀仁撰　清光緒十八年(1892)上海圖書集成印書局石印本　四冊

340000－1843－0005394　集466/2622.2
繡像花月痕全傳十六卷　(清)魏秀仁撰　清同治石印本　四冊

340000－1843－0005395　集466/2701
湘軍平逆傳四卷八回　題(清)醴泉居士撰　清光緒二十五年(1899)上海書局石印本　四冊

340000－1843－0005396　集466/2745
義俠好逑傳四卷十八回　題(清)名教中人編　清經元堂刻本　四冊

340000－1843－0005397　集466/2781
紅樓夢補四十八回　題(清)歸鋤子撰　清光緒二年(1876)上海申報館刻本　八冊

340000－1843－0005398　集4281/1150
柯山集五十卷　(宋)張耒撰　**柯山拾遺十二**

卷 （清）陸心源撰 **柯山續拾遺一卷** （清）□□續撰 清光緒二十五年（1899）廣雅書局刻武英殿聚珍版叢書本 十二册

340000－1843－0005399 集 4281/1310
祠部集三十五卷 （宋）強至撰 清光緒二十五年（1899）廣雅書局刻武英殿聚珍版叢書本 八册

340000－1843－0005400 集 4281/1700
宋邵康節先生伊川擊壤集十卷首三世名賢序傳墓誌皇極經世書外篇等一卷 （宋）邵雍撰 （明）吳瀚摘註 （明）吳泰增註 清光緒刻本 六册

340000－1843－0005401 集 4281/1735
河南先生文集二十七卷附錄一卷 （宋）尹洙撰 清宣統二年（1910）守政書局刻本 四册

340000－1843－0005402 集 4281/1735
司馬文正公傳家集八十卷附錄一卷年譜一卷目錄二卷 （宋）司馬光撰 清光緒十二年（1886）解梁書院刻本 十六册

340000－1843－0005403 集 4281/2825
宋徐節孝先生文集三十卷事實一卷附載一卷語錄一卷 （宋）徐積撰 清宣統三年（1911）徐氏刻本 六册

340000－1843－0005404 集 4281/2825
宋徐節孝先生文集三十卷事實一卷附載一卷語錄一卷 （宋）徐積撰 清宣統三年（1911）徐氏刻本 六册

340000－1843－0005405 集 4281/2880.2
徐騎省集三十卷序表行狀墓誌一卷補遺一卷附錄一卷校勘記一卷 （宋）徐鉉撰 （清）李英元校 清光緒十九年（1893）黟南李氏刻本 八册

340000－1843－0005406 集 4281/3000
元憲集三十六卷 （宋）宋庠撰 清光緒二十五年（1899）廣雅書局刻武英殿聚珍版叢書本 六册

340000－1843－0005407 集 4281/3000.2
元憲集三十六卷 （宋）宋庠撰 清光緒二十五年（1899）廣雅書局刻武英殿聚珍版叢書本 八册

340000－1843－0005408 集 4281/3107
文定集二十四卷拾遺一卷 （宋）汪應辰撰 （清）陸心源拾遺 清光緒二十一年（1895）福建增刻本 五册

340000－1843－0005409 集 4281/4407
山谷先生詩集内集二十卷外集十七卷别集二卷 （宋）黄庭堅撰 （宋）任淵 （宋）史容 （宋）史季溫註 清光緒二十一年至二十五年（1895－1899）義寧陳氏景宋刻本 二十册

340000－1843－0005410 集 4281/4407
山谷先生詩集内集二十卷外集十七卷别集二卷 （宋）黄庭堅撰 （宋）任淵 （宋）史容 （宋）史季溫註 清光緒二十一年至二十五年（1895－1899）義寧陳氏景宋刻本 二十册

340000－1843－0005411 集 4281/4407
山谷先生詩集内集二十卷外集十七卷别集二卷 （宋）黄庭堅撰 （宋）任淵 （宋）史容 （宋）史季溫註 清光緒二十一年至二十五年（1895－1899）義寧陳氏景宋刻本 二十册

340000－1843－0005412 集 4281/4407.8
山谷老人刀筆二十卷 （宋）黄庭堅撰 清嘉慶十年（1805）萬承風刻本 四册

340000－1843－0005413 集 4281/4414
忠獻韓魏王安陽集五十卷首碑傳一卷家傳十卷别錄三卷遺事一卷附錄一卷 （宋）韓琦撰 清乾隆三十五年（1770）黄邦寧補刻咸豐二年（1852）印本 十册

340000－1843－0005414 集 4281/4422
范忠宣公集二十卷奏議二卷遺文一卷附錄一卷補編一卷首一卷 （宋）范純仁撰 清宣統二年（1910）歲寒堂刻本 六册

340000－1843－0005415 集 4281/4423
范文正公集二十卷别集四卷政府奏議二卷尺牘三卷年譜一卷年譜補遺一卷義莊規矩一卷褒賢集五卷文正公集補編五卷言行拾遺事錄

四卷鄱陽遺事錄一卷遺蹟一卷　(宋)范仲淹撰　清宣統二年(1910)歲寒堂刻本　十冊

340000－1843－0005416　集4281/4428.3
蘇學士文集十六卷序傳一卷　(宋)蘇舜欽撰　(清)宋犖鑒定　清宣統三年(1911)北京龍文閣書莊石印本　六冊

340000－1843－0005417　集4281/4428.4
蘇學士集十六卷　(宋)蘇舜欽撰　(清)宋犖鑒定　清康熙三十七年(1698)震澤徐氏白華書屋刻本　六冊

340000－1843－0005418　集4281/4433.3
林和靖詩集四卷拾遺一卷附錄諸家詩話　(宋)林逋撰　清同治十二年(1873)長洲朱氏刻本　二冊

340000－1843－0005419　集4281/4437.5
嘉祐集二十卷　(宋)蘇洵撰　清道光十二年(1832)眉山三蘇祠堂刻本　四冊

340000－1843－0005420　集4281/4453
蘇文忠公詩合註五十卷首一卷目錄一卷年譜一卷　(宋)蘇軾撰　(清)馮應榴輯註　清乾隆五十八年(1793)馮氏踵息齋刻本　二十四冊

340000－1843－0005421　集4281/4453
蘇文忠公詩合註五十卷首一卷目錄一卷年譜一卷　(宋)蘇軾撰　(清)馮應榴輯註　清乾隆五十八年(1793)馮氏踵息齋刻本　十八冊　缺一卷(首一卷)

340000－1843－0005422　集4281/4453.2
紀評蘇詩擇粹十八卷　(宋)蘇軾撰　(清)紀昀評　(清)趙古農擇　清嘉慶二十二年(1817)抱影吟軒刻本　四冊

340000－1843－0005423　集4281/4453.3
紀評蘇文忠公詩集五十卷目錄二卷　(宋)蘇軾撰　(清)紀昀評　清同治八年(1869)韞玉山房刻朱墨套印本　十二冊

340000－1843－0005424　集4281/4453.3
紀評蘇文忠公詩集五十卷目錄二卷　(宋)蘇軾撰　(清)紀昀評　清同治八年(1869)韞玉山房刻朱墨套印本　十二冊

340000－1843－0005425　集4281/4453.8
宋大家蘇文忠公文鈔二十八卷　(宋)蘇軾撰　(明)茅坤選註　清刻本　十三冊

340000－1843－0005426　集4281/4453.12
角山樓蘇詩評註彙鈔二十卷附錄三卷目錄二卷　(宋)蘇軾撰　(清)趙克宜編訂　清咸豐二年(1852)刻本　七冊

340000－1843－0005427　集4281/4453.12
角山樓蘇詩評註彙鈔二十卷附錄三卷目錄二卷　(宋)蘇軾撰　(清)趙克宜編訂　清咸豐二年(1852)刻本　八冊

340000－1843－0005428　集4281/4453.14
蘇文忠公詩編註集成編年總案四十五卷編年古今體詩四十五卷帖子口號詞一卷兩宋雜綴一卷蘇海識餘四卷附牋詩圖一卷韻山堂詩集并補遺八卷首序例一卷諸家弁言一卷王施註諸家姓氏考一卷墓誌銘註一卷本傳註一卷清聖祖高宗御評一卷詩目一卷　(宋)蘇軾撰　(清)王文誥集註　清光緒十四年(1888)浙江書局刻本　二十四冊

340000－1843－0005429　集4281/4453.15
紀評蘇文忠公詩集五十卷目錄二卷　(宋)蘇軾撰　(清)紀昀評　清道光十四年(1834)兩廣節署刻朱墨套印本　十二冊

340000－1843－0005430　集4281/4453.15
紀評蘇文忠公詩集五十卷目錄二卷　(宋)蘇軾撰　(清)紀昀評　清道光十四年(1834)兩廣節署刻朱墨套印本　十二冊

340000－1843－0005431　集4281/4453(9).2
蘇文忠公詩集五十卷　(宋)蘇軾撰　(清)紀昀評　清同治三年(1864)韞玉山房刻本　十二冊

340000－1843－0005432　集4281/4453(9).2
蘇文忠公詩集五十卷　(宋)蘇軾撰　(清)紀昀評　清同治三年(1864)韞玉山房刻本　十二冊

340000－1843－0005433　集 4281/4453.17
施註蘇詩四十二卷蘇詩續補遺二卷　(宋)蘇軾撰　(宋)施元之註　(清)馮景補註　清康熙刻本　十一冊

340000－1843－0005434　集 4281/4453.20
蘇東坡集一百十五卷　(宋)蘇軾撰　清刻本　三十冊

340000－1843－0005435　集 4281/4453.21
東坡七集(蘇東坡全集)一百十卷本傳一卷年譜一卷墓誌銘一卷目錄一卷　(宋)蘇軾撰　清光緒三十四年至宣統元年(1908－1909)刻本　三十六冊

340000－1843－0005436　集 4281/4458.4
宋大家蘇文定公文鈔二十卷　(宋)蘇轍撰　(明)茅坤評　清末刻本　八冊

340000－1843－0005437　集 4281/4458.5
欒城集三集十卷應詔集十二卷　(宋)蘇轍撰　清道光刻本　五冊

340000－1843－0005438　集 4281/4481
蘇魏公文集七十二卷首一卷附錄一卷　(宋)蘇頌撰　清道光二十二年(1842)蘇廷玉刻本　二十冊

340000－1843－0005439　集 4281/4730
文恭集四十卷　(宋)胡宿撰　清乾隆武英殿木活字印本　二十冊

340000－1843－0005440　集 4281/4847.4
宛陵先生文集六十卷　(宋)梅堯臣撰　清宣統二年(1910)滬上刻本　十冊

340000－1843－0005441　集 4281/4847.4
宛陵先生文集六十卷　(宋)梅堯臣撰　清宣統二年(1910)滬上刻本　十冊

340000－1843－0005442　集 4281/4847.4
宛陵先生文集六十卷　(宋)梅堯臣撰　清宣統二年(1910)滬上刻本　十冊

340000－1843－0005443　集 4281/4847.4
宛陵先生文集六十卷　(宋)梅堯臣撰　清宣統二年(1910)滬上刻本　二冊　存十二卷(四十九至六十)

340000－1843－0005444　集 4281/4950
趙清獻公集十卷目錄二卷校字一卷　(宋)趙抃撰　清光緒南陽趙堃刻本　四冊

340000－1843－0005445　集 4281/5046.3
淮海集十七卷後集二卷詞一卷補遺一卷續補遺一卷考證一卷年譜簡要一卷　(宋)秦觀撰　清道光十七年(1837)揚州刻二十一年(1841)補刻本　六冊

340000－1843－0005446　集 4281/5722.2
鐔津文集十九卷　(宋)釋契嵩撰　清光緒二十八年(1902)揚州藏經院刻本　四冊

340000－1843－0005447　集 4281/6023
西臺集二十卷　(宋)畢仲游撰　清武英殿木活字印本　七冊

340000－1843－0005448　集 4281/6033
晁具茨先生詩集十五卷　(宋)晁沖之撰　題(明)西亭先生(亮圃)箋註　清乾隆至嘉慶鮑氏知不足齋刻本　四冊

340000－1843－0005449　集 4281/6071
羅鄂州小集六卷附錄一卷　(宋)羅願撰　清光緒十九年(1893)黟縣李氏刻本　二冊

340000－1843－0005450　集 4281/6077
淨得集三十八卷　(宋)呂陶撰　清光緒二十五年(1899)廣雅書局刻武英殿聚珍版叢書本　八冊

340000－1843－0005451　集 4281/7244
忠肅集二十卷拾遺一卷　(宋)劉贄撰　清光緒二十五年(1899)廣雅書局刻武英殿聚珍版叢書本　五冊

340000－1843－0005452　集 4281/7288
彭城集四十卷　(宋)劉攽撰　清道光十一年至二十七年(1831－1847)福建遞修武英殿聚珍版叢書本　九冊

340000－1843－0005453　集 4281/7298
公是集五十四卷　(宋)劉敞撰　清乾隆武英殿木活字印本　十冊

340000－1843－0005454　集 4281/7426
陶山集十六卷　(宋)陸佃撰　清光緒二十五年(1899)廣雅書局刻武英殿聚珍版叢書本　二冊

340000－1843－0005455　集 4281/7426
陶山集十六卷　(宋)陸佃撰　清光緒二十五年(1899)廣雅書局刻武英殿聚珍版叢書本　四冊

340000－1843－0005456　集 4281/7523
後山先生集二十四卷　(宋)陳師道撰　清光緒十一年(1885)番禺陶福祥愛廬刻本　四冊

340000－1843－0005457　集 4281/7523.4
後山詩註十二卷　(宋)陳師道撰　(宋)任淵註　清光緒二十五年(1899)廣東廣雅書局刻本　四冊

340000－1843－0005458　集 4281/7523.4
後山詩註十二卷　(宋)陳師道撰　(宋)任淵註　清光緒二十五年(1899)廣東廣雅書局刻本　四冊

340000－1843－0005459　集 4281/7523.4
後山詩註十二卷　(宋)陳師道撰　(宋)任淵註　清光緒二十五年(1899)廣東廣雅書局刻本　四冊

340000－1843－0005460　集 4281/7523.4
後山詩註十二卷　(宋)陳師道撰　(宋)任淵註　清光緒二十五年(1899)廣東廣雅書局刻本　四冊

340000－1843－0005461　集 4281/7523.4
後山詩註十二卷　(宋)陳師道撰　(宋)任淵註　清光緒二十五年(1899)廣東廣雅書局刻本　四冊

340000－1843－0005462　集 4281/7523.5
後山詩註十二卷　(宋)陳師道撰　(宋)任淵註　清光緒十九年(1893)補刻武英殿聚珍版叢書本　四冊

340000－1843－0005463　集 4281/7523.6
後山詩註十二卷　(宋)陳師道撰　(宋)任淵註　抄本　四冊

340000－1843－0005464　集 4281/7772.2
宋大家歐陽文忠公文鈔三十二卷　(宋)歐陽修撰　(明)茅坤評　清刻本　十二冊

340000－1843－0005465　集 4281/8017.6
元豐類稿全集五十卷　(宋)曾鞏撰　清光緒刻本　十二冊

340000－1843－0005466　集 4281/8724
西塘先生文集九卷　(宋)鄭俠撰　清光緒十年(1884)涇縣洪氏公善堂刻本　四冊

340000－1843－0005467　集 4282/0013
文信國公集二十卷首一卷　(宋)文天祥撰　清光緒二十三年(1897)湘南書局刻本　十四冊

340000－1843－0005468　集 4282/0013
文信國公集二十卷首一卷　(宋)文天祥撰　清光緒二十三年(1897)湘南書局刻本　十六冊

340000－1843－0005469　集 4282/0013.2
文信國公集二十卷首一卷　(宋)文天祥撰　清同治七年(1868)楚醴景萊書室刻本　十二冊

340000－1843－0005470　集 4282/0042
耻堂存稿八卷　(宋)高斯得撰　清同治八年(1869)福建遞修武英殿聚珍版叢書本　四冊

340000－1843－0005471　集 4282/0072
秋崖先生小稿四十五卷詩集三十八卷　(宋)方岳撰　清光緒二十一年(1895)工部草堂補刻本　八冊

340000－1843－0005472　集 4282/0442.2
謝疊山先生文集九卷詩傳註疏三卷首一卷　(元)謝枋得撰　(清)陳喬樅編次　清道光二十九年(1849)刻咸豐元年(1851)續刻本　四冊

340000－1843－0005473　集 4282/0862
横塘集二十卷　(宋)許景衡撰　清光緒二年(1876)瑞安孫氏詒善祠塾刻本　四冊

340000－1843－0005474　集 4282/1047
宋王忠文公文集五十卷　(宋)王十朋撰　清光緒二年(1876)梅溪書院刻本　十二册

340000－1843－0005475　集 4282/1130
昆陵集十六卷　(宋)張守撰　清乾隆武英殿木活字印本　五册

340000－1843－0005476　集 4282/1130
昆陵集十六卷　(宋)張守撰　清乾隆武英殿木活字印本　四册

340000－1843－0005477　集 4282/1206
燭湖集二十卷附編二卷　(宋)孫應時撰　清嘉慶八年(1803)靜遠軒刻本　六册

340000－1843－0005478　集 4282/1246
鴻慶居士文集四十二卷目錄一卷　(宋)孫覿撰　況周儀等校　清光緒二十二年(1896)武進盛氏思惠齋補刻本　十册

340000－1843－0005479　集 4282/2122
西山先生眞文忠公讀書記四十卷　(宋)眞德秀撰　清同治三年(1864)眞氏祠堂刻本　三十册

340000－1843－0005480　集 4282/2122.2
西山先生眞文忠公文集五十五卷心經一卷政經一卷衛生歌一卷年譜一卷　(宋)眞德秀撰　清雍正元年(1723)眞氏祠堂刻本　三十册

340000－1843－0005481　集 4282/2122.2
西山先生眞文忠公文集五十五卷心經一卷政經一卷衛生歌一卷年譜一卷　(宋)眞德秀撰　清雍正元年(1723)眞氏祠堂刻本　三十册

340000－1843－0005482　集 4282/2540
朱子文集十八卷　(宋)朱熹撰　(清)張伯行編　清同治五年(1866)福州正誼書局刻本　十二册

340000－1843－0005483　集 4282/2540.2
朱子集一百四卷目錄二卷　(宋)朱熹撰　清同治元年至三年(1862－1864)紫霞洲祠堂刻本　四十八册

340000－1843－0005484　集 4282/2540.3
朱子集一百四卷　(宋)朱熹撰　清咸豐十年(1860)紫霞洲祠堂刻本　四十册

340000－1843－0005485　集 4282/2540.6
朱子古文六卷　(宋)朱熹撰　(清)周大璋輯　清道光二十八年(1848)長沙小瑯嬛山館刻本　六册

340000－1843－0005486　集 4282/2540.5
朱子文集纂三十二卷　(宋)朱熹撰　(清)陳鎰編　清康熙行恕堂刻本　六册

340000－1843－0005487　集 4282/2540.7
朱子文鈔二十卷　(宋)朱熹撰　(清)杜庭珠選　清康熙五十一年(1712)采山堂刻本　五册

340000－1843－0005488　集 4282/2540.9
朱子大全集一百卷別集七卷續集五卷　(宋)朱熹撰　清康熙刻本　六十册

340000－1843－0005489　集 4282/2548
韋齋集十二卷玉瀾集一卷首一卷　(宋)朱松撰　清雍正六年(1728)朱玉考亭書院刻本　四册

340000－1843－0005490　集 4282/2618
鶴山文鈔十二卷　(宋)魏了翁撰　清同治十三年(1874)盱眙吴氏望三益齋刻本　四册

340000－1843－0005491　集 4282/2734
道鄉先生文集四十卷補遺一卷年譜一卷　(宋)鄒浩撰　清道光十一年(1831)鄒氏留餘堂刻本　八册

340000－1843－0005492　集 4282/3036
宋宗忠簡公集八卷首一卷　(宋)宗澤撰　清咸豐元年(1851)宗三益堂刻本　五册

340000－1843－0005493　集 4282/3036.2
宋宗忠簡公文集四卷補遺一卷遺事二卷首一卷　(宋)宗澤撰　**年譜一卷**　(清)喬行簡纂　清同治十二年(1873)三原劉氏述荊堂刻本　四册

340000－1843－0005494　集 4282/3144
浮溪集三十二卷　(宋)汪藻撰　清乾隆武英

殿木活字印本　八册

340000－1843－0005495　集4282/3438.2
平齋文集三十二卷拾遺一卷附錄一卷　(宋)洪咨夔撰　**空同詞**　(宋)洪瑹撰　清同治十一年至十二年(1872－1873)涇縣洪氏晦木齋刻本　四册

340000－1843－0005496　集4282/4027
宋李忠定公集選奏議十五卷文集二十九卷首四卷　(宋)李綱撰　(明)左光先選　(明)李春熙輯　(明)李嗣玄校訂　清乾隆二十七年(1762)綏安徐氏崇本山堂木活字印本　十六册

340000－1843－0005497　集4282/4053
蒙齋集十卷　(宋)袁甫撰　清光緒二十五年(1899)廣雅書局刻武英殿聚珍版叢書本　八册

340000－1843－0005498　集4282/4053
蒙齋集十卷　(宋)袁甫撰　清光緒二十五年(1899)廣雅書局刻武英殿聚珍版叢書本　六册

340000－1843－0005499　集4282/4099
絜齋集二十四卷　(宋)袁燮撰　清光緒二十五年(1899)廣雅書局刻武英殿聚珍版叢書本　十册

340000－1843－0005500　集4282/4228
止堂集十八卷　(宋)彭龜年撰　清光緒二十五年(1899)廣雅書局刻武英殿聚珍版叢書本　四册

340000－1843－0005501　集4282/4423
艮齋先生薛常州浪語集三十五卷　(宋)薛季宣撰　清同治十一年(1872)金陵書局刻本　六册

340000－1843－0005502　集4282/4430.2
水心文集二十九卷　(宋)葉適撰　清乾隆二十年(1755)永嘉東山書院補刻本　八册

340000－1843－0005503　集4282/4430.4
水心文鈔十卷　(宋)葉適撰　(清)方棨如選　清乾隆五十五年(1790)希古堂刻本　六册

340000－1843－0005504　集4282/4474
石湖居士詩集三十四卷　(宋)范成大撰　(清)顧嗣立等校　清康熙二十七年(1688)依園刻本　四册

340000－1843－0005505　集4282/4480
莆陽知稼翁集二卷　(宋)黄公度撰　清道光九年(1829)刻本　二册

340000－1843－0005506　集4282/4646
誠齋詩集十六卷　(宋)楊萬里撰　清嘉慶七年(1802)徐氏刻本　八册

340000－1843－0005507　集4282/4646
誠齋詩集十六卷　(宋)楊萬里撰　清嘉慶七年(1802)徐氏刻本　八册

340000－1843－0005508　集4282/4646
誠齋詩集十六卷　(宋)楊萬里撰　清嘉慶七年(1802)徐氏刻本　六册

340000－1843－0005509　集4282/4664
楊龜山先生集四十二卷首一卷　(宋)楊時撰　清康熙四十六年(1707)楊氏刻本　八册

340000－1843－0005510　集4282/4922
忠正德文集十卷附錄一卷　(宋)趙鼎撰　清道光十一年(1831)會稽吳傑刻本　六册

340000－1843－0005511　集4282/4944
乾道稿二卷淳熙稿二十卷章泉稿五卷　(宋)趙蕃撰　清光緒二十五年(1899)廣雅書局刻武英殿聚珍版叢書本　十二册

340000－1843－0005512　集4282/5034
鄮峰眞隱漫錄五十卷史子樸語十卷　(宋)史浩撰　清光緒二十六年(1900)刻本　十册

340000－1843－0005513　集4282/6020
羅豫章先生集十二卷首一卷末一卷　(宋)羅從彥撰　清光緒九年(1883)延平府署刻本　四册

340000－1843－0005514　集4282/6020
羅豫章先生集十二卷首一卷末一卷　(宋)羅從彥撰　清光緒九年(1883)延平府署刻本

四册

340000－1843－0005515　集4282/6020.3

羅豫章集十七卷年譜一卷　(宋)羅從彦撰　清聽雨精舍刻本　五册

340000－1843－0005516　集4282/6030

呂東萊先生文集二十卷首一卷　(宋)呂祖謙撰　(清)王崇炳編　清同治七年(1868)永康胡鳳丹退補齋刻本　十册

340000－1843－0005517　集4282/7211

屏山全集二十卷考異一卷　(宋)劉子翬撰　清光緒二十七年(1901)武夷潘氏雲屏山房刻本　六册

340000－1843－0005518　集4282/7211.2

屏山全集二十卷首一卷　(宋)劉子翬撰　清道光十八年(1838)温陵李氏秋柯草堂刻本　六册

340000－1843－0005519　集4282/7211.3

屏山集二十卷　(宋)劉子翬撰　清光緒十二年(1886)新安佩三堂刻本　四册

340000－1843－0005520　集4282/7212

岳忠武王集八卷附錄一卷　(宋)岳飛撰　清同治韓城師長怡刻本　三册

340000－1843－0005521　集4282/7212.2

岳忠武王集八卷附錄一卷　(宋)岳飛撰　清光緒二年(1876)刻本　四册

340000－1843－0005522　集4282/7212.2

岳忠武王集八卷附錄一卷　(宋)岳飛撰　清光緒二年(1876)刻本　四册

340000－1843－0005523　集4282/7212.3

岳忠武王文集八卷首一卷末一卷　(宋)岳飛撰　清道光二十七年(1847)揚州刻本　四册

340000－1843－0005524　集4282/7264

學易集八卷　(宋)劉跂撰　清光緒二十五年(1899)廣雅書局刻武英殿聚珍版叢書本　六册

340000－1843－0005525　集4282/7500.2

龍川文集三十卷附錄二卷　(宋)陳亮撰　**補遺一卷**　(清)應寶時續補　**札記一卷**　(清)宗廷輔撰　清同治八年(1869)永康應氏刻本　十册

340000－1843－0005526　集4282/7500.3

龍川文集三十卷辨訛二卷附錄二卷　(宋)陳亮撰　清同治七年(1868)湖北崇文書局刻本　十册

340000－1843－0005527　集4282/7500.4

陳龍川文集三十卷首一卷　(宋)陳亮撰　清光緒二十七年(1901)刻本　六册

340000－1843－0005528　集4282/7500.5

龍川文集三十卷附補遺　(宋)陳亮撰　清光緒元年(1875)湖北崇文書局刻本　十册

340000－1843－0005529　集4282/7523

止齋先生文集五十二卷附錄一卷　(宋)陳傅良撰　清光緒五年(1879)孫衣言刻本　八册

340000－1843－0005530　集4282/8080

白石道人詩集一卷詩説一卷補遺一卷　(宋)姜夔撰　清光緒十年(1884)娱園刻本　二册

340000－1843－0005531　集4282/8080.2

白石道人詩集二卷集外詩一卷附錄一卷詩説一卷詩詞評論一卷逸事一卷　(宋)姜夔撰　清刻本　二册

340000－1843－0005532　集4282/8080.3

姜白石詩詞合集十二卷　(宋)姜夔撰　清乾隆八年(1743)江都陸鐘輝水雲漁屋刻本　二册

340000－1843－0005533　集429/1047

元遺山詩集箋註十四卷附錄一卷補載一卷年譜一卷　(元)元好問撰　(元)張德輝編次　(清)施國祁箋註　清道光二年(1822)南潯蔣氏瑞松堂刻本　六册

340000－1843－0005534　集429/1047

元遺山詩集箋註十四卷附錄一卷補載一卷年譜一卷　(元)元好問撰　(元)張德輝編次　(清)施國祁箋註　清道光二年(1822)南潯蔣氏瑞松堂刻本　四册

340000－1843－0005535　集 429/1047.2

元遺山先生集四十卷新樂府四卷續夷堅志四卷附錄一卷補載一卷　(元)元好問撰　(元)張德輝編次　**元遺山先生[好問]年譜**　(清)翁方綱訂譜　**元遺山先生[好問]年譜**　(清)施國祁訂譜　**元遺山先生[好問]年譜**　(清)凌廷堪訂譜　清光緒八年(1882)京都翰文齋刻本　十六冊

340000－1843－0005536　集 429/4920

閑閑老人滏水文集二十卷附錄一卷　(金)趙秉文撰　清光緒二十九年(1903)海豐吳氏刻本　六冊

340000－1843－0005537　集 4210/0842

至正集八十一卷附錄一卷　(元)許有壬撰　清宣統三年(1911)河南教育總會石印本　十冊

340000－1843－0005538　集 4210/1037

梧溪集七卷補遺一卷困學齋雜錄一卷　(元)王逢撰　清同治十三年(1874)思補樓刻本　八冊

340000－1843－0005539　集 4210/2120

虞文靖公道園全集詩八卷詩遺稿八卷　(元)虞集撰　清岷陽孫氏鵝溪村舍刻本　四冊

340000－1843－0005540　集 4210/2244

松鄉先生文集十卷　(元)任士林撰　明刻清光緒十六年(1890)上瀚增補刻本　四冊

340000－1843－0005541　集 4210/2685

楚國文憲公雪樓程先生文集三十卷年譜一卷附錄一卷　(元)程鉅夫撰　清宣統二年至民國十四年(1910－1925)陽湖陶氏涉園刻本　十冊

340000－1843－0005542　集 4210/4047.3

清容居士集五十卷　(元)袁桷撰　**札記一卷**　(清)郁松年撰　清道光二十年(1840)上海郁氏刻宜稼堂叢書本　十四冊

340000－1843－0005543　集 4210/4351.2

剡源集三十卷　(元)戴表元撰　**札記一卷**　(清)郁松年撰　清道光二十年(1840)上海郁氏刻宜稼堂叢書本　八冊

340000－1843－0005544　集 4210/4414

西齋淨土詩四卷　(元)釋梵琦撰　清金陵刻經處刻本　一冊

340000－1843－0005545　集 4210/4414

西齋淨土詩四卷　(元)釋梵琦撰　清金陵刻經處刻本　一冊

340000－1843－0005546　集 4210/4445.2

雁門集六卷詩餘一卷　(元)薩都剌撰　清宣統元年(1909)湖北刷印局刻本　一冊

340000－1843－0005547　集 4210/4624.2

鐵崖詠史詩註八卷　(元)楊維楨撰　(清)樓卜瀍註　清乾隆三十九年(1774)聯桂堂刻本　七冊

340000－1843－0005548　集 4210/4624.3

鐵崖詠史詩註八卷　(元)楊維楨撰　(清)樓卜瀍註　清乾隆三十九年(1774)聯桂堂刻本　四冊

340000－1843－0005549　集 4210/4624.5

鐵崖三種二十六卷　(元)楊維楨撰　(清)樓卜瀍註　清宣統二年(1910)上海掃葉山房石印本　三冊

340000－1843－0005550　集 4210/4624.9

鐵崖逸編註八卷　(元)楊維楨撰　(清)樓卜瀍註　清乾隆三十九年(1774)聯桂堂刻本　四冊

340000－1843－0005551　集 4210/4721

郝文忠公陵川文集三十九卷碑傳譜錄一卷末一卷　(元)郝經撰　(清)王鏐編訂　清道光十六年(1836)郝氏本祠刻本　十冊

340000－1843－0005552　集 4210/4774

純白齋類稿二十卷首一卷附錄二卷　(元)胡助撰　清同治十二年(1873)永康胡氏退補齋刻本　四冊

340000－1843－0005553　集 4210/4777.2

柳待制文集二十卷附錄一卷　(元)柳貫撰　(明)宋濂輯　清光緒九年(1883)木活字印本　八冊

340000－1843－0005554　集 4210/4913.3

趙文敏公松雪齋全集十卷外集一卷續集一卷　(元)趙孟頫撰　清光緒八年(1882)洞庭楊氏刻本　六册

340000－1843－0005555　集 4210/7770

歐陽文公圭齋集十五卷首一卷末一卷　(元)歐陽玄撰　清道光十四年(1834)棣餘山房刻本　六册

340000－1843－0005556　集 4211/0023.2

唐荊川先生文集十八卷補遺一卷附錄一卷　(明)唐順之撰　清光緒二十一年(1895)武進盛氏思惠齋補刻朱色套印本　八册

340000－1843－0005557　集 4211/0023.3

重刊校正唐荊川先生文集十二卷補遺五卷外集三卷附錄一卷　(明)唐順之撰　繆荃孫校　清光緒十年(1884)繆荃孫刻本　十册

340000－1843－0005558　集 4211/0026

甫田集三十六卷　(明)文徵明撰　清宣統三年(1911)杭州宏文印書局鉛印本　十二册

340000－1843－0005559　集 4211/0026

甫田集三十六卷　(明)文徵明撰　清宣統三年(1911)杭州宏文印書局鉛印本　十二册

340000－1843－0005560　集 4211/0030.3

六如居士集七卷補遺一卷　(明)唐寅撰　清光緒十一年(1885)鎮江文成堂刻本　四册

340000－1843－0005561　集 4211/0030.4

六如居士全集七卷補遺一卷制義一卷畫譜三卷外集六卷　(明)唐寅撰　(清)唐仲冕編　清嘉慶六年(1801)果克山房刻本　四册

340000－1843－0005562　集 4211/0038.2

康對山先生文集十卷首一卷　(明)康海撰　(清)孫景烈選次　清乾隆二十六年(1761)武功縣刻本　六册

340000－1843－0005563　集 4211/0038.2

康對山先生文集十卷首一卷　(明)康海撰　(清)孫景烈選次　清乾隆二十六年(1761)武功縣刻本　三册

340000－1843－0005564　集 4211/0038.4

高季迪先生大全集十八卷　(明)高啟撰　清康熙三十四年(1695)竹素園主人刻本　八册

340000－1843－0005565　集 4211/0040

高子遺書十二卷附錄一卷年譜一卷　(明)高攀龍撰　(明)華允誠述譜　清光緒二年(1876)無錫東林書院刻民國十一年(1922)無錫縣圖書館補刻本　八册

340000－1843－0005566　集 4211/0041.2

方孩未先生集十六卷　(明)方孝孺撰　清同治七年(1868)樹德堂刻本　六册

340000－1843－0005567　集 4211/0044

楓山章先生集九卷實紀八卷　(明)章懋撰　**年譜二卷**　(明)阮鶚撰　(明)章接輯　清永康胡氏退補齋刻金華叢書本　十一册

340000－1843－0005568　集 4211/0100

重刊綸瀷文集二十七卷詩集十九卷首一卷　(明)龍膺撰　(清)龍正楷等編　清光緒十三年(1887)九芝室刻本　十二册

340000－1843－0005569　集 4211/1032

王陽明先生全集二十二卷年譜一卷　(明)王守仁撰　(清)俞嶙編　清康熙十九年(1680)敦厚堂刻本　二十二册

340000－1843－0005570　集 4211/1032.2

王文成公全書三十八卷　(明)王守仁撰　(清)徐愛等輯　清刻本　二十四册

340000－1843－0005571　集 4211/1032.3

王陽明先生全集十六卷年譜二卷　(明)王守仁撰　清道光六年(1826)刻本　十四册

340000－1843－0005572　集 4211/1032.3

王陽明先生文鈔二十卷　(明)王守仁撰　(清)張問達編　清康熙二十八年(1689)江都張氏刻本　八册

340000－1843－0005573　集 4211/1033

夏節愍公全集十卷首一卷末一卷補遺二卷　(明)夏完淳撰　清光緒二十八年(1902)成都刻本　二册

340000－1843－0005574　集 4211/1034
重刻天游集十卷天游碎金一卷　(明)王達撰　(明)翟厚編　清道光二十一年(1841)王芝林刻本　四冊

340000－1843－0005575　集 4211/1034
重刻天游集十卷天游碎金一卷　(明)王達撰　(明)翟厚編　清道光二十一年(1841)王芝林刻本　四冊

340000－1843－0005576　集 4211/1171
新刻張太岳先生集四十七卷　(明)張居正撰　(明)雷思霈等校　清中期刻本　十六冊

340000－1843－0005577　集 4211/1171
新刻張太岳先生集四十七卷　(明)張居正撰　(明)雷思霈等校　清中期刻本　十六冊

340000－1843－0005578　集 4211/1171.2
重刻張太岳先生文集四十八卷浩氣吟一卷　(明)張居正撰　(清)陶澍鑒定　清道光八年(1828)安陸李氏刻本　十二冊

340000－1843－0005579　集 4211/1196
項太史全稿不分卷一百六十一篇　(明)項煜撰　清光緒十四年(1888)長沙文昌書局刻本　四冊

340000－1843－0005580　集 4211/1213
高陽集二十卷　(明)孫承宗撰　清嘉慶十二年(1807)刻本　十二冊

340000－1843－0005581　集 4211/1727
來禽館集二十九卷　(明)邢侗撰　清道光九年(1829)邢培元等刻本　十二冊

340000－1843－0005582　集 4211/1760
石臼前集九卷　(清)邢昉撰　**年譜一卷**　(明)湯之孫撰譜　清光緒十八年(1892)刻本　四冊

340000－1843－0005583　集 4211/2111
熊襄愍公集十卷首一卷末一卷　(明)熊廷弼撰　清同光永康胡氏退補齋刻本　十冊

340000－1843－0005584　集 4211/2111.2
熊襄愍公集十卷首一卷末一卷　(明)熊廷弼撰　清同治三年(1864)熊氏祠堂刻本　十冊

340000－1843－0005585　集 4211/2126
明大司馬盧公集十二卷首一卷　(明)盧象昇撰　**年譜一卷**　(清)惠棟撰譜　清光緒元年至二年(1875－1876)盧氏祠堂刻本　八冊

340000－1843－0005586　集 4211/2166
何大復先生集三十八卷附錄一卷　(明)何景明撰　清乾隆十五年(1750)賜策堂刻本　十六冊

340000－1843－0005587　集 4211/2166.2
信陽詩集二十六卷　(明)何景明撰　清光緒三十三年(1907)渭南嚴氏續刻本　四冊

340000－1843－0005588　集 4211/2166.3
何大復先生集三十八卷附錄一卷　(明)何景明撰　清康熙刻本　八冊

340000－1843－0005589　集 4211/2284
洹詞十二卷　(明)崔銑撰　清同治二年(1863)祠堂刻本　六冊

340000－1843－0005590　集 4211/2521
觀復堂稿略一卷附作者傳　(明)朱集璜撰　清光緒六年(1880)刻本　一冊

340000－1843－0005591　集 4211/2649
松圓浪淘集十八卷松圓偈庵集二卷　(明)程嘉燧撰　清宣統二年(1910)鄧氏風雨樓刻本　六冊

340000－1843－0005592　集 4211/2749.2
震川先生集三十卷別集十卷附錄一卷　(明)歸有光撰　清光緒六年(1880)常熟歸氏刻本　十二冊

340000－1843－0005593　集 4211/2749.3
震川先生集三十卷附錄一卷　(明)歸有光撰　清光緒六年(1880)常熟歸氏刻本　十二冊

340000－1843－0005594　集 4211/2749.5
震川先生集三十卷別集十卷　(明)歸有光撰　(清)歸莊編　清康熙十四年(1675)刻乾隆四十八年(1783)補刻本　十二冊

340000－1843－0005595　集 4211/2749.7

震川大全集三十卷論文章體則一卷別集十卷補集八卷餘集八卷評點史記例意一卷 （明）歸有光撰　清宣統二年（1910）國學扶輪社石印本　十册　缺一卷（震川大全集一）

340000－1843－0005596　集 4211/2764
從野堂存稿八卷補遺一卷附録一卷 （明）繆昌期撰　**年譜一卷** （清）繆之鎔撰譜　清光緒二十一年（1895）武進盛氏思惠齋補刻朱色套印本　四册

340000－1843－0005597　集 4211/2786
魯文恪公集十卷附録一卷 （明）魯鐸撰（清）甘鵬雲校輯　清同治元年（1862）潛江甘氏崇雅堂刻本　四册

340000－1843－0005598　集 4211/2836
青藤書屋文集三十卷 （明）徐渭撰　（明）袁宏道編　清宣統三年（1911）石印本　八册

340000－1843－0005599　集 4211/2893
增訂徐文定公集六卷首二卷 （明）徐光啟撰　清宣統元年（1909）上海慈母堂鉛印本　四册

340000－1843－0005600　集 4211/3030
宋學士全集三十二卷附録一卷 （明）宋濂撰　清康熙四十八年（1709）杭州彭氏刻本　十四册

340000－1843－0005601　集 4211/3030.2
宋學士全集三十二卷補遺八卷附録二卷 （明）宋濂撰　清同治十三年（1874）永康胡氏退補齋刻金華叢書本　四十册

340000－1843－0005602　集 4211/3030.3
新刊宋文憲公集三十卷 （明）宋濂撰　（清）楊汝穀輯　清康熙四十九年（1710）傅旭元刻本　二十册

340000－1843－0005603　集 4211/3121
馮少墟集二十二卷續集六卷行實一卷首一卷 （明）馮從吾撰　清康熙十二年（1673）刻本　十八册

340000－1843－0005604　集 4211/3146
青峰文集十卷 （明）汪柏撰　清同治六年（1867）紹文堂刻本　四册

340000－1843－0005605　集 4211/3330
新喻梁石門先生集十卷首一卷末一卷 （明）梁寅撰　清光緒十五年（1889）射洪鍾體志刻本　六册

340000－1843－0005606　集 4211/3610
邊華泉詩集七卷諸家詩評一卷 （明）邊貢撰　**談藝錄一卷** （明）徐禎卿撰　清刻本　四册

340000－1843－0005607　集 4211/3626
枝山文集四卷 （明）祝允明撰　（清）李文楷等編校　清同治十三年至光緒元年（1874－1875）元和祝氏刻本　二册

340000－1843－0005608　集 4211/3626
枝山文集四卷 （明）祝允明撰　（清）李文楷等編校　清同治十三年至光緒元年（1874－1875）元和祝氏刻本　二册

340000－1843－0005609　集 4211/3682
明況太守龍岡公治蘇政績全集十六卷附錄一卷補遺一卷年譜一卷 （明）況鐘撰　清道光二十九年（1849）蘇州府照磨廳刻本　四册

340000－1843－0005610　集 4211/3812
海忠介公集六卷 （明）海瑞撰　清同治十年（1871）邱氏可繼堂刻本　二册

340000－1843－0005611　集 4211/4010
嗜泉詩存二卷詩説一卷附録一卷 （明）李璋撰　清乾隆二十八年（1763）刻本　二册

340000－1843－0005612　集 4211/4033
瓶花齋集十卷 （明）袁宏道撰　清宣統三年（1911）抱殘守缺齋石印本　四册

340000－1843－0005613　集 4211/4033
白蘇齋類集十八卷 （明）袁宏道撰　清光緒七年（1881）公安維善堂刻本　四册

340000－1843－0005614　集 4211/4033.2
梨雲館類定袁中郎先生全集二十四卷遺事録一卷首一卷目錄一卷 （明）袁宏道撰　清道

光九年(1829)培源書屋刻同治八年(1869)繼善書屋續刻本　十七册

340000－1843－0005615　集 4211/4040
滄溟先生集十四卷諸家評論一卷　(明)李攀龍撰　清光緒二十一年(1895)長沙張氏湘雨樓刻本　四册

340000－1843－0005616　集 4211/4040
滄溟先生集十四卷諸家評論一卷　(明)李攀龍撰　清光緒二十一年(1895)長沙張氏湘雨樓刻本　四册

340000－1843－0005617　集 4211/4047
空同詩集三十四卷　(明)李夢陽撰　清光緒十五年(1889)渭南嚴氏刻二十六年(1900)補刻本　六册

340000－1843－0005618　集 4211/4047
空同集十八卷　(明)李夢陽撰　清抄本　六册

340000－1843－0005619　集 4211/4048
蘿石山房文鈔四卷首一卷梅花屋詩稿一卷　(明)左懋第撰　清乾隆四十六年(1781)左公祠堂刻本[梅花屋詩稿一卷配清道光六年(1826)刻本]　五册

340000－1843－0005620　集 4211/4068
漢詩音註十卷　(明)李因篤評　清光緒六年(1880)金雨樓刻本　四册

340000－1843－0005621　集 4211/4074
李文莊公全集十卷　(明)李騰芳撰　清光緒二年(1876)湘潭高塘李氏刻本　十册

340000－1843－0005622　集 4211/4086
毅齋查先生闡道集十卷末一卷　(明)查鐸撰　清光緒十六年(1890)涇川查氏濟陽家塾刻本　四册

340000－1843－0005623　集 4211/4086
毅齋查先生闡道集十卷末一卷　(明)查鐸撰　清光緒十六年(1890)涇川查氏濟陽家塾刻本　四册

340000－1843－0005624　集 4211/4093
左忠毅公集三卷　(明)左光斗撰　**年譜二卷**　(清)左宰纂譜　清光緒刻本　五册

340000－1843－0005625　集 4211/4412
洨濱蔡先生文集十卷語録二十卷首一卷　(明)蔡靉撰　(明)李登雲等編　清光緒四年(1878)江陰夏子鎏刻本　四册

340000－1843－0005626　集 4211/4413
文清公薛先生文集二十四卷讀書録十一卷讀書續録十二卷　(明)薛瑄撰　(明)張鼎編　**年譜一卷**　(明)楊鶴彙譜　清雍正十二年(1734)刻本　二十一册

340000－1843－0005627　集 4211/4422.2
蘇平仲集十六卷　(明)蘇伯衡撰　清光緒元年(1875)永康胡氏退補齋刻本　六册

340000－1843－0005628　集 4211/4428
堵文忠公集十卷年譜一卷附録一卷　(明)堵允錫撰　清光緒十三年(1887)刻本　六册

340000－1843－0005629　集 4211/4437
黄漳浦集五十卷首一卷目録二卷　(明)黄道周撰　**年譜二卷**　(清)莊起儔編譜　清刻本　三十册

340000－1843－0005630　集 4211/4439
陶菴集二十二卷首一卷末一卷　(明)黄淳燿撰　清光緒五年至八年(1879－1882)刻本　八册

340000－1843－0005631　集 4211/4439
陶菴集二十二卷首一卷末一卷　(明)黄淳燿撰　清光緒五年至八年(1879－1882)刻本　八册

340000－1843－0005632　集 4211/4439
陶菴集二十二卷首一卷末一卷　(明)黄淳燿撰　清光緒五年至八年(1879－1882)刻本　六册　存二十二卷(陶菴集二至二十二、末一卷)

340000－1843－0005633　集 4211/4439.2
陶菴集二十二卷首一卷末一卷　(明)黄淳燿撰　清光緒十八年(1892)刻知服齋叢書本

五冊

340000－1843－0005634　集 4211/4444
重刻天傭子全集十卷首一卷年譜一卷末一卷　（明）艾南英撰　（明）艾為珖編　清光緒五年（1879）刻本　十冊

340000－1843－0005635　集 4211/4454
苑洛集二十二卷　（明）韓邦奇撰　清乾隆十六年（1751）刻本　九冊　存二十卷（一至五、八至二十二）

340000－1843－0005636　集 4211/4492
返生香一卷附錄一卷　（明）葉小鸞撰　**窈聞一卷續窈聞一卷**　（明）葉紹袁撰　清光緒二十二年（1896）羊城葉氏秋夢盦刻本　二冊

340000－1843－0005637　集 4211/4492
返生香一卷附錄一卷　（明）葉小鸞撰　**窈聞一卷續窈聞一卷**　（明）葉紹袁撰　清光緒二十二年（1896）羊城葉氏秋夢盦刻本　二冊

340000－1843－0005638　集 4211/4492
返生香一卷附錄一卷　（明）葉小鸞撰　**窈聞一卷續窈聞一卷**　（明）葉紹袁撰　清光緒二十二年（1896）羊城葉氏秋夢盦刻本　三冊

340000－1843－0005639　集 4211/4496
萬忠貞公遺集三卷　（明）萬燝撰　清道光十七年（1837）春暉樓刻本　二冊

340000－1843－0005640　集 4211/4627
楊忠愍公全集三卷增輯一卷附錄一卷　（明）楊繼盛撰　章鈺輯　清光緒二十年（1894）楊定遠刻本　四冊

340000－1843－0005641　集 4211/4627.2
增補楊椒山先生全集四卷　（明）楊繼盛撰　清康熙三十七年（1698）古吳三樂齋刻本　四冊

340000－1843－0005642　集 4211/4627.2
楊忠愍公集五卷末一卷　（明）楊繼盛撰　清同治七年（1868）楚醴景萊書室刻本　二冊

340000－1843－0005643　集 4211/4627.3
楊忠愍公集五卷首一卷末一卷　（明）楊繼盛撰　清光緒二十三年（1897）順德龍氏刻知服齋叢書本　二冊

340000－1843－0005644　集 4211/4627.4
楊椒山遺墨不分卷　（明）楊繼盛撰　清光緒二十一年（1895）刻本　一冊

340000－1843－0005645　集 4211/4627.5
楊忠愍公全集四卷　（明）楊繼盛撰　清光緒二年（1876）願學堂刻本　四冊

340000－1843－0005646　集 4211/4635
楊大洪先生文集二卷　（明）楊漣撰　清宣統二年（1910）鄂城第二中學堂鉛印本　一冊

340000－1843－0005647　集 4211/4635.2
楊忠烈公集十卷首一卷末一卷附表忠錄　（明）楊漣撰　清道光十三年（1833）世美堂刻本　十二冊

340000－1843－0005648　集 4211/4692
太史升庵全集八十一卷目錄二卷　（明）楊慎撰　（明）楊有仁錄　**年譜一卷**　（明）□□撰譜　清乾隆六十年（1795）養拙山房刻本　二十冊

340000－1843－0005649　集 435/3224
番禺潘氏詩略二十三卷　（清）潘儀增編　清光緒二十年（1894）刻本　四冊

340000－1843－0005650　集 435/4323
戴氏家稿輯略十卷　（清）戴仁宇編　清光緒二十三年（1897）望麓山館刻本　四冊

340000－1843－0005651　集 435/4391
瑞芝山房文鈔八卷　（清）戴燮元編　清光緒三年（1877）刻本　六冊

340000－1843－0005652　集 435/4391(2)
瑞芝山房文鈔八卷詩鈔八卷　（清）戴燮元編　清光緒三年（1877）刻本　十冊

340000－1843－0005653　集 435/4423
范文正公全集二十卷　（宋）范仲淹撰　**范忠宣全集二十五卷**　（宋）范純仁撰　清道光十年（1830）吳郡義莊刻本　十六冊

340000－1843－0005654　集 435/4437

三蘇全集一百二十二卷　(宋)蘇洵　(宋)蘇軾　(宋)蘇轍等撰　清道光十三年(1833)刻本　八十冊

340000－1843－0005655　集 435/4437.2
三蘇全集一百五十二卷斜川集六卷　(宋)蘇洵　(宋)蘇軾　(宋)蘇轍等撰　清道光十二年(1832)刻本　六十三冊　存一百五十三卷(一至十九、二十五至一百五十二,斜川集六卷)

340000－1843－0005656　集 435/4443
二希堂文十一卷首一卷　(清)蔡世遠撰　**緝齋詩八卷文八卷首一卷**　(清)蔡新撰　清光緒二十五年(1899)刻本　十三冊　缺一卷(緝齋文一)

340000－1843－0005657　集 435/4446
蔡氏九儒書九種九卷首一卷　(明)蔡有鵾輯　(清)蔡重重輯　清光緒十二年(1886)至清末刻本　七冊

340000－1843－0005658　集 435/4923
趙氏淵源集十卷　(清)趙紹祖編　清光緒十三年(1887)小古墨齋刻本　五冊

340000－1843－0005659　集 435/7233
紅樹山莊詩草二卷黔遊草一卷醉吟草六卷峰泖古思集不分卷　(清)劉家達　(清)劉大容等撰　清光緒刻本　四冊

340000－1843－0005660　集 435/7360
八旗文經六十卷　(清)盛昱　(清)楊鍾羲輯　清光緒二十八年(1902)湖北官書局刻朱墨套印本　十二冊

340000－1843－0005661　集 435/7438
陸氏傳家集四卷附先德錄　(清)陸迺普輯　清同治十一年(1872)義經堂刻本　五冊

340000－1843－0005662　集 435/7438
陸氏傳家集四卷附先德錄　(清)陸迺普輯　清同治十一年(1872)義經堂刻本　五冊

340000－1843－0005663　集 435/7713
海虞三陶先生集二十二卷　(清)陶元淳等撰　清光緒七年(1881)刻本　八冊

340000－1843－0005664　集 435/8271
鍾氏詩鈔合集八卷　(清)鍾翼雪輯　清光緒十一年(1885)瀘州刻本　四冊

340000－1843－0005665　集 435/8387
陽湖錢氏家集十六卷乩詩錄一卷求拙齋遺詩一卷課徒草一卷　(清)錢鈞等撰　清末刻本　四冊

340000－1843－0005666　集 436/0032
粵闈唱和集一卷附刻秋闈試題擬作一卷　(清)方濬師等撰　清同治十二年(1873)刻本　一冊

340000－1843－0005667　集 436/2734
坡門酬唱二十三卷　(宋)邵浩編　清宣統三年(1911)貴池劉氏玉海堂刻本　八冊

340000－1843－0005668　集 436/3410
蒲上題襟集十二卷　(清)淩霄等撰　清嘉慶二十一年(1816)刻本　四冊

340000－1843－0005669　集 436/4036
于湖題襟集八卷　(清)袁昶編　清光緒二十一年(1895)刻本　五冊

340000－1843－0005670　集 436/4620.2
西崑酬唱集二卷　(宋)楊億等編　清咸豐四年(1854)邵武徐氏刻本　一冊

340000－1843－0005671　集 436/4777
皖江同聲集十卷　(清)胡鳳丹編　清同治退補齋刻本　一冊

340000－1843－0005672　集 436/4748
清尊集十六卷　(清)胡敬等撰　清道光十九年(1839)刻本　四冊

340000－1843－0005673　集 436/5023
西泠酬唱集五卷二集五卷　(清)秦緗業等撰　清光緒四年(1878)刻本　四冊

340000－1843－0005674　集 437/0184
百美新詠不分卷　(清)顏希源撰　清嘉慶刻本　一冊

340000－1843－0005675　集 437/2833
清暉贈言十卷　(清)徐永宣編　清宣統三年(1911)順德鄧氏風雨樓鉛印本　三册

340000－1843－0005676　集 437/3445
南宋雜事詩七卷　(宋)沈嘉轍撰　清同治十一年(1872)淮南書局刻本　四册

340000－1843－0005677　集 437/4796
白下愚園集八卷續集十卷　(清)胡光國編　清光緒二十年(1894)刻本　八册

340000－1843－0005678　集 437/5399
聽松庵竹爐圖詠四卷　(清)吴鉞輯　清乾隆二十七年(1762)刻本　四册

340000－1843－0005679　集 437/5584
李翰林姑孰遺跡題詠類鈔六卷　(清)曹笙南輯　清光緒八年(1882)姑孰刻本　二册

340000－1843－0005680　集 437/2587
虹橋秋禊圖不分卷　(清)朱銘編　清光緒三年(1877)刻本　一册

340000－1843－0005681　集 438/3422
歷代名人尺牘精華錄十二卷　(明)沈佳允選　清宣統元年(1909)上海國學昌明社石印本　四册

340000－1843－0005682　集 438/7522
瀚海十二卷　(明)陳繼儒編　清光緒二年(1876)上海申報館鉛印本　八册

340000－1843－0005683　集 438/7743
結鄰集十五卷　(清)周在浚編選　清光緒二十四年(1898)刻本　八册

340000－1843－0005684　集 439/0000
勸孝歌曲二種　(□)□□撰　清光緒十八年(1892)蕪湖田錦文齋刻本　一册

340000－1843－0005685　集 439/4430
越諺三卷賸語二卷　(清)范寅編　清光緒八年(1882)谷應山房刻本　三册

340000－1843－0005686　集 4310/1008
南菁文鈔三集十六卷　(清)丁立鈞編選　清光緒二十七年(1901)刻朱印本　八册

340000－1843－0005687　集 4310/1033
尊經書院初集十二卷　王闓運評定　清光緒十年(1884)成都刻本　十二册

340000－1843－0005688　集 4310/1042
格致書院課藝不分卷　(清)王韜輯　清光緒二十四年(1898)圖書集成印書局石印本　十三册

340000－1843－0005689　集 4310/1127
成均課士錄十六卷　(清)張伯熙選　清光緒二十三年(1897)刻本　八册

340000－1843－0005690　集 4310/1138
高歌集不分卷　(清)張祥編　清道光二十四年(1844)鉛印本　二册

340000－1843－0005691　集 4310/2522
試帖錦囊四卷試賦錦囊一卷　(清)朱綿生輯　清乾隆三十一年(1766)雪焦山館刻本　二册

340000－1843－0005692　集 4310/2641
八銘堂塾鈔初集不分卷二集不分卷　(清)吴懋政編　清光緒六年(1880)掃葉山房刻本　十册

340000－1843－0005693　集 4310/2644
國朝三十五科同館詩賦解題七卷　(清)魏茂林撰　清道光二十九年(1849)刻本　八册

340000－1843－0005694　集 4310/2741
龍城書院課藝不分卷　繆荃孫等評選　清光緒二十七年(1901)龍城書院鉛印本　十六册

340000－1843－0005695　集 4310/3033
辨志文會課藝初集不分卷　(清)宗源瀚等選評　清光緒七年(1881)刻本　六册

340000－1843－0005696　集 4310/4010
賦學正鵠十卷　(清)李元度選　(清)來性根註　清光緒七年(1881)文餘堂刻本　六册

340000－1843－0005697　集 4310/4212
皖江校士錄後編不分卷　(清)彭一德等撰　清光緒十四年(1888)刻本　一册

340000－1843－0005698　集 4310/4427

南菁講舍文集六卷 (清)黄以周編選 清光緒十五年(1889)刻本 四册

340000-1843-0005699 集4310/4427.2
南菁文鈔二集六卷 (清)黄以周編選 清光緒二十年(1894)刻本 四册

340000-1843-0005700 集4310/4435
浙東課士錄四卷 (清)薛福成編 清光緒二十年(1894)刻本 四册

340000-1843-0005701 集4310/4461
尊經書院課藝 (清)薛時雨編 清同治九年(1870)刻本 十六册

340000-1843-0005702 集4310/6082
學海堂集十六卷二集二十卷三集二十四卷 (清)吴蘭修編 **學海堂集三集二十四卷** (清)張維屏續編 清道光五年(1825)啟秀山房刻本[二集二十卷爲清道光十八年(1838)啟秀山房刻本,三集二十四卷爲清咸豐九年(1859)啟秀山房刻本] 二十四册

340000-1843-0005703 集4310/7110
詁經精舍文集十二卷 (清)阮元編 清嘉慶六年(1801)刻本 四册

340000-1843-0005704 集4310/7435
菊坡精舍集二十卷 (清)陳澧編 清光緒二十三年(1897)刻本 六册

340000-1843-0005705 集4310/7535
學海堂四集二十六卷 (清)陳澧 (清)金錫齡編 清光緒十二年(1886)刻本 十六册

340000-1843-0005706 集4310/8043
求志書院課藝不分卷 (清)俞樾等評選 清末刻本 五册

340000-1843-0005707 集4310/8043
詁經精舍四集十六卷 (清)俞樾編 清光緒五年(1879)刻本 八册

340000-1843-0005708 集4310/8043(2)
詁經精舍三集二卷 (清)俞樾編 清同治八年(1869)刻本 七册

340000-1843-0005709 集4311./0027
方氏全稿二種 (清)方舟等撰 清刻本 四册

340000-1843-0005710 集4311./1044
有嘉樹軒制義彙存二卷續集三卷三集四卷補遺一卷 (清)王藻撰 清咸豐六年(1856)刻本 十六册

340000-1843-0005711 集4311./1170
七家試帖輯註彙鈔九卷 (清)張熙宇輯 清同治九年(1870)刻本 八册

340000-1843-0005712 集4311./1170
七家試帖輯註彙鈔九卷 (清)張熙宇輯 清同治九年(1870)刻本 七册

340000-1843-0005713 集4311./3448
同館試律彙鈔二十四卷續補三卷 (清)法式善編 清乾隆五十一年(1786)刻本 十六册

340000-1843-0005714 集4311./4015
西河制藝錄二卷桐閣憶舊文存二卷 (清)李元春編 清道光十年(1830)刻本 四册

340000-1843-0005715 集4311./4033
行廚集十七卷應酬詩四卷 (清)李之㴲 (清)汪建封輯 清乾隆九年(1744)刻本 十六册

340000-1843-0005716 集4311./4443
明文商八卷 (清)黄越等編選 清康熙三十四年(1695)刻本 八册

340000-1843-0005717 集4311./5630
館律分韻初編六卷 題(清)春暉閣主人編 清光緒十四年(1888)上海漱六山莊石印本 六册

340000-1843-0005718 集4311./7249
重註七家詩十二卷 (清)劉培堂撰 清光緒十五年(1889)天津李文煥刻本 六册

340000-1843-0005719 集4311./7503
陳鈞堂時文許竹篔時文不分卷 (清)陳康祺 (清)許景澄撰 清同治九年(1870)刻本 四册

340000-1843-0005720 集4311./7548

留青新集三十卷 (清)陳枚編 清康熙二十七年(1688)刻本 三十冊

340000－1843－0005721 集44/0020
論文集鈔二卷 (清)高塘輯 清乾隆五十一年(1786)廣郡永邑培元堂刻本 二冊

340000－1843－0005722 集44/3452
中國歷代文派沿革錄不分卷 池虬撰 清光緒三十四年(1908)弢廬叢書石印本 一冊

340000－1843－0005723 集441/1043
五代詩話二卷 (清)王士禛撰 清乾隆十三年(1748)刻本 四冊

340000－1843－0005724 集441/1043(2)
五代詩話十二卷漁洋詩話二卷 (清)王士禛撰 清乾隆十三年(1748)刻本 六冊

340000－1843－0005725 集441/2884
本事詩十二卷 (清)徐釚編 清初承芳堂刻本(略例、目錄配抄本) 四冊

340000－1843－0005726 集441/2884.2
本事詩十二卷 (清)徐釚編 清康熙鼉尾山房刻本 四冊

340000－1843－0005727 集441/2884.3
本事詩十二卷 (清)徐釚編 清乾隆二十二年(1757)半松書屋刻本 四冊

340000－1843－0005728 集441/4211
宋四六話十二卷 (清)彭元瑞編 清嘉慶刻本 六冊

340000－1843－0005729 集441/4300
全唐詩話六卷 (宋)尤袤編 清宣統三年(1911)三樂堂石印本 六冊

340000－1843－0005730 集441/4300
全唐詩話六卷 (宋)尤袤編 清宣統三年(1911)三樂堂石印本 六冊

340000－1843－0005731 集441/7167
宋詩紀事一百卷 (清)厲鶚撰 清刻本 三十二冊

340000－1843－0005732 集441/7167
宋詩紀事一百卷 (清)厲鶚撰 清乾隆十一年(1746)刻本 二十四冊

340000－1843－0005733 集441/7560
明詩紀事十籤一百八十七卷 陳田撰 清光緒二十五年至宣統三年(1899－1911)聽詩齋刻本 三十八冊

340000－1843－0005734 集442/1120
湘上詩緣錄四卷新安詩萃一卷 (清)張修府撰 清光緒十四年(1888)長沙刻本 四冊

340000－1843－0005735 集4431/7246.10
文心雕龍十卷 (南朝梁)劉勰撰 (清)黄叔琳註 (清)紀昀評 清道光十三年(1833)兩廣節署刻朱墨套印本 四冊

340000－1843－0005736 集4431/8229
詩式一卷 (唐)釋皎然撰 **詩品一卷** (唐)司空圖撰 **全唐詩話六卷** (宋)尤袤撰 清乾隆三十五年(1770)刻歷代詩話本 八冊

340000－1843－0005737 集4435/0060
瀛奎律髓刊誤四十九卷 (元)方回輯 (清)紀昀評點 清嘉慶李氏刻本 八冊

340000－1843－0005738 集4435/0060.2
瀛奎律髓刊誤四十九卷 (元)方回輯 清光緒六年(1880)刻本 十四冊

340000－1843－0005739 集4436/0445
四溟詩話二卷 (明)謝榛撰 (清)胡曾校訂 清乾隆十九年(1754)耘雅堂刻本 一冊

340000－1843－0005740 集4436/0445
四溟詩話二卷 (明)謝榛撰 (清)胡曾校訂 清乾隆十九年(1754)耘雅堂刻本 一冊

340000－1843－0005741 集4437/4494
煮藥漫鈔二卷 (清)葉煒撰 清光緒十七年(1891)刻本 一冊

340000－1843－0005742 集44371/0022
讀書作文譜十二卷父師善誘法二卷 (清)唐彪撰 清嘉慶十九年(1814)刻本 四冊

340000－1843－0005743 集44371/0022.2
讀書作文譜十二卷父師善誘法二卷 (清)唐

彪輯纂　清大文堂刻本　二冊

340000－1843－0005744　集44371/1043
帶經堂詩話二十八卷　(清)王士禛撰　清同治十二年(1873)廣州藏修堂刻本　八冊

340000－1843－0005745　集44371/1043(2)
漁洋詩話二卷　(清)王士禛撰　清宣統元年(1909)掃葉山房石印本　一冊

340000－1843－0005746　集44371/1124
花薰閣詩述十卷　題(清)雪北山樵編　清嘉慶刻本　十二冊

340000－1843－0005747　集44371/2528
靜志居詩話二十四卷　(清)朱彝尊撰　清嘉慶二十四年(1819)扶荔山房刻本　十六冊

340000－1843－0005748　集44371/2528
靜志居詩話二十四卷　(清)朱彝尊撰　清嘉慶二十四年(1819)扶荔山房刻本　十六冊

340000－1843－0005749　集44371/2528
靜志居詩話二十四卷　(清)朱彝尊撰　清嘉慶二十四年(1819)扶荔山房刻本　六冊

340000－1843－0005750　集44371/2801
彙纂詩法度針三十三卷　(清)徐文弼編　清乾隆二十四年(1759)刻本　四冊

340000－1843－0005751　集44371/3072
柳亭詩話三十卷　(清)宋長白撰　清光緒八年(1882)刻本　八冊

340000－1843－0005752　集44371/3072
柳亭詩話三十卷　(清)宋長白撰　清光緒八年(1882)刻本　八冊

340000－1843－0005753　集44371/3174
詩學纂聞一卷　(清)汪師韓撰　清光緒五年(1879)鉛印本　一冊

340000－1843－0005754　集44371/4048(2).3
隨園詩話十六卷補遺三卷　(清)袁枚撰　清宣統元年(1909)上海鑄記書局石印本　一冊

340000－1843－0005755　集44371/4048(2).4
隨園詩話十六卷補遺十卷　(清)袁枚撰　清末至民國上海文明書局石印本　六冊

340000－1843－0005756　集44371/4048(2).4
隨園詩話十六卷補遺十卷　(清)袁枚撰　清末至民國上海文明書局石印本　六冊

340000－1843－0005757　集44371/4092
初白庵詩評三卷詞綜偶評不分卷　(清)查慎行撰　清乾隆四十二年(1777)涉園觀樂堂刻本　三冊

340000－1843－0005758　集44371/4092
初白庵詩評三卷詞綜偶評不分卷　(清)查慎行撰　清乾隆四十二年(1777)涉園觀樂堂刻本　三冊

340000－1843－0005759　集44371/4942
聲調譜不分卷　(清)趙執信編　清同治至光緒刻天壤閣叢書本　一冊

340000－1843－0005760　集44371/7110
定香亭筆談四卷　(清)阮元撰　清光緒十年(1884)刻本　四冊

340000－1843－0005761　集44371/7110
定香亭筆談四卷　(清)阮元撰　清光緒十年(1884)刻本　四冊

340000－1843－0005762　集44371/8002
石洲詩話八卷　(清)翁方綱撰　清嘉慶二十四年(1819)刻本　四冊

340000－1843－0005763　集44372/0030
論文章本原三卷　(清)方宗誠撰　清光緒四年(1878)刻本　一冊

340000－1843－0005764　集44372/1191
小滄浪詩話四卷　(清)張燮承撰　清咸豐九年(1859)刻本　一冊

340000－1843－0005765　集44372/3224
緝雅堂詩話二卷　(清)潘衍桐撰　清光緒十七年(1891)刻本　二冊

340000－1843－0005766　集44372/4462
海天琴思錄八卷　(清)林昌彝輯　清同治三年(1864)廣州刻本　四冊

340000－1843－0005767　集 44372/7274.2
藝概六卷　(清)劉熙載撰　清同治十二年(1873)刻本　四冊

340000－1843－0005768　集 44372/7274.2
藝概六卷　(清)劉熙載撰　清同治十二年(1873)刻本　二冊

340000－1843－0005769　集 44372/7274.2
藝概六卷　(清)劉熙載撰　清同治十二年(1873)刻本　一冊

340000－1843－0005770　集 44372/7274.3
藝概六卷　(清)劉熙載撰　清光緒十三年(1887)嶺南刻本　二冊

340000－1843－0005771　集 444/1048
詩學啓蒙讀本四卷　(清)丁有美編　清乾隆五十五年(1790)詠春堂刻本　四冊

340000－1843－0005772　集 444/1248
四六叢話三十三卷選詩叢話三卷　(清)孫梅撰　清乾隆五十四年(1789)刻本　十二冊

340000－1843－0005773　集 444/3408
紅樓夢賦不分卷　(清)沈謙撰　清道光二十六年(1846)眠琴書屋刻本　一冊

340000－1843－0005774　集 444/3708
制義叢話二十四卷　(清)梁章鉅撰　清道光知足知不足齋刻本　八冊

340000－1843－0005775　集 444/4460
制義綱目不分卷　(清)趙國麟撰　清雍正六年(1728)刻本　四冊

340000－1843－0005776　集 451132/1190.3
山中白雲詞八卷樂府指迷一卷　(宋)張炎撰　清宣統三年(1911)掃葉山房石印本　四冊

340000－1843－0005777　集 451132/1190
山中白雲詞八卷詞源二卷　(宋)張炎撰　清光緒八年(1882)娱園刻本　五冊

340000－1843－0005778　集 451132/2604(3)
夢窗四稿四卷補遺二卷夢窗詞二卷補遺二卷　(宋)吳文英撰　清咸豐十一年(1861)刻本　二冊

340000－1843－0005779　集 451132/2604
夢窗四稿四卷補遺一卷夢窗詞校勘記一卷　(宋)吳文英撰　清光緒三十四年(1908)歸安朱氏刻本　一冊

340000－1843－0005780　集 451132/2604(6)
夢窗四稿四卷補遺一卷札記一卷　(宋)吳文英撰　(清)朱孝臧等校　清光緒二十五年(1899)四印齋刻本　二冊

340000－1843－0005781　集 451132/7730(3)
草窗詞三卷補遺二卷　(宋)周密撰　清光緒二十六年(1900)無著盦刻本　三冊

340000－1843－0005782　集 451132/8080
白石道人歌曲六卷　(宋)姜夔作　清宣統二年(1910)刻本　一冊

340000－1843－0005783　集 451132/7730(2)
草窗詞二卷補遺二卷　(宋)周密撰　清咸豐十一年(1861)曼陀羅花閣刻本　一冊

340000－1843－0005784　集 451132/7730
蘋洲漁笛譜一卷　(宋)周密撰　清乾隆四年(1739)刻本　一冊

340000－1843－0005785　集 45115/1702
蟻術詞選四卷　(元)邵亨貞撰　清光緒十七年(1891)刻本　一冊

340000－1843－0005786　集 451171/5524
珂雪詞二卷　(清)曹貞吉撰　抄本　二冊

340000－1843－0005787　集 451171/6616
柯家山館詞三卷　(清)嚴元照撰　清嘉慶十八年至二十二年(1813－1817)刻本　三冊

340000－1843－0005788　集 451171/7442
湖海樓詞集二十卷　(清)陳其年撰　清光緒十七年(1891)刻本　六冊

340000－1843－0005789　集 451171/8096
詞鯖一卷　(清)余煌撰　清道光六年(1826)有斐居刻本　一冊

340000－1843－0005790　集 451172/3104
眉綠樓詞二種二卷　(清)顧文彬撰　清光緒六年(1880)刻本　一冊

340000－1843－0005791　集 451172/4403
採香詞二卷　(清)杜文瀾撰　清咸豐十一年(1861)刻本　一册

340000－1843－0005792　集 451172/2644
香南雪北詞一卷　(清)吳藻撰　清末刻本　一册

340000－1843－0005793　集 451171/2528
曝書亭詞註七卷　(清)朱彝尊撰　(清)李富孫註　清嘉慶十九年(1814)刻本　四册

340000－1843－0005794　集 451171/2680
有正味齋詞集八卷　(清)吳錫麒撰　清刻本　二册

340000－1843－0005795　集 451171/3124(2)
彈指詞三卷補遺一卷匏園詞不分卷　(清)顧貞觀撰　清嘉慶刻本　四册

340000－1843－0005796　集 451171/3124(3)
彈指詞三卷　(清)顧貞觀撰　清光緒四年(1878)刻本　二册

340000－1843－0005797　集 451171/3124(3)
彈指詞三卷　(清)顧貞觀撰　清光緒四年(1878)刻本　一册

340000－1843－0005798　集 451171/3417
梅邊吹笛譜六卷補遺一卷　(清)淩廷堪撰　清道光至光緒南海伍氏刻粤雅堂叢書本　二册

340000－1843－0005799　集 451171/4037
笠翁耐歌詞四卷　(清)李漁撰　清刻本　四册

340000－1843－0005800　集 451171/4448
忠雅堂詞二卷　(清)蔣士銓撰　清刻本　一册

340000－1843－0005801　集 451172/0014
雲起軒詞鈔不分卷　(清)文廷式撰　清光緒三十三年(1907)刻本　一册

340000－1843－0005802　集 451172/2644(2)
香南雪北詞不分卷　(清)吳藻撰　清道光二十四年(1844)刻本　一册

340000－1843－0005803　集 451172/3104
眉綠樓詞一卷　(清)顧文彬撰　清光緒十年(1884)刻本　一册

340000－1843－0005804　集 451172/3132
藕絲詞四卷　(清)汪淵撰　清光緒七年(1881)刻本　一册

340000－1843－0005805　集 451172/3424
清夢盦二白詞五卷　(清)沈傳桂撰　清道光二十五年(1845)刻本　一册

340000－1843－0005806　集 451172/4299
疏影樓詞四種五卷　(清)姚燮撰　清道光十三年(1833)刻本　二册

340000－1843－0005807　集 451172/4299
疏影樓詞四種五卷　(清)姚燮撰　清道光十三年(1833)刻本　二册

340000－1843－0005808　集 451172/4403
採香詞二卷詞律校勘記二卷　(清)杜文瀾撰　清咸豐十一年(1861)曼陀羅花閣刻本　四册

340000－1843－0005809　集 451172/4444
花影吹笙室詞鈔二卷小遊仙詞一卷　(清)葉英華撰　清光緒三年(1877)刻本　一册

340000－1843－0005810　集 451172/4712
苾芻館詞集六卷　(清)胡延撰　清光緒二十七年(1901)刻本　四册

340000－1843－0005811　集 451172/4909
香銷酒醒詞一卷曲一卷　(清)趙慶熺撰　清同治七年(1868)刻本　一册

340000－1843－0005812　集 451172/4909
香銷酒醒詞一卷曲一卷　(清)趙慶熺撰　清同治七年(1868)刻本　二册

340000－1843－0005813　集 451172/7731
心日齋詞集六卷珠巢存課二卷十六家詞錄二卷　(清)周之琦撰　清刻本　五册

340000－1843－0005814　集 451172/7731
金梁夢月詞二卷懷夢詞二卷退庵詞一卷　(清)周之琦撰　清道光刻本　二册

340000－1843－0005815　集 45118/2542
彊村詞四卷　(清)朱孝臧撰　清光緒刻本　一冊

340000－1843－0005816　集 45118/3677(2)
第一生修梅花館詞八卷香海棠館詞話一卷　況周頤撰　清光緒十八年(1892)家刻本　二冊

340000－1843－0005817　集 451211/1022
清綺軒詞選十三卷　(清)夏秉衡選　清光緒二十一年(1895)刻本　四冊

340000－1843－0005818　集 451211/1022
清綺軒詞選十三卷　(清)夏秉衡選　清光緒二十一年(1895)刻本　四冊

340000－1843－0005819　集 451211/1022.2
歷朝名人詞選十三卷　(清)夏秉衡選　清宣統元年(1909)掃葉山房石印本　六冊

340000－1843－0005820　集 451211/1073
四印齋所刻詞二十一種七十二卷　(清)王鵬運編　清光緒十四年(1888)臨桂王鵬運四印齋刻本　二十冊

340000－1843－0005821　集 451211/1073
四印齋所刻詞二十一種七十二卷　(清)王鵬運編　清光緒十四年(1888)臨桂王鵬運四印齋刻本　二十冊

340000－1843－0005822　集 451211/1073.2
四印齋所刻詞二十種　(清)王鵬運編　清光緒十四年(1888)臨桂王鵬運四印齋刻本　十二冊

340000－1843－0005823　集 451211/1150
詞選二卷續二卷附錄二卷　(清)張惠言選　(清)董毅續選　清同治六年(1867)刻本　二冊

340000－1843－0005824　集 451211/1150/4407
正續詞選五卷　(清)張惠言選　(清)董毅續選　清宣統三年(1911)上海掃葉山房石印本　一冊

340000－1843－0005825　集 451211/1150
正續詞選五卷　(清)張惠言選　(清)董毅續選　清宣統三年(1911)上海掃葉山房石印本　一冊

340000－1843－0005826　集 451211/1150(3)
詞選二卷續詞選二卷附錄一卷詞源二卷詞旨一卷樂府指迷一卷　(清)張惠言等編　清道光刻本　二冊

340000－1843－0005827　集 451211/2528
詞綜三十八卷明詞綜十二卷國朝詞綜四十八卷國朝詞綜二集八卷　(清)朱彝尊　(清)王昶編　清光緒二十八年(1902)刻本　二十四冊

340000－1843－0005828　集 451211/2528
詞綜三十八卷明詞綜十二卷國朝詞綜四十八卷國朝詞綜二集八卷　(清)朱彝尊　(清)王昶編　清光緒二十八年(1902)刻本　二十四冊

340000－1843－0005829　集 451211/2528/1036
詞綜三十八卷明詞綜十二卷國朝詞綜四十八卷國朝詞綜二集八卷　(清)朱彝尊　(清)王昶編　清光緒二十八年(1902)刻本　二十四冊

340000－1843－0005830　集 451211/2528/1036
詞綜三十八卷明詞綜十二卷國朝詞綜四十八卷國朝詞綜二集八卷　(清)朱彝尊　(清)王昶編　清光緒二十八年(1902)刻本　二十四冊

340000－1843－0005831　集 451211/2528(2)
詞綜三十六卷　(清)朱彝尊編　清乾隆碧梧書屋刻本　八冊

340000－1843－0005832　集 451211/2528(2)
詞綜三十六卷　(清)朱彝尊編　清乾隆碧梧書屋刻本　十二冊

340000－1843－0005833　集 451211/2528(4)
詞綜三十八卷明詞綜十二卷　(清)朱彝尊編　清康熙松江文萃堂刻本　十二冊

340000－1843－0005834　集 451211/4222

宋元名家詞十八卷　(清)江標輯　清光緒二十一年(1895)湖南思賢書局刻本　四冊

340000－1843－0005835　集451211/4447
梅苑十卷　(宋)黃大輿編　清康熙四十五年(1706)揚州詩局刻本　一冊

340000－1843－0005836　集451211/5062
詞學叢書六種　(清)秦恩復編　清嘉慶二十一年(1816)江都秦氏享帚精舍刻本　十二冊

340000－1843－0005837　集451211/5062
詞學叢書六種　(清)秦恩復編　清嘉慶二十一年(1816)江都秦氏享帚精舍刻本　十二冊

340000－1843－0005838　集451211/5062.2
詞學叢書六種　(清)秦恩復編　清嘉慶二十一年(1816)江都秦氏享帚精舍刻本　十冊

340000－1843－0005839　集451211/5062.2
詞學叢書六種　(清)秦恩復編　清嘉慶二十一年(1816)江都秦氏享帚精舍刻本　十冊

340000－1843－0005840　集4512121/5330
唐五代詞選三卷　(清)成肇麐編　清光緒刻本　一冊

340000－1843－0005841　集4512122/1073
四印齋合刻雙白詞八卷山中白雲詞續補一卷　(清)王鵬運編　清光緒七年(1881)王氏刻本　二冊

340000－1843－0005842　集4512122/2010
宋六十名家詞六十種八十九卷　(明)毛晉編　清刻本　九冊　存十三種(片玉詞二卷、于湖詞三卷、惜香樂府十卷、西樵語業、竹盧癡語、河清真詞、後村別調、蘆川詞、洺水詞、歸愚詞、龍洲詞、初寮詞、龍川詞)

340000－1843－0005843　集4512122/2010.2
宋六十名家詞六十種八十九卷　(明)毛晉編　清光緒十四年(1888)錢塘汪氏刻本　二十四冊

340000－1843－0005844　集4512122/2010.2
宋六十名家詞六十種八十九卷　(明)毛晉編　清光緒十四年(1888)錢塘汪氏刻本　二十三冊　存五十七種

340000－1843－0005845　集4512122/2604
夢窗四稿四卷補遺二卷　(宋)吳文英　草窗詞二卷補遺二卷　(宋)周密撰　清光緒十一年(1885)曼陀羅花閣刻本　一冊　存四卷(草窗詞二卷、補遺二卷)

340000－1843－0005846　集4512122/4973
陽春白雪八卷外集一卷　(宋)趙聞禮編　清道光十年(1830)瞿氏清吟閣刻本　二冊

340000－1843－0005847　集451225/1036.2
國朝詞綜四十八卷二集八卷　(清)王昶編　清嘉慶七年(1802)刻本　九冊

340000－1843－0005848　集451225/2816
小檀欒室彙刻閨秀詞第一集　徐乃昌編　清宣統三年(1911)南陵徐氏刻本　二冊

340000－1843－0005849　集451225/2816
閨秀詞鈔十六卷　徐乃昌編　清宣統元年(1909)徐氏刻本　八冊

340000－1843－0005850　集451225/2816(3)
小檀欒室彙刻閨秀詞第十集　徐乃昌編　清光緒二十四年至宣統三年(1898－1911)南陵徐氏刻本　二十八冊

340000－1843－0005851　集4512125/2816(3)
小檀欒室彙刻閨秀詞第十集　徐乃昌編　清光緒二十四年至宣統三年(1898－1911)南陵徐氏刻本　三十冊

340000－1843－0005852　集4512125/2816(3)
小檀欒室彙刻閨秀詞第十集　徐乃昌編　清光緒二十一年至二十二年(1895－1896)徐氏刻本　二十冊

340000－1843－0005853　集4512125/2816(5)
閨秀詞鈔十六卷補遺一卷續補遺一卷　徐乃昌編　清宣統元年(1909)南陵徐氏刻本　十二冊

340000－1843－0005854　集451225/3145
四家詞鈔六卷　(清)汪世春等撰　清嘉慶十七年(1812)小倉山房刻本　二冊

340000－1843－0005855　集 451225/3672
薇省詞鈔十一卷　況周儀輯　清光緒二十年(1894)刻本　四册

340000－1843－0005856　集 451225/4493
國朝詞綜續編二十四卷　(清)黄燮清編　清同治十二年(1873)刻本　六册

340000－1843－0005857　集 45122/1010
西泠詞萃七卷　(清)丁丙編　清光緒杭州抱經堂書局刻本　四册

340000－1843－0005858　集 45122/2530
湖州詞徵三十卷　朱祖謀編　清吴興劉氏嘉業堂刻本　四册

340000－1843－0005859　集 45122/2530
湖州詞徵三十卷　朱祖謀編　清吴興劉氏嘉業堂刻本　四册

340000－1843－0005860　集 45122/2741
吴氏石蓮庵刻山左人詞十七種四十六卷　繆荃孫編　清光緒二十七年(1901)金陵刻本　十册

340000－1843－0005861　集 45122/5343
吴中七家詞七種　(清)戈載等撰　清道光刻本　四册

340000－1843－0005862　集 45122/7521
國朝金陵詞鈔八卷末一卷　陳作霖編　清光緒二十八年(1902)刻本　四册

340000－1843－0005863　集 45122/7521
國朝金陵詞鈔八卷末一卷　陳作霖編　清光緒二十八年(1902)刻本　四册

340000－1843－0005864　集 451222/5343
宋七家詞選七卷　(清)戈載編　清光緒十一年(1885)刻本　四册

340000－1843－0005865　集 451225/0123
篋中詞六卷續四卷　(清)譚獻纂　清光緒八年(1882)刻本　三册

340000－1843－0005866　集 451225/0123
篋中詞六卷續四卷　(清)譚獻纂　清光緒八年(1882)刻本　三册

340000－1843－0005867　集 451225/1114
雲自在龕彙刻名家詞十七種二十四卷　(清)張琦等纂　繆荃孫輯　清光緒江陰繆氏刻本　四册

340000－1843－0005868　集 451225/1114
雲自在龕彙刻名家詞十七種二十四卷　(清)張琦等纂　繆荃孫輯　清光緒江陰繆氏刻本　四册

340000－1843－0005869　集 45123/2816
皖詞紀勝不分卷　徐乃昌輯　清光緒三十年(1904)南陵徐氏刻本　一册

340000－1843－0005870　集 45211/1033(9)
貫華堂第六才子書八卷附才子西廂文　(元)王實甫撰　(清)金人瑞評點　清乾隆二十五年(1760)古吴三樂齋刻本　六册

340000－1843－0005871　集 45211/1035(5)
第六才子書(西廂記)八卷　(元)王實甫撰　(清)金人瑞評點　清乾隆五十六年(1791)刻本　六册

340000－1843－0005872　集 45211/1035(4)
貫華堂第六才子書八卷　(元)王實甫撰　(清)金人瑞評點　清刻本　二册

340000－1843－0005873　集 45211/1035.8
西廂記(如是山房增訂金批)四卷首一卷末一卷　(元)王實甫撰　(清)金人瑞評　清光緒二年(1876)如是山房刻朱墨套印本　六册

340000－1843－0005874　集 45212/7348
識英雄紅拂莽擇配一卷　題(明)即空觀人(淩濛初)撰　清刻本　一册

340000－1843－0005875　集 45213/0887
胭脂獄一卷　(清)許善長撰　清光緒十年(1884)刻本　一册

340000－1843－0005876　集 45213/0887(2)
靈媧石一卷　(清)許善長撰　清光緒十一年(1885)碧聲唫館刻本　一册

340000－1843－0005877　集 45213/4634
吟風閣雜劇四卷　(清)楊潮觀撰　清乾隆二

十九年(1764)刻本　四冊　存二卷(三至四)

340000－1843－0005878　集45213/8720
鉼笙館修簫譜四種　(清)舒位撰　清道光錢塘汪氏振綺堂刻本　一冊

340000－1843－0005879　集45222/0000(2)
贈書記二卷　(明)□□撰　清刻本　一冊

340000－1843－0005880　集45222/0000(3)
紅黎記二卷　(明)□□撰　清刻本　一冊

340000－1843－0005881　集45222/0000(4)
拜月亭記二卷　(明)□□撰　清宣統元年(1909)夢風樓暖和室刻本　二冊

340000－1843－0005882　集45222/0067(5)
成裕堂繪像第七才子書琵琶記六卷　(元)高明撰　(清)查昇評點　清雍正十三年(1735)刻本　六冊

340000－1843－0005883　集45222/0067(3)
槐陰堂繪像第七才子書琵琶記六卷　(元)高明撰　(清)查昇評點　清善成堂刻本　六冊

340000－1843－0005884　集45222/3663
吳吳山三婦合評牡丹亭還魂記二卷附錄一卷　(明)湯顯祖撰　清康熙三十三年(1694)夢園刻本　四冊

340000－1843－0005885　集45222/3663
牡丹亭還魂記二卷　(明)湯顯祖撰　清光緒十六年(1890)石印本　四冊

340000－1843－0005886　集45222/3663.2
繡像牡丹亭還魂記八卷　(明)湯顯祖撰　清南京芥子園刻本　六冊

340000－1843－0005887　集45222/3663(2)
紫釵記二卷　(明)湯顯祖撰　清末刻本　一冊

340000－1843－0005888　集45222/4612
龍膏記二卷三十出　(明)楊珽撰　清刻本　一冊

340000－1843－0005889　集45222/7148.3
燕子箋四卷　(清)阮大鋮撰　清刻本　四冊

340000－1843－0005890　集45223/0000
繡像風箏誤傳八卷三十二回　(□)□□撰　清嘉慶十五年(1810)漱芳閣刻本　四冊

340000－1843－0005891　集45223/0000
繡像風箏誤傳八卷三十二回　(□)□□撰　清嘉慶十五年(1810)漱芳閣刻本　六冊

340000－1843－0005892　集45223/0000
孝義真跡珍珠塔六卷二十四回　(□)□□編　清道光二十七年(1847)恒德堂刻本　六冊

340000－1843－0005893　集4325/0015
三宋人集三種四十六卷　(清)方功惠輯　清光緒七年(1881)巴陵方氏碧琳瑯館刻本　六冊

340000－1843－0005894　集4325/1133
宋文鑑刪十二卷　(明)張溥輯　清刻本　六冊

340000－1843－0005895　集4325/1166
宋詩百一鈔八卷　(清)姚培謙　(清)張景星　(清)王永祺輯　清道光十三年(1833)文萃堂刻本　四冊

340000－1843－0005896　集4325/2635
宋詩鈔四集一百六卷　(清)吳之振　(清)吕留良輯　清康熙十年(1671)鑑古堂刻本　二十四冊

340000－1843－0005897　集4325/2635
宋詩鈔四集一百六卷　(清)吳之振　(清)吕留良輯　清康熙十年(1671)鑑古堂刻本　二十四冊

340000－1843－0005898　志610.12.1045/4621
[嘉慶]如皋縣志二十四卷　(清)楊受廷　(清)左元鎮修　(清)馮汝舟　(清)江大鍵纂　清嘉慶十三年(1808)刻本　十冊

340000－1843－0005899　集4325/2635
宋詩鈔四集一百六卷　(清)吳之振　(清)吕留良輯　清康熙十年(1671)鑑古堂刻本　三十二冊

340000－1843－0005900　集 4325/2635
宋詩鈔四集一百六卷　(清)吳之振　(清)吕留良輯　清康熙十年(1671)鑑古堂刻本　三十二册

340000－1843－0005901　集 4325/3160
宋詩略十八卷　(清)汪景龍　(清)姚壎輯　清乾隆三十五年(1770)嘉定姚氏竹雨山房刻本　四册

340000－1843－0005902　集 4325/4402
宋人今體詩鈔註略三卷　(清)趙彦傳註　清同治八年(1869)刻本　一册

340000－1843－0005903　集 4325/4420
南宋文範七十六卷外編四卷　(清)莊仲方輯　清光緒十四年(1888)江蘇書局刻本　十六册

340000－1843－0005904　集 4325/4420
南宋文範七十六卷外編四卷　(清)莊仲方輯　清光緒十四年(1888)江蘇書局刻本　十六册

340000－1843－0005905　集 4325/4420
南宋文範七十六卷外編四卷　(清)莊仲方輯　清光緒十四年(1888)江蘇書局刻本　十五册　存七十六卷(南宋文範七十六卷)

340000－1843－0005906　集 4325/4432
南宋文錄二十四卷　(清)董兆熊輯　清光緒十七年(1891)蘇州書局刻本　六册

340000－1843－0005907　集 4325/4777
西江詩派韓饒二集六卷　(宋)韓駒　(宋)饒節撰　(清)沈曾植輯　清宣統二年(1910)姚埭沈氏刻本　二册

340000－1843－0005908　集 4325/5504
宋百家詩存二十卷　(清)曹庭棟輯　清乾隆嘉善曹氏二六書堂刻本　二十册

340000－1843－0005909　集 4325/5558
宋四六選二十四卷　(清)彭元瑞　(清)曹振庸選　清乾隆四十一年(1776)刻本　二十册

340000－1843－0005910　集 4325/6030
宋文鑑一百五十卷　(宋)吕祖謙輯　清光緒十二年(1886)江蘇書局刻本　二十四册

340000－1843－0005911　集 4325/6030
宋文鑑一百五十卷　(宋)吕祖謙輯　清光緒十二年(1886)江蘇書局刻本　二十四册

340000－1843－0005912　集 4325/6030
宋文鑑一百五十卷　(宋)吕祖謙輯　清光緒十二年(1886)江蘇書局刻本　二十四册

340000－1843－0005913　集 4325/6030
宋文鑑一百五十卷　(宋)吕祖謙輯　清光緒十二年(1886)江蘇書局刻本　二十四册

340000－1843－0005914　集 4325/6030
宋文鑑一百五十卷　(宋)吕祖謙輯　清光緒十二年(1886)江蘇書局刻本　二十四册

340000－1843－0005915　集 4325/6676
千首宋人絕句十卷　(清)嚴長明輯　清乾隆刻本　六册

340000－1843－0005916　集 4325/7502
宋十五家詩選十五種十六卷　(清)陳訏輯　清刻本　十二册

340000－1843－0005917　集 4325/7523
宋人小集摘讀不分卷明詩摘錄不分卷　(清)陳儉滋抄　清光緒稿本　八册

340000－1843－0005918　集 4325/7532
宋四家詩鈔　(清)周雪蒼　(清)柴錦川輯　清道光敬藝堂刻本　六册

340000－1843－0005919　集 4326/1047.3
中州集十卷首一卷中州樂府一卷　(元)元好問輯　清光緒七年(1881)讀書山房刻本　十一册

340000－1843－0005920　集 4326/1181
金文最六十卷　(清)張金吾編　清光緒二十一年(1895)蘇州書局刻本　十六册

340000－1843－0005921　集 4326/2741
遼文存六卷末一卷　繆荃孫輯　清光緒二十二年(1896)來青閣影印本　二册　存六卷(遼文存六卷)

340000－1843－0005922　集 4326/4420
金文雅十六卷　(清)莊仲方輯　清光緒十七年(1891)江蘇書局刻本　四冊

340000－1843－0005923　集 4326/4420
金文雅十六卷　(清)莊仲方輯　清光緒十七年(1891)江蘇書局刻本　四冊

340000－1843－0005924　集 4327/4412.3
元文類七十卷目錄三卷　(元)蘇天爵輯　清光緒十五年(1889)江蘇書局刻本　十冊

340000－1843－0005925　集 4327/4412.4
元文類七十卷目錄三卷　(元)蘇天爵輯　清光緒十五年(1889)江蘇書局刻本　十冊

340000－1843－0005926　集 4327/7149
元詩選六卷補遺一卷　(清)顧奎光輯　清乾隆十六年(1751)刻本　四冊

340000－1843－0005927　集 4328/0020
明文鈔六編　(清)高嵣輯　清乾隆五十一年(1786)廣郡永邑楊氏培元堂刻本　十六冊

340000－1843－0005928　集 4328/1111
弘正四杰詩集六十卷　(清)張雨珊輯　清光緒二十一年(1895)長沙張氏湘雨樓刻本　十六冊

340000－1843－0005929　集 4328/2519
明人詩鈔正集十四卷續集十四卷　(清)朱琰輯　清乾隆二十五年(1760)樊桐山房刻本　八冊

340000－1843－0005930　集 4328/2528
明詩綜一百卷　(清)朱彝尊輯　清末西泠吳氏清來堂刻本　三十二冊

340000－1843－0005931　集 4328/3102
明三十家詩選初集八卷二集八卷　(清)汪端輯　清道光二年(1822)刻本　四冊

340000－1843－0005932　集 4328/3102.2
明三十家詩選初集八卷二集八卷　(清)汪端輯　清光緒九年(1883)遂寧書局刻本　八冊

340000－1843－0005933　集 4328/3423
明詩別裁十二卷　(清)沈德潛輯　清乾隆四年(1739)刻本　四冊

340000－1843－0005934　集 4328/3423
明詩別裁十二卷　(清)沈德潛輯　清乾隆四年(1739)刻本　二冊

340000－1843－0005935　集 4328/4477
明文在一百卷　(清)薛熙輯　清光緒十五年(1889)江蘇書局刻本　十冊

340000－1843－0005936　集 4328/4477
明文在一百卷　(清)薛熙輯　清光緒十五年(1889)江蘇書局刻本　十冊

340000－1843－0005937　集 4328/4477
明文在一百卷　(清)薛熙輯　清光緒十五年(1889)江蘇書局刻本　十冊

340000－1843－0005938　集 4328/4477
明文在一百卷　(清)薛熙輯　清光緒十五年(1889)江蘇書局刻本　十冊

340000－1843－0005939　集 4328/4477
明文在一百卷　(清)薛熙輯　清光緒十五年(1889)江蘇書局刻本　十冊

340000－1843－0005940　志 610.12.1045/4621
[嘉慶]如皋縣志二十四卷　(清)楊受廷　(清)左元鎮修　(清)馮汝舟　(清)江大鍵纂　清嘉慶十三年(1808)刻本　十冊

340000－1843－0005941　集 4328/4477.2
明文在一百卷　(清)薛熙輯　清刻本　十冊

340000－1843－0005942　集 4328/8308
列朝詩集六集八十一卷　(清)錢謙益輯　清宣統二年(1910)上海神州國光社鉛印本　五十六冊

340000－1843－0005943　集 4328/8308
列朝詩集六集八十一卷　(清)錢謙益輯　清宣統二年(1910)上海神州國光社鉛印本　五十六冊

340000－1843－0005944　集 4329/0000
正聲集不分卷　(□)□□編　抄本　二冊

340000－1843－0005945　集 4329/0020

國朝文鈔五編一百十五卷　(清)高嵣輯　清乾隆五十一年(1786)廣郡永邑楊氏培元堂刻本　二十七册

340000－1843－0005946　集 4329/0034
涵通樓師友文鈔九卷　(清)唐啟華輯　清咸豐四年(1854)臨桂唐氏涵通樓刻本　七册

340000－1843－0005947　集 4329/0824
八家四六文註八卷　(清)許貞幹註　清光緒十年(1884)刻本　十六册

340000－1843－0005948　集 4329/0844
清朝五言近體瓣香集十六卷　(清)許英輯註　清乾隆二十八年(1763)刻本　四册

340000－1843－0005949　集 4329/1020
國朝十家四六文鈔十一卷　王先謙輯　清光緒十五年(1889)刻本　四册

340000－1843－0005950　集 4329/1035
皇朝蓄艾文編八十卷目錄一卷　(清)于寶軒輯　清光緒二十九年(1903)上海官書局鉛印本　四十册

340000－1843－0005951　集 4329/1036
湖海詩傳四十六卷　(清)王昶輯　清嘉慶八年(1803)刻本　十六册

340000－1843－0005952　集 4329/1036
湖海詩傳四十六卷　(清)王昶輯　清嘉慶八年(1803)刻本　十六册

340000－1843－0005953　集 4329/1036.2
湖海文傳七十五卷　(清)王昶輯　清道光十七年(1837)經訓堂刻本　三十二册

340000－1843－0005954　集 4329/1046
友聲集三十九卷白醉題襟集四卷草堂題贈一卷　(清)王相輯　清咸豐八年(1858)信芳閣刻本　八册

340000－1843－0005955　集 4329/1106
國朝詩鐸二十六卷首一卷　(清)張應昌輯　清同治八年(1869)刻本　十四册

340000－1843－0005956　集 4329/1150
受經堂匯稿十三卷　(清)張惠言撰　清道光三年(1823)刻本　二册

340000－1843－0005957　集 4329/1240
道咸同光四朝詩史甲集八卷乙集八卷　(清)孫雄輯　清宣統三年(1911)刻本　十八册

340000－1843－0005958　集 4328/2519
明人詩鈔正集十四卷續集十四卷　(清)朱琰輯　清乾隆二十八年(1763)刻本　八册

340000－1843－0005959　集 4329/2617
國朝詩十卷外編一卷補六卷女士詩錄一卷　(清)吳翌鳳輯　清嘉慶元年(1796)新陽趙氏刻本　六册

340000－1843－0005960　集 4329/1774
王宋兩家詩鈔二十卷　(清)邵長蘅輯　清康熙三十四年(1695)刻本　八册

340000－1843－0005961　集 4329/3099
國朝三家文鈔三十二卷　(清)宋犖　(清)許汝霖輯　清康熙三十三年(1694)刻本　十册

340000－1843－0005962　集 4329/3246
玉堂鳴盛集四卷　(清)潘世恩輯　清道光二年(1822)刻本　四册

340000－1843－0005963　集 4329/3423
七子詩選十四卷　(清)沈德潛輯　清乾隆十八年(1753)刻本　四册

340000－1843－0005964　集 4329/3423(2)
清詩別裁集三十二卷　(清)沈德潛輯　清乾隆二十六年(1761)刻本　六册

340000－1843－0005965　集 4329/3423(2)
清詩別裁集三十二卷　(清)沈德潛輯　清乾隆二十六年(1761)刻本　十六册

340000－1843－0005966　集 4329/3448
同館試律彙鈔十六卷　(清)法式善輯　清乾隆五十一年(1786)刻本　八册

340000－1843－0005967　集 4329/3494
國朝文匯四集二百卷總目一卷　(清)沈粹芬輯　清宣統元年(1909)上海國學扶輪社石印本　一百一册

340000－1843－0005968　集 4329/4024
皇朝經世文新編三十二卷　麥仲華輯　清光緒二十七年(1901)上海書局石印本　十六冊

340000－1843－0005969　集 4329/4024
皇朝經世文新編三十二卷　麥仲華輯　清光緒二十七年(1901)上海書局石印本　十六冊

340000－1843－0005970　集 4329/4024
皇朝經世文新編三十二卷　麥仲華輯　清光緒二十七年(1901)上海書局石印本　十六冊

340000－1843－0005971　集 4329/4024
皇朝經世文新編二十一卷　麥仲華輯　清光緒二十七年(1901)上海日新社石印本　二十冊

340000－1843－0005972　集 4329/4032
龍泉師友遺稿二十五卷　(清)李江撰　(清)王晉之撰　清光緒二十年(1894)刻本　六冊

340000－1843－0005973　集 4329/4037
國朝文錄八十二卷　(清)李祖陶輯　清道光十九年(1839)刻本　二十四冊

340000－1843－0005974　集 4329/4037.2
國朝文錄四十種八十二卷　(清)李祖陶輯　清道光十九年(1839)刻本　三十五冊

340000－1843－0005975　集 4329/4037.3
國朝文錄續編四十九種六十三卷邁堂文略四卷　(清)李祖陶輯　清同治七年(1868)刻本　三十四冊

340000－1843－0005976　集 4329/4037.3
國朝文錄續編四十九種六十三卷邁堂文略四卷　(清)李祖陶輯　清同治七年(1868)刻本　二十冊

340000－1843－0005977　集 4329/4310
戴段合刻二十四卷　(清)戴震等撰　清光緒十年(1884)刻本　十冊

340000－1843－0005978　集 4329/4399
皇(清)朝駢文類苑十四卷首一卷　(清)姚燮輯　清光緒刻本　二十四冊

340000－1843－0005979　集 4329/4399
皇(清)朝駢文類苑十四卷首一卷　(清)姚燮輯　清光緒刻本　二十四冊

340000－1843－0005980　集 4329/4399
皇(清)朝駢文類苑十四卷首一卷　(清)姚燮輯　清光緒九年(1883)張壽榮刻本　二十四冊

340000－1843－0005981　集 4329/4399
皇(清)朝駢文類苑十四卷首一卷　(清)姚燮輯　清光緒九年(1883)張壽榮刻本　二十四冊

340000－1843－0005982　集 4329/4411
感逝集四卷　(清)葉廷琯輯　清光緒六年(1880)吳縣潘祖蔭滂喜齋刻本　四冊

340000－1843－0005983　集 4329/4443
皇(清)經世文續編一百二十卷　(清)葛士濬輯　清光緒十四年(1888)圖書集成局鉛印本　三十二冊

340000－1843－0005984　集 4329/4443
皇(清)經世文續編一百二十卷　(清)葛士濬輯　清光緒十四年(1888)圖書集成局鉛印本　三十二冊

340000－1843－0005985　集 4329/4443
皇(清)經世文續編一百二十卷　(清)葛士濬輯　清光緒十四年(1888)圖書集成局鉛印本　三十二冊

340000－1843－0005986　集 4329/4443.2
皇(清)經世文續編一百二十卷　(清)葛士濬輯　清光緒十七年(1891)廣百宋齋鉛印本　二十四冊

340000－1843－0005987　集 4329/4443.3
皇(清)經世文續編一百二十卷　(清)葛士濬輯　清光緒二十三年(1897)上海掃葉山房鉛印本　二十四冊

340000－1843－0005988　集 4329/4443.4
皇(清)經世文續編一百二十卷　(清)葛士濬輯　清光緒二十四年(1898)上海宏文閣鉛印本　二十三冊　存一百八卷(一至八十二、九

十二至九十七、一百一至一百二十）

340000－1843－0005989　集 4329/4621
國朝古文正的六卷　（清）楊彝珍輯　清光緒六年（1880）獨山莫氏鉛印本　六冊

340000－1843－0005990　集 4329/4621
國朝古文正的六卷　（清）楊彝珍輯　清光緒六年（1880）獨山莫氏鉛印本　六冊

340000－1843－0005991　集 4329/4672
清朝經世文編一百二十卷　（清）賀長齡輯　清光緒十三年（1887）點石齋石印本　十二冊

340000－1843－0005992　集 4329/4672
清朝經世文編一百二十卷　（清）賀長齡輯　清光緒十三年（1887）點石齋石印本　五冊　存五十二卷（六十九至一百二十）

340000－1843－0005993　集 4329/4672.2
清朝經世文編一百二十卷　（清）賀長齡輯　清光緒二十四年（1898）上海宏文閣鉛印本　二十四冊

340000－1843－0005994　集 4329/4672.3
清朝經世文編一百二十卷　（清）賀長齡輯　清光緒十二年（1886）武進盛氏思補樓石印本　四十冊

340000－1843－0005995　集 4329/4672.3
清朝經世文編一百二十卷　（清）賀長齡輯　清光緒十二年（1886）武進盛氏思補樓石印本　六十冊

340000－1843－0005996　集 4329/4672.3
清朝經世文編一百二十卷　（清）賀長齡輯　清光緒十二年（1886）武進盛氏思補樓石印本　六十冊

340000－1843－0005997　集 4329/4672.4
清朝經世文編一百二十卷　（清）賀長齡輯　清光緒十二年（1886）廣百宋齋石印本　二十四冊

340000－1843－0005998　集 4329/4672.4
清朝經世文編一百二十卷　（清）賀長齡輯　清光緒十二年（1886）廣百宋齋石印本　二十四冊

340000－1843－0005999　集 4329/4672.5
清朝經世文編一百二十卷　（清）賀長齡輯　清光緒二十二年（1896）掃葉山房鉛印本　二十四冊

340000－1843－0006000　集 4329/4672.6
清朝經世文編一百二十卷　（清）賀長齡輯　清同治十二年（1873）撫郡雙峰書屋刻本　八十冊

340000－1843－0006001　集 4329/4672.7
清朝經世文編一百二十卷　（清）賀長齡輯　清道光七年（1827）刻本　六十冊

340000－1843－0006002　集 4229/5300
皇朝經世文續編一百二十卷　（清）盛康輯　清光緒二十三年（1897）刻本　七十八冊　存一百四卷（一至七十四、九十一至一百二十）

340000－1843－0006003　集 4229/5300
皇朝經世文續編一百二十卷　（清）盛康輯　清光緒二十三年（1897）武進盛氏思補樓刻本　七十二冊

340000－1843－0006004　集 4329/6017
印須集八卷續集六卷又續集四卷女士詩錄不分卷　（清）吳翌鳳輯　清嘉慶十九年（1814）刻本　八冊

340000－1843－0006005　集 4329/6023
林下雅音集七種　（清）冒俊輯　清光緒十年（1884）如皋冒氏刻本　十冊

340000－1843－0006006　集 4329/6403
清朝館閣賦十二卷後集四卷　（清）葉方宣輯　清乾隆二十九年（1764）刻本　五冊

340000－1843－0006007　集 4329/7123
本朝館閣律賦集腋八集不分卷　（清）馬俊良輯　清乾隆五十四年（1789）刻本　八冊

340000－1843－0006008　集 4329/7173
本朝館閣詩二十卷附錄一卷續附一卷賦十二卷後集七卷補遺一卷　（清）阮學浩輯　清乾隆二十三年（1758）困學書屋刻本　三十二冊

340000－1843－0006009　集 4329/7241

國朝六家詩鈔八卷　(清)劉執玉輯　清乾隆三十二年(1767)汗青簃刻本　四册

340000－1843－0006010　集 4329/7241

國朝六家詩鈔八卷　(清)劉執玉輯　清乾隆三十二年(1767)汗青簃刻本　八册

340000－1843－0006011　集 4329/7242

篤舊集十八卷　(清)劉存仁輯　清咸豐九年(1859)刻本　四册

340000－1843－0006012　集 4329/7497

切問齋文鈔三十卷　(清)陸燿輯　清同治八年(1869)金陵錢氏刻本　十二册

340000－1843－0006013　集 4329/7552

皇朝經世文三編八十卷　(清)陳忠倚輯　清光緒二十七年(1901)上海書局石印本　十六册

340000－1843－0006014　集 4329/8097

國朝駢體正宗十二卷　(清)曾燠輯　清光緒十三年(1887)上海蜚英館石印本　六册

340000－1843－0006015　集 4329/8097.2

國朝駢體正宗十二卷　(清)曾燠輯　清嘉慶十一年(1806)刻本　六册

340000－1843－0006016　集 4329/8326

欽定熙朝雅頌集一百五卷　(清)鐵保輯　清嘉慶刻本　二十四册

340000－1843－0006017　集 4329/8844

國朝正雅集一百卷　(清)符葆森輯　清咸豐七年(1857)廣州刻本　三十册

340000－1843－0006018　集 4329/8844

國朝正雅集一百卷　(清)符葆森輯　清咸豐七年(1857)廣州刻本　三十册

340000－1843－0006019　集 4329/8844

國朝正雅集一百卷　(清)符葆森輯　清咸豐七年(1857)廣州刻本　三十册

340000－1843－0006020　集 4329/8844

國朝正雅集一百卷　(清)符葆森輯　清咸豐七年(1857)廣州刻本　三十册

340000－1843－0006021　集 4329/9715

國朝閨秀正始集二十卷附錄一卷補遺一卷　(清)惲珠輯　清道光十一年(1831)惲氏紅香館刻本　八册

340000－1843－0006022　集 4329/9715.2

國朝閨秀正始集二十卷附錄一卷補遺一卷　(清)惲珠輯　清道光十一年(1831)惲氏紅香館刻十三年(1833)退思堂刻本　六册

340000－1843－0006023　集 4329/9715(2)

國朝閨秀正始集二十卷附錄一卷補遺一卷　(清)惲珠輯　清道光十六年(1836)紅香館刻本　四册

340000－1843－0006024　集 4324/0000(2)

宋本唐人合集四種　(清)□□撰　清光緒十年(1884)上海同文書局石印本　八册

340000－1843－0006025　集 4324/0030

刪訂唐詩解二十四卷　(明)唐汝詢輯　(清)吴昌祺評　清康熙四十年(1701)誦懿堂刻本　六册

340000－1843－0006026　集 4324/0064

御選唐詩三十二卷　(清)聖祖玄燁輯　(清)吴廷楨纂註　清康熙五十二年(1713)武英殿刻朱墨套印本　六册　存十六卷(一至十六)

340000－1843－0006027　集 4324/1020

唐四家詩集二十卷拾補一卷　(唐)王維撰　(清)胡鳳丹輯　清光緒十三年(1887)湖北官書處刻本　四册

340000－1843－0006028　集 4324/1020.2

唐四家詩集二十卷拾補一卷　(唐)王維撰　(清)胡鳳丹輯　清光緒二十三年(1897)上海古香閣石印本　四册

340000－1843－0006029　集 4324/1031

王荊公唐百家詩選二十卷　(宋)王安石輯　清康熙四十三年(1704)宋犖刻本　四册

340000－1843－0006030　集 4324/1043

唐賢三昧集三卷　(清)王士禛輯　清吳門書林刻本　一册

340000－1843－0006031　集 4324/1043
唐賢三昧集三卷　(清)王士禛輯　(清)吳煊　(清)胡棠輯註　清光緒九年(1883)翰墨園刻本　三冊

340000－1843－0006032　集 4324/1043(2)
漁洋十種唐詩選十七卷　(清)王士禛輯　清康熙三十一年(1692)南芝堂刻本　十冊

340000－1843－0006033　集 4324/1044
初唐四傑文集二十一卷　(唐)王勃等撰　(清)項家達輯　清光緒五年(1879)淮南書局刻本　四冊

340000－1843－0006034　集 4324/1073
唐詩選六卷　王闓運輯　清光緒二年(1876)成都尊經書院刻本　六冊

340000－1843－0006035　集 4324/1133
初唐四傑文集二十一卷　(唐)王勃等撰　(清)項家達輯　清乾隆四十六年(1781)星渚項氏刻本　六冊

340000－1843－0006036　集 4324/1133
初唐四傑文集二十一卷　(唐)王勃等撰　(清)項家達輯　清乾隆四十六年(1781)星渚項氏刻本　十二冊

340000－1843－0006037　集 4324/1133
初唐四傑文集二十一卷　(唐)王勃等撰　(清)項家達輯　清乾隆四十六年(1781)星渚項氏刻本　十冊

340000－1843－0006038　集 4324/2143
唐詩近體評釋讀本十六卷　(清)盧辨輯　(清)王溥合輯　清乾隆盧氏刻本　四冊

340000－1843－0006039　集 4324/2372
唐詩類釋十九卷　(清)臧岳輯　清乾隆二十六年(1761)刻本　六冊

340000－1843－0006040　集 4324/2821
御定全唐詩錄一百卷　(清)徐倬校　清康熙四十五年(1706)刻本　十四冊

340000－1843－0006041　集 4324/2821
御定全唐詩錄一百卷　(清)徐倬校　清康熙四十五年(1706)刻本　二十四冊

340000－1843－0006042　集 4324/3102
唐四家詩集四種八卷　(清)汪立名輯　清康熙汪氏刻本　六冊

340000－1843－0006043　集 4324/3102
唐四家詩集四種八卷　(清)汪立名輯　清康熙汪氏刻本　六冊

340000－1843－0006044　集 4324/3104
杜韓詩句集韻八卷　(清)汪文柏輯　清康熙四十五年(1706)古午樓刻本　三冊

340000－1843－0006045　集 4324/3141
唐人五十家小集五十種六十三卷　(清)江標輯　清光緒二十年(1894)元和江氏靈鶼閣刻本　二十四冊

340000－1843－0006046　集 4324/3141
唐人五十家小集五十種六十三卷　(清)江標輯　清光緒二十年(1894)元和江氏靈鶼閣刻本　十六冊

340000－1843－0006047　集 4324/3141
唐人五十家小集五十種六十三卷　(清)江標輯　清光緒二十年(1894)元和江氏靈鶼閣刻本　十六冊

340000－1843－0006048　集 4324/3144
唐詩英萃二十二卷　(清)顧有孝輯　清同治刻本　六冊

340000－1843－0006049　集 4324/3423.2
註解唐詩別裁集二十卷　(清)沈德潛輯　(清)俞汝昌註　清道光十七年(1837)刻本　十冊

340000－1843－0006050　集 4324/3423.4
註解唐詩別裁集二十卷　(清)沈德潛輯　(清)俞汝昌註　清道光十六年(1836)富春堂刻本　十二冊

340000－1843－0006051　集 4324/3423.5
重訂唐詩別裁集二十卷　(清)沈德潛輯　清乾隆教忠堂刻本　十冊

340000－1843－0006052　集 4324/3435

唐詩諧律二卷　(清)沈寶青輯　清光緒十六年(1890)溧陽沈氏刻本　二冊

340000－1843－0006053　集 4324/4027
三唐人集三種三十四卷　(唐)李翺等輯　清光緒元年至二年(1875－1876)南海馮氏讀有用書齋刻本　六冊

340000－1843－0006054　集 4324/4040
唐詩合選箋註七卷詩韻輯要四卷　(明)李攀龍　(明)鍾惺輯　(清)錢謙益箋　清嵩秀堂刻本　八冊

340000－1843－0006055　集 4324/4041
晚唐詩鈔二十六卷　(清)查克弘　(清)淩紹乾輯　清康熙四十二年(1703)棲鳳閣刻本　六冊

340000－1843－0006056　集 4324/4047
才調集三十卷　(五代)韋縠輯　清光緒二年(1876)紅杏山房刻本　八冊

340000－1843－0006057　集 4324/4047.3
才調集三十卷　(五代)韋縠輯　(清)王士禛刪纂　清康熙刻本　三冊

340000－1843－0006058　集 4324/4047(2)
才調集補註十卷　(五代)韋縠輯　(清)殷光勳註　清光緒二十年(1894)江蘇書局刻本　四冊

340000－1843－0006059　集 4324/4280
唐文粹一百卷補遺二十六卷　(宋)姚鉉輯　清光緒十一年(1885)江蘇書局鉛印本　十六冊

340000－1843－0006060　集 4324/4280.2
唐文粹一百卷補遺二十六卷　(宋)姚鉉輯　(清)郭麐補　清光緒十六年(1890)許氏榆園刻本　二十冊

340000－1843－0006061　集 4324/4280.2
唐文粹一百卷補遺二十六卷　(宋)姚鉉輯　(清)郭麐補　清光緒十六年(1890)許氏榆園刻本　二十四冊

340000－1843－0006062　集 4324/4280.3
唐文粹一百卷補遺二十六卷　(宋)姚鉉輯　(清)郭麐補　清光緒九年(1883)江蘇書局刻本　十六冊

340000－1843－0006063　集 4324/4280.3
唐文粹一百卷補遺二十六卷　(宋)姚鉉輯　(清)郭麐補　清光緒九年(1883)江蘇書局刻本　二十冊

340000－1843－0006064　集 4324/4280.5
唐文粹一百卷補遺二十六卷　(宋)姚鉉輯　(清)郭麐補　清光緒九年(1883)江蘇書局刻本　二十冊

340000－1843－0006065　集 4324/4280.5
唐文粹一百卷補遺二十六卷　(宋)姚鉉輯　(清)郭麐補　清光緒九年(1883)江蘇書局刻本　二十冊

340000－1843－0006066　集 4324/4280.5
唐文粹一百卷補遺二十六卷　(宋)姚鉉輯　(清)郭麐補　清光緒九年(1883)江蘇書局刻本　二十冊

340000－1843－0006067　集 4324/4404
欽定全唐文一千卷　(清)董誥輯　清嘉慶十九年(1814)武英殿刻本　一百六十冊

340000－1843－0006068　集 4324/4404
欽定全唐文一千卷　(清)董誥輯　清嘉慶十九年(1814)武英殿刻本　三百二十冊

340000－1843－0006069　集 4324/4407
中晚唐詩叩彈集十二卷續三卷　(清)杜詔輯　清康熙四十三年(1704)采山亭刻本　四冊

340000－1843－0006070　集 4324/4425
唐詩摘鈔九卷　(清)黄生輯　(清)朱之荆增訂　清乾隆南屏草堂刻本　十二冊

340000－1843－0006071　集 4324/4434(2)
唐詩初選二卷　題(清)蘅塘退士(孫洙)輯　清同治刻本　二冊

340000－1843－0006072　集 4324/4434(4)
唐詩三百首六卷　題(清)蘅塘退士(孫洙)輯　清末南京李光明莊刻本　二冊

340000－1843－0006073　集4324/4434(5)
唐詩三百首補註八卷　題(清)蘅塘退士(孫洙)　(清)陳婉俊輯　清光緒十七年(1891)刻本　四册

340000－1843－0006074　集4324/4450
國秀集三卷　(唐)芮挺章輯　清刻本　一册

340000－1843－0006075　集4324/4777
唐四家詩集四種二十卷詩話一卷辨譌考異四卷　(清)胡鳳丹輯校　清同治九年(1870)退補齋刻本　二册

340000－1843－0006076　集4324/5062
唐人三家集二十六卷　(唐)駱賓王撰　(清)秦恩復輯　清宣統三年(1911)藏古圖書館影道光刻本　八册

340000－1843－0006077　集4324/7731
唐人三家集二十六卷　(唐)駱賓王撰　(清)秦恩復輯　清道光十年(1830)江都秦氏石研齋刻本　四册

340000－1843－0006078　集4324/5062
唐人三家集二十六卷　(唐)駱賓王撰　(清)秦恩復輯　清道光十年(1830)江都秦氏石研齋刻本　四册

340000－1843－0006079　集4324/5530
欽定全唐詩三十二卷　(清)曹寅輯　清光緒十三年(1887)上海同文書局石印本　三十二册

340000－1843－0006080　集4324/5530
欽定全唐詩三十二卷　(清)曹寅輯　清光緒十三年(1887)上海同文書局石印本　三十二册

340000－1843－0006081　集4324/5530
欽定全唐詩三十二卷　(清)曹寅輯　清光緒十三年(1887)上海同文書局石印本　十八册　存十七卷(一至三、十一至二十四)

340000－1843－0006082　集4324/7278
王孟詩集九卷　(宋)劉辰翁輯　清光緒五年(1879)碧琳瑯館刻朱墨套印本　四册

340000－1843－0006083　集4324/7547
唐駢體文鈔十七卷　(清)陳均輯　清嘉慶二十五年(1820)刻本　六册

340000－1843－0006084　集4324/7728
唐詩成法十二卷　(清)屈復輯　清乾隆刻本　四册

340000－1843－0006085　集4324/8335
唐音審體二十卷　(清)錢良擇輯　清光緒九年(1883)後知不足齋刻本　四册

340000－1843－0006086　集4324/9742
全唐試律類箋十卷　(清)惲鶴生輯　清乾隆二十六年(1761)春橋書屋刻本　四册

340000－1843－0006087　集4323/0845.6
六朝文絜四卷　(清)許槤評輯　清光緒三年(1877)刻朱墨套印本　一册

340000－1843－0006088　集4323/0845.9
六朝文絜四卷　(清)許槤評輯　清道光刻朱墨套印本　二册

340000－1843－0006089　集4323/0845.8
六朝文絜四卷　(清)許槤評輯　(清)朱鈞校　清道光五年(1825)許氏享金寶石齋刻朱墨套印本　二册

340000－1843－0006090　集4323/0845.8
六朝文絜四卷　(清)許槤評輯　(清)朱鈞校　清道光五年(1825)許氏享金寶石齋刻朱墨套印本　二册

340000－1843－0006091　集4323/1133
漢魏六朝百三名家集一百八十卷　(明)張溥輯　清光緒五年(1879)刻本　九十九册　存一百二種

340000－1843－0006092　集4323/1133.2
漢魏六朝百三名家集一百八十卷　(明)張溥輯　清光緒十八年(1892)善化章氏經濟堂刻本　九十七册　存九十八種

340000－1843－0006093　集4323/1133.2
漢魏六朝百三名家集一百八十卷　(明)張溥輯　清光緒十八年(1892)善化章氏經濟堂刻

本　一百册

340000－1843－0006094　集4323/1133.3
漢魏六朝百三名家集一百八十卷　(明)張溥輯　清光緒十八年(1892)南雅書局刻本　九十六册　存九十八種

340000－1843－0006095　集4323/1133.6
漢魏六朝百三名家集一百八十卷　(明)張溥輯　清刻本　八十册　存八十種

340000－1843－0006096　集4323/1133.6
漢魏六朝百三名家集一百八十卷　(明)張溥輯　清刻本　八十册　存八十種

340000－1843－0006097　集4323/4777
六朝四家全集十八卷　(清)胡鳳丹輯　清同治九年(1870)退補齋刻本　六册

340000－1843－0006098　集4323/4777
六朝四家全集十八卷　(清)胡鳳丹輯　清同治九年(1870)退補齋刻本　六册

340000－1843－0006099　集4323/8064
三十家詩鈔六卷首一卷末一卷　(清)曾國藩輯　(清)王定安增輯　清同治十二年(1873)傳忠書局刻本　六册

340000－1843－0006100　集4322/0020
歸餘鈔八卷　(清)高嵣輯　清乾隆五十三年(1788)刻本　八册

340000－1843－0006101　集4322/0023
古文翼八卷　(清)唐德宜輯　清同治十二年(1873)常熟黄氏藝文堂刻本　八册

340000－1843－0006102　集4322/0023
古文翼八卷　(清)唐德宜輯　清光緒十九年(1893)湖南經國書局校刻本　十二册

340000－1843－0006103　集4322/0244
唐宋八家文百篇不分卷　(清)劉大櫆輯　清光緒十七年(1891)石印本　二册

340000－1843－0006104　集4322/0244
唐宋八家文百篇不分卷　(清)劉大櫆輯　清光緒十七年(1891)石印本　二册

340000－1843－0006105　集4322/0442
文章軌範七卷　(元)謝枋得輯　清桂林暘谷謝氏刻朱墨套印本　四册

340000－1843－0006106　集4322/0442.2
文章軌範七卷　(元)謝枋得輯　清光緒八年(1882)青簡齋刻朱墨套印本　四册

340000－1843－0006107　集4322/0838
自怡軒古文選十卷　(清)許寶善輯　清光緒吴縣朱氏補刻本　十册

340000－1843－0006108　集4322/1014
賦鈔箋略十五卷　(清)雷琳　(清)張可濱箋　清乾隆三十一年(1766)張士琳刻本　八册

340000－1843－0006109　集4322/1014
賦鈔箋略十五卷　(清)雷琳　(清)張可濱箋　清乾隆三十一年(1766)張士琳刻本　六册

340000－1843－0006110　集4322/1020
古文玉藻八卷　(明)王納諫輯　清刻本　二册

340000－1843－0006111　集4322/1020
續古文辭類纂三十四卷　王先謙輯　清光緒八年(1882)上海會文堂書局刻本　八册

340000－1843－0006112　集4322/1020
駢文類纂四十六卷　王先謙輯　清光緒二十八年(1902)思賢書局刻本　二十四册

340000－1843－0006113　集4322/1052
古文未曾有集八卷　(清)王甫白輯　清康熙十九年(1680)刻本　四册

340000－1843－0006114　集4322/1094
古文分編集評全集二十八卷　(清)王于華輯　清嘉慶六年(1801)刻本　二十二册

340000－1843－0006115　集4322/1150
七十家賦鈔六卷　(清)張惠言輯　清道光元年(1821)刻本　四册

340000－1843－0006116　集4322/1220
樵貴谷詩選七卷　(明)孫維龍輯　清乾隆三十一年(1766)聽鶯樓刻本　六册

340000－1843－0006117　集 4322/1262
續古文苑二十卷　(清)孫星衍輯　清光緒九年(1883)江蘇書局刻本　六冊

340000－1843－0006118　集 4322/1371
御選唐宋文醇五十八卷　(清)高宗弘曆選　清乾隆三年(1738)刻本　二十冊

340000－1843－0006119　集 4322/1371.2
御選唐宋文醇五十八卷　(清)高宗弘曆選　清乾隆三年(1738)刻朱墨套印本　四十八冊

340000－1843－0006120　集 4322/1371.3
御選唐宋文醇五十八卷　(清)高宗弘曆選　清乾隆三年(1738)刻朱墨套印本　二十冊

340000－1843－0006121　集 4322/1371.4
御選唐宋文醇五十八卷　(清)高宗弘曆選　清光緒三年(1877)浙江書局刻本　二十冊

340000－1843－0006122　集 4322/2624
古文觀止十二卷　(清)吳乘權　(清)吳大職輯　清末南京李光明莊刻本　六冊

340000－1843－0006123　集 4322/2624
古文觀止十二卷　(清)吳乘權　(清)吳大職輯　清末南京李光明莊刻本　六冊

340000－1843－0006124　集 4322/2624
古文觀止十二卷　(清)吳乘權　(清)吳大職輯　清末南京李光明莊刻本　六冊

340000－1843－0006125　集 4322/2692
乾坤正氣集選鈔九十七卷　(清)吳煥采輯　清光緒十三年(1887)古蓮花池刻本　三十二冊

340000－1843－0006126　集 4322/2706.2
續古文辭類纂二十八卷　(清)黎庶昌輯　清光緒十六年(1890)金陵書局刻本　十二冊

340000－1843－0006127　集 4322/2706.2
續古文辭類纂二十八卷　(清)黎庶昌輯　清光緒二十一年(1895)金陵狀元閣刻本　十冊

340000－1843－0006128　集 4322/2706
續古文辭類纂二十八卷　(清)黎庶昌輯　清光緒二十一年(1895)金陵狀元閣刻本　十二冊

340000－1843－0006129　集 4322/2706
續古文辭類纂二十八卷　(清)黎庶昌輯　清光緒二十一年(1895)金陵狀元閣刻本　十冊　存二十二卷(一至十五、十九至二十、二十四至二十八)

340000－1843－0006130　集 4322/2842
古文淵鑒六十四卷　(清)徐乾學輯　清宣統二年(1910)學部圖書局影印本　二十四冊

340000－1843－0006131　集 4322/2842.2
古文淵鑒六十四卷　(清)徐乾學輯　清康熙二十四年(1685)刻五色套印本　二十四冊

340000－1843－0006132　集 4322/2842.2
古文淵鑒六十四卷　(清)徐乾學輯　清康熙二十四年(1685)刻五色套印本　三十二冊

340000－1843－0006133　集 4322/3286
乾坤正氣集五百七十四卷　(清)潘錫恩輯　清道光二十八年(1848)袁江節署求是齋刻本　一百六十冊　存五百七十三卷(一至二百九十八、三百至五百七十四)

340000－1843－0006134　集 4322/3340
古文眉詮七十九卷　(清)浦起龍輯　清光緒二十四年(1898)嶺南良產書屋刻本　三十二冊

340000－1843－0006135　叢 5238/4802
梅氏叢書(兼濟堂纂刻梅勿庵先生曆算全書)二十八種　(清)梅文鼎撰　清雍正刻咸豐九年(1859)補刻本　二十四冊

340000－1843－0006136　集 4322/3423
唐宋八家文讀本三十卷　(清)沈德潛輯　清乾隆十五年(1750)刻本　十二冊

340000－1843－0006137　集 4322/4015
正學文要八卷　(清)李元春輯　清道光二十九年(1849)守樸堂刻本　五冊

340000－1843－0006138　集 4322/4033.2
駢體文鈔三十一卷　(清)李兆洛輯　清同治六年(1867)晏江徐氏刻本　十二冊

340000－1843－0006139　集 4322/4037
四六初徵十六卷　(清)李漁輯　清康熙十年(1671)刻本　二十四册

340000－1843－0006140　集 4322/4037
金元明八大家文選五十三卷　(清)李祖陶輯　清道光二十五年(1845)刻本　二十四册

340000－1843－0006141　集 4322/4064
四六類編十六卷　(明)李日華輯　清刻本　八册

340000－1843－0006142　集 4322/4071
古文辭選(中小學堂古文辭讀本)不分卷　李剛己評選　清末刻本　一册

340000－1843－0006143　集 4322/4217.2
古文辭類纂七十四卷　(清)姚鼐輯　**續古文辭類纂三十四卷**　王先謙輯　清光緒三十三年(1907)上海商務印書館鉛印本　十二册

340000－1843－0006144　集 4322/4217.5
古文辭類纂七十五卷校記一卷　(清)姚鼐輯　(清)李承淵校　清光緒二十七年(1901)滁州李氏求要堂刻本　十四册

340000－1843－0006145　集 4322/4217.8
古文辭類纂七十五卷　(清)姚鼐輯　清同治八年(1869)問竹軒刻本　十六册

340000－1843－0006146　集 4322/4351
名雋初集八卷　(清)戴咸弼輯　清光緒五年(1879)嘉善愛暉書屋刻本　四册

340000－1843－0006147　集 4322/4351
名雋初集八卷　(清)戴咸弼輯　清光緒五年(1879)嘉善愛暉書屋刻本　四册

340000－1843－0006148　集 4322/4407
類纂古文雲蒸六卷　(清)燕毅輯　清光緒三年(1877)亦政書齋主人刻本　六册

340000－1843－0006149　集 4322/4440
永懷堂評選古文十種　(明)葛鼒評選　清刻本　十册

340000－1843－0006150　集 4322/4418
古文析義十卷　(清)林雲銘評註　清乾隆二十六年(1761)聚錦堂刻本　三册

340000－1843－0006151　集 4322/4418.2
古文析義十卷　(清)林雲銘評註　清嘉慶十一年(1806)刻本　十六册

340000－1843－0006152　集 4322/4440
續選古文雅正十四卷　(清)林有席輯　清道光二十二年(1842)刻本　十二册

340000－1843－0006153　集 4322/4440
古文正集十卷　(明)葛鼒　(明)葛鼏評輯　清刻本　十四册

340000－1843－0006154　集 4322/4443
古文雅正十四卷　(清)蔡世遠輯　清道光八年(1828)刻本　四册

340000－1843－0006155　集 4322/4448
四六法海八卷　(清)蔣士銓評選　清同治十年(1871)藏園刻本　八册

340000－1843－0006156　集 4322/4448.3
評選四六法海八卷　(清)蔣士銓評選　清光緒十年(1884)深柳讀書堂刻朱墨藍套印本　八册

340000－1843－0006157　集 4322/4880
古文詞略二十四卷　(清)梅曾亮輯　清同治六年(1867)合肥李氏刻本　十册

340000－1843－0006158　集 4322/4921
歷代賦鈔三十二卷　(清)趙維烈輯　清康熙二十五年(1686)刻本　三册

340000－1843－0006159　集 4322/6083
涵芬樓古今文鈔一百卷　吴曾祺輯　清宣統二年(1910)商務印書館鉛印本　一百册

340000－1843－0006160　集 4322/6083
涵芬樓古今文鈔一百卷　吴曾祺輯　清宣統二年(1910)商務印書館鉛印本　一百册

340000－1843－0006161　集 4322/6614
全上古三代秦漢三國六朝文七百四十六卷　(清)嚴可均輯　清光緒二十年(1894)黄岡王氏刻本　一百册

340000－1843－0006162　集 4322/6614

全上古三代秦漢三國六朝文七百四十六卷　(清)嚴可均輯　清光緒二十年(1894)黄岡王氏刻本　一百册

340000－1843－0006163　集 4322/6614

全上古三代秦漢三國六朝文七百四十六卷　(清)嚴可均輯　清光緒二十年(1894)黄岡王氏刻本　一百册

340000－1843－0006164　集 4322/6614.2

全上古三代秦漢三國六朝文七百四十六卷　(清)嚴可均輯　清光緒十三年(1887)廣雅書局鉛印本　九十九册　缺六卷(全陳文十三至十八)

340000－1843－0006165　集 4322/7120

選註六朝唐賦不分卷　(清)馬傳庚選註　清同治十三年(1874)京都馬氏玉燕書巢刻本　六册

340000－1843－0006166　集 4322/7248

古今文致十卷　(明)劉士鏻輯　清光緒十九年(1893)文玉山房刻朱墨套印本　十册

340000－1843－0006167　集 4322/7423

古文慧業四卷　(清)陸緯江輯　清康熙五十一年(1712)春暉堂刻本　十册

340000－1843－0006168　集 4322/7510

歷代賦匯一百四十七卷　(清)陳元龍輯　清光緒十二年(1886)雙梧書屋刻本　十六册

340000－1843－0006169　集 4322/7513

古今小品八卷　(清)陳天定評選　清道光九年(1829)芙香堂刻本　四册

340000－1843－0006170　集 4322/7528

古文奇賞二十二卷　(明)陳仁錫選評　清刻本　二十册

340000－1843－0006171　集 4322/8003

古文釋新編八卷　(清)余誠選註　清光緒二十三年(1897)善成堂刻本　八册

340000－1843－0006172　集 4322/8016

天下才子必讀書十五卷　(清)金聖嘆(金人瑞)批　清宣統二年(1910)國學進化社石印本　六册

340000－1843－0006173　集 4322/8064

鳴原堂論文二卷　(清)曾國藩輯　清同治十二年(1873)勵志齋刻本　二册

340000－1843－0006174　集 4322/8064

鳴原堂論文二卷　(清)曾國藩輯　清同治十二年(1873)勵志齋刻本　二册

340000－1843－0006175　集 4322/8064

經史百家簡編二卷　(清)曾國藩輯　清光緒三十二年(1906)上海商務印書館鉛印本　十二册

340000－1843－0006176　集 4322/8081

評註才子古文二十六卷　(清)金人瑞輯　(清)王之績評註　清文成堂刻本　十二册

340000－1843－0006177　集 431/0081

文選旁證四十六卷　(清)章鉅撰　清光緒八年(1882)刻本　十二册

340000－1843－0006178　集 431/1094

重訂文選集評十五卷末一卷　(南朝梁)蕭統選　(清)于光華集評　清同治十一年(1872)江蘇書局刻本　十六册

340000－1843－0006179　集 431/3124

文選理學權輿八卷補一卷考異四卷李註補四卷　(清)汪師韓撰　清光緒十五年(1889)刻本　八册

340000－1843－0006180　集 431/4420.3

重訂文選集評十五卷　(南朝梁)蕭統選　(清)于光華集評　清刻本　十册　存十卷(一至十)

340000－1843－0006181　集 431/4420.4

重訂文選集評十五卷末一卷　(南朝梁)蕭統選　(清)于光華集評　清富春堂刻本　十二册

340000－1843－0006182　集 431/4420.5

昭明文選六十卷　(南朝梁)蕭統選　(唐)李善註　(清)何焯評　清廣州翰墨園刻朱墨套

印本　十二冊

340000－1843－0006183　集431/4420.9
文選六十卷　（南朝梁）蕭統選　（唐）李善註　（清）何焯評　（清）葉樹藩訂　清乾隆三十七年（1772）長洲葉氏海錄軒刻朱墨套印本　十六冊

340000－1843－0006184　集431/4420.9
文選六十卷　（南朝梁）蕭統選　（唐）李善註　（清）何焯評　（清）葉樹藩訂　清乾隆三十七年（1772）長洲葉氏海錄軒刻朱墨套印本　十六冊

340000－1843－0006185　集431/4420.9
文選六十卷　（南朝梁）蕭統選　（唐）李善註　（清）何焯評　（清）葉樹藩訂　清乾隆三十七年（1772）長洲葉氏海錄軒朱墨套印本　九冊　存三十五卷（四至十、十五至十八、二十六至三十六、四十八至六十）

340000－1843－0006186　集431/4420.11
文選集釋二十四卷　（南朝梁）蕭統選　（清）朱珔註　清光緒元年（1875）涇川朱氏刻本　二十四冊

340000－1843－0006187　集431/4420.11
文選集釋二十四卷　（南朝梁）蕭統選　（清）朱珔註　清光緒元年（1875）涇川朱氏刻本　十二冊

340000－1843－0006188　集431/4420.14
重訂文選集評十五卷　（南朝梁）蕭統選　清末經綸堂刻本　十六冊

340000－1843－0006189　集431/4420.16
文選李善註六十卷考異十卷　（南朝梁）蕭統選　（唐）李善註　清同治八年（1869）湖北崇文書局刻本　二十四冊

340000－1843－0006190　集431/4420.18
文選六十卷　（南朝梁）蕭統選　（唐）李善註　（清）何焯評　（清）葉樹藩訂　清乾隆三十七年（1772）長洲葉氏海錄軒刻朱墨套印本　十六冊

340000－1843－0006191　集431/4420.19
文選李善註六十卷考異十卷　（南朝梁）蕭統選　（唐）李善註　清嘉慶十四年（1809）鄱陽胡氏刻本　二十四冊

340000－1843－0006192　集432/0000
四忠遺集四種三十七卷　（清）□□撰　清同治七年（1868）景業書室刻本　二十四冊

340000－1843－0006193　集432/0000
四忠遺集四種三十七卷　（清）□□撰　清光緒二十三年（1897）湘南書局刻本　二十一冊

340000－1843－0006194　集432/1031
文章練要十卷　（清）王源輯評　清雍正居業堂刻本　六冊

340000－1843－0006195　集432/1031
文章練要十卷　（清）王源輯評　清雍正居業堂刻本　五冊

340000－1843－0006196　集432/1262
續古文苑二十卷　（清）孫星衍輯　清嘉慶十七年（1812）冶城山館刻本　十冊

340000－1843－0006197　集432/1371
御選唐宋詩醇四十七卷文醇五十八卷　（清）高宗弘曆選　清光緒七年（1881）浙江書局刻本　四十冊

340000－1843－0006198　集432/1371.2
御選唐宋詩醇四十七卷　（清）高宗弘曆選　清末上海九思齋石印本　八冊

340000－1843－0006199　集432/1371.3
御選唐宋詩醇四十七卷文醇五十八卷　（清）高宗弘曆選　清光緒十八年（1892）益元書局刻本　二十四冊

340000－1843－0006200　集432/1371.3
御選唐宋詩醇四十七卷文醇五十八卷　（清）高宗弘曆選　清光緒十八年（1892）益元書局刻本　二十四冊

340000－1843－0006201　集432/3042
文苑英華選六十卷　（清）宮夢仁選　清康熙四十三年（1704）光明正大之堂刻本　二十

四册

340000－1843－0006202　集 432/3042
文苑英華選六十卷　(清)宮夢仁選　清康熙四十三年(1704)光明正大之堂刻本　三十册

340000－1843－0006203　集 432/4022
文章正宗三十卷續編十二卷　(宋)真德秀選　清同治三年(1864)刻本　三十册

340000－1843－0006204　集 432/7746
宫閨文選二十六卷　(清)周壽昌輯　清道光二十六年(1846)小蓬萊山館刻本　十册

340000－1843－0006205　集 4321/1043.2
古詩五言十七卷七言十五卷　(清)王士禛輯　(清)聞人倓箋　清芷蘭堂刻本　十二册

340000－1843－0006206　集 4321/1043.3
漁洋古詩選三十二卷　(清)王士禛輯　清刻本　十二册

340000－1843－0006207　集 4321/1043.4
古詩五言十七卷七言十五卷　(清)王士禛輯　(清)聞人倓箋　清松江文萃堂刻本　四册

340000－1843－0006208　集 4321/1043.5
漁洋山人古詩選五言十七卷七言十一卷　(清)王士禛輯　**惜抱軒五言今體詩九卷**　(清)姚鼐輯　清同治五年(1866)金陵書局刻本　十册

340000－1843－0006209　集 4321/1043.6
漁洋山人古詩選五言十七卷七言十一卷　(清)王士禛輯　清同治五年(1866)金陵書局刻本　八册

340000－1843－0006210　集 4321/1073.3
八代詩選二十卷　王闓運輯　清光緒七年(1881)四川尊經書院刻本　六册

340000－1843－0006211　集 4321/1073.2
八代詩選二十卷　王闓運輯　清光緒二十年(1894)善化章氏經濟堂刻本　十二册

340000－1843－0006212　集 4321/1114
宛鄰書屋古詩録十二卷　(清)張琦輯　清同治八年(1869)刻本　四册

340000－1843－0006213　集 4321/1114
宛鄰書屋古詩録十二卷　(清)張琦輯　清同治八年(1869)刻本　四册

340000－1843－0006214　集 4321/1115.2
佩文齋詠物詩選不分卷　(清)張玉書選　清刻本　三册

340000－1843－0006215　集 4321/1728
斯文精萃不分卷　(清)尹繼善選　清乾隆二十九年(1764)刻本　十二册

340000－1843－0006216　集 4321/2010
詩詞雜俎九種二十一卷　(明)毛晉輯　清古松堂影印明汲古閣刻本　十二册

340000－1843－0006217　集 4321/2540
宋元明詩三百首七種八卷　(清)朱梓　(清)冷昌言輯　清咸豐顧氏刻本　二册

340000－1843－0006218　集 4321/2540.2
宋元明詩三百首七種八卷　(清)朱梓　(清)冷昌言輯　清道光二十一年(1841)刻本　二册

340000－1843－0006219　集 4321/2540.2
宋元明詩三百首七種八卷　(清)朱梓　(清)冷昌言輯　清道光二十一年(1841)刻本　二册

340000－1843－0006220　集 4321/2732
歷朝二十五家詩録三十七卷首一卷　(清)鄒湘倜輯　清光緒元年(1875)新化鄒氏得頤堂刻本　三十册

340000－1843－0006221　集 4321/2874
玉臺新詠箋註十卷　(南朝陳)徐陵輯　(清)吴顯註　清乾隆三十九年(1774)刻本　四册

340000－1843－0006222　集 4321/3144
五朝名家七律英華不分卷　(清)顧有孝輯　清康熙刻本　四册

340000－1843－0006223　集 4321/3423.5
古詩源十四卷　(清)沈德潛輯　清光緒十七年(1891)湖南思賢書局刻本　四册

340000－1843－0006224　集 4321/3423.7

評選古詩源十四卷 (清)沈德潛輯 清光緒二十年(1894)上海圖書集成印書局石印本 四冊

340000－1843－0006225 集 4321/3423.8
古詩源十四卷 (清)沈德潛輯 清康熙五十八年(1719)竹嘯軒刻本 六冊

340000－1843－0006226 集 4321/3423(3)
詩詞精華六卷賦苑精華五卷 (清)沈德潛評 (清)顧有孝輯 清西湖常慶堂刻本 八冊

340000－1843－0006227 集 4321/4010
小學弦歌八卷 (清)李元度輯 清光緒八年(1882)漢文書局刻本 六冊

340000－1843－0006228 集 4321/4015
歷朝詩要六卷賦要四卷 (清)李元春評選 清道光三十年(1850)刻本 十冊

340000－1843－0006229 集 4321/4094
榕村詩選九卷 (清)李光地輯 清道光二年(1822)刻本 五冊

340000－1843－0006230 集 4321/4317
五七言今體詩鈔十八卷 (清)姚鼐輯 清嘉慶二年(1797)刻本 四冊

340000－1843－0006231 集 4321/4403
古謠諺一百卷 (清)杜文瀾輯 清咸豐十一年(1861)曼陀羅華閣刻本 二十冊

340000－1843－0006232 集 4321/7244
歷朝詩約選九十三卷 (清)劉大櫆輯 清光緒二十一年至二十三年(1895－1897)文徵閣刻本 二十二冊

340000－1843－0006233 集 4321/7244
歷朝詩約選九十三卷 (清)劉大櫆輯 清光緒二十一年至二十三年(1895－1897)文徵閣刻本 二十二冊

340000－1843－0006234 集 4321/7244
歷朝詩約選九十三卷 (清)劉大櫆輯 清光緒二十一年至二十三年(1895－1897)文徵閣刻本 二十二冊

340000－1843－0006235 集 4321/7530
詩比興箋四卷 (清)陳沆輯 清咸豐五年(1855)刻本 三冊

340000－1843－0006236 集 4321/7530
詩比興箋四卷 (清)陳沆輯 清咸豐五年(1855)刻本 二冊

340000－1843－0006237 集 4321/7530
詩比興箋四卷 (清)陳沆輯 清咸豐五年(1855)刻本 二冊

340000－1843－0006238 集 4321/7530
詩比興箋四卷 (清)陳沆輯 清咸豐五年(1855)刻本 四冊

340000－1843－0006239 集 4321/8019
詠物詩選八卷 (清)俞琰選 清雍正三年(1725)刻本 四冊

340000－1843－0006240 集 433/0000
安徽名家詞初集十一種 (清)□□撰 清末金陵劉文奎局刻本 七冊

340000－1843－0006241 集 433/0146
粵東三子詩鈔十四卷首一卷 (清)譚敬昭等撰 (清)黄玉階輯 清道光二十二年(1842)廣州刻本 四冊

340000－1843－0006242 集 433/0823
硤川詩續鈔十六卷附詞一卷 (清)許仁沐 (清)蔣學堅輯 清光緒二十一年(1895)刻本 六冊

340000－1843－0006243 集 433/0048
黔詩紀略三十三卷 (清)黎兆勳等輯 (清)唐樹義審例 (清)莫友芝傳證 清同治十二年(1873)遵義唐氏夢研齋刻本 十五冊 存三十三卷(三至三十三)

340000－1843－0006244 集 433/0167
瀏陽二杰遺文二卷 (清)譚嗣同 (清)唐才常撰 清光緒鉛印本 二冊

340000－1843－0006245 集 433/1010
西泠五布衣遺著三十一卷 (清)丁丙輯 清同治十二年(1873)刻本 十二冊

340000－1843－0006246 集 433/1017

江蘇詩徵一百八十三卷 (清)王豫輯 清道光元年(1821)焦山海西庵刻本 四十册

340000－1843－0006247 集433/1044
海陵文徵二十卷 (清)夏荃輯 清光緒九年(1883)補刻本 十册

340000－1843－0006248 集433/1054
錫山文集二十卷 (清)王史直編 (清)王史鑑續編 (清)華湛恩重編 清道光二十年(1840)刻本 十册

340000－1843－0006249 集433/1111
講筵四世詩鈔十卷 (清)張廷玉等撰 清光緒十八年(1892)刻本 四册

340000－1843－0006250 集433/1131
廬陽三賢集三種十六卷 (清)張祥雲輯 清光緒元年(1875)合肥張氏毓秀堂刻本 四册

340000－1843－0006251 集433/1143
容城三賢集三種 (清)張裁之 (清)楊清遠輯 清道光刻本 十二册

340000－1843－0006252 集433/1213
會稽掇英總集二十卷 (宋)孔延之編 清道光元年(1821)山陰杜氏浣花宗塾刻本 四册

340000－1843－0006253 集433/1742
桃花潭文徵六卷 (清)翟大程輯 清光緒三十年(1904)涇川翟氏刻本 六册

340000－1843－0006254 集433/2144
青浦續詩傳八卷 (清)何其超輯 清光緒二十七年(1901)鉛印本 八册

340000－1843－0006255 集433/2168
國朝山左詩鈔六十卷 (清)盧見曾輯 清乾隆二十三年(1758)德州盧氏雅雨堂刻本 十六册

340000－1843－0006256 集433/1004
海虞詩苑十八卷 (清)王應奎輯 清乾隆二十四年(1759)虞山王氏刻本 六册

340000－1843－0006257 集433/1056
黄岩集三十卷補編一卷附錄一卷 (清)王蜺輯 清光緒刻本 十四册

340000－1843－0006258 集433/1064
國朝滄州詩鈔十二卷 (清)王國均輯 清道光二十六年(1846)刻本 四册

340000－1843－0006259 集433/1194
梅水詩傳四卷 (清)張煜南 (清)張芝田等編 清光緒二十七年(1901)刻本 十册

340000－1843－0006260 集433/1748
海虞文徵三十卷 邵松年輯 清光緒三十一年(1905)石印本 十六册

340000－1843－0006261 集433/2114
粤十三家集十三種一百八十二卷 (清)伍元薇輯 清道光二十年(1840)南海伍氏詩雪軒刻本 四十册

340000－1843－0006262 集435/2514
紫陽家塾詩鈔二十四卷 (清)朱琦輯 清光緒刻本 六册

340000－1843－0006263 集433/2528
國朝金陵詩徵四十八卷 (清)朱緒曾輯 清光緒十三年(1887)刻本 二十四册

340000－1843－0006264 集433/2520
金陵續詩徵六卷 (清)朱紹亭等輯 清光緒二十年(1894)刻本 六册

340000－1843－0006265 集433/2520
金陵續詩徵六卷 (清)朱紹亭等輯 清光緒二十年(1894)刻本 六册

340000－1843－0006266 集433/2542
白田風雅二十四卷 (清)朱彬輯 清光緒十二年(1886)金陵刻本 四册

340000－1843－0006267 集433/2732
黔詩紀略三十三卷 (清)黎兆勳等輯 清同治十二年(1873)刻本 八册

340000－1843－0006268 集433/2813
婁水琴人集十卷 (清)徐元潤輯 清道光十年(1830)刻本 十册

340000－1843－0006269 集433/3438
松陵文録二十四卷 (清)淩淦輯 清同治十三年(1874)刻本 八册

340000－1843－0006270　集 433/3444
國朝嶺海詩鈔二十四卷藥州詩略不分卷　(清)淩揚藻輯　清道光六年(1826)刻本　八册

340000－1843－0006271　集 433/4032
聞湖詩三鈔八卷　(清)李道悠輯　清光緒十五年(1889)刻本　四册

340000－1843－0006272　集 433/4062
山左古文鈔八卷　(清)李景嶧等輯　清道光八年(1828)刻本　八册

340000－1843－0006273　集 433/4211
易堂九子文鈔九種　(清)彭玉雯輯　清道光十七年(1837)刻本　十二册

340000－1843－0006274　集 433/4452
徐州詩徵八卷　(清)桂中行編　清光緒十七年(1891)刻本　四册

340000－1843－0006275　集 433/4707
甬上耆舊詩三十卷　(清)胡文學輯　清康熙十四年至十五年(1675－1676)胡氏敬義堂刻本　十五册　存二十八卷(三至三十)

340000－1843－0006276　集 433/4486
中州名賢集十卷首一卷末一卷　(清)黃舒昺編　清光緒十九年(1893)中州明道書院刻本　十册

340000－1843－0006277　集 433/4065
國朝松陵詩徵二十卷　(清)袁景輅輯　清乾隆三十二年(1767)刻本　四册

340000－1843－0006278　集 433/4065
國朝松陵詩徵二十卷　(清)袁景輅輯　清乾隆三十二年(1767)刻本　四册

340000－1843－0006279　集 433/6031
吴會英才集十七種二十四卷　(清)畢沅輯　清刻本　四册

340000－1843－0006280　集 433/5534
硤川詩鈔二十卷首一卷詞鈔一卷　(清)曹宗載輯　清光緒十八年(1892)刻本　四册

340000－1843－0006281　集 433/5522
蜀詩十五卷　(清)費經虞輯　清末古棠書屋刻本　四册

340000－1843－0006282　集 433/3194
梁溪詩鈔五十八卷　(清)顧光旭輯　清宣統三年(1911)文苑閣刻本　二十四册

340000－1843－0006283　集 433/6039
湖南文徵十百九十卷首一卷　(清)羅汝懷輯　清同治十年(1871)湖南刻本　六十二册　存一百六十六卷(十五至一百八十)

340000－1843－0006284　集 433/6061
國朝杭郡詩輯三十二卷續輯四十六卷三輯一百卷　(清)吳顥輯　(清)吳振棫補輯　清同治十三年(1874)刻本　六十八册

340000－1843－0006285　集 433/7241(2)
秋浦雙忠録四卷　劉世珩輯　清光緒二十六年(1900)貴池劉氏刻本　六册

340000－1843－0006286　集 433/7241(2)
秋浦雙忠録四卷　劉世珩輯　清光緒二十六年(1900)貴池劉氏刻本　六册

340000－1843－0006287　集 433/7241(3)
貴池唐人集十六卷　劉世珩輯　清光緒三十一年(1905)刻本　三册

340000－1843－0006288　集 433/7241
貴池二妙集五十一卷　劉世珩輯　清光緒二十七年(1901)貴池劉氏刻本　九册

340000－1843－0006289　集 433/7241
貴池二妙集四十七卷附録二卷年譜二卷　劉世珩輯　清光緒二十六年(1900)刻本　九册

340000－1843－0006290　集 433/7244
嶺南群雅初集三卷初補集二卷二集三卷　(清)劉彬華輯　清嘉慶十八年(1813)玉壺山房刻本　十册

340000－1843－0006291　集 433/7260
中州名賢文表三十卷　(明)劉昌輯　**續中州名賢文表六十八**　邵松年續輯　清光緒三十年(1904)石印本　二十八册

340000－1843－0006292　集 433/7421

金陵文鈔十六卷　陳作霖輯　清光緒二十三年(1897)刻本　十六冊

340000－1843－0006293　集433/7442
陸陳二先生文鈔十二卷　(清)陸世儀　(清)陳瑚撰　(清)葉裕仁輯　清同治九年(1870)合肥蒯德模安道書院刻本　四冊

340000－1843－0006294　集433/7442
陸陳二先生詩文鈔二十八卷　(清)陸世儀　(清)陳瑚撰　(清)葉裕仁輯　清光緒二年(1876)合肥蒯德模安道書院刻本　八冊

340000－1843－0006295　集433/7730
國朝常州駢體文錄三十一卷結一宧駢體文一卷　屠寄輯　清光緒十六年(1890)刻本　八冊

340000－1843－0006296　集433/7730
國朝常州駢體文錄三十一卷結一宧駢體文一卷　屠寄輯　清光緒十六年(1890)刻本　八冊

340000－1843－0006297　集433/7521
閩詩錄甲集六卷乙集四卷丙集二十三卷丁集一卷戊集七卷　(清)鄭杰輯　陳衍補訂　清宣統三年(1911)刻本　十冊

340000－1843－0006298　集433/7526
焦山六上人詩六種十九卷　(清)陳任暘輯　清光緒十五年(1889)石肯堂刻本　六冊

340000－1843－0006299　集433/7731
邱海二公合集二種　(明)邱濬　(明)海瑞撰　清同治十年(1871)刻本　十冊

340000－1843－0006300　集433/7731
邱海二公合集二種　(明)邱濬　(明)海瑞撰　清同治十年(1871)刻本　十二冊

340000－1843－0006301　集433/7742
梁溪文鈔四十卷　(清)周有壬輯　清咸豐四年(1854)鉛印本　十六冊

340000－1843－0006302　集433/7743
國朝畿輔詩傳六十卷　(清)陶樑輯　清道光十九年(1839)刻本　十六冊

340000－1843－0006303　集433/7743
國朝畿輔詩傳六十卷　(清)陶樑輯　清道光十九年(1839)刻本　十六冊

340000－1843－0006304　集433/7767
貞豐詩萃五卷　(清)陶煦編　清同治三年(1864)刻本　四冊

340000－1843－0006305　集433/8006
國朝天台詩存十四卷　(清)金文田輯　清光緒三十四年(1908)鉛印本　四冊

340000－1843－0006306　集433/8092
江西詩徵九十四卷補遺一卷　(清)曾燠編　清嘉慶九年(1804)賞雨茅屋刻本　六十四冊

340000－1843－0006307　集433/8717
莆風清籟集六十卷　(清)鄭王臣選　清乾隆刻本　二十冊

340000－1843－0006308　集433/8092
同岑五家詩鈔十四卷　(清)曾燠輯　清道光九年(1829)刻本　五冊

340000－1843－0006309　集433/8092
同岑五家詩鈔十四卷　(清)曾燠輯　清道光九年(1829)刻本　五冊

340000－1843－0006310　集435/0073
桐城方氏七代遺書二十種　(明)方學漸等撰　清光緒十四年(1888)刻本　八冊　存十六種

340000－1843－0006311　集435/1046
秀水王氏家藏集十二種三十九卷　(清)王相輯　清咸豐刻本　六冊

340000－1843－0006312　集435/1144
篤素堂文集四卷　(清)張英撰　**澄懷園語四卷澄懷主人自訂年譜六卷**　(清)張廷玉撰　清光緒六年(1880)龐山刻本　四冊

340000－1843－0006313　集435/2234
魏叔子詩集八卷文集二十二卷　(清)魏禧撰　**魏際子文集十五卷**　(清)魏禮撰　清易堂刻本　二十四冊

340000－1843－0006314　集435/2534

新安先生集二十卷　(清)朱之榛編　清同治十三年(1874)蘇州刻本　六冊

340000－1843－0006315　集 435/2534
新安先生集二十卷　(清)朱之榛編　清同治十三年(1874)蘇州刻本　六冊

340000－1843－0006316　集 435/2564
山帶閣集三十三卷　(明)朱曰藩撰　**凌溪集十八卷**　(明)朱應登撰　清道光十五年(1835)宜祿堂刻本　六冊

340000－1843－0006317　集 435/2638
寧都三魏全集六種　(清)魏祥　(清)魏禧　(清)魏禮撰　清道光二十五年(1845)珍溪謝氏紱園書塾刻本　四十八冊

340000－1843－0006318　集 435/2671
魏伯子文鈔九卷　(清)魏祥撰　**魏叔子文鈔七卷**　(清)魏禧　**魏季子文鈔一卷**　(清)魏禮撰　清刻本　六冊　存一種一卷(魏伯子文鈔一)

340000－1843－0006319　集 435/3107
馮氏清芬集子良詩錄二十三卷　(清)馮詢等編　清光緒元年(1875)刻本　四冊

340000－1843－0006320　集 435/3186
三蘇文約二十七卷　(明)顧錫疇評選　清刻本　二十六冊

340000－1843－0006321　集 45264/8074
新鐫繡像描金鳳十二卷四十六回　題(清)竹亭居士撰　清光緒二年(1876)刻本　十二冊

340000－1843－0006322　集 45264/7534
繡像芙蓉洞全傳十卷四十回　(清)陳遇乾撰　清道光十六年(1836)刻本　十冊

340000－1843－0006323　集 45264/7534
新刻雙金錠全傳六卷　(清)陳遇乾撰　清刻本　六冊

340000－1843－0006324　集 45264/7534
新刻雙金錠全傳六卷　(清)陳遇乾撰　清刻本　四冊

340000－1843－0006325　集 45264/7338
繡像安邦志二十卷　題(清)學海堂主人撰　清道光三十年(1850)廣東富文堂刻本　四十冊

340000－1843－0006326　集 45264/5553
繡像九美全傳十三卷　(清)曹春江撰　清道光二十三年(1843)刻本　十二冊

340000－1843－0006327　集 45264/4409
繡像荊釵全傳六卷二十回　(清)黃彥光撰　清光緒二年(1876)刻本　八冊

340000－1843－0006328　集 45264/4021
庚子國變彈詞四十回　(清)李伯光撰　(清)世界繁華報館編　清光緒二十八年(1902)世界繁華報館鉛印本　六冊

340000－1843－0006329　集 45264/4213
繡像詩發緣四卷十二回　題(清)古吳平江潤齋氏撰　清同治五年(1866)蛟川書屋刻本　四冊

340000－1843－0006330　集 45264/3838
何必西厢(梅花夢)三十七卷三十七回　題(清)心鐵道人撰　清嘉慶五年(1800)五桂堂刻本　十四冊

340000－1843－0006331　集 45264/3838
何必西廂(梅花夢)三十七卷三十七回　題(清)心鐵道人撰　清末有正書局鉛印本　四冊

340000－1843－0006332　集 45264/3738
繡像說唱麒麟豹傳十卷六十回　(清)[陸士珍]編撰　題(清)廢閑主人編　清光緒元年(1875)玉積山房刻本　十冊

340000－1843－0006333　集 45264/3738
繡像福壽大紅袍十四卷一百回　題(清)廢閑主人編　清光緒元年(1875)刻本　十四冊

340000－1843－0006334　集 45264/1134
繡像文武香球十二卷七十二回　題(清)二西室主人撰　(清)張澍編　清同治二年(1863)刻本　十二冊

340000－1843－0006335　集 45264/1238

繡像一箭緣全傳八卷三十四回　題(清)環秀主人撰　清嘉慶二十三年(1818)刻本　八册

340000-1843-0006336　集45264/2644
新刊鳳雙飛全傳五十二卷五十二回　(清)程蕙榮撰　清光緒二十五年(1899)上海書局石印本　二十六册

340000-1843-0006337　集45264/2124
再造天十六卷　(清)侯香葉撰　清道光十年(1830)刻本　八册

340000-1843-0006338　集45264/2583
繡像四香緣四卷三十二回　(清)朱鏡江撰　清刻本　六册　存二卷(三至四)

340000-1843-0006339　集45264/2335(2)
繡像十五貫十六卷　題(清)鴛湖逸史編　清同治六年(1867)刻本　一册

340000-1843-0006340　集45264/2138
繡像百花臺全傳四卷　題(清)鴛水主人編　清光緒元年(1875)刻本　四册

340000-1843-0006341　集45264/2335
繡像十五貫十六卷　題(清)鴛湖逸史編　清同治十一年(1872)刻本　四册

340000-1843-0006342　集45264/1438
繡像雙珠鳳全傳十二卷　題(清)一葉主人撰　清光緒淨雅書局刻本　十二册

340000-1843-0006343　集45264/1438
繡像雙珠鳳全傳十二卷　題(清)一葉主人撰　清光緒淨雅書局刻本　十二册

340000-1843-0006344　集45264/00009(10)
繡像雙玉燕全傳四卷　(清)□□撰　清刻本　四册

340000-1843-0006345　集45264/00009(11)
繡像金臺全傳十二卷六十回　(清)□□撰　清光緒七年(1881)墨海堂刻本　十二册

340000-1843-0006346　集45264/00009(12)
新刻雙金榜白玉羅帕記十二卷　(清)□□撰　清刻本　二册

340000-1843-0006347　集45264/0000(21).2
新造秦雪梅歌四卷　(清)□□撰　清末潮安府前街王生記刻本　一册

340000-1843-0006348　集45264/0000(9)
珍珠塔十九卷　(清)□□撰　抄本　十七册

340000-1843-0006349　集45264/0000(8)
繡像九龍陣十六卷十六回　(清)□□撰　清武林顧氏務本堂刻本　四册

340000-1843-0006350　集45264/0000(7)
繡像雙帥印十四卷四十回　(清)□□撰　清武林顧氏務本堂刻本　二册

340000-1843-0006351　集45264/0000(5)
繡像一捧雪八卷三十回　(清)□□撰　清嘉慶二十四年(1819)澄碧軒刻本　八册

340000-1843-0006352　集45264/0000(4)
新刊秘本陶朱富全傳二十卷　(清)□□撰　清刻本　十册

340000-1843-0006353　集45264/0000
校補果報錄圖咏八卷　(清)□□撰　清光緒二十年(1894)香港書局石印本　八册

340000-1843-0006354　集45264/0000(3)
繡像鬧廬莊十六卷　(清)□□撰　清刻本　四册

340000-1843-0006355　集45264/0000(2)
新刻清唱拗碎靈芝記四卷　(清)□□撰　清明德堂刻本　四册

340000-1843-0006356　集45264/0000
三笑新編十二卷　(清)□□撰　清光緒刻本　二十三册

340000-1843-0006357　集45264/0000
繡像十美圖四十卷　(清)□□撰　清光緒四年(1878)三餘堂刻本　六册

340000-1843-0006358　集45264/0000
繡像九美圖全傳二十六回　(清)□□撰　清同治十一年(1872)刻本　六册

340000-1843-0006359　集45264/0000

繡像八美圖五卷 （清）□□撰 清同治三年(1864)樊川文成堂刻本 四册

340000－1843－0006360 集 45264/0000
繡像六美圖三十回 （清）□□撰 清刻本 十二册

340000－1843－0006361 集 45264/0000
繡像萬花樓全傳八卷三十五卷 （清）□□撰 清刻本 八册

340000－1843－0006362 集 4523/5134
歸元鏡(净土傳灯歸元鏡)二卷四十二出 （清）釋智達等編 清刻本 二册

340000－1843－0006363 集 45223/8757
霧中人十六出 （清）鄭由熙撰 清光緒十六年(1890)暗香樓刻本 一册

340000－1843－0006364 集 4524/08242
秋水庵花影集五卷 （明）施紹莘撰 清乾隆十六年(1751)刻本 六册

340000－1843－0006365 集 4527/4753
繡像來生福彈詞八卷三十六回 題（清）橘中逸史撰 清同治九年(1870)聚錦堂刻本 三十六册

340000－1843－0006366 集 45311/2624
選聲集三卷詞韻簡一卷 （清）吴綺編 清刻本 一册

340000－1843－0006367 集 45311/5343
詞林正韻十九部三卷 （清）戈載撰 清嘉興稻香館主方氏刻本 二册

340000－1843－0006368 集 45264/0000
繡像梅花韻十卷 （清）□□撰 清道光元年(1821)刻本 十册

340000－1843－0006369 叢 51132/3136
小石山房叢書四十一種 （清）顧湘輯 清同治十三年(1874)虞山顧氏刻本 十六册

340000－1843－0006370 叢 51132/3136
小石山房叢書四十一種 （清）顧湘輯 清同治十三年(1874)虞山顧氏刻本 二十三册

340000－1843－0006371 叢 51132/3010
西學富強叢書九十三種 （清）張蔭桓輯 清光緒二十二年(1896)鴻文書局石印本 六十四册

340000－1843－0006372 叢 51132/3141
靈鶼閣叢書六集五十七種 （清）江標輯 清光緒元和江氏湖南使院刻本 四十册

340000－1843－0006373 叢 51132/3234
滂喜齋叢書五十種九十六卷 （清）潘祖蔭輯 清同治至光緒吳縣潘氏刻本 三十二册

340000－1843－0006374 叢 51132/3234
功順堂叢書十八種八十一卷 （清）潘祖蔭輯 清光緒吳縣潘氏刻本 三十二册

340000－1843－0006375 叢 51132/3436
晨風閣叢書第一集五十二種一百五卷 沈宗畸等輯 清光緒三十四年至宣統三年(1908－1911)國學萃編社鉛印本 二十八册

340000－1843－0006376 叢 51132/3436
晨風閣叢書二十三種四十八卷 沈宗畸輯 清宣統元年(1909)番禺沈氏刻本 十四册

340000－1843－0006377 叢 51132/3436
晨風閣叢書二十三種四十八卷 沈宗畸輯 清宣統元年(1909)番禺沈氏刻本 十六册

340000－1843－0006378 叢 51132/4058
木犀軒叢書二十七種續刻六種 李盛鐸輯 清光緒德化李氏木犀軒刻本 四十册 存二十七種(木犀軒叢書二十七種)

340000－1843－0006379 叢 51132/4064
集虛草堂叢書甲集十種 李國松輯 清光緒合肥李氏刻本 二十四册

340000－1843－0006380 叢 51132/4064
集虛草堂叢書甲集十種 李國松輯 清光緒合肥李氏刻本 二十三册 存九種

340000－1843－0006381 叢 51132/4241
咫進齋叢書三集三十五種 （清）姚覲元輯 清光緒九年(1883)歸安姚氏刻本 二十四册

340000－1843－0006382 叢 51132/4241

咫進齋叢書三集三十五種 (清)姚覲元輯 清光緒九年(1883)歸安姚氏刻本 九冊 存十種

340000－1843－0006383 叢 51132/4241
咫進齋叢書三集三十五種 (清)姚覲元輯 清光緒九年(1883)歸安姚氏刻本 四冊 存三種

340000－1843－0006384 叢 51132/4321
西政叢書三十二種 題(清)求自強齋主人輯 清光緒二十三年(1897)慎記書莊石印本 三十一冊

340000－1843－0006385 叢 51132/4429(1)
觀古堂彙刻書二集二十一種 葉德輝輯 清光緒二十八年(1902)長沙葉氏刻本 十六冊

340000－1843－0006386 叢 51132/4429(2)
觀古堂所刊書二集二十四種 葉德輝輯 清光緒長沙葉氏刻本 十冊

340000－1843－0006387 叢 51132/4429(2)
觀古堂所刊書二集二十四種 葉德輝輯 清光緒長沙葉氏刻本 八冊 存二十種

340000－1843－0006388 叢 51132/4429
雙楳影闇叢書十三種 葉德輝輯 清光緒至宣統長沙葉氏郎園刻本 四冊

340000－1843－0006389 叢 51132/4474
鐵華館叢書六種 (清)蔣鳳藻輯 清光緒長洲蔣氏刻本 六冊

340000－1843－0006390 叢 51132/4474
鐵華館叢書六種 (清)蔣鳳藻輯 清光緒長洲蔣氏刻本 六冊

340000－1843－0006391 叢 51132/7241
聚學軒叢書五集六十種 劉世珩輯 清光緒貴池劉氏刻本 一百冊

340000－1843－0006392 叢 51132/7433
十萬卷樓叢書初編十七種 (清)陸心源輯 清光緒二年至五年(1876－1879)歸安陸氏刻五年(1879)彙印本 三十九冊 缺一種十卷(本草衍義一至十)

340000－1843－0006393 叢 51132/7433
十萬卷樓叢書初編十七種 (清)陸心源輯 清光緒二年至五年(1876－1879)歸安陸氏刻五年(1879)彙印本 三十七冊 存十六種

340000－1843－0006394 叢 51132/7433
十萬卷樓叢書二編二十種 (清)陸心源輯 清光緒六年至七年(1880－1881)歸安陸氏刻八年(1882)彙印本 二十八冊 存十九種

340000－1843－0006395 叢 51132/7433
十萬卷樓叢書三編十五種 (清)陸心源輯 清光緒十二年至十四年(1886－1888)歸安陸氏刻十八年(1892)彙印本 三十五冊 存十四種

340000－1843－0006396 叢 51132/8013
粟香室叢書五十八種 金武祥輯 清光緒至民國江陰金氏刻本 五十四冊

340000－1843－0006397 叢 51132/8013
粟香室叢書五十八種 金武祥輯 清光緒至民國江陰金氏刻本 二十冊 存五種

340000－1843－0006398 叢 5114/1730
風雨樓叢書二十三種 鄧實輯 清宣統順德鄧氏鉛印本 八冊

340000－1843－0006399 叢 5114/1730.2
風雨樓叢書二十三種 鄧實輯 清宣統三年(1911)上海神州國光社鉛印本 一冊 存二種

340000－1843－0006400 叢 5114/1730
風雨樓祕笈留眞十種 鄧實輯 清宣統至民國順德鄧氏風雨樓影印本 十冊

340000－1843－0006401 叢 5114/4901
峭帆樓叢書十八種 趙詒琛輯 清宣統至民國新陽趙氏刻本 二十冊

340000－1843－0006402 叢 5114/6051
國學叢刊十三種 羅振玉輯 清宣統三年(1911)石印本 二冊

340000－1843－0006403 叢 5114/6051(2)
玉簡齋叢書初集十四種二集八種 羅振玉輯

清宣統二年(1910)上虞羅氏刻本　二十冊

340000－1843－0006404　叢 5114/6051(2)
玉簡齋叢書初集十種　羅振玉輯　清宣統二年(1910)上虞羅氏刻本　八冊

340000－1843－0006405　叢 512/1134
二酉堂叢書(張氏叢書)三十六種　(清)張澍輯　清道光元年(1821)武威張氏二酉堂刻本　十冊　存二十種

340000－1843－0006406　叢 512/4434
十種古逸書三十卷　(清)茆泮林輯　清道光十四年(1834)梅瑞軒刻本　八冊

340000－1843－0006407　叢 512/7164
玉函山房輯佚書四百九十四種　(清)馬國翰輯　清光緒十八年(1892)湖南思賢書局刻本　一百十八冊　存四百七十八種

340000－1843－0006408　叢 512/7164.2
玉函山房輯佚書四百九十四種　(清)馬國翰輯　清光緒九年(1883)長沙娜嬛館刻本　七十九冊　存四百七十二種

340000－1843－0006409　叢 512/7164.2
玉函山房輯佚書四百九十四種　(清)馬國翰輯　清光緒九年(1883)長沙娜嬛館刻本　一百十二冊

340000－1843－0006410　叢 513/1010
武林掌故叢編二十六集一百九十種　(清)丁丙輯　清光緒錢塘丁氏嘉惠堂刻本　二百三冊　存一百八十八種

340000－1843－0006411　叢 513/1200
永嘉叢書十種　(清)孫衣言輯　清光緒二年(1876)武昌書局刻本　四十九冊　缺一種三卷(水心別集一至三)

340000－1843－0006412　叢 513/2114
嶺南遺書六集五十九種　(清)伍元薇　(清)伍崇曜輯　清道光至同治南海伍氏粵雅堂刻本　八十一冊

340000－1843－0006413　叢 513/4923
涇川叢書四十四種續七種　(清)伍元薇(清)伍崇曜輯　清道光十二年(1832)涇縣趙氏古墨齋刻本　二十四冊

340000－1843－0006414　叢 513/4923
涇川叢書四十四種續七種　(清)伍元薇(清)伍崇曜輯　清道光十二年(1832)涇縣趙氏古墨齋刻本　二十四冊

340000－1843－0006415　叢 513/4923
涇川叢書四十四種續七種　(清)伍元薇(清)伍崇曜輯　清道光十二年(1832)涇縣趙氏古墨齋刻本　二十四冊

340000－1843－0006416　叢 513/4923
涇川叢書四十四種續七種　(清)伍元薇(清)伍崇曜輯　清道光十二年(1832)涇縣趙氏古墨齋刻本　二十四冊

340000－1843－0006417　叢 513/4923
涇川叢書四十四種續七種　(清)伍元薇(清)伍崇曜輯　清道光十二年(1832)涇縣趙氏古墨齋刻本　二十四冊

340000－1843－0006418　叢 513/4995
湖北叢書三十一種　(清)趙尚輔輯　清光緒十七年(1891)三餘草堂刻本　一百冊

340000－1843－0006419　叢 513/5339
常州先哲遺書七十二種　盛宣懷輯　清光緒武進盛氏刻本　六十三冊　存四十五種

340000－1843－0006420　叢 514/0413
玉山朱氏遺書二種三卷墓志銘一卷　(清)諸可寶輯　清光緒二十六年(1900)玉山書院刻本　三冊

340000－1843－0006421　叢 514/1058
項城袁氏家集七種　丁振鐸輯　清宣統三年(1911)清芬閣鉛印本　五十六冊

340000－1843－0006422　叢 514/1058
項城袁氏家集七種　丁振鐸輯　清宣統三年(1911)清芬閣鉛印本　五十六冊

340000－1843－0006423　叢 514/1058
項城袁氏家集七種　丁振鐸輯　清宣統三年(1911)清芬閣鉛印本　十冊　存四種

340000－1843－0006424　叢 514/2661

二程全書(河南程氏全書)六種　(宋)程顥(宋)程頤撰　(宋)朱熹輯　清康熙石門呂氏寶誥堂刻本　二十冊

340000－1843－0006425　叢 514/2661.2

二程全書(河南程氏全書)六種　(宋)程顥(宋)程頤撰　(宋)朱熹輯　清光緒三十四年(1908)澹雅書局刻本　十二冊

340000－1843－0006426　叢 514/4095

左氏雙忠集二種　(清)左輝春輯　清道光二十六年至二十七年(1846－1847)湘鄉左氏詠史齋刻本　八冊

340000－1843－0006427　叢 514/7543

左海全集十種　(清)陳壽祺撰　清嘉慶至道光陳紹墉補刻本　二十六冊

340000－1843－0006428　叢 5151/0024

金華唐氏遺書五種　(宋)唐仲友撰　清宣統三年(1911)金華教育分會石印本　四冊

340000－1843－0006429　叢 5151/0851

許文正公遺書十二卷首一卷末二卷　(元)許衡撰　清乾隆五十五年(1790)刻本　八冊

340000－1843－0006430　叢 5151/1000

玉海二百卷附錄十四種五十七卷　(宋)王應麟撰　清康熙二十六年(1687)刻本　八十九冊　存八十八卷

340000－1843－0006431　叢 5151/1000.2

玉海二百卷附錄十四種五十七卷　(宋)王應麟撰　清嘉慶十一年(1806)江寧藩署刻本　一百二十冊

340000－1843－0006432　叢 5151/1000.2

玉海二百卷附錄十四種五十七卷　(宋)王應麟撰　清嘉慶十一年(1806)江寧藩署刻本　八十冊

340000－1843－0006433　叢 5151/1000.3

玉海二百卷附錄十四種五十七卷　(宋)王應麟撰　清光緒九年(1883)浙江書局刻本　一百二十冊

340000－1843－0006434　叢 5151/7772

歐陽文忠公全集十種附五卷　(宋)歐陽修撰　清乾隆五十七年(1792)惇敘堂刻本　二十四冊

340000－1843－0006435　叢 5151/7772.2

歐陽文忠公全集十種附五卷　(宋)歐陽修撰　清刻本　四十四冊

340000－1843－0006436　叢 5151/8073

率祖堂叢書八種附六種　(宋)金履祥撰　清乾隆二年(1737)婺東藕塘賢祠刻本　二十四冊　存十二種

340000－1843－0006437　叢 5152/3137

顧端文公遺書十四種附一種　(明)顧憲成撰　清光緒三年(1877)涇里宗祠刻本　十八冊

340000－1843－0006438　叢 5152/3281

香禪精舍集十六種　(清)潘鍾瑞撰　清光緒長洲潘氏香禪精舍刻本　十冊　存九種

340000－1843－0006439　叢 51531/0044

抗希堂十六種　(清)方苞撰　清乾隆抗希堂刻本　六十冊

340000－1843－0006440　叢 51531/0044

抗希堂十六種　(清)方苞撰　清乾隆抗希堂刻本　四十三冊　存四種

340000－1843－0006441　叢 51531/0054

方植之全集十四種　(清)方東樹撰　清光緒刻本　三十二冊

340000－1843－0006442　叢 51531/0070

章氏遺書十七種　(清)章學誠撰　清光緒四年(1878)貴陽刻本　五冊　存三種

340000－1843－0006443　叢 51531/0870

施愚山先生全集六種九十七卷　(清)施閏章撰　清康熙至乾隆刻本　十六冊

340000－1843－0006444　叢 51531/1036

春融堂集十種六十八卷附年譜　(清)王昶撰　清嘉慶十二年(1807)塾南書舍刻本　十二冊

340000－1843－0006445　叢 51531/1043

王漁洋遺書三十八種　(清)王士禛撰　清刻本　五十二册

340000－1843－0006446　叢 51531/1043
王漁洋遺書三十八種　(清)王士禛撰　清刻本　八册　存八種

340000－1843－0006447　叢 51531/1053
船山遺書五十八種附校勘記　(清)王夫之撰　清同治四年(1865)湘鄉曾國荃刻本　一百十二册

340000－1843－0006448　叢 51531/1053
船山遺書五十八種附校勘記　(清)王夫之撰　清同治四年(1865)湘鄉曾國荃刻本　一百册

340000－1843－0006449　叢 51531/1053
船山遺書五十八種附校勘記　(清)王夫之撰　清同治四年(1865)湘鄉曾國荃刻本　一百十四册

340000－1843－0006450　叢 51531/1173
楊園張先生全集十七種　(清)張履祥撰　清光緒三十年(1904)武昌呂氏刻本　六册

340000－1843－0006451　叢 51531/1173
重訂楊園先生全集二十一種　(清)張履祥撰　清同治十年(1871)江蘇書局刻本　十六册

340000－1843－0006452　叢 51531/1742
亦園亭全集九種　(清)孟超然撰　清嘉慶二十年(1815)刻本　十八册　存四種

340000－1843－0006453　叢 51531/2022
焦氏叢書三種一百二十四卷　(清)焦循撰　清光緒二年(1876)衡陽魏氏刻本　四十册

340000－1843－0006454　叢 51531/2747
安吳四種　(清)包世臣撰　清同治十一年(1872)包誠刻本　十六册

340000－1843－0006455　叢 51531/2747
安吳四種　(清)包世臣撰　清同治十一年(1872)包誠刻本　十六册

340000－1843－0006456　叢 51531/2747
安吳四種　(清)包世臣撰　清同治十一年(1872)包誠刻本　四册　存一種九卷(藝舟雙楫八至十六)

340000－1843－0006457　叢 51531/2747.2
安吳四種　(清)包世臣撰　清光緒十四年(1888)刻本　十六册

340000－1843－0006458　叢 51531/2800
徐位山六種　(清)徐文靖撰　清雍正至乾隆志寧堂刻本　十八册

340000－1843－0006459　叢 51531/2800.2
徐位山六種　(清)徐文靖撰　清光緒二年(1876)刻本　二十四册

340000－1843－0006460　叢 51531/2838
敦艮齋遺書十七卷　(清)徐潤第撰　清道光二十八年(1848)徐繼畬刻本　四册　存十四卷(一至十一、十五至十七)

340000－1843－0006461　叢 51531/3123
浙刻雙池遺書八種　(清)汪紱撰　清光緒刻本　八册

340000－1843－0006462　叢 51531/3191
顧亭林先生遺書十種補遺十種　(清)顧炎武撰　清蓬瀛閣刻吳縣朱記榮增刻光緒三十二年(1906)彙印本　二十四册

340000－1843－0006463　叢 51531/3308
二思堂叢書六種　(清)梁章鉅撰　清光緒元年(1875)福州梁氏刻本　九册

340000－1843－0006464　叢 51531/3308
退菴隨筆二十二卷　(清)梁章鉅撰　清刻本　九册

340000－1843－0006465　叢 51531/3312
清白士集六種附一種　(清)梁玉繩撰　清嘉慶至道光刻本　五册

340000－1843－0006466　叢 51531/3375
頻羅庵遺集七種　(清)梁同書撰　清嘉慶二十二年(1817)仁和陸貞一刻本　六册

340000－1843－0006467　叢 51531/3404
洪北江全集三十二種　(清)洪亮吉撰　清光緒授經堂刻本　六十四册

340000－1843－0006468　叢 51531/3404

洪北江全集三十二種　(清)洪亮吉撰　清光緒授經堂刻本　十四冊　存四種

340000－1843－0006469　叢 51531/4047

杭大宗七種叢書十八卷　(清)杭世駿撰　清刻本　六冊

340000－1843－0006470　叢 51531/4047

杭大宗七種叢書十八卷　(清)杭世駿撰　清刻本　四冊

340000－1843－0006471　叢 51531/4048

隨園三十六種　(清)袁枚撰　清光緒十八年(1892)上海圖書集成印書局石印本　二十六冊　存二十一種

340000－1843－0006472　叢 51531/4048(2)

隨園三十八種　(清)袁枚撰　清光緒十八年(1892)勤裕堂鉛印本　四十冊

340000－1843－0006473　叢 51531/4048(2)

隨園三十八種　(清)袁枚撰　清光緒十八年(1892)勤裕堂鉛印本　三十六冊　存三十五種

340000－1843－0006474　叢 51531/4048

隨園三十種　(清)袁枚撰　清光緒十五年(1889)文奎堂刻本　五十四冊

340000－1843－0006475　叢 51531/4217

惜抱軒遺書三種十一卷　(清)姚鼐撰　清光緒五年(1879)桐城徐宗亮刻本　三冊　存二種

340000－1843－0006476　叢 51531/4217

惜抱軒全集十四種八十八卷　(清)姚鼐撰　清同治五年(1866)省心閣刻本　二十冊

340000－1843－0006477　叢 51531/4217

惜抱軒全集十四種八十八卷　(清)姚鼐撰　清同治五年(1866)省心閣刻本　二十四冊

340000－1843－0006478　叢 51531/4217

惜抱軒全集十四種八十八卷　(清)姚鼐撰　清同治五年(1866)省心閣刻本　十冊　存八種

340000－1843－0006479　叢 51531/4327

尤西堂集十七種六十一卷　(清)尤侗撰　清刻本　二十四冊

340000－1843－0006480　叢 51531/4234

小謨觴館全集四種　(清)彭兆蓀撰　(清)孫元培　(清)孫長熙註　清光緒二十二年至三十一年(1896－1905)鎮洋繆朝荃刻三十二年(1906)彙印本　十五冊　存二種

340000－1843－0006481　叢 51531/4421

鹿洲全集七種　(清)藍鼎元撰　清光緒五年(1879)藍謙修補刻本　二十四冊

340000－1843－0006482　叢 51531/4433

珍藝宧遺書十一種　(清)莊述祖輯　清嘉慶至道光武進莊氏脊令舫刻本　十一冊　存六種

340000－1843－0006483　叢 51531/4438

黃梨洲遺書八種　(清)黃宗羲撰　清光緒三十一年(1905)杭州羣學社石印本　十二冊

340000－1843－0006484　叢 51531/4448

蔣氏四種　(清)蔣士銓撰　清同治十年(1871)刻本　二十八冊

340000－1843－0006485　叢 51531/4453

竹柏山房二十三種　(清)林春溥撰　清嘉慶至咸豐刻本　四十冊

340000－1843－0006486　叢 51531/4453

竹柏山房二十三種　(清)林春溥撰　清嘉慶至咸豐刻本　三十九冊　存二十二種

340000－1843－0006487　叢 51531/4626

楊氏全書五種附二種三十八卷　(清)楊名時撰　清乾隆五十九年(1794)江陰葉氏水心草堂刻本　八冊

340000－1843－0006488　叢 51531/4742

郝氏遺書三十三種　(清)郝懿行撰　清光緒八年(1882)東路廳署刻本　七十六冊

340000－1843－0006489　叢 51531/5039

聰山集五種　(清)申涵光撰　清康熙二年(1663)渾脫居刻本　六冊

340000－1843－0006490　叢 51531/7225
劉端臨先生遺書八卷　(清)劉台拱撰　清道光十四年(1834)世德堂刻本　四冊

340000－1843－0006491　叢 51531/7225.2
劉端臨先生遺書八卷　(清)劉台拱撰　清末廣雅書局刻本　四冊

340000－1843－0006492　叢 51531/7225.3
劉端臨先生遺書續刊八卷　(清)劉台拱撰　清嘉慶十三年(1808)揚州阮常生續刻本　二冊

340000－1843－0006493　叢 51531/7442
陸桴亭先生遺書二十二種　(清)陸世儀撰　清光緒二十五年(1899)太倉唐受祺刻本　二十六冊　存二十一種

340000－1843－0006494　叢 51531/7442
陸桴亭先生遺書二十二種　(清)陸世儀撰　清光緒二十五年(1899)太倉唐受祺刻本　二十冊

340000－1843－0006495　叢 51531/8364
嘉定錢氏潛研堂全書二十一種　(清)錢大昕撰　清光緒十年(1884)長沙龍氏刻本　八十冊

340000－1843－0006496　叢 51531/8799
板橋集五種　(清)鄭燮撰　清乾隆十四年(1749)清暉書屋刻本　四冊

340000－1843－0006497　叢 51532/0013
伯山全集四種　(清)康發祥撰　清道光至同治泰州康氏刻本　十六冊

340000－1843－0006498　叢 51532/0883
許松濱先生全集六種　(清)許錫祺撰　清光緒十九年(1893)劉汝錫等刻本　八冊

340000－1843－0006499　叢 51532/0883
許松濱先生全集六種　(清)許錫祺撰　清光緒十九年(1893)劉汝錫等刻本　六冊　存三種

340000－1843－0006500　叢 51532/1033
雷刻八種　(清)雷浚撰　清光緒吳縣雷氏刻本　十二冊

340000－1843－0006501　叢 51532/1034
丁文誠公奏稿二十六卷首一卷　(清)丁寶楨撰　清光緒二十二年(1896)成都刻本　二十七冊

340000－1843－0006502　叢 51532/1060
頤誌齋叢書二十二種　(清)丁晏撰　清同治元年(1862)刻本　二十冊

340000－1843－0006503　叢 51532/1102
覆瓿集十三種　(清)張文虎撰　清同治至光緒刻本　十二冊

340000－1843－0006504　叢 51532/1102
覆瓿集十三種　(清)張文虎撰　清同治至光緒刻本　七冊　存五種

340000－1843－0006505　叢 51532/2510
拙盦叢稿五種　(清)朱一新撰　清光緒二十二年(1896)順德龍氏葆真堂刻本　十六冊

340000－1843－0006506　叢 51532/2540
春雨樓叢書六種　(清)朱士端撰　清同治寶應朱氏刻本　四冊

340000－1843－0006507　叢 51532/2630
有恆心齋集六種　(清)程鴻詔撰　清同治安慶高文元堂刻本　四冊　存二種

340000－1843－0006508　叢 51532/2688
魏稼孫全集三種　(清)魏錫曾撰　清光緒九年(1883)刻本　六冊

340000－1843－0006509　叢 51532/2700
觀古閣叢刻七種　(清)鮑康撰　清同治十二年(1873)歙縣鮑氏刻本　八冊

340000－1843－0006510　叢 51532/2813
蛻學翁遺集五種　(清)徐元潤撰　清光緒二十四年(1898)徐敦穆刻本　四冊

340000－1843－0006511　叢 51532/2824
學壽堂叢書十五種　(清)徐紹楨撰　清咸豐至光緒番禺徐氏梧州刻本　二十六冊　存十五種(通介堂經說一至六)

340000－1843－0006512　叢 51532/3314
藤花亭十種　(清)梁廷楠撰　清道光十年(1830)刻本　二十四册

340000－1843－0006513　叢 51532/4030
李文忠公全集六種一百六十五卷　(清)李鴻章撰　清光緒三十一年(1905)金陵刻本　一百册

340000－1843－0006514　叢 51532/4039
左文襄公全集六種附二種　(清)左宗棠撰　清光緒刻本　一百十二册　缺二卷(左文襄公書牘二十三至二十四)

340000－1843－0006515　叢 51532/4081
師伏堂叢書十八種　(清)皮錫瑞撰　清光緒善化皮氏師伏堂刻本　四十册

340000－1843－0006516　叢 51532/4097
李文清公遺書四種九卷附一種二卷　(清)李棠階撰　清光緒八年(1882)河北道署刻本　四册

340000－1843－0006517　叢 51532/4299
大梅山館集四種　(清)姚燮撰　清道光至咸豐鎮海姚氏刻本　二十册

340000－1843－0006518　叢 51532/4299
中復堂全集十三種附一種　(清)姚瑩撰　清同治六年(1867)姚濬昌安福縣署刻本　十五册　存十一種

340000－1843－0006519　叢 51532/4430
正誼堂全集六種　(清)董沛撰　清光緒刻本　二十册

340000－1843－0006520　叢 51532/4437
庸盦全集六種　(清)薛福成撰　清光緒二十三年(1897)上海醉六堂石印本　十二册

340000－1843－0006521　叢 51532/4441
儆居遺書十九種　(清)黄式三撰　清同治至光緒刻本　十册

340000－1843－0006522　叢 51532/4442
蔣通齋四種　(清)蔣超伯撰　清刻本　十二册

340000－1843－0006523　叢 51532/4493
倚晴樓集八種　(清)黄燮清撰　清咸豐至同治海鹽黄氏拙宜園刻本　八册

340000－1843－0006524　叢 51532/4644
損齋全書四種　(清)楊樹椿撰　清光緒十九年(1893)柏經正堂刻本　六册

340000－1843－0006525　叢 51532/6007
觀象廬叢書二十七種　(清)呂調陽撰　清光緒十四年(1888)葉長高刻本　六十一册　存十九種

340000－1843－0006526　叢 51532/7120
馬鍾山遺書四種　(清)馬徵麟撰　清光緒十五年(1889)金陵清涼山半日讀書齋刻本　二册

340000－1843－0006527　叢 51532/7140
白華山人集二種　(清)厲志撰　清道光十六年(1836)慈溪葉元楷刻本　四册

340000－1843－0006528　叢 51532/7274
古桐書屋六種　(清)劉熙載撰　清光緒刻本　十册

340000－1843－0006529　叢 51532/8043
春在堂全書二十七種　(清)俞樾撰　清光緒二十五年(1899)刻本　七十九册　存二十六種

340000－1843－0006530　叢 51532/8043
春在堂全書二十七種　(清)俞樾撰　清光緒二十五年(1899)刻本　二十四册　存三種

340000－1843－0006531　叢 51532/8064
曾文正公全集十四種　(清)曾國藩撰　清光緒二年(1876)傳忠書局刻本　一百二十九册

340000－1843－0006532　叢 51532/8064
曾文正公全集十四種　(清)曾國藩撰　清光緒二年(1876)傳忠書局刻本　八十五册　存八種

340000－1843－0006533　叢 51532/8064
曾文正公全集十四種　(清)曾國藩撰　清光緒二年(1876)傳忠書局刻本　五十四册　存

九種

340000－1843－0006534　叢51532/8064.2
曾文正公全集十四種　(清)曾國藩撰　清光緒十四年(1888)鴻文書局石印本　十七冊　存三種

340000－1843－0006535　叢5154/4429
觀古堂所著書十六種　葉德輝撰　清光緒長沙葉氏刻本　十四冊

340000－1843－0006536　叢5154/4429
觀古堂所著書十六種　葉德輝撰　清光緒長沙葉氏刻本　十四冊

340000－1843－0006537　叢5154/4429
觀古堂所著書十六種　葉德輝撰　清光緒長沙葉氏刻本　七冊　存七種

340000－1843－0006538　叢5211/0000
袖珍十三經註十三種　(□)□□輯　清同治十二年(1873)稽古樓刻本　六十二冊

340000－1843－0006539　叢5211/0000.2
十三經註疏附考證　(□)□□輯　清同治十年(1871)廣東書局刻本　一百三十二冊　存十種

340000－1843－0006540　叢5211/7110
重刊宋本十三經註疏附校勘記十三種四百十六卷　(清)阮元撰　(清)盧宣旬摘錄　清嘉慶二十年(1815)南昌府學刻本　一百九十二冊　存十一種

340000－1843－0006541　叢5211/7110
重刊宋本十三經註疏附校勘記十三種四百十六卷　(清)阮元撰　(清)盧宣旬摘錄　清嘉慶二十年(1815)南昌府學刻本　五十五冊　存七種

340000－1843－0006542　叢5211/7110.2
重刊宋本十三經註疏附校勘記十三種四百十六卷　(清)阮元撰　(清)盧宣旬摘錄　清光緒十八年(1892)湖南寶慶務本書局刻本　一百六十冊

340000－1843－0006543　叢5211/7110.2
重刊宋本十三經註疏附校勘記十三種四百十六卷　(清)阮元撰　(清)盧宣旬摘錄　清光緒十八年(1892)湖南寶慶務本書局刻本　一百五十九冊

340000－1843－0006544　叢5211/7110.3
重刊宋本十三經註疏附校勘記十三種四百十六卷　(清)阮元撰　(清)盧宣旬摘錄　清同治十三年(1874)湖南書局刻本　一百五十七冊　存十二種

340000－1843－0006545　叢5211/7110.4
重刊宋本十三經註疏附校勘記十三種四百十六卷　(清)阮元撰　(清)盧宣旬摘錄　清光緒十三年(1887)上海脈望仙館石印本　三十三冊　存七種

340000－1843－0006546　叢5211/7110.4
重刊宋本十三經註疏附校勘記十三種四百十六卷　(清)阮元撰　(清)盧宣旬摘錄　清光緒十三年(1887)上海脈望仙館石印本　三十八冊　存十二種

340000－1843－0006547　叢5211/7110.4
重刊宋本十三經註疏附校勘記十三種四百十六卷　(清)阮元撰　(清)盧宣旬摘錄　清光緒十三年(1887)上海脈望仙館石印本　二十三冊　存十種

340000－1843－0006548　叢5211/7110.5
重刊宋本十三經註疏附校勘記十三種四百十六卷　(清)阮元撰　(清)盧宣旬摘錄　清光緒十三年(1887)上海點石齋石印本　六冊　存四種

340000－1843－0006549　叢5211/7110.6
重刊宋本十三經註疏附校勘記十三種四百十六卷　(清)阮元撰　(清)盧宣旬摘錄　清光緒二十四年(1898)上海點石齋石印本　二十九冊

340000－1843－0006550　叢5211/7110.7
重刊宋本十三經註疏附校勘記十三種四百十六卷　(清)阮元撰　(清)盧宣旬摘錄　清光緒二十四年(1898)上海點石齋石印本(縮印)

三十二冊　存十種

340000－1843－0006551　叢5211/7705
五經合纂大成五種　同文書局輯　清光緒十一年(1885)廣百宋齋石印本　二十四冊　存十二種

340000－1843－0006552　叢513/7772
京口掌故叢編初集七種七卷　(清)陶駿保輯　清光緒三十四年(1908)丹徒陶氏刻本　六冊

340000－1843－0006553　叢5212/0000(3)
御纂七經七種　清同治十年(1871)湖北崇文書局刻本　一百七十冊

340000－1843－0006554　叢5212/0000(3)
御纂七經七種　清光緒十四年(1888)上海鴻文書局石印本　二十四冊

340000－1843－0006555　叢5212/1020
皇清經解續編二百九種一千四百三十卷　王先謙輯　清光緒十四年(1888)南菁書院刻本　三百二十冊

340000－1843－0006556　叢5212/1020
皇清經解續編二百九種一千四百三十卷　王先謙輯　清光緒十四年(1888)南菁書院刻本　三百十一冊　存一百九十四種

340000－1843－0006557　叢5212/1020
皇清經解續編二百九種一千四百三十卷　王先謙輯　清光緒十四年(1888)南菁書院刻本　三百四十冊

340000－1843－0006558　叢5212/1020
皇清經解續編二百九種一千四百三十卷　王先謙輯　清光緒十四年(1888)南菁書院刻本　三百十七冊　存二百五種

340000－1843－0006559　叢5212/1020
皇清經解續編二百九種一千四百三十卷　王先謙輯　清光緒十四年(1888)南菁書院刻本　四十八冊　存三十種

340000－1843－0006560　叢5212/1020.2
皇清經解續編二百九種一千四百三十卷　王先謙輯　清光緒十五年(1889)上海蜚英館石印本　三十二冊

340000－1843－0006561　叢5212/1020.2
皇清經解續編二百九種一千四百三十卷　王先謙輯　清光緒十五年(1889)上海蜚英館石印本　八冊　存四種

340000－1843－0006562　叢5212/2022
雕菰樓易學三種　(清)焦循撰　清嘉慶二十二年(1817)刻本　七冊　存四種

340000－1843－0006563　叢5212/2504
十三經劄記附群書劄記十三種　(清)朱亦棟撰　清光緒四年(1878)武林竹簡齋刻本　十二冊

340000－1843－0006564　叢5212/3128
七經偶記九種十二卷　(清)汪德鉞撰　(清)臧庸編　清道光十二年(1832)王時連長汀木活字印本　四冊

340000－1843－0006565　叢5212/4081
皮氏經學叢書十種　(清)皮錫瑞撰　清光緒思賢書局刻本　十二冊

340000－1843－0006566　叢5212/4438
七經精義七種　(清)黄淦撰　清嘉慶七年至十二年(1802－1807)刻本　十四冊

340000－1843－0006567　叢5212/4438.2
(重訂)七經精義七種　(清)黄淦撰　清嘉慶十三年(1808)三讓堂刻本　十二冊

340000－1843－0006568　叢5212/4447
味經齋遺書十五種　(清)莊存與撰　清光緒八年(1882)陽湖莊氏刻本　十冊　存十一種

340000－1843－0006569　叢5212/4664
十一經音訓十一種　(清)楊國楨撰　清道光十一年(1831)刻本　三十冊

340000－1843－0006570　叢5212/4664.2
十一經音訓十一種　(清)楊國楨撰　清光緒三年(1877)湖北崇文書局刻本　二十六冊

340000－1843－0006571　叢5212/4664.2
十一經音訓十一種　(清)楊國楨撰　清光緒

三年(1877)湖北崇文書局刻本　二十五册　存十種

340000－1843－0006572　叢 5212/5324
通志堂經解一百三十八種一千八百卷　(清)納蘭性德輯　清康熙十九年(1680)通志堂刻本　四百四十六册　存八十七種

340000－1843－0006573　叢 5212/5324.2
通志堂經解一百三十八種一千八百卷　(清)納蘭性德輯　清同治十二年(1873)粤東書局刻本　四百七十九册　存一百三十七種

340000－1843－0006574　叢 5212/7110
皇清經解(學海堂經解)一百八十三種一千四百八卷　(清)阮元輯　清咸豐十年(1860)刻本　三百六十册

340000－1843－0006575　叢 5212/7110
皇清經解(學海堂經解)一百八十三種一千四百八卷　(清)阮元輯　清咸豐十年(1860)刻本　三百三十二册　存一百七十一種

340000－1843－0006576　叢 5212/7110
皇清經解(學海堂經解)一百八十三種一千四百八卷　(清)阮元輯　清咸豐十年(1860)刻本　八十八册　存一百六十三種

340000－1843－0006577　叢 5212/7110
皇清經解(學海堂經解)一百八十三種一千四百八卷　(清)阮元輯　清咸豐十年(1860)刻本　三百六十册

340000－1843－0006578　叢 5212/7110
皇清經解(學海堂經解)一百八十三種一千四百八卷　(清)阮元輯　清咸豐十年(1860)刻本　二百八十四册　存一百五十二種

340000－1843－0006579　叢 5212/7110.2
皇清經解一百八十種　(清)阮元輯　清光緒十一年(1885)上海點石齋石印本　二十四册

340000－1843－0006580　叢 5212/7110.3
皇清經解一百八十種　(清)阮元輯　清光緒十一年(1885)上海點石齋石印本　十八册　存一百三十七種

340000－1843－0006581　叢 5212/7110.3
皇清經解一百八十種　(清)阮元輯　清光緒十八年(1892)古音閣石印本　六十册

340000－1843－0006582　叢 5212/7110.3
皇清經解一百八十種　(清)阮元輯　清光緒十三年(1887)上海點石齋石印本　六十四册

340000－1843－0006583　叢 5212/7110.3
皇清經解一百八十種　(清)阮元輯　清光緒十八年(1892)古音閣石印本　六十四册

340000－1843－0006584　叢 5212/7110(2)
皇清經解分經彙編十六卷　(清)阮元輯　題(清)船山主人重編　清光緒二十一年(1895)上洋鴻寶齋石印本　三十二册

340000－1843－0006585　叢 5212/7110(2)
皇清經解分經彙編十六卷　(清)阮元輯　題(清)船山主人重編　清光緒二十一年(1895)上海鴻寶齋石印本　三十册

340000－1843－0006586　叢 5212/8208
古經解彙函二十三種小學彙函十四種　(清)鍾謙鈞等輯　清同治十二年(1873)粤東書局刻本　六十六册

340000－1843－0006587　叢 5212/8208
古經解彙函二十三種小學彙函十四種　(清)鍾謙鈞等輯　清同治十二年(1873)粤東書局刻本　十册

340000－1843－0006588　叢 5212/8208.2
古經解彙函二十三種小學彙函十四種　(清)鍾謙鈞等輯　清光緒十四年(1888)上海蜚英館石印本　二十册

340000－1843－0006589　叢 5212/8208.2
古經解彙函二十三種小學彙函十四種　(清)鍾謙鈞等輯　清光緒十四年(1888)上海蜚英館石印本　二十册

340000－1843－0006590　叢 5212/8208.2
古經解彙函二十三種小學彙函十四種　(清)鍾謙鈞等輯　清光緒十四年(1888)上海蜚英館石印本　十册　存二十六種

340000－1843－0006591　叢 5212/8234
新鐫經苑二十五種二百五十一卷　（清）錢儀吉輯　清道光至咸豐大梁書院刻同治七年（1868）王儒行等印本　八十册

340000－1843－0006592　叢 5212/8234.2
新鐫經苑二十五種二百五十一卷　（清）錢儀吉輯　清道光至咸豐大梁書院刻同治七年（1868）王儒行等印本　七十八册

340000－1843－0006593　叢 5214/1142
澤存堂五種五十卷　（清）張士俊輯　清光緒十四年（1888）上海蜚英館石印本　八册

340000－1843－0006594　叢 5214/1142
澤存堂五種五十卷　（清）張士俊輯　清光緒十四年（1888）上海蜚英館石印本　八册

340000－1843－0006595　叢 5214/1142
澤存堂五種五十卷　（清）張士俊輯　清光緒十四年（1888）上海蜚英館石印本　七册　存四種

340000－1843－0006596　叢 5214/1198
許學叢書三集十四種　（清）張炳翔輯　清光緒長洲張氏儀鄦廬刻本　二十四册

340000－1843－0006597　叢 5214/3191
音學五書五種三十八卷　（清）顧炎武撰　清光緒十六年（1890）思賢講舍刻本　十二册

340000－1843－0006598　叢 5214/3191
音學五書五種三十八卷　（清）顧炎武撰　清光緒十六年（1890）思賢講舍刻本　十二册

340000－1843－0006599　叢 5214/4030
小學類編七種附編二十三種　（清）李祖望輯　清咸豐至光緒江都李氏半畝園刻本　八册

340000－1843－0006600　叢 5214/4480
苗氏說文三種四十六卷　（清）苗夔撰　清道光至咸豐壽陽祁氏漢專亭刻本　四册

340000－1843－0006601　叢 5214/5530
曹楝亭五種九十五卷　（清）曹寅輯　清康熙四十五年（1706）揚州使院刻本　三十九册

340000－1843－0006602　叢 5214/6404
聽古廬聲學十書二種四卷　（清）時庸勱撰　清光緒十八年（1892）河南星使行臺刻本　四册

340000－1843－0006603　叢 5225/7533
荆駝逸史五十二種　題（清）陳湖逸士輯　清末刻本　二十册

340000－1843－0006604　叢 5227/3360
皇朝藩屬輿地叢書六集二十八種　（清）浦□□輯　清光緒二十九年（1903）金匱浦氏靜寄東軒石印本　四十八册

340000－1843－0006605　叢 52210/2168
金石三例三種　（清）盧見曾輯　繆荃孫評　清光緒四年（1878）南海馮氏讀有用書齋刻本　四册

340000－1843－0006606　叢 52210/2168
金石三例三種　（清）盧見曾輯　繆荃孫評　清光緒四年（1878）南海馮氏讀有用書齋刻本　四册

340000－1843－0006607　叢 52210/2168
金石三例三種　（清）盧見曾輯　繆荃孫評　清光緒四年（1878）南海馮氏讀有用書齋刻本　四册

340000－1843－0006608　叢 52210/2168
金石三例三種　（清）盧見曾輯　繆荃孫評　清光緒四年（1878）南海馮氏讀有用書齋刻本　四册

340000－1843－0006609　叢 5231/1017
十子全書十種　（清）王子興輯　清嘉慶九年（1804）宏道堂刻本　四十册

340000－1843－0006610　叢 5231/1017.2
十子全書十種　（清）王子興輯　清嘉慶九年（1804）寶慶經綸堂刻本　四十册

340000－1843－0006611　叢 5231/1017.2
十子全書十種　（清）王子興輯　清嘉慶九年（1804）寶慶經綸堂刻本　三十九册　缺四卷（列子五至八）

340000－1843－0006612　叢 5231/1017.3

十子全書十種　(清)王子興輯　清嘉慶九年(1804)姑蘇王氏聚文堂刻本　三十冊

340000－1843－0006613　叢 5231/2749.2
諸子彙函九十三種二十六卷　(明)歸有光輯　清立遠堂刻本　二十八冊

340000－1843－0006614　叢 5231/3235
二十二子二十二種　(清)浙江書局輯　清光緒浙江書局刻本　八十三冊

340000－1843－0006615　叢 5231/3705
二十五子彙函二十五種　(清)鴻文書局輯　清光緒十九年(1893)上海鴻文書局石印本　十四冊　存二十一種

340000－1843－0006616　叢 5231/6032
桐城吳先生點勘諸子七種　(清)吳汝綸點勘　清宣統二年(1910)衍星社鉛印本　十二冊

340000－1843－0006617　叢 5232/4984
沈余遺書三種　(清)趙舒翹輯　清光緒二十三年(1897)江蘇書局刻本　四冊

340000－1843－0006618　叢 5232/7503.5
五種遺規十七卷附養正遺規補編　(清)陳宏謀輯　清光緒五年(1879)江西書局刻本　十二冊

340000－1843－0006619　叢 5232/7503.2
五種遺規十七卷附養正遺規補編　(清)陳宏謀輯　清同治七年(1868)楚北崇文書局刻本　八冊

340000－1843－0006620　叢 5238/1015
白芙堂算學叢書二十三種　(清)丁取忠輯　清同治至光緒長沙古荷花池精舍刻本　三十冊　存二十種

340000－1843－0006621　叢 5238/1015
白芙堂算學叢書二十三種　(清)丁取忠輯　清同治至光緒長沙古荷花池精舍刻本　二十八冊　存二十種

340000－1843－0006622　叢 5238/1015
白芙堂算學叢書二十三種　(清)丁取忠輯　清同治至光緒長沙古荷花池精舍刻本　十三冊　存十一種

340000－1843－0006623　叢 5238/1015
白芙堂算學叢書二十三種　(清)丁取忠輯　清同治至光緒長沙古荷花池精舍刻本　十八冊　存十三種

340000－1843－0006624　叢 5238/4088
李氏遺書十一種　(清)李銳撰　清道光三年(1823)儀徵阮氏刻本　四冊

340000－1843－0006625　叢 5238/4802
梅氏叢書(兼濟堂纂刻梅勿庵先生曆算全書)二十八種　(清)梅文鼎撰　清雍正刻咸豐九年(1859)補刻本　二十四冊

340000－1843－0006626　叢 5238/4802
梅氏叢書(兼濟堂纂刻梅勿庵先生曆算全書)二十八種　(清)梅文鼎撰　清雍正刻咸豐九年(1859)補刻本　三十二冊

340000－1843－0006627　叢 5238/4802.2
梅氏叢書輯要二十四種　(清)梅文鼎撰　清同治十三年(1874)梅纘高頤園刻本　二十冊

340000－1843－0006628　叢 5238/4802.2
梅氏叢書輯要二十四種　(清)梅文鼎撰　清同治十三年(1874)梅纘高頤園刻本　二十三冊　存二十三種

340000－1843－0006629　叢 52312/1000
唐代叢書(唐人說薈)一百六十三種　(清)陳世熙　(清)王文誥輯　清嘉慶十一年(1806)天門渤海刻本　十二冊

340000－1843－0006630　叢 5227/0000
京口三山志四種六十二卷　(清)□□輯　清同治至光緒刻本　二十六冊

340000－1843－0006631　叢 51531/4433
珍藝宧遺書十一種　(清)莊述祖撰　清道光十一年(1831)刻本　六冊　存九種

340000－1843－0006632　叢 5112/1004.2
增訂漢魏叢書八十六種　(清)王謨輯　清光緒二年(1876)紅杏山房刻本　十六冊　存二十八種

340000－1843－0006633　叢 5112/1004

增訂漢魏叢書八十六種　(清)王謨輯　清乾隆五十六年(1791)金谿王氏刻本　六十五册

340000－1843－0006634　叢 5112/1004.2

增訂漢魏叢書八十六種　(清)王謨輯　清光緒二年(1876)紅杏山房刻民國四年(1915)蜀南馬湖盧樹柟補刻本　九十九册　存八十五種

340000－1843－0006635　叢 5112/1004.2

增訂漢魏叢書八十六種　(清)王謨輯　清光緒二年(1876)紅杏山房刻民國四年(1915)蜀南馬湖盧樹柟補刻本　六十七册

340000－1843－0006636　叢 51131/0012

續知不足齋叢書二集十七種　(清)高承勳輯　清渤海高氏刻本　十五册　存十三種

340000－1843－0006637　叢 51131/1061

檀几叢書初集五十種二集五十種　(清)王晫　(清)張潮輯　清康熙新安張氏霞舉堂刻本　十册

340000－1843－0006638　叢 51131/1122

正誼堂全書(重刊正誼堂全書)六十三種　(清)張伯行輯　(清)楊浚重輯　清同治福州正誼書院刻本　一百九十八册

340000－1843－0006639　叢 51131/1122

正誼堂全書(重刊正誼堂全書)六十三種　(清)張伯行輯　(清)楊浚重輯　清同治福州正誼書院刻本　一百六十三册

340000－1843－0006640　叢 51131/1122

正誼堂全書(重刊正誼堂全書)六十三種　(清)張伯行輯　(清)楊浚重輯　清同治福州正誼書院刻本　一百二十六册

340000－1843－0006641　叢 51131/1137

昭代叢書五百六十一種　(清)張潮等輯　(清)楊復吉等續輯　清道光吳江沈氏世楷堂刻本　一百六十册

340000－1843－0006642　叢 51131/1262

平津館叢書三十八種　(清)孫星衍輯　清嘉慶蘭陵孫氏刻本　六十四册

340000－1843－0006643　叢 51131/1262.2

平津館叢書三十八種　(清)孫星衍輯　清光緒十一年(1885)吳縣朱氏槐廬家塾刻本　五十册

340000－1843－0006644　叢 51131/2168

雅雨堂藏書十三種　(清)盧見曾輯　清乾隆二十一年(1756)德州盧氏刻本　十六册

340000－1843－0006645　叢 51131/2168

雅雨堂藏書十三種　(清)盧見曾輯　清乾隆二十一年(1756)德州盧氏刻本　二十四册　缺十七卷(高氏戰國策十至十九、二十六至三十二)

340000－1843－0006646　叢 51131/2714.2

知不足齋叢書三十集二百八種　(清)鮑廷博輯　(清)鮑志祖續輯　清乾隆至道光長塘鮑氏刻本　二百四十册

340000－1843－0006647　叢 51131/2714

知不足齋叢書三十集二百八種　(清)鮑廷博輯　(清)鮑志祖續輯　清乾隆至道光長塘鮑氏刻本　二百三十八册　存二百四種

340000－1843－0006648　叢 51131/2714

知不足齋叢書三十集二百八種　(清)鮑廷博輯　(清)鮑志祖續輯　清乾隆至道光長塘鮑氏刻本　三十六册　存二十九種

340000－1843－0006649　叢 51131/2832

春暉堂叢書十一種　(清)徐渭仁輯　清道光至咸豐上海徐氏刻同治補刻本　十二册

340000－1843－0006650　叢 51131/3113

藝苑捃華四十八種　(清)顧之逵輯　清同治七年(1868)刻本　二十四册

340000－1843－0006651　叢 51131/3143

秘書二十一種　(清)汪士漢輯　清嘉慶九年(1804)寶雲堂刻本　十六册

340000－1843－0006652　叢 51131/3143

秘書二十一種　(清)汪士漢輯　清嘉慶九年(1804)寶雲堂刻本　二十册

340000－1843－0006653　叢 51131/3225

海山仙館叢書五十六種　(清)潘仕成輯　清道光至咸豐番禺潘氏刻光緒補刻本　一百二十册

340000－1843－0006654　叢 51131/3225

海山仙館叢書五十六種　(清)潘仕成輯　清道光至咸豐番禺潘氏刻光緒補刻本　一百五十七册　存五十四種

340000－1843－0006655　叢 51131/3547

武英殿聚珍版書一百二十二種　(清)紀昀等輯　清道光閩刻本　六百五十六册

340000－1843－0006656　叢 51131/3547.2

武英殿聚珍版書一百二十二種　(清)紀昀等輯　清同治十三年(1874)江西書局刻本　一百二十册

340000－1843－0006657　叢 51131/3547.3

武英殿聚珍版書一百二十二種　(清)紀昀等輯　清光緒增刻本　八百九十二册

340000－1843－0006658　叢 51131/4082

惜陰軒叢書三十四種續編一種　(清)李錫齡輯　清道光十四年至二十六年(1834－1846)宏道書院刻本[續編一種爲清咸豐八年(1858)刻本]　一百二十二册

340000－1843－0006659　叢 51131/4411

士禮居黃氏叢書二十種　(清)黃丕烈輯　清嘉慶至道光吳縣黃氏刻本　四十八册

340000－1843－0006660　叢 51131/4457

三長物齋叢書二十七種　(清)黃本驥輯　清道光湘陰蔣環刻光緒四年(1878)古香閣印本　六十四册

340000－1843－0006661　叢 51131/4457

三長物齋叢書二十七種　(清)黃本驥輯　清道光湘陰蔣環刻光緒四年(1878)古香閣印本　六十四册　存十種

340000－1843－0006662　叢 51131/4748

宜稼堂叢書七種　(清)郁松年輯　清道光上海郁氏刻本　六十四册

340000－1843－0006663　叢 51131/6010

說鈴三集六十二種　(清)吳震方輯　清同治七年(1868)大文堂刻本　三十一册　缺一種一卷(觚賸一卷)

340000－1843－0006664　叢 51131/6030

重刊拜經樓叢書七種　(清)吳騫輯　清光緒十一年(1885)會稽章氏鄂渚刻本　六册

340000－1843－0006665　叢 51131/6031

經訓堂叢書二十一種　(清)畢沅輯　清乾隆鎮洋畢氏刻本　二十二册

340000－1843－0006666　叢 51131/6031.2

經訓堂叢書二十一種　(清)畢沅輯　清光緒十三年(1887)上海大同書局石印本　十九册　缺一種(晏子春秋一種)

340000－1843－0006667　叢 51131/6094

藝海珠塵八集一百六十三種　(清)吳省蘭輯　(清)錢熙輔增輯　清道光三十年(1850)金山錢氏漱石軒刻本　六十二册　存一百六十種

340000－1843－0006668　叢 51131/7123

龍威秘書十集一百七十七種　(清)馬俊良輯　清乾隆五十九年(1794)石門馬氏大酉山房刻本　八十五册

340000－1843－0006669　叢 51131/7550

湖海樓叢書十二種　(清)陳春輯　清嘉慶蕭山陳氏刻本　二十四册

340000－1843－0006670　叢 51131/8373

珠叢別録二十八種　(清)錢熙祚輯　清道光金山錢氏刻本　四十册

340000－1843－0006671　叢 51132/0000

國朝名人著述叢編十二種　(清)□□輯　清光緒五年(1879)上海淞隱閣鉛印本　六册

340000－1843－0006672　叢 51132/0000

教育叢書初集十一種　羅振玉輯　清光緒二十七年(1901)教育世界出版所刻本　十册

340000－1843－0006673　叢 51132/0015

廣雅書局叢書一百五十八種　(清)廣雅書局

輯　清光緒廣雅書局刻民國九年(1920)番禺徐紹啟彙印本　二百八十六册

340000－1843－0006674　叢 51132/0015.2
廣雅書局叢書一百五十八種　(清)廣雅書局輯　清光緒廣雅書局刻民國九年(1920)番禺徐紹啟彙印本　四十四册　存二十一種

340000－1843－0006675　叢 51132/0040
式訓堂叢書三集四十一種　(清)章壽康輯　清光緒會稽章氏刻本　三十一册　存四十種

340000－1843－0006676　叢 51132/0040
式訓堂叢書十四種　(清)章壽康輯　清光緒會稽章氏刻本　十二册

340000－1843－0006677　叢 51132/0123
半厂叢書初編十種　(清)譚獻輯　清光緒仁和譚氏刻本　二十册

340000－1843－0006678　叢 51132/0178
知服齋叢書五集二十五種　(清)龍鳳鑣輯　清光緒順德龍氏刻本　十六册

340000－1843－0006679　叢 51132/0848
榆園叢刻二十八種　(清)許增輯　清同治至光緒刻本　十六册

340000－1843－0006680　叢 51132/0848
榆園叢刻二十八種　(清)許增輯　清同治至光緒刻本　十三册

340000－1843－0006681　叢 51132/0848
娛園叢刻十二種　(清)許增輯　清光緒十五年(1889)刻本　四册

340000－1843－0006682　叢 51132/0848
娛園叢刻十二種　(清)許增輯　清光緒十五年(1889)刻本　四册

340000－1843－0006683　叢 51132/0848
娛園叢刻十二種　(清)許增輯　清光緒十五年(1889)刻本　三册　存九種

340000－1843－0006684　叢 51132/1020
南菁書院叢書八集四十一種　王先謙　繆荃孫輯　清光緒十四年(1888)江陰南菁書院刻本　四十册

340000－1843－0006685　叢 51132/1020
南菁書院叢書八集四十一種　王先謙　繆荃孫輯　清光緒十四年(1888)江陰南菁書院刻本　四十册

340000－1843－0006686　叢 51132/1134
花雨樓叢鈔三十種　(清)張壽榮輯　清光緒蛟川張氏花雨樓刻本　四十八册

340000－1843－0006687　叢 51132/2126
粤雅堂叢書三編三十集一百八十種一千三百四十七卷　(清)伍崇曜輯　清道光至光緒南海伍氏刻本　四百册　缺三卷(黔書二至四)

340000－1843－0006688　叢 51132/2126
粤雅堂叢書三編三十集一百八十種一千三百四十七卷　(清)伍崇曜輯　清道光至光緒南海伍氏刻本　十二册　存九種

340000－1843－0006689　叢 51132/2205
正覺樓叢刻三十九種　(清)崇文書局輯　清光緒崇文書局刻本　三十六册

340000－1843－0006690　叢 51132/2205
正覺樓叢刻三十九種　(清)崇文書局輯　清光緒崇文書局刻本　三十六册

340000－1843－0006691　叢 51132/2205
正覺樓叢刻三十九種　(清)崇文書局輯　清光緒崇文書局刻本　十六册　存十二種

340000－1843－0006692　叢 51132/2509
槐廬叢書四十七種　(清)朱記榮輯　清光緒吴縣朱氏槐廬家塾刻本　八十册

340000－1843－0006693　叢 51132/2509
槐廬叢書四十七種　(清)朱記榮輯　清光緒吴縣朱氏槐廬家塾刻本　十五册　存十種

340000－1843－0006694　叢 51132/2538
結一廬朱氏賸餘叢書四種　(清)朱澂輯　清光緒三十一年(1905)仁和朱氏刻本　十四册

340000－1843－0006695　叢 51132/2712
後知不足齋叢書五十六種　(清)鮑廷爵輯　清光緒十年(1884)常熟鮑氏刻本　三十册

340000－1843－0006696　叢 51132/2741

雲自在龕叢書五集十九種　繆荃孫輯　清光緒江陰繆氏刻本　二十六冊

340000－1843－0006697　叢 51132/2741(2)

藕香零拾三十九種九十三卷　繆荃孫輯　清光緒至宣統刻本　三十二冊

340000－1843－0006698　叢 51132/2816

積學齋叢書二十種六十三卷　徐乃昌輯　清光緒南陵徐氏刻本　二十冊

340000－1843－0006699　叢 51132/2816

鄦齋叢書二十種四十四卷　徐乃昌輯　清光緒二十六年(1900)南陵徐氏刻本　十六冊

340000－1843－0006700　叢 51132/2816

鄦齋叢書二十種四十四卷　徐乃昌輯　清光緒二十六年(1900)南陵徐氏刻本　十二冊

340000－1843－0006701　叢 51132/2816

隨盦徐氏叢書十種三十八卷　徐乃昌輯　清光緒至民國南陵徐氏刻本　十二冊

340000－1843－0006702　叢 51132/2816

懷豳雜俎十二種十七卷　徐乃昌輯　清光緒至宣統南陵徐氏刻本　十冊

340000－1843－0006703　叢 51132/2816

懷豳雜俎十二種十七卷　徐乃昌輯　清光緒至宣統南陵徐氏刻本　七冊　存九種

340000－1843－0006704　叢 51132/2848

邵武徐氏叢書初刻十四種八十三卷　(清)徐幹輯　清光緒邵武徐氏刻本　二十冊

340000－1843－0006705　叢 51132/2848

邵武徐氏叢書初刻十四種八十三卷　(清)徐幹輯　清光緒邵武徐氏刻本　二十冊

書名筆畫字頭索引

一畫

二畫

三畫

四畫

五畫

六畫

七畫

八畫

九畫

十畫

十一畫

十二畫

十三畫

十四畫

十五畫

十六畫

十七畫

十八畫

十九畫

二十畫

二十一畫

二十二畫

二十三畫

二十四畫

二十九畫

書名筆畫索引

一畫

二畫

三畫

四畫

五畫

六畫

七畫

八畫

九畫

十畫

十一畫

十二畫

十三畫

十四畫

十五畫

十六畫

十七畫

十八畫

十九畫

二十畫

二十一畫

二十二畫

二十三畫

二十四畫

二十九畫